中国共产党党内法规选编

（2001—2007）

中共中央办公厅法规室
中共中央纪委法规室　编
中共中央组织部办公厅

法律出版社

图书在版编目(CIP)数据

中国共产党党内法规选编:2001～2007/中共中央办公厅法规室,中共中央纪委法规室,中共中央组织部办公厅编.—1版.—北京:法律出版社,2009.10(2024.5重印)
ISBN 978-7-5036-9845-3

Ⅰ.中… Ⅱ.①中…②中…③中… Ⅲ.中国共产党—党的纪律—汇编—2001～2007 Ⅳ.D262.13

中国版本图书馆CIP数据核字(2009)第148733号

中国共产党党内法规选编(2001～2007)
ZHONGGUO GONGCHANDANG DANGNEI FAGUI XUANBIAN(2001～2007)

中共中央办公厅法规室
中共中央纪委法规室 编
中共中央组织部办公厅

责任编辑 冯高琼 董昱
装帧设计 李瞻

出版发行 法律出版社
编辑统筹 法规出版分社
责任校对 张红蕊
责任印制 耿润瑜
经　　销 新华书店

开本 720毫米×960毫米 1/16
印张 39.5 **字数** 700千
版本 2009年10月第1版
印次 2024年5月第28次印刷
印刷 天津嘉恒印务有限公司

地址:北京市丰台区莲花池西里7号(100073)
网址:www.lawpress.com.cn
投稿邮箱:info@lawpress.com.cn
举报盗版邮箱:jbwq@lawpress.com.cn
销售电话:010-83938349
客服电话:010-83938350
咨询电话:010-63939796

书号:ISBN 978-7-5036-9845-3
定价:108.00元

编辑说明

一、《中国共产党党内法规选编(2001—2007)》(以下简称《选编》)是经中央领导同志批准,由中共中央办公厅法规室、中共中央纪委法规室、中共中央组织部办公厅共同编辑的。该《选编》是《中国共产党党内法规选编(1978—1996)》和《中国共产党党内法规选编(1996—2000)》的续编。《选编》收录了2001年至2007年中共中央、中共中央纪委、中共中央办公厅和中共中央组织部发布的部分现行有效的党内法规。

二、《选编》按照《中国共产党章程》的体例编排。各部分党内法规的排列以发布时间先后为序。

三、对收入《选编》的标有密级的党内法规,均按照国家有关法律规定履行了解密手续。

四、《选编》收入的党内法规,截止时间为2007年10月。

中共中央办公厅法规室
中共中央纪委法规室
中共中央组织部办公厅
2009年9月29日

目 录

一、党 员

二、党的组织制度

三、党的组织

四、党的干部

五、党的纪律

六、党的纪律检查机关

七、其　　他

中国共产党章程

（中国共产党第十七次全国代表大会部分修改，
2007 年 10 月 21 日通过）

总　纲

中国共产党是中国工人阶级的先锋队，同时是中国人民和中华民族的先锋队，是中国特色社会主义事业的领导核心，代表中国先进生产力的发展要求，代表中国先进文化的前进方向，代表中国最广大人民的根本利益。党的最高理想和最终目标是实现共产主义。

中国共产党以马克思列宁主义、毛泽东思想、邓小平理论和“三个代表”重要思想作为自己的行动指南。

马克思列宁主义揭示了人类社会历史发展的规律，它的基本原理是正确的，具有强大的生命力。中国共产党人追求的共产主义最高理想，只有在社会主义社会充分发展和高度发达的基础上才能实现。社会主义制度的发展和完善是一个长期的历史过程。坚持马克思列宁主义的基本原理，走中国人民自愿选择的适合中国国情的道路，中国的社会主义事业必将取得最终的胜利。

以毛泽东同志为主要代表的中国共产党人，把马克思列宁主义的基本原理同中国革命的具体实践结合起来，创立了毛泽东思想。毛泽东思想是马克思列宁主义在中国的运用和发展，是被实践证明了的关于中国革命和建设的正确的理论原则和经验总结，是中国共产党集体智慧的结晶。在毛泽东思想指引下，中国共产党领导全国各族人民，经过长期的反对帝国主义、封建主义、官僚资本主义的革命斗争，取得了新民主主义革命的胜利，建立了人民民主专政的中华人民共和国；建国以后，顺利地进行了社会主义改造，完成了从新民主主义到社会主义的过渡，确立了社会主义基本制度，发展了社会主义的经济、政治和文化。

十一届三中全会以来，以邓小平同志为主要代表的中国共产党人，总结建国以来正反两方面的经验，解放思想，实事求是，实现全党工作中心向经济建设的转移，实行改革开放，开辟了社会主义事业发展的新时期，逐步形成了建设中国特色社会主义的路线、方针、政策，阐明了在中国建设社会主义、巩固和发展社会主义的基本问题,创立了邓小平理论。邓小平理论是马克思列宁主义的基本原理同当代中国实践和时代特征相结合的产物,是毛泽东思想在新的历史条件下的继承和发展,是马克思主义在中国发展的新阶段,是当代中国的马克思主义,是中国共产党集体智慧的结晶,引导着我国社会主义现代化事业不断前进。

十三届四中全会以来,以江泽民同志为主要代表的中国共产党人,在建设中国特色社会主义的实践中,加深了对什么是社会主义、怎样建设社会主义和建设什么样的党、怎样建设党的认识,积累了治党治国新的宝贵经验,形成了"三个代表"重要思想。"三个代表"重要思想是对马克思列宁主义、毛泽东思想、邓小平理论的继承和发展,反映了当代世界和中国的发展变化对党和国家工作的新要求,是加强和改进党的建设、推进我国社会主义自我完善和发展的强大理论武器,是中国共产党集体智慧的结晶,是党必须长期坚持的指导思想。始终做到"三个代表",是我们党的立党之本、执政之基、力量之源。

十六大以来,党中央坚持以邓小平理论和"三个代表"重要思想为指导,根据新的发展要求,集中全党智慧,提出了以人为本、全面协调可持续发展的科学发展观。科学发展观,是同马克思列宁主义、毛泽东思想、邓小平理论和"三个代表"重要思想既一脉相承又与时俱进的科学理论,是我国经济社会发展的重要指导方针,是发展中国特色社会主义必须坚持和贯彻的重大战略思想。

改革开放以来我们取得一切成绩和进步的根本原因,归结起来就是:开辟了中国特色社会主义道路,形成了中国特色社会主义理论体系。全党同志要倍加珍惜、长期坚持和不断发展党历经艰辛开创的这条道路和这个理论体系,高举中国特色社会主义伟大旗帜,为实现推进现代化建设、完成祖国统一、维护世界和平与促进共同发展这三大历史任务而奋斗。

我国正处于并将长期处于社会主义初级阶段。这是在经济文化落后的中国建设社会主义现代化不可逾越的历史阶段,需要上百年的时间。我国的社会主义建设,必须从我国的国情出发,走中国特色社会主义道路。在现阶段,我国社会的主要矛盾是人民日益增长的物质文化需要同落后的社会生产之间的矛盾。由于国内的因素和国际的影响,阶级斗争还在一定范围内长期存在,在某种条件下还有可能激化,但已经不是主要矛盾。我国社会主义建设的根本任务,是进一步解放生产力,发展生产力,逐步实现社会主义现代化,并且为此而改革生产关系和上层建筑中不适应生产力发展的方面和环节。必须坚持和完善公有制为主体、多种所有制经济共同发展的基本经济制度,坚持和完善按劳分配为主体、多种分配方式并存的分配制度,鼓励一部分地区和一部分人先富起来，逐步消灭贫穷，达到共同富裕，在生产发展和社会财富增长的基础上不断满足人民日益增长的物质文化需要，促进人的全面发展。发展是我们党执政兴国的第一要务。各项工作都要把有利于发展社会主义社会的生产力，有利于增强社会主义国家的综合国力，有利于提高人民的生活水平，作为总的出发点和检验标准，尊重劳动、尊重知识、尊重人才、尊重创造，做到发展为了人民、发展依靠人民、发展成果由人民共享。跨入新世纪，我国进入全面建设小康社会、加快推进社会主义现代化的新的发展阶段。必须按照中国特色社会主义事业总体布局，全面推进经济建设、政治建设、文化建设、社会建设。在新世纪新阶段，经济和社会发展的战略目标是，巩固和发展已经初步达到的小康水平，到建党一百年时，建成惠及十几亿人口的更高水平的小康社会；到建国一百年时，人均国内生产总值达到中等发达国家水平，基本实现现代化。

中国共产党在社会主义初级阶段的基本路线是：领导和团结全国各族人民，以经济建设为中心，坚持四项基本原则，坚持改革开放，自力更生，艰苦创业，为把我国建设成为富强民主文明和谐的社会主义现代化国家而奋斗。

中国共产党在领导社会主义事业中，必须坚持以经济建设为中心，其他各项工作都服从和服务于这个中心。要抓紧时机，加快发展，实施科教兴国战略、人才强国战略和可持续发展战略，充分发挥科学技术作为第一生产力的作用，依靠科技进步，提高劳动者素质，促进国民经济又好又快发展。

坚持社会主义道路、坚持人民民主专政、坚持中国共产党的领导、坚持马克思列宁主义毛泽东思想这四项基本原则，是我们的立国之本。在社会主义现代化建设的整个过程中，必须坚持四项基本原则，反对资产阶级自由化。

坚持改革开放，是我们的强国之路。要从根本上改革束缚生产力发展的经济体制，坚持和完善社会主义市场经济体制；与此相适应，要进行政治体制改革和其他领域的改革。要坚持对外开放的基本国策，吸收和借鉴人类社会创造的一切文明成果。改革开放应当大胆探索，勇于开拓，提高改革决策的科学性，增强改革措施的协调性，在实践中开创新路。

中国共产党领导人民发展社会主义市场经济。毫不动摇地巩固和发展公有制经济，毫不动摇地鼓励、支持、引导非公有制经济发展。发挥市场在资源配置中的基础性作用，建立完善的宏观调控体系。统筹城乡发展、区域发展、经济社会发展、人与自然和谐发展、国内发展和对外开放，调整经济结构，转变经济发展方式。建设社会主义新农村，走中国特色新型工业化道路，建设创新型国家，建设资源节约型、环境友好型社会。

中国共产党领导人民发展社会主义民主政治。坚持党的领导、人民当家作主、依法治国有机统一,走中国特色社会主义政治发展道路,扩大社会主义民主,健全社会主义法制,建设社会主义法治国家,巩固人民民主专政,建设社会主义政治文明。坚持和完善人民代表大会制度、中国共产党领导的多党合作和政治协商制度、民族区域自治制度以及基层群众自治制度。切实保障人民管理国家事务和社会事务、管理经济和文化事业的权利。尊重和保障人权。广开言路,建立健全民主选举、民主决策、民主管理、民主监督的制度和程序。加强国家立法和法律实施工作,实现国家各项工作法治化。

中国共产党领导人民发展社会主义先进文化。建设社会主义精神文明,实行依法治国和以德治国相结合,提高全民族的思想道德素质和科学文化素质,为改革开放和社会主义现代化建设提供强大的思想保证、精神动力和智力支持。坚持马克思主义指导思想,树立中国特色社会主义共同理想,弘扬以爱国主义为核心的民族精神和以改革创新为核心的时代精神,倡导社会主义荣辱观,增强民族自尊、自信和自强精神,抵御资本主义和封建主义腐朽思想的侵蚀,扫除各种社会丑恶现象,努力使我国人民成为有理想、有道德、有文化、有纪律的人民。对党员还要进行共产主义远大理想教育。大力发展教育、科学、文化事业,弘扬民族优秀传统文化,繁荣和发展社会主义文化。

中国共产党领导人民构建社会主义和谐社会。按照民主法治、公平正义、诚信友爱、充满活力、安定有序、人与自然和谐相处的总要求和共同建设、共同享有的原则,以改善民生为重点,解决好人民最关心、最直接、最现实的利益问题,努力形成全体人民各尽其能、各得其所而又和谐相处的局面。严格区分和正确处理敌我矛盾和人民内部矛盾这两类不同性质的矛盾。加强社会治安综合治理,依法坚决打击各种危害国家安全和利益、危害社会稳定和经济发展的犯罪活动和犯罪分子,保持社会长期稳定。

中国共产党坚持对人民解放军和其他人民武装力量的领导,加强人民解放军的建设,切实保证人民解放军履行新世纪新阶段军队历史使命,充分发挥人民解放军在巩固国防、保卫祖国和参加社会主义现代化建设中的作用。

中国共产党维护和发展平等团结互助和谐的社会主义民族关系,积极培养、选拔少数民族干部,帮助少数民族和民族地区发展经济、文化和社会事业,实现各民族共同团结奋斗、共同繁荣发展。全面贯彻党的宗教工作基本方针,团结信教群众为经济社会发展作贡献。

中国共产党同全国各民族工人、农民、知识分子团结在一起,同各民主党派、无党派人士、各民族的爱国力量团结在一起,进一步发展和壮大由全体社会主义劳动者、社会主义事业的建设者、拥护社会主义的爱国者、拥护祖国统一的爱国者组成的最广泛的爱国统一战线。不断加强全国人民包括香港特别行政区同胞、澳门特别行政区同胞、台湾同胞和海外侨胞的团结。按照"一个国家、两种制度"的方针,促进香港、澳门长期繁荣稳定,完成祖国统一大业。

中国共产党坚持独立自主的和平外交政策,坚持和平发展道路,坚持互利共赢的开放战略,统筹国内国际两个大局,积极发展对外关系,努力为我国的改革开放和现代化建设争取有利的国际环境。在国际事务中,维护我国的独立和主权,反对霸权主义和强权政治,维护世界和平,促进人类进步,努力推动建设持久和平、共同繁荣的和谐世界。在互相尊重主权和领土完整、互不侵犯、互不干涉内政、平等互利、和平共处五项原则的基础上,发展我国同世界各国的关系。不断发展我国同周边国家的睦邻友好关系,加强同发展中国家的团结与合作。按照独立自主、完全平等、互相尊重、互不干涉内部事务的原则,发展我党同各国共产党和其他政党的关系。

中国共产党要领导全国各族人民实现社会主义现代化的宏伟目标,必须紧密围绕党的基本路线,加强党的执政能力建设和先进性建设,以改革创新精神全面推进党的建设新的伟大工程。坚持立党为公、执政为民,坚持党要管党、从严治党,发扬党的优良传统和作风,不断提高党的领导水平和执政水平,提高拒腐防变和抵御风险的能力,不断增强党的阶级基础和扩大党的群众基础,不断提高党的创造力、凝聚力、战斗力,使我们党始终走在时代前列,成为领导全国人民沿着中国特色社会主义道路不断前进的坚强核心。党的建设必须坚决实现以下四项基本要求:

第一,坚持党的基本路线。全党要用邓小平理论、"三个代表"重要思想和党的基本路线统一思想,统一行动,深入贯彻落实科学发展观,并且毫不动摇地长期坚持下去。必须把改革开放同四项基本原则统一起来,全面落实党的基本路线,全面执行党在社会主义初级阶段的基本纲领,反对一切"左"的和右的错误倾向,要警惕右,但主要是防止"左"。加强各级领导班子建设,选拔使用在改革开放和社会主义现代化建设中政绩突出、群众信任的干部,培养和造就千百万社会主义事业接班人,从组织上保证党的基本理论、基本路线、基本纲领、基本经验的贯彻落实。

第二,坚持解放思想,实事求是,与时俱进。党的思想路线是一切从实际出发,理论联系实际,实事求是,在实践中检验真理和发展真理。全党必须坚持这条思想路线,弘扬求真务实精神,积极探索,大胆试验,开拓创新,创造性地开展工作,不断研究新情况,总结新经验,解决新问题,在实践中丰富和发展马克思主义,推进马克思主义中国化。

第三,坚持全心全意为人民服务。党除了工人阶级和最广大人民群众的利益,没有自己特殊的利益。党在任何时候都把群众利益放在第一位,同群众同甘共苦,保持最密切的联系,坚持权为民所用、情为民所系、利为民所谋,不允许任何党员脱离群众,凌驾于群众之上。党在自己的工作中实行群众路线,一切为了群众,一切依靠群众,从群众中来,到群众中去,把党的正确主张变为群众的自觉行动。我们党的最大政治优势是密切联系群众,党执政后的最大危险是脱离群众。党风问题、党同人民群众联系问题是关系党生死存亡的问题。党坚持标本兼治、综合治理、惩防并举、注重预防的方针,建立健全惩治和预防腐败体系,坚持不懈地反对腐败,加强党风建设和廉政建设。

第四,坚持民主集中制。民主集中制是民主基础上的集中和集中指导下的民主相结合。它既是党的根本组织原则,也是群众路线在党的生活中的运用。必须充分发扬党内民主,保障党员民主权利,发挥各级党组织和广大党员的积极性创造性。必须实行正确的集中,保证全党的团结统一和行动一致,保证党的决定得到迅速有效的贯彻执行。加强组织性纪律性,在党的纪律面前人人平等。加强对党的领导机关和党员领导干部的监督,不断完善党内监督制度。党在自己的政治生活中正确地开展批评和自我批评,在原则问题上进行思想斗争,坚持真理,修正错误。努力造成又有集中又有民主,又有纪律又有自由,又有统一意志又有个人心情舒畅的生动活泼的政治局面。

党的领导主要是政治、思想和组织的领导。党要适应改革开放和社会主义现代化建设的要求,坚持科学执政、民主执政、依法执政,加强和改善党的领导。党必须按照总揽全局、协调各方的原则,在同级各种组织中发挥领导核心作用。党必须集中精力领导经济建设,组织、协调各方面的力量,同心协力,围绕经济建设开展工作,促进经济社会全面发展。党必须实行民主的科学的决策,制定和执行正确的路线、方针、政策,做好党的组织工作和宣传教育工作,发挥全体党员的先锋模范作用。党必须在宪法和法律的范围内活动。党必须保证国家的立法、司法、行政机关,经济、文化组织和人民团体积极主动地、独立负责地、协调一致地工作。党必须加强对工会、共产主义青年团、妇女联合会等群众组织的领导,充分发挥它们的作用。党必须适应形势的发展和情况的变化,完善领导体制,改进领导方式,增强执政能力。共产党员必须同党外群众亲密合作,共同为建设中国特色社会主义而奋斗。

第一章 党 员

第一条 年满十八岁的中国工人、农民、军人、知识分子和其他社会阶层的先进分子，承认党的纲领和章程，愿意参加党的一个组织并在其中积极工作、执行党的决议和按期交纳党费的，可以申请加入中国共产党。

第二条 中国共产党党员是中国工人阶级的有共产主义觉悟的先锋战士。

中国共产党党员必须全心全意为人民服务，不惜牺牲个人的一切，为实现共产主义奋斗终身。

中国共产党党员永远是劳动人民的普通一员。除了法律和政策规定范围内的个人利益和工作职权以外，所有共产党员都不得谋求任何私利和特权。

第三条 党员必须履行下列义务：

（一）认真学习马克思列宁主义、毛泽东思想、邓小平理论和“三个代表”重要思想，学习科学发展观，学习党的路线、方针、政策和决议，学习党的基本知识，学习科学、文化、法律和业务知识，努力提高为人民服务的本领。

（二）贯彻执行党的基本路线和各项方针、政策，带头参加改革开放和社会主义现代化建设，带动群众为经济发展和社会进步艰苦奋斗，在生产、工作、学习和社会生活中起先锋模范作用。

（三）坚持党和人民的利益高于一切，个人利益服从党和人民的利益，吃苦在前，享受在后，克己奉公，多做贡献。

（四）自觉遵守党的纪律，模范遵守国家的法律法规，严格保守党和国家的秘密，执行党的决定，服从组织分配，积极完成党的任务。

（五）维护党的团结和统一，对党忠诚老实，言行一致，坚决反对一切派别组织和小集团活动，反对阳奉阴违的两面派行为和一切阴谋诡计。

（六）切实开展批评和自我批评，勇于揭露和纠正工作中的缺点、错误，坚决同消极腐败现象作斗争。

（七）密切联系群众，向群众宣传党的主张，遇事同群众商量，及时向党反映群众的意见和要求，维护群众的正当利益。

（八）发扬社会主义新风尚，带头实践社会主义荣辱观，提倡共产主义道德，为了保护国家和人民的利益，在一切困难和危险的时刻挺身而出，英勇斗争，不怕牺牲。

第四条 党员享有下列权利：

（一）参加党的有关会议，阅读党的有关文件，接受党的教育和培训。

（二）在党的会议上和党报党刊上，参加关于党的政策问题的讨论。

（三）对党的工作提出建议和倡议。

（四）在党的会议上有根据地批评党的任何组织和任何党员，向党负责地揭发、检举党的任何组织和任何党员违法乱纪的事实，要求处分违法乱纪的党员,要求罢免或撤换不称职的干部。

(五)行使表决权、选举权,有被选举权。

(六)在党组织讨论决定对党员的党纪处分或作出鉴定时,本人有权参加和进行申辩,其他党员可以为他作证和辩护。

(七)对党的决议和政策如有不同意见,在坚决执行的前提下,可以声明保留,并且可以把自己的意见向党的上级组织直至中央提出。

(八)向党的上级组织直至中央提出请求、申诉和控告,并要求有关组织给以负责的答复。

党的任何一级组织直至中央都无权剥夺党员的上述权利。

第五条 发展党员,必须经过党的支部,坚持个别吸收的原则。

申请入党的人,要填写入党志愿书,要有两名正式党员作介绍人,要经过支部大会通过和上级党组织批准,并且经过预备期的考察,才能成为正式党员。

介绍人要认真了解申请人的思想、品质、经历和工作表现,向他解释党的纲领和党的章程,说明党员的条件、义务和权利,并向党组织作出负责的报告。

党的支部委员会对申请入党的人,要注意征求党内外有关群众的意见,进行严格的审查,认为合格后再提交支部大会讨论。

上级党组织在批准申请人入党以前,要派人同他谈话,作进一步的了解,并帮助他提高对党的认识。

在特殊情况下,党的中央和省、自治区、直辖市委员会可以直接接收党员。

第六条 预备党员必须面向党旗进行入党宣誓。誓词如下:我志愿加入中国共产党,拥护党的纲领,遵守党的章程,履行党员义务,执行党的决定,严守党的纪律,保守党的秘密,对党忠诚,积极工作,为共产主义奋斗终身,随时准备为党和人民牺牲一切,永不叛党。

第七条 预备党员的预备期为一年。党组织对预备党员应当认真教育和考察。

预备党员的义务同正式党员一样。预备党员的权利,除了没有表决权、选举权和被选举权以外,也同正式党员一样。

预备党员预备期满,党的支部应当及时讨论他能否转为正式党员。认真履行党员义务,具备党员条件的,应当按期转为正式党员;需要继续考察和教育的,可以延长预备期,但不能超过一年;不履行党员义务,不具备党员条件的,应当取消预备党员资格。预备党员转为正式党员,或延长预备期,或取消预备党员资格,都应当经支部大会讨论通过和上级党组织批准。

预备党员的预备期,从支部大会通过他为预备党员之日算起。党员的党龄,从预备期满转为正式党员之日算起。

第八条 每个党员,不论职务高低,都必须编入党的一个支部、小组或其他特定组织,参加党的组织生活,接受党内外群众的监督。党员领导干部还必须参加党委、党组的民主生活会。不允许有任何不参加党的组织生活、不接受党内外群众监督的特殊党员。

第九条 党员有退党的自由。党员要求退党,应当经支部大会讨论后宣布除名,并报上级党组织备案。

党员缺乏革命意志,不履行党员义务,不符合党员条件,党的支部应当对他进行教育,要求他限期改正;经教育仍无转变的,应当劝他退党。劝党员退党,应当经支部大会讨论决定,并报上级党组织批准。如被劝告退党的党员坚持不退,应当提交支部大会讨论,决定把他除名,并报上级党组织批准。

党员如果没有正当理由,连续六个月不参加党的组织生活,或不交纳党费,或不做党所分配的工作,就被认为是自行脱党。支部大会应当决定把这样的党员除名,并报上级党组织批准。

第二章 党的组织制度

第十条 党是根据自己的纲领和章程,按照民主集中制组织起来的统一整体。党的民主集中制的基本原则是:

(一)党员个人服从党的组织,少数服从多数,下级组织服从上级组织,全党各个组织和全体党员服从党的全国代表大会和中央委员会。

(二)党的各级领导机关,除它们派出的代表机关和在非党组织中的党组外,都由选举产生。

(三)党的最高领导机关,是党的全国代表大会和它所产生的中央委员会。党的地方各级领导机关,是党的地方各级代表大会和它们所产生的委员会。党的各级委员会向同级的代表大会负责并报告工作。

(四)党的上级组织要经常听取下级组织和党员群众的意见,及时解决他们提出的问题。党的下级组织既要向上级组织请示和报告工作,又要独立负责地解决自己职责范围内的问题。上下级组织之间要互通情报、互相支持和互相监督。党的各级组织要按规定实行党务公开,使党员对党内事务有更多的了解和参与。

(五)党的各级委员会实行集体领导和个人分工负责相结合的制度。凡属重大问题都要按照集体领导、民主集中、个别酝酿、会议决定的原则,由党的委员会集体讨论,作出决定;委员会成员要根据集体的决定和分工,切实履行自己的职责。

(六)党禁止任何形式的个人崇拜。要保证党的领导人的活动处于党和人民的监督之下,同时维护一切代表党和人民利益的领导人的威信。

第十一条 党的各级代表大会的代表和委员会的产生,要体现选举人的意志。选举采用无记名投票的方式。候选人名单要由党组织和选举人充分酝酿讨论。可以直接采用候选人数多于应选人数的差额选举办法进行正式选举。也可以先采用差额选举办法进行预选,产生候选人名单,然后进行正式选举。选举人有了解候选人情况、要求改变候选人、不选任何一个候选人和另选他人的权利。任何组织和个人不得以任何方式强迫选举人选举或不选举某个人。

党的地方各级代表大会和基层代表大会的选举,如果发生违反党章的情况,上一级党的委员会在调查核实后,应作出选举无效和采取相应措施的决定,并报再上一级党的委员会审查批准,正式宣布执行。

党的各级代表大会代表实行任期制。

第十二条 党的中央和地方各级委员会在必要时召集代表会议,讨论和决定需要及时解决的重大问题。代表会议代表的名额和产生办法,由召集代表会议的委员会决定。

第十三条 凡是成立党的新组织,或是撤销党的原有组织,必须由上级党组织决定。

在党的地方各级代表大会和基层代表大会闭会期间,上级党的组织认为有必要时,可以调动或者指派下级党组织的负责人。

党的中央和地方各级委员会可以派出代表机关。

党的中央和省、自治区、直辖市委员会实行巡视制度。

第十四条 党的各级领导机关,对同下级组织有关的重要问题作出决定时,在通常情况下,要征求下级组织的意见。要保证下级组织能够正常行使他们的职权。凡属应由下级组织处理的问题,如无特殊情况,上级领导机关不要干预。

第十五条 有关全国性的重大政策问题,只有党中央有权作出决定,各部门、各地方的党组织可以向中央提出建议,但不得擅自作出决定和对外发表主张。

党的下级组织必须坚决执行上级组织的决定。下级组织如果认为上级组织的决定不符合本地区、本部门的实际情况,可以请求改变;如果上级组织坚持原决定,下级组织必须执行,并不得公开发表不同意见,但有权向再上一级组织报告。

党的各级组织的报刊和其他宣传工具,必须宣传党的路线、方针、政策和决议。

第十六条 党组织讨论决定问题,必须执行少数服从多数的原则。决定重要问题,要进行表决。对于少数人的不同意见,应当认真考虑。如对重要问题发生争论,双方人数接近,除了在紧急情况下必须按多数意见执行外,应当暂缓作出决定,进一步调查研究,交换意见,下次再表决;在特殊情况下,也可将争论情况向上级组织报告,请求裁决。

党员个人代表党组织发表重要主张,如果超出党组织已有决定的范围,必须提交所在的党组织讨论决定,或向上级党组织请示。任何党员不论职务高低,都不能个人决定重大问题;如遇紧急情况,必须由个人作出决定时,事后要迅速向党组织报告。不允许任何领导人实行个人专断和把个人凌驾于组织之上。

第十七条 党的中央、地方和基层组织,都必须重视党的建设,经常讨论和检查党的宣传工作、教育工作、组织工作、纪律检查工作、群众工作、统一战线工作等,注意研究党内外的思想政治状况。

第三章 党的中央组织

第十八条 党的全国代表大会每五年举行一次,由中央委员会召集。中央委员会认为有必要,或者有三分之一以上的省一级组织提出要求,全国代表大会可以提前举行;如无非常情况,不得延期举行。

全国代表大会代表的名额和选举办法,由中央委员会决定。

第十九条 党的全国代表大会的职权是:

(一)听取和审查中央委员会的报告;

(二)听取和审查中央纪律检查委员会的报告;

(三)讨论并决定党的重大问题;

(四)修改党的章程;

(五)选举中央委员会;

(六)选举中央纪律检查委员会。

第二十条 党的全国代表会议的职权是:讨论和决定重大问题;调整和增选中央委员会、中央纪律检查委员会的部分成员。调整和增选中央委员及候补中央委员的数额,不得超过党的全国代表大会选出的中央委员及候补中央委员各自总数的五分之一。

第二十一条 党的中央委员会每届任期五年。全国代表大会如提前或延期举行,它的任期相应地改变。中央委员会委员和候补委员必须有五年以上的党龄。中央委员会委员和候补委员的名额,由全国代表大会决定。中央委员会委员出缺,由中央委员会候补委员按照得票多少依次递补。

中央委员会全体会议由中央政治局召集,每年至少举行一次。中央政治局向中央委员会全体会议报告工作,接受监督。

在全国代表大会闭会期间,中央委员会执行全国代表大会的决议,领导党的全部工作,对外代表中国共产党。

第二十二条 党的中央政治局、中央政治局常务委员会和中央委员会总书记,由中央委员会全体会议选举。中央委员会总书记必须从中央政治局常务委员会委员中产生。

中央政治局和它的常务委员会在中央委员会全体会议闭会期间,行使中央委员会的职权。

中央书记处是中央政治局和它的常务委员会的办事机构;成员由中央政治局常务委员会提名,中央委员会全体会议通过。

中央委员会总书记负责召集中央政治局会议和中央政治局常务委员会会议,并主持中央书记处的工作。

党的中央军事委员会组成人员由中央委员会决定。

每届中央委员会产生的中央领导机构和中央领导人,在下届全国代表大会开会期间,继续主持党的经常工作,直到下届中央委员会产生新的中央领导机构和中央领导人为止。

第二十三条 中国人民解放军的党组织,根据中央委员会的指示进行工作。中央军事委员会的政治工作机关是中国人民解放军总政治部,总政治部负责管理军队中党的工作和政治工作。军队中党的组织体制和机构,由中央军事委员会作出规定。

第四章 党的地方组织

第二十四条 党的省、自治区、直辖市的代表大会,设区的市和自治州的代表大会,县(旗)、自治县、不设区的市和市辖区的代表大会,每五年举行一次。

党的地方各级代表大会由同级党的委员会召集。在特殊情况下,经上一级委员会批准,可以提前或延期举行。

党的地方各级代表大会代表的名额和选举办法,由同级党的委员会决定,并报上一级党的委员会批准。

第二十五条 党的地方各级代表大会的职权是:

（一）听取和审查同级委员会的报告；

（二）听取和审查同级纪律检查委员会的报告；

（三）讨论本地区范围内的重大问题并作出决议；

（四）选举同级党的委员会，选举同级党的纪律检查委员会。

第二十六条 党的省、自治区、直辖市、设区的市和自治州的委员会，每届任期五年。这些委员会的委员和候补委员必须有五年以上的党龄。

党的县（旗）、自治县、不设区的市和市辖区的委员会，每届任期五年。这些委员会的委员和候补委员必须有三年以上的党龄。

党的地方各级代表大会如提前或延期举行，由它选举的委员会的任期相应地改变。

党的地方各级委员会的委员和候补委员的名额，分别由上一级委员会决定。党的地方各级委员会委员出缺，由候补委员按照得票多少依次递补。

党的地方各级委员会全体会议，每年至少召开两次。

党的地方各级委员会在代表大会闭会期间，执行上级党组织的指示和同级党代表大会的决议，领导本地方的工作，定期向上级党的委员会报告工作。

第二十七条 党的地方各级委员会全体会议，选举常务委员会和书记、副书记，并报上级党的委员会批准。党的地方各级委员会的常务委员会，在委员会全体会议闭会期间，行使委员会职权；在下届代表大会开会期间，继续主持经常工作，直到新的常务委员会产生为止。

党的地方各级委员会的常务委员会定期向委员会全体会议报告工作，接受监督。

第二十八条 党的地区委员会和相当于地区委员会的组织，是党的省、自治区委员会在几个县、自治县、市范围内派出的代表机关。它根据省、自治区委员会的授权，领导本地区的工作。

第五章 党的基层组织

第二十九条 企业、农村、机关、学校、科研院所、街道社区、社会组织、人民解放军连队和其他基层单位，凡是有正式党员三人以上的，都应当成立党的基层组织。

党的基层组织，根据工作需要和党员人数，经上级党组织批准，分别设立党的基层委员会、总支部委员会、支部委员会。基层委员会由党员大会或代表大会选举产生，总支部委员会和支部委员会由党员大会选举产生，提出委员候选人要广泛征求党员和群众的意见。

第三十条 党的基层委员会每届任期三年至五年,总支部委员会、支部委员会每届任期两年或三年。基层委员会、总支部委员会、支部委员会的书记、副书记选举产生后,应报上级党组织批准。

第三十一条 党的基层组织是党在社会基层组织中的战斗堡垒,是党的全部工作和战斗力的基础。它的基本任务是:

(一)宣传和执行党的路线、方针、政策,宣传和执行党中央、上级组织和本组织的决议,充分发挥党员的先锋模范作用,团结、组织党内外的干部和群众,努力完成本单位所担负的任务。

(二)组织党员认真学习马克思列宁主义、毛泽东思想、邓小平理论和"三个代表"重要思想,学习科学发展观,学习党的路线、方针、政策和决议,学习党的基本知识,学习科学、文化、法律和业务知识。

(三)对党员进行教育、管理、监督和服务,提高党员素质,增强党性,严格党的组织生活,开展批评和自我批评,维护和执行党的纪律,监督党员切实履行义务,保障党员的权利不受侵犯。加强和改进流动党员管理。

(四)密切联系群众,经常了解群众对党员、党的工作的批评和意见,维护群众的正当权利和利益,做好群众的思想政治工作。

(五)充分发挥党员和群众的积极性创造性,发现、培养和推荐他们中间的优秀人才,鼓励和支持他们在改革开放和社会主义现代化建设中贡献自己的聪明才智。

(六)对要求入党的积极分子进行教育和培养,做好经常性的发展党员工作,重视在生产、工作第一线和青年中发展党员。

(七)监督党员干部和其他任何工作人员严格遵守国法政纪,严格遵守国家的财政经济法规和人事制度,不得侵占国家、集体和群众的利益。

(八)教育党员和群众自觉抵制不良倾向,坚决同各种违法犯罪行为作斗争。

第三十二条 街道、乡、镇党的基层委员会和村、社区党组织,领导本地区的工作,支持和保证行政组织、经济组织和群众自治组织充分行使职权。

国有企业和集体企业中党的基层组织,发挥政治核心作用,围绕企业生产经营开展工作。保证监督党和国家的方针、政策在本企业的贯彻执行;支持股东会、董事会、监事会和经理(厂长)依法行使职权;全心全意依靠职工群众,支持职工代表大会开展工作;参与企业重大问题的决策;加强党组织的自身建设,领导思想政治工作、精神文明建设和工会、共青团等群众组织。

非公有制经济组织中党的基层组织,贯彻党的方针政策,引导和监督企业遵守国家的法律法规，领导工会、共青团等群众组织，团结凝聚职工群众，维护各方的合法权益，促进企业健康发展。

实行行政领导人负责制的事业单位中党的基层组织，发挥政治核心作用。实行党委领导下的行政领导人负责制的事业单位中党的基层组织，对重大问题进行讨论和作出决定，同时保证行政领导人充分行使自己的职权。

各级党和国家机关中党的基层组织，协助行政负责人完成任务，改进工作，对包括行政负责人在内的每个党员进行监督，不领导本单位的业务工作。

第六章　党的干部

第三十三条　党的干部是党的事业的骨干，是人民的公仆。党按照德才兼备的原则选拔干部，坚持任人唯贤，反对任人唯亲，努力实现干部队伍的革命化、年轻化、知识化、专业化。

党重视教育、培训、选拔和考核干部，特别是培养、选拔优秀年轻干部。积极推进干部制度改革。

党重视培养、选拔女干部和少数民族干部。

第三十四条　党的各级领导干部必须模范地履行本章程第三条所规定的党员的各项义务，并且必须具备以下的基本条件：

（一）具有履行职责所需要的马克思列宁主义、毛泽东思想、邓小平理论的水平，认真实践“三个代表”重要思想，带头贯彻落实科学发展观，努力用马克思主义的立场、观点、方法分析和解决实际问题，坚持讲学习、讲政治、讲正气，经得起各种风浪的考验。

（二）具有共产主义远大理想和中国特色社会主义坚定信念，坚决执行党的基本路线和各项方针、政策，立志改革开放，献身现代化事业，在社会主义建设中艰苦创业，树立正确政绩观，做出经得起实践、人民、历史检验的实绩。

（三）坚持解放思想，实事求是，与时俱进，开拓创新，认真调查研究，能够把党的方针、政策同本地区、本部门的实际相结合，卓有成效地开展工作，讲实话，办实事，求实效，反对形式主义。

（四）有强烈的革命事业心和政治责任感，有实践经验，有胜任领导工作的组织能力、文化水平和专业知识。

（五）正确行使人民赋予的权力，依法办事，清正廉洁，勤政为民，以身作则，艰苦朴素，密切联系群众，坚持党的群众路线，自觉地接受党和群众的批评和监督，加强道德修养，做到自重、自省、自警、自励，反对官僚主义，反对任何滥用职权、谋求私利的不正之风。

(六)坚持和维护党的民主集中制,有民主作风,有全局观念,善于团结同志,包括团结同自己有不同意见的同志一道工作。

第三十五条 党员干部要善于同党外干部合作共事,尊重他们,虚心学习他们的长处。

党的各级组织要善于发现和推荐有真才实学的党外干部担任领导工作,保证他们有职有权,充分发挥他们的作用。

第三十六条 党的各级领导干部,无论是由民主选举产生的,或是由领导机关任命的,他们的职务都不是终身的,都可以变动或解除。

年龄和健康状况不适宜于继续担任工作的干部,应当按照国家的规定退、离休。

第七章 党的纪律

第三十七条 党的纪律是党的各级组织和全体党员必须遵守的行为规则,是维护党的团结统一、完成党的任务的保证。党组织必须严格执行和维护党的纪律,共产党员必须自觉接受党的纪律的约束。

第三十八条 党组织对违犯党的纪律的党员,应当本着惩前毖后、治病救人的精神,按照错误性质和情节轻重,给以批评教育直至纪律处分。

严重触犯刑律的党员必须开除党籍。

党内严格禁止用违反党章和国家法律的手段对待党员,严格禁止打击报复和诬告陷害。违反这些规定的组织或个人必须受到党的纪律和国家法律的追究。

第三十九条 党的纪律处分有五种:警告、严重警告、撤销党内职务、留党察看、开除党籍。

留党察看最长不超过两年。党员在留党察看期间没有表决权、选举权和被选举权。党员经过留党察看,确已改正错误的,应当恢复其党员的权利;坚持错误不改的,应当开除党籍。

开除党籍是党内的最高处分。各级党组织在决定或批准开除党员党籍的时候,应当全面研究有关的材料和意见,采取十分慎重的态度。

第四十条 对党员的纪律处分,必须经过支部大会讨论决定,报党的基层委员会批准;如果涉及的问题比较重要或复杂,或给党员以开除党籍的处分,应分别不同情况,报县级或县级以上党的纪律检查委员会审查批准。在特殊情况下,县级和县级以上各级党的委员会和纪律检查委员会有权直接决定给党员以纪律处分。

对党的中央委员会和地方各级委员会的委员、候补委员，给以撤销党内职务、留党察看或开除党籍的处分，必须由本人所在的委员会全体会议三分之二以上的多数决定。在特殊情况下，可以先由中央政治局和地方各级委员会常务委员会作出处理决定，待召开委员会全体会议时予以追认。对地方各级委员会委员和候补委员的上述处分，必须经过上级党的委员会批准。

严重触犯刑律的中央委员会委员、候补委员，由中央政治局决定开除其党籍；严重触犯刑律的地方各级委员会委员、候补委员，由同级委员会常务委员会决定开除其党籍。

第四十一条 党组织对党员作出处分决定，应当实事求是地查清事实。处分决定所依据的事实材料和处分决定必须同本人见面，听取本人说明情况和申辩。如果本人对处分决定不服，可以提出申诉，有关党组织必须负责处理或者迅速转递，不得扣压。对于确属坚持错误意见和无理要求的人，要给以批评教育。

第四十二条 党组织如果在维护党的纪律方面失职，必须受到追究。

对于严重违犯党的纪律、本身又不能纠正的党组织，上一级党的委员会在查明核实后，应根据情节严重的程度，作出进行改组或予以解散的决定，并报再上一级党的委员会审查批准，正式宣布执行。

第八章　党的纪律检查机关

第四十三条 党的中央纪律检查委员会在党的中央委员会领导下进行工作。党的地方各级纪律检查委员会和基层纪律检查委员会在同级党的委员会和上级纪律检查委员会双重领导下进行工作。

党的各级纪律检查委员会每届任期和同级党的委员会相同。

党的中央纪律检查委员会全体会议，选举常务委员会和书记、副书记，并报党的中央委员会批准。党的地方各级纪律检查委员会全体会议，选举常务委员会和书记、副书记，并由同级党的委员会通过，报上级党的委员会批准。党的基层委员会是设立纪律检查委员会，还是设立纪律检查委员，由它的上一级党组织根据具体情况决定。党的总支部委员会和支部委员会设纪律检查委员。

党的中央纪律检查委员会根据工作需要，可以向中央一级党和国家机关派驻党的纪律检查组或纪律检查员。纪律检查组组长或纪律检查员可以列席该机关党的领导组织的有关会议。他们的工作必须受到该机关党的领导组织的支持。

第四十四条 党的各级纪律检查委员会的主要任务是：维护党的章程和其

他党内法规,检查党的路线、方针、政策和决议的执行情况,协助党的委员会加强党风建设和组织协调反腐败工作。

各级纪律检查委员会要经常对党员进行遵守纪律的教育,作出关于维护党纪的决定;对党员领导干部行使权力进行监督;检查和处理党的组织和党员违反党的章程和其他党内法规的比较重要或复杂的案件,决定或取消对这些案件中的党员的处分;受理党员的控告和申诉;保障党员的权利。

各级纪律检查委员会要把处理特别重要或复杂的案件中的问题和处理的结果,向同级党的委员会报告。党的地方各级纪律检查委员会和基层纪律检查委员会要同时向上级纪律检查委员会报告。

各级纪律检查委员会发现同级党的委员会委员有违犯党的纪律的行为,可以先进行初步核实,如果需要立案检查的,应当报同级党的委员会批准,涉及常务委员的,经报告同级党的委员会后报上一级纪律检查委员会批准。

第四十五条 上级纪律检查委员会有权检查下级纪律检查委员会的工作,并且有权批准和改变下级纪律检查委员会对于案件所作的决定。如果所要改变的该下级纪律检查委员会的决定,已经得到它的同级党的委员会的批准,这种改变必须经过它的上一级党的委员会批准。

党的地方各级纪律检查委员会和基层纪律检查委员会如果对同级党的委员会处理案件的决定有不同意见,可以请求上一级纪律检查委员会予以复查;如果发现同级党的委员会或它的成员有违犯党的纪律的情况,在同级党的委员会不给予解决或不给予正确解决的时候,有权向上级纪律检查委员会提出申诉,请求协助处理。

第九章 党 组

第四十六条 在中央和地方国家机关、人民团体、经济组织、文化组织和其他非党组织的领导机关中,可以成立党组。党组发挥领导核心作用。党组的任务,主要是负责贯彻执行党的路线、方针、政策;讨论和决定本单位的重大问题;做好干部管理工作;团结党外干部和群众,完成党和国家交给的任务;指导机关和直属单位党组织的工作。

第四十七条 党组的成员,由批准成立党组的党组织决定。党组设书记,必要时还可以设副书记。

党组必须服从批准它成立的党组织领导。

第四十八条 对下属单位实行集中统一领导的国家工作部门可以建立党委,党委的产生办法、职权和工作任务,由中央另行规定。

第十章　党和共产主义青年团的关系

第四十九条　中国共产主义青年团是中国共产党领导的先进青年的群众组织,是广大青年在实践中学习中国特色社会主义和共产主义的学校,是党的助手和后备军。共青团中央委员会受党中央委员会领导。共青团的地方各级组织受同级党的委员会领导,同时受共青团上级组织领导。

第五十条　党的各级委员会要加强对共青团的领导,注意团的干部的选拔和培训。党要坚决支持共青团根据广大青年的特点和需要,生动活泼地、富于创造性地进行工作,充分发挥团的突击队作用和联系广大青年的桥梁作用。

团的县级和县级以下各级委员会书记,企业事业单位的团委员会书记,是党员的,可以列席同级党的委员会和常务委员会的会议。

第十一章　党徽党旗

第五十一条　中国共产党党徽为镰刀和锤头组成的图案。

第五十二条　中国共产党党旗为旗面缀有金黄色党徽图案的红旗。

第五十三条　中国共产党的党徽党旗是中国共产党的象征和标志。党的各级组织和每一个党员都要维护党徽党旗的尊严。要按照规定制作和使用党徽党旗。

附 1:

中国共产党第十七次全国代表大会关于《中国共产党章程(修正案)》的决议

(2007 年 10 月 21 日中国共产党
第十七次全国代表大会通过)

中国共产党第十七次全国代表大会审议并一致通过十六届中央委员会提出的《中国共产党章程(修正案)》,决定这一修正案自通过之日起生效。

大会认为,十六大以来,党中央坚持以邓小平理论和"三个代表"重要思想为指导,根据新的发展要求,集中全党智慧,提出了以人为本、全面协调可持续发展的科学发展观。科学发展观,是对党的三代中央领导集体关于发展的重要思想的继承和发展,是马克思主义关于发展的世界观和方法论的集中体现,是同马克思列宁主义、毛泽东思想、邓小平理论和"三个代表"重要思想既一脉相承又与时俱进的科学理论,是我国经济社会发展的重要指导方针,是发展中国特色社会主义必须坚持和贯彻的重大战略思想。大会一致同意将科学发展观写入党章。大会要求全党同志全面把握科学发展观的科学内涵和精神实质,增强贯彻落实科学发展观的自觉性和坚定性,着力转变不适应不符合科学发展观的思想观念,着力解决影响和制约科学发展的突出问题,把全社会的发展积极性引导到科学发展上来,把科学发展观贯彻落实到经济社会发展各个方面。

大会认为,改革开放以来,中国共产党人和中国人民以一往无前的进取精神和波澜壮阔的创新实践,谱写了中华民族自强不息、顽强奋进新的壮丽史诗,中国人民的面貌、社会主义中国的面貌、中国共产党的面貌发生了历史性变化。改革开放以来我们取得一切成绩和进步的根本原因,归结起来就是:开辟了中国特色社会主义道路,形成了中国特色社会主义理论体系。把这个重大论断写入党章,对于动员全党更好地把握和坚持中国特色社会主义道路和中国特色社会主义理论体系,不断发展中国特色社会主义,具有十分重大的意义。

大会认为,经过新中国成立以来特别是改革开放以来的不懈努力,我国取得了举世瞩目的发展成就,但我国仍处于并将长期处于社会主义初级阶段的基本国情没有变,人民日益增长的物质文化需要同落后的社会生产之间的矛盾这一社会主要矛盾没有变。大会一致同意在党章中把党的基本路线中的奋斗目标表述为把我国建设成为富强民主文明和谐的社会主义现代化国家。大会要求全党毫不动摇地坚持党的“一个中心、两个基本点”的基本路线,团结带领全国各族人民为把我国建设成为社会主义现代化国家而奋斗。

大会认为,把经济建设、政治建设、文化建设、社会建设四位一体的中国特色社会主义事业总体布局写入党章,对于夺取全面建设小康社会新胜利、开创中国特色社会主义事业新局面,具有重大意义。毫不动摇地巩固和发展公有制经济,毫不动摇地鼓励、支持、引导非公有制经济发展,发挥市场在资源配置中的基础性作用,建立完善的宏观调控体系,统筹城乡发展、区域发展、经济社会发展、人与自然和谐发展、国内发展和对外开放,建设社会主义新农村,走中国特色新型工业化道路,建设创新型国家,建设资源节约型、环境友好型社会;坚持党的领导、人民当家作主、依法治国有机统一,走中国特色社会主义政治发展道路,坚持和完善基层群众自治制度,尊重和保障人权,建立健全民主选举、民主决策、民主管理、民主监督的制度和程序;坚持马克思主义指导思想,树立中国特色社会主义共同理想,弘扬以爱国主义为核心的民族精神和以改革创新为核心的时代精神,倡导社会主义荣辱观;按照民主法治、公平正义、诚信友爱、充满活力、安定有序、人与自然和谐相处的总要求和共同建设、共同享有的原则,以改善民生为重点,解决好人民最关心、最直接、最现实的利益问题,努力形成全体人民各尽其能、各得其所而又和谐相处的局面,这些都是我们党在建设中国特色社会主义实践中取得的重大认识和成果。把这些内容写入党章,对于全党同志更加自觉、更加坚定地贯彻党的理论和路线方针政策,按照中国特色社会主义事业总体布局的要求,继续发展社会主义市场经济、发展社会主义民主政治、发展社会主义先进文化、构建社会主义和谐社会,团结带领全国各族人民把中国特色社会主义伟大事业不断推向前进,具有十分重大的作用。

大会认为,适应新形势新任务的要求,把党在领导军队建设、民族工作、宗教工作、统战工作、外交工作等方面形成的方针政策写入党章,有利于全面贯彻这些方针政策,切实做好这些方面的工作。

大会认为,着力加强党的执政能力建设和先进性建设,以改革创新精神全面推进党的建设新的伟大工程,坚持立党为公、执政为民,做到科学执政、民主执政、依法执政,不断推进马克思主义中国化,坚持权为民所用、情为民所系、利为民所谋,保障党员民主权利,坚持标本兼治、综合治理、惩防并举、注重预防的方针,建立健全惩治和预防腐败体系,是十六大以来我们党在党的建设方面取得的重大认识和成果。把这些内容写入党章,有利于进一步加强和改进党的建设,不断提高党的执政能力,保持和发展党的先进性,使党始终成为中国特色社会主义事业的坚强领导核心。

大会认为,在党章中规定党的各级组织要按规定实行党务公开,党的各级代表大会代表实行任期制,党的中央和省、自治区、直辖市委员会实行巡视制度,中央政治局向中央委员会全体会议报告工作、接受监督,党的地方各级委员会的常务委员会定期向委员会全体会议报告工作、接受监督,是加强党的制度建设的需要,是扩大党内民主、加强党内监督的需要。同时,为加强党的执政能力建设和先进性建设,对党员、党的干部和党的各级组织的要求进行充实十分必要。这有利于进一步增强我们党的治党管党水平,提高党的领导水平和执政能力。

大会要求,党的各级组织和全党同志高举中国特色社会主义伟大旗帜,坚持以邓小平理论和"三个代表"重要思想为指导,深入贯彻落实科学发展观,切实学习党章、遵守党章、贯彻党章、维护党章,进一步加强党的执政能力建设和先进性建设,不断提高党的创造力、凝聚力、战斗力,为夺取全面建设小康社会新胜利、开创中国特色社会主义事业新局面而不懈奋斗!

附 2:

中共中央关于
《中国共产党章程(修正案)》的说明

中国共产党十六届七中全会决定,对党章进行修改,将党章修正案和关于党章修正案的说明提请党的第十七次全国代表大会审议。现就有关问题说明如下。

一、修改党章的基本考虑

现行党章是 1982 年 9 月党的十二大通过的。20 多年来,党章的基本内容保持稳定,对规范和指导党的工作和党的建设起到了重要作用。同时,根据形势和任务的发展变化,党的十三大、十四大、十五大、十六大都对党章作了不同程度的修改。

党的十六大以来,我们党坚持以邓小平理论和“三个代表”重要思想为指导,全面贯彻党的十六大作出的各项部署,紧紧依靠全国各族人民,积极推进全面建设小康社会进程,加快推进社会主义现代化,取得了建设中国特色社会主义事业新成就。根据新世纪新阶段形势和任务发展的要求,我们党在邓小平理论和“三个代表”重要思想指导下,提出了科学发展观等一系列重大战略思想,明确了构建社会主义和谐社会的战略任务,确立了社会主义经济建设、政治建设、文化建设、社会建设四位一体的中国特色社会主义事业总体布局,确定了建设富强民主文明和谐的社会主义现代化国家的奋斗目标。我们党在新的实践中扎实推进党的建设新的伟大工程,党的执政能力建设和先进性建设得到加强,保持共产党员先进性教育活动取得重大成果,发展党内民主、加强干部教育培训、深化干部人事制度改革和推进组织制度创新以及建立健全教育、制度、监督并重的惩治和预防腐败体系等方面取得了新的重要进展。许多地方和部门党组织建议,党的十七大根据党的理论创新和实践发展,根据形势的发展变化和推进党的工作、加强党的建设的需要,对党章作出修改。中央研究决定,党的十七大对党章进行适当修改,在党章中体现党的理论创新和实践发展的成果。这有利于全党更好地学习和贯彻党章,更好地坚持党的基本理论、基本路线、基本纲领、基本经验,更好地贯彻落实党的方针政策和重大部署,更好地把中国特色社会主义伟大事业和党的建设新的伟大工程推向前进。

这次修改党章遵循的原则是,坚持以马克思列宁主义、毛泽东思想、邓小平理论和“三个代表”重要思想为指导,体现科学发展观等党的十六大以来党中央提出的一系列重大战略思想,把党的十七大报告确立的重大理论观点、重大战略思想、重大工作部署写入党章;坚持发扬党内民主,集中全党智慧;保持党章的总体稳定,只修改那些必须改的、在党内已经形成共识的内容,努力使修改后的党章充分体现马克思主义中国化最新成果,充分体现党的工作和党的建设的新鲜经验,以适应新形势新任务对党的工作和党的建设提出的新要求。

现行党章总体上适应指导党的工作和党的建设的需要。因此,这次对党章只作适当修改,不作大改;各级党组织和广大党员普遍要求修改、实践证明是成熟的就改;不成熟的不改,可改可不改的原则上不改。这次党章修改工作,充分发扬党内民主,广泛征求各方面意见。各地区各部门党组织和广大党员对党章提出的修改意见和建议许多已经采纳。有些意见虽然党章修正案没有采纳,但主要精神已经体现在党的十七大报告中;有的意见和建议还需要在实践中进一步研究和探索;还有些具体建议,可在党内其他文件、法规中体现。

二、总纲修改的主要内容

(一)增写了党的十六大以来实践进程的内容,强调深入贯彻落实科学发展观。在总结实践经验的基础上,为了推动全党深入贯彻落实科学发展观,更好地全面建设小康社会,推动经济社会又好又快发展,党章修正案总纲增写了第七自然段,强调指出:十六大以来,党中央坚持以邓小平理论和“三个代表”重要思想为指导,根据新的发展要求,集中全党智慧,提出了以人为本、全面协调可持续发展的科学发展观。科学发展观,是同马克思列宁主义、毛泽东思想、邓小平理论和“三个代表”重要思想既一脉相承又与时俱进的科学理论,是我国经济社会发展的重要指导方针,是发展中国特色社会主义必须坚持和贯彻的重大战略思想。把科学发展观写入党章,有利于全党同志增强贯彻落实科学发展观的自觉性和坚定性,进一步把思想统一到科学发展上来,把全社会的发展积极性引导到科学发展上来,把科学发展观贯彻落实到经济社会发展各个方面。

(二)增写了中国特色社会主义道路和中国特色社会主义理论体系的内容。党的十七大报告在总结我国改革开放和社会主义现代化建设伟大历程的基础上,鲜明提出了坚持中国特色社会主义道路和中国特色社会主义理论体系。这对于我们党高举中国特色社会主义伟大旗帜,团结带领全国各族人民继续开创中国特色社会主义事业新局面,具有重大意义。根据党的十七大报告有关论述,党章修正案总纲增写了第八自然段,强调改革开放以来我们取得一切成绩和进步的根本原因,归结起来就是:开辟了中国特色社会主义道路,形成了中国特色社会主义理论体系。全党同志要倍加珍惜、长期坚持和不断发展党历经艰辛开创的这条道路和这个理论体系,高举中国特色社会主义伟大旗帜,为实现推进现代化建设、完成祖国统一、维护世界和平与促进共同发展这三大历史任务而奋斗。党章作出这样的阐述,有利于全党同志更好地把握和坚持中国特色社会主义道路和中国特色社会主义理论体系,不断发展中国特色社会主义。

(三)增写了中国特色社会主义事业总体布局的内容。根据我们党确定的中国特色社会主义事业总体布局,党章修正案总纲第九自然段增写了必须按照中国特色社会主义事业总体布局,全面推进经济建设、政治建设、文化建设、社会建设的内容,同时增写了促进人的全面发展,尊重劳动、尊重知识、尊重人才、尊重创造,做到发展为了人民、发展依靠人民、发展成果由人民共享的内容。总纲第十四至第十七自然段分别阐述推进社会主义经济建设、政治建设、文化建设、社会建设。把中国特色社会主义事业总体布局写入党章,有利于全党同志更加自觉地为开拓中国特色社会主义更为广阔的发展前景而奋斗。

(四)充实了论述党在社会主义初级阶段的基本路线的内容。我国仍处于并将长期处于社会主义初级阶段,这是我国最大的实际,党在社会主义初级阶段的基本路线是党和国家的生命线。党章修正案总纲加强了对党的基本路线的论述。一是鉴于党的十六届六中全会明确提出了建设富强民主文明和谐的社会主义现代化国家的奋斗目标,党章修正案总纲把党的基本路线中的奋斗目标相应地表述为把我国建设成为富强民主文明和谐的社会主义现代化国家。二是对分别阐述"一个中心、两个基本点"的三个自然段的内容作了补充,增写了实施人才强国战略、促进国民经济又好又快发展、坚持对外开放的基本国策、提高改革决策的科学性、增强改革措施的协调性的内容。

(五)增写了发展社会主义市场经济的内容。党的十四大确立社会主义市场经济的改革目标以来,我们党带领全国各族人民为建立社会主义市场经济体制进行了不懈探索,初步建立社会主义市场经济体制,积累了重要经验。党章修正案整合了总纲原阐述"一个中心"的自然段关于经济建设的有关内容,增写了中国共产党领导人民发展社会主义市场经济的自然段,强调要毫不动摇地巩固和发展公有制经济,毫不动摇地鼓励、支持、引导非公有制经济发展;强调要发挥市场在资源配置中的基础性作用,建立完善的宏观调控体系,统筹城乡发展、区域发展、经济社会发展、人与自然和谐发展、国内发展和对外开放,调整经济结构,转变经济发展方式;强调要建设社会主义新农村,走中国特色新型工业化道路,建设创新型国家,建设资源节约型、环境友好型社会。作这样的调整和充实,有利于全党同志毫不动摇地坚持改革开放,坚持社会主义市场经济的改革方向,坚持社会主义基本经济制度,不断完善社会主义市场经济体制,不断完善宏观调控体系,不断提高对外开放水平,推动国民经济又好又快发展。

(六)充实了发展社会主义民主政治的内容。发展社会主义民主政治是我们党始终不渝的奋斗目标。发展社会主义民主政治,建设社会主义政治文明,关键是要坚持党的领导、人民当家作主、依法治国有机统一,走中国特色社会主义政治发展道路。党章修正案总纲充实了中国共产党领导人民发展社会主义民主政治的自然段,在强调上述内容的同时,强调要坚持和完善人民代表大会制度、中国共产党领导的多党合作和政治协商制度、民族区域自治制度以及基层群众自治制度,增写了尊重和保障人权的内容,完整表述了民主选举、民主决策、民主管理、民主监督的内容。这对于指导全党同志全面准确把握社会主义政治建设的方向和基本要求,对于指导政治体制改革和社会主义民主政治建设,都具有重大意义。

(七)充实了发展社会主义先进文化的内容。党章修正案总纲第十六自然段强调中国共产党领导人民发展社会主义先进文化。增写了坚持马克思主义指导思想,树立中国特色社会主义共同理想,弘扬以爱国主义为核心的民族精神和以改革创新为核心的时代精神,倡导社会主义荣辱观的内容。这有利于全党同志牢牢把握发展社会主义先进文化的方向和任务,激发全民族文化创造活力,更加自觉、更加主动地推动文化大发展大繁荣,提高国家文化软实力,满足人民群众日益增长的精神文化需求。

(八)增写了构建社会主义和谐社会的内容。党章修正案总纲第十七自然段强调中国共产党领导人民构建社会主义和谐社会。强调按照民主法治、公平正义、诚信友爱、充满活力、安定有序、人与自然和谐相处的总要求和共同建设、共同享有的原则,以改善民生为重点,解决好人民最关心、最直接、最现实的利益问题,努力形成全体人民各尽其能、各得其所而又和谐相处的局面。将原政治建设自然段关于社会管理的内容整合到这一自然段。作这样的修改,既阐明了构建社会主义和谐社会的总要求和指导原则,又阐明了现阶段促进社会和谐的主要着力点,有利于全党同志深刻认识社会和谐是中国特色社会主义的本质属性,深刻认识构建社会主义和谐社会是贯穿中国特色社会主义事业全过程的长期历史任务,从而既抓住事关群众利益的突出问题着力推进、重点突破,又量力而行、尽力而为,有重点、分步骤地持续推动和谐社会建设。

(九)充实了军队建设、民族工作、统战工作、外交工作等方面的内容,增写了全面贯彻党的宗教工作基本方针的内容。为了更好地推进军队建设、民族工作和宗教工作、统战工作、外交工作，党章修正案对总纲相关段落作了调整和充实。一是增写了切实保证人民解放军履行新世纪新阶段军队历史使命的内容。二是增写了中国共产党维护和发展平等团结互助和谐的社会主义民族关系，帮助少数民族和民族地区发展经济、文化和社会事业，实现各民族共同团结奋斗、共同繁荣发展的内容。三是增写了全面贯彻党的宗教工作基本方针、团结信教群众为经济社会发展作贡献的内容。四是关于我国统一战线构成的表述增写了社会主义事业的建设者的内容。五是增写了促进香港、澳门长期繁荣稳定的内容。六是增写了坚持和平发展道路，坚持互利共赢的开放战略，统筹国内国际两个大局，努力推动建设持久和平、共同繁荣的和谐世界的内容。

（十）充实了加强和改进党的建设和党的领导的内容。党章修正案对总纲党的建设和党的领导相关内容作了修改，突出强调了加强党的执政能力建设和先进性建设，以改革创新精神全面推进党的建设新的伟大工程，坚持立党为公、执政为民。党的建设第一项基本要求增写了深入贯彻落实科学发展观的内容，强调要从组织上保证党的基本理论、基本路线、基本纲领、基本经验的贯彻落实。党的建设第二项基本要求增写了弘扬求真务实精神、推进马克思主义中国化的内容。党的建设第三项基本要求增写了坚持权为民所用、情为民所系、利为民所谋，坚持标本兼治、综合治理、惩防并举、注重预防的方针，建立健全惩治和预防腐败体系的内容。党的建设第四项基本要求增写了保障党员民主权利、保证全党的团结统一的内容，以进一步形成党内民主团结的良好局面。党的领导的自然段增写了坚持科学执政、民主执政、依法执政的内容，明确提出了促进经济社会全面发展的要求，以推动各级党委不断提高领导能力，增强各级党组织统筹经济社会发展的自觉性和坚定性。

三、条文部分修改的主要内容

（十一）对党员义务作了适当补充。第三条第一款增写了学习科学发展观和学习法律知识的内容，第三条第八款增写了带头实践社会主义荣辱观的内容，使党章关于党员义务的规定更加符合党员长期受教育、永葆先进性的要求，以利于广大党员更好地发挥先锋模范作用。

（十二）增写了党的组织制度方面的新规定。一是第十条第四款增写了党的各级组织要按规定实行党务公开的内容。这有利于扩大党内民主，使党员更好地了解和参与党内事务。二是第十一条增写了第三款，规定党的各级代表大会代表实行任期制。这是考虑到，党的十六大和十六届四中全会对党的代表大会闭会期间发挥代表作用提出了明确要求,有关地方也在这方面进行了富有成效的探索,取得了重要经验。作出这一规定,将来根据这项规定制定具体实施意见,明确党代会代表的职责和权利,有利于充分发挥党代会代表的作用。三是第十三条增写了第四款,规定党的中央和省、自治区、直辖市委员会实行巡视制度。这是考虑到,中央决定实行巡视制度以来已取得明显成效,把巡视制度写入党章,有利于加强党内监督,促进党风廉政建设。

(十三)充实了党的中央组织和地方组织的工作制度。第二十一条第二款增写了中央政治局向中央委员会全体会议报告工作、接受监督的内容。第二十七条增写了第二款,规定党的地方各级委员会的常务委员会定期向委员会全体会议报告工作,接受监督。党的十六大以来,中央政治局向中央委员会报告工作已经形成制度,把这项行之有效的制度写入党章、推向全党,并长期坚持下去,有利于发扬党内民主、加强党内监督,有利于发挥党的各级委员会全体会议的作用。

(十四)增写了对党的基层组织的新要求。一是把第二十九条第一款"社会团体、社会中介组织"统称为社会组织,以涵盖包括新社会组织在内的所有社会组织。这有利于加大在新社会组织中建立党组织的工作力度,扩大党的工作覆盖面,增强党执政的群众基础和社会基础。二是第二十九条第二款关于基层委员会、总支部委员会和支部委员会产生办法的规定增写了提出委员候选人要广泛征求党员和群众的意见的内容,把第三十条中的"基层委员会、总支部委员会、支部委员会选出的书记、副书记,应报上级党组织批准"修改为"基层委员会、总支部委员会、支部委员会的书记、副书记选举产生后,应报上级党组织批准"。这是考虑到,按照中央的部署,不少地方开展了由党员大会或党员代表大会直接选举基层党组织负责人的试点,实践效果较好。作这样的规定,有利于扩大基层党组织领导班子候选人提名的民主,有利于给直接选举基层党组织领导班子等扩大党内基层民主的探索留出空间。三是第三十一条第三款增写了对党员进行服务的内容,这有利于基层党组织完善功能、增强凝聚力和感召力。四是第三十一条第三款增写了加强和改进流动党员管理的内容。随着我国经济社会快速发展和社会组织结构深刻变化,流动党员数量不断增多,加强和改进流动党员管理是新形势下党员管理的新课题,是基层党组织的一项重要任务。作这样的规定,有利于党员流出地和流入地的基层党组织落实各自责任、形成管理合力。

(十五)对党的干部提出了更高要求。第三十四条第一款增写了带头贯彻落实科学发展观的内容,第三十四条第二款增写了树立正确政绩观,做出经得起实践、人民、历史检验的实绩的内容，第三十四条第五款增写了加强道德修养的内容。这样修改，有利于树立正确的用人导向，促使各级领导干部增强贯彻落实科学发展观的自觉性和坚定性，加强党性修养和道德修养，脚踏实地为党和人民建功立业。

附 3:

中国共产党第十七次全国代表大会秘书处负责人就十七大通过的《中国共产党章程(修正案)》答新华社记者问

2007年10月21日,中国共产党第十七次全国代表大会通过了《中国共产党章程(修正案)》,新华社记者就此采访了党的十七大秘书处负责人。

问:请你谈谈党的十七大修改党章的必要性和基本考虑。

答:现行党章是1982年9月党的十二大通过的。根据形势和任务的发展变化,1987年11月,党的十三大对条文作了部分修改;1992年10月,党的十四大对总纲和条文作了部分修改;1997年9月,党的十五大对总纲作了个别修改;2002年11月,党的十六大对总纲和条文作了部分修改。

党的十六大以来,我们党坚持以邓小平理论和"三个代表"重要思想为指导,团结带领全国各族人民,在推进中国特色社会主义事业的实践中,继续推进马克思主义中国化,提出了科学发展观等一系列重大战略思想,在全党全国各族人民中形成了广泛共识。特别是科学发展观,作为同马克思列宁主义、毛泽东思想、邓小平理论和"三个代表"重要思想既一脉相承又与时俱进的科学理论,是我国经济社会发展的重要指导方针,是发展中国特色社会主义必须坚持和贯彻的重大战略思想。及时在党章中体现这些重大理论创新成果,有利于更好地把中国特色社会主义伟大事业和党的建设新的伟大工程推向前进。

我们党确立了社会主义经济建设、政治建设、文化建设、社会建设四位一体的中国特色社会主义事业总体布局,确定了建设富强民主文明和谐的社会主义现代化国家的奋斗目标,形成了贯彻落实科学发展观的一系列方针政策,努力推动我国经济社会又好又快发展。同时,我们坚持统筹国内国际两个大局,坚持奉行独立自主的和平外交政策,坚持和平发展道路,实施互利共赢的开放战略,推动建设持久和平、共同繁荣的和谐世界,维护国家主权、安全、发展利益,维护世界和平、促进共同发展,为我国改革开放和社会主义现代化建设争取了良好国际环境。

我们党在领导人民全面建设小康社会的实践中,扎实推进党的建设新的伟大工程,着力加强党的执政能力建设和先进性建设,深入开展保持共产党员先进性教育活动，积极稳妥发展党内民主，加强干部教育培训，深化干部人事制度改革，推进组织制度创新，加强党风廉政建设和反腐败斗争，建立健全教育、制度、监督并重的惩治和预防腐败体系，党的建设取得了新的进展。

对党章进行适当修改，把中国特色社会主义事业总体布局和一系列对内对外重大方针政策写入党章，把党的建设的理论创新成果和重要经验写入党章，是适应形势任务发展变化推进党的工作、加强党的建设的客观需要，是统一全党思想和行动、凝聚全党智慧和力量、调动全党积极性的重要途径。这样做，有利于更好地学习和贯彻党章，有利于更好地贯彻落实党的方针政策和重大部署，有利于更好地按照党的基本路线、中国特色社会主义事业总体布局及重大方针政策推进党和国家各项工作，有利于以改革创新精神全面推进党的建设新的伟大工程。

党的十七大修改党章遵循的原则是：坚持以马克思列宁主义、毛泽东思想、邓小平理论和“三个代表”重要思想为指导，体现科学发展观等党的十六大以来党中央提出的一系列重大战略思想，把党的十七大报告确立的重大理论观点、重大战略思想、重大工作部署写入党章；坚持发扬党内民主，集中全党智慧；保持党章的总体稳定，只修改那些必须改的、在党内已经形成共识的内容，努力使修改后的党章充分体现马克思主义中国化最新成果，充分体现党的工作和党的建设的新鲜经验，以适应新形势新任务对党的工作和党的建设提出的新要求。

现行党章是在全面总结我们党的历史经验的基础上，根据社会主义现代化建设以及党的组织和队伍的实际情况制定的，经过党的十三大以来历次代表大会的适当修改完善，总体上适应指导党的工作和党的建设的需要。因此，这次对党章只作适当修改，而不作大改。不成熟的不改，可改可不改的原则上不改。通过适当修改，重点反映党的十六大以来党的理论创新成果、党和国家事业发展的新要求，根据新形势新任务充实对党员、党的干部和党的各级组织的要求，完善党内有关制度。这样做，既有利于维护党章的权威性和保持党章基本内容的稳定性和连续性，又能够使党章及时反映党的理论创新和实践发展的成果，适应新形势新任务的需要，更好地规范和指导当前和今后一个时期党的工作和党的建设。

同时考虑到，党的十七大报告将根据当前国内外形势的发展变化，对在新的历史起点上推进党和国家事业、加强和改进党的建设作出全面部署，确立一系列重大理论观点、重大战略思想、重大工作部署。在党章中体现党的十七大报告的重要内容，有利于更好地把学习党章与学习党的十七大报告有机结合起来,扎扎实实学习领会和贯彻落实党的十七大精神。

问:这次党章修改工作的主要特点是什么?

答:这次党章修改工作的一个显著特点,就是充分发扬党内民主、集中全党智慧。去年12月,在中央对党的十七大报告议题向各地区各部门征求意见的过程中,许多地方和部门建议党的十七大根据党的理论创新和实践发展,根据形势的发展变化和推进党的工作、加强党的建设的需要,对党章作出修改。中央政治局认真研究了这个建议,作出了党的十七大对党章进行适当修改的决定,并成立党章修改小组。党章修改工作启动后,中央发出通知,专门就党章修改工作向各地区各部门征求意见,同时还收集了党的十六大以来一些党组织和党员向中央有关部门提出的关于修改党章的意见和建议。在认真研究各方面意见和建议的基础上,提出了党章修改方案。中央政治局常委会、中央政治局先后对党章修改方案进行了审议,形成了党章修正案征求意见稿。之后,中央将党章修正案征求意见稿印发各地区各部门征求意见。根据各方面反馈的意见和建议,对党章修正案稿进行了认真修改,经中央政治局常委会、中央政治局再次审议后,提交党的十六届七中全会审议通过,形成了提交党的十七大审议的党章修正案。党的十七大期间,全体代表对党章修正案进行认真讨论,提出了一些重要修改意见。综合这些意见,大会对党章修正案作了修改。10月21日,大会全体会议一致通过党章修正案。可见,这次党章修改工作充分发扬了党内民主,集中了全党智慧,体现了全党意志。

问:修改后的党章是如何体现科学发展观这一重大战略思想的?

答:党的十六大以来,我们党坚持以邓小平理论和"三个代表"重要思想为指导,总结29年来我国改革开放和社会主义现代化建设的成功经验,吸取其他国家发展进程中的经验教训,从新世纪新阶段党和国家事业发展全局出发,提出了科学发展观这一重大战略思想。科学发展观进一步揭示了经济社会发展的客观规律,反映了我们党对发展问题的新认识,在我国经济社会发展中发挥了重要作用,对我们完成新世纪新阶段的历史任务具有重大意义。把科学发展观写入党章,是确保我国经济社会又好又快发展的根本要求,是继续推进中国特色社会主义伟大事业的客观需要,是全党全国各族人民的共同心愿。

党章总纲增写了关于科学发展观的表述。增写的第七自然段表述为:十六大以来,党中央坚持以邓小平理论和"三个代表"重要思想为指导,根据新的发展要求,集中全党智慧,提出了以人为本、全面协调可持续发展的科学发展观。科学发展观,是同马克思列宁主义、毛泽东思想、邓小平理论和"三个代表"重要思想既一脉相承又与时俱进的科学理论,是我国经济社会发展的重要指导方针，是发展中国特色社会主义必须坚持和贯彻的重大战略思想。

同时，党章总纲和条文部分的其他修改，也都体现了科学发展观的要求。比如，总纲关于经济建设、政治建设、文化建设、社会建设和党的建设修改的内容，都体现了深入贯彻落实科学发展观的要求。再比如，条文部分关于党员、党的干部的要求和党的基层组织的基本任务的修改，都增写了学习和贯彻落实科学发展观的内容。

问：怎样理解党章修正案增写的关于改革开放以来我们取得一切成绩和进步的根本原因的论断？

答：党章总纲在总结改革开放的伟大历史进程时，增写了第八自然段，强调改革开放以来我们取得一切成绩和进步的根本原因，归结起来就是：开辟了中国特色社会主义道路，形成了中国特色社会主义理论体系。党的十七大报告对此进行了深刻阐释。中国特色社会主义道路，就是在中国共产党领导下，立足基本国情，以经济建设为中心，坚持四项基本原则，坚持改革开放，解放和发展社会生产力，巩固和完善社会主义制度，建设社会主义市场经济、社会主义民主政治、社会主义先进文化、社会主义和谐社会，建设富强民主文明和谐的社会主义现代化国家。中国特色社会主义理论体系，就是包括邓小平理论、"三个代表"重要思想以及科学发展观等重大战略思想在内的科学理论体系。这个理论体系，坚持和发展了马克思列宁主义、毛泽东思想，凝结了几代中国共产党人带领人民不懈探索实践的智慧和心血，是马克思主义中国化最新成果，是党最可宝贵的政治和精神财富，是全国各族人民团结奋斗的共同思想基础。党的十七大号召全党同志高举中国特色社会主义伟大旗帜，倍加珍惜、长期坚持和不断发展党历经艰辛开创的中国特色社会主义道路和中国特色社会主义理论体系，为实现推进现代化建设、完成祖国统一、维护世界和平与促进共同发展这三大历史任务而奋斗。在党章中明确写入改革开放以来我们取得一切成绩和进步的根本原因，有利于更好地把握和坚持中国特色社会主义道路和中国特色社会主义理论体系，不断发展中国特色社会主义。

问：把中国特色社会主义事业总体布局的内容写入党章，有什么重大意义？

答：党的十六大以来，党中央提出了深入贯彻落实科学发展观、构建社会主义和谐社会等重大战略任务，从而使中国特色社会主义事业总体布局由经济建设、政治建设、文化建设三位一体扩展为经济建设、政治建设、文化建设、社会建设四位一体。这体现了我们党对共产党执政规律、社会主义建设规律、人类社会发展规律认识的深化。党章总纲第九自然段在阐述社会主义初级阶段基本国情和现阶段奋斗目标时，增写了必须按照中国特色社会主义事业总体布局，全面推进经济建设、政治建设、文化建设、社会建设的内容，并在总纲第十四至十七自然段，分别论述了经济建设、政治建设、文化建设、社会建设。这样修改，有利于全面反映社会主义现代化建设的内在要求，使中国特色社会主义事业的布局、目标、任务更加明确，有利于动员全党全国各族人民更好地全面推进中国特色社会主义伟大事业。同时，党章总纲第九自然段还增写了促进人的全面发展，尊重劳动、尊重知识、尊重人才、尊重创造，做到发展为了人民、发展依靠人民、发展成果由人民共享的内容。这就清楚地表明，我们所强调的发展，是要在经济发展的基础上实现社会全面进步、促进人的全面发展，努力使全体人民共享改革发展成果。

问：党章修正案对论述党的基本路线的内容作了哪些充实和调整？

答：党的十六届六中全会明确提出了建设富强民主文明和谐的社会主义现代化国家的奋斗目标，党章总纲把党的基本路线的表述最后一句修改为“为把我国建设成为富强民主文明和谐的社会主义现代化国家而奋斗”。这样修改，使党的基本路线表述更加全面。

为对应党的基本路线“一个中心、两个基本点”和中国特色社会主义事业四位一体的总体布局，党章修正案总纲用7个自然段分别阐述，增写了经济建设和社会建设两个自然段，调整和充实了原来的5个自然段。

对阐述“一个中心、两个基本点”的3个自然段作了适当补充，增写了实施人才强国战略、促进国民经济又好又快发展、坚持对外开放的基本国策、提高改革决策的科学性、增强改革措施的协调性的内容。

党章修正案总纲增写了关于经济建设的自然段。党的十四大确立社会主义市场经济的改革目标以来，我们党带领全国各族人民为建立社会主义市场经济体制进行了不懈探索，初步建立社会主义市场经济体制，积累了重要经验。新世纪新阶段，我们必须继续坚持以经济建设为中心，发展社会主义市场经济，努力实现经济又好又快发展。党章修正案整合总纲原来阐述“一个中心”自然段中关于经济建设的有关内容，增写了中国共产党领导人民发展社会主义市场经济的自然段，强调要毫不动摇地巩固和发展公有制经济，毫不动摇地鼓励、支持、引导非公有制经济发展，发挥市场在资源配置中的基础性作用，建立完善的宏观调控体系，统筹城乡发展、区域发展、经济社会发展、人与自然和谐发展、国内发展和对外开放，调整经济结构，转变经济发展方式，建设社会主义新农村，走中国特色新型工业化道路，建设创新型国家，建设资源节约型、环境友好型社会。作这样的调整和充实，使经济建设的表述更为集中，有利于坚持社会主义市场经济的改革方向，更好地把握和贯彻社会主义经济建设的方针政策和工作要求。

党章修正案充实了总纲关于发展社会主义民主政治的内容,强调要坚持党的领导、人民当家作主、依法治国有机统一,走中国特色社会主义政治发展道路,增写了坚持基层群众自治制度,同时增写了尊重和保障人权,建立健全民主选举、民主决策、民主管理、民主监督的制度和程序等内容。这样修改,有利于更好地把握和贯彻社会主义政治建设的方针政策和工作要求。

党章修正案总纲充实了发展社会主义先进文化的内容,强调要坚持马克思主义指导思想,树立中国特色社会主义共同理想,弘扬以爱国主义为核心的民族精神和以改革创新为核心的时代精神,倡导社会主义荣辱观。这样修改,有利于更好地把握和贯彻社会主义文化建设的方针政策和工作要求。

党章修正案总纲增写了党领导人民构建社会主义和谐社会的自然段,强调按照民主法治、公平正义、诚信友爱、充满活力、安定有序、人与自然和谐相处的总要求和共同建设、共同享有的原则,以改善民生为重点,解决好人民最关心、最直接、最现实的利益问题,努力形成全体人民各尽其能、各得其所而又和谐相处的局面。这样修改,有利于更好地把握和贯彻构建社会主义和谐社会的方针政策和工作要求。

问:党章修正案对军队建设、民族工作、宗教工作、统战工作和外交工作等方面的内容作了哪些修改?有什么意义?

答:党中央从新世纪新阶段的新形势新任务出发,着眼于加强军队革命化、现代化、正规化建设,提出了军队要努力为党巩固执政地位提供重要力量保证,为维护国家发展的重要战略机遇期提供坚强安全保障,为维护国家利益提供有力战略支撑,为维护世界和平与促进共同发展发挥重要作用的历史使命。为体现党对人民军队建设的新要求,党章总纲第十八自然段增写了切实保证人民解放军履行新世纪新阶段军队历史使命的内容。为全面体现党的民族政策,根据党的十六届六中全会精神,党章总纲第十九自然段第一句修改为中国共产党维护和发展平等团结互助和谐的社会主义民族关系,并增写了帮助少数民族和民族地区发展经济、文化和社会事业,实现各民族共同团结奋斗、共同繁荣发展的内容。党章总纲第十九自然段还增写了全面贯彻党的宗教工作基本方针,团结信教群众为经济社会发展作贡献的内容。党章总纲第二十自然段在统一战线构成的表述中增写了社会主义事业的建设者的内容。根据“一国两制”条件下我们党治国理政的新要求,增写了促进香港、澳门长期繁荣稳定的内容。党章总纲第二十一自然段增写了坚持和平发展道路,坚持互利共赢的开放战略,统筹国内国际两个大局,努力推动建设持久和平、共同繁荣的和谐世界的内容。

这些方面的工作都是中国特色社会主义事业的重要组成部分,根据新形势新任务的要求对党章相应部分进行修改,有利于按照党关于这些方面工作的大政方针做好工作。

问:党章修正案对党的建设和党的领导提出了什么新要求?

答:加强和改善党的领导,加强和改进党的建设,使党始终成为中国特色社会主义事业的坚强领导核心,是党和国家事业不断从胜利走向新的胜利的根本保证。党章总纲对加强和改善党的领导、加强和改进党的建设提出了一系列新要求,强调要加强党的执政能力建设和先进性建设,以改革创新精神全面推进党的建设新的伟大工程,坚持立党为公、执政为民。在党的建设基本要求中,增写了深入贯彻落实科学发展观的内容,强调要从组织上保证党的基本理论、基本路线、基本纲领、基本经验的贯彻落实;弘扬求真务实精神,推进马克思主义中国化;坚持权为民所用、情为民所系、利为民所谋,坚持标本兼治、综合治理、惩防并举、注重预防的方针,建立健全惩治和预防腐败体系;保障党员民主权利,保证全党的团结统一。党的领导的自然段增写了坚持科学执政、民主执政、依法执政的内容,明确提出了促进经济社会全面发展的要求。

党章修正案对党的建设和党的领导提出的这些要求,集中体现了加强党的执政能力建设和先进性建设这条主线,反映了党的十六大以来党的建设方面取得的重大理论创新成果和重要实践经验,有利于在新的形势下进一步加强和改进党的建设,不断提高党的执政能力,保持和发展党的先进性,全面推进党的建设新的伟大工程,不断增强党的创造力、凝聚力、战斗力。

问:党章修正案对党员和党的干部提出了哪些新要求?

答:第一章第三条对党员必须履行的义务作了补充,第一款增写了学习科学发展观和学习法律知识的内容,第八款增写了带头实践社会主义荣辱观的内容。作这样的充实,使党章关于党员必须履行的义务的规定更加符合加强党的执政能力建设和先进性建设的要求,有利于促进党员保持先进性、发挥先锋模范作用。第六章对党的干部提出了新的要求,第三十四条第一款增写了带头贯彻落实科学发展观的内容,第二款中的“在社会主义建设中艰苦创业,做出实绩”修改为“在社会主义建设中艰苦创业,树立正确政绩观,做出经得起实践、人民、历史检验的实绩”,第五款增写了加强道德修养的内容。这样修改,有利于树立正确的用人导向,促使各级领导干部增强贯彻落实科学发展观的自觉性和坚定性,自觉加强党性修养和道德修养,脚踏实地为党和人民建功立业。

问:党章修正案在党的组织制度方面作出了哪些新规定?

答:制度建设是党的建设的重要内容。第二章对党的组织制度作出了3项新规定。一是第十条第四款增写了党的各级组织要按规定实行党务公开的内容。党的十六届四中、六中全会都明确提出要推进党务公开,各级党组织进行了积极探索,积累了成功经验,受到广大党员干部普遍欢迎。在党章中增写这方面的规定,有利于进一步发展党内民主,增强党组织工作的透明度,使党员更好地了解和参与党内事务,增强党的团结和活力。二是第十一条增写了党的各级代表大会代表实行任期制的内容。主要考虑是,党的十六大和十六届四中全会都对党的代表大会闭会期间发挥代表作用提出了明确要求,各地对党的代表大会闭会期间发挥代表作用的途径和形式进行了积极探索,取得了较好成效。在党章中明确党的各级代表大会代表实行任期制的条件已经成熟,可以为充分发挥代表作用创造条件。将来根据这项规定制定具体实施意见,明确党的各级代表大会闭会期间代表的职责和权利。三是第十三条增写了党的中央和省、自治区、直辖市委员会实行巡视制度的内容。中央决定实行巡视制度以来,取得显著成效。把巡视制度写入党章,有利于加强党内监督,促进反腐倡廉工作。

问:党章修正案对党的中央组织和地方组织的工作制度作出了哪些新规定?

答:第二十一条增写了中央政治局向中央委员会全体会议报告工作、接受监督的内容;第二十七条增写了党的地方各级委员会的常务委员会定期向委员会全体会议报告工作、接受监督的内容。主要考虑是:党的十六大以来,中央政治局向中央委员会报告工作已经形成制度,地方各级党委也在这方面作了积极实践。把这项制度写入党章,有利于进一步发扬党内民主、加强党内监督,有利于进一步发挥党的各级委员会全体会议的作用。

问:党章修正案对党的基层组织提出了哪些新要求?

答:一是把第二十九条第一款“社会团体、社会中介组织”改用社会组织来表述。主要考虑是,用社会组织的概念来替代社会团体、社会中介组织的概念,可以涵盖包括新社会组织在内的所有社会组织。作这样的修改,有利于加大在新社会组织中建立党组织的工作力度,扩大党的工作覆盖面,增强党执政的群众基础和社会基础。二是第二十九条第二款关于党的基层委员会、总支部委员会和支部委员会选举办法的规定,增写了提出委员候选人要广泛征求党员和群众的意见的内容。把第三十条中关于“基层委员会、总支部委员会、支部委员会选出的书记、副书记,应报上级党组织批准”修改为“基层委员会、总支部委员会、支部委员会的书记、副书记选举产生后,应报上级党组织批准”。主要考虑是,党的十六大提出逐步扩大基层党组织领导班子成员直接选举范围的要求后,不少地方开展了由党员大会或党员代表大会直接选举基层党组织负责人的试点,实践效果很好。作这样的修改,有利于在基层党组织选举中普遍实行党员和群众公开推荐与上级党组织推荐相结合的办法,扩大基层党组织领导班子候选人提名的民主,拓宽选人用人视野,加强党的基层组织领导班子建设;有利于给直接选举基层党组织领导班子等扩大党内基层民主的探索留出空间。三是第三十一条第二款增写了组织党员学习科学发展观和学习法律知识的内容,把第三十一条第三款"对党员进行教育、管理和监督"修改为"对党员进行教育、管理、监督和服务"。这体现了深入贯彻落实科学发展观对党的基层组织提出的新要求,运用了保持共产党员先进性教育活动的成功经验,有利于进一步激发党员的内在动力。四是第三十一条第三款增写了加强和改进流动党员管理的内容。随着我国改革开放不断深入和社会主义市场经济体制不断完善,各类人员在产业之间转移和地区之间流动日益频繁,其中有不少是共产党员。加强和改进流动党员管理是新形势下党员管理的新课题,也是基层党组织的一项重要任务。作这样的规定,有利于党员流出地和流入地的基层党组织落实各自责任、形成管理合力。

问:请介绍一下,对各级党组织和广大党员关于修改党章的意见和建议是怎么处理的?

答:党的十七大通过的党章修正案,充分反映了各级党组织、广大党员的意见和愿望。经过认真研究,各地区各部门和广大党员提出的重要意见和建议大多数已经被采纳。有些具体意见虽然在党的十七大党章修改中没有被采纳,但主要精神已经体现在党的十七大报告中。有的意见和建议还需要在实践中进一步研究和探索。还有些具体建议将在党内其他文件、法规中体现。

中共中央关于加强和改进党的作风建设的决定

（2001年9月26日中国共产党第十五届中央委员会第六次全体会议通过）

中国共产党第十五届中央委员会第六次全体会议，分析了进入新世纪党面临的新形势新任务，着重研究了加强和改进党的作风建设的若干重大问题，作出如下决定。

一、加强和改进党的作风建设的极端重要性和紧迫性

我国已进入全面建设小康社会、加快推进社会主义现代化的新的发展阶段，党面临着许多新情况新考验。随着冷战结束、经济发展和科技进步，国际环境发生重大变化，世界多极化和经济全球化曲折发展，综合国力竞争日趋激烈，各种矛盾错综复杂，各种思潮相互激荡，敌对势力加紧对我国进行渗透和破坏活动。随着改革开放的深入和社会主义市场经济的发展，国内环境发生重大变化，社会经济成分、组织形式、就业方式、利益关系和分配方式日益多样化，新事物新问题层出不穷。随着党和国家事业的发展，党的队伍状况发生重大变化，新党员大幅度增加，干部队伍新老交替不断进行，一大批年轻干部走上领导岗位。这些深刻变化既带来机遇，也带来挑战。

面对复杂的国内外环境，党要团结和带领全国各族人民，继续推进现代化建设，完成祖国统一，维护世界和平与促进共同发展，就必须始终代表中国先进生产力的发展要求，代表中国先进文化的前进方向，代表中国最广大人民的根本利益，围绕提高党的领导水平和执政水平、提高拒腐防变和抵御风险能力这两大历史性课题，全面推进党的建设新的伟大工程。这样，党就能在世界形势深刻变化的历史进程中始终走在时代前列，在应对国内外各种风险考验的历史进程中始终成为全国人民的主心骨，在建设有中国特色社会主义的历史进程中始终成为坚强的领导核心。

作风建设是党的建设的重要组成部分。我们党历来高度重视作风建设，在长期革命和建设的实践中，形成并坚持发扬了理论联系实际、密切联系群众、批评与自我批评等优良作风。这是党的工人阶级先锋队性质和全心全意为人民服务宗旨的体现，是中国共产党区别于其他政党的显著标志，也是党千锤百炼

更坚强的重要原因。

现在,党的作风总的是好的。十一届三中全会以来,我们党重新确立了解放思想、实事求是的思想路线,形成了社会主义初级阶段的基本路线,制定了一系列符合我国国情和人民利益的大政方针,党的精神面貌焕然一新。广大党员积极投身建设有中国特色社会主义的伟大事业,在发扬党的优良传统的基础上,立足国情、面向世界,锐意改革、致力发展,发扬民主、依法办事,给作风建设注入新的活力。我国改革开放和现代化建设取得举世瞩目的成就,同广大党员为党和人民的事业发挥忘我奋斗和无私奉献的先锋模范作用是密不可分的。

党的作风方面也存在一些亟待解决的问题。主要是:在一些地方、部门和领导干部中,教条主义、本本主义滋长,形式主义、官僚主义盛行,弄虚作假、虚报浮夸严重,独断专行、软弱涣散问题突出,以权谋私、贪图享乐现象蔓延。这些问题,归根到底都是脱离实际、脱离群众的,其消极影响和后果不可低估。历史和现实一再告诉我们,执政党不注重作风建设,听任不正之风侵蚀党的肌体,就会损害党群关系和干群关系,甚至失去民心,丧失政权。

对党的作风状况要有清醒的全面的估计,看不到主流,悲观失望,是错误的;看不到问题的严重性,丧失警惕,不下大气力加紧解决,是危险的。

党的作风方面存在的问题,有其复杂而深刻的社会根源和思想根源。党长期执政,党内一些人产生了脱离群众、固步自封等倾向。我国处在社会主义初级阶段,实行改革开放,发展社会主义市场经济,许多方面的制度还不完善。资产阶级腐朽思想和封建残余思想侵蚀着党的队伍。有的地方和部门治党不严,思想政治建设和组织建设抓得不紧,管理和监督不力。一些党员干部放松世界观改造,理想信念动摇,革命意志衰退,经受不住权力、金钱、美色的考验。这些因素的存在,使党的作风建设的任务十分艰巨。

执政党的党风,关系党的形象,关系人心向背,关系党和国家的生死存亡。全党同志要居安思危,增强忧患意识,充分认识加强和改进党的作风建设,是全面贯彻党的基本理论、基本路线、基本纲领和实践"三个代表"重要思想的迫切需要,是开创改革开放和现代化建设新局面的必然要求,是党永远立于不败之地的重要保证。全党要坚持讲学习、讲政治、讲正气,在推进党的思想建设、组织建设的同时,把加强和改进党的作风建设放在更加突出的位置,切实抓紧抓好。

二、加强和改进党的作风建设的指导思想和主要任务

在新的发展阶段,加强和改进党的作风建设的指导思想和总体要求是:坚持马克思列宁主义、毛泽东思想、邓小平理论的指导,按照"三个代表"重要思想，紧紧围绕经济建设这个中心和改革发展稳定的大局，坚持党要管党、从严治党，以进一步密切党同人民群众的联系为核心，以保持党的先进性、纯洁性和增强党的创造力、凝聚力、战斗力为目标，发扬优良传统，加强思想教育，推进制度建设，解决突出问题，努力把党的作风建设提高到一个新的水平。

加强和改进党的作风建设，核心问题是保持党同人民群众的血肉联系。马克思主义执政党的最大危险，就是脱离群众。人民群众是我们党的力量源泉和胜利之本。失去了人民群众的拥护和支持，党的事业和一切工作就无从谈起。党要经受住长期执政、改革开放和发展社会主义市场经济的考验，就必须始终密切联系群众。在任何时候任何情况下，与人民群众同呼吸共命运的立场不能变，全心全意为人民服务的宗旨不能忘，坚信群众是真正英雄的历史唯物主义观点不能丢。

党的作风建设既是一项长期而艰巨的任务，又是一项现实而紧迫的工作。必须把总体要求同阶段性目标结合起来。当前和今后一个时期，要抓住重点，集中解决党的思想作风、学风、工作作风、领导作风和干部生活作风方面的突出问题。主要任务是：坚持解放思想、实事求是，反对因循守旧、不思进取；坚持理论联系实际，反对照抄照搬、本本主义；坚持密切联系群众，反对形式主义、官僚主义；坚持民主集中制原则，反对独断专行、软弱涣散；坚持党的纪律，反对自由主义；坚持清正廉洁，反对以权谋私；坚持艰苦奋斗，反对享乐主义；坚持任人唯贤，反对用人上的不正之风。全党要进行卓有成效的工作，全面贯彻这“八个坚持、八个反对”，进一步开拓创新、知难而进，关心群众、真抓实干，艰苦奋斗、拒腐防变，使党的作风有新的明显进步，使党群关系和干群关系有新的明显改善，使广大群众看到实效，增强信心。

三、坚持解放思想、实事求是，反对因循守旧、不思进取

加强和改进党的作风建设，必须把思想作风建设摆在第一位。坚持解放思想、实事求是的思想路线和思想作风，是党顺应时代进步潮流、永葆先进性的根本要求。全党必须从我国社会主义初级阶段的实际出发，从不断发展变化的国际形势出发，求真务实，锐意进取，努力开拓马克思主义理论发展的新境界，开创党和国家事业发展的新局面。

解放思想、实事求是永无止境。世界在变化，我国改革和建设在推进，人民群众的伟大实践在发展，迫切要求我们进一步解放思想、实事求是。如果党不能始终站在时代前列和实践前沿，党的思想理论就不能发展，党的事业就不能前进，我们就有被时代淘汰的危险。现在，一些党员干部不认真学习领会和贯彻党的理论路线和方针政策，不注意汲取群众创造的新鲜经验，不尊重客观规律,思想严重脱离实际。有的习惯于单凭老方式老办法想问题、做工作,缺乏主动性和创造性;有的习惯于凭主观意志办事,盲目蛮干,随意性和片面性严重。这种精神状态和思想作风,必须坚决改变。

解放思想、实事求是,就是要毫不动摇地贯彻以经济建设为中心、坚持四项基本原则、坚持改革开放的基本路线,按照实践是检验真理的唯一标准,坚持用"三个有利于"判断各方面工作的是非得失,自觉地把思想认识从那些不合时宜的观念、做法和体制的束缚中解放出来,从对马克思主义错误的和教条式的理解中解放出来,从主观主义和形而上学的桎梏中解放出来,使我们的思想和行动更加符合客观实际,使党的路线方针政策更加符合社会主义初级阶段的国情;就是要按照马克思主义的实践观点和发展观点,研究新情况,解决新问题,正确认识和妥善处理生产力与生产关系、经济基础与上层建筑的矛盾,不断把各项改革推向前进;就是要以宽广的眼光观察当今世界和当代中国,以与时俱进的思想观念和奋发有为的精神状态开展工作,不断推动理论创新、制度创新和科技创新。

解放思想、实事求是,必须把坚持马克思主义基本理论同丰富和发展马克思主义统一起来。要坚持马克思列宁主义、毛泽东思想、邓小平理论这个一脉相承的科学体系,坚持辩证唯物主义和历史唯物主义的世界观、方法论,坚持反映人类社会发展规律的基本原理和基本观点。马克思主义具有与时俱进的理论品质,是不断发展的科学,不能不顾历史条件和现实情况,拘泥于经典作家在特定历史条件下、针对具体情况提出的某些个别论断和具体行动纲领。要树立强烈的创新意识,总结新鲜经验,积极进行理论概括,正确回答实践中迫切需要解决的问题,不断推进马克思主义的中国化,丰富和发展马克思主义,增强马克思主义的说服力和战斗力。

解放思想、实事求是,必须坚决克服各种错误思想倾向的干扰,坚持有"左"反"左",有右反右。右主要是否定四项基本原则,搞资产阶级自由化;"左"主要是思想僵化,把改革开放说成是引进和发展资本主义。在新的形势下,"左"和右都会有新的表现。全党同志应保持清醒头脑,要警惕右,但主要是防止"左"。

要在全党进一步造成鼓励解放思想、实事求是的生动局面。深入进行马克思主义发展史的教育,特别要用我们党不断推进理论创新的实践教育广大党员干部。坚持开展党的思想路线的教育、基本国情和基本路线的教育、国际国内形势的教育。学习和研究问题,鼓励敞开思想,各抒己见,用摆事实、讲道理的方法开展讨论。提倡勤于思考、勇于探索、敢于创新,做到重实际、说实话、办实事、求实效。努力在全党形成认真学习的风气、民主讨论的风气、积极探索的风气和求真务实的风气。

四、坚持理论联系实际，反对照抄照搬、本本主义

理论联系实际，是党一贯坚持的马克思主义学风，是党具有旺盛创造力的关键所在。大力弘扬这一学风，提高全党的马克思主义理论水平和解决实际问题的能力，是加强和改进党的作风建设的一项基础性工作。全党同志必须联系实际刻苦学习，做到理论与实际、学习与运用、言论与行动相统一，创造性地开展工作。

加强马克思主义理论学习，努力掌握和运用马克思主义的立场、观点、方法，始终是全党一项重要的政治任务。要坚持用马克思列宁主义、毛泽东思想、邓小平理论武装全党，深入学习“三个代表”重要思想，不断深化对共产党执政规律、社会主义建设规律、人类社会发展规律的认识，在改造客观世界的同时不断改造主观世界，牢固树立正确的世界观、人生观、价值观。要把学习理论与总结实践经验结合起来，与学习党的历史、中国历史和世界历史结合起来，与学习当代经济、科技、文化等知识结合起来。领导干部特别是走上新岗位的领导干部，要认真学习和掌握与本职工作相关的方针政策和法律法规。对世界各国一切科学的新经验、新思想、新成果，都要积极研究和借鉴，但不能脱离国情照抄照搬。领导干部特别是中央委员和省部级干部要做学习的表率，打牢马克思主义理论功底，坚定理想信念，提高政治敏锐性和政治鉴别力，增强工作的原则性、系统性、预见性和创造性。坚决纠正轻视理论、忽视学习、放松世界观改造的倾向。

学习的目的全在于应用。全党同志特别是领导干部要开动脑筋，以改革开放、现代化建设和我们正在做的事情为中心，着眼于马克思主义的运用，着眼于对现实问题的理论思考，着眼于新的实践和发展，切实解决本地区、本部门存在的实际问题。对党的路线方针政策和中央的工作部署，要坚决贯彻执行，结合本地区、本部门的具体实际创造性地开展工作。领导干部要加深对中国国情的了解，努力把握经济社会发展规律，增强驾驭全局、应对风险的能力。要把学习情况特别是运用理论解决实际问题的能力，作为考核干部的重要内容。坚决反对照抄照搬、照本宣科的本本主义倾向。

学习制度化是加强学习的有力保证。要建立理论学习的领导责任制，严格督促检查。建立健全党委中心组学习制度、领导干部在职自学制度和干部理论学习考核制度。重点抓好领导干部特别是年轻干部的学习。认真落实县以上党政领导干部定期脱产进修和新进领导班子成员到党校、行政学院和其他干部培训机构学习的规定。按照提高理论素养、树立世界眼光、培养战略思维、加强党性修养、增强解决实际问题能力的要求,改进教学方法,提高培训质量,培养良好学风。

大力加强调查研究工作。各级党政领导机关要建立健全调查研究制度,制定和落实调研计划。省部级领导干部每年应至少抽出一个月时间,市(地)县党政领导干部每年要有两个月以上时间,深入基层调研,总结经验,探索规律,指导工作,解决问题。调查研究要改进方法,提高质量,努力了解真实情况,掌握第一手材料。县以上党政主要领导干部要自己动手,撰写有情况、有分析、有见解的调研报告。省、自治区、直辖市和中央各部门的主要负责同志,每年要向中央报送调研材料和决策建议。

五、坚持密切联系群众,反对形式主义、官僚主义

密切联系群众是党的优良作风和政治优势。一切为了群众,一切依靠群众,从群众中来,到群众中去,集中起来,坚持下去,是党的根本工作路线。全党必须始终不渝地贯彻党的群众路线,广泛深入地动员和组织群众,把党的方针政策落到实处,坚定不移地维护和实现最广大人民的根本利益。

当前,坚持党的群众路线,密切联系群众,必须坚决克服形式主义、官僚主义。形式主义的要害是,贪图虚名,不务实效,劳民伤财。官僚主义的要害是,脱离群众,脱离实际,做官当老爷。官僚主义引发形式主义,形式主义助长官僚主义,已经成为影响我们事业发展的一大祸害。

克服形式主义、官僚主义的顽症,要从加强教育、提高觉悟入手,从领导机关和领导干部做起。主观主义、个人主义、"官本位"意识,是形式主义、官僚主义的思想根源,必须坚决克服。各级领导机关和领导干部要牢固树立我们的权力是人民赋予的观点,为人民谋利益是共产党人全部活动的出发点和归宿的观点。在一切工作中,都要坚持尊重社会发展规律与尊重人民历史主体地位的一致性,坚持为崇高理想奋斗与为最广大人民谋利益的一致性,坚持完成党的各项工作任务与实现人民利益的一致性,端正对群众的态度,增进对群众的感情,提高贯彻党的群众路线的自觉性。

密切联系群众,最重要的是要体察民情,了解民意,集中民智,珍惜民力,诚心诚意为群众谋利益。各级干部要倾听群众呼声,关心群众疾苦,把群众的安危冷暖时刻放在心上,维护人民群众的经济、政治、文化权益,努力为群众办实事。对工作和生活遇到困难的群众,要格外关注,重点帮助。要深入基层,加强工作指导,善于在新的条件下做好群众工作。要到工作形势好的地方去总结经验,更要到问题较多、矛盾尖锐的地方去同干部群众一起解决问题。要引导和支持先富地区先富群众进一步发展，更要关心和帮助贫困地区贫困群众脱贫致富。要锐意改革，大胆进取，又要注意使改革的力度、发展的速度同人民群众的承受程度相适应。要宣传教育群众，更要学习人民的高尚品格和聪明才智。深入群众要讲求实效，不要增加基层和群众的负担，坚决反对搞花架子。

勤政为民，真抓实干，是密切联系群众的根本要求。党员干部要增强事业心和责任心，坚持科学态度和求实精神，兢兢业业地做好工作，年轻干部尤其要在实践中经受考验，把精力用在勤勤恳恳为人民服务上。要埋头苦干，扎实工作，坚持讲真话、报实情，力戒浮躁浮夸。要把抓落实作为推进各项工作的关键环节，把中央的决策和部署变为各级党组织和广大群众的实际行动。要爱惜人力、财力、物力，着力解决国家和人民群众的当务之急，反对搞华而不实和脱离实际的"形象工程"、"政绩工程"。正确认识和评价干部政绩，建立和完善科学的考核标准，坚决刹住弄虚作假、欺上瞒下、追名逐利的歪风。涉及群众切身利益的决策，要充分听取群众意见。不准向下级提出不切实际的要求，不准强迫命令，严禁欺压百姓，切实解决作风粗暴、办事不公的问题。

健全联系群众的制度，是新形势下坚持党的群众路线的重要课题。要拓宽反映社情民意的渠道。党政领导机关要坚持群众接待日制度，领导干部要亲自处理来信来访。坚持领导机关干部到基层特别是贫困地区锻炼和帮助工作的制度。通过深化改革，进一步解决因机构重叠、职能交叉而造成的推诿扯皮、效率低下等问题。提高直接面对群众的基层单位和各级领导机关的服务质量。

改进领导方式和工作方法。下决心精简会议和文件，改进会风和文风。从中央做起，压缩会议费用，控制会议规模，提高会议质量，减少文件简报。党政领导干部不参加各种名目的应酬性庆贺、剪彩和迎来送往活动。领导干部下基层要轻车简从，减少陪同，不准超标准接待。

六、坚持民主集中制原则，反对独断专行、软弱涣散

民主集中制是党的根本组织制度和领导制度。充分发扬民主，维护集中统一，是加强和改进党的作风建设的重要环节。必须在全党特别是领导干部中进一步加强民主集中制教育，建立健全并严格执行民主集中制的具体制度，坚持和完善党内政治生活的各项准则，实行民主基础上的集中与集中指导下的民主相结合，努力造成又有集中又有民主，又有纪律又有自由，又有统一意志又有个人心情舒畅的生动活泼的政治局面。

发展党内民主，充分发挥广大党员和各级党组织的积极性主动性创造性，是党的事业兴旺发达的重要保证。要保障党员民主权利，拓宽党内民主渠道，使党员对党内事务有更多的了解和参与，加强对党的领导机关和领导干部的监督。党组织工作中的重大问题都应力求组织广大党员讨论,充分听取意见。建立有效机制,保证基层党员和下级党组织的意见及时反映给上级党组织。上级党组织应充分听取党员和下级党组织的意见,集思广益,改进工作。通过发展党内民主,积极推动人民民主的发展。

集体领导、民主集中、个别酝酿、会议决定,是党委内部议事和决策的基本制度,必须认真执行。集体领导、民主集中是党的领导的最高原则,个别酝酿、会议决定是重要的方法和程序。要充分发挥党的代表大会和党的委员会全体会议的作用。重大问题必须提交党委常委会集体讨论决定,涉及全局和长远的问题还应提交党的委员会全体会议讨论决定。积极推进决策科学化、民主化,提高党委的决策水平和工作效率。讨论决定问题,要充分发扬民主,广泛听取意见,严格执行规定程序。违反决策程序造成重大失误的,要追究领导责任。党的委员会应努力掌握适应新形势新任务要求的领导艺术、领导方式和领导方法。党委书记要成为执行民主集中制的表率,胸怀全局,作风民主,多谋善断,知人善任,做好团结协调工作。党委成员要增强全局观念,切实履行职责,积极参与集体领导,落实集体领导下的个人分工负责制。领导干部不论职位高低,都不允许凌驾于组织之上,独断专行,都不允许违背集体决定自行其是,擅自行动。坚决克服议而不决、决而不行、内耗严重等软弱涣散现象。

总揽全局、协调各方,是中央和地方各级党委在同级各种组织中发挥核心领导作用的基本原则,必须始终坚持。党委要把坚持党的领导同发扬人民民主、严格依法办事、尊重客观规律有机地统一起来,善于协调关系,凝聚力量,调动各方面积极性,支持同级各种组织依照法律和各自章程开展工作,充分发挥作用。各级人大、政府、政协和人民团体以及其他组织中的党组织和党员干部,都要增强党的观念,坚决贯彻执行党的路线方针政策和党委的决定。坚持和完善人民代表大会制度和共产党领导的多党合作、政治协商制度,坚决抵制西方多党制和三权鼎立等政治模式的影响。

党和国家的集中统一,是全国各族人民的根本利益所在,必须坚决维护。国际环境的深刻变化,改革开放和社会主义市场经济的深入发展,对维护党和国家的集中统一提出了新的要求。要坚持个人服从组织、少数服从多数、下级组织服从上级组织、全党服从党的全国代表大会和中央委员会的原则。“四个服从”最重要的是全党服从中央。党和国家的指导思想、奋斗目标、大政方针和法律制度以及重要工作部署,全党全国必须统一。各地方、各部门都要在大局下行动。改革体制、建立制度、制定政策、决定重大事项,既要发扬民主,调动各方面积极性,又要坚决维护党和国家的集中统一,防止和纠正分散主义倾向。

不允许把自己管理的地方、部门和单位，搞成不听党的统一指挥、不受组织约束和群众监督的“领地”。不允许有令不行、有禁不止，搞“上有政策、下有对策”，搞地方和部门保护主义。不允许制定与中央政策和国家法律法规相抵触的规定。不论什么人，不论哪一级组织，违反和破坏民主集中制都应受到严肃批评和处理。

七、坚持党的纪律，反对自由主义

纪律严明是贯彻党的路线、维护党的团结统一、完成党的任务的重要保证。我们党是靠革命理想和铁的纪律组织起来的马克思主义政党，只有纪律严明，才能步调一致地前进。全党必须自觉遵守和维护党的纪律，同一切违反党的纪律的行为作坚决斗争。

政治纪律是党的最重要的纪律。党的各级组织和全体党员必须坚持党的基本路线，自觉同党中央保持高度一致，维护中央权威，保证中央政令畅通。对党的决议和政策如有不同意见，在坚决执行的前提下，可以声明保留，并且可以向党的上级组织直至中央提出，但不得公开发表同中央决定相反的意见。坚决反对阳奉阴违，搞当面一套、背后一套的两面派行为。不允许编造、传播政治谣言及丑化党和国家形象的言论。禁止参与各种非法组织和非法活动。党的组织、宣传、群众、财经、外事、保密工作等方面的纪律，全党都要严格遵守。

批评与自我批评，是我们党抵御各种政治灰尘和腐朽思想侵蚀、纠正自身错误、解决党内矛盾、维护党的纪律的有效方法，也是我们党光明磊落、富有生命力的重要体现。全党同志必须正确运用这一武器，开展积极的思想斗争，坚持真理，修正错误，惩前毖后，治病救人。进一步健全党内生活制度，开好民主生活会。借鉴“三讲”教育开门整风的经验，经常听取群众对领导工作和领导干部的意见，接受群众评议。领导班子要经常开展批评与自我批评，进行开诚布公的谈心活动，做到知无不言，言无不尽，言者无罪，闻者足戒。发现问题，及早提醒，及时纠正。领导干部要坚持党性原则，积极宣传党的路线方针政策，勇于揭露和纠正工作中的缺点与错误，反对明哲保身、怕得罪人的好人主义；要正确对待不同意见，不得压制批评，更不准打击报复。

坚持纪律面前人人平等，严格执行党的纪律。党的各级组织要担负起维护和执行党的纪律的政治责任，定期向上级党委报告执行纪律的情况。任何党员违反党的纪律，都要给予批评教育或纪律处分；对公开发表反对党的基本理论、基本路线、基本纲领的言论，经教育不改的，要清除出党。对有案不查、有纪不依，甚至替违纪违法者说情开脱、袒护包庇的，要坚决纠正和查处。党的各级纪律检查机关要加强对遵守和执行纪律情况的监督检查。

全体党员要增强纪律观念和法制观念,自觉用党纪国法规范自己的行为。遵守党的章程和纪律,是党的各级组织和每个共产党员应尽的义务与责任。依法治国是党领导人民治理国家的基本方略,党的各级组织都必须在宪法和法律的范围内活动。党员干部要努力学习和掌握党章党规和国家法律法规,做遵纪守法和依法办事的模范。

八、坚持清正廉洁,反对以权谋私

立党为公、执政为民,是党的性质和宗旨决定的,是党的作风建设的根本目的。党员干部廉洁从政,直接关系人心向背和党的执政地位的巩固。必须围绕为人民掌好权、用好权这个根本问题,坚持标本兼治、综合治理,注重从源头上预防和解决腐败问题,进一步推进党风廉政建设。

加强理想信念和廉洁从政的教育。党员干部要坚定共产主义的远大理想,坚定建设有中国特色社会主义的信念,牢记全心全意为人民服务的宗旨,正确对待权力、地位和自身利益,做人民的公仆。要在思想上解决好参加革命是为什么、现在当干部应该做什么、将来身后留点什么的问题,自觉抵制各种剥削阶级腐朽思想的侵蚀,增强拒腐防变的能力。领导干部要以身作则,廉洁自律,管好自己,管好配偶、子女和身边工作人员,管好分管地区、部门和单位的党风廉政建设。大力宣传清正廉洁、克己奉公、敢于同腐败现象作斗争的党员干部的模范事迹,弘扬正气。深刻剖析典型腐败案件,进行警示教育。

保证党的各级干部为人民掌好权、用好权,必须加强党内监督。切实保障党员享有党章规定的批评权、检举权、申诉权和控告权等权利,充分发挥党员的民主监督作用。建立健全党内民主监督的程序和制度,健全定期报告工作和廉洁从政情况的制度。中央和各省、自治区、直辖市党委要逐步建立巡视制度,把下一级领导班子特别是主要负责人的廉政勤政情况作为重要内容,进行监督检查。改革和完善党的纪律检查体制。纪律检查机关对派出机构实行统一管理。加强纪律检查机关的内部监督。抓紧制定中国共产党党内监督条例。

拓宽民主渠道,依靠广大群众,把权力运行置于有效监督之下。积极推行政务公开、厂务公开、村务公开和民主评议、质询听证等民主形式,充分发挥以城乡基层群众性自治组织和职工代表大会为基本形式的基层民主的作用。健全举报制度,认真办理举报事项,保障举报人的合法权益。进一步加强法律监督、群众监督,发挥民主党派的监督作用和舆论监督的作用,推动党风廉政建设。

建立结构合理、配置科学、程序严密、制约有效的权力运行机制,保证权力沿着制度化和法制化的轨道运行,是防止以权谋私的根本举措。改革行政审批制度,规范行政审批行为。深化财税、投融资、金融体制改革,规范财经秩序,加强资金监管。推行和完善部门预算、国库集中收付、政府采购、招投标等制度。出台重大的改革措施和政策,制定有关法律和法规,要周密论证,把预防腐败寓于决策之中。认真落实党风廉政建设责任制,对发生重大案件和对重大案件不及时查处的地方和单位,不仅要追究直接责任人的责任,还要根据具体情况追究有关领导的责任。

党的各级组织和领导干部必须旗帜鲜明地反对腐败。坚决查处以权谋私案件,严惩腐败分子。重点查处党政领导机关、行政执法机关、司法机关、经济管理部门和县(处)级以上领导干部中贪污受贿、徇私枉法、买官卖官的案件。严肃查处基层干部中的违纪违法案件特别是侵害国家、集体和群众利益的案件。集中力量查处大案要案,不管涉及谁,不论职位多高、权力多大,都要一查到底,依纪依法严厉惩处,绝不手软。党内绝不允许有腐败分子的藏身之地。要以党风廉政建设和反腐败斗争的实际成果取信于人民。

九、坚持艰苦奋斗,反对享乐主义

艰苦奋斗是党的优良传统,是党团结和带领人民实现国家富强、民族振兴的强大精神力量,对抵御各种腐朽思想侵蚀、保持党和国家政权永不变质具有重大意义。全党同志必须始终与人民同甘共苦,为实现宏伟目标不懈奋斗。

坚持艰苦奋斗,就要发扬不畏艰难、奋力拼搏、克己奉公、甘于奉献的革命精神。领导干部要吃苦在前,享受在后,带领群众创造美好生活。办一切事情都要遵循勤俭节约、艰苦创业的原则,量力而行,精打细算,讲求实效。领导机关和领导干部的工作条件只能随着经济发展而逐步改善,要把资金更多地用于发展经济和改善人民生活。反对讲排场,比阔气,铺张浪费。

要树立革命的人生观,养成良好的生活作风,始终保持共产党人的高尚情操和革命气节。领导干部的生活作风不是小事。一些干部道德操守不佳,行为不检点,影响党的形象和威信。一些人走上腐化堕落、违法犯罪的道路,往往是从贪图安逸、追求享乐开始的。党员干部要加强思想道德修养,培养积极向上的生活情趣,做到自重、自省、自警、自励。要自觉抵御拜金主义、享乐主义、极端个人主义的侵蚀,做到一身正气,一尘不染,以共产党人的高风亮节和人格力量影响和带动群众。

改革完善管理体制和制度,刹住奢侈享乐之风。禁止用公款大吃大喝、游山玩水和进行高消费娱乐,禁止巧立名目出国旅游。不得违反规定修建楼堂馆所,违者坚决没收,并追究领导责任。强化预算管理和审计监督,经费按预算支出,不得随意追加。加强财政专户管理,逐步实行预算内外资金统管的财政综合预算。清理和取消“小金库”,严禁设立账外账。坚决执行党政机关与所办经营性经济实体脱钩的规定。执收执罚部门都要严格执行收支两条线制度。上级机关不得向下级机关、党政机关不得向企事业单位以各种方式转移费用负担。按照公开、规范的原则,进一步改革完善福利待遇制度和公务活动接待制度。

十、坚持任人唯贤,反对用人上的不正之风

坚持任人唯贤,是加强和改进党的作风建设的组织保证。用什么人,不用什么人,对党的作风建设具有重要的导向作用。必须全面贯彻干部队伍革命化、年轻化、知识化、专业化的方针和德才兼备的原则,加快干部人事制度改革步伐,完善制度,健全机制,坚持用好的作风选人、选作风好的人。

坚持党管干部原则,改进干部管理方法。进一步扩大干部工作中的民主,落实群众对干部选拔任用的知情权、参与权、选择权和监督权。扩大民主推荐、民意测验和民主评议的范围,改进方法,提高质量。认真推行党政领导干部任前公示制和任职试用期制。市(地)、县(市)党委、政府领导班子正职的拟任人选和推荐人选,逐步做到由上一级党委常委会提名,党的委员会全体会议审议,进行无记名投票表决;在全会闭会期间,可由党委常委会作出决定,在决定前要征求全委会成员的意见。各级党委决定其他干部的任免,也要在充分酝酿和协商的基础上进行表决。坚持公开、平等、竞争、择优的原则,促进干部奋发工作,能上能下。积极推行公开选拔、竞争上岗等措施,完善干部交流、轮岗和回避制度。抓紧建立健全党政领导职务任期制度和领导干部的引咎辞职、责令辞职制度。制定不称职干部的具体认定标准,加大调整不称职干部的力度。

加强对干部选拔任用工作的监督,是选贤任能的关键。认真执行并进一步完善党政领导干部选拔任用工作制度,对干部的推荐提名、考察考核、讨论决定等各个环节实行全过程监督。完善干部考核制度和方法,逐步实行干部考察预告制度和差额考察制度。发挥群众监督的作用,凡是群众反映的内容具体、情节严重的问题,要认真调查核实。逐步建立健全干部选拔任用工作责任追究制度,对用人失察失误造成严重后果的要追究责任。

要把干部在作风方面的表现作为选拔任用的重要依据。对那些认真贯彻执行党的路线方针政策、开拓进取、实绩突出、清正廉洁、群众拥护的干部,要委以重任。对那些脱离群众、脱离实际、搞形式主义和官僚主义的人,作风飘浮、不干实事、弄虚作假的人,因循守旧、照抄照搬、不思进取的人,作风霸道、不顾大局、闹不团结的人,任人唯亲、拉帮结伙、跑官要官的人,贪图享乐、铺张浪费、以权谋私的人,不仅不能提拔使用,而且要严肃批评教育,直至作出组织处理和纪律处分。

各级党委及其组织部门必须严格遵循干部工作原则。坚持任人唯贤,不准任人唯亲;坚持五湖四海,不准搞团团伙伙;坚持公道正派,不准拉关系、徇私情;坚持集体讨论决定,不准个人或少数人说了算;坚持按程序办事,不准临时动议。考察干部要全面深入,既要看工作实绩,也要看品德作风,既要了解在本单位的表现,也要了解在社会生活方面的情况。要敢于反映真实情况,自觉抵制用人上的不正之风,以坚强的党性、优良的作风为党和人民把好选人用人关。

十一、加强对作风建设的领导

适应新形势新任务的要求,大力加强和改进党的作风建设,是中央的一项重大决策。各级党委要把加强和改进党的作风建设摆上重要议程,坚决贯彻落实中央部署。

加强和改进党的作风建设,要服务大局,整体推进,从严要求,标本兼治。要紧紧围绕经济建设这个中心,把党的作风建设同思想建设、组织建设结合起来,带动和促进政风、行业风气和社会风气建设。坚持一靠教育,二靠制度,严格要求、严格教育、严格管理、严格监督,从源头上预防和治理各种不良作风。要继承和发扬党的优良传统,积极探索党的作风建设的新路子,努力培育符合时代要求的新的作风,大力弘扬和展示新时期共产党人的风范。

各级党组织要抓紧落实本决定精神。明令禁止的,要立即停止;能够做到的,要马上去办;需要统筹兼顾逐步解决的,要创造条件积极推进。各级领导干部要身体力行,尽快从文山会海中解脱出来,从繁杂的应酬中摆脱出来,深入实际,深入群众,切实解决存在的突出问题和群众生产生活中的困难。中央有关部门要对精简会议和文件、简化公务接待、严禁用公款吃喝旅游、停止形式主义的达标评比、改进会议和领导干部活动的新闻报道等进一步制定具体办法。各地区、各部门要根据各自实际,在加强学习和教育、密切联系群众、深入调查研究、深化干部人事制度改革、完善监督机制和各类责任追究制度、健全党委工作规范等方面,采取有力措施,加大工作力度,认真加以实施,并进行经常性的督促检查,确保本决定各项要求落到实处。中央要派出工作组,对落实情况进行检查。

领导机关、领导班子、领导干部要在作风建设中起表率作用。要求全党做到的,中央和各级领导机关要首先做到;要求下级做到的,上级要首先做到,一级带一级,一级抓一级,作出榜样,抓出成效。要把贯彻本决定精神同学习贯彻江泽民同志在庆祝中国共产党成立八十周年大会上的讲话精神结合起来,抓好落实。坚持党委统一领导、部门各负其责、依靠群众支持和参与的领导体制和工作机制,协调一致,齐抓共管,进一步在全党和全社会形成健康向上的良好风气。

中国人民解放军和中国人民武装警察部队党的作风建设工作,由中央军委按照本决定精神作出部署。

当前,我国经济繁荣,民族团结,社会稳定,正处在全面发展的重要时期。我们党有科学的理论和正确的路线,有八十年奋斗积累的优良作风和宝贵经验,特别是改革开放以来的新鲜经验,有全党同志加强和改进作风建设的迫切愿望和共同努力,有人民群众的信任和支持,我们完全有信心有能力把党的作风建设提高到一个新的水平。

中央号召,全党紧密团结在以江泽民同志为核心的党中央周围,高举邓小平理论伟大旗帜,认真实践"三个代表"重要思想,以新的精神风貌,开拓进取,扎实工作,夺取建设有中国特色社会主义事业的更大胜利!

中共中央关于加强
党的执政能力建设的决定

（2004年9月19日中国共产党第十六届
中央委员会第四次全体会议通过）

中国共产党第十六届中央委员会第四次全体会议，全面分析了当前的形势和任务，着重研究了加强党的执政能力建设的若干重大问题，作出如下决定。

一、加强党的执政能力建设的重要性和紧迫性

我们党成为执政党，是历史的选择、人民的选择。加强党的执政能力建设，是时代的要求、人民的要求。进入新世纪新阶段，国际局势发生新的深刻变化，世界多极化和经济全球化的趋势继续在曲折中发展，科技进步日新月异，综合国力竞争日趋激烈，各种思想文化相互激荡，各种矛盾错综复杂，敌对势力对我国实施西化、分化的战略图谋没有改变，我们仍面临发达国家在经济、科技等方面占优势的压力。我国改革发展处在关键时期，社会利益关系更为复杂，新情况新问题层出不穷。在机遇和挑战并存的国内外条件下，我们党要带领全国各族人民全面建设小康社会，实现继续推进现代化建设、完成祖国统一、维护世界和平与促进共同发展这三大历史任务，必须大力加强执政能力建设。这是关系中国社会主义事业兴衰成败、关系中华民族前途命运、关系党的生死存亡和国家长治久安的重大战略课题。只有不断解决好这一课题，才能保证我们党在世界形势深刻变化的历史进程中始终走在时代前列，在应对国内外各种风险和考验的历史进程中始终成为全国人民的主心骨，在建设中国特色社会主义的历史进程中始终成为坚强的领导核心。

党的执政能力，就是党提出和运用正确的理论、路线、方针、政策和策略，领导制定和实施宪法和法律，采取科学的领导制度和领导方式，动员和组织人民依法管理国家和社会事务、经济和文化事业，有效治党治国治军，建设社会主义现代化国家的本领。执政能力建设是党执政后的一项根本建设，党的三代中央领导集体对此高度重视，领导全党紧紧围绕提高领导水平和执政水平、提高拒腐防变和抵御风险的能力这两大历史性课题，着重从思想和作风、体制和机制、方式和方法、素质和本领等方面加强和改进，有力地推动了党和国家事业的发展。十六大以来，各级党委和领导干部按照提高科学判断形势、驾驭市场经济、

应对复杂局面、依法执政、总揽全局的能力的要求,进行了新的探索和实践。执政五十五年来,党带领全国各族人民战胜各种风险和挑战,把四分五裂、贫穷落后的旧中国建设成为人民生活总体上达到小康水平、正在蓬勃发展的新中国,取得了举世瞩目的成就。我们党在实践中锻炼得更加成熟、更加坚强,党的执政能力同党肩负的重任和使命总体上是适应的。但是,面对新形势新任务,党的领导方式和执政方式、领导体制和工作机制还不完善;一些领导干部和领导班子思想理论水平不高、依法执政能力不强、解决复杂矛盾本领不大,素质和能力同贯彻落实"三个代表"重要思想、全面建设小康社会的要求还不适应;一些党员干部事业心和责任感不强、思想作风不端正、工作作风不扎实、脱离群众等问题比较突出;一些党的基层组织软弱涣散,一些党员不能发挥先锋模范作用;腐败现象在一些地方、部门和单位还比较严重。这些问题影响党的执政成效,必须引起全党高度重视,切实加以解决。

无产阶级政党夺取政权不容易,执掌好政权尤其是长期执掌好政权更不容易。党的执政地位不是与生俱来的,也不是一劳永逸的。我们必须居安思危,增强忧患意识,深刻汲取世界上一些执政党兴衰成败的经验教训,更加自觉地加强执政能力建设,始终为人民执好政、掌好权。当前,国内外形势总体上对推进党和国家各项事业比较有利。全党要抓住机遇、锐意进取,在全面建设小康社会的进程中把党的执政能力提高到一个新的水平。

二、五十五年来党执政的主要经验

我们党是一个勇于追求真理、修正错误,善于总结经验、不断提高自己的党。在半个多世纪的执政实践中,党紧紧围绕什么是社会主义、怎样建设社会主义和建设什么样的党、怎样建设党这两大问题,进行了艰辛探索,积累了成功经验,也有过失误的教训。坚持十六大提出的基本经验,认真总结和汲取党执政的历史经验,对于提高党的执政能力,对于党和国家事业继往开来至关重要。

第一,必须坚持党在指导思想上的与时俱进,用发展着的马克思主义指导新的实践。马克思主义是我们立党立国的根本指导思想。必须坚持以马克思列宁主义、毛泽东思想、邓小平理论和"三个代表"重要思想为指导,立足于新的实践和新的发展,着眼于对重大问题的理论思考,解放思想、实事求是、与时俱进,不断开拓马克思主义理论发展的新境界,不断开创社会主义事业发展的新局面。

第二,必须坚持推进社会主义的自我完善,增强社会主义的生机和活力。只有社会主义才能救中国,只有中国特色社会主义才能发展中国。要坚持社会主义制度,又要通过改革开放不断促进生产关系和生产力、上层建筑和经济基础相适应，促进经济社会各个领域、各个方面、各个环节相协调，促进弘扬中华文明和借鉴国外文明相结合，使社会主义制度的优越性更加充分地发挥出来。

第三，必须坚持抓好发展这个党执政兴国的第一要务，把发展作为解决中国一切问题的关键。党领导人民建设社会主义的根本任务是解放和发展生产力，增强综合国力，满足人民群众日益增长的物质文化需要。要坚持以经济建设为中心，树立和落实科学发展观，正确处理改革发展稳定的关系，不断开拓发展思路、丰富发展内涵，推动社会主义物质文明、政治文明、精神文明协调发展。

第四，必须坚持立党为公、执政为民，始终保持党同人民群众的血肉联系。人民群众的拥护和支持是我们党的力量源泉和胜利之本。党只有一心为公，立党才能立得牢；只有一心为民，执政才能执得好。要牢记全心全意为人民服务的根本宗旨，牢记“两个务必”，坚决惩治腐败，坚持权为民所用、情为民所系、利为民所谋，实现好、维护好、发展好最广大人民的根本利益，保证人民群众共享改革发展的成果。

第五，必须坚持科学执政、民主执政、依法执政，不断完善党的领导方式和执政方式。要结合中国实际不断探索和遵循共产党执政规律、社会主义建设规律、人类社会发展规律，以科学的思想、科学的制度、科学的方法领导中国特色社会主义事业。要坚持为人民执政、靠人民执政，支持和保证人民当家作主，坚持和完善人民民主专政，坚持和完善民主集中制，以发展党内民主带动人民民主，壮大最广泛的爱国统一战线。要坚持依法治国，领导立法，带头守法，保证执法，不断推进国家经济、政治、文化、社会生活的法制化、规范化。

第六，必须坚持以改革的精神加强党的建设，不断增强党的创造力、凝聚力、战斗力。坚持党的领导核心地位，坚持党的团结统一，是党和人民事业成功的根本保证。要坚持治国必先治党、治党务必从严，适应时代发展和新形势新任务的要求，以提高执政能力为重点，持之以恒地加强和改进党的建设，使党的各方面建设成效最终都体现到提高党的执政能力、完成党的执政使命上来。

这六条主要经验，也是加强党的执政能力建设的重要指导原则，必须在实践中长期坚持并继续丰富和完善。

三、加强党的执政能力建设的指导思想、总体目标和主要任务

加强党的执政能力建设，必须坚持以马克思列宁主义、毛泽东思想、邓小平理论和“三个代表”重要思想为指导，全面贯彻党的基本路线、基本纲领、基本经验，以保持党同人民群众的血肉联系为核心，以建设高素质干部队伍为关键，以改革和完善党的领导体制和工作机制为重点，以加强党的基层组织和党员队伍建设为基础，努力体现时代性、把握规律性、富于创造性。

加强党的执政能力建设的总体目标是:通过全党共同努力,使党始终成为立党为公、执政为民的执政党,成为科学执政、民主执政、依法执政的执政党,成为求真务实、开拓创新、勤政高效、清正廉洁的执政党,归根到底成为始终做到"三个代表"、永远保持先进性、经得住各种风浪考验的马克思主义执政党,带领全国各族人民实现国家富强、民族振兴、社会和谐、人民幸福。

当前和今后一个时期,加强党的执政能力建设的主要任务是:按照推动社会主义物质文明、政治文明、精神文明协调发展的要求,不断提高驾驭社会主义市场经济的能力、发展社会主义民主政治的能力、建设社会主义先进文化的能力、构建社会主义和谐社会的能力、应对国际局势和处理国际事务的能力。全党要紧紧围绕上述任务,立足现实、着眼长远,抓住重点、整体推进,不断研究新情况、解决新问题、创建新机制、增长新本领,全面加强和改进党的建设,使党的执政方略更加完善、执政体制更加健全、执政方式更加科学、执政基础更加巩固。

四、坚持把发展作为党执政兴国的第一要务,不断提高驾驭社会主义市场经济的能力

提高党的执政能力,首先要提高党领导发展的能力。在社会主义条件下发展市场经济,既是一个伟大创举,又是一个全新课题。要适应世界经济、科技发展趋势和我国改革发展的新形势,把握社会主义市场经济的内在要求和运行特点,自觉遵循客观规律,充分发挥社会主义制度的优越性和市场机制的作用,不断提高领导经济工作的水平。

(一)牢固树立抓住机遇、加快发展的战略思想,扭住经济建设这个中心不动摇。我国正处于并将长期处于社会主义初级阶段,推动发展是党执政兴国的第一要务。要紧紧抓住重要战略机遇期,聚精会神搞建设,一心一意谋发展,不断增强综合国力和提高人民生活水平。按照全面建设小康社会、走新型工业化道路的要求,以经济结构调整为主线,以改革开放和科技进步为动力,着力转变经济增长方式,全面提高国民经济的整体素质和竞争力。大力实施科教兴国战略,加快国家创新体系建设,充分发挥科学技术第一生产力的作用。科学确定到二〇二〇年发展的总体思路和重大战略,抓紧研究制定国民经济和社会发展中长期规划。及时全面分析经济形势,增强预见性,准确把握经济运行中的主要矛盾和突出问题,适时提出和有效贯彻应对的方针政策,防止大起大落,推动经济持续快速协调健康发展。

(二)坚持以人为本、全面协调可持续的科学发展观,更好地推动经济社会发展。深入体察人民群众的意愿,切实把维护和实现最广大人民的根本利益体现在党领导发展的大政方针和各项部署中，落实到经济社会发展的各个方面。把推进经济建设同推进政治建设、文化建设统一起来，促进社会全面进步和人的全面发展。推动建立统筹城乡发展、统筹区域发展、统筹经济社会发展、统筹人与自然和谐发展、统筹国内发展和对外开放的有效体制机制。建立体现科学发展观要求的经济社会发展综合评价体系。在指导方针、政策措施上注重加强薄弱环节，特别要重视解决好农业、农村、农民问题；重视实施西部大开发战略和振兴东北地区等老工业基地战略，促进中部地区崛起，支持革命老区、少数民族地区、边疆地区和其他欠发达地区加快发展；重视扩大就业再就业和健全社会保障体系；重视发展教育、科技、文化、卫生、体育等各项社会事业；重视计划生育、节约资源、保护环境和安全生产，大力发展循环经济，建设节约型社会。贯彻落实科学发展观，要坚持从实际出发，因地制宜，分类指导，积极推进。

（三）坚持社会主义市场经济的改革方向，始终站在时代前列领导和谋划改革。我国经济体制改革仍处在攻坚阶段，建成完善的社会主义市场经济体制和更具活力、更加开放的经济体系的任务还很艰巨。要尊重群众的首创精神，围绕改革的重点和难点，鼓励大胆探索、勇于实践，坚决破除一切妨碍发展的观念和体制机制弊端。切实解决好关系经济体制改革全局的重大问题。正确处理坚持公有制为主体和促进非公有制经济发展的关系，毫不动摇地巩固和发展公有制经济、发挥国有经济的主导作用，毫不动摇地鼓励、支持和引导个体、私营等非公有制经济发展，使两者在社会主义现代化建设进程中相互促进、共同发展。正确处理按劳分配为主体和实行多种分配方式的关系，鼓励一部分地区、一部分人先富起来，注重社会公平，合理调整国民收入分配格局，切实采取有力措施解决地区之间和部分社会成员收入差距过大的问题，逐步实现全体人民共同富裕。正确处理市场机制和宏观调控的关系，坚持按市场经济规律办事，更大程度地发挥市场在资源配置中的基础性作用，加强和改善国家宏观调控，促进国民经济充满活力、富有效率、健康运行。正确处理中央和地方的关系，合理划分经济社会事务管理的权限和职责，做到权责一致，既维护中央的统一领导，又更好地发挥地方的积极性。正确处理经济体制改革和其他方面改革的关系，加强统筹协调，使各项改革互相促进。正确处理改革发展稳定的关系，注意把握好改革措施出台的时机和节奏，把改革的力度、发展的速度和社会可承受的程度统一起来，在社会稳定中推进改革发展，通过改革发展促进社会稳定。

（四）掌握对外开放的主动权，全面提高对外开放水平。坚持对外开放的基本国策，密切关注世界经济形势变化，制定和实施正确的涉外经济方针政策，在更大范围、更广领域、更高层次上参与国际经济技术合作和竞争。坚持“引进来”和“走出去”相结合,利用好国际国内两个市场、两种资源,注重发挥我国的比较优势。既立足于国内需求又大力开拓国际市场,既充分用好内资又有效利用外资,既依靠和开发国内人力资源又借助和引进国外智力。提高引进外资质量,坚持引进先进技术和消化、吸收、创新相结合,提高自主开发能力,保护知识产权,增强关键行业和领域的控制力,不断提高国际竞争力。推动建立健全妥善应对国际贸易争端的机制,善于运用国际通行规则发展和保护自己。

(五)按照发展社会主义市场经济的要求,完善党领导经济工作的体制机制和方式。党领导经济工作,主要是把握方向,谋划全局,提出战略,制定政策,推动立法,营造良好环境。地方党委要结合本地实际,确定经济社会发展的基本思路和工作重点,加强和改进对经济社会重大事务的综合协调,确保中央的方针政策和各项部署的贯彻落实。涉及国民经济和社会发展规划、重大方针政策、工作总体部署以及关系国计民生的重要问题,由党委集体讨论决定,经常性工作由政府及其部门按照职责权限决策和管理。党委要支持政府依法充分履行职责,推动政府依法行政,加快转变职能,深化行政体制改革,真正实现政企分开、政资分开、政事分开,主要运用经济和法律手段管理经济活动,集中精力抓好经济调节、市场监管、社会管理和公共服务。

五、坚持党的领导、人民当家作主和依法治国的有机统一,不断提高发展社会主义民主政治的能力

坚持和发展人民民主,是我们党执政为民的本质要求和根本途径。要坚定不移地走中国共产党和中国人民自己选择的政治发展道路,坚持四项基本原则,积极稳妥地推进政治体制改革,发挥社会主义政治制度的特点和优势,巩固和发展民主团结、生动活泼、安定和谐的政治局面。

(一)推进社会主义民主的制度化、规范化和程序化,保证人民当家作主。健全民主制度,丰富民主形式,扩大公民有序的政治参与,保证人民依法实行民主选举、民主决策、民主管理、民主监督。坚持和完善人民代表大会制度,保证各级人民代表大会都由民主选举产生、对人民负责、受人民监督,支持人民通过人民代表大会行使国家权力,支持人民代表大会及其常委会依法履行职能,密切人大代表同人民群众的联系,使国家的立法、决策、执行、监督等工作更好地体现人民的意志,维护人民的利益。尊重和保障人权,保证人民依法享有广泛的权利和自由。

坚持和完善中国共产党领导的多党合作和政治协商制度,巩固和发展最广泛的爱国统一战线。贯彻长期共存、互相监督、肝胆相照、荣辱与共的方针,加强同民主党派合作共事，健全有关重大问题决策前协商的制度，真诚接受民主党派监督，巩固同党外人士的联盟。选拔和推荐更多优秀党外干部担任领导职务。支持人民政协围绕团结和民主两大主题，履行政治协商、民主监督、参政议政的职能。坚持和完善民族区域自治制度，保证民族自治地方依法行使自治权，巩固和发展平等团结互助的社会主义民族关系，促进各民族共同繁荣进步。全面做好党的宗教工作，贯彻党的宗教信仰自由政策，依法管理宗教事务，坚持独立自主自办的原则，积极引导宗教与社会主义社会相适应。做好侨务工作。做好党外知识分子、非公有制经济人士和其他社会阶层人士工作。团结一切可以团结的力量，巩固各党派、各团体、各民族、各阶层及一切热爱中华民族的人们的大团结。

扩大基层民主，完善基层政权、基层群众性自治组织、企事业单位的民主管理制度，坚持和完善政务公开、厂务公开、村务公开等办事公开制度，保证基层群众依法行使选举权、知情权、参与权、监督权等民主权利。

（二）贯彻依法治国基本方略，提高依法执政水平。依法执政是新的历史条件下党执政的一个基本方式。党的领导是依法治国的根本保证。加强党对立法工作的领导，善于使党的主张通过法定程序成为国家意志，从制度上、法律上保证党的路线方针政策的贯彻实施，使这种制度和法律不因领导人的改变而改变，不因领导人看法和注意力的改变而改变。全党同志特别是领导干部要牢固树立法制观念，坚持在宪法和法律范围内活动，带头维护宪法和法律的权威。督促、支持和保证国家机关依法行使职权，在法治轨道上推动各项工作的开展，保障公民和法人的合法权益。加强和改进党对政法工作的领导，支持审判机关和检察机关依法独立公正地行使审判权和检察权，提高司法队伍素质，加强对司法活动的监督和保障。以保证司法公正为目标，逐步推进司法体制改革，形成权责明确、相互配合、相互制约、高效运行的司法体制，为在全社会实现公平和正义提供法制保障。

（三）改革和完善决策机制，推进决策的科学化、民主化。完善重大决策的规则和程序，通过多种渠道和形式广泛集中民智，使决策真正建立在科学、民主的基础之上。对涉及经济社会发展全局的重大事项，要广泛征询意见，充分进行协商和协调；对专业性、技术性较强的重大事项，要认真进行专家论证、技术咨询、决策评估；对同群众利益密切相关的重大事项，要实行公示、听证等制度，扩大人民群众的参与度。建立决策失误责任追究制度，健全纠错改正机制。有组织地广泛联系专家学者，建立多种形式的决策咨询机制和信息支持系统。

（四）加强对权力运行的制约和监督，保证把人民赋予的权力用来为人民谋利益。各级党组织和干部都要自觉接受党员和人民群众监督。拓宽和健全监督渠道,把权力运行置于有效的制约和监督之下。认真贯彻党内监督条例,进一步加强党内监督。建立和完善巡视制度,加强和改进对领导班子特别是主要领导干部的监督。建立健全领导干部个人重大事项报告制度、述职述廉制度、民主评议制度、谈话诫勉制度和经济责任审计制度,依法实行质询制、问责制、罢免制。加强对各级纪律检查机关的领导,改革和完善党的纪律检查体制,全面实行对派驻机构的统一管理。支持和保证人大、政府专门机关、司法机关依法履行监督职能。支持和保证政协依照章程开展民主监督。加强社会监督,保障公民的检举权、控告权、申诉权。

(五)按照党总揽全局、协调各方的原则,改革和完善党的领导方式。发挥党委对同级人大、政府、政协等各种组织的领导核心作用,发挥这些组织中党组的领导核心作用。党委既要支持人大、政府、政协和审判机关、检察机关依照法律和章程独立负责、协调一致地开展工作,及时研究并统筹解决他们工作中的重大问题,又要通过这些组织中的党组织和党员干部贯彻党的路线方针政策,贯彻党委的重大决策和工作部署。规范党政机构设置,完善党委常委会的组成结构,适当扩大党政领导成员交叉任职,减少领导职数,切实解决分工重叠问题,撤并党委和政府职能相同或相近的工作部门。规范各类领导小组和协调机构,一般不设实体性办事机构。围绕提高行政效率、降低行政成本、整合行政资源,加强行政体制改革的总体研究,继续推进行政体制改革。加强和改进党对工会、共青团、妇联等人民团体及各类群众团体的领导,支持他们依照法律和章程独立自主地开展工作,充分发挥他们联系群众的桥梁和纽带作用。

六、坚持马克思主义在意识形态领域的指导地位,不断提高建设社会主义先进文化的能力

党要带领人民推进中国特色社会主义伟大事业,必须大力发展社会主义文化,不断巩固全党全国人民团结奋斗的共同思想基础。要牢牢把握先进文化的前进方向,坚持为人民服务、为社会主义服务的方向和百花齐放、百家争鸣的方针,贴近实际、贴近生活、贴近群众,创新内容、创新形式、创新手段,努力铸造中华文化的新辉煌,为激励人民奋勇前进提供强大的精神动力和智力支持。

(一)积极推进理论创新,加强马克思主义理论研究和建设。坚持马克思主义在意识形态领域的指导地位,不断增强党的思想理论工作的创造力、说服力、感召力,着力回答重大理论和实际问题。善于把人民群众的实践经验升华为理论,善于用理论创新的成果指导路线方针政策的制定,通过理论创新推动制度创新、科技创新、文化创新以及其他各方面的创新。大力营造理论创新的社会环境，反对主观主义和形而上学，破除对马克思主义的错误的和教条式的理解，抵制各种否定马克思主义的错误观点。加强马克思主义执政理论建设，深入探索党的执政规律。实施马克思主义理论研究和建设工程，繁荣发展哲学社会科学，建设充分反映当代马克思主义最新理论成果的学科体系和教材体系。全面落实用邓小平理论和“三个代表”重要思想武装全党、教育人民的战略任务。推动“三个代表”重要思想的普及，抓好进教材、进课堂、进头脑的工作。关心和爱护理论工作者，培养和造就一批马克思主义理论家，特别要重视培养中青年理论人才，鼓励他们为党和人民事业的发展发挥思想库作用。

（二）深化文化体制改革，解放和发展文化生产力。根据社会主义精神文明建设的特点和规律，适应社会主义市场经济的要求，进一步革除制约文化发展的体制性障碍。坚持把社会效益放在首位，实现社会效益和经济效益的统一，把文化发展的着力点放在满足人民群众精神文化需求和促进人的全面发展上。以体制机制创新为重点，增强微观活力，健全文化市场体系，依法加强管理，促进文化事业全面繁荣和文化产业快速发展，增强我国文化的总体实力。推动中华文化更好地走向世界，提高国际影响力。抓好队伍建设，引导文化工作者深入实际、深入生活、深入群众，为人民奉献更多无愧于时代的精神文化产品。加强文化发展战略研究，抓紧制定文化发展纲要和文化体制改革总体方案。

（三）牢牢把握舆论导向，正确引导社会舆论。坚持党管媒体的原则，增强引导舆论的本领，掌握舆论工作的主动权。坚持团结稳定鼓劲、正面宣传为主，引导新闻媒体增强政治意识、大局意识和社会责任感，进一步改进报刊、广播、电视的宣传，把体现党的主张和反映人民心声统一起来，增强吸引力、感染力。重视对社会热点问题的引导，积极开展舆论监督，完善新闻发布制度和重大突发事件新闻报道快速反应机制。高度重视互联网等新型传媒对社会舆论的影响，加快建立法律规范、行政监管、行业自律、技术保障相结合的管理体制，加强互联网宣传队伍建设，形成网上正面舆论的强势。

（四）努力探索新方式新方法，加强和改进思想政治工作。加强理想信念教育，弘扬以爱国主义为核心的民族精神和以改革创新为核心的时代精神，弘扬集体主义、社会主义思想，使全体人民始终保持昂扬向上的精神状态。坚持依法治国和以德治国相结合，实施公民道德建设工程，发扬中华民族传统美德，在全社会倡导爱国守法、明礼诚信、团结友善、勤俭自强、敬业奉献的基本道德规范，反对拜金主义、享乐主义、极端个人主义，消除封建主义残余影响，抵御资本主义腐朽思想文化的侵蚀。坚持尊重人、理解人、关心人，有针对性地解决不同社会群体的思想问题,既要鼓励先进又要照顾多数,既要统一思想又要尊重差异,既要解决思想问题又要解决实际问题。广泛开展群众性精神文明创建活动,积极发展健康向上、各具特色的群众文化。切实抓好青少年的思想品德和心理素质教育,健全学校、家庭、社会各负其责又密切配合的教育网络,把社会主义思想道德生动具体地融入青少年成长的各个环节,营造有利于青少年健康成长的思想文化环境。

(五)优先发展教育和科学事业,提高全民族的科学文化素质。深化教育和科技体制改革,充分发挥教育和科技在现代化建设中的基础性、先导性、全局性作用。全面贯彻党的教育方针,培养德智体美全面发展的社会主义建设者和接班人。营造全民学习、终身学习的浓厚氛围,推动建立学习型社会。弘扬科学精神,传播科学知识,提高干部群众识别和抵制封建迷信和伪科学的能力。加强文化设施建设,提高基层特别是农村教育、科技、文化、卫生、体育服务能力。

七、坚持最广泛最充分地调动一切积极因素,不断提高构建社会主义和谐社会的能力

形成全体人民各尽其能、各得其所而又和谐相处的社会,是巩固党执政的社会基础、实现党执政的历史任务的必然要求。要适应我国社会的深刻变化,把和谐社会建设摆在重要位置,注重激发社会活力,促进社会公平和正义,增强全社会的法律意识和诚信意识,维护社会安定团结。

(一)全面贯彻尊重劳动、尊重知识、尊重人才、尊重创造的方针,不断增强全社会的创造活力。激发各行各业人们的创造活力,坚决破除各种障碍,使一切有利于社会进步的创造愿望得到尊重、创造活动得到支持、创造才能得到发挥、创造成果得到肯定。坚持全心全意依靠工人阶级的方针。既要充分发挥包括知识分子在内的工人阶级、广大农民推动经济社会发展根本力量的作用,又要鼓励和支持其他社会阶层人员为经济社会发展积极贡献力量;既要保护发达地区、优势产业和先富群体的发展活力,又要高度重视和关心欠发达地区、比较困难的行业和群众。在全社会大力提倡团结互助、扶贫济困的良好风尚,形成平等友爱、融洽和谐的人际环境。

(二)妥善协调各方面的利益关系,正确处理人民内部矛盾。坚持把最广大人民的根本利益作为制定政策、开展工作的出发点和落脚点,正确反映和兼顾不同方面群众的利益。高度重视和维护人民群众最现实、最关心、最直接的利益,坚决纠正各种损害群众利益的行为。教育引导广大干部群众正确处理个人利益和集体利益、局部利益和整体利益、当前利益和长远利益的关系,增强主人翁意识和社会责任感。健全正确处理人民内部矛盾的工作机制，完善信访工作责任制，综合运用政策、法律、经济、行政等手段和教育、协商、调解等方法，依法及时合理地处理群众反映的问题。建立健全社会利益协调机制，引导群众以理性合法的形式表达利益要求、解决利益矛盾，自觉维护安定团结。

（三）加强社会建设和管理，推进社会管理体制创新。深入研究社会管理规律，完善社会管理体系和政策法规，整合社会管理资源，建立健全党委领导、政府负责、社会协同、公众参与的社会管理格局。更新管理理念，创新管理方式，拓宽服务领域，发挥基层党组织和共产党员服务群众、凝聚人心的作用，发挥城乡基层自治组织协调利益、化解矛盾、排忧解难的作用，发挥社团、行业组织和社会中介组织提供服务、反映诉求、规范行为的作用，形成社会管理和社会服务的合力。健全社会保险、社会救助、社会福利和慈善事业相衔接的社会保障体系。加强和改进对各类社会组织的管理和监督。

（四）健全工作机制，维护社会稳定。坚持稳定压倒一切的方针，落实维护社会稳定的工作责任制。建立社会舆情汇集和分析机制，畅通社情民意反映渠道。建立健全社会预警体系，形成统一指挥、功能齐全、反应灵敏、运转高效的应急机制，提高保障公共安全和处置突发事件的能力。有效发挥司法机关惩治犯罪、化解矛盾和维护稳定的职能作用。坚持打防结合、预防为主，专群结合、依靠群众，加强和完善社会治安综合治理工作机制，依法打击各种犯罪活动，保障人民生命财产安全。

（五）坚持党的群众路线，加强和改进新形势下的群众工作。加强马克思主义群众观点和党的群众路线的宣传教育，改进群众工作，密切党群、干群关系。各级党委和政府要积极研究和把握新形势下群众工作的特点和规律，探索新途径、新方法，不断提高组织群众、宣传群众、教育群众、服务群众的本领。各级领导干部要深入基层，倾听群众呼声，关心群众疾苦，以群众关心的热点和难点问题为工作重点，善于运用说服教育、示范引导和提供服务等方法把群众工作做深、做细、做实，凝聚和激励群众共同前进。

八、坚持独立自主的和平外交政策，不断提高应对国际局势和处理国际事务的能力

在复杂多变的国际形势下，党要领导人民抓住机遇、应对挑战，实现全面建设小康社会的宏伟目标，为维护世界和平与促进共同发展作出贡献，必须正确应对国际局势，妥善处理国际事务和国际关系，争取良好的国际环境和周边环境。

（一）坚持用宽广的眼界观察世界，提高科学判断国际形势和进行战略思维的水平。深刻认识国内大局和国际大局、内政和外交的紧密联系,科学把握世界的深刻变化及其特点,主动顺应维护和平、促进发展的时代潮流,正确应对世界多极化、经济全球化和科技进步的发展趋势,做到审时度势、因势利导、内外兼顾、趋利避害。善于从国际形势和国际条件的发展变化中把握发展方向,用好发展机遇,创造发展条件,掌握发展全局。重视学习和掌握国际经济、政治、法律、科技、文化、军事等各方面知识,重视研究国际形势的发展规律,增进对世界历史和现实情况的了解,增强判断国际形势的战略性、前瞻性、指导性。

(二)坚定不移地贯彻执行对外方针政策,掌握处理国际事务的主动权。高举和平、发展、合作的旗帜,坚持独立自主的和平外交政策,走和平发展的道路,永远不称霸。坚持从中国人民的根本利益和各国人民的共同利益出发,根据事情本身的是非曲直,确定我们的立场和政策,伸张正义,支持公道,反对霸权主义和强权政治,反对恐怖主义。正确处理大国外交、周边外交、发展中国家外交的关系,主动参与多边外交活动,积极在联合国等重要国际组织中发挥作用,按照和平共处五项原则和其他公认的国际关系准则同世界各国发展友好互利合作。加强和改进党的对外交往工作,加强民间外交,更好地为发展国家关系服务。坚持以冷静观察、沉着应对的方针和相互尊重、求同存异的精神处理国际事务,促进世界多极化和国际关系民主化,促进经济全球化朝着有利于共同繁荣的方向发展,促进新安全观的树立,维护世界的多样性,推动建立公正合理的国际政治经济新秩序。

(三)全面认识和把握国际因素对我国的影响,不断提高同国际社会交往的本领。全面分析和妥善应对来自外部环境的机遇和挑战,善于扬长避短,坚持平等互利、共赢共存,充分利用有利因素,积极化解不利因素,努力变挑战为机遇。加快熟悉和善于运用国际规则和国际惯例,积极参与有关国际事务和国际规则的磋商和制定,充分反映合理主张,坚决维护我国人民和各国人民的共同权益。妥善回应国际社会对我国情况的关注。加强和改进对外宣传工作,积极开展对外文化交流,进一步推动形成有利于我国发展的国际舆论环境。

(四)始终把国家主权和安全放在第一位,坚决维护国家安全。针对传统安全威胁和非传统安全威胁的因素相互交织的新情况,增强国家安全意识,完善国家安全战略,抓紧构建维护国家安全的科学、协调、高效的工作机制。坚决防范和打击各种敌对势力的渗透、颠覆和分裂活动,有效防范和应对来自国际经济领域的各种风险,确保国家的政治安全、经济安全、文化安全和信息安全。

坚持国防建设与经济建设协调发展,建设一支现代化、正规化的革命军队,确保国防安全,是党执政的一项重大战略任务。要按照政治合格、军事过硬、作风优良、纪律严明、保障有力的总要求,紧紧围绕打得赢、不变质两个历史性课题,加强军队全面建设。坚持党对军队的绝对领导,始终把思想政治建设摆在首位,永葆人民军队的性质、本色和作风。坚持积极防御的军事战略方针,积极推进中国特色军事变革和军事斗争准备,坚定不移地走中国特色的精兵之路,按照建设信息化军队、打赢信息化战争的目标,提高信息化条件下的防卫作战能力。坚持从严治军、依法治军,加强军事法制建设,提高军队正规化水平。探索新的历史条件下治军的特点和规律,推进军队各项建设创新发展。加强武装警察部队全面建设,加强国防后备力量建设。加快国防科技工业发展。加强国防动员工作,坚持军民结合、平战结合,增强全党全民的国防意识,巩固和发展军政军民团结。

保持香港、澳门长期繁荣稳定是党在新形势下治国理政面临的崭新课题,解决台湾问题、实现祖国的完全统一是党肩负的神圣使命。要坚持"一国两制"、"港人治港"、"澳人治澳"、高度自治的方针,严格按照特别行政区基本法办事,支持特别行政区行政长官和政府依法施政、提高管治水平。在爱国爱港、爱国爱澳旗帜下,广泛团结香港、澳门各界人士,不断开创"一国两制"事业的新局面。坚决反对外部势力干涉香港、澳门事务。贯彻"和平统一、一国两制"的基本方针和现阶段发展两岸关系、推进祖国和平统一进程的八项主张,促进两岸人员往来和经济文化等领域的交流,切实做好台湾人民工作,努力维护台海地区和平稳定,推进祖国统一大业。以最大的诚意、尽最大的努力争取和平统一的前景,坚决反对和遏制"台独"分裂势力,坚决反对和阻止外国干涉势力插手两岸事务,坚决粉碎一切把台湾从中国分割出去的图谋,坚定不移地捍卫国家主权和领土完整。

九、以提高党的执政能力为重点,全面推进党的建设新的伟大工程

提高党的执政能力,关键在于搞好党的建设,不断增强党的创造力、凝聚力、战斗力。必须坚持党要管党、从严治党的方针,紧密联系治国理政的实践,全面加强和改进党的思想、组织、作风和制度建设。

(一)坚持用邓小平理论和"三个代表"重要思想武装全党,不断提高马克思主义理论水平。坚持把党的思想理论建设放在首位,大力弘扬理论联系实际的学风,增强把马克思主义基本原理同中国具体实际相结合的能力,提高全党的理论思维和战略思维水平。不断把学习贯彻"三个代表"重要思想引向深入,在武装头脑、指导实践、推动工作上取得扎扎实实的成效。重点抓好领导干部的理论和业务学习,带动全党的学习,努力建设学习型政党。围绕增强执政意识、提高执政能力,创新培训方法,提高培训质量,大规模培训干部。建立和落实领导干部的学习考核和激励机制。在全党开展以实践"三个代表"重要思想为主要内容的保持共产党员先进性教育活动,学习贯彻党章,坚定理想信念,坚持党的宗旨,增强党的观念,发扬优良传统,保持党员队伍的先进性和纯洁性。

(二)深化干部人事制度改革,建设一支善于治国理政的高素质干部队伍。坚持党管干部的原则,全面贯彻革命化、年轻化、知识化、专业化的方针。坚持德才兼备、注重实绩、群众公认,坚持任人唯贤、公道正派,把那些政治上靠得住、工作上有本事、作风上过得硬的干部选拔到各级领导岗位上来。继续推行和完善民主推荐、民主测评、差额考察、任前公示、公开选拔、竞争上岗、全委会投票表决、党政领导干部辞职等制度。加大干部交流力度,进一步落实和完善领导干部任职回避制度。抓紧制定体现科学发展观和正确政绩观要求的干部实绩考核评价标准,完善职务和职级相结合的制度,实行党政领导干部职务任期制度,健全公务员制度。完善党内选举制度,改进候选人提名方式,适当扩大差额推荐和差额选举的范围和比例。严格控制选任制领导干部任期内的职务变动。大力培养选拔优秀年轻干部,特别要培养选拔胜任重要岗位的年轻干部。注重培养选拔妇女干部和少数民族干部。有计划地组织和安排干部到艰苦地区、复杂环境和基层一线经受锻炼和考验。实施人才强国战略,贯彻党管人才原则,坚持党政人才、企业经营管理人才和专业技术人才三支队伍一起抓,把各方面优秀人才集聚到党和国家的各项事业中来。

(三)按照政治坚定、求真务实、开拓创新、勤政廉政、团结协调的要求,把各级领导班子建设成为坚强领导集体。各级领导班子要坚持不懈地加强思想政治建设,讲学习、讲政治、讲正气,顾全大局,增强团结,保持奋发有为的精神状态;要按照集体领导、民主集中、个别酝酿、会议决定的原则,完善并严格执行党委内部的议事规则和决策程序,保持协调高效运转,增强整体合力;要加强党内生活的原则性,认真开展批评与自我批评并形成制度,提高解决自身问题的能力。坚决反对和防止个人独断专行,反对好人主义、自由主义。优化领导班子素质结构,形成合理的年龄梯次配备。加强对党政主要领导干部的选配和管理、监督。重视县(市)党政领导班子建设。减少地方党委副书记职数,实行常委分工负责,充分发挥集体领导作用。逐步加大党委、人大、政府、政协之间的干部交流。优化人大、政协领导班子结构,逐步减少人大、政协领导职数。修订地方党委工作条例,制定党组工作条例。

(四)加强和改进党的基层组织建设,使党的基层组织真正成为贯彻"三个代表"重要思想的组织者、推动者、实践者。党的基层组织是党的全部工作和战斗力的基础。根据基层党组织建设面临的新情况新问题,调整组织设置,改进工作方式,创新活动内容,扩大覆盖面,增强凝聚力,使基层党组织都紧密联系群众、充分发挥作用。农村基层党组织建设要以创建"五个好"村党组织、"五个好"乡镇党委和农村基层组织建设先进县(市)活动为载体,建立干部经常受教育、农民长期得实惠的有效机制。国有企业党组织要适应建立现代企业制度的要求,完善工作机制,充分发挥政治核心作用。机关党组织要严格组织生活,加强对党员特别是领导干部的教育和监督。高校党组织要围绕培养社会主义建设者和接班人的根本任务,着力做好学生和青年教师的思想政治工作。社区党组织要以服务群众为重点,构建党建工作新格局。加大在新经济组织、新社会组织中建立党组织的工作力度,探索党组织和党员发挥作用的方法和途径。坚持标准,保证质量,重点在工人、农民、知识分子、军人、干部中发展党员,同时做好在其他社会阶层先进分子中发展党员工作,不断增强党的阶级基础、扩大党的群众基础。探索党员教育管理工作的新机制,加强流动党员管理,促进广大党员发挥先锋模范作用。及时整顿软弱涣散、不起作用的党组织,严肃处置不合格党员。关心爱护党员和基层干部,特别要帮助在艰苦环境中工作的党员、下岗失业职工中的党员、生活困难的党员和老党员解决实际困难。加强党务工作者队伍建设,充分发挥他们的作用。

(五)坚持和健全民主集中制,增强党的团结和活力。发展党内民主,是政治体制改革和政治文明建设的重要内容。要认真贯彻党员权利保障条例,建立和完善党内情况通报制度、情况反映制度、重大决策征求意见制度,逐步推进党务公开,增强党组织工作的透明度,使党员更好地了解和参与党内事务。营造党内不同意见平等讨论的环境,鼓励和保护党员讲真话、讲心里话。建立健全常委会向全委会负责、报告工作和接受监督的制度。建立党的代表大会代表提案制度。积极探索党的代表大会闭会期间发挥代表作用的途径和形式,建立代表提议的处理和回复机制。加强代表同选举单位党员的联系,听取和反映党员的意见和建议。党的各级全委会召开会议时,可根据议题事先征求同级党代会代表意见或邀请部分代表列席会议。扩大在市、县实行党代会常任制的试点。逐步扩大基层党组织领导班子成员直接选举的范围。加强民主基础上的集中,全党全国在指导思想和路线方针政策及重大原则问题上必须保持高度一致。全党同志必须自觉坚持党员个人服从党的组织、少数服从多数、下级组织服从上级组织、全党各个组织和全体党员服从党的全国代表大会和中央委员会的原则,坚决维护党的团结统一,维护中央权威,严肃党的纪律,保证政令畅通。

(六)大兴求真务实之风,保持党同人民群众的血肉联系。加强思想教育,健全相关制度,提高执政效率,真正做到为民、务实、清廉。各级领导干部都要牢固树立马克思主义的世界观、人生观、价值观,坚持正确的权力观、地位观、利益观,始终与人民群众同呼吸、共命运、心连心,坚决反对脱离群众、以权谋私;坚持科学发展观和正确政绩观,重实际、说实话、办实事、求实效,坚决反对形式主义、官僚主义和弄虚作假;坚持谦虚谨慎、艰苦奋斗,坚决反对骄傲自满、铺张浪费。从中央做起,改革会议制度,大力精简会议、文件和简报,切实改进文风。严格规范和控制各种检查、评比、达标活动。健全领导干部联系基层、联系群众制度。领导干部搞调查研究,要注重实效,轻车简从。

(七)加强党风廉政建设,深入开展反腐败斗争。党风廉政建设和反腐败斗争关系党的生死存亡。党越是长期执政,反腐倡廉的任务越艰巨,越要坚定不移地反对腐败,越要提高拒腐防变的能力。各级党委要把党风廉政建设和反腐败斗争作为提高党的执政能力、巩固党的执政地位的一项重大政治任务抓紧抓实。坚持标本兼治、综合治理,惩防并举、注重预防,抓紧建立健全与社会主义市场经济体制相适应的教育、制度、监督并重的惩治和预防腐败体系。认真落实党风廉政建设责任制。以解决群众反映的突出问题为重点,坚决纠正损害群众利益的不正之风;以查处发生在领导机关和领导干部中滥用权力、谋取私利的违法违纪案件为重点,严厉惩处腐败分子。加强廉政法制建设,真正形成用制度规范从政行为、按制度办事、靠制度管人的有效机制,保证领导干部廉洁从政。加强思想道德和纪律教育,表彰勤政廉政典型,督促各级党员领导干部加强党性修养,常修为政之德、常思贪欲之害、常怀律己之心,自觉经受住改革开放和发展社会主义市场经济条件下长期执政的考验。

提高党的执政能力,完成执政兴国的历史重任,必须加强全党的团结,加强党同人民的团结,加强全国各族人民的团结。全党同志一定要自觉维护大局,倍加珍视团结,在以胡锦涛同志为总书记的党中央领导下,高举马克思列宁主义、毛泽东思想、邓小平理论和"三个代表"重要思想伟大旗帜,全面贯彻十六大精神,同心同德,艰苦奋斗,扎实工作,开拓进取,带领全国各族人民为全面建设小康社会、实现中华民族的伟大复兴而不懈奋斗!

党　员

中共中央组织部关于印制、使用《中国共产党入党志愿书》(2004年制)的通知

(2004年6月19日)

按照党的十六大提出的发展党员工作的新要求，根据发展党员工作实际，我们对1983年印制的《中国共产党入党志愿书》进行了修订。现将《中国共产党入党志愿书》(2004年制)式样和印制说明印发给你们，请按要求印制。

中共中央组织部决定，《中国共产党入党志愿书》(2004年制)自2004年10月1日起使用，1983年制的《中国共产党入党志愿书》同时停止使用。

附件：

1.《中国共产党入党志愿书》(2004年制)式样；

2.《中国共产党入党志愿书》(2004年制)印制说明；

3.《中国共产党入党志愿书》(2004年制)填写说明。

中国共产党

入党志愿书

申请人姓名____________

说　明

一、申请人填写入党志愿书要严肃、认真、忠实。填写前，党支部负责人或入党介绍人应将表内项目向申请人解释清楚。

二、填写入党志愿书须使用钢笔、签字笔或毛笔，并使用黑色或蓝黑色墨水。字迹要清晰、工整。表内的年、月、日一律用公历和阿拉伯数字。表内栏目没有内容填写时，应注明“无”。个别栏目填写不下时，可加附页。

三、在上级党组织批准预备党员转为正式党员后，应及时将入党志愿书存入本人档案，没有档案的，由基层党委保存。

誓　　词

我志愿加入中国共产党,拥护党的纲领,遵守党的章程,履行党员义务,执行党的决定,严守党的纪律,保守党的秘密,对党忠诚,积极工作,为共产主义奋斗终身,随时准备为党和人民牺牲一切,永不叛党。

<table>
<tr><td>姓名</td><td></td><td>性别</td><td></td><td rowspan="4">正面免冠照片
（2 寸）</td></tr>
<tr><td>民族</td><td></td><td>出生年月</td><td></td></tr>
<tr><td>籍贯</td><td></td><td>出生地</td><td></td></tr>
<tr><td>学历</td><td></td><td>学位
或职称</td><td></td></tr>
<tr><td colspan="2">单位、职务或职业</td><td colspan="3"></td></tr>
<tr><td colspan="2">现居住地</td><td colspan="3"></td></tr>
<tr><td colspan="2">居民身份证号码</td><td colspan="3"></td></tr>
<tr><td colspan="2">有何专长</td><td colspan="3"></td></tr>
<tr><td colspan="5">入 党 志 愿</td></tr>
<tr><td colspan="5"></td></tr>
</table>

本人经历(包括学历)			
自何年何月	至何年何月	在何地、何单位、任何职	证　明　人

何时何地加入中国共产主义青年团	
何时何地参加过何种民主党派或工商联，任何职务	
何时何地参加过何种反动组织或封建迷信组织，任何职务，有何活动，以及有何其他政治历史问题，结论如何	
何时何地何原因受过何种奖励	
何时何地何原因受过何种处分	

<table>
<tr><td rowspan="12">家庭主要成员情况</td><td rowspan="4">配偶</td><td>姓名</td><td></td><td>民族</td><td></td><td>出生年月</td><td></td></tr>
<tr><td>籍贯</td><td colspan="2"></td><td>学历</td><td colspan="2"></td></tr>
<tr><td colspan="2">参加工作时间</td><td></td><td>政治面貌</td><td colspan="2"></td></tr>
<tr><td colspan="2">单位、职务或职业</td><td colspan="4"></td></tr>
<tr><td rowspan="8">其他成员</td><td>关系</td><td>姓名</td><td>出生年月</td><td>政治面貌</td><td colspan="2">单位、职务或职业</td></tr>
<tr><td></td><td></td><td></td><td></td><td colspan="2"></td></tr>
<tr><td></td><td></td><td></td><td></td><td colspan="2"></td></tr>
<tr><td></td><td></td><td></td><td></td><td colspan="2"></td></tr>
<tr><td></td><td></td><td></td><td></td><td colspan="2"></td></tr>
<tr><td></td><td></td><td></td><td></td><td colspan="2"></td></tr>
<tr><td></td><td></td><td></td><td></td><td colspan="2"></td></tr>
<tr><td></td><td></td><td></td><td></td><td colspan="2"></td></tr>
<tr><td colspan="2">主要社会关系情况</td><td colspan="6"></td></tr>
</table>

需要向党组织说明的问题	
本人签名或盖章____________ 年　月　日	

入党介绍人意见	介绍人单位、职务或职业__________ 签名或盖章__________　年　月　日
	介绍人单位、职务或职业__________ 签名或盖章__________　年　月　日

支部大会通过接收申请人为预备党员的决议
支部名称　　　　　　　　　支部书记签名或盖章＿＿＿＿＿＿＿＿ 年　月　日
上级党组织指派专人进行谈话情况和对申请人入党的意见
谈话人单位、职务或职业＿＿＿＿＿＿＿＿＿＿＿＿＿＿＿＿ 签名或盖章＿＿＿＿＿＿＿＿＿＿＿＿　　　　年　月　日

总支部审查(审批)意见	
总支部名称	总支部书记签名或盖章________ 年　月　日

基层党委审批意见	
基层党委盖章	党委书记签名或盖章________ 年　月　日

<table>
<tr><td align="center">支部大会通过预备党员能否转为正式党员的决议</td></tr>
<tr><td>

支部名称　　　　　　　　　　　　支部书记签名或盖章________
年　月　日</td></tr>
<tr><td align="center">总支部审查(审批)意见</td></tr>
<tr><td>

总支部名称　　　　　　　　　　　总支部书记签名或盖章________
年　月　日</td></tr>
<tr><td align="center">基层党委审批意见</td></tr>
<tr><td>

基层党委盖章　　　　　　　　　　党委书记签名或盖章________
年　月　日</td></tr>
</table>

支部大会通过延长预备期的党员能否转为正式党员的决议
支部名称　　　　支部书记签名或盖章________ 年　月　日
总支部审查(审批)意见
总支部名称　　　　总支部书记签名或盖章________ 年　月　日
基层党委审批意见
基层党委盖章　　　　党委书记签名或盖章________ 年　月　日

备　　注

中共中央组织部
2004 年制

××××××××翻印

《中国共产党入党志愿书》（2004 年制）印制说明

《中国共产党入党志愿书》（2004 年制）由各省、自治区、直辖市党委组织部，中央直属机关工委、中央国家机关工委组织部，国资委党委、各金融机构党委组织部，铁道部政治部，解放军总政治部组织部，香港工委、澳门工委组织部按照中央组织部提供的电子版统一印制。印制规格如下：

1. 以 16 开（260mm × 184mm）白色 80 克胶板纸双面印制，中缝装订。

2. 封面党徽套红印制，规格为 32mm × 32mm。

"中国共产党"为一号华文中宋体，"入党志愿书"为小初号加粗华文中宋体。

"申请人姓名"为小二号宋体。

3. 封二"说明"标题为小一号华文中宋体，正文为小三号仿宋体。

4. "誓词"标题为一号华文中宋体，正文为二号楷体。

5. 第 1 页"正面免冠照片（2 寸）"为小四号仿宋体，"入党志愿"为二号楷体，其余为四号仿宋体。

6. 第 4 页"本人经历（包括学历）"为小三号加粗楷体，其余为小四号仿宋体。

7. 第 5—8 页各栏文字均为四号仿宋体。

8. 第 9—13 页每栏标题均为小三号加粗楷体，其余为四号仿宋体。

9. 封底"中共中央组织部""2004 年制"为三号黑体。翻印单位在落款下方标注"××××××××翻印"字样，为三号仿宋体。

10. 表格外框为 207mm × 139mm。外框与纸张边缘上、下、左、右的边距分别为 25mm、28mm、24mm、21mm。表内所有字体位置、行高、列宽、所留空白，均应与式样一致。

《中国共产党入党志愿书》(2004 年制)填写说明

1.“姓名”应与居民身份证一致。

2.“民族”填写全称。

3.“籍贯”填写本人的祖居地(指祖父的长期居住地)。“籍贯”和“出生地”按现行政区划填写到县(市、区)。

4.“学历”分毕业、结业、肄业三种,填写接受相应教育的最高学历。各类成人高等院校毕业生,应以国家教育行政部门或经其认可的部门、单位出具的学历证明为依据;接受党校教育的,以各级党校出具的学历证明为依据。不得填写“相当××学历”。

5.“单位、职务或职业”,无单位、职务的,填写职业。

6.“现居住地”填写现固定居住的详细地点。现役军人中的入党申请人不填写。

7.“入党志愿”着重填写本人对党的认识、思想发展过程和对入党问题的态度。

8.“本人经历(包括学历)”从上小学填起,起止年月要衔接。“在何地、何单位”要写全称。“任何职”应写明主要职务。参加电大、函大、夜大、职大、自学考试等学习的,都应填写;取得学位的在相应栏目中注明。“证明人”填写熟悉本人情况的人或一同学习、工作过的人。

9.“何时何地加入中国共产主义青年团”、“何时何地参加过何种民主党派或工商联,任何职务”和“何时何地参加过何种反动组织或封建迷信组织,任何职务,有何活动,以及有何其他政治历史问题,结论如何”中的“何地”,应填写到工作单位或乡镇、街道。

10.“何时何地何原因受过何种奖励”,要写明受奖励的时间、经何单位批准、获奖名称、享受待遇等。

11.“何时何地何原因受过何种处分”,填写受到党纪、政纪、团纪处分或刑事处罚的情况。经组织复查被平反纠正的不需填写。

12.“需要向党组织说明的问题”,主要填写需要向党组织说明,而在其他栏目中不好填写的问题。

13.“入党介绍人意见”，填写介绍人了解和掌握的申请人的入党动机、思想品质、现实表现等情况，对是否同意其入党表明意见。

14.“支部大会通过接收申请人为预备党员的决议”，填写参加大会的具有表决权的正式党员数、讨论的情况、采取的表决方式、表决结果等。

15.“上级党组织指派专人进行谈话情况和对申请人入党的意见”，填写党委委员或组织员通过谈话了解到的申请人的入党动机是否端正，对党的基本知识是否了解，入党手续是否符合规定，谈话人对申请人是否具备党员条件和是否同意其入党的意见等内容。

16.“基层党委审批意见”，填写党委是否同意接收申请人为预备党员。同意接收申请人为预备党员的注明预备期从何年何月何日起至何年何月何日止。

17.“支部大会通过预备党员能否转为正式党员的决议”，填写预备党员在预备期间的思想、学习、工作等方面的表现情况，指出其存在的缺点和今后努力的方向，写明支部党员大会表决的情况。

18.“备注”填写在吸收有关人员入党，需要提高审批权限的情况下，县级以上党委的审批意见；填写取消预备党员资格和预备党员因故去世等情况。

中共中央办公厅转发《中共中央组织部关于进一步做好新形势下发展党员工作的意见》的通知

(2004 年 7 月 9 日)

《中共中央组织部关于进一步做好新形势下发展党员工作的意见》已经党中央同意,现转发给你们,请认真贯彻执行。军队中进一步做好新形势下发展党员工作,由解放军总政治部根据本通知精神作出具体规定。

中共中央组织部关于进一步做好新形势下发展党员工作的意见

(2004 年 6 月 29 日)

为深入贯彻党的十六大精神,进一步做好新形势下发展党员工作,现提出如下意见。

一、充分认识做好新形势下发展党员工作的重要性和紧迫性

当前,我国正处于全面建设小康社会、加快推进社会主义现代化的新的发展阶段。经过 20 多年的改革开放和现代化建设,我国的综合国力大幅度跃升,国际影响显著扩大,人民生活总体上实现了由温饱到小康的历史性跨越,党的吸引力和凝聚力不断增强。随着改革开放的深入和社会主义市场经济的发展,我国的社会生活发生了深刻变化,社会经济成分、组织形式、就业方式、利益关系和分配方式日益多样化,人们的职业、身份经常变动,新的社会阶层人员大量涌现,人们的思想观念也发生了较大变化。新的形势给发展党员工作提出了新的课题。

近年来,发展党员工作取得了显著成绩。一大批社会各方面的先进分子加入到党组织中来,为党的组织增添了生机和活力。同时,也应当清醒地看到,发展党员工作还存在一些与新形势、新任务不相适应的问题。有些地方农村党员队伍老化,带头致富、带领群众共同致富能力不强;一些国有、集体企业没有党员的生产班组有所增加;相当数量的非公有制企业、社会团体、社会中介组织中党的力量薄弱；在流动人员中发展党员尚缺乏有效的工作机制。党员队伍的整体素质和结构与现代化建设的需要也存在着不相适应的问题。这些问题如不及时加以解决，势必影响党员队伍的生机和活力，影响党的执政基础和执政能力。

按照十六大提出的新要求，适应发展变化的新形势，进一步做好发展党员工作，是增强党的阶级基础，扩大党的群众基础，使我们党始终成为中国工人阶级的先锋队，同时始终成为中国人民和中华民族的先锋队的迫切需要；是把我们党建设成为优秀人才高度密集的政党，提高领导水平和执政能力，更好地团结和带领人民群众全面建设小康社会，加快推进社会主义现代化的迫切需要。各级党组织一定要从战略和全局的高度，充分认识进一步做好新形势下发展党员工作的重要性和紧迫性，以对党的事业高度负责的精神，认真做好这项工作。

二、进一步明确新形势下发展党员工作的指导思想和基本要求

发展党员工作的指导思想是：以邓小平理论和“三个代表”重要思想为指导，遵循“坚持标准、保证质量、改善结构、慎重发展”的方针，着眼于始终保持党的先进性，坚持不懈地做好发展党员工作，不断增强党员队伍的生机和活力，增强党在全社会的影响力和凝聚力，为巩固党的执政基础，提高党的执政能力，实现党的历史任务提供组织保证。

发展党员工作的基本要求是：

——坚持围绕中心，服务大局。要紧紧围绕全面建设小康社会的奋斗目标和加强党的执政能力建设的要求来发展党员。要把这项工作放到党的工作大局中去谋划、去推动，在巩固党的执政基础，促进经济社会发展等方面，取得实实在在的效果。

——坚持党员标准，严格工作程序。要坚持质量重于数量的原则，着眼于保持党的先进性，严格按照党章规定的党员标准发展党员，着重看发展对象是否自觉学习和实践“三个代表”重要思想，是否自觉为党的路线和纲领而奋斗，是否在工作和社会生活中取得突出成绩。严格发展党员工作程序，认真履行入党手续，坚持成熟一个、发展一个，确保新党员的质量。

——坚持改善结构，保持均衡发展。要着眼于改善党员队伍的结构和分布，注意在生产、工作第一线发展党员，注意在青年、妇女、少数民族中发展党员，注意在高知识群体和各类人才中发展党员，注意在党的力量比较薄弱的地方发展党员。坚持有领导、有计划地发展党员，防止和避免突击发展、长期不发展、发展数量大起大落等不正常现象，防止和纠正“分指标、卡比例”等错误做法。

——坚持教育引导,做好基础工作。要把发展党员工作的着力点放在入党积极分子队伍建设上。要积极主动地开展教育引导工作,努力把社会各方面的先进分子凝聚到党组织的周围。采取多种形式,加强对入党积极分子的培养教育,不断提高他们的思想政治素质和业务水平,为发展党员工作奠定坚实的基础。

——坚持求真务实,与时俱进。要注意研究在改革开放和社会主义市场经济条件下发展党员工作的特点和规律,建立健全常抓不懈的工作机制。不断研究新情况,解决新问题,总结新经验,探索新方法,使发展党员工作始终体现时代要求。

三、坚持不懈地做好在工人、农民、知识分子、军人和干部中发展党员工作

做好在工人中发展党员工作,要紧紧围绕企业生产经营,促进企业的改革和发展来进行。国有企业、集体企业,要注意发展班组长、生产经营骨干和技术能手入党,努力解决一些生产班组没有党员的问题,做到关键岗位、艰苦岗位有党员,人数较多的生产班组建立党小组。着力解决在非公有制企业(含"三资"企业)发展党员工作薄弱的问题。要通过选派党建工作指导员和党建工作联系员,充分发挥工会、共青团等群众组织的作用,做好入党积极分子的培养和协助党组织发展党员工作。注重在非公有制企业员工中,特别是在企业管理骨干和技术骨干中发展党员。

做好在农民中发展党员工作,要紧紧围绕发展农村经济,增加农民收入,实现农村全面建设小康社会的目标来进行。要注重在致富能手中培养党员,把党员培养成致富能手,重点做好在有文化、有一技之长、能带头致富并带领群众共同致富的优秀分子中发展党员工作。要把农村发展党员工作同加强农村基层组织建设结合起来,切实解决一些地方农村党员带头致富、带领群众共同致富能力不强和村级党组织后继乏人等问题。对长期不做发展党员工作的乡镇和村级党组织,要加强指导和督促检查,必要时进行组织整顿。

做好在知识分子特别是高知识群体中发展党员工作,要紧紧围绕基层单位的中心工作,按照实施科教兴国、人才强国战略的要求来进行。要采取有针对性的措施,努力形成鼓励人才干事业、支持人才干成事业、帮助人才干好事业的社会环境,用事业、感情和适当的待遇凝聚人,把广大知识分子紧紧团结在党组织周围。加强在教学科研骨干、学术带头人、优秀留学归国人员等各类拔尖人才中发展党员工作。对政治素质好、贡献突出、影响较大的入党申请人,要选择党性观念强、业务水平高、在知识分子中有影响、有权威的党员专家教授和党员领导干部担任其培养联系人,提高培养教育工作的质量。

重视做好在青年中发展党员工作。要着眼于党员队伍的长远建设，着眼于培养中国特色社会主义事业的建设者和接班人，抓好对广大青年的培养教育，不断壮大入党积极分子队伍。加强在生产、工作第一线的青年骨干和青年学生中发展党员工作。在大学生中发展党员，要把课堂教育与课外活动、理论学习与社会实践有机地结合起来，构筑多渠道、多层次的思想政治教育体系，帮助大学生树立正确的世界观、人生观、价值观。认真办好业余党校，提高教育培训的质量。严格发展党员工作程序，确保发展党员质量。坚持着眼长远，立足教育，重在培养，个别发展，继续在中学生中扎实开展党的基本知识教育。

重视做好在流动人员中发展党员工作。企业、农村、机关、学校、科研院所、街道社区等党的基层组织要把外来、外出务工经商人员和其他流动人员纳入发展党员工作范围，主动承担起培养教育的职责，对年纪轻、思想政治素质好的要重点培养。流入地党组织与流出地党组织要加强联系，做好对流动人员入党积极分子的政治审查和预备党员教育管理的衔接工作。

继续做好在军人和干部中发展党员工作。采取有效措施，加强在妇女和少数民族中发展党员工作。

四、积极稳妥地开展在其他社会阶层中发展党员工作

要继续做好在民营科技企业的技术人员、受聘于外资企业的管理技术人员、个体户、中介组织的从业人员、自由职业人员中发展党员工作。要鼓励他们的创业精神，维护他们的合法权益，激发他们的政治热情；要针对他们的特点，积极主动地开展教育引导工作，不断壮大入党积极分子队伍；要加强在文化素质较高、社会影响较大的先进分子中发展党员工作，发挥其示范引导作用。

要把吸收个人独资企业投资人、合伙企业合伙人、公司制企业个人控股股东和其他类型企业的主要个人出资人（以下简称私营企业主）中的先进分子入党纳入经常性发展党员工作。吸收私营企业主中的先进分子入党，要坚持党章规定的党员标准，贯彻十六大提出“承认党的纲领和章程、自觉为党的路线和纲领而奋斗、经过长期考验、符合党员条件”的要求，确保发展党员质量。针对私营企业主的特点，在确定发展对象时，要注意考察他们的入党动机、个人历史、政治表现，特别是在重大政治问题上的表现，同时，还应注意把握以下具体要求：财产来源合法，用之得当，模范守法经营，自觉依法纳税；关心爱护员工，保障员工的合法权益；诚实守信，有良好的品行，热心社会公益事业，群众公认；积极支持建立企业党组织和工会、共青团组织，为其开展工作提供必要条件。在接收预备党员前，基层党委要将发展对象的有关材料报县一级党委组织部门审查。审查合格后由支部大会讨论，通过后报基层党委批准。对那些所在企业规模较大、跨地区跨国经营或其他情况特殊的发展对象,经支部大会讨论通过后,可以由县级或县级以上党委审批。预备党员转正的审批权限与接收预备党员的审批权限一致。

在其他社会阶层中发展党员,是一项政治性、政策性很强的工作,必须高度重视,认真对待。要积极稳妥,扎实推进,防止一哄而起;要坚持标准,严格程序,确保党员质量。

吸收社会中介组织和民办非企业单位的主要个人出资人入党,可参照吸收私营企业主入党的政策规定执行。

五、切实加强对发展党员工作的组织领导

各级党组织要高度重视发展党员工作,把这项工作作为党的建设新的伟大工程的基础工程,认真抓紧抓好。

加强对发展党员工作的领导和指导。各级党委要把发展党员工作摆上重要议事日程,纳入党建工作责任制,作为考核党委领导班子和有关领导成员工作实绩的重要内容。市(地)级以上党委要认真研究制定发展党员中、长期工作规划,加强工作指导。县(市)级党委要根据上级党组织的工作规划,研究制定和落实发展党员的年度工作计划。

建立健全发展党员工作制度。继续坚持和完善基层党建带团建、共青团组织推荐优秀团员为入党积极分子等制度。根据新形势、新任务的要求,不断完善发展对象集中培训制,推行发展党员公示制,逐步实行发展党员票决制和发展党员责任追究制。

做好党员教育管理工作。要把发展党员工作与加强党员教育管理结合起来。坚持不懈地用邓小平理论和"三个代表"重要思想武装广大党员,组织党员认真学习党章,使他们坚定共产党人的理想和信念,牢记党的宗旨,发扬党的优良传统和作风。同时,组织、引导党员学习科学、文化和业务知识,学习法律知识,全面提高党员队伍的整体素质。积极探索党员管理的新机制、新办法,严格党的组织生活,督促党员履行义务,切实保障党员权利,关心爱护党员,充分发挥广大党员的先锋模范作用。建立健全党员队伍自我纯洁机制,严肃处置不合格党员,及时处分违纪党员,保持党员队伍的先进性。

注重党务干部队伍建设。要从党员队伍建设的需要出发,加强党务干部队伍建设,不断提高他们的思想政治素质和业务水平。地方党委应建立健全组织员工作机构,配齐配强组织员,保证专职专用。基层党委可从实际出发,设置、聘任一定数量的专、兼职组织员,逐步建立一支素质优良、精干高效、专兼职结合的组织员队伍。

加强和改进党的基层组织建设。进一步加强基层领导班子建设，建立完善党的基层组织负责人的选配、培训和管理机制。积极探索党的基层组织发挥作用的有效途径，改进活动方式和工作方法，转变工作作风，努力做到上级党组织为下级党组织服务、基层党组织为党员服务、各级党组织和党员为广大群众服务，不断增强党组织的吸引力和凝聚力。要不断扩大党的工作覆盖面，认真做好在非公有制企业、社会团体、社会中介组织中建立党组织的工作。凡具备单独建立党组织条件的，应尽快建立党组织，同时要采取切实措施，防止出现企业党组织家族化问题；暂不具备条件的，可按照“行业相近、地域相邻、方便工作”的原则，联合建立党支部；对没有党员的，可采取派驻党建工作指导员、党建工作联系员和建立党建工作站、党员联络服务站或依托工会组织等形式开展党的工作。通过加强和改进党的基层组织建设，把广大群众团结在党组织周围，把符合党员条件的先进分子及时吸收到党组织中来。

加强对发展党员工作的督促检查。地方党委组织部门每年要检查一次所属地区的发展党员工作，及时发现和解决工作中存在的问题。要严肃查处发展党员工作中的违纪行为。对违反有关规定的党组织及其负责人、直接责任人要进行批评教育，情节严重的给予纪律处分。对弄虚作假、违反规定吸收入党的，一律不予承认，切实维护发展党员工作的严肃性。

中共中央关于印发《中国共产党党员权利保障条例》的通知

(2004年9月22日)

现将《中国共产党党员权利保障条例》(以下简称《党员权利保障条例》)印发给你们,请认真贯彻执行。

《党员权利保障条例》是我们党关于保障党员权利方面一部十分重要的党内法规。它的颁布实施,是发展党内民主,健全党内生活,加强党的执政能力建设的一个重要举措,对于进一步发挥党员的积极性、主动性、创造性,提高党的创造力、凝聚力和战斗力,具有重要的意义。全党一定要认真学习、广泛宣传、严格遵守。

各地区各部门在执行《党员权利保障条例》中有哪些问题和建议,请及时报告中央。

中国共产党党员权利保障条例

第一章　总　　则

第一条　为了发展党内民主,健全党内生活,坚持民主集中制原则,增强党的生机活力,保障党员权利的正常行使和不受侵犯,根据《中国共产党章程》,制定本条例。

第二条　党员享有的党章规定的各项权利必须受到尊重和保护,党的任何一级组织、任何党员都无权剥夺。

第三条　坚持在党的纪律面前人人平等,不允许任何党员享有特权。

第四条　坚持权利与义务相统一。党员应当正确行使党章规定的各项权利,并在宪法和法律的范围内活动,同时必须履行党章规定的义务,不得侵犯其他党员的权利。

第五条　对任何侵犯党员权利的行为,都应当予以追究;情节严重的,必须给予党纪处分。对侵犯党员权利行为的认定和处理,应当以事实为根据,以党章和其他党内法规为准绳。

第二章　党员权利

第六条　党员有权参加党小组会、支部大会、党员大会以及与其担任的党内职务和代表资格相应的会议。党员因故不能到会的，应当履行请假手续。

党员有权阅读按照规定可以阅读的党内文件。

党员有权提出接受教育和培训的要求。党员接受教育和培训应当服从组织安排。

第七条　党员有权在党的会议上参加关于党的政策和理论问题的讨论，并充分发表自己的意见。

党员有权在党报党刊上参加党的中央和地方组织组织的关于党的政策和理论问题的讨论。

党员在讨论党的政策和理论问题的过程中，应当自觉同党中央保持高度一致，不得公开发表与党的基本理论、基本路线、基本纲领和基本经验相违背的观点和意见。

第八条　党员有权以口头或者书面方式对本地区、本部门、本单位的党组织、上级党组织直至中央的各方面工作提出建议和倡议。

第九条　党员有权在党的会议上以口头或者书面方式有根据地批评党的任何组织和任何党员。党员以书面方式提出的批评意见应当按照规定送被批评者或者有关党组织。

党员有权向党组织负责地揭发、检举党的任何组织和任何党员的违法违纪事实；有权向所在党组织或者上级党组织提出处分有违法违纪行为党员的要求。

党员有权向所在党组织或者上级党组织提出罢免或者撤换不称职党员领导干部职务的要求。

党员在进行批评、揭发、检举以及提出处分或者罢免、撤换要求时，要按照组织原则，符合有关程序，不得随意扩散、传播，不得夸大和歪曲事实，更不得捏造事实、诬告陷害。

第十条　党员有权在党组织讨论决定问题时按照规定参加表决。表决时可以表示赞成、不赞成或者弃权。

每个正式党员都享有选举权和被选举权（受留党察看处分的党员除外）。参加选举的党员有权了解候选人情况、要求改变候选人、不选任何一个候选人和另选他人。

党员有权经过规定程序成为候选人和当选。

第十一条 在党组织讨论决定对党员的党纪处分或者作出鉴定时,本人有权参加和进行申辩,其他党员可以为其作证和辩护。

申辩、作证和辩护必须实事求是。

第十二条 党员对党的决议和政策如有不同意见,在坚决执行的前提下,可以在党的会议上或者向党组织声明保留,并且可以把自己的意见向党的上级组织直至中央反映。党员不得公开发表同中央决定相反的意见。

第十三条 党员在政治、工作、学习等方面遇到重要问题需要党组织帮助解决的,有权向本人所在党组织、上级党组织直至中央提出请求。

党员对于党组织给予本人的处分、鉴定、审查结论或者其他处理不服的,有权向本人所在党组织、上级党组织直至中央提出申诉;党员认为党组织给予其他党员的处分、鉴定、审查结论或者其他处理不当的,有权逐级向党组织直至中央提出意见。

党员的合法权益受到党组织或者其他党员侵害时,有权向本人所在党组织、上级党组织直至中央提出控告。

党员有权要求有关党组织对其提出的请求、申诉和控告给予负责的答复。

第三章 保障措施

第十四条 党组织应当按照规定召开有关会议,并创造条件保障党员参加其有权参加的各种会议。会议的组织、召集者要将会议的召开时间、议题等适时通知应到会党员。

第十五条 党组织应当为党员提供阅读党内有关文件的必要条件。党员因缺乏阅读能力或者其他原因无法直接阅读文件的,党组织要按照规定向其传达文件精神。

第十六条 党组织应当采取多种形式有计划地对党员进行教育和培训,提高党员素质。

第十七条 党的代表大会、代表会议和党的委员会全体会议以及其他重要会议召开后,党组织要按照规定将会议内容和精神向党员传达、通报。

党组织作出的决议、决定,按照规定及时向党员通报。

第十八条 下级党组织应当根据上级党组织的安排,积极组织和引导党员参加党的政策和理论问题的讨论,讨论的时间、方式和内容要以适当方式告知党员,以便党员参加。党的地方组织、基层组织应当认真组织党员对本地区、本部门、本单位贯彻落实党的政策的有关问题进行讨论。

党组织要支持和鼓励党员对党的工作提出建议和倡议。对于党员的建议和倡议,党组织应当认真听取、研究,合理的应当采纳;对改进工作有重大帮助的,应对提出建议和倡议的党员给予表扬或者奖励。

党组织要认真听取各种不同意见。对于持有不同意见的党员,只要本人坚决执行党的决议和政策,就不得对其歧视或者进行追究;对于持有错误意见的党员,应当对其进行帮助、教育。

第十九条　党组织应当鼓励党员在党内开展批评和自我批评,支持和保护党员同各种违法违纪行为和不正之风作斗争。对于党员的批评、揭发、检举、控告以及提出的有关处分和罢免、撤换要求,党组织要按照规定及时处理。

党组织要建立健全保护揭发、检举人权益的制度。对揭发、检举人以及揭发、检举的内容必须严格保密,严禁将检举、控告材料转给被检举、被控告的组织和人员;严禁对揭发、检举人和控告人歧视、刁难、压制,严禁各种形式的打击报复。

党组织对于署真实姓名的揭发、检举人,应以适当方式回访或者回函并告知其处理结果;对揭发、检举严重违法违纪问题经查证属实的,给予表扬或者奖励。

党组织对于不负责地揭发、检举、控告以及提出处分和罢免、撤换要求的,给予批评教育;对于捏造事实、诬告陷害他人的,依纪依法严肃处理。对于受到错告或者诬告的党员,应当澄清事实,并在一定范围内公布。

第二十条　党组织讨论决定问题,必须执行少数服从多数的原则。决定重要问题,要进行表决。根据不同情况,表决可以采取口头、举手和投票等方式,表决结果和表决方式应记录在案。对不同意见要如实记录。

重要问题主要是指:涉及党的路线、方针、政策的事项;重大工作任务的部署;按干部管理规定应该由集体讨论决定的干部推荐、任免、调动和奖惩;涉及人民群众生产、生活等切身利益的问题;发展新党员;上级党组织规定应当集体讨论决定的其他问题。

党组织作出重要决议、决定前,应当以适当方式在一定范围内征询党员意见。对于多数党员有不同意见或者存在重大分歧的,暂缓作出决定,进一步调查研究,交换意见,提交下次会议表决。

党的委员会及其组织部门、党的纪律检查委员会对下级党组织的表决情况进行监督检查,对于没有按照规定进行表决的,应当予以纠正。

第二十一条　党组织进行选举时,应当充分体现选举人的意志。选举采用无记名投票的方式。候选人名单要由党组织和选举人充分酝酿讨论,对候选人的情况应向选举人作介绍。对候选人可以投赞成票、可以投不赞成票,也可以弃权。投不赞成票者可以另选他人。

党的任何组织和任何党员不得以任何方式妨碍党员在党内自主行使选举权和被选举权,不得阻挠有选举权和被选举权的人到场,不得强迫选举人选举或者不选举某个人,不得搞非组织活动妨碍选举,不得以任何方式追查选举人的投票意向。

第二十二条 党组织对党员作出处分决定所依据的事实材料和处分决定必须同本人见面,听取本人说明情况和申辩。对于党员的申辩及其他党员为其所作的证明和辩护,有关党组织要认真听取、如实记录,并进一步核实,采纳其合理意见;不予采纳的,要向本人说明理由。党员实事求是的申辩、作证和辩护,应当受到保护。

处分决定应当写明党员享有的申诉权以及受理申诉的组织等内容并由受处分党员签署意见。本人对处分决定有不同意见的,可以提出申诉;拒不签署意见或者因其他原因不能签署意见的,党组织要在处分决定上注明。

第二十三条 对于受到党纪处分的党员,党组织要帮助其正确认识和改正错误。对于受到留党察看处分的党员,留党察看期间确已改正错误的,期满后应当恢复其党员权利;坚持错误不改或者又发现其他应受党纪处分的错误的,应当开除其党籍。

第二十四条 党组织要认真处理党员的申诉。对于党员的申诉,有关党组织要按照规定进行复议、复查,不得扣压。上级党组织认为必要时,可以直接或者指定有关党组织进行复议、复查。

经复议、复查或者审查决定,对于全部或者部分纠正的案件,重新作出的决定应当在一定范围内宣布。对于处理正确而本人拒不接受的,给予批评教育;对于无正当理由反复申诉的,有关党组织应当正式通知本人不再受理并在适当范围内宣布。

党员对于党组织给予其他党员的处分、鉴定、审查结论或者其他处理提出的意见,有关党组织应认真研究处理。

第二十五条 党组织对涉嫌违纪党员的检查和处理,必须既坚决又慎重,严格遵守有关规定,依纪依法进行。

建立执纪过错或者错案责任追究制。对于在执纪过程中有违纪行为或者其他过错的,应当批评纠正;情节严重的,应当追究有关责任者的责任。

第二十六条 党组织对于党员提出的请求,要及时受理。根据具体问题,有的要及时解决,有的要说明情况,有的要进行说服教育。

第二十七条 企业、农村和街道、社区等党的基层组织应注意维护流动党员的民主权利，保障其正常行使。

第二十八条　对于确有实际困难的党员，其所在基层党组织或者上级党组织可以给予适当帮助并鼓励党员之间开展互助，为党员正常行使权利创造条件。

第四章　责任追究

第二十九条　党的各级组织应当严格执行党员权利保障方面的方针、政策和党内法规，贯彻落实上级党组织和同级党的代表大会关于党员权利保障方面的决议、决定；明确同级纪委和党委工作部门、直属机构、派出机关以及相当于这一级别的党组（党委）在党员权利保障方面的任务和要求；督促下级党组织和党的领导干部切实履行党员权利保障方面的职责，宣传党员权利保障方面的方针、政策和党内法规，教育和引导广大党员正确行使权利。

第三十条　党的各级纪律检查机关在同级党委和上级纪委领导下，做好党员权利保障工作，受理有关党员权利保障方面的检举、控告和申诉，检查和处理侵犯党员权利方面的案件，对党的领导干部和下级党组织履行党员权利保障职责的情况进行监督检查。

第三十一条　党的组织、宣传等工作部门要按照党章和其他党内法规的规定以及上级党组织的要求，结合自身职能和实际工作，抓好党员权利保障工作的落实；研究解决职责范围内党员权利保障方面的重要问题，向同级党组织提出贯彻落实党员权利保障方面的意见和措施，为保障党员权利的正常行使创造条件、提供服务。

第三十二条　党的各级领导干部应模范遵守和严格执行党员权利保障方面的规定；充分尊重和关心党员权利，重视处理和解决党员权利保障方面的实际问题；采取切实措施抓好本地区、本部门、本单位党员权利保障工作的落实。

第三十三条　保障党员权利是党的各级组织和各级领导干部的重要职责。对于在保障党员权利方面失职、渎职的，按照规定追究有关责任者的责任。

第三十四条　对侵犯党员权利行为的处理是保障党员权利的重要环节。对于有侵犯党员权利行为的党员，其所在党组织或者上级党组织可以采取责令停止侵权行为、责令赔礼道歉、责令作出检查、诫勉谈话、通报批评等方式给予处理；情节较重的，按照规定给予党纪处分。

对于有侵犯党员权利行为的党组织，上级党组织应当对有关责任者进行批评教育；情节严重的，按照规定追究有关责任者的责任。

本条第一款规定的处理方式可以独立使用，也可以合并使用或者与党纪处分合并使用。

第三十五条 对于因侵犯党员权利受到党纪追究的党员或者在保障党员权利方面失职、渎职受到党纪追究的党的领导干部,需要给予行政处分或者其他纪律处分的,作出或者批准作出处理决定的党组织应当向监察机关或者其他有关机关、组织提出建议;涉嫌犯罪的,由司法机关处理。

第五章 附 则

第三十六条 各省、自治区、直辖市党委,可以根据本条例,结合各自工作的实际情况,制定实施细则,并报中央备案。

中央军委可以根据本条例,结合中国人民解放军和中国人民武装警察部队的实际情况,制定实施细则或者补充规定。

第三十七条 本条例由中央纪委商中央组织部解释。

第三十八条 本条例自发布之日起施行。《中国共产党党员权利保障条例(试行)》同时废止。

中共中央关于在全党开展以实践“三个代表”重要思想为主要内容的保持共产党员先进性教育活动的意见

（2004 年 11 月 7 日）

根据党的十六大和十六届四中全会精神，为进一步加强党的执政能力建设，全面推进党的建设新的伟大工程，确保党始终走在时代前列，更好地肩负起历史使命，中央决定，从 2005 年 1 月开始，用一年半左右的时间，在全党开展以实践“三个代表”重要思想为主要内容的保持共产党员先进性教育活动。

一、开展先进性教育活动的重要性和必要性

中国共产党是在一个拥有 13 亿人口的大国执政的马克思主义政党。我们党在中国执政，是历史的选择、人民的选择。进一步为人民执好政、掌好权，是时代的要求、人民的要求。党成立 80 多年来，团结和带领人民取得了革命、建设、改革的伟大胜利。这一历程，是党代表中国先进生产力的发展要求、代表中国先进文化的前进方向、代表中国最广大人民的根本利益的历程，是始终保持党的先进性的历程。在新的历史条件下，继续保持党的先进性，关系党执政能力的提高和执政地位的巩固，关系党和人民事业的兴旺发达和国家的长治久安。

党的先进性要通过党员的先锋模范作用来体现。我们党已经拥有 6800 多万党员。当前，我们正处在全面建设小康社会、加快推进社会主义现代化的新的发展阶段，党所处的环境、党所肩负的任务、党员队伍的状况都发生了重大变化。新的形势和任务，对保持共产党员的先进性提出了新的更高的要求。在新的历史条件下，共产党员保持先进性，就是要自觉学习实践邓小平理论和“三个代表”重要思想，坚定共产主义理想和中国特色社会主义信念，胸怀全局、心系群众，奋发进取、开拓创新，立足岗位、无私奉献，充分发挥先锋模范作用，团结带领广大群众前进，不断为改革开放和社会主义现代化建设作出贡献。从总体上看，我们的党员队伍是适应这些要求的，是有战斗力的。广大党员在改革发展稳定的各项工作中，在突发事件、关键时刻的考验面前，发挥了先锋模范作用。但是，在党员队伍中也存在着与保持先进性的要求不相适应的问题。一些党员理想信念动摇,党员意识和执政意识淡薄,带领群众前进的能力不强,难以发挥先锋模范作用。一些党员干部事业心和责任感不强,思想作风不端正,工作作风不扎实,脱离群众的问题比较突出。一些党员领导干部思想理论水平不高,解决复杂矛盾的能力不强,有的甚至以权谋私、腐化堕落。一些党的基层组织凝聚力、战斗力不强,有的甚至软弱涣散、不起作用。这些问题的存在,严重影响党的先进性,影响党的工作,损害党和人民的事业。

党的十六届四中全会就加强党的执政能力建设作出了全面部署,决定在全党开展以实践"三个代表"重要思想为主要内容的保持共产党员先进性教育活动。这是坚持用"三个代表"重要思想武装全党的重要举措,是提高党的执政能力、巩固党的执政基础、完成党的执政使命的重要举措,是实现全面建设小康社会宏伟目标、推进中国特色社会主义伟大事业的重要举措。坚持经常性教育与适当的集中教育相结合,是我们党解决自身存在问题、加强自身建设的一条重要经验。各级党委要按照胡锦涛同志在党的十六届四中全会上关于"各级党委要担负起组织领导责任,推动这项活动深入开展起来,取得良好成效"的重要指示精神,以高度的政治责任感,把开展先进性教育活动作为学习贯彻党的十六大和十六届四中全会精神的一项重大措施,作为关系全局和长远的一件大事,切实抓紧抓好。广大共产党员要按照中央要求,积极投入到这一活动中来,通过学习教育,提高思想认识,在建设中国特色社会主义的伟大实践中更好地发挥先锋模范作用。

二、开展先进性教育活动的指导思想和目标要求

开展先进性教育活动,要以邓小平理论和"三个代表"重要思想为指导,贯彻党的十六大和十六届三中、四中全会精神,树立和落实科学发展观,按照立党为公、执政为民的要求,坚持党要管党、从严治党的方针,紧密联系改革发展稳定工作实际和党员队伍建设现状,以学习实践"三个代表"重要思想为主要内容,引导广大党员学习贯彻党章,坚定理想信念,坚持党的宗旨,增强党的观念,发扬优良传统,认真解决党员和党组织在思想、组织、作风以及工作方面存在的突出问题,促进影响本地区本部门本单位改革发展稳定、涉及群众切身利益的实际问题的解决,不断增强党员队伍和党组织的创造力、凝聚力、战斗力,为实现全面建设小康社会的宏伟目标提供坚强的政治保证和组织保证。

开展先进性教育活动,要达到如下目标要求:

(一)提高党员素质。党员学习实践"三个代表"重要思想的自觉性、坚定性进一步增强,对新时期保持共产党员先进性的要求进一步明确,理想信念进一步坚定,先锋模范作用进一步发挥。

（二）加强基层组织。党的基层组织在成为贯彻“三个代表”重要思想的组织者、推动者和实践者上取得新进展，战斗堡垒作用进一步发挥，党执政的组织基础进一步巩固。

（三）服务人民群众。党员全心全意为人民服务的宗旨观念进一步增强，作风进一步改进，组织群众、宣传群众、教育群众、服务群众的本领进一步提高，党群、干群关系进一步密切，真正做到为民、务实、清廉。

（四）促进各项工作。党的路线方针政策在各地区各部门各单位进一步贯彻，科学发展观和正确政绩观进一步树立和落实，各项工作取得新的进展。

开展先进性教育活动，要在解决实际问题上下功夫，把是否解决了群众反映强烈、通过努力能够解决的突出问题和群众是否满意作为衡量先进性教育活动成效的重要标准。

三、开展先进性教育活动的指导原则

（一）坚持理论联系实际，务求实效。大力弘扬求真务实精神，用科学理论武装头脑、指导实践、推动工作。把先进性教育活动与促进改革发展稳定紧密结合起来，与推动本地区本部门本单位的各项工作紧密结合起来，不搞形式主义，不做表面文章，切实做到学习教育和推动工作两不误、两促进。

（二）坚持正面教育为主，认真开展批评与自我批评。树立和宣传先进典型，弘扬正气。引导党员提高学习的自觉性，主动查找和切实解决自身存在的问题，同时互相帮助，共同进步。开展主题实践活动，为党员加强党性锻炼、发挥先锋模范作用创造条件。

（三）坚持发扬党内民主，走群众路线。尊重党员的民主权利，调动党员参加先进性教育活动的积极性。坚持从群众中来、到群众中去，广泛听取群众意见，自觉接受群众的评议和监督。

（四）坚持领导干部带头，发挥表率作用。从中央到地方的各级党员领导干部都要以普通党员的身份参加先进性教育活动，带头参加学习，带头查找问题，带头制定和落实整改措施。党员领导干部尤其要认真解决理想信念、廉洁从政、求真务实、联系群众等方面存在的问题。党员领导干部还要认真负责地抓好本地区本部门本单位的先进性教育活动。

（五）坚持区别情况，分类指导。根据党政机关、城市基层和农村等各方面党员的不同情况，有针对性地提出党员保持先进性的具体要求，确定各自的重点学习内容和重点解决的问题。对新的经济和社会组织中的党员、流动人员中的党员、下岗失业人员中的党员和离退休职工中的党员等，可在坚持先进性教育活动基本要求的前提下，采取切合实际的方式方法，开展有效的教育活动。

四、开展先进性教育活动的总体安排和方法步骤

全党的先进性教育活动分三批进行,每批半年左右时间。

第一批:县及县以上党政机关和部分企事业单位,从2005年1月开始到2005年6月基本结束。包括中央和地方各级党政机关,全国和地方各级人大、政协机关,各级法院、检察院和人民团体机关,中央金融机构总部机关,中央、国务院直属事业单位,中央直属机关、中央国家机关各部门和地方各级机关管理的部分事业单位,部分中央企业的总部机关,铁道部所属铁路局、铁路分局机关。

第二批:城市基层和乡镇机关,从2005年7月开始到2005年12月基本结束。包括街道社区和社会团体、社会中介组织,中央金融机构的省级分支机构、派出机构和市、县分支机构及其营业网点,部属和地方所属高等院校、中等专业学校、城市中小学校,尚未参加第一批集中教育活动的中央企业及其他企事业单位,乡镇机关及其直属单位、县(市、区)派驻乡镇的基层单位。

第三批:农村和部分党政机关,从2006年1月开始到2006年6月基本结束。包括村,党的组织关系在乡镇、村的企事业单位,农村中小学校等,承担先进性教育活动组织和指导工作的中央和地方有关机关、部门。

在这个总体安排的前提下,对个别情况特殊的县(市、区)先进性教育活动的安排,省(自治区、直辖市)党委可根据党员在城乡分布的实际情况作适当调整。党员在县内流动的,一般应在原单位党组织参加先进性教育活动;在县外流动的,一般应在流入地党组织参加先进性教育活动。停产关闭破产、生产经营困难和正在改制的国有企业,如党组织不健全或不能正常发挥作用,其先进性教育活动的安排,可在坚持总的要求的前提下,区别对待,灵活安排。要保证先进性教育活动覆盖到全党所有的基层组织,力争使每个党员都参加活动、受到教育。

在每批的半年时间内,各单位集中学习教育的起止时间,可在确保质量的前提下,根据实际情况灵活掌握和安排,但一般不得少于3个月。集中学习教育分三个阶段进行。

第一阶段:学习动员。进行广泛深入的思想发动,组织好党员的学习培训,使广大党员进一步深化对邓小平理论和"三个代表"重要思想的理解,深化对党的十六大和十六届三中、四中全会精神的理解,提高对加强党的执政能力建设的认识,明确新时期保持共产党员先进性的基本要求。组织党员认真学习《保持共产党员先进性教育读本》,重点学习党章。根据党员的实际情况,采取个人自学、专题辅导和上党课等多种形式,确保学习培训的效果。党员领导干部要积极参加所在党支部组织的专题学习，参加党委（党组）理论学习中心组的专题学习。

第二阶段：分析评议。在认真学习的基础上，组织党员和党员领导干部，对照党章规定的党员义务和党员领导干部的基本条件，按照"两个务必"和"八个坚持、八个反对"的要求，全面总结自己近年来的思想、工作和作风等方面的情况，重点检查存在的问题，从世界观、人生观、价值观上剖析思想根源，领导干部还要从权力观、地位观、利益观方面进行剖析。有书写能力的要撰写党性分析材料。党组织要采取适当方式广泛征求群众意见，并将征求到的意见如实向党员反馈；领导机关和党员领导干部要多渠道多层次征求有关方面的意见。在广泛开展谈心活动的基础上，召开专题组织生活会，党员之间进行评议，开展批评与自我批评。领导班子还要召开党员领导干部专题民主生活会。党支部根据民主评议的情况、征求到的群众意见和党员的一贯表现，提出对每个党员的评议意见。

第三阶段：整改提高。针对征求意见、自我剖析中查找出的问题和民主评议中反映的问题，认真制定整改措施，明确整改重点，落实整改责任，并按照党章的要求切实进行整改。党员个人、基层党组织和领导机关的问题，要分别制定整改措施。上级机关和党员领导干部的整改，要为下级机关和其他党员作出表率。制定整改措施和进行整改的情况，要在一定范围内公布，充分听取群众意见，自觉接受群众监督。

集中学习教育基本结束后，要用一定的时间，切实做好巩固和扩大整改成果的工作。对应当解决而没有解决的问题，要集中力量切实解决；对暂时解决不了的问题，要向群众作出说明；整改效果不好、多数群众不满意的，要在上级党组织的监督下重新进行整改。要搞好建章立制，建立健全党员教育管理常抓不懈的工作机制。党组织对优秀党员要进行表扬。要把那些符合党员条件的先进分子及时吸收到党内来，壮大党员队伍。

这次教育活动，不单独搞一个组织处理阶段。对那些不履行党员义务、不具备党员条件的，要多做教育工作，促使他们尽快转化为合格的共产党员。对经教育不改、不符合党员条件的，要根据党章和有关规定，按照正常程序进行处理。对违纪党员，要按照《中国共产党纪律处分条例》的规定，给予纪律处分。

五、加强对先进性教育活动的组织领导

开展先进性教育活动，是全党政治生活中的一件大事。各级党组织要高度重视，统筹安排，精心组织，切实做到把学习实践"三个代表"重要思想作为主线贯穿始终，把学习贯彻党章、党的十六大和十六届三中、四中全会精神贯穿始终,把不断提高党员的思想认识贯穿始终,把进一步调动党员的积极性贯穿始终,把抓落实、求实效贯穿始终,把加强领导贯穿始终。

(一)建立领导责任制。先进性教育活动的领导关系,原则上按照党组织隶属关系确定。党的组织关系在地方的中央所属企事业单位的先进性教育活动,由地方党委领导,上级主管部门协助配合。各地区各部门的先进性教育活动,党委(党组)要全面负责,主要负责同志要亲自抓,一级抓一级,层层抓落实。要充分发挥机关党委等基层党组织的作用,发挥基层党组织负责人作为直接责任人的作用。中央成立保持共产党员先进性教育活动领导小组,在党中央的领导下开展工作。中央先进性教育活动领导小组下设办公室,负责对先进性教育活动的具体指导。各地区各部门也要成立相应的领导机构和工作机构,落实领导和指导责任。对那些软弱涣散、不能领导先进性教育活动的基层党组织,要先进行整顿,再开展先进性教育活动。对那些开展先进性教育活动确有困难的基层党组织,要切实帮助他们解决困难,为他们开展好先进性教育活动创造必要条件。先进性教育活动要本着勤俭节约的精神进行,同时保证必要的经费。

(二)建立党员领导干部联系点制度。各级党员领导干部都要根据不同批次先进性教育活动的特点,结合各自分工确定联系点。通过深入联系点调查研究、督促检查、具体指导,使联系点成为先进性教育活动的示范点。要帮助联系点进一步找出工作差距,理清工作思路,解决实际问题。

(三)建立督查制度。在第一批先进性教育活动开展时,中央先进性教育活动领导小组向各省(自治区、直辖市)、中央直属机关和中央国家机关各部门以及中央和国务院直属事业单位、中央金融机构、部分中央企业派出督导组,各地区各部门也要向所属地方和单位派出督导组。在第二批和第三批开展时,中央先进性教育活动领导小组向各省(自治区、直辖市)和有关部门派出巡回检查组,各地区各部门向所属地方和单位派出督导组或巡回检查组。督导组和巡回检查组通过各种有效方式,了解所去地方和单位的先进性教育活动情况,提出建议,督促解决问题,防止形式主义,防止走过场。

(四)建立群众监督评价制度。先进性教育活动的有关情况要及时向群众公布,广泛征求和听取群众意见,充分吸收群众参与,主动接受群众监督。在先进性教育活动结束前,采取群众代表评议和在群众中随机抽样调查等形式,由上级党组织对下一级的先进性教育活动进行群众满意度测评。多数群众不满意的,必须及时"补课"。

各级党组织要在坚持先进性教育活动基本要求的前提下,结合本地区本部门本单位实际,积极探索,大胆创新,运用行之有效的活动方式和载体,丰富活动内容,强化活动效果,使先进性教育活动充分体现时代性和创造性。要搞好舆论宣传,充分运用报刊、广播、电视、图书、互联网等媒体,大力宣传开展先进性教育活动的重大意义,宣传党员和党员领导干部中的先进典型,宣传先进性教育活动的做法、经验和成效,为先进性教育活动营造良好的舆论氛围。

先进性教育活动结束后,各省(自治区、直辖市)、中央直属机关和中央国家机关各部门党委(党组)要向中央报送总结报告。各地区各部门要表彰一批优秀共产党员。中央将在建党 85 周年前夕,表彰一批全国优秀共产党员和先进基层党组织。

各地区各部门要根据本意见制定具体实施办法。人民解放军和武警部队的先进性教育活动,由解放军总政治部作出部署。

中共中央办公厅转发《中共中央组织部、中共教育部党组、共青团中央关于加强和改进在大学生中发展党员工作和大学生党支部建设的意见》的通知

(2005 年 4 月 17 日)

《中共中央组织部、中共教育部党组、共青团中央关于加强和改进在大学生中发展党员工作和大学生党支部建设的意见》已经党中央同意,现转发给你们,请结合实际认真贯彻执行。

中共中央组织部、中共教育部党组、共青团中央关于加强和改进在大学生中发展党员工作和大学生党支部建设的意见

为贯彻落实《中共中央、国务院关于进一步加强和改进大学生思想政治教育的意见》(中发〔2004〕16 号)精神,充分发挥党组织在大学生思想政治教育中的重要作用,现就加强和改进在大学生中发展党员工作和大学生党支部建设提出如下意见。

一、进一步明确做好在大学生中发展党员工作和大学生党支部建设的基本要求

加强和改进在大学生中发展党员工作和大学生党支部建设,是充分发挥党的政治优势和组织优势、做好大学生思想政治教育工作、培养和造就高素质人才的迫切需要,对于把我们党建设成为优秀人才高度密集的政党,对于实施科教兴国战略和人才强国战略,确保中国特色社会主义事业兴旺发达、后继有人,具有重大而深远的战略意义。

加强和改进在大学生中发展党员工作和大学生党支部建设的基本要求是:

——坚持积极而慎重地做好在大学生中发展党员工作。加大工作力度,把

大学生中的先进分子吸收到党的队伍中来，通过几年努力，使在校大学生党员数占学生总数的比例在整体上有较大幅度提高。坚持和完善在大学生中发展党员工作的标准和程序，按照党章和《中国共产党发展党员工作细则（试行）》的规定，成熟一个，发展一个，确保新党员质量。

——坚持把培养教育贯穿于在大学生中发展党员工作的全过程。坚持以马克思列宁主义、毛泽东思想、邓小平理论和“三个代表”重要思想为指导，建立健全多渠道、分层次的思想政治教育体系，切实加强大学生入党前、入党时和入党后教育，积极引导大学生中的先进分子树立共产主义远大理想、坚定中国特色社会主义信念，实现大学生党员组织入党和思想入党的统一。

——坚持把大学生党支部建在班上。努力实现本科学生班级“低年级有党员、高年级有党支部”的目标，切实加强研究生党组织建设，充分发挥学生党员的先锋模范和骨干带头作用，使大学生党支部成为带动学生班级团结进步和开展思想政治教育的坚强堡垒。

二、坚持和完善在大学生中发展党员工作的标准和程序

要全面把握和坚持党员标准，严格在大学生中发展党员工作的程序，认真履行入党手续。要结合大学生的特点，把党章规定的党员条件具体化。对准备发展入党的大学生要进行综合考察，既要考察其政治素质、学习成绩，也要考察其入党动机、理想信念；既要考察其平时表现、群众基础，更要考察其在关键时刻的表现和在重大政治问题上的态度和立场。坚持政治审查、集中培训、发展对象公示、党组织集体讨论表决等程序，把符合党员条件的优秀大学生吸收到党的队伍中来。注重考察预备党员在预备期内的思想政治状况和遵守党的纪律、执行党的决定、履行党员义务、行使党员权利、保守党的秘密、发挥党员作用的情况。

要把在大学生中发展党员工作的过程作为加强大学生思想政治教育的过程。在批准申请人入党之前，要派人同他们谈话，加深对他们的了解，帮助他们提高对党的认识。围绕党支部召开会议对发展对象进行讨论、入党宣誓仪式和预备党员转正等入党关键环节，开展特色鲜明、吸引力强、激励作用明显的主题教育活动，促进大学生党员思想认识和政治觉悟的提高。

要有组织有计划地做好在大学生中发展党员工作。加强在大学生中发展党员工作的制度建设，建立健全发展党员联系人工作制、发展对象集中培训制、发展党员公示制，逐步实行发展党员票决制。防止和避免突击发展、片面追求数量、发展数量大起大落等不正常现象。要做好组织关系或有关证明材料的转移衔接工作，保持高中与高校、本科生与研究生、高校与社会发展党员工作的连续性。如有情况不清或发现问题的,应及时与转出单位党组织联系核实,根据实际情况妥善处理。对弄虚作假、违反规定入党的,取消其预备党员资格或将其除名,并视情节追究有关人员的责任。

三、认真做好大学生党员的教育管理工作

要以提高素质、增强党性、发挥作用为目标,建立健全新形势下大学生党员长期受教育、永葆先进性的长效工作机制,深入扎实地做好大学生党员教育工作。结合党的先进性建设,引导大学生党员深化对邓小平理论和“三个代表”重要思想的理解,深化对马克思主义发展史的认识,认真学习贯彻党章,加强党性、党风、党纪教育,坚定理想信念,坚持党的宗旨,增强党的观念,发扬优良传统,脚踏实地地为实现党在现阶段的基本纲领而奋斗。

要加强对大学生党员的管理,积极探索大学生党员管理的新机制新办法。坚持和完善党的组织生活制度,严格党的组织生活,督促大学生党员认真履行义务,保障大学生党员正确行使权利,注重从政治上、思想上关心爱护大学生党员。重视对党员组织关系保留在高校的毕业离校和出国大学生党员的管理工作。建立健全大学生党员队伍的自我纯洁机制,严肃处理不合格党员,及时处分违纪党员,保持大学生党员队伍的纯洁性。

要充分发挥大学生党员在掌握科学文化知识、加强实践锻炼和日常工作生活中的先锋模范作用和在关键时刻、重大活动中的骨干带头作用。组织大学生党员参与学生思想政治教育和学生事务管理服务工作,选拔他们参与学生班级、学生社团及学生生活社区、学生公寓、网络虚拟群体等新型大学生组织的教育管理工作,发挥他们在培养联系大学生入党积极分子工作中的重要作用,扩大他们在学生中的影响力和号召力,达到发展一个党员、带动一批学生的效果。

要充分发挥高校党校及其院(系)分校在培养教育大学生党员方面的重要作用。建立健全两级建校、分层培养的党校教育格局,科学规划、合理安排,使党校的人员配备、课程设置、课时安排、教材建设、经费投入得到保证。有条件的高校可开设党课类选修课程。高校党委负责人和有关部门负责人要带头讲授党课。充分利用现代信息技术,建设好网络党校、电视党校,扩大党校教育的覆盖面。

四、切实加强对大学生入党积极分子的早期培养教育

要努力营造有利于大学生健康成长、追求进步的良好环境,引导他们始终坚持正确的世界观、人生观和价值观,牢固树立祖国观念、人民观念、党的观念和社会主义观念,不断追求更高的人生目标。通过宣传党的政治主张,不断加强党的基本理论、基本路线、基本纲领、基本经验教育和党的优良传统、优良作风教育，提高他们对党的认识，激发他们的入党热情，使他们自觉端正入党动机。

要积极主动地开展工作，早发现、早教育、早培养，有计划有步骤地把基本素质好、入党积极性高的优秀团员、学生骨干吸收到大学生入党积极分子队伍中来。充分发挥共青团组织在加强入党积极分子队伍建设中的重要作用，认真做好推荐优秀团员作为大学生入党积极分子的工作，使“推优”成为大学生党员发展工作的主渠道，使优秀团员成为大学生党员的主要来源。加强对大学生入党积极分子的经常性培养教育工作，采取党校团校培训、落实培养联系人责任、吸收入党积极分子参加党内活动等措施，强化入党积极分子的理论学习和实践锻炼，不断提高他们的素质。

要做好培养教育大学生入党积极分子的衔接工作，及时接转和审核高中阶段入党积极分子的有关材料，培养教育时间应连续计算，避免大学生入党积极分子的流失。建立大学生入党积极分子队伍的动态管理机制，及时吸收表现突出的申请人作为入党积极分子。

五、积极推动大学生党支部建在班上

要把大学生党支部建设成为带动学生班级团结进步和开展思想政治教育的坚强堡垒。学生中正式党员达到 3 人以上的班级，应及时成立学生党支部。学生党支部较多的院（系）党委，可设立学生党总支。积极探索研究生党支部设置的新方式，充分调动党员研究生导师参与研究生党支部建设的积极性，努力实现研究生党员培养、教育和管理工作与研究生学习、教学和科研工作的有机结合。

要加强大学生党支部的自身建设。大学生党支部的主要职责是：宣传、执行党的路线方针政策和上级党组织的决议，推动学生班级团结进步；加强对学生党员的教育、管理和监督，定期召开组织生活会，开展批评与自我批评；组织学生党员参与班级事务管理，并检查执行情况；培养教育学生中的入党积极分子，按标准和程序发展学生党员；经常听取学生党员和普通学生的意见和建议，有针对性地做好思想政治教育工作。大学生党支部要履行工作职责，健全工作制度，转变工作作风，努力做到学生党支部为学生党员服务、学生党支部和学生党员为广大学生服务，不断增强大学生党支部的凝聚力和影响力。

要选好配强大学生党支部书记。坚持选拔政治素质好、群众威信高、工作能力强、热心于党务工作的优秀学生党员或党员干部、党员教师作为学生党支部书记的人选。重视对大学生党支部书记的培养，抓好对他们的培训，不断提高他们的思想政治素质和业务水平。注重发挥大学生党支部书记的作用，尽可能安排他们更多地参与学生事务管理工作。

六、切实加强对在大学生中发展党员工作和大学生党支部建设的领导

各级党委要从全局和战略的高度,充分认识在大学生中发展党员工作和大学生党支部建设的重大意义,把这项工作摆上重要议事日程,切实加强领导。党委组织部门要加强具体指导,提出切实可行的工作目标。党委教育工作部门要对这项工作作出具体部署,并认真组织实施。共青团组织要主动配合,共同做好工作。把在大学生中发展党员工作和大学生党支部建设纳入党建先进高校创建工作体系,广泛开展优秀大学生党支部和优秀大学生党员评选活动。支持、帮助和指导民办高校和中外合作办学高校在大学生中发展党员工作和大学生党支部建设,理顺党组织隶属关系,科学设置党的组织机构,充实党务工作干部力量,建立健全各项工作制度,保证工作质量。

高校要建立和完善党委统一领导,党委组织部门、学生工作部门和共青团组织协同配合,院(系)党总支(党委)贯彻落实的领导体制和工作机制。学校党委要对在大学生中发展党员工作和大学生党支部建设的计划、步骤、目标、考核及奖惩等作出明确安排。完善学校党委、院(系)党总支(党委)、大学生党支部三者相互衔接的工作体系,建立学校党委领导联系院(系)党总支(党委)、院(系)党总支(党委)领导联系大学生党支部制度。重视发挥院(系)党总支(党委)的作用。学校有关部门要切实履行职责,创造性地开展工作,积极营造有利于在大学生中发展党员工作和大学生党支部建设的环境与氛围。加强组织员队伍建设,配备数量充足的专兼职组织员,党委建制的院(系)党组织应至少配备一名专职组织员。重视发挥辅导员、党员班主任以及广大党员教师对在大学生中发展党员工作和大学生党支部建设的重要作用,形成党员教职员工共同参与的工作格局。

要不断完善在大学生中发展党员工作和大学生党支部建设的保障机制。提供必要的经费支持和物质保障,改善工作条件,确保工作顺利进行。积极开展高校党建研究,切实解决党建工作中遇到的新情况新问题,努力开创在大学生中发展党员工作和大学生党支部建设的新局面。

中共中央办公厅印发《关于加强党员经常性教育的意见》等四个保持共产党员先进性长效机制文件的通知

（2006年6月21日）

《关于加强党员经常性教育的意见》、《关于做好党员联系和服务群众工作的意见》、《关于加强和改进流动党员管理工作的意见》和《关于建立健全地方党委、部门党组（党委）抓基层党建工作责任制的意见》等四个文件已经中央同意，现印发给你们，请结合实际认真贯彻落实。

这四个文件的制定和印发，是开展以实践"三个代表"重要思想为主要内容的保持共产党员先进性教育活动经验的系统总结，是建立健全保持共产党员先进性长效机制的重要举措，对于巩固和扩大先进性教育活动成果，更好地落实党要管党、从严治党的方针，坚持不懈地加强党的执政能力建设和先进性建设；对于更好地发挥基层党组织的战斗堡垒作用和广大党员的先锋模范作用，为全面建设小康社会、构建社会主义和谐社会提供坚强的政治和组织保证，具有十分重要的意义。各地区各部门各单位党组织要高度重视，加强领导，认真抓好文件精神的学习贯彻，把这些文件作为培训党员和干部的重要内容，并结合工作实际，全面加以落实。同时，要以改革的精神探索加强党的先进性建设的新方法新途径，努力实现党建工作的科学化、规范化、制度化，不断把党的建设新的伟大工程和建设中国特色社会主义伟大事业推向前进。

关于加强党员经常性教育的意见

党员经常性教育是党的建设的一项基础性工作。加强党员经常性教育，对于巩固和发展保持共产党员先进性教育活动成果、不断提高党员素质，对于建设学习型政党、推进党的执政能力建设和先进性建设，对于贯彻落实科学发展观、构建社会主义和谐社会，都具有十分重要的意义。根据《中国共产党章程》和党内有关规定，现就加强党员经常性教育提出如下意见。

一、总体要求、主要目标和工作原则

(一)加强党员经常性教育的总体要求:以马克思列宁主义、毛泽东思想、邓小平理论和“三个代表”重要思想为指导,全面落实科学发展观,坚持党要管党、从严治党的方针,紧紧围绕提高党的执政能力、保持党的先进性这一主题,突出学习、遵守、贯彻、维护党章这一重点,丰富教育内容,创新教育方式,落实教育责任,确保教育效果。

(二)党员经常性教育要达到的主要目标:

1. 提高党员思想政治素质。坚定共产主义理想和中国特色社会主义信念,树立马克思主义世界观、人生观和价值观;增强党的观念、党员意识和执政意识,牢记党的宗旨,坚持立党为公、执政为民,清正廉洁、拒腐防变;严守党的纪律,在思想上政治上与党中央保持高度一致;继承和发扬党的优良传统和作风,保持共产党人的政治本色。

2. 增强党员工作能力。提高用马克思主义的立场、观点、方法分析问题和解决问题的能力,组织群众、宣传群众和服务群众的能力,做好本职工作和自主创业、带领群众创业的能力。

3. 发挥党员先锋模范作用。在生产、工作、学习和社会生活中充分发挥先锋模范作用,努力成为自觉学习的模范,贯彻执行党的路线方针政策的模范,勇于创新、创造一流业绩的模范,联系和服务群众的模范,践行社会主义荣辱观、发扬社会主义新风尚的模范。

(三)党员经常性教育要遵循的工作原则:坚持用科学理论武装头脑,围绕中心、服务大局,紧密联系实际,促进各项工作;坚持正面教育、自我教育为主,既严肃认真又生动活泼,增强教育的吸引力、感召力,激发党员自我提高、自我完善的内在动力;坚持面向全体党员,分类实施,按需施教,增强教育的针对性;坚持教育与管理、监督、服务相结合,增强教育的实效性;坚持开门搞教育,虚心向群众学习,接受群众监督;坚持常抓不懈、不断创新,努力实现党员教育工作的科学化、制度化和规范化。

二、基本内容和方法途径

(一)党员经常性教育的基本内容:马克思列宁主义、毛泽东思想、邓小平理论和“三个代表”重要思想教育,科学发展观、构建社会主义和谐社会和社会主义荣辱观等重大战略思想教育;党章和党的基本知识教育;党的路线方针政策教育和形势任务、国情教育;中国特色社会主义共同理想和共产主义远大理想教育;爱国主义、集体主义和社会主义思想教育;党的优良传统和作风、党的纪律和反腐倡廉教育;市场经济知识、法律知识、科学文化知识和业务技能教育。

各地区各部门各单位党组织要按照上述要求，根据不同时期的形势和任务，结合不同领域、不同行业和不同岗位党员的实际情况，科学安排教育内容。

（二）党员经常性教育的方法途径：

1. 抓好学习培训。采取举办培训班、上党课、举行报告会和组织专题研讨等形式，有计划地组织好党员的集体学习。倡导党员自主学习，引导党员根据自身实际和工作需要，制定学习计划，利用业余时间自主选择学习内容和方式，认真搞好自学。加强对党员学习的具体指导，为党员学习创造良好条件。通过开展读书活动和知识竞赛、交流学习成果、评选表彰学习标兵等方式，激发党员学习的积极性和主动性。党员领导干部要认真参加党委（党组）理论学习中心组学习，带头参加所在基层党组织的集体学习，坚持每年给党员讲党课、作形势报告。党员干部还要按有关规定积极参加干部教育培训。

2. 加强实践锻炼。组织党员立足本职岗位，深入开展"创先争优"活动和主题实践活动。通过党员责任区、党员先锋岗、党员示范户、党员承诺、设岗定责、结对帮扶和志愿者服务等多种方式，为党员服务群众、加强党性锻炼搭建平台。有计划地组织年轻党员到基层锻炼，到艰苦地区、艰苦岗位锻炼。

3. 严格组织生活。认真执行"三会一课"制度，坚持和完善民主评议党员制度，定期开展党员党性分析评议活动。党支部要结合每年一次的专题组织生活会，开展民主评议党员工作。民主评议党员要注意听取群众意见，发扬党内民主，认真开展批评和自我批评，方法要简便易行，注重实效。

每5年由县级以上党委作出安排，集中开展一次党员党性分析评议活动，组织党员对照党章规定、新时期保持共产党员先进性的基本要求和所在党组织提出的具体要求，从思想、学习、工作、纪律和作风等方面查找问题，从世界观、人生观和价值观上分析原因，切实搞好整改。要在搞好思想发动、征求群众意见、开展谈心交心和撰写党性分析材料的基础上，召开专题组织生活会，组织党员逐一进行分析评议。党支部要根据党员的一贯表现、征求到的意见和专题组织生活会的评议情况，对每个党员提出综合评议意见，督促党员整改，并采取适当方式向党员、群众通报有关情况。党员领导干部还要从坚持科学发展观和正确政绩观方面，从权力观、地位观和利益观方面进行深入剖析；要带头执行组织生活的各项制度，自觉参加双重组织生活，带头开展批评和自我批评。

对不履行党员义务、不符合党员条件的党员，要及时帮助教育，促其改正；对经教育不改的，要按照党章和党内有关规定作出处理。

4. 做好思想政治工作。坚持以人为本，从政治、思想、工作和生活上关心、爱护、帮助党员。组织党员开展经常性谈心活动,沟通思想,相互启发教育。经常分析党员思想状况,及时解决思想问题,增强思想政治工作的预见性、针对性和实效性。大力宣传优秀党员先进事迹,发挥先进典型的示范引导作用。

三、保障措施

(一)加强党员教育队伍建设。要选好配齐党员教育职能机构工作人员和基层党务工作者,充分发挥他们在党员经常性教育中的骨干作用。按照素质较高、数量适当、结构合理和专兼职结合的要求,建立由党校教师、专家学者、科技人员、先进模范人物和领导干部等组成的党员教育师资队伍,有计划地组织他们深入基层开展党员教育培训工作。加强对党员教育队伍的培训和管理,帮助他们不断提高思想政治素质和业务能力。每3年要安排基层党务工作者特别是基层党组织负责人到县级以上党校轮训一次。

(二)加强教育阵地建设。充分发挥各级党校在党员经常性教育中的重要作用,县级党校和基层党校要把党员教育培训作为主要任务。利用各类院校、培训机构、革命纪念地(馆)和科技示范基地等方面的教育资源,建立党员教育基地。充分运用现代远程教育、电化教育等手段和报刊图书、广播电视、信息网络等媒介,拓展党员教育培训和党员自主学习的途径。加强农村、企业、街道社区、机关和事业单位党员活动场地建设。

(三)加强教材体系建设。中央有关部门要组织编写统一规范的党员教育基本教材;地方党委可结合实际编写制作党员教育辅助教材。党组织还应根据党员需求,向党员推荐、提供自主学习的材料。加强对党员教育教材编写、出版、发行和使用的管理。教材要通俗易懂、少而精,防止重复编写。

(四)确保教育时间。党组织要统筹兼顾,在不影响正常生产和工作的前提下,按照有关规定合理安排党员集体教育活动。每年参加所在党组织集体教育活动的时间,机关、国有企业和事业单位的党员累计不少于12天,其他党员累计不少于6天。对因年老体弱等特殊情况难以参加集体教育活动的党员,应区别对待,有的可采取送学上门等方式落实教育要求。基层单位要积极支持党员集体教育活动,保障党员参加集体教育活动的时间。

(五)妥善解决教育经费。采取多种途径解决党员教育经费。党员教育经费要列入各级财政预算。各级党委留存的党费应主要用于党员教育。党员教育经费要向农村、街道社区和其他有困难的基层党组织倾斜。国有企业、事业单位党员教育经费在管理费中列支。要厉行节约,少花钱,多办事。

四、加强组织领导

各级党委(党组)要把党员经常性教育列入重要议事日程,纳入党建工作责任制，加强领导，明确责任，一级抓一级，层层抓落实，切实抓出成效。

中央和地方各级党委建立党员教育联系会议制度，在党委统一领导下，由组织部门牵头，纪检机关、宣传部门和党校等为成员单位。联系会议的主要职责是：研究制定党员经常性教育的政策措施、中长期规划和年度工作计划，并组织实施；对党员经常性教育工作进行督促检查。各成员单位要分工协作，形成合力，共同抓好党员经常性教育工作。地方各级党委的相关工作部门要进一步建立健全党员教育职能机构。各级政府有关部门要根据自身职能，积极配合做好党员经常性教育工作。

基层党组织要切实履行好具体组织实施党员经常性教育的职责，健全各项教育制度，落实各项教育任务。要加大新经济组织、新社会组织党建工作力度，加强和改进流动党员管理，尽可能把每个党员都纳入党组织的有效管理之中，保证教育的覆盖面。对党员参加经常性教育的情况要进行跟踪管理，严格考核，并把考核结果作为评优和选拔、使用干部的重要依据。对无正当理由不参加党员集体教育活动的，要给予严肃批评；长期不改的，要按照党章和有关规定给予组织处理。

各级党委（党组）要加强对党员经常性教育工作的督促检查。对党员经常性教育工作成绩显著的党组织给予表彰，对不认真履行职责的党组织给予批评并限期整改。要总结和宣传党员经常性教育的成功经验，营造良好的舆论氛围，促进党员经常性教育工作的健康开展。

关于做好党员联系和服务群众工作的意见

为进一步密切党群干群关系，巩固党执政的群众基础，促进社会主义和谐社会建设，根据《中国共产党章程》和党内有关规定，现就做好新形势下党员联系和服务群众工作提出如下意见。

一、总体要求

做好党员联系和服务群众工作，要以马克思列宁主义、毛泽东思想、邓小平理论和“三个代表”重要思想为指导，全面落实科学发展观，忠实践行党全心全意为人民服务的根本宗旨，密切党同人民群众的血肉联系，拓展党员联系群众的途径，丰富党员服务群众的内容，畅通群众表达意愿的渠道，把帮扶困难群众作为重点，努力解决群众生产生活中的实际问题，团结带领群众共同实现党提出的各项任务。

党员联系和服务群众要做到以下几点:

(一)尊重和维护群众的合法权益。尊重和维护宪法、法律赋予人民群众的各项权利和正当利益,自觉同侵害群众合法权益的行为作斗争。

(二)听取和反映群众的意见。经常深入群众,了解群众情绪,倾听群众呼声,反映群众的意愿和要求。

(三)帮助群众解决实际困难。关心群众疾苦,为群众做好事、办实事、解难事,解决群众生产生活中最迫切的实际困难和问题。

(四)虚心向群众学习。尊重群众的首创精神,善于发现群众中的先进典型,及时总结和宣传群众创造的有益经验,在联系和服务群众的过程中吸取营养、经受锻炼、接受监督。

(五)做好群众的思想政治工作。向群众宣传解释党的路线方针政策和国家的法律法规,教育引导群众正确处理个人利益与集体利益、局部利益与整体利益、当前利益与长远利益的关系,凝聚群众力量。

二、主要方式

基层党组织要按照上级党组织的要求和自身条件,组织党员在做好本职工作的基础上,选择适当方式,做好联系和服务群众工作。

(一)结对帮扶困难群众。有帮扶能力的党员要与困难群众结成帮扶对子。既要立足于解决群众的实际困难,又要帮助他们树立信心,提高工作技能,自强自立。

(二)参加主题实践活动。党员要积极参加党组织开展的以服务群众为主要内容的主题实践活动,推行党员承诺,有条件的党员每年要承诺为群众办一两件实事。承诺内容要切合实际,具体可行,履行承诺的情况要自觉接受党组织和群众的监督。

(三)参加设岗定责活动。农村和街道社区党员,要根据自身实际情况,按照自主申报和组织安排相结合的办法,选择所在党组织设立的联系和服务群众岗位,履行岗位责任,努力做好联系和服务群众工作。

(四)参加社会公益活动。党员要积极参加所在地建立的志愿者队伍,开展多种形式的便民、利民活动,义务参加党员服务站(点)的工作。积极参加政府或社会团体组织的扶贫、支教、保护环境和关心下一代等志愿者服务活动。积极参加帮助生活困难群众的捐赠活动。

(五)深入基层调研。各级领导机关的党员干部要进一步转变作风,深入基层调查研究。省部级党员领导干部每年至少要有 1 个月时间,市县两级党员领导干部每年至少要有 2 个月时间,深入联系点和基层单位调研,特别要注意深入到艰苦地方、困难地方和问题多的地方，听取群众意见，走访慰问困难群众，帮助基层和群众解决实际问题。要坚持民主决策，把调查研究的成果作为决策的重要依据，充分体现和维护群众的利益。调查研究要讲求实效，切忌形式主义。

（六）做好接待群众工作。党员干部特别是党员领导干部要根据各自岗位职责，定期接待群众，认真听取意见和建议。对群众反映的问题，包括信访中反映的问题，能够解决的要及时解决，受客观条件限制暂时不能解决的，要向群众做好解释工作，并协调有关部门创造条件逐步加以解决。

党员领导干部在联系和服务群众的过程中，要注意加强同民主党派和无党派人士的联系，经常听取他们的意见和建议。

鼓励基层党组织和党员不断创新联系和服务群众的方式方法，并把好经验好做法及时推广运用到联系和服务群众的工作中去。

三、加强组织指导

各级党组织要把做好党员联系和服务群众工作列入重要议程，高度重视，精心组织，加强指导。在党委统一领导下，组织、宣传等部门和纪检机关要各司其职，相互配合，形成合力。基层党组织要切实履行职责，做好党员联系和服务群众的具体组织工作。

（一）加强马克思主义群众观教育。要对党员进行马克思主义群众观和党的群众路线教育，以服务人民为荣，以背离人民为耻，端正对群众的态度，增进与群众的感情，创新群众工作方法，提高服务群众的本领。

（二）建立党员联系和服务群众网络。街道（乡镇）、社区（村）党组织可建立党员服务站，集贸市场、居民楼和商务楼宇可建立党员服务点。党员服务站（点）要在做好服务本地党员和流动党员工作的同时，积极开展服务群众的工作。要注意整合一些地方建立的街道（乡镇）一站式服务中心、居民（村民）事务代理中心等服务群众的社会资源，综合利用，避免重复建设。机关、学校、企事业单位的基层党组织，也可以建立党员服务站（点）。建立党员联系和服务群众网络，要从实际出发，不搞“一刀切”。

（三）畅通群众表达意愿渠道。实行政务公开、厂务公开和村务公开，逐步推行党务公开，推广居民（村民）议事等做法。公开设置意见箱、热线电话和举报电话，利用电子政务等信息网络手段，方便群众反映情况、发表意见，帮助党员做好联系和服务群众工作。对涉及多数群众切身利益的大事，要广泛征求群众意见。对群众反映的情况，要及时反馈意见。

（四）加强督促检查。上级党组织要加强对下级党组织开展党员联系和服务群众工作的督促检查,基层党组织要加强对党员联系和服务群众情况的督促检查。要广泛吸收群众参与,充分听取群众意见,接受群众的评议和监督,以群众是否满意作为检验党员联系和服务群众工作成效的基本标准。要把党员联系和服务群众的情况作为民主评议党员、党性分析评议和考核评优的重要内容。要总结和推广先进经验,树立和表彰先进典型,不断完善联系和服务群众的有效措施,推动党员联系和服务群众工作的深入开展。

各级党组织要在做好党员联系和服务群众工作的同时,认真做好关心帮助党员工作。要关心党员思想政治上的进步和提高,经常与党员谈心,及时解决党员思想疑难问题,调动党员参与党内事务的积极性,增强党员的荣誉感、责任感和使命感。要积极创造条件,帮助党员提高业务素质和工作能力,为党员立足本职创一流业绩、实现岗位成才提供服务。对农村党员、流动党员、失业和自主择业人员中的党员等进行实用技术培训,鼓励他们自谋职业、自主创业和带头创业。要关心党员生活,及时掌握生活困难党员情况,采取党员互助、党组织扶助等多种办法进行帮扶,重点帮助在艰苦环境中工作的党员、失业人员中的党员和老党员解决生活困难。通过做好党组织关心帮助党员工作,促进党员更好地联系和服务群众。

关于加强和改进流动党员管理工作的意见

随着我国改革开放的不断深入和社会主义市场经济体制的不断完善,各类人员在产业之间转移和地区之间流动日益频繁,其中有不少是共产党员。加强和改进流动党员管理,是新形势下保持共产党员先进性、提高党的执政能力的一项重要任务。为进一步做好这项工作,根据《中国共产党章程》和党内有关规定,提出如下意见。

一、总体要求和主要原则

流动党员是指由于就业或居住地变化等原因,在较长时间内无法正常参加正式组织关系所在党组织活动的党员。

(一)加强和改进流动党员管理工作的总体要求:要坚持以马克思列宁主义、毛泽东思想、邓小平理论和“三个代表”重要思想为指导,全面落实科学发展观,贯彻党要管党、从严治党的方针,从有利于党组织管理、有利于流动党员发挥作用出发,创新管理方式,落实管理责任,努力使流动党员都能接受党组织的教育和管理,始终保持先进性。

（二）加强和改进流动党员管理工作的主要原则：

1. 坚持以流入地党组织为主、流出地和流入地党组织共同管理。构建流出地与流入地党组织密切配合、有机衔接的流动党员管理机制。

2. 坚持区别情况、动态管理。根据流动党员的分布状况、职业特点和居住地点等情况，采取单位管理、行业管理和社区管理等多种方式，努力做到党员流动到哪里，党组织的管理就覆盖到哪里。

3. 坚持教育、管理与服务相结合。强化服务意识，寓教育、管理于服务之中，增强流动党员的党性观念、组织观念和光荣感、归属感与责任感。

二、党组织在流动党员管理工作中的主要责任和对流动党员的基本要求

（一）流出地党组织的主要责任

流出地党组织要了解掌握外出流动党员情况，加强与流入地党组织的联系，配合流入地党组织共同做好流动党员外出期间的教育管理工作。

1. 在党员外出前进行教育并提出要求，按规定登记并发放《流动党员活动证》。

2. 掌握外出党员的流动去向、外出时间、地点和联系方式等情况。

3. 了解党员外出后的思想、就业和生活等情况，及时向外出流动党员通报党组织的重要情况，通知外出流动党员按规定参加党内选举等重要活动。

4. 外出流动党员返回后，认真查验《流动党员活动证》等有关材料，及时了解党员外出期间的表现和参加党的组织生活情况。

5. 了解预备党员外出期间的表现，按规定做好预备党员转正工作。

（二）流入地党组织的主要责任

流入地党组织对流动党员管理负有主要责任，要加强与流出地党组织的联系，把流动党员纳入本地党员教育管理的整体工作中。

1. 认真查验《流动党员活动证》，做好外来流动党员身份确认工作。

2. 加强对外来流动党员的经常性教育和管理，将外来流动党员编入党的一个基层组织，组织他们参加党的组织生活。

3. 关心外来流动党员，为他们的就业、学习和生活提供必要帮助。

4. 在《流动党员活动证》上如实填写党员参加组织生活、交纳党费等情况，及时将外来流动党员的重要情况反馈给流出地党组织。

5. 做好外来流动人员中预备党员的教育和管理工作。

（三）对流动党员的基本要求

流动党员要认真履行党员义务，正确行使党员权利，在流入地参加党的日常组织生活，在正式组织关系所在党组织参加选举等重要活动，自觉接受流出地和流入地党组织的教育和管理,发挥先锋模范作用。

1. 外出前,应向所在党支部报告外出事由、时间、地点及联系方式,领取《流动党员活动证》。

2. 凭《流动党员活动证》及时到流入地党组织报到,积极参加党的组织生活,按规定交纳党费,完成党组织交给的任务。流动党员原则上应当按月交纳党费,因外出地点变动频繁等原因按月交纳确有困难的,可以按季交纳。

3. 主动与流出地党组织保持联系,每年至少向流出地党组织汇报一次外出期间思想、工作和参加党的组织生活情况。外出地点、就业单位、居住地和联系方式等发生变化时,应及时向流出地党组织和有关党组织报告。

4. 外出返回后,及时将《流动党员活动证》交给流出地党组织查验,如实向党组织汇报外出期间的情况。

三、改进流动党员管理方法

(一)完善流动党员组织关系管理。流动党员一般应当持《流动党员活动证》。简化《流动党员活动证》发放手续,《流动党员活动证》经流出地党的基层委员会盖章后,由党支部登记发放。流入地党支部要及时验证并报上级党组织备案。《流动党员活动证》由流动党员正式组织关系所在党支部或组织生活所在党支部每年审核一次。流动党员无正当理由不及时办理组织关系转接事宜、长期不与流入地和流出地党组织联系的,党组织要进行批评教育,经教育仍不改正的,其正式组织关系所在党组织要按党章及党内有关规定进行组织处理。

(二)及时将流动党员编入流入地党的基层组织。流动党员就业单位有党组织的,应当编入其就业单位党组织;就业单位没有党组织的,可以就近就便编入所在社区(村)党组织或其他单位党组织,也可依托商会、行业协会等单位的党组织进行管理。在流动党员较为集中的社区(村)、项目工地、商务楼宇和集贸市场等,可专门建立流动党员党组织。流出地党组织可在外出流动党员相对集中的地方建立党组织,依托驻外办事机构党组织或委托流入地党组织进行管理,条件成熟后移交流入地党组织管理和领导。

(三)探索利用现代技术手段加强对流动党员的管理。有条件的地方党委组织部门要通过建立流动党员信息库等方式,及时掌握本地区外出和外来流动党员的基本情况。

四、切实加强组织领导

各级党委特别是县(市、区、旗)党委要把加强和改进流动党员管理工作摆上重要议事日程,纳入基层党建工作责任制,切实加强领导和指导。党委组织部门要与政府有关部门加强沟通和协作,定期通报和研究流动党员管理工作。

有关部门在流动人员登记备案中,要增加“政治面貌”内容。要通过多种渠道解决流动党员管理工作所需经费和场所问题。

要坚持以人为本,强化基层党组织的服务功能,有条件的地方可建立街道(乡镇)、社区(村)党员服务站(点),积极为流动党员提供就业、培训和权益保障等方面的服务。

要加强对流动党员管理工作的督促检查。对在流动党员管理工作中不负责任、推诿扯皮的,要对有关责任人给予教育帮助,情节严重的,要作出必要的组织处理。市、县党委组织部门每年底要逐级上报流动党员管理工作情况。各省、自治区、直辖市党委组织部门每年要组织一次抽查。

要鼓励创新并及时总结推广好的经验和做法,不断探索加强和改进流动党员管理的有效途径。

关于建立健全地方党委、部门党组(党委)抓基层党建工作责任制的意见

党的基层组织是党的全部工作和战斗力的基础。为进一步明确地方党委、部门党组(党委)抓基层党建工作的责任,不断加强和改进党的基层组织建设,提高党的执政能力,巩固党的执政地位,根据《中国共产党章程》和党内有关规定提出如下意见。

一、总体要求和主要原则

(一)地方党委、部门党组(党委)抓基层党建工作的总体要求:以马克思列宁主义、毛泽东思想、邓小平理论和“三个代表”重要思想为指导,全面落实科学发展观,着眼于加强党的执政能力建设和先进性建设,努力形成责任明确、领导有力、运转有序、保障到位的工作机制,促进基层党建工作科学化、制度化和规范化,不断增强基层党组织的创造力、凝聚力和战斗力,为全面推进中国特色社会主义伟大事业提供坚强的组织保证。

(二)地方党委、部门党组(党委)抓基层党建工作的主要原则:

1. 坚持党要管党、从严治党。始终把基层党建工作摆在突出位置,逐级明确责任,强化工作措施,整合各方面力量,切实加强领导和指导,主要领导亲自抓,一级抓一级,层层抓落实。

2. 坚持围绕中心、服务大局。把基层党建工作放到全面建设小康社会和构建社会主义和谐社会的大局中去谋划,紧紧围绕党执政兴国的第一要务来开

展,促进改革发展稳定的各项工作。

3. 坚持分类指导、整体推进。从不同领域、不同行业的实际出发,找准基层党建工作着力点,有针对性地采取措施,全面推进思想、组织、作风和制度建设。

4. 坚持与时俱进、开拓创新。以改革的精神研究新情况、解决新问题、总结新经验,创新工作机制、拓展工作领域、改进工作方法,使党的基层组织和党员队伍始终充满生机与活力。

二、主要责任和工作目标

(一)地方党委、部门党组(党委)抓基层党建工作的主要责任

按照党组织隶属关系,地方党委领导本地区的基层党建工作;部门党组指导本部门机关及直属单位党建工作;部门党委根据批准其成立的党组织授权,领导或指导本部门机关和直属单位党建工作。党的组织关系实行属地管理、业务工作实行垂直管理的基层单位,其党建工作由地方党委领导,业务主管部门党组(党委)指导。党的组织关系和业务工作都实行垂直管理的基层单位,其党建工作由业务主管部门党委领导,地方党委指导。

地方党委、部门党组(党委)抓基层党建工作的主要责任是:

1. 贯彻执行中央和上级党组织关于基层党建工作的决议、决定和指示,研究制定本地区本部门基层党建工作规划、计划、制度和措施,并组织实施。

2. 建立健全党的基层组织,扩大党的工作覆盖面,领导和指导基层党组织有效开展工作。

3. 加强基层党组织领导班子建设,选好配强基层党组织书记,及时整顿软弱涣散、不起作用的基层党组织。

4. 加强党员队伍建设,指导基层党组织做好发展党员工作,注意在生产一线发展党员,注意发展年轻党员,加强对党员的教育、管理、监督和服务,认真做好处置不合格党员工作,引导党员自觉履行义务,保障党员充分行使权利。

5. 关心爱护基层党务干部,为基层党组织开展工作提供必要的条件。

6. 做好基层党建工作的督促检查和考核评价。

(二)地方党委、部门党组(党委)抓基层党建工作要达到的主要目标

1. 组织坚强有力。党的基层组织健全,设置合理,隶属关系明确,各项制度配套落实,充分发挥战斗堡垒作用,真正成为贯彻“三个代表”重要思想的组织者、推动者和实践者。

2. 党员作用突出。广大党员自觉运用马克思主义中国化的最新成果武装头脑,理想信念坚定,宗旨观念牢固,在生产、工作、学习和社会生活中充分发挥

先锋模范作用,为改革开放和社会主义现代化建设作出贡献。

3. 工作得到促进。党的路线方针政策得到贯彻落实,广大党员和群众的积极性、创造性得到发挥,影响改革发展稳定的突出问题得到解决,各项工作取得新进展。

4. 人民群众满意。基层党建工作体现群众意愿,组织群众、宣传群众和服务群众工作成效明显,群众权益得到有效维护和发展,党群干群关系密切。

三、主要工作措施

(一)加强统一领导。地方党委、部门党组(党委)对本地区本部门基层党建工作负总责,书记是抓基层党建工作的第一责任人,分管领导是直接责任人,领导班子其他成员根据分工抓好职责范围内的基层党建工作。地方各级党委要建立健全党建工作领导小组,形成由党委统一领导,有关职能部门各司其职、密切配合的工作格局。地方党委常委会、部门党组(党委)和各级党建工作领导小组要定期召开会议,听取基层党建工作情况汇报,研究决定基层党建工作重要问题,督促完成基层党建工作各项任务。

(二)深入调查研究。地方党委、部门党组(党委)要结合基层党建工作实际,确定重点课题,组织力量进行调查研究。领导班子成员要经常深入基层,总结推广经验,研究解决问题。

(三)建立党员领导干部联系点。地方党委、部门党组(党委)领导班子成员要结合各自分工,建立基层党建工作联系点。特别要注意在党组织力量比较薄弱、工作难度大的地方和单位建立联系点。要经常深入联系点具体指导,努力把联系点建成示范点,以点上经验推动面上工作。

(四)开展"创先争优"活动。地方党委、部门党组(党委)要根据基层党组织建设和党员队伍建设的目标要求,深入开展"创先争优"活动,适时评选表彰先进基层党组织、优秀共产党员和优秀党务工作者。

(五)搞好舆论宣传。要把宣传党的先进性及先进性建设作为一项长期任务。通过继续办好新闻媒体各类专栏等多种形式,深入宣传党的光辉历史和新形势下优秀共产党员的先进事迹,及时推广、介绍基层党建工作的好经验好做法,形成积极向上、奋发有为的浓厚氛围。

(六)强化督促检查。地方党委、部门党组(党委)要采取督查、巡回检查和随机抽样检查等方式,定期或不定期地对基层党建工作进行督促检查,发现问题及时解决。要注意检查党员经常性教育、党员联系和服务群众、流动党员管理等基层党建工作各项制度的落实情况,以及新经济组织、新社会组织党建工作情况。

四、考核及考核结果的运用

地方党委常委会每年要向全委会报告抓基层党建工作情况。党委(党组)领导班子成员要把履行抓基层党建工作责任情况作为述职述廉的重要内容。地方党委、部门党组(党委)每年要向上级党组织书面报告抓基层党建工作情况。

对地方党委、部门党组(党委)特别是党委(党组)书记抓基层党建工作责任的落实情况,上级党组织要认真做好考核评价。要把抓基层党建工作情况纳入领导班子和领导干部考核内容,与经济社会发展和业务工作考核一并进行,必要时可以组织专门考核。要把考核结果作为领导班子及其成员工作实绩评定的重要内容,作为领导干部选拔任用、培养教育和奖励惩戒的重要依据。对抓基层党建工作成绩突出的要予以表彰,对思想不重视、工作不得力的要提出批评,限期整改。对不认真履行职责,责任范围内基层党建工作存在的严重问题没有及时解决,造成不良影响和严重后果的,要追究领导班子和相关责任人的责任。

中共中央组织部关于印发《中国共产党流动党员活动证》和《中国共产党党员组织关系介绍信》修订式样的通知

（2006 年 12 月 8 日）

为了认真贯彻落实中共中央办公厅印发的《关于加强和改进流动党员管理工作的意见》（中办发〔2006〕21 号）精神，加强和改进对流动党员和党员组织关系的管理工作，现将《中国共产党流动党员活动证》和《中国共产党党员组织关系介绍信》修订式样及填写使用和印制说明印发给你们，请按规定做好翻印发放工作，于 2007 年 1 月 1 日起按新的式样执行。

中国共产党流动党员活动证修订式样：

封面(80mm×115mm)

封2

正面免冠照片

(2寸)

基层党委名称(盖章)________

编　　号________

发证日期　　　　年　月　日

第1页

姓名______　性别______　民族______

出生年月________　文化程度______

正式或预备党员____　入党时间____

身份证号码____________

本人联系电话

或其他联系方式____________

户籍所在地家庭住址____省(区、市)

________县(市、区)________乡

(镇、街道)　________村(社区)

党支部联系人

及联系方式____________

____

第2—13页

流入地(单位)党支部名称________

____

流入时间____________

党支部联系人

及联系方式____________

党员参加党的活动和交纳党费情况：

党支部盖章或

支部书记签章

年　　月　　日

第 14—15 页

年审(查验)时间 党支部盖章或支部书记签章

年 月

年 月

年 月

年 月

年 月

第 16 页

备 注 栏

封 3

使用说明

1. 此证系流动党员临时组织关系的证明,是流动党员身份和参加党的活动的凭证。流动党员外出前向其正式组织关系所在党支部领取此证,凭此证到流入单位党支部报到,流入单位没有建立党组织的,可就近就便到流入地社区(村)党支部报到,参加党的组织生活。

2.流动党员外出返回后,应及时将此证交流出地(单位)党支部查验,并向党组织汇报外出期间的情况。

3.每年年底前,流动党员需持此证在其正式组织关系所在党支部或流入地(单位)参加组织生活的党支部进行年审。

4.此证由党组织负责用钢笔或碳素笔填写,个人不得涂改。

5.此证应妥善保管,如有遗失应及时向发证党支部报告。此证所列内容填写已满或遗失,可申请领取新证。

封底(80mm × 115mm)

********** 翻印

关于《中国共产党流动党员活动证》的填写使用和印制说明

一、《中国共产党流动党员活动证》的填写使用

1.《中国共产党流动党员活动证》由县级党委组织部门按照《中国共产党基本信息管理系统2005》设定的编码进行统一编号,基层党委加盖印章后,由党支部负责登记、填写、发放。

2. 流出地(单位)党支部负责填写党员的基本信息。

3. 流入地(单位)党支部栏、流入时间栏、党支部联系人及联系方式栏,一般由流入地(单位)党支部接收流动党员时查验填写。

4. 党员参加党的活动和交纳党费情况栏,一般由流入地(单位)党支部在持证党员离开时查验、填写。主要填写该党员在流入地的表现和参加党的组织生活、交纳党费等情况。

5. 年审(查验)栏由年审时流动党员正式组织关系所在党支部或组织生活所在党支部负责填写,年审应结合党员民主评议进行,每年一次,一般在当年12月底前完成。

6. 党支部盖章或支部书记签章栏填写时,党支部有公章的须加盖公章,没有公章的可由支部书记个人签章。

二、《中国共产党流动党员活动证》的印制

1.《中国共产党流动党员活动证》由省、自治区、直辖市党委组织部,中央直属机关工委、中央国家机关工委组织部,国资委党委、中央各金融机构党委组织部,铁道部政治部,民航总局党委组织部,解放军总政治部组织部,按照中央组织部制定的统一式样印制,通过组织系统发放。

2.《中国共产党流动党员活动证》封面和封底颜色为中国红,采用涂塑纸制作,与封二和封三连为一体,规格为80mm×115mm。

3.《中国共产党流动党员活动证》封面党徽和用字烫金印制。党徽规格为26mm×26mm;"中国共产党"五字用宋体小二号字,"流动党员活动证"七字用宋体二号字,"中共中央组织部制"八字用宋体小三号字。封底用字为宋体五号字,烫金印制。

4.《中国共产党流动党员活动证》内芯采用105克带底纹铜版纸双面印刷,中缝锁线订,内边距为10mm,外边距为7mm。内芯除封3"使用说明"内容用仿宋体小五号字外,其余均为楷体或黑体五号字(详见式样)印刷。

中国共产党党员组织关系介绍信修订式样（按100:86缩印）：

党员介绍信存根	第　　号 ________同志系中共（预备/正式）党员， 组织关系由________转到________。 年　月　日	第一联

（贴回执联处）

（加盖骑缝章）

中国共产党党员组织关系介绍信

第　　号 ________： ________同志（男/女），__岁，________族， 系中共（预备/正式）党员，身份证号码________， 由________去________， 请转接组织关系。该同志党费已交到____年____月。 （有效期　　天） （盖章） 年　月　日 党员联系电话或其他联系方式： 党员原所在基层党委通讯地址： 联系电话：　　传真：　　邮编：	第二联

中国共产党党员组织关系介绍信回执联

第　　号 ________： ________同志的党员组织关系已转达我处，特此回复。 （盖章） 年　月　日 经办人：　　联系电话：	第三联

注：回执联由接收党员组织关系的基层党委在接收党员后一个月内邮寄或传真至党员原所在基层党委。

《中国共产党党员组织关系介绍信》的填写使用和印制说明

一、《中国共产党党员组织关系介绍信》的填写使用

1. 党员组织关系介绍信一式三联,每联右上角的序号由转出地党组织填写。

2. 党员基本情况及党员联系电话或其他联系方式,由党员组织关系所在党支部负责如实填写;党员原所在基层党委通讯地址等相关信息,由党员组织关系所在党支部的上一级党委负责填写或刻制固定条章签印;落款处不填写转出地党组织名称,按照接转党员组织关系的权限,清晰加盖公章即可。

3. 回执联仅在转出党员组织关系和最终接收党员组织关系所在党支部的上一级基层党委之间使用,不层层回执。实行回执制度后,在全国范围内转移党员组织关系的权限不变。转出地党组织在收到接收地党组织的回执联后,将其粘贴在存根联的"贴回执联处"备查。

4. 党员组织关系转移工作实行回执制度,转出党员组织关系的党组织在该党员未到接收地(单位)党组织接转组织关系前,负有管理责任。

二、《中国共产党党员组织关系介绍信》的印制

1.《中国共产党党员组织关系介绍信》由省、自治区、直辖市党委组织部,中央直属机关工委、中央国家机关工委组织部,国资委党委、中央各金融机构党委组织部,铁道部政治部,民航总局党委组织部,解放军总政治部组织部,按照中央组织部制定的统一规范式样印制,通过组织系统发放。市(地、州、盟)级党委组织部经上一级党委组织部授权,也可以按照统一规范式样印制。

2.《中国共产党党员组织关系介绍信》统一使用 A4 纸张印制,规格为 210mm×297mm。

3.《中国共产党党员组织关系介绍信》标题使用华文中宋体二号字加粗,存根和回执联标题使用华文中宋体小二号字加粗,正文使用仿宋体小三号字,备注使用仿宋体小四号字。

4.《中国共产党党员组织关系介绍信》存根联边框为 166mm×44mm,介绍信联边框为 166mm×110mm,回执联边框为 166mm×42mm。

中共中央办公厅
关于在全国农村开展党员干部现代远程教育工作的意见

（2007年7月4日）

为提高广大农村党员干部和农民群众的整体素质，推进社会主义新农村建设，经党中央同意，从2007年下半年开始，在试点的基础上，在全国农村普遍开展党员干部现代远程教育工作。

一、充分认识开展农村党员干部现代远程教育工作的重要意义

我们党历来高度重视农村党的建设工作。近年来，随着农村“三个代表”重要思想学习教育活动、保持共产党员先进性教育活动的开展，农村党员干部教育培训工作得到明显加强，取得了显著成效。但是，新的形势和任务对农村党员干部教育培训工作提出了新的更高的要求。为了进一步提高农村党员干部教育培训工作的质量和水平，适应形势和任务的需要，从2003年4月至2006年底，按照中央的统一部署，在12个省（自治区）分两批开展了农村党员干部现代远程教育试点工作。经过3年多的努力，在试点地区基本完成了建成一批终端站点、开发一批教学资源、建成一个教学平台、建立一支骨干队伍、建立一套工作机制的工作任务，积累了工作经验，达到了预期目的，受到了试点地区农村党员干部和农民群众的普遍欢迎。从目前的技术手段和已具备的其他条件看，在全国农村普遍开展党员干部现代远程教育工作的时机已经基本成熟。

实践证明，开展农村党员干部现代远程教育，是新形势下造福亿万农民群众的一项富民工程，是建设社会主义新农村的一项创新工程，是夯实党在农村执政根基的一项基础工程，它有利于建立健全让农村党员干部经常受教育、使农民群众长期得实惠的工作机制，提高农村党员干部的综合素质，增强他们为农民群众服务的意识和本领，更好地发挥致富奔小康的骨干带头作用；有利于推进信息技术进村入户，不断满足农村党员干部和农民群众生产生活中的各类信息需求，培养造就大批掌握现代农业科技知识和技能、具有创业致富本领的新型农民；有利于创新农村基层组织活动内容和工作方式，开辟农村基层党组织联系群众、组织群众、服务群众的新途径，不断提高农村基层党组织的创造

力、凝聚力、战斗力,巩固党在农村的执政基础。各级党组织一定要从深入贯彻落实科学发展观、构建社会主义和谐社会、建设社会主义新农村、加强党的执政能力建设和先进性建设的战略高度,充分认识开展农村党员干部现代远程教育工作的重要意义,把这项工作切实抓紧抓好、抓出成效。

二、开展农村党员干部现代远程教育工作的指导思想、目标要求和指导原则

开展农村党员干部现代远程教育工作,要以邓小平理论和"三个代表"重要思想为指导,深入贯彻落实科学发展观,以建设社会主义新农村为主题,以提高农村基层干部素质和保持农村党员队伍的先进性为重点,围绕中心,服务大局,建立健全农村党员干部现代远程教育网络体系,大规模培训农村党员干部和农民群众,大幅度提高农村党员干部和农民群众的素质,为建设社会主义新农村提供思想政治保证、人才保证和智力支持。

开展农村党员干部现代远程教育工作的目标要求是:

——农村党员作用充分发挥。广大农村党员学习实践"三个代表"重要思想和深入贯彻落实科学发展观的坚定性进一步增强,保持共产党员先进性的自觉性进一步增强,带头致富、带领群众共同致富的本领进一步增强,在建设社会主义新农村中充分发挥先锋模范作用。

——农村干部能力不断增强。广大农村基层干部执行政策的能力、加快发展的能力、服务群众的能力、依法办事的能力、科学管理的能力和解决自身问题的能力进一步提高,在建设社会主义新农村中充分发挥骨干带头作用。

——农民整体素质不断提高。培养造就一大批掌握先进适用农业科技知识和技能、具有创业致富本领的实用人才和新型农民,使越来越多的农民成为有知识的文化人、讲道德的文明人、懂技术的内行人、会经营的明白人,在建设社会主义新农村中充分发挥主体作用。

——农村基层组织得到加强。推动大多数农村基层党组织实现领导班子好、党员干部队伍好、工作机制好、小康建设业绩好、农民群众反映好的目标,在建设社会主义新农村中充分发挥领导核心和战斗堡垒作用。以村党组织为核心的村级组织配套建设进一步加强,党在农村的执政基础进一步巩固。

开展农村党员干部现代远程教育工作的指导原则是:

——整合资源,共建共享。充分整合利用各系统各部门现有的基础设施、教学资源、管理队伍、师资力量、站点场所、技术和资金等资源,特别是要充分利用农村中小学现代远程教育的各种资源,共同建设,多方共享,避免重复建设。

——因地制宜,稳步推进。坚持实事求是,从实际出发,区分不同情况,量力而行，逐步推进，把工作的力度、推进的速度与当地经济发展水平和财政承受能力统一起来，不增加农民负担。

——建管结合，学用结合。把教学平台建设、终端站点建设、教学资源开发与教学组织管理结合起来，把教育培训与实际运用结合起来，确保农村党员干部现代远程教育网络发挥最大效益。

——以人为本，务求实效。农村党员干部现代远程教育站点，既要组织农村党员干部开展学习，又要鼓励欢迎广大农民群众收看。根据农村党员干部和农民群众的实际需求，激发他们的内在动力和潜能，提高学习的实效性，创造人人皆受教育、人人皆可成才的条件。积极引导广大农村党员干部和农民群众联系实际，学以致用。

——积极探索，勇于创新。积极探索农村党员干部现代远程教育的规律，改进方式，更新内容，不断推进农村党员干部现代远程教育的理论创新、实践创新、管理创新和制度创新。

三、开展农村党员干部现代远程教育工作的总体安排和主要任务

开展农村党员干部现代远程教育工作的总体安排是：用3至4年的时间，力争到2010年底，在全国基本建成农村党员干部现代远程教育网络体系。先期试点的3个省，进一步巩固提高已建站点的管理使用水平。扩大试点的9个省（自治区）在现有基础上，加快建设进度，力争到2008年底完成基础设施建设任务，在乡镇、村基本实现站点全覆盖。没有进行试点的其他19个省（自治区、直辖市）和新疆生产建设兵团，力争到2010年底完成基础设施建设任务，在乡镇、村基本实现站点全覆盖。东部地区可适当加快建设步伐，中西部地区根据本地实际，稳步推进站点建设。

开展农村党员干部现代远程教育工作的主要任务是：

（一）建设农村党员干部现代远程教育教学平台。中央和试点省（自治区）要做好资源库、前端播出平台、资源传输系统和辅助教学中心网站的升级完善工作；其他省（自治区、直辖市）要做好省级资源库、省级辅助教学中心网站和信息管理系统的建设，逐步实现省级资源库和中心资源库的互联互通，实现优质资源的共享。有条件的地方要建设省级辅助教学前端播出平台。少数民族聚居的地区要创造条件逐步建设可使用本民族语言的前端播出平台。加强对各级各类教学平台的管理，做好协调和分工，保质保量地传输各类教学资源和信息资源，充分发挥教学服务和信息服务功能。

（二）建设农村党员干部现代远程教育终端站点。在深入调查摸底的基础上，科学制定建设方案。既可以借鉴试点地区利用卫星传送、有线电视网传送、宽带互联网传送等站点建设模式,也可以从实际出发,探索选择适合当地实际的其他模式。加强工程建设管理,发挥专家组的指导和监督作用,做好工程评估验收,确保按计划、高质量完成站点建设任务。加强终端站点管理,认真组织学习培训,加强教学辅导,促进学用成果转化。坚持一站多用,共建共享,不断满足农村党员干部和农民群众集中学习、个性化学习和信息服务的需要,努力使终端站点成为提高农村党员干部综合素质的培训点、创新农村基层组织建设的切入点、农村信息化的示范点、农民群众学习科技知识的致富点、农村进城务工人员学习职业技能的传授点和丰富农民群众业余文化生活的娱乐点。

(三)开发农村党员干部现代远程教育多种媒体教学资源。加强教学资源开发制作,注重教学资源应用,强化教学资源质量和安全管理。科学制定教学资源建设规划,培植教学资源建设基地,丰富教学资源内容和形式,提高教学资源建设规模化和专业化水平。以理论政策、法律法规、国防建设、思想道德、科学素质、文化素养和技能培训等为主要内容,加大教学资源整合开发力度,充分利用党校、教育、司法、劳动和社会保障、农业、文化、卫生、人口与计划生育、广电、新闻出版、社科研究、科协以及部队等有关方面现有的多种媒体教学资源,并积极开发新的教学资源。建立健全教学资源制作部门、教学资源管理部门和远程教育主管部门层层把关的质量保证体系和安全责任体系,确保教学资源的质量和安全。公共科目和通用教材以中央单位制作为主,实用技术和地方特色教材以地方单位制作为主。少数民族语言教材的制作和译制要纳入各地教学资源建设总体规划,统筹安排。

(四)建立农村党员干部现代远程教育骨干队伍。加强对骨干队伍的选配、培训和管理。依托各级党委组织部门党员电化教育干部队伍,建立农村党员干部现代远程教育专职干部队伍;依托乡镇村干部、电教播放员、中小学教师等,建立远程教育站点管理队伍;依托各级党委组织部门党员电化教育机构、领导协调小组成员单位、高等学校、科研院所等现有教学资源制作力量,建立远程教育教学资源开发队伍;依托高等学校、科研院所、农业、科技、科协组织的专业人才、科普志愿者以及当地农村实用人才,建立远程教育教学辅导队伍;依托广电、信息通信等部门的专业技术人员,建立远程教育技术服务队伍。加强对骨干队伍的培训工作,分级负责、分层培训,不断提高骨干人员的政治素质、业务能力和服务水平。落实相关优惠政策,采取公开招募、自愿报名、组织选拔、集中派遣等方式,鼓励高等学校和中等职业学校毕业生以及社会志愿者参与农村党员干部现代远程教育的建设和管理,充分发挥他们的作用,引导他们在服务农村党员干部现代远程教育中就业创业。

（五）建立科学规范的农村党员干部现代远程教育工作机制。加强宏观管理和工作指导，完善各项工作机制。建立健全前端播出平台、辅助教学网站、终端站点等网络体系的科学运行机制；建立健全通用教材与地方教材相配套、教学资源开发与教学资源整合相促进、行政手段与市场运作相结合的教学资源建设机制；建立健全专职干部队伍、站点管理队伍、教学辅导队伍、技术服务队伍相配套，选拔、培训、管理、考核等相统一的骨干队伍建设机制；建立健全组织学习与辅助教学互补、学习培训与效果评估衔接、掌握知识与实践运用贯通的教学组织工作机制；建立健全政府投入为主、党费适当补充、社会力量支持的经费保障机制，推进农村党员干部现代远程教育工作持续健康有序开展。

四、加强对农村党员干部现代远程教育工作的组织领导

（一）切实加强领导。各级党委要把农村党员干部现代远程教育工作摆上议事日程，纳入党建工作和社会主义新农村建设的整体规划，定期研究，切实解决实际问题，确保目标任务的完成。

（二）明确领导机构。中央决定，全国农村党员干部现代远程教育试点工作领导协调小组更名为全国农村党员干部现代远程教育工作领导协调小组，负责领导、指导和协调全国农村党员干部现代远程教育工作。领导协调小组成员单位有：中央纪委、中央组织部、中央宣传部、中央农村工作领导小组办公室、中央党校、国家发展改革委、教育部、科技部、民政部、财政部、信息产业部、农业部、文化部、国家广电总局、共青团中央、中国科协等。领导协调小组办事机构依托中央组织部党员电化教育中心开展工作。地方各级党委也要明确相应的领导机构和工作机构。

（三）加强协调配合。领导协调小组成员单位及有关部门既要分工负责、各司其职，又要加强配合、形成合力。对各自承担的基础设施建设立项、教学资源开发、骨干队伍培训、技术标准制定、系统运行维护和经费保障等工作，要做到认识到位、责任到位、措施到位。组织部门要在党委的领导下，搞好组织协调，抓好工作落实。

（四）确保经费到位。基础设施建设资金要统筹考虑。中央有关部门和地方要把农村党员干部现代远程教育工作，与农村中小学现代远程教育工程、村级组织活动场所建设、党员电化教育网点建设、广播电视“村村通”工程、全国文化信息资源共享工程等结合起来。依托农村中小学建设的终端站点，所需建设经费纳入农村中小学现代远程教育工程建设计划，分级负责解决。未列入农村中小学现代远程教育工程建设计划的站点，所需建设经费主要由地方解决，中央给予适当补助。教学资源建设和系统运行维护等保障资金，要纳入各级财政年度预算。

(五)加强检查考核。各级党委组织部门要将农村党员干部现代远程教育纳入年度工作目标考核体系,纳入农村党的建设目标考核体系。领导协调小组其他成员单位也要把农村党员干部现代远程教育纳入本部门本单位年度工作目标考核体系。要建立各级领导干部和农村党员干部现代远程教育领导协调小组成员联系点制度,加强调查研究和检查考核,总结、推广先进经验,及时发现和解决问题,确保农村党员干部现代远程教育工作顺利进行。

党的组织制度

中共中央关于颁布《中国人民解放军政治工作条例》的通知

（2003 年 12 月 5 日）

中共中央、中央军委批准《中国人民解放军政治工作条例》，现予以颁布，望遵照执行。

中国人民解放军政治工作条例（节选）

第一章 总 则

第一条 为规范和加强中国人民解放军政治工作，根据《中国共产党章程》、《中华人民共和国宪法》，制定本条例。

第二条 中国人民解放军是中国共产党缔造和领导的，用马克思列宁主义、毛泽东思想、邓小平理论和“三个代表”重要思想武装的人民军队，是中华人民共和国的武装力量，是人民民主专政的坚强柱石。紧紧地和人民站在一起，全心全意地为人民服务，是这支军队的唯一宗旨。中国人民解放军必须始终不渝地保持人民军队的性质，忠于党，忠于社会主义，忠于祖国，忠于人民。

第三条 中国人民解放军担负着巩固国防，抵抗侵略，保卫祖国，保卫人民的和平劳动，参加国家建设事业的任务。中国人民解放军必须坚持党的基本理论、基本路线、基本纲领和基本经验，贯彻毛泽东军事思想、邓小平新时期军队建设思想、江泽民国防和军队建设思想，贯彻中央军事委员会新时期军事战略方针，按照政治合格、军事过硬、作风优良、纪律严明、保障有力的总要求，紧紧围绕打得赢、不变质两个历史性课题，积极推进中国特色军事变革，努力完成机械化和信息化建设的双重历史任务，为建设一支强大的现代化、正规化革命军队，为建设中国特色社会主义，完成祖国统一，维护世界和平与促进共同发展而奋斗。

第四条 中国人民解放军必须置于中国共产党的绝对领导之下,其最高领导权和指挥权属于中国共产党中央委员会和中央军事委员会。

第五条 中国人民解放军的政治工作,是中国共产党在军队中的思想工作和组织工作,是构成军队战斗力的重要因素,是实现党对军队绝对领导和军队履行职能的根本保证,是中国人民解放军的生命线。

第六条 中国人民解放军的政治工作,以马克思列宁主义、毛泽东思想、邓小平理论和"三个代表"重要思想为指南。

第七条 中国人民解放军政治工作在新世纪新阶段的基本任务是:服务于国家的改革开放和全面建设小康社会、推进社会主义现代化建设,服务于中国特色军事变革和军队的革命化现代化正规化建设,从政治上、思想上、组织上保证党对军队的绝对领导和人民军队的性质,保证以培养有理想、有道德、有文化、有纪律军人为目标的军队社会主义精神文明建设,保证军队内部的团结和军政军民团结,保证军队战斗力的提高和各项任务的完成。

第八条 中国共产党在中国人民解放军团以上部队和相当于团以上部队的单位(以下称团级以上单位)设立党的委员会,在营和相当于营的单位设立党的基层委员会,在连和相当于连的单位设立党的支部。党的各级委员会(支部)是各该单位统一领导和团结的核心。党委(支部)统一的集体领导下的首长分工负责制,是党对军队领导的根本制度。

省军区(卫戍区、警备区)、军分区(警备区)、县(市、区)人民武装部和预备役部队,实行军队系统和地方党的委员会的双重领导制度。省军区(卫戍区、警备区)、军分区(警备区)和县(市、区)人民武装部既坚持军队系统的垂直领导和隶属关系,又受同级党的地方委员会领导,是同级党的地方委员会的军事工作部。预备役部队师、旅、团,既坚持军队系统的垂直领导和隶属关系,又受同级或上级党的地方委员会领导。

第九条 中国人民解放军设立总政治部。团级以上单位设立政治委员和政治机关,营设立政治教导员,连设立政治指导员;与上述部(分)队相当单位政治干部和政治机关的设立,由中央军委或中央军委授权的单位决定。

第十条 中国人民解放军政治工作必须遵循以下原则:坚持党对军队的绝对领导;坚持人民军队的性质和宗旨;坚持用科学理论武装部队;坚持把思想政治建设摆在军队各项建设的首位;坚持围绕军队现代化建设这个中心开展工作;坚持促进官兵的全面发展;坚持官兵一致、军民一致、瓦解敌军;坚持发扬政治民主、经济民主、军事民主;坚持贯彻依法治军、从严治军;坚持继承优良传统与创新发展的统一。

第十一条 中国人民解放军政治工作的根本作风和方法是实事求是和群众路线。必须坚持解放思想,实事求是,与时俱进。发扬理论联系实际,密切联系群众,开展批评和自我批评的优良作风。深入实际,调查研究,从群众中来,到群众中去,反对形式主义和官僚主义。把先进性要求与广泛性要求、解决思想问题与解决实际问题、领导骨干与广大群众结合起来开展工作。探索和把握政治工作的特点规律,增强政治工作的时代感和针对性、实效性、主动性。

第十二条 中国人民解放军中的政治机关是政治工作的领导机关,负责管理军队中党的工作,组织进行政治工作。

第二章 政治工作的主要内容

第十三条 中国人民解放军政治工作的主要内容,根据中国人民解放军的性质、宗旨、职能和政治工作的基本任务确定。

第十四条 中国人民解放军政治工作的主要内容是:

(一)思想政治教育。组织学习马克思列宁主义、毛泽东思想、邓小平理论和"三个代表"重要思想。进行党的路线方针政策教育,进行人民军队性质、宗旨、职能和优良传统教育,进行爱国奉献、革命人生观、尊干爱兵、艰苦奋斗教育,进行理想信念、军人道德、法律法规和时事政策教育,进行爱国主义、集体主义、革命英雄主义教育和革命气节教育。

(二)党组织建设。坚持党要管党、从严治党的方针,增强党组织的原则性、战斗性。建立健全党的组织和制度,搞好党员发展和教育管理工作,严格党的生活,保障党员民主权利。从思想上、政治上、组织上、作风上加强党的建设,增强党组织的创造力、凝聚力、战斗力,发挥党委的核心领导作用、党支部的战斗堡垒作用和共产党员的先锋模范作用。

(三)干部队伍建设。贯彻党的干部路线,坚持任人唯贤、德才兼备的原则,建立完善干部工作法规制度和政策,选拔、培养和管理干部,调整配备领导班子,实现干部队伍的革命化、年轻化、知识化、专业化,造就高素质新型军事人才。

(四)共产主义青年团建设和青年工作。建立健全共青团组织,落实团的组织生活和工作制度,发挥共青团的党的助手作用、完成任务的突击队作用和联系广大青年的桥梁作用。围绕部队中心任务,开展适合青年特点的教育和活动,鼓励和支持青年学习成才。

(五)民主制度建设。建立健全军人代表大会、军人代表会议和军人大会、军人委员会等民主制度,开展政治民主、经济民主、军事民主,维护官兵民主权利,发挥官兵的积极性和创造性。

(六)纪律检查和行政监察工作。检查监督党的路线方针政策和中央军委的决议、命令、指示的执行情况。开展反腐倡廉工作,加强对领导干部行使权力的监督。进行党纪军纪教育,检查处理违纪案件。

(七)保卫工作。建立健全保卫工作制度,做好预防犯罪工作。开展隐蔽斗争,防范敌对势力的渗透、策反和破坏。做好安全警卫工作。依法进行刑事侦查工作,做好军事监狱和看守工作。

(八)军事审判、检察和司法行政工作。依法代表国家在军队中行使审判权、检察权,组织开展司法行政工作,保证宪法和法律在军队的实施。运用法律手段保护国家军事利益,维护军队和军人合法权益,为部队和官兵提供法律服务。

(九)科学文化教育。建立完善学习制度,组织部队学习现代科学文化知识特别是军事高科技知识,鼓励和支持官兵参加学历教育和继续教育,提高科学文化素质和专业技术水平,培养既能保卫祖国又能建设祖国的人才。

(十)军事宣传工作。宣传党的理论和路线方针政策,宣传中共中央、中央军委的重大决策,宣传军队建设的重大成就和先进典型。坚持正确舆论导向,加强对军队报刊、广播、电视、网络宣传和出版工作的管理。组织开展对外军事宣传。

(十一)文艺体育工作。建设服务部队的文艺体育队伍,发展军事文艺体育事业。建设军营文化,改善文化装备、设施和环境,组织开展群众性文化体育活动。

(十二)群众工作。教育官兵遵守民族政策、宗教政策和群众纪律,开展拥政爱民和军民共建社会主义精神文明活动,正确处理军政军民关系方面的问题,维护军政军民团结。协同国家和地方有关部门开展全民国防教育。动员部队支援国家经济建设,参加抢险救灾和社会公益事业。

(十三)联络工作。进行瓦解敌军、团结友军的工作。开展对台工作。调查研究外军、敌军和境内外民族分裂势力情况。指导部队进行心理战研究和训练。

(十四)军人褒奖、福利和优待抚恤。建立健全军人褒奖、福利政策制度,对有突出贡献的军人实施褒扬奖励,检查督促军人福利待遇的落实。会同政府有关部门制定完善优待抚恤政策规定,对军人及其家属实施优待,对烈士、因公牺牲军人、病故军人的遗属和残疾军人进行抚恤。

(十五)经常性思想工作。针对官兵的现实思想问题,及时进行思想教育,搞好心理疏导。发挥部队、社会、家庭和思想工作骨干队伍的作用，开展群众性思想互助活动。

（十六）军事训练中政治工作。进行形势和军事斗争准备教育，激发部队练兵热情。引导官兵从难从严从实战出发进行训练，培育部队的战斗精神和优良作风。做好军事演习中政治工作。开展战时政治工作研究演练，制定完善战时政治工作预案。

（十七）执行任务中政治工作。进行后勤保障、装备保障、科学试验、院校教学以及国防施工、执勤、反恐、国际维和、军事外交、抢险救灾等任务中的政治工作。

（十八）战时政治工作。加强党委对作战的统一领导，保证中共中央、中央军委的军事战略方针、作战原则和命令、指示的贯彻执行。进行作战动员和战场鼓动。健全组织，调整补充干部。发扬军事民主，开展立功创模活动。进行舆论战、心理战、法律战，开展瓦解敌军工作，开展反心战、反策反工作，开展军事司法和法律服务工作。做好参战民兵、民工政治工作和战区群众工作。维护战场纪律和群众纪律。做好烈士善后工作。

（十九）预备役部队、民兵政治工作。坚持党管武装的原则，加强预备役部队、民兵思想建设和组织建设。做好民兵组织整顿、军事训练、执行任务中政治工作和兵役政治工作。加强专职人民武装干部队伍建设。

（二十）政治工作研究。研究军队政治工作的历史、现状和发展趋势，研究改革开放和发展社会主义市场经济条件下政治工作的特点规律，研究推进中国特色军事变革对政治工作提出的新要求，研究高技术战争中开展政治工作和发挥政治工作作战功能的有效途径，研究运用现代科学技术改进政治工作的方法手段，研究制定政治工作的法规制度和政策，为加强和改进政治工作提供理论指导和决策依据。

中共中央关于进一步加强中国共产党领导的多党合作和政治协商制度建设的意见

（2005年2月18日）

《中共中央关于坚持和完善中国共产党领导的多党合作和政治协商制度的意见》(中发〔1989〕14号)下发以来,爱国统一战线和多党合作事业蓬勃发展,在促进我国改革开放和社会主义现代化建设、推动祖国统一大业中,发挥了重大作用。为适应国际国内形势的深刻变化,发展社会主义民主政治,建设社会主义政治文明,推进中国特色社会主义伟大事业,必须进一步加强中国共产党领导的多党合作和政治协商制度建设。

一、中国共产党领导的多党合作和政治协商制度是我国的一项基本政治制度,是具有中国特色的社会主义政党制度

1. 确立和实行中国共产党领导的多党合作和政治协商制度,是中国社会历史发展的必然选择,是中国共产党和中国人民政治智慧的结晶。以毛泽东同志为核心的中共第一代中央领导集体,把马克思主义政党理论和统一战线理论同中国实际相结合,与民主党派和无党派人士一起,创立了中国共产党领导的多党合作和政治协商制度。1949年人民政协的成立,标志着这项制度的确立。以邓小平同志为核心的中共第二代中央领导集体,提出了一整套有关多党合作和政治协商的理论和政策,进一步巩固和发展了中国共产党领导的多党合作和政治协商制度。以江泽民同志为核心的中共第三代中央领导集体,适应时代发展要求,对坚持和完善中国共产党领导的多党合作和政治协商制度提出了一系列新思想、新观点、新论断。八届全国人大一次会议把这项制度将长期存在和发展载入宪法。中共十六大以来,以胡锦涛同志为总书记的中共中央继往开来、与时俱进,着眼于社会主义政治文明建设,继续推进我国多党合作事业的发展。

2. 坚持和完善中国共产党领导的多党合作和政治协商制度是建设社会主义政治文明的重要内容。我国是人民民主专政的社会主义国家,同这种国体相适应的政权组织形式是人民代表大会制度,同这种国体相适应的政党制度是中国共产党领导的多党合作和政治协商制度。这一政党制度的显著特征是:共产党领导、多党派合作,共产党执政、多党派参政。这反映了人民当家作主的社会主义民主的本质,体现了我国政治制度的特点和优势,具有巨大的优越性和强大的生命力。在新的历史条件下,发展社会主义民主政治、建设社会主义政治文明,其中一个重要方面就是坚持和完善中国共产党领导的多党合作和政治协商制度,扩大各界人士有序的政治参与,拓宽社会利益表达渠道,促进社会和谐发展,实现中国共产党的领导、人民当家作主和依法治国的有机统一。

3. 中国共产党和各民主党派在多党合作和政治协商的长期实践中形成了一些重要政治准则,必须认真坚持和遵循。主要是:坚持以马克思列宁主义、毛泽东思想、邓小平理论和“三个代表”重要思想为指导,坚持中国共产党的领导,坚持社会主义初级阶段的基本路线、基本纲领和基本经验,坚持长期共存、互相监督、肝胆相照、荣辱与共的基本方针,保持宽松稳定、团结和谐的政治环境。中国共产党和各民主党派都必须以宪法为根本活动准则,负有维护宪法尊严、保证宪法实施的职责。

4. 发展是中国共产党执政兴国的第一要务,也是各民主党派参政议政的第一要务。多党合作和政治协商要牢牢把握发展这个根本任务,树立和落实科学发展观,紧紧围绕经济建设这个中心,自觉服务于改革发展稳定的大局,把各方面的智慧和力量凝聚到实现全面建设小康社会的奋斗目标上来,促进社会主义物质文明、政治文明、精神文明的协调发展和人的全面发展,实现中华民族的伟大复兴。

5. 坚持从我国国情出发,不断发展和完善我国社会主义政党制度。衡量我国的政治制度和政党制度,最根本的是要从我国的国情出发,以能否促进社会生产力持续发展和社会全面进步,能否保持和发挥社会主义制度的特点和优势,能否实现和发展人民民主、增强党和国家的活力,能否保持国家政局的稳定和社会安定团结,能否实现和维护最广大人民的根本利益为标准。坚持和完善我国的政党制度,要借鉴人类政治文明的有益成果,但绝不能照抄照搬别国政治制度的模式。

6. 各民主党派同中国共产党长期风雨同舟、患难与共,为中国革命、建设、改革事业作出了重要贡献。在新世纪新阶段,民主党派是各自所联系的一部分社会主义劳动者、社会主义事业建设者和拥护社会主义爱国者的政治联盟,是接受中国共产党领导、同中国共产党通力合作的亲密友党,是进步性与广泛性相统一、致力于中国特色社会主义事业的参政党。民主党派组织各自成员积极参与社会主义现代化建设,反映和代表各自所联系群众的具体利益和要求,同香港特别行政区同胞、澳门特别行政区同胞、台湾同胞和海外侨胞有着广泛联系,是发展先进生产力、社会主义民主政治、社会主义先进文化和构建社会主义和谐社会的一支重要力量,也是实现祖国统一、民族振兴的一支重要力量。

7. 发挥无党派人士的作用是坚持和完善中国共产党领导的多党合作和政治协商制度的必然要求。无党派人士是我国政治生活中的一支重要力量。目前,无党派人士是指没有参加任何党派、对社会有积极贡献和一定影响的人士,其主体是知识分子。应充分发挥无党派人士的自身优势,鼓励和支持无党派人士在参政议政、民主监督中发挥积极作用。要积极稳妥地培养、选拔和安排新一代无党派代表人士,推进新老交替。

8. 人民政协是中国人民爱国统一战线的组织,是中国共产党领导的多党合作和政治协商的重要机构,是我国政治生活中发扬社会主义民主的重要形式。人民政协要围绕团结和民主两大主题,认真履行政治协商、民主监督、参政议政的职能。要围绕中心、服务大局,突出特点、发挥优势,努力促进参加政协的各党派、无党派人士开展协商,团结合作。要广泛联系社会各界人士,畅通反映社情民意的渠道,广开言路、广求良策、广谋善举,为巩固和发展民主团结、生动活泼、安定和谐的政治局面发挥积极作用。

二、进一步完善政治协商的内容、形式和程序

9. 坚持政治协商的原则。政治协商是中国共产党领导的多党合作和政治协商制度的重要组成部分,是实行科学民主决策的重要环节,是中国共产党提高执政能力的重要途径。把政治协商纳入决策程序,就重大问题在决策前和决策执行中进行协商,是政治协商的重要原则。

10. 完善中国共产党同各民主党派的政治协商。中国共产党同各民主党派政治协商,主要采取民主协商会、小范围谈心会、座谈会等形式。除会议协商外,民主党派中央可向中共中央提出书面建议。协商的内容包括:中共全国代表大会、中共中央委员会的重要文件;宪法和重要法律的修改建议;国家领导人的建议人选;关于推进改革开放的重要决定;国民经济和社会发展的中长期规划;关系国家全局的一些重大问题;通报重要文件和重要情况并听取意见,以及其他需要同民主党派协商的重要问题等。

要进一步完善协商的程序。中共中央根据年度工作重点,研究提出全年政治协商规划;协商的议题提前通知各民主党派和有关无党派代表人士,并提供相关材料;各民主党派应对协商议题集体研究后提出意见和建议;在协商过程中充分发扬民主,广泛听取意见,求同存异,求得共识;对民主党派和无党派人士提出的意见和建议要认真研究,并及时反馈情况。

11. 要完善人民政协的政治协商。中国共产党在人民政协同各民主党派和各界代表人士的协商，主要采取政协全体会议、常务委员会会议、主席会议、常务委员专题座谈会、各专门委员会会议等形式。要按照《中国人民政治协商会议章程》的要求，推进人民政协政治协商的制度化、规范化和程序化。

三、充分发挥民主党派和无党派人士的参政议政作用

12. 民主党派参政的基本点是：参加国家政权，参与国家大政方针和国家领导人选的协商，参与国家事务的管理，参与国家方针政策、法律法规的制定和执行。

13. 充分发挥民主党派成员和无党派人士在国家政权中的参政作用。人民代表大会是我国人民行使国家权力的机关，也是民主党派成员和无党派人士参政议政和发挥监督作用的重要机构。要保证民主党派成员和无党派人士在各级人大代表、人大常委会委员和人大专门委员会委员中占有适当比例，在各级人大领导班子成员中有适当数量。在全国和省级人大常委会中应有民主党派成员或无党派人士担任副秘书长。

民主党派成员和无党派人士担任国家和政府领导职务，是实现中国共产党领导的多党合作的一项重要内容。县级以上地方政府要选配民主党派成员或无党派人士担任领导职务。重点在涉及行政执法监督、与群众利益密切相关、紧密联系知识分子、专业技术性强的政府工作部门领导班子中选配民主党派成员、无党派人士担任领导职务。符合条件的可以担任正职。国务院有关部委领导班子中要注意选配民主党派成员和无党派人士。各省、自治区、直辖市可根据各级政府机构设置情况，明确需要选配的工作部门的适当比例。

各级法院、检察院要逐步选配符合任职条件的民主党派成员和无党派人士担任领导职务，重点做好省级法院、检察院领导职务的选配工作，带动市、县两级法院、检察院的选配工作。

14. 充分发挥民主党派和无党派人士在人民政协中的作用。要保证民主党派可以以本党派的名义在政协大会上发表意见和主张，可以提出代表本党派组织的提案，可以自主开展调查研究等活动。要保证民主党派成员和无党派人士等在各级政协中占有较大比例。其中，在换届时，政协委员不少于60%，政协常委不少于65%，政协副主席不少于50%（此项要求不包括民族自治地方）。民主党派成员和无党派人士在政协各专门委员会负责人中应有适当数量，在委员中应占有适当比例。政协机关中要有一定数量的民主党派成员和无党派人士担任专职领导职务。其中在全国政协至少有1位专职副秘书长。

15. 加强政府同民主党派的联系。国务院和地方各级政府根据需要召开有民主党派负责人和无党派人士参加的座谈会,就拟提交人民代表大会审议的政府工作报告、有关重大政策措施和关系国计民生的重大建设项目征求意见,通报国民经济和社会发展的有关情况。政府召开全体会议和有关会议,可视情邀请民主党派负责人和无党派人士列席;政府组织的有关廉政建设、社会治安综合治理和规范市场经济秩序等检查工作,可根据需要邀请民主党派成员和无党派人士参加。政府有关部门根据工作业务范围同相关民主党派建立和加强联系,重要专业性会议和重要政策、规划的制定,根据需要邀请相关的民主党派负责人参加。政府参事的聘任,以民主党派成员和无党派人士为主体,发挥他们参政议政、建言献策、咨询国是、统战联谊的作用。

16. 健全民主党派负责人参加重要外事、内事活动制度。中共中央和国家领导人会见、宴请外宾可视情邀请民主党派负责人参加;出席重要庆典、慰问、纪念活动,可视情邀请有关民主党派负责人和无党派人士参加。

17. 健全民主党派考察调研制度。民主党派和无党派人士通过考察调研建言献策,是发挥参政议政作用的重要形式。中共党委(以下简称党委)和政府要积极支持民主党派和无党派人士就全局性和战略性问题进行有组织的考察调研,也可委托民主党派就有关问题进行考察调研。对民主党派和无党派人士的调研成果,要认真研究并反馈情况。

18. 拓宽民主党派和无党派人士发挥作用的渠道。党委和政府及有关部门要积极创造条件,支持民主党派和无党派人士紧密围绕全面建设小康社会开展各种形式的社会服务活动;充分发挥民主党派和无党派人士在反映社情民意、协调社会关系、维护社会稳定方面的作用;支持民主党派成员和无党派人士积极开展对香港特别行政区同胞、澳门特别行政区同胞、台湾同胞和海外侨胞的联谊工作,推进经贸、科技、文化等领域的交流交往,为维护香港、澳门的繁荣稳定、促进祖国完全统一作出贡献。

四、充分发挥民主党派的民主监督作用

19. 中国共产党与民主党派实行互相监督。这种监督是在坚持四项基本原则的基础上通过提出意见、批评、建议的方式进行的政治监督,是我国社会主义监督体系的重要组成部分。由于中国共产党处于领导和执政地位,更加需要自觉接受民主党派的监督。

20. 民主党派民主监督的内容主要是:国家宪法和法律法规的实施情况;中国共产党和政府重要方针政策的制定和贯彻执行情况;党委依法执政及党员领导干部履行职责、为政清廉等方面的情况。

21. 民主党派民主监督的形式主要是:在政治协商中提出意见;在深入调

查研究的基础上，向党委及其职能部门提出书面意见；人大及其常委会和各专门委员会在组织有关问题的调查研究时，可邀请民主党派成员和无党派人士参加；通过在政协大会发言和提出提案、在视察调研中提出意见或其他形式提出批评和建议；参加有关方面组织的重大问题调查和专项考察等活动；应邀担任司法机关和政府部门的特约人员等。

进一步拓宽民主监督的渠道。党委主要负责人要定期召开会议，听取民主党派负责人和无党派人士对领导班子及其成员的意见；每年就党风廉政建设和反腐败工作向民主党派通报情况，听取意见；进一步完善特约人员工作制度，拓宽政府部门和司法机关聘任特约人员的领域，明确特约人员的职责和权利，切实发挥他们的作用；党委和政府开展的就贯彻执行中央重要方针政策情况和党风廉政建设情况的检查、其他专项检查和执法监督工作，可邀请民主党派负责人参加。

22. 党委要切实完善民主监督机制，自觉接受监督。要在知情环节、沟通环节、反馈环节上建立健全制度，及时通报重要情况和重大问题，畅通民主监督的渠道；对民主党派提出的批评意见要认真研究，及时反馈。党委及其领导干部要真诚接受民主党派的监督，鼓励和支持民主党派做到知无不言、言无不尽，并勇于坚持正确的意见，做中国共产党的诤友；要保护民主党派和无党派人士民主监督的正当权利。

五、加强中国共产党同党外人士的合作共事

23. 加强同党外人士的合作共事，是中国共产党坚定不移的方针。党外干部是国家干部队伍的重要组成部分。要坚持平等相待、民主协商、真诚合作，不断巩固中国共产党同党外人士的联盟。

24. 进一步加强培养选拔党外干部工作。要坚持干部队伍“四化”方针和德才兼备原则，充分发扬民主，注重实绩和群众公认，努力建设一支政治坚定、素质优良、结构合理、代表性强、同中国共产党亲密合作的党外干部队伍。要把培养选拔党外干部纳入干部队伍建设和人才工作的总体规划，统筹考虑。拓宽选拔渠道，优化党外干部队伍结构，通过学习培训和实践锻炼，不断提高党外干部的整体素质。根据工作需要，各级后备干部队伍中应有适当数量的党外干部。要改进和完善选拔任用方式，逐步形成有利于优秀党外干部脱颖而出的机制。

25. 拓宽党外干部的选配领域。除做好人大、政府、政协及司法机关党外干部的选配工作外，高等院校领导班子中一般应有民主党派成员和无党派人士担任领导职务；注意在人民团体、科研院所和国有企业领导班子中配备民主党派成员和无党派人士担任领导职务。

26. 充分发挥党外领导干部的作用。要坚持民主集中制原则,健全集体领导和个人分工负责相结合的制度,保证党外领导干部对其分管的工作享有行政管理的指挥权、处理问题的决定权和人事任免的建议权;根据工作需要,可邀请他们列席党组会议,有关文件要送他们阅知,重大问题要向他们通报。中共党员领导干部要同领导班子中的党外领导干部建立良好的合作共事关系,互相学习,共同提高。党外领导干部要自觉服从党组(党委)的领导,切实履行岗位职责。

六、支持民主党派加强自身建设

27. 党委要把支持民主党派加强自身建设作为一项重要政治责任。支持民主党派根据各自章程规定的参政党建设目标,按照坚持中国共产党的领导、发扬社会主义民主、体现政治联盟特点、体现进步性和广泛性相统一的原则,以思想建设为核心,以组织建设为基础,以制度建设为保障,把自身建设提高到新的水平。

28. 支持民主党派加强思想建设。学习邓小平理论和"三个代表"重要思想,提高成员的政治素质和思想道德水平,增强对建设中国特色社会主义的共识,提高贯彻基本路线和基本纲领的自觉性,深化对参政党地位、性质和历史使命的认识,为巩固和发展同中国共产党的团结合作奠定坚实的思想基础。

29. 支持民主党派加强组织建设。贯彻民主集中制原则,提高领导班子成员的政治把握能力、参政议政能力、组织领导能力和合作共事能力。要着眼于多党合作事业的长远发展,支持民主党派加强后备干部队伍建设。按照"三个为主"(以协商确定的范围和对象为主,以大中城市为主,以有代表性的人士为主)、注重质量、保持特色、组织发展与后备干部队伍建设相结合的原则,协助民主党派做好组织发展和成员的教育管理工作。支持民主党派加强机关建设,配备好机关工作班子;通过教育培训、轮岗交流、挂职锻炼等途径,加强对机关干部的培养;健全以岗位责任制为核心的管理机制,提高工作质量和工作效率。

30. 支持民主党派加强制度建设。逐步建立一套适合民主党派自身特点、有利于促进民主党派工作规范化和科学化运行的制度,健全参政党的工作机制。

31. 办好社会主义学院。社会主义学院是中国共产党领导的统一战线性质的政治学院,是民主党派和无党派人士的联合党校。党委要关心和支持社会主义学院的建设。

七、加强和改善中国共产党对多党合作和政治协商的领导

32. 坚持中国共产党的领导是多党合作的首要前提和根本保证。各级党委要从提高党的执政能力、发展社会主义民主、构建社会主义和谐社会、推进改革开放和现代化建设胜利发展的战略高度,进一步提高认识,加强和改善对多党合作和政治协商的领导,充分发挥民主党派在国家政治生活中的作用。要加强对同级政协的领导,及时研究并统筹解决人民政协工作中的重大问题,支持人民政协依照章程开展工作。充分发挥政协党组的领导核心作用和党员干部的先锋模范作用,贯彻党的理论和路线方针政策,贯彻党委的重大决策和工作部署。

33. 中国共产党对民主党派的领导是政治领导,即政治原则、政治方向和重大方针政策的领导。要依靠中国共产党正确的路线方针政策和思想政治工作、共产党员的先锋模范作用,团结民主党派为实现全面建设小康社会的宏伟目标而共同奋斗;要坚持团结—批评—团结的公式,在重大是非、重大原则问题上,做好政治引导工作,坚持正确的政治方向。

34. 在多党合作和政治协商中进一步改善中国共产党的领导。要善于通过广泛深入的协商和讨论,使中国共产党的主张成为各民主党派的共识。要充分发扬社会主义民主,支持民主党派独立自主地处理内部事务,维护本党派成员及其所联系群众的合法利益,照顾民主党派和无党派人士的政治利益和物质利益,做到政治上充分信任、工作上大力支持、生活上关心照顾。党委负责人要同民主党派负责人和无党派人士交知心朋友。

35. 党委要把多党合作和民主党派工作纳入重要议事日程,定期研究多党合作方针政策贯彻落实情况和民主党派工作中的重要问题;要把统一战线和多党合作理论政策教育作为党委理论学习中心组的重要学习内容,并纳入各级党校、行政学院的教学计划。党委主要领导和分管领导同志要带头做民主党派工作,模范贯彻执行民主党派工作的方针政策。党委宣传部门和主要新闻媒体,要把宣传我国政党制度列入年度计划,加大宣传的力度。有民主党派基层组织的单位,要明确中共基层党组织在加强民主党派工作方面的任务,经常召开座谈会,认真听取民主党派的意见,发挥他们的作用。

36. 切实为民主党派和无党派人士履行职能、发挥作用创造条件。要把民主党派的办公经费和考察调研、教育培训等专项经费列入同级财政预算。根据民主党派组织发展和开展工作的需要,研究解决民主党派地方机关在人员编制方面存在的问题,不断改善民主党派机关办公条件。建立健全无党派人士工作机制,为无党派人士开展工作创造条件。注意发挥党委统战部在无党派人士工作中的牵头协调作用。

各省、自治区、直辖市党委要根据以上精神,结合本地实际,制定措施,认真贯彻执行。

中共中央转发《中共全国人大常委会党组关于进一步发挥全国人大代表作用加强全国人大常委会制度建设的若干意见》的通知

（2005年5月26日）

中央同意《中共全国人大常委会党组关于进一步发挥全国人大代表作用加强全国人大常委会制度建设的若干意见》，现转发给你们，请认真贯彻执行。

人民代表大会制度是我国的根本政治制度。坚持和完善这一制度，是发展社会主义民主、健全社会主义法制、建设社会主义政治文明、构建社会主义和谐社会的重要内容，是全党全社会的共同责任。当前，要支持、保证人大代表依法行使职权、充分发挥作用，切实加强人民代表大会及其常委会的组织制度和工作制度建设，使人民代表大会及其常委会更好地发挥国家权力机关的作用。各地区各部门贯彻执行的情况，要及时报告中央。

中共全国人大常委会党组关于进一步发挥全国人大代表作用加强全国人大常委会制度建设的若干意见

人民代表大会制度是我国的根本政治制度，体现了社会主义制度的优越性和社会主义民主的广泛性。坚持和完善人民代表大会制度，是提高党的执政能力，保障人民当家作主，实施依法治国基本方略，做好新形势下人大工作的必然要求。

全国人民代表大会成立50年来的实践证明，要把人民代表大会制度坚持好、完善好，一是必须坚持正确的政治方向，始终以马克思列宁主义、毛泽东思想、邓小平理论和“三个代表”重要思想为指导，坚持中国共产党的领导，不搞多党轮流执政，坚持人民代表大会统一行使国家权力，不搞“三权鼎立”和“两院制”，走中国特色社会主义政治发展道路。二是必须坚持民主集中制，严格依法、依程序办事，集体决定问题，集体行使职权。三是必须坚持走群众路线，以人为本,把维护和实现最广大人民的根本利益作为人大工作的出发点和归宿。

坚持和完善人民代表大会制度,要做的工作很多,涉及方方面面。根据党的十六届四中全会通过的《中共中央关于加强党的执政能力建设的决定》的要求,当前要重点做好两方面工作:一是进一步发挥全国人大代表的作用,支持、规范和保证其依法履行职责和行使权力;二是加强全国人大常委会的制度建设,使全国人大及其常委会更好地发挥最高国家权力机关、工作机关和代表机关的作用。

一、进一步发挥全国人大代表的作用

全国人大代表是最高国家权力机关的组成人员。充分发挥代表作用,建立健全代表依法履行职责的各项具体制度,进一步增强代表工作的实效,是坚持和完善人民代表大会制度的重要内容。

(一)保障代表的知情权,提高代表审议议案、报告的水平和效能。

1. 为代表知情知政提供信息。审议各项议案和报告,是代表参与管理国家事务的重要职责。代表要履行好这项职责,必须知情知政。为此,要向代表提供多方面的信息:在每年代表大会举行会议前,全国人大常委会办事机构应请国务院及其有关部门、最高人民法院、最高人民检察院向在京代表通报改革发展稳定和审判、检察工作的基本情况,将有关材料印发京外代表,并为在京代表、港澳代表举办报告会。在代表大会闭会期间,全国人大常委会办事机构应向代表通报常委会会议、常委会重要工作安排和重要活动的情况,寄送常委会公报、国民经济和社会发展统计资料以及国际、国内形势的有关报告等;全国人大财经委应向代表寄送经济形势分析的有关资料;国务院、最高人民法院、最高人民检察院办事机构应向代表寄送国务院公报、最高人民法院公报、最高人民检察院公报;各省、自治区、直辖市人大常委会印发省级人大代表的资料,同时印发本选举单位选出的全国人大代表。

2. 扩大代表对常委会活动的参与。要邀请代表列席常委会会议和专门委员会会议,组织代表参加执法检查和专题调研,使代表了解常委会和专门委员会的工作情况,了解有关法律的实施情况和其他工作情况。常委会审议的法律案,可以根据情况将草案发给有关代表征求意见。

3. 为代表深入审议各项议案和报告创造条件。全国人大常委会办事机构应在代表大会会议举行的一个月前,将准备提交会议审议的法律草案发给代表;在大会举行预备会议后,分别将各项报告发给代表,请代表提前审阅。在代表审议各项议案和报告时,有关机关必须派相关负责人到会听取意见、回答询问,并认真研究、积极采纳代表提出的意见和建议,对议案和报告作出修改。

(二)改进代表议案工作,提高议案提出和处理的质量。

4. 明确代表议案的基本要求和范围。依据法律规定,代表议案应符合三个条件:一是由一个代表团或者30名以上的代表联名向全国人大提出;二是内容属于全国人大及其常委会职权范围内的事项;三是属于要求列入全国人大及其常委会会议议程进行审议的事项。

根据全国人大及其常委会的职权,代表议案的范围主要包括:(1)制定法律、修改现行法律和解释法律的议案;(2)需要由全国人大及其常委会决定的有关宪法实施中的重大问题的议案;(3)应由全国人大及其常委会决定或者批准的其他事项的议案。凡属国务院行政管理职权范围内的事项,应由地方人大和地方人民政府处理的地方性事务,人民法院和人民检察院审判权、检察权范围内的事项,政党、社会团体、企事业组织和公民个人的事务,以及其他不属于全国人大及其常委会职权范围内的事项,不应作为议案向全国人大提出。

代表提出议案,应有案由、案据和方案。法律案最好有具体条文和说明。

5. 规范代表提出议案的程序。为保证代表有充裕时间酝酿、提出议案,除在大会会议期间提出代表议案外,符合议案基本条件、准备成熟的代表议案,也可以在大会闭会期间提出。

为使联名附议的代表充分了解议案内容,体现联名提出、共同负责的精神,领衔提出议案的代表,应向联名附议的代表分别提供议案文本,经附议人认真审阅同意后,再签名附议;有条件集体讨论的,应经集体讨论、取得一致意见后联名提出。

对于不符合基本条件的议案,大会秘书处和全国人大常委会办事机构可以建议提议案人进行修改、完善,或者改作代表建议、批评和意见提出。

6. 改进对代表议案的处理工作。全国人大专门委员会审议议案时,应与提议案人联系沟通,听取意见。对条件成熟、能够列入大会会议或者常委会会议议程的议案,应建议列入会议议程;对不能直接列入会议议程的议案,可以建议列入全国人大常委会立法规划或者工作计划。有关机关在制定或修改相关法律、进行相关工作时,应邀请提议案人参加相关活动,在提请审议相关法律草案时,应反映吸收代表议案内容的情况,并邀请提议案人列席常委会会议参与审议。

(三)完善有关工作制度,提高代表建议、批评和意见提出及处理的质量。

7. 明确代表提出建议、批评和意见的范围和程序。代表应围绕国家改革发展稳定的大局,围绕政治、经济、文化、社会生活中的重大问题和人民群众普遍关心的问题,在深入调查研究的基础上,提出建议、批评和意见,增强针对性和可行性。全国人大常委会办事机构和省、自治区、直辖市人大常委会,应加强组织协调工作,为代表提出建议、批评和意见提供服务。

代表建议、批评和意见可以在大会会议期间提出,也可以在大会闭会期间提出;可以由代表一人提出,也可以由代表联名提出。

凡涉及解决代表本人及其亲属个人问题的,代转人民群众来信的,属于学术探讨、产品推介的,或者没有实际内容的,不应作为代表建议、批评和意见提出。

8. 认真负责地处理代表提出的建议、批评和意见。全国人大常委会办事机构对代表建议、批评和意见,应及时进行整理和研究,提出分析报告,拟定承办意见,会同有关国家机关组织好交办工作。

有关机关、组织应建立健全处理代表建议、批评和意见的责任制,严格处理程序,提高处理工作的效率和水平。对综合性强、涉及面广、处理难度大或者问题反映比较集中的重点建议、批评和意见,承办单位主要负责人应亲自负责研究处理。需由几个部门联合承办的,应指定主办单位负责牵头,共同提出处理意见。要在认真调查研究的基础上确定处理意见,并答复代表。对能够解决的问题,应尽快解决并给予明确答复;对应该解决但一时难以落实解决措施的问题,应先向代表如实说明情况,明确办理时限,在妥善解决后再行答复;对确实不能解决的问题,应充分说明原因。

全国人大常委会办事机构对代表提出的对全国人大工作的建议、批评和意见,应按上述要求认真处理;对其他机关、组织承办的代表建议、批评和意见,应加强处理情况的督促和检查;对确定的重点建议、批评和意见,应组织力量跟踪督办。全国人大常委会每年应听取代表建议、批评和意见处理工作情况的报告,并将报告印发下次全国人大会议。

(四)加强和规范代表在大会闭会期间的活动,增强代表活动的实效。

9. 明确代表在大会闭会期间活动的内容和原则。代表参加大会闭会期间的活动,是依法履行职责的重要组成部分,应增强参加大会闭会期间活动的主动性和责任心。根据全国人大常委会的统一安排,代表在大会闭会期间可以对本级或者下级国家机关和有关单位的工作进行视察;参加全国人大常委会组织的执法检查和专题调研;应邀列席或者列席全国人大常委会和省、自治区、直辖市人大及其常委会的会议;向全国人大及其常委会提出议案和建议、批评、意见;采取多种方式听取人民群众的意见等。

代表在大会闭会期间的活动由全国人大常委会组织,也可以由全国人大常委会委托省、自治区、直辖市人大常委会组织。中国人民解放军的全国人大代表在闭会期间的活动,由全国人大常委会办公厅和解放军总政治部共同安排。

代表在大会闭会期间的活动一般在原选举单位的行政区域内进行。根据履行职责的需要和全国人大常委会办事机构的统一安排,代表可以跨原选举单位的行政区域进行考察。

代表在大会闭会期间的活动以集体活动为主,以代表小组活动为基本形式。根据本人要求,经县级以上地方人大常委会联系安排,代表可以持代表证就地进行视察。

代表必须模范地遵守宪法和法律,保守国家秘密。要把依法执行代表职务与从事个人职业活动严格区别开来,不得借执行代表职务进行个人职业活动。代表执行代表职务的活动,不得接受企事业组织、社会团体和个人出资赞助。代表对涉及个人和亲属的具体案件应当回避。

10. 改进和加强代表视察和专题调研工作。视察和专题调研是代表在大会闭会期间活动的重要形式。根据全国人大常委会的统一安排,代表于每年年末进行一次集中视察,时间为一周左右。视察应突出重点,抓住关键,有目的、有准备地进行。要深入实际,深入基层,深入群众,了解真实情况,增强视察的实效。省、自治区、直辖市人大常委会办事机构应将代表在视察过程中提出的建议、批评和意见进行整理,交由有关国家机关和组织研究处理后答复代表,并将代表视察的情况汇总报送全国人大常委会办事机构。代表在视察中不直接处理具体问题。

根据全国人大常委会的统一安排,代表于每年年中进行一次专题调研,时间为一周左右。专题调研的题目由全国人大常委会拟定,也可以由代表根据国家工作的大局和实际情况确定。专题调研结束后,应形成调查报告,送交全国人大常委会办事机构研究处理。

11. 密切代表与人民群众的联系。代表应通过多种渠道保持与人民群众的密切联系,自觉接受人民群众的监督。代表可以通过由代表小组召开座谈会、代表电子信箱和人大网站等多种方式,听取和反映原选举单位和人民群众的意见和要求。联系人民群众要求真务实,讲求实效,不搞形式主义。对代表交给全国人大常委会办事机构的人民群众的申诉、控告、检举等信件和当面反映的有关问题,由全国人大常委会办事机构转有关机关、组织研究处理,并由有关机关、组织负责答复,全国人大常委会办事机构应加强督办工作。代表个人不得干预具体司法案件的审理和执行。

(五)为代表在大会闭会期间的活动提供必要的条件和保障。

12. 提供经费和时间保障。要适当增加代表在闭会期间的活动经费,列入中央预算。代表活动经费应专款专用,严格管理。代表依法参加代表活动,其所在单位、部门必须给予时间、工资、奖金和其他福利待遇等各项保障。

13. 提供服务保证。省、自治区、直辖市人大常委会可以在其办事机构内设立全国人大代表联络处,根据本选举单位选出的全国人大代表的人数,确定必要的工作人员,为代表开展活动、履行职责提供服务。代表联络处的业务工作受全国人大常委会办事机构指导,工作经费由全国人大常委会办事机构补助。

二、加强全国人大常委会的制度建设

加强全国人大常委会的制度建设,是常委会依法履行职责、发挥人民代表大会制度优越性的重要保证,也是坚持和完善人民代表大会制度的重要内容。

14. 认真落实法律规定的立法制度,继续推进立法工作的民主化。发扬社会主义民主,逐步扩大公民对立法工作的有序参与,对于保证全国人大制定的法律更好地体现最广大人民的根本利益和统筹兼顾好各方面群众的具体利益,最大限度地调动各方面群众的积极性,发挥好全国人大在表达、平衡、调整社会利益和构建社会主义和谐社会方面的作用,具有重要意义。要进一步贯彻执行立法法规定的立法制度,采取座谈会、论证会、听证会等多种形式,广泛听取各方面对列入全国人大常委会会议议程的法律案的意见,扩大立法民主,提高立法质量。涉及公民、法人和其他组织的切身利益,尤其是需要设定普遍性的公民义务的特别重要的法律案,应依照立法法规定的程序公布草案,征求有关机关、组织和公民的意见。要在立法工作中防止"利益部门化"和"部门利益法制化"等问题,保证制定的法律体现党的主张和人民的意志。

15. 进一步健全监督机制、完善监督制度,改进和加强监督工作。要明确全国人大监督工作应遵循的原则:(1)坚持党的领导。监督工作中的重大问题,由全国人大常委会党组及时向党中央报告。(2)集体行使监督职权。监督项目的确定,监督行为的实施,监督后决议的形成,由全国人大常委会或者委员长会议集体作出决定。(3)不包办代替。全国人大常委会对"一府两院"的工作既要监督,又要支持,不代行"一府两院"的行政权、审判权和检察权。

要按照围绕中心、突出重点、讲求实效的思路,紧紧围绕党和国家工作的大局、改革发展稳定中的重大问题、关系人民群众切身利益的热点难点问题,选准题目,抓住关键,综合运用听取和审议专题工作报告、执法检查等监督工作的基本形式,改进和加强监督工作。对备案的行政法规、地方性法规、司法解释,应在进行被动审查的同时,有重点地加强主动审查,维护国家法制的统一。

要推进司法机关内部启动审判监督机制和法律监督机制,畅通法律规定的再审渠道。对人民群众向全国人大常委会反映的司法案件，全国人大常委会办事机构应转交最高人民法院、最高人民检察院和省、自治区、直辖市人大常委会研究处理。最高人民检察院向最高人民法院提出抗诉的案件，最高人民法院再审后最高人民检察院仍有不同意见的，最高人民检察院可以提请全国人大常委会要求最高人民法院重新审判，并将重新审判的结果报告全国人大常委会。

16. 规范专门委员会的工作制度，发挥专门委员会的作用。专门委员会除依法提出法律案外，对其他国家机关负责起草的法律案，应提前了解起草的进展和动态，并在相关法律案提请全国人大常委会审议时，先行组织审议，提出审议报告。法律案经全国人大常委会会议第一次审议后，有关专门委员会应就该法律案继续进行审议，提出审议意见，并派人参与法律委员会的统一审议。

专门委员会应大力加强调查研究工作，在此基础上提出全国人大常委会执法检查和听取专题工作报告的建议。全国人大常委会组织的执法检查，由有关专门委员会具体组织实施；常委会听取“一府两院”的专题工作报告，由有关专门委员会做好前期各项工作；对常委会执法检查和审议专题工作报告提出的意见，有关专门委员会要跟踪督查，督促有关国家机关改进工作并向常委会提出整改情况的书面报告。对“一府两院”承办的重点建议、批评和意见，由有关专门委员会进行督办。

17. 建立和完善若干具体工作制度，促进全国人大常委会工作的制度化、法制化、规范化。除制定加强和规范全国人大代表活动的若干意见、全国人大代表议案处理办法、全国人大代表建议批评意见处理办法外，还应抓紧建立和完善以下制度：一是改进会议制度。要进一步完善全国人大常委会全体会议和委员长会议的报告形式，明确汇报重点，提高议事效率和议事质量。对全国人民代表大会会议的议事制度和组织工作，也要在总结经验的基础上，不断加以改进。二是健全信访工作制度。要加强对信访动态的综合分析，做好信访件的交办、督办工作。要把人民来信来访中反映强烈的热点问题和带有普遍性的问题作为监督工作的重点，督促有关方面及时解决。要把处理人民来信来访与了解社会动态、完善预测防范机制、畅通与人民群众联系渠道结合起来，努力提高信访工作的水平。三是建立对全国人大代表的系统培训制度。要以宪法、人民代表大会制度、国家机构的组织和运作等基本知识为基础，以法律案和各项工作报告的审议、计划和预算的审查、议案和建议批评意见的提出和处理、代表职责等为专题，有针对性地组织好对代表的系统培训。四是加强全国人大常委会机关建设。要按照政治坚定、业务精通、务实高效、作风过硬、团结协作、勤政廉洁的要求，大力加强全国人大常委会办事机构和工作机构的思想、组织、作风建设。要进一步充实全国人大机关的专业人员,扩大全国人大机关与党委、政府、司法机关之间的干部交流。对全国人大机关有培养前途的年轻干部和近年从学校毕业后直接到机关工作的干部,要有计划、分期分批地组织他们到基层挂职锻炼,使他们了解国情,接触群众,增长才干。

18. 从制度上保证和加强党对全国人大工作的领导。全国人大常委会党组在党中央领导下,在全国人大及其常委会依法履行职责的过程中,保证全面贯彻落实党的路线方针政策和党中央的决策。全国人大会议的召开,全国人大常委会会议的议程安排,全国人大及其常委会的五年立法规划、准备制定的政治性法律和重大的经济法律,有关法律起草中遇到的重大问题,法律审议中重大的分歧意见,以及监督和决定重大事项、干部任免等工作中的重大问题,由全国人大常委会党组报请党中央决定或者批准后再进入法定程序。全国人大常委会组成人员中的中共党员,将党组织临时关系转到全国人大常委会机关,组成临时党支部,受全国人大常委会党组领导。全国人大常委会党组就人大工作中的重大问题,通过党内组织生活,统一党员的认识。全体党员都要牢固树立党的观念、政治观念、大局观念、群众观念,以自己的模范行动,与党外同志一道,保证党的路线方针政策的贯彻落实。

中共中央关于加强人民政协工作的意见(略有删节)

(2006年2月8日)

中国人民政治协商会议是中国人民爱国统一战线的组织,是中国共产党领导的多党合作和政治协商的重要机构,是我国政治生活中发扬社会主义民主的重要形式。人民政协成立以来,为建立和巩固新生的人民政权、促进社会主义革命和建设、推动改革开放和社会主义现代化建设,作出了重大贡献。在全面建设小康社会、加快推进社会主义现代化的新的发展阶段,提高党的执政能力、发展社会主义民主政治、构建社会主义和谐社会、推进中国特色社会主义伟大事业,必须大力加强人民政协工作,充分发挥人民政协的作用。

一、人民政协事业是中国特色社会主义事业的重要组成部分

人民政协是中国共产党把马克思列宁主义统一战线理论、政党理论和民主政治理论同中国具体实践相结合的伟大创造,是中国共产党同各民主党派、人民团体和各族各界人士风雨同舟、团结奋斗的伟大成果。中国共产党历来高度重视和关心人民政协事业的发展。以毛泽东同志为核心的党的第一代中央领导集体,提出了一系列具有独创性的重要思想,有力地指导了人民政协事业的创立和发展;以邓小平同志为核心的党的第二代中央领导集体,提出了新时期人民政协的性质和任务,全面开创了新时期人民政协事业的新局面;以江泽民同志为核心的党的第三代中央领导集体,对人民政协事业提出了许多重要的新思想、新观点、新论断,推动了人民政协事业的发展。党的十六大以来,以胡锦涛同志为总书记的党中央,对新世纪新阶段人民政协事业的发展提出了明确要求,作出了新的重要部署,把人民政协事业继续推向前进。

中国共产党领导的多党合作和政治协商制度是我国的一项基本政治制度。要坚持走中国特色社会主义政治发展道路,立足我国国情,总结实践经验,借鉴人类政治文明的有益成果,绝不照搬西方政治制度的模式。人民政协是实行中国共产党领导的多党合作和政治协商制度的重要政治形式和组织形式。要认真贯彻中国共产党同各民主党派和无党派人士长期共存、互相监督、肝胆相照、荣辱与共的方针,促进参加人民政协的各党派和无党派人士的团结合作,充分体现和发挥我国社会主义政党制度的特点和优势。

人民政协是我国政治体制的重要组成部分,在我国政治生活中具有不可替代的作用。在我们这个幅员辽阔、人口众多的社会主义国家里,关系国计民生的重大问题,在中国共产党领导下进行广泛协商,体现了民主与集中的统一。人民通过选举、投票行使权利和人民内部各方面在重大决策之前进行充分协商,尽可能就共同性问题取得一致意见,是我国社会主义民主的两种重要形式。坚持和完善人民政协这种民主形式,既符合社会主义民主政治的本质要求,又体现了中华民族兼容并蓄的优秀文化传统,具有鲜明的中国特色。发展社会主义民主政治,建设社会主义政治文明,要善于运用人民政协这一政治组织和民主形式。

人民政协是中国共产党领导的各党派、各团体、各民族、各阶层大团结大联合的组织。人民政协的基本属性、主要职能、组织构成、工作原则和活动方式,与构建社会主义和谐社会的要求是完全一致的,同构建社会主义和谐社会的各项工作是紧密相连的。构建社会主义和谐社会,必须充分发挥人民政协的作用。

人民政协在新世纪新阶段的任务是:高举爱国主义、社会主义旗帜,在热爱中华人民共和国、拥护中国共产党的领导、拥护社会主义事业、共同致力于中华民族伟大复兴的政治基础上,进一步巩固和发展爱国统一战线,把全体社会主义劳动者、社会主义事业的建设者、拥护社会主义的爱国者和拥护祖国统一的爱国者都团结起来,同心同德,群策群力,为推进社会主义经济建设、政治建设、文化建设、社会建设,为实现祖国完全统一,为维护世界和平、促进共同发展而奋斗。

人民政协工作必须坚持的原则是:坚持以马克思列宁主义、毛泽东思想、邓小平理论和“三个代表”重要思想为指导,坚持中国共产党的领导,坚持在宪法和法律范围内开展工作,坚持社会主义初级阶段的基本路线、基本纲领、基本经验,坚持团结和民主两大主题,坚持科学发展观、把促进发展作为人民政协履行职能的第一要务,坚持把实现和维护最广大人民的根本利益作为人民政协工作的出发点和落脚点。

人民政协的主要职能是政治协商、民主监督、参政议政。要支持政协围绕团结和民主两大主题履行职能,把加强团结和发扬民主贯穿于政协工作的各个方面,推进政治协商、民主监督、参政议政的制度化、规范化和程序化。

二、认真搞好人民政协的政治协商

人民政协的政治协商是中国共产党领导的多党合作的重要体现,是党和国家实行科学民主决策的重要环节,是党提高执政能力的重要途径。把政治协商纳入决策程序,就国家和地方的重要问题在决策之前和决策执行过程中进行协商,是政治协商的重要原则。各级党委要高度重视人民政协的政治协商,统一部署和协调,并认真组织实施。

人民政协政治协商的主要内容是:国家和地方的大政方针以及政治、经济、文化和社会生活中的重要问题;各党派参加人民政协工作的共同性事务,政协内部的重要事务以及有关爱国统一战线的其他重要问题。

人民政协政治协商的主要形式有:政协全体会议,常务委员会会议,主席会议,常务委员专题协商会,政协党组受党委委托召开的座谈会,秘书长会议,各专门委员会会议,根据需要召开由政协各组成单位和各界代表人士参加的内部协商会议。

三、积极推进人民政协的民主监督

人民政协的民主监督是我国社会主义监督体系的重要组成部分,是在坚持四项基本原则的基础上通过提出意见、批评、建议的方式进行的政治监督。它是参加人民政协的各党派团体和各族各界人士通过政协组织对国家机关及其工作人员的工作进行的监督,也是中国共产党在政协中与各民主党派和无党派人士之间进行的互相监督。对于我们党来说,更加需要接受来自各个方面的监督。

人民政协民主监督的主要内容是:国家宪法、法律和法规的实施,重大方针政策的贯彻执行,国家机关及其工作人员的工作,参加政协的单位和个人遵守政协章程和执行政协决议的情况。

人民政协民主监督的主要形式有:政协全体会议、常委会议、主席会议向党委和政府提出建议案;各专门委员会提出建议或有关报告;委员视察、委员提案、委员举报、大会发言、反映社情民意或以其他形式提出批评和建议;参加党委和政府有关部门组织的调查和检查活动;政协委员应邀担任司法机关和政府部门特约监督人员等。

各级党委和政府要认真倾听来自人民政协的批评和建议,自觉接受民主监督。要完善民主监督机制,在知情环节、沟通环节、反馈环节上建立健全制度,畅通民主监督的渠道。党委和政府的监督机构以及新闻媒体要密切与人民政协的联系,加强工作协调和配合,提高民主监督的质量和成效。要切实发挥政协提案、建议案在民主监督方面的作用,对政协的提案和建议案要认真办理,及时给予正式答复。

四、深入开展人民政协的参政议政

人民政协的参政议政是人民政协履行职能的重要形式,也是党政领导机关经常听取参加人民政协的各民主党派、人民团体和各族各界人士的意见和建议、切实做好工作的有效方式。人民政协的参政议政是对政治、经济、文化和社会生活中的重要问题以及人民群众普遍关心的问题,开展调查研究,反映社情民意,进行协商讨论,通过调研报告、提案、建议案或其他形式,向党和国家机关提出意见和建议。

人民政协要选择经济社会发展中具有综合性、全局性、前瞻性的课题,深入调查研究,开展咨询论证,提出意见和建议。要运用包容各界、联系广泛、人才聚集的有利条件,了解和反映社会不同阶层、不同群体的愿望和要求。人民政协的重要考察活动及重大外事活动要请参加政协的民主党派有关负责人参加,政协专门委员会要积极开展与参加政协的各党派团体的联合调研。要建立健全人民政协参政议政的各项工作制度,形成合理有效的工作机制。

各级党委和政府要加强与人民政协的联系和沟通,为人民政协参政议政创造良好条件。对政协提出的重要意见和建议,要认真研究、积极采纳。党委和政府有关部门要密切同政协专门委员会的协作和配合,对他们的工作提供必要的支持和帮助。

五、切实抓好人民政协的自身建设

各民主党派和无党派人士是人民政协的重要组成部分。要充分发挥人民政协作为中国共产党领导的多党合作和政治协商的重要机构的作用,支持各民主党派和无党派人士参与国家重大方针政策的讨论协商及其履行职责的各种活动。尊重和保障各民主党派在政协的各种会议上以本党派名义发表意见的权利;尊重和保障各民主党派和无党派人士开展视察、提出提案、举报、反映社情民意以及参与调查和检查活动的权利;保证民主党派成员和无党派人士在政协委员、常务委员和政协领导成员中占有较大比例;政协各专门委员会要有民主党派和无党派人士参加;政协机关中应有一定数量的民主党派和无党派人士担任专职领导职务,并做到有职、有权、有责。

由界别组成是人民政协组织的显著特色。要根据界别的特点和要求开展活动,充分调动各界别参政议政的积极性,认真探索发挥界别作用的方法和途径。要适应改革开放和经济社会发展的实际情况,研究并合理设置界别,扩大团结面,增强包容性。要通过界别渠道密切联系群众,努力协调关系、化解矛盾、理顺情绪,增进社会各阶层和不同利益群体的和谐。

政协委员是人民政协履行职能的主体。要认真组织政协委员的学习和培训,促进政协委员提高自身素质,遵守政协章程,履行委员职责,密切联系群众,积极参加政协组织的会议和活动。要尊重和依法保护政协委员的各项民主权利,为他们发挥作用提供方便。政协委员所在单位要支持其参加政协活动,保障其各项待遇不因参加政协活动而受到影响。

大力加强人民政协的机关建设。要重视政治理论学习，坚持以邓小平理论和“三个代表”重要思想为指导，牢固树立和全面落实科学发展观，弘扬与时俱进和改革创新精神，大兴求真务实之风，提高全局观念、服务意识和政策水平。要适应壮大爱国统一战线和发展社会主义民主政治的要求，完善为政协履行职能服务的各项工作制度，提高工作水平和效率。要着眼于统一战线和人民政协事业的长远发展，高度重视并切实加强人民政协组织的干部队伍建设，配备好工作班子，加强干部选拔、交流和任用，加大干部培训工作、挂职锻炼的力度，努力造就一支政治坚定、作风优良、学识丰富、业务熟练的高素质政协工作干部队伍。

六、加强和改善党对人民政协的领导

按照党总揽全局、协调各方的原则，进一步加强和改善党对人民政协的领导，支持人民政协依照章程独立负责、协调一致地开展工作。各级党委要深刻认识人民政协工作的重要性，认真贯彻《中共中央关于进一步加强中国共产党领导的多党合作和政治协商制度建设的意见》，善于运用人民政协这一政治组织和民主形式为实现党的总任务、总目标服务。要把政协工作纳入重要议事日程，听取政协党组的工作汇报，及时研究并统筹解决人民政协工作中的重大问题。党委和政府负责同志在政协全体会议期间参加讨论、共商国是和在政协常委会议期间通报情况、听取意见，应形成制度。不是同级党委常委的地方政协党员主席或党组书记，可请他们列席党委常委会议和其他有关重要会议。国务院和各级地方政府召开全体会议和有关会议时，可视需要邀请政协有关领导同志列席。各级党委和政府对政协干部交流、活动经费等方面存在的问题，要切实帮助解决。各级党委要把是否重视人民政协工作、能否发挥好人民政协的作用作为检验领导水平和执政能力的一项重要内容。

发挥政协组织中共产党员的先锋模范作用。政协委员中的共产党员和政协机关中的共产党员，要增强政治责任感，努力提高自身修养和能力，积极贯彻党的方针政策，带头遵守政协章程，继承和发扬党的统一战线和人民政协的优良传统，广交、深交党外朋友，努力成为合作共事的模范、发扬民主的模范、廉洁奉公的模范。

努力创造全党全社会重视和支持人民政协工作的新局面。各级党委要积极组织并大力推动关于人民政协的理论研究、宣传和教育工作，把人民政协理论列入各级党校、行政学院、干部学院、社会主义学院的教学计划。要有计划、有重点地组织新闻媒体宣传中国共产党领导的多党合作和政治协商制度，宣传人民政协的性质、地位和作用，以及各级政协组织履行职能的情况，形成有利于人民政协事业发展的良好氛围。

中共中央关于巩固和壮大新世纪新阶段统一战线的意见(略有删节)

(2006年7月24日)

改革开放特别是进入新世纪以来,统一战线牢牢把握大团结大联合的主题,巩固和发展了团结、稳定、开拓、活跃的局面,为推进改革开放和社会主义现代化建设,发展社会主义民主政治,维护安定团结的政治局面,促进祖国和平统一大业,作出了重要贡献。在全面建设小康社会新的发展阶段,统一战线既面临着重要的发展机遇,也面临着许多新情况新问题。全党必须高度重视统一战线工作,充分发挥统一战线不可替代的作用,为全面建设小康社会、实现中华民族伟大复兴提供最广泛的力量支持。

一、正确认识和把握新世纪新阶段统一战线的新发展新变化

(一)新世纪新阶段统一战线的重要地位。巩固和壮大最广泛的统一战线,是我们党不断取得胜利的一条基本经验,是党和国家工作全局中一个极为重要的方面,也是新的历史条件下治国理政必须正确处理的一个基本问题。当前,我国改革开放和现代化建设进入一个新的阶段,面对繁重复杂的改革发展稳定任务,统一战线作为团结各方面力量的广泛联盟,在全面建设小康社会中的任务更加繁重。保持香港、澳门长期繁荣稳定,反对和遏制"台独"分裂势力及其活动、实现祖国完全统一,是关系到实现中华民族伟大复兴的重大问题,统一战线作为推动"一国两制"方针实施的重要力量,在推进祖国统一大业中的作用更加突出。在坚持和平发展道路、促进和谐世界建设的过程中,面对国际敌对势力利用所谓民主、人权、民族、宗教等问题对我国实施西化、分化的图谋,统一战线处在反渗透、反颠覆、反分裂斗争的前沿,在坚持我国社会主义政治制度和政党制度,维护社会稳定、国家安全和领土完整,牢牢把握和切实用好重要战略机遇期方面的责任更加重大。加强执政能力建设和先进性建设,始终得到最广大人民群众的拥护和支持,是我们党长期执政始终面临的重大课题,统一战线作为我们党特殊的群众工作,在巩固党的阶级基础、扩大党的群众基础中具有独特优势。总之,统一战线是我们党夺取革命、建设、改革事业胜利的重要法宝,是我们党执政兴国的重要法宝,是实现祖国完全统一和中华民族伟大复兴的重要法宝。

（二）新世纪新阶段统一战线的指导思想和基本任务。坚持以马克思列宁主义、毛泽东思想、邓小平理论和“三个代表”重要思想为指导，全面贯彻落实科学发展观，高举爱国主义、社会主义伟大旗帜，团结一切可以团结的力量，调动一切可以调动的积极因素，化消极因素为积极因素，为促进社会主义经济建设、政治建设、文化建设、社会建设服务，为促进香港、澳门长期繁荣稳定和祖国和平统一服务，为维护世界和平、促进共同发展服务。

（三）新世纪新阶段统一战线的重要特征。随着改革开放的深入和社会主义市场经济的发展，新的社会阶层在我国出现，统战工作对象增多，同时由于“一国两制”的实施，团结的范围进一步扩大，统一战线具有空前的广泛性；实现中华民族伟大复兴，要把不同党派、不同民族、不同阶层、不同群体、不同信仰以及生活在不同社会制度下的全体中华儿女团结起来，求同存异、共同奋斗，统一战线具有巨大的包容性；社会各方面成员在根本利益一致性不断增强的同时，呈现出不同的思想观念、价值取向、行为方式和利益要求，选择性、自主性、差异性日益增强，统一战线具有鲜明的多样性；统战工作由政治领域拓展到经济、文化、社会领域，由大城市拓展到中小城市，由公有制单位拓展到非公有制单位，参与统战工作的部门和组织日益增多，统一战线具有显著的社会性。

（四）新世纪新阶段统一战线的性质。随着经济社会结构的深刻变革，我国社会阶层发生了新变化，包括知识分子在内的工人阶级队伍不断壮大、整体素质逐步提高、先进性进一步增强，农民日益成为社会主义新型农民，他们是推动我国先进生产力发展和社会全面进步的根本力量。同时出现了大量新的社会阶层，他们是中国特色社会主义事业的建设者。在推进社会主义经济建设、政治建设、文化建设、社会建设，实现全面建设小康社会目标的伟大征程中，需要统一战线在巩固工农联盟的基础上，把包括新的社会阶层在内的社会各方面的智慧和力量都凝聚起来、调动起来、发挥出来。保持香港、澳门长期繁荣稳定，推进祖国完全统一，实现中华民族伟大复兴，仍然需要继续高举爱国主义旗帜，把包括港澳同胞、台湾同胞、海外侨胞在内的海内外中华儿女最大限度地团结起来。这些变化表明，新世纪新阶段统一战线已经进一步发展成为全体社会主义劳动者、社会主义事业的建设者、拥护社会主义的爱国者和拥护祖国统一的爱国者的最广泛的联盟。

（五）新世纪新阶段统一战线的工作范围。在新的发展阶段，统一战线工作范围进一步扩大，主要包括：各民主党派成员，无党派人士，党外知识分子，少数民族人士，宗教界人士，非公有制经济人士，私营企业和外资企业的管理技术人员，中介组织从业人员，自由职业人员，原工商业者，起义和投诚的原国民党军政人员及眷属,港澳同胞,台湾同胞、去台湾人员留在大陆的亲属,出国和归国留学人员,海外侨胞和归侨侨眷等。统一战线工作的重点是党外代表人士。

(六)新世纪新阶段统一战线的发展目标。全面加强新世纪新阶段统一战线建设,推动统一战线事业蓬勃发展,使中国共产党同各民主党派和无党派人士的团结更加巩固,各民族的关系更加和谐,社会各阶层的关系更加协调,宗教与社会主义社会更加适应,大陆同胞和港澳同胞、台湾同胞、海外侨胞的联系更加密切,努力建设具有强大凝聚力和可持续发展的统一战线,为增强党的执政能力、提高国家综合实力、激发社会创造活力提供广泛支持和有力保障。

(七)新世纪新阶段统一战线必须坚持的重要原则。长期以来,我们党在统一战线实践中,形成了一系列重要原则,主要有:坚持党对统一战线的领导,坚持为党和国家的中心任务服务,坚持高举爱国主义、社会主义两面旗帜,坚持大团结大联合的主题,坚持发扬社会主义民主,坚持求同存异、体谅包容,坚持"团结——批评——团结",坚持以人为本、照顾同盟者利益等。新世纪新阶段统一战线必须始终不渝地遵循和贯彻这些原则。

二、充分发挥统一战线在全面建设小康社会中的优势和作用

(八)为促进社会主义经济建设服务。要把发展作为统一战线成员团结奋斗的第一要务,树立落实科学发展观,按照全面建设小康社会和"十一五"规划的总体要求,努力把社会各方面的智慧和力量凝聚到促进国民经济持续快速协调健康发展上来。支持广大统一战线成员围绕经济建设的重大问题考察调研、建言献策;围绕实施人才强国战略和建设创新型国家的任务,充分发挥在知识创新、科技创新中的作用,增强自主创新能力;围绕完善社会主义市场经济体制,进一步优化非公有制经济的发展环境,提高企业素质,推动现代企业制度的建立,支持非公有制企业走出去,参与国际竞争和对外经贸交流;围绕社会主义新农村建设,大力开展光彩事业、智力支边和扶贫帮困及温暖工程等,开展"一企帮一村、多企帮一村"活动,促进城乡、区域协调发展。支持港澳台企业到祖国大陆投资,参与国家现代化建设。

(九)为促进社会主义政治建设服务。发展社会主义民主政治,建设社会主义政治文明,最根本的是坚持党的领导、人民当家作主和依法治国的有机统一,坚定不移地走中国特色社会主义政治发展道路。要充分发挥统一战线在坚持和完善人民代表大会制度、中国共产党领导的多党合作和政治协商制度、民族区域自治制度中的重要作用,立足我国国情,借鉴人类政治文明的有益成果,切实体现我国政治制度和政党制度的特点和优势,绝不照抄照搬别国政治制度和政党制度的模式,绝不搞西方的多党制和议会制。积极稳妥地推进政治体制改革，不断丰富民主形式，扩大各党派、各团体、各民族、各阶层和各界人士有序的政治参与，支持他们依法参与管理国家事务，管理经济和文化事业，管理社会事务，不断推进我国社会主义民主制度化、规范化、程序化建设，保证人民当家作主权利的充分实现。坚持和遵循我国多党合作和政治协商的重要政治准则，支持民主党派切实履行参政党职能，发挥他们在国家政权建设、国家事务管理、国家方针政策和法律法规制定执行中的重要作用。人民政协要围绕团结和民主两大主题，认真履行政治协商、民主监督、参政议政的职能，充分运用这一政治组织和民主形式为实现党的总目标总任务服务。重视发挥政府参事在参政议政、建言献策、咨询国是中的作用。

（十）为促进社会主义文化建设服务。文化是民族传承、国家统一和社会发展的精神动力，是综合国力的重要因素。要充分发挥广大统一战线成员在教育、文化、卫生、体育、新闻、出版等领域中的作用，继承和发扬中华民族优秀文化传统，吸收和借鉴世界各民族文化的有益成果，发展社会主义先进文化。加强民族地区文化设施建设，支持和保护少数民族优秀文化的传承、发展、创新，鼓励各民族加强文化交流，发展多元一体、丰富多彩的中华民族文化。引导宗教界挖掘和弘扬宗教文化中的有益内容，促进宗教与社会主义社会相适应。鼓励非公有制经济人士加强企业文化建设，积极参与公益事业，义利兼顾、诚信守法，形成与社会主义市场经济相适应的价值观念和行为准则。支持民主党派和有关人民团体及专家学者积极参与国际民间文化交流，大力推进海外中文教育，推动中华文化的传播。支持文史研究馆馆员在社会主义文化建设中发挥作用。

（十一）为促进社会主义和谐社会建设服务。统一战线的团结是全社会和谐的重要基础。积极参与协调重大的政治关系和社会关系是统一战线在构建和谐社会中的优势所在。要正确认识和处理中国共产党和民主党派的关系，加强中国共产党领导的多党合作和政治协商制度建设，把加强党的领导和发扬社会主义民主有机结合起来，始终保持宽松稳定、团结和谐的政治环境，巩固中国共产党领导的多党合作的政治格局。正确认识和处理各民族特别是汉族和少数民族的关系，牢固树立汉族离不开少数民族、少数民族离不开汉族、各少数民族之间也相互离不开的思想，实现各民族共同团结奋斗、共同繁荣发展，不断巩固和发展平等、团结、互助、和谐的社会主义民族关系。正确认识和处理信教群众和不信教群众、信仰不同宗教群众之间的关系，坚持政治上团结合作、信仰上互相尊重，巩固和发展党同宗教界的爱国统一战线，团结和引导广大宗教界人士和信教群众共同致力于中国特色社会主义建设事业。正确认识和处理社会各阶层的关系,激发创造活力,注重公平正义,鼓励先富帮助后富,形成社会各阶层各尽其能、各得其所而又互相关爱、和谐相处的局面。正确认识和处理大陆同胞和港澳同胞、台湾同胞、海外侨胞的关系,在爱国主义旗帜下加强海内外中华儿女的大团结。要准确把握统一战线成员的思想状况,有针对性地加强教育引导,沟通思想,理顺情绪,化解矛盾,促进和谐。

(十二)为保持香港、澳门长期繁荣稳定和实现祖国完全统一服务。保持香港、澳门长期繁荣稳定是新形势下我们党治国理政的崭新课题,实现祖国完全统一是中华民族的核心利益。全面贯彻"一国两制"方针和香港特别行政区基本法、澳门特别行政区基本法,充分发挥统一战线的作用,不断发展壮大具有广泛包容性的爱国爱港、爱国爱澳力量,推进以爱国者为主体的"港人治港"、"澳人治澳";充分发挥港澳地区全国人大代表、各级政协委员及各方面代表人士和爱国团体的作用,支持特别行政区行政长官和政府依法施政,根据实际情况循序渐进地推进香港、澳门政治体制发展,促进香港、澳门长期繁荣稳定;重视和支持香港、澳门发展经济、改善民生,加强内地与港澳在经贸、科教、文化、卫生、体育等领域的交流合作,加强同港澳社会各界特别是专业界人士和年轻一代的交流交往,增强港澳同胞的国家观念和民族意识。继续贯彻"和平统一、一国两制"的基本方针和现阶段发展两岸关系、推进祖国和平统一进程的八项主张,以及新形势下发展两岸关系的四点意见,贯彻实施反分裂国家法,反对和遏制"台独"分裂势力及其活动,推动两岸关系朝着和平稳定的方向发展;发挥各民主党派和无党派人士、工会、妇联、青联、工商联、台联、统促会等有关团体的作用,促进两岸民间交流和往来,加强与反对"台独"、主张发展两岸关系的台湾各党派、团体和各界人士的交流,努力做好争取台湾民心的工作。以凝聚侨心、汇集侨智、发挥侨力为目标,坚持把维护海外侨胞和归侨侨眷的根本利益作为侨务工作的出发点和落脚点,鼓励和支持他们关心和参与祖国现代化建设,为引进资金、技术、人才牵线搭桥,为我国企业开拓国际市场献计出力;鼓励和支持他们传承和传播中华民族的优秀文化,增强中华文化在世界上的影响力;引导华侨华人社团加强团结合作,推动全球"反独促统"运动,形成全体中华儿女共同致力于祖国统一和民族振兴的局面;鼓励和支持他们发挥桥梁和纽带作用,为增进中国人民和各国人民的友谊、促进和谐世界建设作出贡献。加强与华侨华人特别是华裔新生代代表人士的联系交流。

三、认真贯彻统一战线若干重要领域的方针政策

(十三)坚持和完善中国共产党领导的多党合作和政治协商制度。这是坚持走中国特色社会主义政治发展道路的必然要求。要认真贯彻落实《中共中央关于进一步加强中国共产党领导的多党合作和政治协商制度建设的意见》、《中共中央关于加强人民政协工作的意见》精神，坚持长期共存、互相监督、肝胆相照、荣辱与共的方针，不断推进多党合作和政治协商的制度化、规范化、程序化。坚持协商于决策之前和决策执行过程之中的原则，广泛听取和吸纳党外人士的意见建议，不断推进科学决策和民主决策。拓宽民主党派和无党派人士参政议政渠道，支持他们围绕改革发展稳定大局献计出力，充分发挥他们参政议政的作用。民主监督是我国社会主义监督体系的重要组成部分，具有独特的优势和作用。中国共产党和各民主党派实行互相监督，主要是民主党派监督共产党。各级党委要健全监督制度，完善监督机制，自觉接受民主党派和无党派人士的民主监督，切实保障党外人士履行民主监督的职责，鼓励他们畅所欲言，敢于坚持正确意见。各级纪委和监察部门要定期向民主党派和无党派人士通报党风廉政建设和反腐败工作情况并听取意见，邀请他们参加党风廉政建设有关专项检查工作。政府有关部门和司法机关，凡是有条件的，都可在党外人士中开展聘请特约人员工作，充分发挥各类特约人员在民主监督中的作用。支持民主党派根据各自章程规定的参政党建设目标和原则，全面加强参政党建设，推动执政党建设和参政党建设互相促进。

（十四）坚持和完善民族区域自治制度，全面贯彻党的民族政策。民族问题涉及民族团结、国家统一、领土完整，始终是关系党和国家前途命运的重大问题。要认真贯彻《中共中央、国务院关于进一步加强民族工作加快少数民族和民族地区经济社会发展的决定》精神，牢牢把握各民族共同团结奋斗、共同繁荣发展的主题，正确认识和处理民族问题。坚持和完善民族区域自治制度这项基本政治制度，全面贯彻落实民族区域自治法，加强相关配套法规建设，逐步建立比较完备的具有中国特色民族法律法规体系，切实保障少数民族和自治地方各项合法权利；以提高素质、改善结构为重点，加强少数民族干部队伍建设，重视培养选拔少数民族中高级领导干部。努力缩小民族地区与发达地区以及民族地区内部的差距，把加快少数民族和民族地区发展摆到更加突出的战略位置，按照“五个统筹”的要求，坚持国家帮助、发达地区支援与民族地区自力更生相结合，积极帮助民族地区培养更多经济社会发展急需的企业经营管理人才、专业技术人才和技能人才，大力推进少数民族和民族地区经济和各项社会事业、资源环境协调发展，切实解决影响群众生产生活的实际问题。大力扶持特困少数民族、人口较少民族、边疆少数民族加快发展步伐。正确处理社会主义市场经济条件下影响民族团结的矛盾和问题，切实加强城市和散居地区的民族工作，依法保障少数民族群众的正当权益，防范和打击民族分裂势力、宗教极端势力、暴力恐怖势力,坚决维护民族团结和祖国统一。

(十五)全面贯彻党的宗教工作基本方针。正确处理扩大开放条件下的宗教问题,是维护社会团结稳定、构建社会主义和谐社会的重要方面。坚持和发展马克思主义宗教观,立足我国社会主义初级阶段的基本国情,以科学的、历史的观点看待宗教,充分认识宗教存在的长期性、宗教问题的群众性和特殊复杂性,既不能用行政手段压制宗教,也不能放弃对宗教事务的管理。全面贯彻党的宗教信仰自由政策,既尊重群众信仰宗教的自由,又尊重群众不信仰宗教的自由。依法管理宗教事务,保护合法,制止非法,抵御渗透,打击犯罪,确保宗教活动规范有序进行。坚持独立自主自办原则,切实加强爱国宗教团体和宗教教职人员队伍建设,增强自养能力,形成一支政治上靠得住、学识上有造诣、品德上能服众的宗教教职人员队伍,保证宗教组织领导权牢牢掌握在爱国爱教人士手中。积极引导宗教与社会主义社会相适应,鼓励和支持宗教界发扬爱国爱教、团结进步、服务社会的优良传统,对宗教教义作出符合社会进步要求的阐释。当前,要切实加强抵御境外利用宗教进行渗透的工作,把抵御渗透同加强爱国主义、社会主义教育相结合,同解决信教群众实际困难相结合,同加强党的基层组织和基层政权建设相结合,形成宗教界、信教群众与党和政府共同抵御渗透的局面。把境外利用宗教进行渗透和宗教界正常对外交往区别开来,鼓励和支持我国宗教界在独立自主、平等友好、互相尊重的基础上开展对外交往和对外宣传。着力解决各宗教中存在的重点、难点问题。努力解决部分地区宗教活动混乱、不正常发展、乱建寺观教堂、滥塑露天宗教造像等问题,坚决制止宗教干预行政、司法和教育等现象,有效防范和及时处置涉及宗教因素的突发性事件。

(十六)全面贯彻尊重劳动、尊重知识、尊重人才、尊重创造的方针。党外知识分子是统一战线党外代表人士的源头,是我国人才队伍的重要组成部分,是建设创新型国家的重要力量。要尊重党外知识分子的劳动和创造,发挥他们的聪明才智,鼓励他们把实现个人价值与建设创新型国家结合起来。按照培养、吸引、用好人才的要求,积极为党外知识分子从事教育、科研等工作创造条件,帮助他们解决实际困难和问题。努力掌握新形势下党外知识分子工作的特点和规律,积极探索和建立必要的载体和渠道,有针对性地加强教育引导。做好留学人员统战工作,注重发挥欧美同学会(中国留学人员联谊会)等组织的作用,支持出国和归国留学人员通过多种形式报效祖国。在加强党外知识分子工作中,统战部门要加强同组织、宣传、教育、科技、民政、人事等部门的协作,并注意发挥各民主党派和有关人民团体的作用。

四、切实做好新的社会阶层人士统战工作

（十七）团结新的社会阶层人士是统一战线的重要任务。改革开放以来出现的民营科技企业的创业人员和技术人员、受聘于外资企业的管理技术人员、个体户、私营企业主、中介组织的从业人员、自由职业人员等新的社会阶层，主要由非公有制经济人士和自由择业知识分子组成，集中分布在新经济组织、新社会组织中，呈现出快速发展的态势。他们作为中国特色社会主义事业的建设者，是完善社会主义市场经济体制和推动经济社会发展的一支新兴力量，在促进共同富裕、构建社会主义和谐社会、全面建设小康社会中发挥着重要作用。广泛团结新的社会阶层人士，是巩固党的阶级基础、扩大党的群众基础的需要，是巩固和发展新世纪新阶段统一战线的需要，是推动中国特色社会主义伟大事业的需要。新的社会阶层人士是统一战线工作新的着力点，要最大限度地把他们团结在党的周围，充分发挥他们的作用，不断为实现中华民族的伟大复兴凝聚新力量。

（十八）新的社会阶层人士统战工作的方针和内容。坚持充分尊重、广泛联系、加强团结、热情帮助、积极引导的方针。要密切与新的社会阶层人士的联系，了解和掌握新的社会阶层的发展变化，畅通反映意见建议的渠道，维护合法权益，鼓励和帮助他们发展事业，表彰宣传他们中的先进典型。要加强思想政治工作，引导他们爱国、敬业、诚信、守法、贡献，致富思源、富而思进，自觉接受党的领导，自觉履行义利兼顾、扶贫济困的社会责任，做合格的中国特色社会主义事业的建设者。加强新经济组织、新社会组织中党的建设，引导新的社会阶层人士支持在新经济组织、新社会组织中建立党的组织，开展党的活动，积极为党组织的活动提供必要条件。

（十九）探索做好新的社会阶层人士统战工作的机制和方法。要在党委统一领导下，建立由统战部门牵头、党政有关部门参加、社会有关团体参与的联席会议制度，形成开展新的社会阶层人士统战工作的合力。要以社团为纽带，建立健全工作机制，发挥社会团体在开展新的社会阶层人士统战工作中的作用；以社区为依托，把新的社会阶层人士统战工作纳入街道、社区党组织工作范围，认真贯彻落实统一战线方针政策；以网络为媒介，注意运用互联网等现代科技手段，掌握情况、宣传政策、开展工作；以活动为抓手，组织新的社会阶层人士参与考察调研、扶贫济困、专业咨询等，寓统战工作于各类活动之中。

（二十）建设一支高素质的新的社会阶层代表人士队伍。把新的社会阶层代表人士的培养选拔纳入党外代表人士队伍建设的总体规划，按照有较高政治素质、有较大社会贡献、有较强参政议政能力、在所联系阶层中有较大影响的标

准,建立和完善评价体系,有重点地培养选拔,逐步建立一支代表人士队伍。注重发挥新的社会阶层人士中党员的作用。新的社会阶层中的优秀分子可以加入中国共产党。适当增加新的社会阶层代表人士在各级人大代表、政协委员中的数量,做好向有关人民团体推荐提名工作。新的社会阶层人士比较集中的行业协会,可推荐适当数量的党外人士担任领导职务。

(二十一)重视发挥工商联在促进非公有制经济人士健康成长和促进非公有制经济健康发展中的作用。工商联是党领导的以非公有制企业和非公有制经济人士为主体的具有统战性、经济性、民间性的人民团体和商会组织,是党和政府联系非公有制经济人士的桥梁纽带,是政府管理非公有制经济的助手。充分发挥工商联在非公有制经济人士参与政治和社会事务中的主渠道作用,就有关问题听取非公有制经济人士的意见和建议。充分发挥工商联在非公有制经济人士思想政治工作中的重要作用,引导非公有制经济人士健康成长。充分发挥工商联在政府管理非公有制经济方面的助手作用,健全和完善工商联民间商会职能,政府及有关部门在制定非公有制经济有关政策和在协调非公有制经济有关工作时,要吸收工商联参加。在建立新型劳动关系的过程中,工商联既要维护非公有制经济人士的合法权益,又要与工会等人民团体密切配合,维护职工的具体利益。工商联要努力加强自身建设,体现特色,增强吸引力,提高履行职责和发挥作用的能力。统战部要切实加强对工商联党组的领导,充分发挥工商联党组在工商联中的领导核心作用。

五、加强党外代表人士队伍建设

(二十二)党外代表人士队伍建设工作的原则、要求和重点。当前,改革开放以后成长起来的新一代党外人士已经成为统一战线的主体。建设一支素质优良、结构合理、数量充足的党外代表人士及其后备队伍,直接关系到党与党外人士合作的水平,关系到中国共产党领导的多党合作和政治协商制度的坚持和完善,关系到统一战线的持续发展。党外代表人士队伍建设的工作原则是:坚持党管干部、党管人才,坚持进步性和代表性相统一,坚持政治教育和实践锻炼相结合,坚持统筹兼顾、全面安排,坚持发扬民主、沟通协商。党外代表人士队伍建设的总体要求是:解放思想、拓宽视野,抓住源头、打好基础,完善机制、推进选拔,努力造就一支能自觉接受中国共产党领导,坚定不移地走中国特色社会主义道路,具有广泛代表性和较强参政议政能力、与党长期亲密合作、德才兼备的党外代表人士队伍。党外代表人士队伍建设的重点是:各民主党派和工商联各级组织负责人,各级人大代表、政协委员和有关社会团体领导班子中的党外人士,无党派和民族宗教界代表人士。加大在政府及其工作部门和司法机关担任领导职务的党外干部的培养选拔力度，加大高等学校、科研院所、国有大中型企业以及人民团体领导班子中的党外干部的培养选拔力度。加强对爱国宗教团体负责人和教职人员的培养培训。努力建设一支爱国爱港、爱国爱澳代表人士队伍。

（二十三）努力提高党外代表人士的综合素质。把思想政治建设作为首要任务，以邓小平理论和"三个代表"重要思想为指导，全面贯彻落实科学发展观，加强理论培训和政治引导，巩固党外代表人士同中国共产党长期合作的思想政治基础，提高党外代表人士的政治把握能力。通过在人大、政府、政协、司法机关以及有关人民团体任职和多岗位交流等形式加强实践锻炼，提高他们的组织协调能力。组织党外代表人士深入基层、深入实际、深入群众，了解社情民意，积极建言献策，提高参政议政能力。引导党外人士自觉接受党的领导，切实履行岗位职责，支持他们更好地发挥作用，提高合作共事能力。引导他们牢固树立社会主义荣辱观，加强道德品质修养。充分发挥党校、行政学院和社会主义学院在培训党外人士中的作用。社会主义学院要加强自身建设，不断创新培训内容，改进培训方式，提高培训质量。

（二十四）加强党外代表人士后备队伍建设。按照干部队伍建设的基本要求和党外人才成长规律，把党外代表人士后备队伍建设工作纳入人才和干部队伍建设的总体规划。健全党外代表人士后备队伍培养选拔制度，形成科学合理的后备队伍结构，要拓宽视野，坚持标准，重点培养，梯次配备，促进党外代表人士队伍建设工作与干部人事制度改革相适应，完善后备人才培养与使用相结合的机制。积极稳妥地开展公开选拔党外领导干部工作。

（二十五）完善党外代表人士培养选拔任用工作机制。通过建立健全党外干部的培养选拔任用机制和监督管理机制，不断推进党外代表人士的新老交替和政治交接。认真贯彻执行中央关于党外人士在各级人大、政协中占有比例和数量的规定，积极选拔优秀党外人士在政府和司法机关担任领导职务，并切实保证他们有职有权有责，为他们健康成长、发挥作用创造条件。统战部要会商有关部门，负责人大代表和人大常委会委员中的党外候选人的推荐提名工作；加强与组织部门的沟通联系，认真做好党外干部的发现、推荐、培养，并协助组织部门做好考察等工作。在党委决定对党外干部任免、调动、交流前，组织部门要征求统战部门的意见。统战部、组织部要按照中央有关规定和程序，在充分协商的基础上做好各级政协常委、委员的推荐提名工作。统战部要对政府参事、文史研究馆馆员的遴选聘任工作加强指导。完善党委及其部门负责人与党外代表人士联系交友制度，建立党外代表人士举荐和考察责任制。

六、加强和改善党对统一战线工作的领导

(二十六)各级党委要高度重视和切实抓好统一战线工作。统战工作是全党的工作。各级党委要把统一战线工作作为事关党和国家全局的重要工作,摆上重要议事日程,着力研究解决重大问题,为统一战线工作创造良好条件。把统战工作纳入党政领导班子工作的考核内容,作为选拔任用领导干部的重要依据。把统战工作纳入宣传、新闻工作计划,通过包括互联网在内的各种媒体积极宣传统一战线理论和方针政策,扩大统一战线的社会影响。加大对党外代表人士的宣传力度,有民主党派职务或身份的在新闻报道中应按规定注明。把统一战线理论政策作为各级党校、行政学院、干部学院的重要教学内容,作为培训党政干部的必修课程。把多党合作、人民政协、"一国两制"、民族、宗教理论政策等统一战线知识列入国民教育内容。把统一战线理论研究纳入马克思主义理论研究和建设工程。各级党政主要领导要带头学习宣传统一战线知识,带头贯彻落实统一战线政策,带头参加统一战线重要活动,带头广交深交党外朋友。建立健全联系党外人士制度,每个党政领导干部都要联系若干名党外代表人士。按照中央的要求配备好省及省以下党委统战部部长。未由党委常委担任的统战部部长,要担任同级政协副主席,并列席有关党委常委会议。各级党委统战部部长原则上要能任满一届,任免前要征求上一级统战部门的意见。

(二十七)充分发挥统战部门的职能作用。统战部是党委主管统战工作的职能部门。各省(区、市)、地(市、州、盟)、县(市、区、旗)要按照党总揽全局、协调各方和精干、统一、高效的原则,结合各自特点,在统战工作方针政策的贯彻落实、重大问题的协调处理和相关干部的管理等方面,建立健全党委统一领导、统战部牵头协调、各有关部门和人民团体各负其责的体制。各级统战部要切实担负起牵头协调和监督检查本地区统战工作的职责,加强对民族、宗教等工作部门的沟通、联系、指导,积极支持政府有关部门依法行政。各有关部门和人民团体要增强统一战线意识,加强同统战部门的沟通和配合,善于在工作中体现统一战线的方法和要求。要着眼增强中华民族凝聚力,在统一战线中深入开展"凝聚力工程"活动。统战系统各单位要各司其职,相互配合,共同做好工作。

(二十八)切实照顾同盟者利益。照顾同盟者利益是巩固和壮大统一战线的重要原则,也是坚持以人为本、实现党的领导的重要条件。在当前社会利益结构不断调整的情况下,照顾统一战线成员利益更为重要。要努力畅通统一战线成员反映意见和要求的渠道,建立健全照顾同盟者利益的机制。对符合条件的党外人士要进行适当安排,享受相应待遇。在制定有关政策时要认真听取统一战线成员的意见建议,维护他们的合法权益。对著名党外人士及其配偶,对

生活确有困难的起义投诚的原国民党军政人员及其眷属、原工商业者及其遗孀、归侨侨眷等统一战线成员，要给予适当照顾。

（二十九）加强基层统战工作。基层统战工作是整个统战工作的组成部分。县级统战工作要以民族、宗教、非公有制经济人士和党外知识分子工作为重点，社区统战工作要以新的社会阶层人士工作为重点，高校、科研院所和国有大中型企业统战工作要以党外知识分子工作为重点。保证基层统战工作必要的经费并列入财政预算。统战工作任务重的乡镇、街道党组织要有统战委员。规模较大、统战工作对象多、任务重的高等学校党委应单独设立统战部，重点科研院所和大型国有企业党委要设置统战工作机构，配备专职统战干部，其他国有企业和事业单位也要有人员负责统战工作。

（三十）加强统战部门和统战干部队伍建设。各级党委要按照政治素质高、工作能力强、具有民主作风、善于处理复杂问题的要求，配强配好统战部门领导班子。加大统战部门干部与其他部门干部交流的力度，有计划地选派优秀干部到基层挂职或任职。各级统战部门要加强统战干部的思想政治教育和业务素质培训，全面提高统战干部履行职责的能力，继承和发扬统一战线工作的优良传统，努力建设一支勤奋学习、作风民主、求真务实、廉洁自律、团结奉献、开拓创新的统战干部队伍。

各地区各部门要按照本意见精神，结合实际，制定贯彻执行的具体措施。

党的组织

中共中央办公厅、国务院办公厅关于在国有企业、集体企业及其控股企业深入实行厂务公开制度的通知

(2002年6月3日)

党的十五大以来,不少地方和企业在推行厂务公开方面积极实践,取得了明显成效和成功经验。为了更好地扩大基层民主、保证人民群众直接行使民主权利,实践江泽民同志"三个代表"重要思想,落实全心全意依靠工人阶级的指导方针,巩固、深化和规范厂务公开工作,促进企业的改革、发展和稳定,经党中央、国务院领导同志同意,现就在全国国有企业、集体企业及其控股企业深入实行厂务公开制度的有关问题通知如下:

一、厂务公开的重要意义、指导原则和总体要求

广大职工依照有关法律和规定参与企业的民主决策、民主管理、民主监督,是我国企业管理的重要特色和优势。党的十五大特别是十五届四中全会以来,一批企业通过实行厂务公开,加强了企业的管理和改革,完善了职工代表大会制度,促进了基层民主政治建设,提高了企业经济效益。实践证明,实行厂务公开是实践"三个代表"重要思想的具体体现,是进一步落实党的全心全意依靠工人阶级指导方针的有效途径;是加强企业管理,建立现代企业制度,依靠职工办好企业的内在要求;是搞好群众监督,促进党风廉政建设,加强企业党组织建设、领导班子建设的有力手段。实行厂务公开,对于推进基层民主政治建设,保障和落实职工当家作主的民主权利;维护职工合法权益,建立企业稳定协调的劳动关系;密切党与企业职工群众的关系,巩固党的阶级基础和执政地位;保护、调动和发挥广大职工的主人翁积极性,增强其责任感,促进企业的改革、发展和稳定,具有重要的意义和作用。

实行厂务公开的指导原则是:

——必须坚持以邓小平理论为指导,按照"三个代表"的要求,认真贯彻党

的十五大和十五届四中、五中、六中全会精神，坚定不移地贯彻落实党的全心全意依靠工人阶级的指导方针。

——必须遵循国家法律、法规和党的方针政策，实事求是、注重实效、有利于改革发展稳定和保护商业秘密。

——必须坚持党委统一领导，党政共同负责，有关方面齐抓共管，动员职工广泛参与。

——必须与企业党的建设、领导班子建设、职工队伍建设结合起来，与建立现代企业制度结合起来。

实行厂务公开的总体要求是：

1. 国有企业、集体企业及其控股的企业都要实行厂务公开。目前还没有实行的单位应尽快实行；已经实行的，要进一步深化，逐步使其内容、程序、形式规范化、制度化。特别是生产经营困难的企业更应当实行厂务公开，动员和依靠职工群众与经营者共同把企业搞好。

2. 在厂务公开工作中，要切实做好企业领导人员和职工的思想工作。企业领导人员要提高认识，自觉地把厂务公开摆到重要工作位置，纳入现代企业管理的体制、机制和制度之中。要鼓励职工积极参与厂务公开活动，支持和监督企业经营者依法行使职权，认真行使当家作主的民主权利。要加强对职工代表的培训，不断提高他们参与民主决策、民主管理和民主监督的意识和能力。

3. 在厂务公开工作中，必须坚决防止和克服形式主义，保证公开的真实性，务求工作实效。要切实做到企业重大决策必须通过厂务公开听取职工意见，并提交职代会审议，未经职代会审议的不应实施；涉及职工切身利益的重大事项，更应向职工公开，职代会按照法律法规规定具有决定权和否决权，既未公开又未经职代会通过的有关决定视为无效；在国有和国有控股企业，经职代会民主评议和民主测评，大多数职工不拥护的企业领导人员，其上级管理部门应采取相应的组织措施；企业领导人员违反职代会决议和厂务公开的有关规定，导致矛盾激化，影响企业和社会稳定的，要实行责任追究。

二、厂务公开的主要内容

1. 企业重大决策问题。主要包括企业中长期发展规划，投资和生产经营重大决策方案，企业改革、改制方案，兼并、破产方案，重大技术改造方案，职工裁员、分流、安置方案等重大事项。

2. 企业生产经营管理方面的重要问题。主要包括年度生产经营目标及完成情况，财务预决算，企业担保，大额资金使用，工程建设项目的招投标，大宗物资采购供应，产品销售和盈亏情况，承包租赁合同执行情况，企业内部经济责任制落实情况,重要规章制度的制定等。

3. 涉及职工切身利益方面的问题。主要包括劳动法律法规的执行情况,集体合同、劳动合同的签订和履行,职工提薪晋级、工资奖金分配、奖罚与福利,职工养老、医疗、工伤、失业、生育等社会保障基金缴纳情况,职工招聘,专业技术职称的评聘,评优选先的条件、数量和结果,职工购房、售房的政策和住房公积金管理以及企业公积金和公益金的使用方案,安全生产和劳动保护措施,职工培训计划等。

4. 与企业领导班子建设和党风廉政建设密切相关的问题。主要包括民主评议企业领导人员情况,企业中层领导人员、重要岗位人员的选聘和任用情况,干部廉洁自律规定执行情况,企业业务招待费使用情况,企业领导人员工资(年薪)、奖金、兼职、补贴、住房、用车、通讯工具使用情况,以及出国出境费用支出情况等。

厂务公开的内容应根据企业的实际情况有所侧重。既要公开有关政策依据和本单位的有关规定,又要公开具体内容、标准和承办部门;既要公开办事结果,又要公开办事程序;既要公开职工的意见和建议,又要公开职工意见和建议的处理情况,使厂务公开始终在职工的广泛参与和监督下进行。要密切结合企业改革和发展的实际,及时引导厂务公开不断向企业生产经营管理的深度和广度延伸,推动企业不断健全和完善管理制度、党风廉政建设制度和职工民主管理制度。

三、厂务公开的实现形式

厂务公开的主要载体是职工代表大会。要按照有关规定,认真落实职代会的各项职权。要通过实行厂务公开,进一步完善职代会民主评议企业领导人员制度,坚持集体合同草案提交职代会讨论通过,企业业务招待费使用情况、企业领导人员廉洁自律情况、集体合同履行情况等企业重要事项向职代会报告制度,国有及国有控股的公司制企业由职代会选举职工董事、职工监事制度等,不断充实和丰富职代会的内容,提高职代会的质量和实效,落实好职工群众的知情权、审议权、通过权、决定权和评议监督权,建立符合现代企业制度要求的民主管理制度。

在职代会闭会期间,要发挥职工代表团(组)长联席会议的作用。车间、班组的内部事务也要实行公开。应依照厂务公开的规定,制定车间、班组内部事务公开的实施办法。

厂务公开的日常形式还应包括厂务公开栏、厂情发布会、党政工联席会和企业内部信息网络、广播、电视、厂报、墙报等,并可根据实际情况不断创新。同时，在公开后应注意通过意见箱、接待日、职工座谈会、举报电话等形式，了解职工的反映，不断改进工作。

四、厂务公开的组织领导

各级党委、政府及有关部门和工会组织，要充分认识实行厂务公开的重要意义，切实把这项工作摆上重要议事日程，明确目标，落实责任，有组织、有计划、有步骤地推动厂务公开工作深入健康发展。各级纪检监察机关要加强对推行厂务公开工作的监督检查，对在厂务公开中暴露出来的违法违纪问题要严肃查处。各级党委组织部门要把推行厂务公开作为企业党建工作的重要内容，将实施情况作为考核企业领导班子和领导人员的重要依据，并与奖惩任免挂钩。各级经贸委要把推行厂务公开与加强企业管理和建立现代企业制度有机结合起来，切实加以推进。各级地方工会要积极主动地承担起推行厂务公开的日常工作，并以此促进企业民主管理和工会工作。

企业实行厂务公开要在企业党委领导下进行。企业行政是实行厂务公开的主体。企业要建立由党委、行政、纪委、工会负责人组成的厂务公开领导小组，负责制定厂务公开的实施意见，审定重大公开事项，指导协调有关部门研究解决实施中的问题，做好督导考核工作，建立责任制和责任追究制度。企业工会是厂务公开领导小组的工作机构，负责日常工作。

企业应成立由纪检、工会有关人员和职工代表组成的监督小组，负责监督检查厂务公开内容是否真实、全面，公开是否及时，程序是否符合规定，职工反映的意见是否得到落实，并组织职工对厂务公开工作进行评议和监督。要制定厂务公开的监督检查办法，形成制约和激励机制。

国有、集体及其控股企业以外的其他企业，可依照法律规定，采取与本单位相适应的形式实行厂务公开，推进民主管理工作。

本通知原则上适用于教育、科技、文化、卫生、体育等事业单位。

各地区、各单位要根据本通知的要求，结合各自的实际情况，制定具体的实施意见和办法。

中共中央办公厅、国务院办公厅关于进一步做好村民委员会换届选举工作的通知

（2002年7月14日）

村民委员会制度是社会主义民主在农村最广泛的实践形式之一，村民委员会换届选举是其中的一个重要环节。近年来，各地深入贯彻党的十五届三中全会精神和《中华人民共和国村民委员会组织法》（以下简称村民委员会组织法），认真组织开展村民委员会换届选举工作，选举制度日益完善，选举活动不断规范，农民群众的民主法制意识显著增强，有中国特色的社会主义民主政治建设得到较大发展，为维护改革发展稳定大局做出了贡献。2002年，全国农村许多地方正在或将要进行新一轮村民委员会换届选举，从目前情况看，选举工作总体上是健康有序的，但也有一些地方程度不同地存在着思想认识不足、依法办事不力、发扬民主不够等问题，个别地方甚至引发了群体性事件，影响了农村社会稳定。为进一步做好当前和今后一段时间的村民委员会换届选举工作，依法维护农民群众的民主权利，为党的十六大召开创造良好的环境，经党中央、国务院同意，现就有关事项通知如下：

一、按照“三个代表”要求，切实提高对村民委员会换届选举重要性的认识

搞好村民委员会换届选举，实行村民自治，扩大农村基层民主，是党领导亿万农民建设有中国特色社会主义民主政治的伟大创造，是贯彻落实江泽民同志“三个代表”重要思想的体现。做好这项工作，有利于把村民公认的、真心实意为群众服务的人选进村民委员会；有利于调动广大农民群众当家作主的积极性、主动性，增强自主意识、竞争意识、民主法制意识，促进农村先进文化的发展；有利于坚持党的全心全意为人民服务的根本宗旨，密切党同农民群众的血肉联系，巩固党在农村的执政基础，更好地实现最广大人民群众的根本利益。

各地区、各有关部门要从战略和全局的高度，按照“三个代表”重要思想的要求，进一步提高对做好村民委员会换届选举工作重要性的认识，认真贯彻执行村民委员会组织法，研究解决选举工作中存在的问题，把村民委员会换届选举这一关系亿万农民群众切身利益的大事办好。

二、着眼于增强农村干部群众的民主法制观念，扎实有效地做好宣传教育工作

地方各级党委和政府、各有关部门要按照中共中央、国务院转发的《中央宣传部、司法部关于在公民中开展法制宣传教育的第四个五年规划》的要求，广泛深入地宣传与村民委员会选举有关的法律法规、方针政策、程序步骤，做到经常性宣传和阶段性宣传相结合，正面宣传和典型教育相结合，一般性宣传和疑难问题解答相结合，不断增强干部群众的法制观念，把干部群众的思想认识真正统一到村民委员会组织法上来，统一到党的方针政策上来，保证村民委员会选举沿着健康有序的轨道进行。

要增强宣传教育工作的科学性和时效性。在选举前，当地党委、政府要组织宣传、民政、司法行政等部门认真制定宣传教育工作方案，大力宣传有关法律法规和政策，使农村干部群众了解村民委员会换届选举的重要性，熟悉选举工作的原则、方法和步骤；在选举期间，要重点宣传村民选举委员会成员推选程序、村民委员会成员候选人条件、提名方式、正式候选人确定办法以及具体投票程序；在选举后，要做好落选人员的思想工作，教育当选人树立正确的权力观，教育、引导村民特别是党员积极支持、配合村民委员会开展工作。

要增强宣传教育工作的多样性和针对性。对农村基层干部，要采取分级分批培训等方式，消除其模糊认识，增强认真贯彻村民委员会组织法等有关法律法规的自觉性，提高组织指导换届选举工作的能力和水平。对农民群众，可利用广播、电视、报刊、宣传手册、宣传画、黑板报、村务公开栏等进行宣传，帮助他们消除家族、宗族、派别等的不良影响，熟悉选举的程序和要求，掌握必要的投票方法，按照自己的真实意愿投票，真正把那些公道正派，能依法办事，带头实干，热心为群众服务的人选进村民委员会。

三、充分尊重农民群众的意愿，保证村民委员会直接选举制度落到实处

由村民直接选举村民委员会，是法律赋予村民的一项基本民主权利，是基层民主的重要体现。搞好村民委员会换届选举，必须充分发扬民主，切实保障广大村民在选举各环节中的权利，使村民委员会选举真正体现农民群众的意愿。

在村民委员会选举中，要特别注意做好以下关键环节的工作：一是要做到由村民会议或各村民小组民主推选产生村民选举委员会，保证村民的推选权。村党支部领导班子成员按照规定的推选程序担任村民选举委员会成员，不能硬性规定或由组织指定、委派。村民选举委员会成员被依法确定为村民委员会成员候选人的，即失去其在村民选举委员会中的任职资格，村民选举委员会所缺名额从上次推选结果中依次递补。二是要做好选民登记工作,不能错登、重登、漏登,保证村民的选举权。要认真研究城镇化、户籍制度改革、人口流动等给选民登记工作带来的新情况、新问题,保证广大村民群众都能依法行使自己的选举权利。有选举权和被选举权的村民名单,应当在选举日的20日以前张榜公布,接受群众的监督。三是要做到由村民直接提名确定村民委员会成员候选人,不能用组织提名代替村民提名,保证村民的直接提名权。正式候选人的名额应多于应选名额,并通过预选或按村民提名得票数多少确定,不能由少数人甚至个别人说了算。在提名候选人时,各地要做好引导工作,真正把思想好、作风正、有文化、有本领,真心实意为群众办事,受到群众拥护的人提名为候选人。候选人确定后必须张榜公布。有条件的地方,村民选举委员会应组织正式候选人与村民见面,介绍治村设想,回答村民提出的问题。四是要做好选举日的投票工作,保证村民的投票权。要坚持"选举村民委员会,有选举权的村民的过半数投票,选举有效;候选人获得参加投票的村民的过半数的选票,始得当选"的原则,积极动员、组织群众亲自投票。选举时,要设立秘密写票处,实行无记名投票、公开计票,选举结果应当场公布。要严格控制流动票箱的使用,依法办理委托投票手续。五是要完善罢免程序,保证村民的罢免权。对不称职的村民委员会成员,要按照法律法规的规定,依法进行罢免,任何组织或者个人不得直接撤换村民委员会成员,不得以"停职诫勉"、"离岗教育"等方式变相撤换村委会成员。

四、严格依法办事,坚决纠正和查处村民委员会选举中的违法行为

村民委员会组织法和各地颁布的地方性法规是开展村民委员会换届选举工作的基本依据,各地要严格遵守,做到法定的程序不能变,规定的步骤不能少,不能怕麻烦、图省事,更不能走过场。在村民委员会选举中,任何组织或个人都必须依法办事。各地制定的有关村民委员会换届选举工作的方案、意见、规则等,凡与村民委员会组织法和有关地方性法规不一致的,必须尽快修改或废止,以维护社会主义法制的统一。

要坚决依法查处侵犯村民民主权利的违法行为。未经县(市、区)委批准,无故不组织或拖延村民委员会换届选举的,要追究乡(镇)党委、政府和村党支部、村委会主要负责人的责任。对在推选村民选举委员会成员、提名确定村民委员会成员候选人、组织投票选举、罢免村民委员会成员过程中,有违法行为的单位或个人,当地党委、政府要及时责令改正,并对有关责任人给予党纪、政纪处分。对以暴力、威胁、欺骗、贿赂、伪造选票等违法手段破坏选举或者妨碍选民依法行使选举权和被选举权的,以及对控告、检举选举违法行为的人进行压制、迫害的，要根据情节轻重分别给予查处：情节较轻的，由乡（镇）人民政府或县（市、区）民政部门进行批评教育；构成违反治安管理行为的，由公安机关依法处理；构成犯罪的，由司法机关依法追究刑事责任。对假借选举活动，打着宗教旗号从事非法活动、民族分裂活动和刑事犯罪活动的，要坚决依法予以打击。要建立健全重大事件报告制度，及时上报由选举引发的重大事件。

五、从维护农村社会稳定大局出发，认真做好群众来信来访工作

认真做好村民委员会选举方面的群众来信来访工作，是党和政府体察民情、了解民意、改进工作的重要渠道，也是化解农村社会矛盾、保障村民民主权利的重要环节。各地、各有关部门特别是信访、民政、司法行政部门一定要尊重农民群众的申诉权、信访权，高度重视并正确对待群众的来信来访，切实有效地解决农民群众反映的问题，依法维护农民群众的民主权利。

要坚持及时、就地依法解决问题和思想教育疏导相结合的原则。对群众反映属实，确实存在违法、违纪行为的，应及时对有关单位和人员予以查处；对群众反映与实际情况有出入的，要向群众说明情况，澄清事实，消除误解；对群众反映的问题一时解决不了的，要耐心解释，说明原因，争取群众的谅解。对群众来信来访，不能上推下卸，敷衍了事，更不能简单地采取强制措施，人为激化矛盾。

要建立健全来信来访登记和复信回访制度，把来信来访内容摘要登记，并把调查处理结果告知当事人。要建立信访工作责任追究制度，对因处理群众来信来访不及时或敷衍塞责、压制打击造成不良影响的，要通报批评；造成严重后果的，要依法追究有关单位和人员的责任。县（市、区）、乡（镇）党委、政府及有关部门要帮助那些村情复杂、管理薄弱的“难点村”、“重点村”，制定有针对性的选举工作方案，派出得力干部包村入户，帮助化解矛盾，保障选举工作顺利进行。

六、恪守为民之责，切实加强对村民委员会换届选举工作的组织领导

村民委员会换届选举是农村的一项基础性工作，涉及方方面面，必须切实加强领导和指导。

各地在开展换届选举工作时，要层层建立强有力的选举工作领导机构，形成党委领导、人大监督、政府实施、各有关部门密切配合的工作体制和运行机制，并按规定保证换届选举工作的经费。要把村民委员会换届选举与加强党在农村的工作结合起来，通过换届选举，全面推进农村基层组织建设，提高村级干部整体素质，促进农村各项事业发展。

地方各级人大和县级以上地方各级人大常委会在本行政区域内要切实保

证村民委员会组织法的实施,保障村民依法行使选举权利。要认真研究村民委员会选举中出现的带有普遍性的问题,如选民资格、候选人资格、罢免程序等,不断完善有关法规制度。要加强监督检查工作,及时制止和纠正不符合法律、法规规定的做法。

县(市、区)、乡(镇)党委和政府要切实加强领导,建立健全党政领导工作责任制。县(市)党委组织部门对搞好村委会换届选举担负重要责任,要按照县(市)委的统一部署,切实加强指导。尚未开展选举的地方,要精心部署,做好选举前的宣传教育、骨干培训、村级财务清理审计等准备工作,加强对撤并村村民委员会选举工作的指导。已经完成村民委员会换届选举的地方,要认真检查验收,监督新老班子及时进行公章、财务等交接,及时建立人民调解、治安保卫、公共卫生等委员会,保障新班子依法履行职责,巩固选举成果。要注意研究新情况、新问题,制定和完善乡(镇)人民政府指导村民委员会开展工作的具体规则。

党在农村的基层组织要充分发挥领导核心作用。选举前要做好宣传动员工作;选举中要把握正确的方向,充分发挥党员的先锋模范作用,带领广大村民正确行使权利,自觉抵制各种违法行为;选举后主动支持、保障新一届村民委员会依法开展工作。要保证妇女在村民委员会选举中的合法权益,使女性在村民委员会成员中占有适当名额。提倡把村党支部领导班子成员按照规定程序推选为村民委员会成员候选人,通过选举兼任村民委员会成员。提倡党员通过法定程序当选村民小组长、村民代表。提倡拟推荐的村党支部书记人选,先参加村委会的选举,获得群众承认以后,再推荐为党支部书记人选;如果选不上村委会主任,就不再推荐为党支部书记人选。提倡村民委员会中的党员成员通过党内选举,兼任村党支部委员成员。要注重在优秀村民委员会成员和村民小组长、村民代表中吸收发展党员,不断为农村基层党组织注入新生力量。

民政部门是负责村民委员会选举工作的职能部门,要在各级党委、政府的领导下,认真进行调查研究,精心制定工作方案,当好党委、政府的参谋和助手。要配合人大及其有关部门搞好村民委员会换届选举的检查监督工作,保证选举质量。要全面掌握选举动态,及时纠正违法行为。要有计划地培训新一届村民委员会成员,提高他们的整体素质。选举工作结束后,要及时统计、汇总、上报选举结果,建立健全村民委员会选举工作档案,使选举工作逐步走上制度化、规范化的轨道。

中共中央办公厅印发《关于深入开展农村党的建设“三级联创”活动的意见》的通知

（2003 年 9 月 6 日）

《关于深入开展农村党的建设“三级联创”活动的意见》（以下简称《意见》）已经中央领导同志同意，现印发给你们，请结合本地区本部门实际，认真贯彻落实。

农业、农村和农民问题，始终是关系党和国家全局的根本问题。全面建设小康社会，最繁重、最艰巨的任务在农村。农村基层党组织是党在农村全部工作和战斗力的基础。近年来各地开展的“三级联创”活动，取得了明显成效，有力地促进了农村基层组织建设整体水平的提高。实践证明，深入开展“三级联创”活动，是把农村党的建设与农村改革发展稳定紧密结合起来的一种有效形式，是落实党建工作责任制、实现农村基层组织建设整体推进、常抓不懈的一个有效机制，是在农村党的建设中全面贯彻“三个代表”重要思想的一项重要举措。

为使“三级联创”活动更充分地体现“三个代表”重要思想的要求，更紧密地围绕农村全面建设小康社会的目标进行，在总结各地开展“三级联创”活动经验的基础上，《意见》对“三级联创”活动的目标要求作了适当调整，把村党组织、乡镇党委建设的目标要求统一规范为“领导班子好、党员干部队伍好、工作机制好、小康建设业绩好、农民群众反映好”新的“五个好”，将“三级联创”活动规范为创建“五个好”村党组织、“五个好”乡镇党委和农村基层组织建设先进县（市）活动。各地区、各有关部门要充分认识深入开展“三级联创”活动的重要意义，以高度的政治责任感，切实把这项工作抓紧抓好，进一步推动农村基层党组织和广大党员、基层干部积极投身学习贯彻“三个代表”重要思想的新高潮，不断增强农村基层党组织的创造力、凝聚力和战斗力，提高农村党的建设整体水平，为在农村实现全面建设小康社会的目标提供坚强的组织保证。

关于深入开展农村党的建设“三级联创”活动的意见

为了深入贯彻落实党的十六大精神,巩固和发展农村“三个代表”重要思想学习教育活动成果,把“三个代表”重要思想进一步贯彻落实到农村党的建设的经常性工作中去,加强和改进农村党的建设,促进农村改革发展稳定,现就深入开展以创建“五个好”村党组织、“五个好”乡镇党委和农村基层组织建设先进县(市)为内容的农村党的建设“三级联创”活动,提出以下意见。

一、充分认识深入开展“三级联创”活动的重要意义

农业、农村和农民问题,始终是关系党和国家全局的根本问题。全面建设小康社会,最繁重、最艰巨的任务在农村。农村基层党组织是党在农村全部工作和战斗力的基础。统筹城乡经济社会发展,建设现代农业,发展农村经济,增加农民收入,关键在于全面贯彻“三个代表”重要思想,加强和改进党对农村工作的领导,以改革的精神全面推进农村党的建设,充分发挥农村基层党组织的领导核心作用和广大共产党员的先锋模范作用。

十四届四中全会以来,各地以创建“五个好”村党支部、“六个好”乡镇党委和农村基层组织建设先进县(市)为目标,切实加强和改进农村基层组织建设,为农村改革和发展提供了坚强的组织保证。实践证明,开展“三级联创”活动,是把农村党的建设与农村改革发展稳定紧密结合起来的一种有效形式,是落实党建工作责任制、实现农村基层组织建设整体推进、常抓不懈的一个有效机制,是在农村党的建设中全面贯彻“三个代表”重要思想的一项重要举措。

深入开展“三级联创”活动,有利于激发农村基层党组织的内在动力,调动各级党委抓农村基层组织建设的积极性;有利于深入贯彻党要管党、从严治党的方针,坚持围绕中心、服务大局,拓宽领域、强化功能,扩大党的工作的覆盖面,不断增强农村基层党组织的创造力、凝聚力和战斗力;有利于加强和改进党对农村工作的领导,推动农村经济发展和社会进步,保持农村稳定。各级党委要充分认识深入开展“三级联创”活动的重要意义,增强政治责任感,切实把这项工作抓紧抓好,抓出成效。

二、正确把握开展“三级联创”活动的指导思想和原则

开展“三级联创”活动的指导思想是:高举邓小平理论伟大旗帜,全面贯彻“三个代表”重要思想,紧紧围绕深化农村改革、发展农村经济、增加农民收入、维护农村稳定的大局,坚持思想建设、组织建设和作风建设一起抓,并把制度建设贯穿其中,探索“让干部经常受教育、使农民长期得实惠”的有效途径,建立健全农村基层组织建设常抓不懈的工作机制,全面提高农村基层干部和党员队伍的整体素质,把农村基层党组织建设成为贯彻“三个代表”重要思想的组织者、推动者和实践者,为全面推进农村小康社会建设提供强有力的组织保证。

开展“三级联创”活动应把握以下原则:

(一)坚持围绕中心,促进发展。“三级联创”活动必须围绕党在农村的中心任务来展开,紧扣发展这个主题来深化。通过开展创建活动,促进农村经济发展和社会进步。

(二)坚持从实际出发,务求实效。必须坚持实事求是,因地制宜,紧密联系农村实际开展创建活动。以扎实的作风,深入细致的工作,切实解决农村存在的突出问题,坚决防止和克服形式主义,用促进农村经济社会发展的实际效果检验“三级联创”活动的成效。

(三)坚持上下联动,齐抓共管。省(区、市)、市(地)党委切实加强领导和指导,县(市)委、乡镇党委、村党组织积极争创先进,各有关部门密切配合,形成工作合力。

(四)坚持与时俱进,不断创新。必须适应新形势新任务的需要,不断丰富“三级联创”活动的内涵,探索创新“三级联创”活动的形式,对“三级联创”活动实行动态管理,使“三级联创”活动始终充满活力。

三、进一步明确开展“三级联创”活动的目标要求

深入开展农村党的建设“三级联创”活动,必须大力发展农村先进生产力,推动农村经济发展、农民增收;必须大力发展农村先进文化,推动农村精神文明建设和民主法制建设;必须努力维护好、实现好和发展好广大农民群众的根本利益,体现立党为公、执政为民的本质要求。

村党组织和乡镇党委建设要实现“五个好”的目标要求:一是领导班子好。领导班子能够自觉学习和实践“三个代表”重要思想,坚决贯彻执行党的基本路线和各项方针政策,廉洁勤政,奋发有为。村党组织书记应具有带头致富和带领农民群众共同致富的能力;乡镇党委书记应具有较高的政策水平和较强的组织协调能力。二是党员干部队伍好。共产党员能够发挥先锋模范作用,基层干部能够发挥骨干带头作用。三是工作机制好。各项制度完善,管理措施到位,乡镇党政领导班子团结一致,村党组织和村委会关系协调,工作运行规范,服务优质高效。四是小康建设业绩好。农村经济持续发展,农民收入增加,集体经济实力增强;各项社会事业协调发展,精神文明建设和民主法制建设成效显著。五是农民群众反映好。基层干部尊重农民,爱护农民,诚心诚意为农民群众办实事;工作措施符合群众意愿,工作作风和工作实绩得到群众满意,党群干群关系密切,党组织得到群众拥护。

对农村基层组织建设先进县(市)的要求:一是县(市)委认真学习和实践"三个代表"重要思想,高度重视农村基层组织建设,全面落实领导责任制,县(市)委书记认真履行第一责任人职责,各有关部门密切配合,齐抓共管。二是农村基层组织建设的总体规划和年度计划明确具体,各项措施得力并得到有效落实。三是党在农村的基本政策得到全面贯彻落实,农业和农村经济结构调整成效显著,农业产业化经营健康推进,农民收入增加,城镇化水平逐步提高,县域经济不断发展壮大。四是县(市)涉农部门为农业、农村和农民服务意识强、服务措施实、服务质量高,严格依法办事,基层单位和群众满意。五是农村政治文明建设和精神文明建设取得较大进展,农民群众的民主权利得到尊重和保障,积极性和创造性得到发挥,精神文化生活丰富,社会风气良好,农村社会稳定。

要把创建基层满意的县(市)涉农部门和群众满意的乡镇站所纳入"三级联创"活动中来,把县(市)、乡镇、村的联创与涉农部门和站所争创先进结合起来。

四、着力抓好"三级联创"活动的"创"与"联"

开展"三级联创"活动,"创"是关键,"联"是保证。"创",就是要按照"三级联创"活动的原则和目标要求,从本地实际出发,制定创建规划,完善推进措施,建立激励机制,表彰先进,鞭策后进,营造比学赶帮超的良好氛围。"联",就是县(市)、乡镇、村三级联动,形成相互衔接、相互促进、环环紧扣、整体提高的工作格局。

各级党组织要明确责任,增强联创意识,充分发挥积极性和主动性,在"创"上下功夫,在"联"上抓落实,确保"三级联创"活动取得实效,得到农民群众的拥护和支持。省(区、市)委主要负责创建活动的统筹规划、宏观指导和督促检查。市(地)委主要负责创建活动的组织实施和督查指导。县(市)委要在抓好自身创建的同时,着力抓好乡镇党委和县(市)涉农部门的创建活动,并指导和督促乡镇党委抓好村党组织及乡镇站所的创建活动。乡镇党委和村党组织要广泛动员党员、干部,积极投身到创建活动中来。

严格考核,科学评比,不断提高创建活动水平。省(区、市)委要对考核、评比和表彰办法作出具体规定。"五个好"村党组织、"五个好"乡镇党委和农村基层组织建设先进县(市)的评选间隔时间一般以 2 至 3 年为宜。评比考核时要充分考虑各单位原有的工作基础。对拟表彰的单位要在一定范围内公示。经济增长幅度和主要经济社会发展指标排名均靠后，以及发生恶性涉农案件、大规模群体性事件和弄虚作假的单位，不能评为先进。命名表彰不搞“终身制”，已被表彰的单位要参加新一轮的评选。要把开展“三级联创”活动的情况，作为考核县（市）委、乡镇党委、村党组织书记工作实绩的重要内容和对其使用的重要依据。

五、切实加强对“三级联创”活动的领导

各级党委要把“三级联创”活动纳入重要议事日程，真正做到认识到位、责任到位、措施到位、工作到位，坚持一级抓一级、一级带一级、层层抓落实。

省（区、市）、市（地）党委要作出周密安排和部署，切实加强对“三级联创”活动的领导。经常分析研究开展“三级联创”活动的情况，提出指导性意见。大力宣传开展“三级联创”活动的目的、意义和目标要求。注意总结推广不同层次、不同类型的典型经验，引导县（市）、乡镇、村党组织抓好创建工作。加强农村基层组织建设，县（市）委是关键。要切实抓好对县（市）委的分类指导。对工作得力、成效明显的县（市）委，要鼓励他们总结经验，进一步加大工作力度，推进农村基层组织建设和各项工作更上一层楼；对工作一般的县（市）委，要引导他们增强创先争优意识，激励他们奋力争先；对工作中存在较大差距的县（市）委，要帮助他们分析原因，找出薄弱环节，有针对性地采取措施，解决存在的问题，尽快扭转被动局面。要建立督查工作制度，采取多和方式，切实抓好督促检查。省（区、市）、市（地）党委班子成员和政府党员领导干部要选择那些困难大的县（市）作为“三级联创”活动的联系点，定期到点上调查研究，总结经验，以点上的经验指导面上的工作。各地区党委组织部门要增强大局意识、责任意识，在党委领导下，切实加强具体指导，做好组织协调工作。

中央有关部门要把在本系统基层单位开展创建活动，作为转变职能、改进作风、推动业务工作和干部队伍建设的一项重要措施来抓。要配合地方党委对本系统基层单位的创建活动提出明确要求，并加强督促检查。省（区、市）、市（地）主管部门对本系统基层单位的创建活动负有重要责任，要切实履行好职责，主要负责同志要经常深入基层，指导基层单位开展好创建活动。中央组织部要加强对“三级联创”活动的指导和督查，总结推广各地区各部门开展创建活动的先进经验，并在适当时候对在创建活动中涌现出来的先进单位进行表彰。

中共中央办公厅、国务院办公厅关于健全和完善村务公开和民主管理制度的意见

(2004年6月22日)

《中共中央办公厅、国务院办公厅关于在农村普遍实行村务公开和民主管理制度的通知》(中办发〔1998〕9号)下发和《中华人民共和国村民委员会组织法》施行以来,全国农村普遍实行了村务公开和民主管理制度,为促进农村改革、发展和稳定发挥了重要作用。为认真贯彻落实党的十六大提出的"健全基层自治组织和民主管理制度,完善公开办事制度,保证人民群众依法直接行使民主权利,管理基层公共事务和公益事业,对干部实行民主监督"的要求,适应农村发展的新形势,进一步推进农村社会主义物质文明、政治文明、精神文明协调发展,经党中央、国务院同意,现就健全和完善村务公开和民主管理制度提出如下意见。

一、充分认识进一步做好村务公开和民主管理工作的重大意义

当前,我国正处在全面建设小康社会、加快推进社会主义现代化的新的发展阶段,农村改革、发展和稳定的任务十分繁重。实行村务公开和民主管理,是实践"三个代表"重要思想,维护农民群众根本利益的具体体现;是完善村民自治,发展社会主义民主的重要内容;是顺利推进农村改革和发展,加快农村全面建设小康社会进程的必然要求;是促进农村党风廉政建设,密切党群干群关系的有效途径。近年来,全国各地推行村务公开和民主管理取得了积极成果,但我们也应清醒地看到,一些地方在村务公开和民主管理中还存在着重形式、轻实效,制度不健全、决策不民主等问题。这与农村改革发展稳定的新形势新任务不相适应,在一定程度上影响了农村经济和社会的发展。为了把党在农村的各项政策落到实处,切实解决好"三农"问题,必须进一步健全和完善村务公开和民主管理制度,扎实推进村务公开和民主管理工作。各级党委和政府要以邓小平理论和"三个代表"重要思想为指导,增强推进村务公开和民主管理的自觉性和紧迫感,真正把这一关系亿万农民切身利益的大事抓紧抓好、抓出成效,实现好、维护好、发展好广大农民群众的根本利益。

二、进一步健全村务公开制度，保障农民群众的知情权

（一）完善村务公开的内容。国家有关法律法规和政策明确要求公开的事项，如计划生育政策落实、救灾救济款物发放、宅基地使用、村集体经济所得收益使用、村干部报酬等，应继续坚持公开。要继续把财务公开作为村务公开的重点，所有收支必须逐项逐笔公布明细账目，让群众了解、监督村集体资产和财务收支情况。同时，要根据农村改革发展的新形势、新情况，及时丰富和拓展村务公开内容。当前，要将土地征用补偿及分配、农村机动地和"四荒地"发包、村集体债权债务、税费改革和农业税减免政策、村内"一事一议"筹资筹劳、新型农村合作医疗、种粮直接补贴、退耕还林还草款物兑现，以及国家其他补贴农民、资助村集体的政策落实情况，及时纳入村务公开的内容。农民群众要求公开的其他事项，也应公开。

（二）规范村务公开的形式、时间和基本程序。各地农村应坚持实际、实用、实效的原则，在便于群众观看的地方设立固定的村务公开栏，同时还可以通过广播、电视、网络、"明白纸"、民主听证会等其他有效形式公开。一般的村务事项至少每季度公开一次，涉及农民利益的重大问题以及群众关心的事项要及时公开。集体财务往来较多的村，财务收支情况应每月公布一次。要推进村务事项从办理结果的公开，向事前、事中、事后全过程公开延伸。要充分利用现代科学技术，不断创新村务公开的有效形式和手段。村务公开的基本程序是：村民委员会根据本村的实际情况，依照法规和政策的有关要求提出公开的具体方案；村务公开监督小组对方案进行审查、补充、完善后，提交村党组织和村民委员会联席会议讨论确定；村民委员会通过村务公开栏等形式及时公布。

（三）设立村务公开监督小组。村务公开监督小组成员经村民会议或村民代表会议在村民代表中推选产生，负责监督村务公开制度的落实。村干部及其配偶、直系亲属不得担任村务公开监督小组成员。村务公开监督小组及其成员应当热爱集体，公道正派，有一定的议事能力，其中应有具备财会知识的成员。村务公开监督小组要依法履行职责，认真审查村务公开各项内容是否全面、真实，公开时间是否及时，公开形式是否科学，公开程序是否规范，并及时向村民会议或村民代表会议报告监督情况。对不履行职责的成员，村民会议或村民代表会议有权罢免其资格。

（四）听取和处理群众意见。群众对公布的内容有疑问的，可以口头或书面形式向村务公开监督小组投诉，村务公开监督小组对群众反映的问题应当及时进行调查，确有内容遗漏或者不真实的，应督促村民委员会重新公布；也可以直接向村党组织、村民委员会询问，村民委员会应在 10 日内予以解释和答复。

村民委员会要对村务公开资料进行整理归档并妥善保管。

三、进一步规范民主决策机制,保障农民群众的决策权

(一)推进村级事务民主决策。凡是与农民群众切身利益密切相关的事项,如村集体的土地承包和租赁、集体企业改制、集体举债、集体资产处置、村干部报酬、村公益事业的经费筹集方案和建设承包方案等,都要实行民主决策,不能由个人或少数人决定。村民委员会的设立、撤并、范围调整,由乡级人民政府提出意见后,必须经村民会议讨论同意,并报县级人民政府批准。集体经济已实行股份制或股份合作制改革的村,要按照改革后的有关要求进行民主决策和民主监督。村级民主决策的事项要符合党的方针政策和国家法律法规,不得有侵犯村民人身权利、民主权利和合法财产权利的内容。

(二)明确村级民主决策的形式。村级民主决策的基本组织形式是村民会议和村民代表会议。召开村民会议,应当有本村18周岁以上村民的过半数参加,或者有本村三分之二以上的户的代表参加,所作决定应当经到会人员的过半数通过。涉及农村土地承包、调整等重大事项,应依照《中华人民共和国农村土地承包法》等相关法律法规进行民主决策。村民代表会议讨论决定村民会议授权的事项。村民代表由村民依法推选产生,妇女代表要占一定比例。要完善村民会议和村民代表会议议事规则,建立健全村民代表联系户制度,确保村民代表真正代表民意。认真研究和探索村庄撤并、外出务工经商人员不断增多情况下村级民主决策的有效形式。

(三)规范村级民主决策的程序。涉及村民利益的事项,原则上要遵循以下决策程序:由村党组织、村民委员会、村集体经济组织、十分之一以上村民联名或五分之一以上村民代表联名提出议案;由村党组织统一受理议案,并召集村党组织和村民委员会联席会议,研究提出具体意见或建议;由村民委员会召集村民会议或村民代表会议讨论决定;由村党组织、村民委员会组织实施村民民主决策事项的办理。对提交村民会议或村民代表会议讨论决定的事项,会前要向村民或村民代表公告,广泛征求意见;会后要及时公布表决结果;对决定事项的实施情况,要及时公布,自觉接受群众监督。涉及村民利益的重大事项,必须按照决策程序提请村民会议或村民代表会议讨论决定。

(四)建立决策责任追究制度。除发生自然灾害等紧急情况外,村民会议或村民代表会议依法形成的决议不得随意更改,如因情况发生变化确需更改的,要通过村民会议或村民代表会议讨论决定。村民会议或村民代表会议讨论决定的事项,要形成书面记录并妥善保存。未经村民会议或村民代表会议讨论决定,任何组织或个人擅自以集体名义借贷,变更与处置村集体的土地、企业、设备、设施等，均为无效，村民有权拒绝，造成的损失由责任人承担，构成违纪的给予党纪政纪处分，涉嫌犯罪的移交司法机关依法处理。

四、进一步完善民主管理制度，保障农民群众的参与权

(一)推进村级事务民主管理。村党组织、村民委员会要依据党的方针政策和国家的法律法规，组织全体村民结合实际讨论制定和完善村民自治章程、村规民约、村民会议和村民代表会议议事规则、财务管理制度等，明确规定村干部的职责、村民的权利和义务，村级各类组织的职责、工作程序及相互关系，明确提出对经济管理、社会治安、移风易俗、计划生育等方面的要求。用制度规范村干部和村民行为，增强村民自我管理、自我教育、自我服务的能力，增强干部群众的法制观念和依法办事能力。

(二)建立村民委员会换届后的工作移交制度。村民委员会换届工作结束后，原村民委员会应将公章、办公场所、办公用具、集体财务账目、固定资产、工作档案、债权债务及其他遗留问题等，及时移交给新一届村民委员会。移交工作由乡级人民政府负责主持。对拒绝移交或无故拖延移交的，村党组织、乡级党委和政府应给予批评教育，督促其加以改正。移交过程中发现有重大问题的，村干部和村民可以向乡级人民政府或者纪检监察机关、人民法院、人民检察院等有关机关反映，受理单位应及时依法处理。

(三)加强村民民主理财制度建设。村民民主理财由村民民主理财小组代表村民进行，民主理财小组成员由村民会议或村民代表会议从村务公开监督小组成员中推选产生。民主理财小组向村民会议或村民代表会议负责并报告工作。民主理财小组负责对本村集体财务活动进行民主监督，参与制定本村集体的财务计划和各项财务管理制度，有权检查、审核财务账目及相关的经济活动事项，有权否决不合理开支。当事人对否决有异议的，可提交村民会议或村民代表会议讨论决定。村民有权对本村集体的财务账目提出质疑，有权委托民主理财小组查阅、审核财务账目，有权要求有关当事人对财务问题作出解释。对群众反映财务问题较多的村，县、乡党委和政府及有关部门要帮助其搞好财务清理整顿工作，解决存在的问题，建立健全财务管理和民主理财制度。制定和完善集体资产监管办法，防止集体资产流失，确保村集体资产保值、增值。

(四)规范农村集体财务收支审批程序。财务事项发生时，经手人必须取得有效的原始凭证，注明用途并签字(盖章)，交民主理财小组集体审核。审核同意后，由民主理财小组组长签字(盖章)，报经村党组织、村民委员会负责人审批同意并签字(盖章)，由会计人员审核记账。经民主理财小组审核确定为不合理财务开支的事项，有关支出由责任人承担。财务流程完成后，要按照财务公开程序进行公开,接受群众监督。乡级人民政府及业务主管部门要对村级财务活动加强指导和监督。

五、进一步强化村务管理的监督制约机制,保障农民群众的监督权

(一)加强对农村集体财务的审计监督。县、乡两级农村集体资产和财务管理指导部门,要切实组织好对农村集体财务的审计监督工作。审计内容主要包括:集体资产的管理使用、财务预决算、财务收支、生产经营和建设项目的发包管理、集体的债权债务、上级划拨或接受社会捐赠的资金、物资使用等情况,以及群众要求审计的其他事项。当前,要加大对集体土地征用、集体企业改制、“村改居”和并村过程中集体资产的处置、村内“一事一议”筹资筹劳、新型农村合作医疗、政府发放到村到户的各项补贴资金和物资等事项的审计力度,并将审计结果及时公布。村干部任期届满或离任时必须审计。在审计中查出侵占集体资产和资金、多吃多占、铺张浪费的,要责令其如数退赔;涉及国家工作人员及村干部违法违纪的,需要给予党纪政纪处分的,移交纪检监察机关处理;构成犯罪的,移交司法机关依法追究当事人的法律责任。农村集体经济组织、村民小组、农(畜)产品行业协会和农民专业合作组织所有的资产,也要实行财务公开,加强管理与监督。

(二)推行民主评议村干部工作制度。民主评议对象为村党组织班子成员、村民委员会班子成员、村集体经济组织班子成员、村民小组长以及享受由村民或集体承担误工补贴(工资)的其他村务管理人员。民主评议由乡级党委、政府具体组织,通过村民会议、村民代表会议或与村民座谈等形式进行。民主评议一般每年进行一次,要把群众满意与否作为衡量村干部是否合格的标准,评议结果要与村干部的使用和补贴(工资)标准直接挂钩。对连续两次被评为不合格的村干部,是村党组织成员的,按党内有关规定处理;是村民委员会班子成员或村集体经济组织班子成员的,应责令其辞职,不辞职的应启动罢免程序;其他村务管理人员,由村民委员会召开村民会议或村民代表会议作出处理决定。

(三)建立和完善村干部的激励约束制度。要大力宣传、鼓励和表彰积极推行村务公开和民主管理的干部,切实维护和保障村干部的合法权益。对在村级重大事务决策和管理中违反程序,独断专行,以及因工作失误造成重大损失,或村务公开不及时、不全面、弄虚作假、侵犯农民民主权利的干部,村民会议或村民代表会议有权提出批评并要求限期改正;对拒不改正的,是村党组织班子成员的,按党内有关规定给予相应的党纪处分,是村民委员会班子成员的,依法予以罢免。

六、进一步加强对村务公开和民主管理工作的领导

（一）加强组织领导。各级党委和政府要以求真务实的精神，把推进村务公开和民主管理作为关系农村改革、发展和稳定的一件大事来抓，并与增加农民收入、加强农村社会主义精神文明建设和党的建设等各项工作紧密结合起来，使之相互促进、共同提高。各省（自治区、直辖市）党委和政府要及时研究分析村务公开和民主管理工作情况，提出指导性意见。县（市）党委和政府要制定具体的实施意见，常抓不懈。要把推进村务公开和民主管理作为考核评比民主法治示范村、“五个好”村党组织、“五个好”乡镇党委和农村基层组织建设先进县（市）的一项重要内容，通过严格考核，促进村务公开和民主管理制度的进一步落实。

（二）健全领导体制和工作机制。各地要建立健全党委和政府统一领导、有关部门共同参与、民政部门组织协调的领导体制和工作机制，并保证开展工作的必要人员和经费。各有关部门要在各自职责范围内支持和引导村党组织、村民委员会、村集体经济组织做好村务公开和民主管理方面的工作。共青团、妇联和计划生育协会要动员农村青年、妇女、计划生育协会会员积极参与村务公开和民主管理活动。村务公开协调机构要及时掌握工作动态，加强沟通和协调。新闻媒体要加强舆论引导和监督。要通过培育典型、示范引导、专项检查等多种形式，积极探索推进村务公开和民主管理的有效途径。

（三）明确县乡党委和政府的责任。健全和完善村务公开和民主管理制度，县、乡党委和政府是关键。要建立党政领导责任制，把村务公开和民主管理作为基层干部政绩考核的重要内容，并不断完善考核评价办法。要加大督促检查力度，及时受理群众来信、来访和申诉，及时化解社会矛盾，维护农村稳定。要加大培训力度，加强对新任村组干部、农村财会人员、民主理财小组成员和村民代表的培训，提高他们的政策水平和依法办事能力，使他们善于用说服的方法、示范的方法、服务的方法推动农村工作。要切实加强农村精神文明建设和思想政治工作。积极引导农民群众参与村务公开和民主管理的实践活动，在实践中学会正确行使民主权利。坚决制止利用宗教、宗族、家族势力干预基层经济社会事务管理的行为。

（四）充分发挥农村基层党组织的领导核心作用。要健全村党组织领导的充满活力的村民自治机制，把坚持党的领导、充分发扬民主、切实依法办事有机统一于农村社会主义民主实践之中。村党组织要领导和支持农民群众依法参与村级事务管理，监督村务公开和民主管理制度的落实，及时听取群众的意见，不断完善制度、改进工作。农村党员特别是党员干部要发挥先锋模范作用，尊

重农民群众的民主权利,带头执行村务公开和民主管理制度。村民委员会、村集体经济组织和其他村级组织要在村党组织领导下,团结广大农民群众,齐心协力做好村务公开和民主管理工作,促进农村各项事业全面发展。

中共中央办公厅转发《中共中央组织部关于进一步加强和改进街道社区党的建设工作的意见》的通知

(2004 年 10 月 4 日)

《中共中央组织部关于进一步加强和改进街道社区党的建设工作的意见》已经中央领导同志同意,现转发给你们,请结合实际认真贯彻执行。

中共中央组织部关于进一步加强和改进街道社区党的建设工作的意见

为深入贯彻落实党的十六大和十六届四中全会关于以服务群众为重点,构建城市社区党建工作新格局的要求,进一步夯实党在城市基层的执政基础,增强党的执政能力,促进城市现代化建设,现就进一步加强和改进街道、社区党的建设工作提出如下意见。

一、充分认识新形势下加强和改进街道、社区党的建设工作的重要性和紧迫性

街道、社区是党在城市工作的基础,街道、社区党建工作,是党的基层组织建设的重要组成部分。在全面建设小康社会、加快推进社会主义现代化的新的发展阶段,我国城镇化进程不断加快,城市综合实力不断增强,城市基层管理体制改革不断深化,街道、社区在城市工作中的地位越来越重要,街道、社区党组织承担的任务日益繁重。新经济组织、新社会组织大量涌现,迫切需要依托街道、社区党组织加强这些组织中的党建工作,不断扩大党在城市工作的覆盖面;越来越多的"单位人"转为"社会人",大量退休人员、下岗失业人员和流动人员进入社区,迫切需要街道、社区党组织转变管理和工作方式,做好新形势下的群众工作,形成社区群众各尽其能、各得其所而又和谐相处的局面,巩固党执政的社会基础;社区群众的物质文化需求日益呈现出多层次、多样化的趋势,迫切需要增强街道、社区党组织的领导、协调功能和街道、社区的服务功能,全面推进社区建设。

近年来,按照中央的要求,各地结合实际,对街道、社区党建工作进行了积极探索,取得了较大进展,但仍存在一些亟待解决的问题。有些地方党组织对街道、社区党建工作重视不够,党在城市工作的覆盖面有待进一步扩大;有些街道干部和社区工作者为社区群众和驻区单位服务的自觉性不高,工作水平和工作作风与当前社区工作的需要不相适应;有些驻区单位和党员参与社区建设的积极性不高,社区党建工作协调机制尚不完善;有些中小城市和小城镇社区党建工作还比较薄弱。适应新的形势和任务的需要,把街道、社区党组织建设成为贯彻"三个代表"重要思想的组织者、推动者和实践者,对于大力推进社区建设、满足社区群众和驻区单位的社会需求,对于加快城镇化进程、全面建设社会主义和谐社会,对于建立健全党委领导、政府负责、社会协同、公众参与的社会管理格局,对于巩固党的执政基础、增强党的执政能力,都具有十分重要的意义。各级党委要高度重视街道、社区党的建设工作,采取有力措施,认真解决存在的问题,不断开创街道、社区党建工作新局面。

二、正确把握街道、社区党的建设工作的指导思想和目标要求

街道、社区党的建设工作的指导思想是:以邓小平理论和"三个代表"重要思想为指导,紧紧围绕城市改革发展稳定的大局,紧密结合城市社区建设的实际,以保持党同人民群众的血肉联系为核心,以服务群众为重点,构建城市社区党建工作新格局,提高街道、社区党组织的创造力、凝聚力和战斗力,扩大党在城市工作的覆盖面,为创建管理有序、服务完善、环境优美、文明祥和的新型社区,促进城市现代化建设提供坚强的组织保证。

街道、社区党的建设要努力实现"五个好"的目标要求:(1)领导班子好。领导班子及其成员能够认真执行党的路线方针政策,密切联系群众,政治坚定,求真务实,开拓创新,勤政廉政,团结协作。(2)党员干部队伍好。街道干部、社区工作者能够发挥骨干带头作用,共产党员能够发挥先锋模范作用。(3)工作机制好。街道、社区党组织工作制度健全、运行规范,社区党建工作协调机制完善。(4)工作业绩好。社区各项事业协调发展,基层民主政治建设和精神文明建设成效明显,社区治安良好。(5)群众反映好。社区群众和驻区单位对街道、社区党组织的工作满意,街道、社区党组织得到社区群众的拥护。

三、进一步明确街道、社区党组织的主要职责

街道党(工)委和社区党支部(总支、党委)是党在街道、社区全部工作和战斗力的基础,是街道、社区各种组织和各项工作的领导核心。

街道党(工)委的主要职责是:(1)宣传和执行党的路线方针政策,宣传和执行党中央、上级党组织和本组织的决议,组织带领干部和群众,努力完成本单位所担负的任务。(2)讨论决定本街道城市管理、经济发展和社区建设中的重大问题。协调有关部门,动员各方力量,整合各类资源,服务社区群众,共同推进社区建设。(3)领导街道行政组织,支持和保证其依法充分行使职权;领导街道工会、共青团、妇联等群众组织,支持和保证其依照各自的章程开展工作;领导或指导在社区、驻区非公有制经济组织、社会团体和社会中介组织中开展党的工作。(4)领导本街道的思想政治工作、基层民主政治建设和精神文明建设,加强社会治安综合治理,协调利益关系,维护社会稳定。(5)加强街道党组织自身建设,领导以社区党组织为核心的社区组织体系建设。(6)按照干部管理权限,负责干部的教育、选拔、管理和监督工作。协助上级有关职能部门做好其派出机构及其负责人的管理和监督工作。

社区党支部(总支、党委)的主要职责是:(1)宣传和执行党的路线方针政策,宣传和执行党中央、上级党组织和本组织的决议,团结、组织干部和群众,努力完成社区各项任务。(2)讨论决定本社区建设、管理中的重要问题。(3)领导社区居民自治组织,支持和保证其依法充分行使职权,完善公开办事制度,推进社区居民自治;领导社区群众组织,支持和保证其依照各自的章程开展工作。(4)联系群众、服务群众,宣传群众、教育群众,反映群众的意见和要求,化解社会矛盾,维护社会稳定。(5)组织党员和群众参加社区建设。(6)加强社区党组织自身建设,做好党员的教育管理和发展党员工作。

四、坚持把服务群众作为街道、社区党组织的重要任务

街道、社区党组织要坚持党的群众路线,牢固树立群众观点,不断增强服务意识,坚持把服务群众作为街道、社区党建工作的重要任务,把群众满意不满意作为检验街道、社区党建工作的重要标准,把工作重点从注重创收进一步转移到搞好社区管理和服务上来。更新管理理念,创新服务方式,拓宽服务领域,强化服务功能,充分发挥街道、社区党组织和共产党员服务群众、凝聚人心的作用;充分发挥社区居民自治组织协调利益、化解矛盾、排忧解难的作用;充分发挥社团、行业组织和社会中介组织提供服务、反映诉求、规范行为的作用,为城市经济社会发展创造良好环境。

建立健全社区服务体系。从社区群众和驻区单位的实际需要出发,充分发挥街道办事处和社区居委会的作用,搞好社区服务中心和社区服务站(点)的建设与管理。加强以共产党员、共青团员为骨干的社区志愿者队伍建设。针对不同社区、不同社会群体的特点,按照无偿服务和有偿服务相结合,以无偿、低偿服务为主的原则,不断提高社区服务的质量和水平。

开展社区服务活动。街道、社区党组织要着眼于社区群众多层次、多样化的需求,特别是群众最关心、最急需解决、通过努力又能够解决的问题,开展面向社区群众的便民利民服务,尤其是要会同有关部门,开展面向下岗失业人员的再就业服务,面向困难群众的社会救助和福利服务,面向流动人员的维权服务等,为社区群众排忧解难。

五、不断扩大党在城市工作的覆盖面

及时调整、健全社区党组织。凡有3名以上正式党员的社区,都要单独建立社区党组织。尤其要重视及时在城市新区、开发区和新建居民区建立社区党组织的工作。在调整社区设置时,要同步调整、健全社区党组织。

不断加大在新经济组织、新社会组织中建立党组织的工作力度。街道、社区党组织要指导、协调和支持驻区新经济组织、新社会组织建立党组织。对暂不具备单独建立党组织条件的,可采取"支部建在楼上"等方式联合建立党组织,通过采取设立党员联络服务站、选派党建工作指导员,以及帮助建立工会和共青团组织等办法,把党的工作开展起来。街道党(工)委要与非公有制经济组织、社会团体和社会中介组织的登记管理机关、业务主管单位建立双向联系制度,适时向他们通报这些组织党建工作等有关情况。登记管理机关、业务主管单位应将这些组织的注册登记和年度检查情况及时通报其所在街道党(工)委。

加强和改进对退休人员、下岗失业人员、流动人员中党员的教育管理。认真做好退休人员、下岗失业人员和流动人员中党员组织关系的接转工作。对在城市已有稳定职业和固定住所的党员,其正式组织关系不在工作所在地(单位)或居住地党组织的,应及时把他们的正式组织关系转入工作所在地(单位)或居住地党组织;对在城市无稳定职业和固定住所的流动人员中的党员,要在核实其党员身份后,及时把他们编入党的一个基层组织。要采取适当方式,组织他们过好组织生活,开展适宜的活动。街道、社区党组织要在重视做好原有居民群众中发展党员工作的同时,重视做好在下岗失业人员和流动人员中发展党员工作,同时做好在其他社会阶层中发展党员工作。在发展党员工作中,必须认真贯彻"坚持标准、保证质量、改善结构、慎重发展"的方针。

发挥在职党员在社区建设中的模范带头作用。根据在职党员的职业特点和个人专长,适宜、适时、适度地组织他们参加社区建设。街道、社区党组织要与在职党员所在单位基层党组织加强联系,必要时可把在职党员参加社区建设的情况向其所在单位基层党组织反馈。驻区单位发展党员、选拔任用干部,应注意听取街道、社区党组织的意见。

通过以上工作,不断健全党的基层组织体系,扩大党的工作覆盖面,做到哪里有群众哪里就有党的工作，哪里有党员哪里就有党的组织，哪里有党的组织哪里就有健全的组织生活和坚强的战斗力。

六、建立和完善街道、社区党的建设工作协调机制

按照条块结合、资源共享、优势互补、共驻共建的原则，建立健全街道、社区党建工作协调机制，组织、动员社区内各方面力量，共同推进社区建设。

加强社区居民自治组织、群众组织和社区其他组织建设，形成以社区党组织为核心，功能健全、运转有序的社区组织体系。

根据工作需要，建立由街道党（工）委、社区党支部（总支、党委）牵头，驻区有关单位基层党组织参加的街道、社区党建工作协调议事机构，围绕辖区内的社会性、群众性、公益性工作，沟通情况，交流经验，研究、协调社区党建和社区建设工作中的重要问题。街道、社区党组织要不断增强为驻区单位服务的意识，以共同需求、共同利益、共同目标为纽带，充分调动驻区单位参与社区建设的积极性。驻区单位基层党组织要自觉接受驻地街道、社区党组织的指导与协调，大力支持街道、社区党组织的工作和社区建设，并教育引导本单位的党员、群众积极参加社区建设。

七、切实加强对街道、社区党的建设工作的领导

要把街道、社区党建工作列入重要议事日程。各级党委要将街道、社区党的建设作为基层党建工作的重点之一，纳入当地党建工作的整体布局，与农村、企业、机关、学校等其他领域党的建设有机衔接起来，按照“五个好”的目标要求，制定工作规划和年度计划。要及时研究街道、社区党建工作的新情况、新问题，切实加强指导、督促和检查。

要建立健全街道、社区党建工作责任制。加强街道、社区党的建设，责任主要在市、区（市、县）委。市、区（市、县）委书记要认真履行第一责任人的职责，市、区（市、县）委常委要建立街道、社区党建工作联系点。要把街道、社区党建工作成效，作为考核市、区（市、县）委领导班子和领导干部工作实绩的一项重要内容。

要加强街道、社区领导班子、干部队伍和社区工作者队伍建设。选好配强街道党（工）委领导班子，尤其是要注意选好街道党（工）委书记。采取从机关和企事业单位中选派，从大中专毕业生、下岗失业人员、复员转业军人中选拔等措施，把热爱社区工作、热心服务群众的优秀党员充实到社区党组织领导班子中。社区党组织领导班子成员与社区居委会中的党员成员可以交叉任职，提倡社区党支部（总支、党委）书记和社区居委会主任经过民主选举由一人担任。采取公开招聘、民主选举等办法，面向社会选贤任能，优化街道干部和社区工作者队伍结构。加强对街道干部、社区工作者的思想政治教育和业务培训,提高他们依法办事、做好新时期群众工作和发展社区事业的能力。通过多方面努力,使街道、社区党组织无论在平时的各项工作中,还是在遇到突发事件时,都能显示出强大的凝聚力和战斗力。

要为街道、社区党组织开展工作创造必要条件。市、区(市、县)党委和政府要下决心切实解决社区党组织办公用房、活动场地和活动经费等问题,及时拨付社区党组织的工作运行费用,发放社区工作者的工资、生活补贴。要主动关心街道干部和社区工作者的工作和生活,体谅他们的难处,帮助他们解决实际困难,解除他们的后顾之忧。市、区(市、县)有关部门要切实履行职责,改进作风,做好在社区的行政业务工作,对于需要委托社区居委会承办的事项,应按照“权随责走、费随事转”的原则妥善处理。

要搞好协调配合,共同做好工作。各级党委、政府有关部门和群众组织,要各司其职,各负其责,努力形成党委统一领导、组织部门具体牵头、有关部门密切配合的工作机制。

要以改革的精神研究新情况、解决新问题。坚持求真务实,与时俱进,不断创新街道、社区党建工作的方式、方法和运行机制。针对不同地区、不同类型的街道、社区党建工作的特点,加强分类指导。以点带面,抓好街道、社区党建示范区建设,大力表彰先进典型,不断提高街道、社区党建工作的整体水平。

中共中央办公厅转发《中央组织部、国务院国资委党委关于加强和改进中央企业党建工作的意见》的通知

（2004年10月31日）

《中央组织部、国务院国资委党委关于加强和改进中央企业党建工作的意见》已经中央领导同志同意，现转发给你们，请结合实际认真贯彻执行。

中央组织部、国务院国资委党委关于加强和改进中央企业党建工作的意见

为认真贯彻落实党的十六大和十六届三中、四中全会精神，充分发挥中央企业党组织的政治核心作用，促进国有资产管理体制改革和中央企业改革发展，现就加强和改进中央企业党建工作提出如下意见。

一、正确认识和把握加强和改进中央企业党建工作的重要意义、指导思想、目标任务

1. 加强和改进中央企业党建工作的重要性和紧迫性。国有企业是我国国民经济的支柱。中央企业是国有经济发挥主导作用的主力军。发挥国有企业特别是中央企业的重要作用，是坚持和完善社会主义基本经济制度，发展先进生产力，提高我国综合国力，巩固党的执政地位的必然要求。进入新世纪新阶段，世界多极化和经济全球化趋势在曲折中发展，科技进步日新月异，综合国力竞争日趋激烈，我国改革发展处在关键时期。面对新的形势和任务，坚持党对中央企业的领导，加强和改进中央企业党建工作，对于大力推进中央企业体制创新、技术创新和管理创新，做强做大中央企业，不断提升国有企业的竞争力，切实增强党的阶级基础和提高党的执政能力，都具有重要意义。

近年来，各级党委和中央企业党组织认真贯彻党的十六大精神和党中央关于加强和改进国有企业党建工作的一系列方针政策，积极探索推进中央企业党建工作的有效途径和方法，使中央企业党建工作呈现出良好的发展势头，在国有资产管理体制改革和中央企业改革发展稳定工作中起到了重要的保证作用。

但也要看到,中央企业党建工作体制机制、方式方法还存在着与现代企业制度要求不相适应的地方,一些同志特别是少数领导干部思想上还存在着淡化企业党组织作用的倾向,一些企业党组织不能有效参与企业重大问题决策,有的企业领导班子和领导人员适应市场经济和管理现代企业的能力不强,有的党员丧失先进性,有的党员领导干部腐败堕落,部分企业的党务干部队伍存在素质不高、后继乏人的问题,等等。这些问题严重影响了企业党组织政治核心作用的发挥,亟需采取有效措施加以解决。

2. 加强和改进中央企业党建工作的指导思想。加强和改进中央企业党建工作,必须坚持以马克思列宁主义、毛泽东思想、邓小平理论和"三个代表"重要思想为指导,坚持解放思想、实事求是、与时俱进,坚持充分发挥企业党组织的政治核心作用,坚持全心全意依靠工人阶级的方针,坚持为国有资产管理体制改革和中央企业改革发展稳定服务;适应现代企业制度的要求,将党的工作与经营管理工作相结合、党管干部和党管人才的原则与市场化选聘人才的机制相结合、从严治党与依法治企相结合、思想政治工作与企业文化建设相结合、发挥职工民主管理作用与维护企业领导人员依法行使经营管理职权相结合;以加强企业领导班子思想政治建设为关键,以建立健全企业党组织充分发挥政治核心作用的有效机制为重点,把维护出资人利益、企业利益和职工群众合法权益统一起来,为实现国有资产保值增值,促进国有资产管理体制改革和中央企业改革发展稳定提供有力的政治保证和组织保证。

3. 加强和改进中央企业党建工作的总体目标和主要任务。总体目标是:努力把企业党组织建设成为贯彻"三个代表"重要思想的组织者、推动者和实践者,成为坚决执行党的路线方针政策,推动中央企业改革发展稳定的坚强政治核心和战斗堡垒。主要任务是:(1)建设一个政治素质好、经营业绩好、团结协作好、作风形象好,致力于为国有企业建功立业,得到职工群众衷心拥护的企业领导班子。(2)建设一支经得起困难和风险考验,在企业改革发展稳定中发挥先锋模范作用的党员队伍。(3)建设一支有理想、有道德、有文化、有纪律,能够熟练掌握相关科技知识和劳动技能的职工队伍。(4)建立一套符合我国国情和适应现代企业制度要求,保证企业党组织充分发挥政治核心作用的工作机制。(5)形成一条加强思想政治工作、企业文化建设和党组织自身建设的有效途径。

二、建立健全企业党组织发挥政治核心作用、参与企业重大问题决策的体制和机制

4. 保证、监督党和国家方针政策在中央企业的贯彻执行。坚持党的领导、

发挥国有企业党组织的政治核心作用是一个重大原则,任何时候都不能动摇。中央企业党组织要在思想上、政治上、行动上与党中央保持高度一致,认真执行党的路线方针政策和国家的法律法规,全面贯彻党中央、国务院关于国有企业改革发展的部署和要求,推动企业按照全面建设小康社会的要求制定实施企业改革发展战略,充分发挥国有经济的主导作用。坚决落实宏观调控的各项政策措施,积极承担党和国家赋予企业的政治责任和社会责任,在重大问题上和突发事件中自觉服从和维护国家利益。进一步增强群众观念,尊重群众的首创精神和实践经验,努力把职工群众改革发展的积极性调动好、发挥好、保护好。

5. 探索参与企业重大问题决策的途径和方式。参与企业重大问题决策是国有企业和集体企业党组织的重要职责,是党组织在企业中发挥政治核心作用的基本途径。党组织参与国有企业重大问题决策的主要内容是:企业发展战略、中长期发展规划,企业生产经营方针、年度财务预算和决算,企业资产重组和资本运作中的重大问题,企业的重要改革方案和重要管理制度的制定、修改,企业重要人事安排及内部机构的设置调整,涉及企业职工切身利益的重大问题等。各企业可以结合实际,把党组织参与企业重大问题决策的内容具体化。

党组织参与企业重大问题决策,要坚持和完善“双向进入、交叉任职”的企业领导体制。国有独资和国有控股公司的党委成员可以通过法定程序分别进入董事会、监事会和经理班子,董事会、监事会、经理班子中的党员可以依照有关规定进入党委会。凡符合条件的,党委书记和董事长可由一人担任,董事长、总经理原则上分设。未设董事会的企业,可以实行党委书记兼任副总经理、总经理兼任党委副书记的交叉任职模式;根据实际情况,党委书记和总经理(厂长)也可由一人担任。已建立法人治理结构的国有独资和国有控股公司,党委会和法人治理结构要通过建立健全议事规则,完善党组织参与企业重大问题决策的程序和工作机制。党组织对重大问题要集体研究,由进入董事会、监事会、经理班子的党委成员通过多种方式分别反映党组织的意见和建议,使党组织的主张在企业决策中得到重视和体现,并把法人治理结构的决策结果反馈给党组织,实现决策的科学民主。同时,充分发挥董事会对重大问题统一决策、监事会有效监督的作用。未设董事会的企业可以采取联席会议方式,由党委成员和经营管理班子成员共同研究决定重大问题。企业党组织要积极推动企业重大问题决策的贯彻落实。企业重大问题决策作出后,党委要发动全体党员,团结带领广大职工,推动决策的实施。党委发现企业重大问题决策不符合党和国家方针政策、法律法规或脱离实际时,应及时提出意见。如得不到纠正,应当向上级反映。

三、切实加强企业领导班子的思想政治建设

6. 抓好企业领导班子成员的理论学习。加强企业领导班子建设,必须始终把思想政治建设放在首位。企业领导班子要深入学习贯彻邓小平理论和"三个代表"重要思想,在武装头脑、指导实践、推动工作上取得扎实成效。重点抓好企业领导班子成员的理论和业务学习,坚持和完善党委中心组学习制度,坚持集体学习与个人自学相结合,丰富学习内容,提高学习质量。建立和落实企业领导班子成员的学习考核机制,促进他们自觉加强理论学习,提高思想政治素质和理论政策水平,把思想认识统一到中央关于坚持社会主义初级阶段基本经济制度、推进国有资产管理体制改革和促进国有企业改革发展稳定的要求上来,进一步坚定搞好中央企业的信心和决心。

7. 推动企业领导班子的民主集中制建设。要探索现代企业制度条件下实行民主集中制的有效途径,坚持把党组织的工作制度与公司法人治理结构的工作规则结合起来,形成靠制度管人、按程序办事的工作机制。按照集体领导、民主集中、个别酝酿、会议决定的原则,完善并严格执行党委内部的议事规则和决策程序,保证协调高效运转,增强班子整体合力。领导班子所有成员要加强沟通,自觉维护班子团结。领导班子主要负责人要增强民主意识,善于集中班子成员的智慧,发挥集体领导的作用,不能独断专行。领导班子其他成员要增强大局意识,尊重和支持主要负责人履行职责,不能自行其是。坚持和完善企业领导人员双重组织生活制度,领导班子成员是党员的都要主动参加所在党支部的组织生活。把开好民主生活会作为加强企业领导班子思想政治建设的有效措施,坚持每年至少召开一次民主生活会。上级党组织要加强指导,派人参加下级党组织的民主生活会。民主生活会结束后,要向上级党组织写出书面报告,有关整改措施要在一定范围内通报,以便接受监督。

8. 加强企业领导班子作风建设。企业领导班子成员要牢记"两个务必",大力发扬求真务实、开拓创新、团结奉献的优良作风,坚持勤俭办企业,坚决反对和摒弃弄虚作假、急功近利、铺张浪费的不良风气。建立健全激励企业领导班子求真务实的机制。把贯彻落实科学发展观和正确政绩观的情况作为考核企业领导班子的重要内容,既要看企业当年生产经营业绩,也要看企业可持续发展能力;既要看企业的改革力度和发展速度,也要看企业的稳定程度;既要看企业的经济效益,也要看企业的文明状况和职工队伍的精神面貌;既要看企业领导班子经营管理能力,也要看企业领导班子思想作风和廉洁自律情况。

9. 提高企业负责人的业务素质。按照中央关于大规模培训干部的部署,着眼于全面提高企业负责人的业务素质,研究制定培训规划,认真做好培训工

作。加强现代企业管理、国际经济以及各类专业技术培训,有针对性地开展树立和落实科学发展观、振兴东北地区等老工业基地、推进西部大开发等专题培训。在充分利用各级党校、行政学院等培训机构的同时,积极拓宽到国际知名院校、跨国公司培训的渠道。坚持教育培训与实践锻炼并重,推进企业之间、企业与党政机关之间、企业与事业单位之间的人才交流。选派优秀经营管理人员到知名企业、政府宏观经济管理部门、国家重点工程、西部地区、老工业基地、革命老区挂职锻炼,努力造就一大批高素质的企业家。

四、不断加强企业人才队伍建设

10. 建立与现代企业制度要求相适应的选人用人新机制。党组织参与企业中层以上管理人员的选拔任用和管理监督工作,是党管干部原则在企业的具体体现。选拔任用企业中层以上管理人员,必须全面贯彻干部队伍"四化"方针和德才兼备、注重实绩、群众公认的原则,坚持任人唯贤,反对任人唯亲。把党管干部原则和董事会依法选择经营管理者以及经营管理者依法行使用人权结合起来,把组织考察推荐与市场化选聘经营管理者结合起来,按照管资产和管人、管事相结合的要求,建立和完善企业负责人任免管理制度和办法。列入中央管理和国资委党委管理的中央企业负责人的任免按照现行有关规定办理。企业重要经营管理人员的任免必须经组织人事部门考察,党委研究提出意见和建议,董事会和经营管理者依法行使用人权。党组织的主要职责是确定用人标准,研究推荐人选,严格组织考察,完善评价体系,加强监督管理。企业党委成员、纪委负责人以及工会负责人的任免按照有关规定办理。积极探索通过内部竞争上岗、社会公开招聘等方式选聘企业经营管理人员,中央企业所属的二级、三级企业,具备条件的都可推行竞争上岗,逐步使竞争上岗成为选拔经营管理者的重要方式。

11. 坚持党委对人才工作的领导。贯彻党管人才原则,按照管宏观、管政策、管协调、管服务的要求,全面推进人才强企战略。制定并实施企业人才队伍建设规划,重点抓好培养、吸引和使用三个环节,努力造就国有资产出资人代表、经营管理者、科技人才、思想政治工作者和高技能人才队伍。建立健全以品德、知识、能力和业绩为导向的考核评价体系和选用标准,树立正确的用人导向,及时发现和大胆使用政治上靠得住、工作上有本事、作风上过得硬的优秀人才。积极开发利用国内国际两种人才资源,逐步建立企业人才库,努力使中央企业成为各类优秀人才的聚集地。

12. 营造各类人才发挥作用的良好环境。企业党组织要大力倡导尊重劳动、尊重知识、尊重人才、尊重创造的风气,积极宣传党的人才工作方针政策,宣传各类人才的先进事迹,激发各类人才的光荣感、使命感和责任感,营造选拔使用人才不唯学历、不唯职称、不唯资历、不唯身份、人人都能成才的氛围。企业党组织要建立与骨干人才的联系制度,努力为各类人才提供良好的工作与生活条件。建立健全以考核评价为基础,岗位责任、风险与工作业绩挂钩,短期激励与中长期激励相结合,物质激励与精神鼓励相结合的激励约束机制,加大对关键岗位、优秀人才的薪酬激励力度。企业党组织要加强对包括企业负责人薪酬在内的企业薪酬制度的监督。

五、积极推进企业党风建设和反腐倡廉工作

13. 做好企业党风建设和反腐倡廉各项重点工作。围绕国有资产保值增值和中央企业改革发展稳定,建立与现代企业制度相适应的教育、制度、监督并重的惩治与预防腐败的体制机制。企业党组织要深入开展党规党纪教育,运用正反两方面典型开展示范教育和警示教育。认真抓好企业负责人廉洁自律工作,完善企业负责人廉洁自律制度和规定,规范企业负责人从业行为。严肃查办各类违纪违法案件,特别要查办在企业资产重组、改制和破产中国有资产流失的案件。结合企业重大改革措施出台、重要项目实施、大额度资金调度等开展效能监察,及时发现经营管理的薄弱环节,完善规章制度,提高管理水平和效益。

14. 建立健全监督机制。认真贯彻落实《中国共产党党内监督条例(试行)》,加强对企业党组织遵守党的章程和党内法规、执行党的路线方针政策和上级党组织的工作部署、企业党风建设和贯彻落实民主集中制情况的监督。完善内部监督体系,充分运用监事会监督、职工民主监督,以及财务、审计、纪检监察、企业法律顾问监督等手段,强化对企业贯彻执行国家方针政策和重大战略部署的监督。加强对骨干企业的监督检查,加大对资产量大、问题较多企业的监督检查力度,有效防范和化解风险,维护国有资产安全。建立健全企业党风建设责任制,严格责任追究制度。

15. 加强对企业负责人的监督。党组织要加强对企业负责人遵守政治纪律、组织纪律、经济工作纪律、群众工作纪律情况的监督,教育和引导企业负责人自觉服从出资人监督、内部监督、法律监督、行政监督、社会监督。建立完善企业负责人述职述廉、重大事项报告、谈话诫勉制度以及任前公示、任职和公务回避制度。建立企业负责人任期经济责任审计和责任追究制度,强化对企业负责人用权行为的监督。加强对企业重点环节和部位的监督,特别要加强对企业决策、财务管理、产品销售和物资采购、工程招投标和在建项目管理、企业改组改制和产权变更与交易、选人用人等重要环节的监督,建立结构合理、配置科学、程序严密、制约有力、运转高效的权力运行机制，规范企业负责人的用权行为。保护企业负责人改革创新、严格管理的积极性。

六、着力提高企业思想政治工作和精神文明建设水平

16. 认真做好企业思想政治工作。企业党组织要把培养有理想、有道德、有文化、有纪律的职工队伍，作为企业思想政治工作和精神文明建设的根本任务，努力提高职工的思想道德素质和科学文化素质。坚持以人为本，尊重人、关心人、理解人、帮助人，把思想教育和严格管理结合起来，把解决思想问题与解决实际问题结合起来。加强对企业职工理想信念教育、形势任务教育和职业道德教育，大力弘扬爱岗敬业、艰苦奋斗精神，引导职工树立与社会主义市场经济相适应的思想道德和价值观念。积极利用互联网等先进技术手段加强和改进职工宣传教育工作，增强思想政治工作的针对性和实效性。

17. 扎实推进企业文化建设。党组织要加强对企业文化建设的领导，把企业文化建设融入企业管理、思想政治工作和精神文明建设的全过程，制定并实施企业文化建设战略，以爱国奉献为追求，以人本管理为核心，以服务发展为宗旨，以学习创新为动力，建立具有时代气息、健康向上、各具特色的企业文化。按照社会主义精神文明建设的要求，着眼于增强企业竞争力，从社会主义市场经济实践中，总结提炼为广大职工所认同的企业精神、经营理念、经营宗旨、价值观念和行为准则，增强企业凝聚力，激发职工创造力。建设学习型企业，培养学习型职工，全面提高职工素质，形成诚实守信、服务优良、行为规范、道德高尚的企业精神。在企业文化建设实践中，积极打造企业品牌，提升企业信誉，树立报效祖国、服务社会、回报股东、关爱职工的企业形象。深入开展内容丰富、形式多样、职工群众喜闻乐见的精神文明创建活动，倡导文明、健康、科学的生活方式，自觉抵制各种腐朽思想和邪教思想的侵蚀。

18. 努力维护企业和社会稳定。科学把握企业改革力度和发展速度，充分考虑职工群众和社会的承受能力，使改革在稳定的环境中有序推进。改革方案的制定要集思广益、周密设计，改革措施的出台要选择时机，改革政策的执行要连续规范。企业党组织要深入细致地做好企业改革进程中的思想政治工作，努力解决职工面临的实际困难，使广大职工群众理解、支持改革，积极参与改革。落实稳定工作责任制，企业主要负责人对稳定工作负全责。充分发挥企业基层党组织和广大党员的作用，把矛盾化解在基层。制定处置突发事件预案，防止和妥善处置群体性聚集或群体性上访事件。企业党组织要加强与企业所在地方党委、政府的沟通联系，建立维护稳定工作机制，配合地方党委、政府做好下岗职工基本生活费发放向失业保险并轨、再就业和社会保障等工作，维护企业和社会稳定。高度重视、切实做好安全生产宣传教育工作,防止重特大安全事故发生。

七、探索现代企业制度下发挥职工民主管理作用、维护职工合法权益的有效途径

19. 完善以职工代表大会为基本形式的企业民主管理制度。企业党组织要支持和保证职工代表大会依法行使各项职权。企业重大决策必须及时向职工代表通报,企业重大改革措施出台前必须广泛征求职工意见,涉及职工切身利益的重大事项必须提请职工代表大会审议通过。国有独资或国有控股企业改制为非国有企业的方案,必须提交职工代表大会讨论,其中职工安置方案要经过职工代表大会审议通过后方可实施。企业领导班子和主要负责人必须向职工代表大会报告履行职责和廉洁自律的情况,并由职工代表进行民主评议。建立职工董事、职工监事制度,职工董事、职工监事由职工民主选举产生。加强职工代表培训,提高职工民主管理素质和水平。正确处理职工民主管理与企业负责人依法管理的关系,既要尊重维护职工的合法权益,发挥职工民主管理和监督的积极作用,也要尊重维护出资人权益,支持企业负责人依法行使经营管理权力,发挥企业负责人在企业改革发展稳定中的关键性作用。

20. 深入开展厂务公开工作。进一步健全厂务公开的领导体制和工作机制,完善厂务公开的内容和方式,提高厂务公开的实效。除国家法律法规规定的保密事项和企业科技、商业秘密外,企业重大事项都应向职工公开。从企业实际出发,从职工最为关心的问题入手,重点抓好企业改革发展稳定和生产经营中的重点难点、关系职工群众切身利益、企业负责人廉洁自律等情况的公开。

21. 依法维护职工合法权益。企业党组织要认真贯彻《中华人民共和国工会法》、《中华人民共和国劳动法》等法律法规,依法保障和维护职工的合法权益。企业工会组织要积极履行维护职工合法权益的基本职责,从维护职工根本利益出发,协调出资人、企业与职工之间的关系,处理好各种矛盾与纠纷。企业党组织要监督劳动合同制度的执行,推行平等协商和集体合同制度,建立协调稳定的劳动关系和劳动关系预警协调机制。探索完善维权和帮困救助工作机制,注意倾听职工呼声,落实帮困救助各项措施,帮助职工特别是困难职工解决工作生活上的实际困难。

八、以改革的精神加强和改进企业党组织自身建设

22. 建立健全党的组织。中央企业及其所属企业包括国有参股企业,都要设立党的组织,建立党的工作机构,配备必要的工作人员,保证党组织正常开展活动的必要条件,并按时进行换届改选。要做到新建经济组织的同时建立党组织，调整经营管理组织的同时调整党组织的设置，配备经营管理人员的同时配备党务工作人员。股份公司、中外合资企业要在企业章程或相关协议中明确党组织的机构设置、人员编制、活动方式和经费保障等条款。驻国（境）外企业要根据党员人数，从当地环境和企业实际出发，按照灵活、简便、安全、保密的要求，建立党的组织，开展党的工作。

23. 合理设置党组织工作机构和配备党务工作人员。要本着精干、高效、协调和有利于加强党的工作的原则设置企业党组织内部机构。大型企业党委根据工作需要设立党委办公室和组织、宣传等工作部门。中小型企业党的工作部门可以单独设立，也可以与职能相近的企业行政工作部门合署办公。根据党章规定设立纪委及工作机构。按照稳定队伍、优化结构、提高素质的要求，努力建设一支梯次合理、善于围绕企业生产经营开展党建工作的复合型党务工作队伍。企业党委工作机构和人员必须纳入企业管理机构和人员编制，党组织活动经费从企业管理费中列支部分必须得到保证。逐步建立党务工作人员工作责任制和考核制，并纳入企业管理人员责任考核体系，其待遇和奖惩原则上与同一层次经营管理人员一视同仁。党务工作人员与经营管理人员要进行必要的岗位交流。

24. 加强基层党组织和党员队伍建设。注重加强党支部建设，创新活动载体，增强工作活力，充分发挥党支部的战斗堡垒作用。结合企业实际，深入开展保持共产党员先进性教育活动和党内主题教育活动，建立先进基层党组织、优秀共产党员和优秀党务工作者定期评比表彰机制。努力提高党员素质，充分发挥党员的先锋模范作用。切实做好党员管理工作，针对不同岗位党员的情况，探索分类管理的有效办法。在企业改制重组和实施关闭破产过程中，党组织要注意做好下岗职工和有偿解除劳动关系职工中党员的管理工作，在新的接收单位未落实前，要继续管理好这部分党员。注意吸收优秀专业技术人员、生产经营一线优秀职工特别是优秀青年职工入党。努力把符合条件的生产经营骨干培养成党员，把党员培养成生产经营骨干，使党员成为企业的优秀人力资源。力争用三年左右时间，使中央企业绝大多数班组有党员。

25. 加强和改进党组织对群众工作的领导。企业党组织要定期听取工会、共青团等群众组织和统战工作汇报，及时研究解决他们工作中的问题。坚持党建带工建、带团建，充分发挥群众组织联系广大职工的桥梁纽带作用。认真做好统战工作。企业工会、共青团等群众组织要在党组织领导下，按照法律和各自的章程创造性地开展工作，为企业改革发展稳定大局服务。

九、进一步加强对中央企业党建工作的领导

26. 理顺中央企业党组织的隶属关系。中央组织部负责对中央企业和全国其他国有企业党的建设工作的宏观指导,国务院国资委党委负责中央企业党的建设工作。按照《中共中央关于成立中共国务院国有资产监督管理委员会委员会有关问题的通知》(中发〔2003〕6 号)精神,理顺中央企业党组织领导关系。领导机构在京的中央企业,其党组织由国务院国资委党委领导。领导机构在京外的中央企业,其党组织由所在地的市(地)以上党委领导,党建工作以地方党委领导为主,国务院国资委党委协助。中央企业集团领导机构与其所属企业党的关系在不同省(区、市)的,下属企业党组织由地方党委和企业集团党组织双重领导,以地方党委为主。中央企业集团领导机构与其所属企业党的关系在同一省(区、市),因情况特殊确需由企业集团党组织垂直领导的,由企业集团党组织与下属企业所在地的地方党委协商确定。中央企业之间出资组成的合资企业,其党组织由控股企业党组织领导;中央企业与地方企业合资组建的企业,其党组织隶属关系由合资双方协商确定。

27. 建立健全中央企业党建工作责任制。落实中央企业党建工作各项任务,企业的上级党组织负有领导责任,企业党组织负有直接责任。企业上级党组织要认真制定加强企业党建工作的规划、目标、措施,加强企业领导班子思想政治建设和所管企业领导人员的管理,督促检查所管企业党建工作责任制的落实。要健全企业党委抓党建、书记带头抓党建、党委各有关部门齐抓共管,一级抓一级,一级带一级的企业党建工作格局。企业领导人员管理部门要定期对企业领导班子思想政治建设情况进行研究分析,查找存在问题,有针对性地提出改进措施。企业党委书记是党建工作第一责任人,要把党建工作状况作为考核企业党委工作业绩的主要内容和党委书记任免奖惩的重要依据。兼任党内职务的企业负责人要坚持"一岗双责",积极支持党委的工作,主动向党委汇报各自主管、分管的工作,接受党委的集体领导。

28. 积极探索加强和改进中央企业党建工作的新路子。做好中央企业党建工作,重点在改进、关键在创新、目的在加强。在改革国有资产管理体制和完善现代企业制度的进程中,要针对国有企业党建工作中面临的新情况、新问题,加强企业党建工作理论研究,及时总结实践经验,着力解决企业党建工作的热点和难点问题。按照中央确立的原则积极探索,使中央企业党建工作在改进中加强,在创新中发展。

29. 企业党组要切实承担起加强和改进企业党建工作的责任。设立党组的中央企业,企业党组要根据党章规定,认真履行职责,完成党和国家交给的任

务。要根据中央有关文件和本《意见》精神，适应建立现代企业制度的要求，完善工作机制，结合企业实际，研究制定具体措施，切实承担起加强和改进企业党建工作的责任，把中央的要求落到实处。

中共中央办公厅、国务院办公厅关于进一步推行政务公开的意见

(2005年3月24日)

为深入贯彻落实党的十六大和十六届四中全会精神,发展社会主义民主,保障人民群众的民主权利,提高依法行政水平,加强对行政权力的监督,经党中央、国务院同意,现就进一步推行政务公开提出如下意见。

一、提高对推行政务公开重要意义的认识

推行政务公开是实践"三个代表"重要思想,坚持立党为公、执政为民,加强党的执政能力建设的具体体现;是坚持和发展社会主义民主,建设社会主义政治文明,构建社会主义和谐社会的必然要求;是落实依法治国基本方略,推进依法行政,建设法治政府的重要举措;是建立健全惩治和预防腐败体系,形成行为规范、运转协调、公正透明、廉洁高效的行政管理体制的重要内容。

党中央、国务院对推行政务公开十分重视。党的十五大、十六大都明确提出要推行政务公开。2000年12月,中共中央办公厅、国务院办公厅发出《关于在全国乡镇政权机关全面推行政务公开制度的通知》(中办发〔2000〕25号),对乡(镇)政务公开作出部署,对县(市)级以上政务公开提出了要求。2004年3月,国务院印发《全面推进依法行政实施纲要》(国发〔2004〕10号),把行政决策、行政管理和政府信息的公开作为推进依法行政的重要内容。2005年1月,党中央印发《建立健全教育、制度、监督并重的惩治和预防腐败体系实施纲要》(中发〔2005〕3号),明确提出"健全政务公开、厂务公开、村务公开制度"。各地区各部门按照中央的要求,结合实际,狠抓落实,积极探索,不断创新,政务公开稳步推行,发展势头良好。政务公开的推行,拓宽了群众参政议政的渠道,加强了对政府行政行为的监督,推进了依法行政,密切了党群干群关系,促进了勤政廉政建设,得到人民群众的拥护和支持。

当前,政务公开工作与完善社会主义市场经济体制、推进社会主义民主法制建设的要求在一些方面还不能完全适应,主要是:有的领导干部对政务公开的重要性认识不足,推行政务公开的力度不够;一些行政机关工作人员依法行政的观念和政务公开的意识还比较淡薄,依法行政的能力和水平有待进一步提高;有的地区和部门政务公开制度不健全,程序不规范,工作不落实,甚至存在

形式主义倾向。这些问题在一定程度上影响了政务公开工作的落实，妨碍了人民群众知情权、参与权和监督权的行使。社会主义民主政治的不断发展和依法行政的全面推进，对政务公开工作提出了更高的要求，各级领导干部和行政机关工作人员要切实提高对进一步推行政务公开重要意义的认识，以与时俱进、求真务实的精神，进一步把政务公开工作抓紧抓好。

二、明确推行政务公开的指导思想、基本原则和工作目标

推行政务公开要以邓小平理论和"三个代表"重要思想为指导，深入贯彻党的十六大、十六届四中全会和《全面推进依法行政实施纲要》精神，以保障人民群众的民主权利、维护人民群众的根本利益为出发点和落脚点，提高行政机关行政行为的透明度和办事效率，切实加强对行政权力的监督，推动行政管理体制改革，促进依法行政，更好地为改革发展稳定的大局服务。

推行政务公开要坚持严格依法、全面真实、及时便民的原则。要严格按照法律法规和有关政策规定，对各类行政管理和公共服务事项，除涉及国家秘密和依法受到保护的商业秘密、个人隐私之外，都要如实公开。要按照规定的制度和程序，对应该公开的事项，采用方便、快捷的方式及时公开。

推行政务公开的工作目标，要与深化行政管理体制改革和全面推进依法行政、建设法治政府的目标和进程相一致。经过不懈努力，使政务公开成为各级政府施政的一项基本制度，政府工作透明度不断提高，政府与群众沟通的渠道更加畅通，人民群众的知情权、参与权和监督权等民主权利得到切实保障。

三、进一步推行政务公开的主要任务、重点内容和形式

进一步推行政务公开要统筹规划，突出重点，切合实际，稳步实施。要适应经济社会发展和社会主义民主法制建设的要求，明确政务公开的内容和形式，增强政务公开的针对性和有效性。

各地区各部门要结合实际，确定进一步推行政务公开的主要任务。乡（镇）要继续贯彻中办发〔2000〕25号文件精神，切实把各项要求落到实处。县（市）和市（地）级行政机关要规范和完善政务公开的内容、程序、形式和监督保障措施，全面推行政务公开；省级人民政府及其工作部门和国务院各部门要明确政务公开的内容和形式，并加强对本地区本系统政务公开工作的规划和指导。

要把人民群众普遍关心、涉及人民群众切身利益的问题作为政务公开的重点内容，围绕行政主体基本情况和行政决策、执行、监督的程序、方法、结果等事项，不断拓展政务公开的内容。乡（镇）要重点公开其贯彻落实中央有关农村工作政策，以及财政、财务收支，各类专项资金、财政转移支付资金使用，筹资筹劳等情况。县(市)、市(地)要重点公开本地区城乡发展规划,财政预决算报告,重大项目审批和实施,行政许可事项办理,政府采购,征地拆迁和经营性土地使用权出让,矿产资源开发和利用,税费征收和减免政策的执行,突发公共事件的预警、发生和处置等情况。省级人民政府及其工作部门要重点公开本地区本部门经济建设和社会发展的相关政策与总体规划,财政预决算报告,行政许可事项的设定、调整、取消以及行政许可事项办理,国有企业重组改制、产权交易等情况。国务院各部门要结合实际,确定公开的重点内容。各地区各部门要编制本地区本系统政务公开内容的详细目录,分类向社会或在单位内部公开。

要完善政府新闻发布制度,通过政府新闻发布会定期发布政务信息;继续通过政府公报、政务公开栏、公开办事指南和其他形式公开政务;充分利用报刊、广播、电视、网络等媒体,发挥其在政务公开中的作用;积极探索通过社会公示、听证和专家咨询、论证以及邀请人民群众旁听政府有关会议等形式,对行政决策的过程和结果予以公开;通过各类综合或专项行政服务中心,对行政许可、公共服务等事项予以公开;加强政府网站建设,推进电子政务,逐步扩大网上审批、查询、交费、办证、咨询、投诉、求助等服务项目的范围,为人民群众提供快捷、方便的服务。

四、建立健全政务公开的法规制度

要加强制度建设,严格按制度办事,保障政务公开规范运行。要积极探索和推进政务公开的立法工作,抓紧制定《政府信息公开条例》。条件成熟的地区和部门要研究制定地方性法规或规章,逐步把政务公开纳入法制化轨道。

要建立健全主动公开和依申请公开制度。对于应当让社会公众广泛知晓或参与的事项,要及时主动向社会公开。暂时不宜公开或不能公开的,要报上级主管机关备案。公开事项如变更、撤销或终止,要及时公布并作出说明。对于只涉及部分人和事的事项,要按照规定程序,向申请人公开,确实不能公开的要及时做好解释说明工作。

要建立健全政务公开评议制度。把政务公开纳入社会评议政风、行风的范围,组织人民群众对政务公开的内容是否真实、准确、全面,时间是否及时,程序是否符合规定,制度是否落实到位等进行评议。

要建立健全政务公开责任追究制度,明确政务公开工作各部门和单位的责任。对工作不力、搞形式主义的,要严肃批评,限期整改;对弄虚作假、侵犯群众民主权利、损害群众合法利益、造成严重后果的,要严肃查处。

五、切实加强对政务公开工作的组织领导

各级党委和政府要高度重视政务公开工作,切实加强领导,把政务公开工作列入议事日程，研究和解决工作中的重要问题。各地区各部门要设立政务公开工作领导机构及其办事机构，指导、协调政务公开的各项工作。地方各级人民政府和国务院各部门以及法律法规授权或行政机关依法委托行使行政权力的组织，是实施政务公开的责任主体。实行垂直领导和双重领导的部门，要按照本系统的要求，在当地党委和政府的领导下开展政务公开工作。要加强对行政机关工作人员的培训，为推行政务公开提供智力和技术支持。要加强宣传教育，营造推行政务公开的氛围，引导人民群众正确行使民主权利，参与政务公开的实践活动。

地方各级人民政府和国务院各部门要自觉接受同级人大及其常委会和政协对政务公开工作的监督；认真听取群众团体和人民群众对政务公开的意见和建议，接受人民群众和新闻媒体的监督。上级行政机关要加强对下级行政机关政务公开工作的层级监督。监察、审计等机关要按照各自的职责，对政务公开工作实行专门监督。要把政务公开作为行政机关目标考核的重要内容，各地区各部门要制定具体考核办法，明确考核标准，定期考评检查，促进政务公开工作的落实。

党的干部

中共中央、国务院、中央军委关于印发《军队转业干部安置暂行办法》的通知

(2001 年 1 月 19 日)

现将《军队转业干部安置暂行办法》印发给你们,请遵照执行。

《军队转业干部安置暂行办法》的颁布实施,是党和国家干部人事制度改革的一项重大举措,是建立适应社会主义市场经济需要的有中国特色退役军官安置制度的具体步骤,对于进一步做好军队转业干部安置工作,实现人才资源的合理配置,促进经济和社会发展,加强国防和军队建设,都具有十分重要的意义。各级党委、政府和军队各级组织,要从党和国家的根本利益出发,统一思想,加强领导和督促检查,及时研究解决工作中遇到的矛盾和问题,切实把《军队转业干部安置暂行办法》贯彻落实好。各有关部门要精心组织,密切配合,按照中央的要求,无论对计划分配的军队转业干部,还是对自主择业的军队转业干部,都要妥善安置,使他们人尽其才,各得其所。广大军队转业干部要保持和发扬人民解放军的优良传统,服从大局,支持改革,体谅国家和地方的困难,自觉听从组织安排,努力在新的工作岗位上,为社会主义现代化建设作出新的贡献。

各地区、各部门在执行中有什么问题和建议,请及时报告。

军队转业干部安置暂行办法

第一章　总　　则

第一条　为了做好军队转业干部安置工作,加强国防和军队建设,促进经济和社会发展,保持社会稳定,根据《中华人民共和国国防法》、《中华人民共和

国兵役法》和其他有关法律法规的规定，制定本办法。

第二条 本办法所称军队转业干部，是指退出现役作转业安置的军官和文职干部。

第三条 军队转业干部是党和国家干部队伍的组成部分，是重要的人才资源，是社会主义现代化建设的重要力量。

军队转业干部为国防事业、军队建设作出了牺牲和贡献，应当受到国家和社会的尊重、优待。

第四条 军队干部转业到地方工作，是国家和军队的一项重要制度。国家对军队转业干部实行计划分配和自主择业相结合的方式安置。

计划分配的军队转业干部由党委、政府负责安排工作和职务；自主择业的军队转业干部由政府协助就业、发给退役金。

第五条 军队转业干部安置工作，坚持为经济社会发展和军队建设服务的方针，贯彻妥善安置、合理使用、人尽其才、各得其所的原则。

第六条 国家设立军队转业干部安置工作机构，在中共中央、国务院、中央军事委员会领导下，负责全国军队转业干部安置工作。

省（自治区、直辖市）设立相应的军队转业干部安置工作机构，负责本行政区域的军队转业干部安置工作。市（地）可以根据实际情况设立军队转业干部安置工作机构。

第七条 解放军总政治部统一管理全军干部转业工作。

军队团级以上单位党委和政治机关负责本单位干部转业工作。

省军区（卫戍区、警备区）负责全军转业到所在省、自治区、直辖市干部的移交，并配合当地党委、政府做好军队转业干部安置工作。

第八条 接收、安置军队转业干部是一项重要的政治任务，是全社会的共同责任。党和国家机关、团体、企业事业单位，应当按照国家有关规定，按时完成军队转业干部安置任务。

第九条 军队转业干部应当保持和发扬人民军队的优良传统，适应国家经济和社会发展的需要，服从组织安排，努力学习，积极进取，为社会主义现代化建设贡献力量。

第十条 对在社会主义现代化建设中贡献突出的军队转业干部和在军队转业干部安置工作中做出显著成绩的单位、个人，国家和军队给予表彰奖励。

第二章 转业安置计划

第十一条 全国的军队转业干部安置计划，由国家军队转业干部安置工作主管部门会同解放军总政治部编制下达。

省(自治区、直辖市)的军队转业干部安置计划,由省(自治区、直辖市)军队转业干部安置工作主管部门编制下达。

中央和国家机关及其管理的在京企业事业单位军队转业干部安置计划,由国家军队转业干部安置工作主管部门编制下达。

中央和国家机关京外直属机构、企业事业单位的军队转业干部安置计划,由所在省(自治区、直辖市)军队转业干部安置工作主管部门编制下达。

第十二条 担任团级以下职务(含处级以下文职干部和享受相当待遇的专业技术干部,下同)的军队干部,有下列情形之一的,列入军队干部转业安置计划:

(一)达到平时服现役最高年龄的;

(二)受军队编制员额限制不能调整使用的;

(三)因身体状况不能坚持军队正常工作但能够适应地方工作的;

(四)其他原因需要退出现役作转业安置的。

第十三条 担任团级以下职务的军队干部,有下列情形之一的,不列入军队干部转业安置计划:

(一)年龄超过50周岁的;

(二)二等甲级以上伤残的;

(三)患有严重疾病,经驻军医院以上医院诊断确认,不能坚持正常工作的;

(四)受审查尚未作出结论或者留党察看期未满的;

(五)故意犯罪受刑事处罚的;

(六)被开除党籍或者受劳动教养丧失干部资格的;

(七)其他原因不宜作转业安置的。

第十四条 担任师级职务(含局级文职干部,下同)或高级专业技术职务的军队干部,年龄50周岁以下的,本人申请,经批准可以安排转业,列入军队干部转业安置计划。

担任师级职务或高级专业技术职务的军队干部,年龄超过50周岁、地方工作需要的,可以批准转业,另行办理。

第十五条 因军队体制、编制调整或者国家经济社会发展需要,成建制成批军队干部的转业安置,由解放军总政治部与国家军队转业干部安置工作主管部门协商办理。

中央和国家机关及其管理的在京企业事业单位计划外选调军队干部,经大军区级单位政治机关审核并报解放军总政治部批准转业后,由国家军队转业干部安置工作主管部门办理审批。

第三章 安置地点

第十六条 军队转业干部一般由其原籍或者入伍时所在省(自治区、直辖市)安置,也可以到配偶随军前或者结婚时常住户口所在地安置。

第十七条 配偶已随军的军队转业干部,具备下列条件之一的,可以到配偶常住户口所在地安置:

(一)配偶取得北京市常住户口满4年的;

(二)配偶取得上海市常住户口满3年的;

(三)配偶取得天津市、重庆市和省会(自治区首府)城市、副省级城市常住户口满2年的;

(四)配偶取得其他城市常住户口的。

第十八条 父母身边无子女或者配偶为独生子女的军队转业干部,可以到其父母或者配偶父母常住户口所在地安置。未婚的军队转业干部可以到其父母常住户口所在地安置。

父母双方或者一方为军人且长期在边远艰苦地区工作的军队转业干部,可以到父母原籍、入伍地或者父母离退休安置地安置。

第十九条 军队转业干部具备下列条件之一的,可以到配偶常住户口所在地安置,也可以到其父母或者配偶父母、本人子女常住户口所在地安置:

(一)自主择业的;

(二)在边远艰苦地区或者从事飞行、舰艇工作满10年的;

(三)战时获三等功、平时获二等功以上奖励的;

(四)因战因公致残的。

第二十条 夫妇同为军队干部且同时转业的,可以到任何一方的原籍或者入伍地安置,也可以到符合配偶随军条件的一方所在地安置;一方转业,留队一方符合配偶随军条件的,转业一方可以到留队一方所在地安置。

第二十一条 因国家重点工程、重点建设项目、新建扩建单位以及其他工作需要的军队转业干部,经接收单位所在省(自治区、直辖市)军队转业干部安置工作主管部门批准,可以跨省(自治区、直辖市)安置。

符合安置地吸引人才特殊政策规定条件的军队转业干部,可以到该地区安置。

第四章　工作分配与就业

第二十二条　担任师级职务的军队转业干部或者担任营级以下职务(含科级以下文职干部和享受相当待遇的专业技术干部,下同)且军龄不满20年的军队转业干部,由党委、政府采取计划分配的方式安置。

担任团级职务的军队转业干部或者担任营级职务且军龄满20年的军队转业干部,可以选择计划分配或者自主择业的方式安置。

第二十三条　计划分配的军队转业干部,党委、政府应当根据其德才条件和在军队的职务等级、贡献、专长安排工作和职务。

担任师级领导职务或者担任团级领导职务且任职满最低年限的军队转业干部,一般安排相应的领导职务。接收师、团级职务军队转业干部人数较多、安排领导职务确有困难的地区,可以安排相应的非领导职务。

其他担任师、团级职务或者担任营级领导职务且任职满最低年限的军队转业干部,参照上述规定,合理安排。

第二十四条　各省、自治区、直辖市应当制定优惠的政策措施,鼓励军队转业干部到艰苦地区和基层单位工作。

对自愿到边远艰苦地区工作的军队转业干部,应当安排相应的领导职务,德才优秀的可以提职安排。

在西藏或者其他海拔3500米以上地区连续工作满5年的军队转业干部,应当安排相应的领导职务或者非领导职务,对正职领导干部安排正职确有困难的,可以安排同级副职。

第二十五条　各地区、各部门、各单位应当采取使用空出的领导职位、按规定增加非领导职数或者先进后出、带编分配等办法,安排好师、团级职务军队转业干部的工作和职务。

党和国家机关按照军队转业干部安置计划数的15%增加行政编制,所增加的编制主要用于安排师、团级职务军队转业干部。

各地区、各部门、各单位应当把师、团级职务军队转业干部的安排与领导班子建设通盘考虑,有计划地选调师、团级职务军队转业干部,安排到市(地)、县(市)级领导班子或者事业单位、国有大中型企业领导班子任职。

第二十六条　担任专业技术职务的军队转业干部,一般应当按照其在军队担任的专业技术职务或者国家承认的专业技术资格,聘任相应的专业技术职务;工作需要的可以安排行政职务。

担任行政职务并兼任专业技术职务的军队转业干部,根据地方工作需要和本人志愿,可以安排相应的行政职务或者聘任相应的专业技术职务。

第二十七条 国家下达的机关、团体、事业单位的年度增人计划,应当首先用于安置军队转业干部。编制满员的事业单位接收安置军队转业干部,按照实际接收人数相应增加编制,并据此增加人员工资总额计划。

第二十八条 党和国家机关接收计划分配的军队转业干部,按照干部管理权限,在主管部门的组织、指导下,对担任师、团级职务的,采取考核选调等办法安置;对担任营级以下职务的,采取考试考核和双向选择等办法安置。对有的岗位,也可以在军队转业干部中采取竞争上岗的办法安置。

第二十九条 对计划分配到事业单位的军队转业干部,参照其军队职务等级安排相应的管理或者专业技术工作岗位,并给予3年适应期。

企业接收军队转业干部,由军队转业干部安置工作主管部门编制计划,根据军队转业干部本人志愿进行分配,企业安排管理或者专业技术工作岗位,并给予2年适应期。

军队转业干部可以按照有关规定与用人单位签订无固定期限或者有固定期限劳动、聘用合同,用人单位不得违约解聘、辞退或者解除劳动、聘用合同。

第三十条 中央和国家机关京外直属机构、企业事业单位,应当按时完成所在地党委、政府下达的军队转业干部安置任务。需要增加编制、职数和工资总额的,其上级主管部门应当予以支持。

第三十一条 对自主择业的军队转业干部,安置地政府应当采取提供政策咨询、组织就业培训、拓宽就业渠道、向用人单位推荐、纳入人才市场等措施,为其就业创造条件。

第三十二条 党和国家机关、团体、企业事业单位在社会上招聘录用人员时,对适合军队转业干部工作的岗位,应当优先录用、聘用自主择业的军队转业干部。

第三十三条 对从事个体经营或者创办经济实体的自主择业的军队转业干部,安置地政府应当在政策上给予扶持,金融、工商、税务等部门,应当视情提供低息贷款,及时核发营业执照,按照社会再就业人员的有关规定减免营业税、所得税等税费。

第五章　待　遇

第三十四条 计划分配到党和国家机关、团体、事业单位的军队转业干部,其工资待遇按照不低于接收安置单位与其军队职务等级相应或者同等条件人员的标准确定,津贴、补贴、奖金以及其他生活福利待遇,按照国家有关规定执行。

第三十五条 计划分配到党和国家机关、团体、事业单位的军队转业干部，退休时的职务等级低于转业时军队职务等级的，享受所在单位与其转业时军队职务等级相应或者同等条件人员的退休待遇。

本条规定不适用于到地方后受降级以上处分的军队转业干部。

第三十六条 计划分配到企业的军队转业干部，其工资和津贴、补贴、奖金以及其他生活福利待遇，按照国家和所在企业的有关规定执行。

第三十七条 军队转业干部的军龄，计算为接收安置单位的连续工龄（工作年限），享受相应的待遇。在军队从事护理、教学工作，转业后仍从事该职业的，其在军队的护龄、教龄应当连续计算，享受接收安置单位同类人员的待遇。

第三十八条 自主择业的军队转业干部，由安置地政府逐月发给退役金。团级职务和军龄满20年的营级职务军队转业干部的月退役金，按照本人转业时安置地同职务等级军队干部月职务、军衔（级别）工资和军队统一规定的津贴补贴为计发基数80%的数额与基础、军龄工资的全额之和计发。军龄满20年以上的，从第21年起，军龄每增加一年，增发月退役金计发基数的1%。

第三十九条 自主择业的军队转业干部，按照下列条件和标准增发退役金：

（一）荣立三等功、二等功、一等功或者被大军区级以上单位授予荣誉称号的，分别增发月退役金计发基数的5%、10%、15%。符合其中两项以上的，按照最高的一项标准增发。

（二）在边远艰苦地区或者从事飞行、舰艇工作满10年、15年、20年以上的，分别增发月退役金计发基数的5%、10%、15%。符合其中两项以上的，按照最高的一项标准增发。

本办法第三十八条和本条各项规定的标准合并计算后，月退役金数额不得超过本人转业时安置地同职务等级军队干部月职务、军衔、基础、军龄工资和军队统一规定的津贴补贴之和。

第四十条 自主择业的军队转业干部的退役金，根据移交地方安置的军队退休干部退休生活费调整的情况相应调整增加。

经济比较发达的地区，自主择业军队转业干部的月退役金低于安置地当年党和国家机关相应职务等级退休干部月退休生活费数额的，安置地政府可以发给差额补贴。

自主择业的军队转业干部的退役金，免征个人所得税。

自主择业的军队转业干部，被党和国家机关选用为正式工作人员的，停发退役金。其工资等各项待遇按照本办法第三十四条规定执行。

第四十一条 自主择业的军队转业干部去世后，从去世的下月起停发退役金。区别不同情况，一次发给本人生前10个月至40个月的退役金作为抚恤金和一定数额的退役金作为丧葬补助费。具体办法由有关部门另行制定。

自主择业的军队转业干部的遗属生活确有困难的，由安置地政府按照国家和当地的有关规定发给生活困难补助金。

第四十二条 计划分配的军队转业干部，享受所在单位与其军队职务等级相应或者同等条件人员的政治待遇；自主择业的军队转业干部，享受安置地相应职务等级退休干部的有关政治待遇。

第四十三条 军队转业干部在服现役期间被中央军事委员会授予荣誉称号的，比照全国劳动模范（先进工作者）享受相应待遇；被大军区级单位授予荣誉称号或者荣立一等功，以及被评为全国模范军队转业干部的，比照省部级劳动模范（先进工作者）享受相应待遇。

第六章 培 训

第四十四条 军队转业干部的培训工作，是军队转业干部安置工作的重要组成部分，各级党委、政府和有关部门应当在政策和经费等方面提供必要保障。

第四十五条 对计划分配的军队转业干部应当进行适应性培训和专业培训，有条件的地区也可以在安置前组织适应性培训。培训工作贯彻"学用结合、按需施教、注重实效"和"培训、考核、使用相结合"的原则，增强针对性和实用性，提高培训质量。

军队转业干部培训的规划、组织协调和督促检查工作，由军队转业干部安置工作主管部门负责。

第四十六条 计划分配的军队转业干部的专业培训，由省（自治区、直辖市）按部门或者专业编班集中组织实施，培训时间不少于3个月。

军队转业干部参加培训期间享受接收安置单位在职人员的各项待遇。

第四十七条 自主择业的军队转业干部的就业培训，主要依托军队转业干部培训中心具体实施，也可以委托地方院校、职业培训机构承担具体工作。负责培训的部门应当根据社会人才需求合理设置专业课程，加强定向职业技能培训，以提高自主择业的军队转业干部就业竞争能力。

第四十八条 军队转业干部培训中心，主要承担计划分配的军队转业干部的适应性培训和部分专业培训，以及自主择业的军队转业干部的就业培训。

军队转业干部安置工作主管部门应当加强对军队转业干部培训中心的管

理。军队转业干部培训中心从事社会服务的收益,主要用于补助培训经费的不足。

第四十九条 各级教育行政管理部门应当在师资、教学设施等方面,支持军队转业干部培训工作。对报考各类院校的军队转业干部,应适当放宽年龄条件,在与其他考生同等条件下,优先录取;对获二等功以上奖励的,应适当降低录取分数线投档。

第七章 社会保障

第五十条 军队转业干部的住房,由安置地政府按照统筹规划、优先安排、重点保障、合理负担的原则给予保障,主要采取购买经济适用住房、现有住房或者租住周转住房,以及修建自有住房等方式解决。

计划分配的军队转业干部,到地方单位工作后的住房补贴,由安置地政府或者接收安置单位按照有关规定解决。自主择业的军队转业干部,到地方后未被党和国家机关、团体、企业事业单位录用聘用期间的住房补贴,按照安置地党和国家机关与其军队职务等级相应或者同等条件人员的住房补贴的规定执行。

军队转业干部因配偶无住房补贴,购买经济适用住房超过家庭合理负担的部分,个人支付确有困难的,安置地政府应当视情给予购房补助或者优先提供住房公积金贷款。

军队转业干部住房保障具体办法,按照国家有关规定执行。

第五十一条 军队转业干部的军龄视同社会保险缴费年限。其服现役期间的医疗等社会保险费,转入安置地社会保险经办机构。

第五十二条 计划分配到党和国家机关、团体、事业单位的军队转业干部,享受接收安置单位与其军队职务等级相应或者同等条件人员的医疗、养老、失业、工伤、生育等社会保险待遇;计划分配到企业的军队转业干部,按照国家有关规定参加社会保险,缴纳社会保险费,享受社会保险待遇。

第五十三条 自主择业的军队转业干部,到地方后未被党和国家机关、团体、企业事业单位录用聘用期间的医疗保障,按照安置地党和国家机关与其军队职务等级相应或者同等条件人员的有关规定执行。

第八章 家属安置

第五十四条 军队转业干部随调配偶的工作,安置地党委、政府应当参照本人职务等级和从事的职业合理安排,与军队转业干部同时接收安置,发出报到通知。调入调出单位相应增减工资总额。

对安排到实行合同制、聘任制企业事业单位的军队转业干部随调配偶，应当给予2年适应期。适应期内，非本人原因不得擅自违约解聘、辞退或者解除劳动、聘用合同。

第五十五条 军队转业干部随迁配偶、子女符合就业条件的，安置地政府应当提供就业指导和服务，帮助其实现就业；对从事个体经营或者创办经济实体的，应当在政策上给予扶持，并按照国家和安置地促进就业的有关规定减免税费。

第五十六条 军队转业干部配偶和未参加工作的子女可以随调随迁，各地公安部门凭军队转业干部安置工作主管部门的通知及时办理迁移、落户手续。随迁子女需要转学、入学的，由安置地教育行政管理部门负责安排；报考各类院校时，在与其他考生同等条件下优先录取。

军队转业干部身边无子女的，可以随调一名已经工作的子女及其配偶。

各地在办理军队转业干部及其随调随迁配偶、子女的工作安排、落户和转学、入学事宜时，不得收取国家政策规定以外的费用。

第五十七条 军队转业干部随调随迁配偶、子女，已经参加医疗、养老、失业、工伤、生育等社会保险的，其社会保险关系和社会保险基金，由社会保险经办机构按照国家有关规定一并转移或者继续支付。未参加社会保险的，按照国家和安置地有关规定，参加医疗、养老、失业、工伤、生育等社会保险。

第九章 安置经费

第五十八条 军队转业干部安置经费，分别列入中央财政、地方财政和军费预算，并根据经济社会发展，逐步加大投入。

军队转业干部安置工作涉及的行政事业费、培训费、转业生活补助费、安家补助费和服现役期间的住房补贴，按照现行的经费供应渠道予以保障。

军队转业干部培训经费的不足部分由地方财政补贴。安置业务经费由本级财政部门解决。

第五十九条 自主择业的军队转业干部的退役金，由中央财政专项安排；到地方后未被党和国家机关、团体、企业事业单位录用聘用期间的住房补贴和医疗保障所需经费，由安置地政府解决。

第六十条 军队转业干部安置经费应当专款专用，不得挪用、截留、克扣、侵占，有关职能部门对安置经费的使用情况应当进行监督检查。

第十章 管理与监督

第六十一条 各级党委、政府应当把军队转业干部安置工作纳入目标管理,建立健全领导责任制,作为考核领导班子、领导干部政绩的重要内容和评选双拥模范城(县)的重要条件。

第六十二条 军队转业干部安置工作主管部门主要负责军队转业干部的计划安置、就业指导、就业培训、经费管理和协调军队转业干部的社会保障等工作。

自主择业的军队转业干部,由军队转业干部安置工作主管部门管理,主要负责自主择业的军队转业干部的政策指导、就业培训、协助就业、退役金发放、档案接转与存放,并协调解决有关问题;其他日常管理服务工作,由户口所在街道、乡镇负责。

第六十三条 各级党委、政府应当加强对军队转业干部安置工作的监督检查,坚决制止和纠正违反法律、法规和政策的行为;对拒绝接收军队转业干部或者未完成安置任务的部门和单位,组织、人事、编制等部门可以视情暂缓办理其人员调动、录用和编制等审批事项。

第六十四条 军队转业干部到地方报到前发生的问题,由其原部队负责处理;到地方报到后发生的问题,由安置地政府负责处理,涉及原部队的,由原部队协助安置地政府处理。

对无正当理由经教育仍不到地方报到的军队转业干部,由原部队根据有关规定给予党纪、军纪处分或者其他处罚。

第六十五条 退出现役被确定转服军官预备役的军队转业干部,到地方接收安置单位报到时,应当到当地人民武装部进行预备役军官登记,履行其预备役军官的职责和义务。

第六十六条 凡违反本办法规定,对军队转业干部安置工作造成严重影响的单位和个人,视情节轻重给予批评教育或者处分、处罚;构成犯罪的,依法追究刑事责任。

第十一章 附 则

第六十七条 中国人民武装警察部队转业干部的安置工作,按照本办法执行。

第六十八条 各省、自治区、直辖市依据本办法制定实施细则。

第六十九条 本办法自发布之日起施行,适用于此后批准转业的军队干部。以往有关军队转业干部安置工作的规定，凡与本办法不一致的，以本办法为准。

第七十条 本办法由国家军队转业干部安置工作主管部门会同有关部门负责解释。

中共中央组织部关于印发《党政领导干部任职试用期暂行规定》的通知

(2001年2月6日)

《党政领导干部任职试用期暂行规定》已经中央领导同志同意,现印发给你们,请结合本地、本部门的实际情况贯彻执行。执行中有什么情况和问题,请及时报告我部。

党政领导干部任职试用期暂行规定

第一条 为认真贯彻执行党的干部路线、方针、政策,完善党政领导干部选拔任用制度,建设高素质的领导干部队伍,根据有关法律、法规,制定本规定。

第二条 本规定适用于提拔担任下列非选举产生的司厅局级以下(含司厅局级)领导职务的干部:

党委、政府工作部门(含派出机构)的副职和内设机构的领导职务;

人大、政协工作机构(含派出机构)的副职和内设机构的领导职务;

纪委内设机构的领导职务;

法院、检察院内设机构的非国家权力机关依法任命的领导职务。

由非领导职务转任上述同级领导职务的,适用本规定。

第三条 领导干部任职试用期为一年,从任免机关发出试用任职通知时计算。按干部管理权限,需要办理备案手续的,应在发出试用任职通知前一个月办理备案手续。

第四条 领导干部在试用期间,履行所任职务的职责,享受相应的政治和工资待遇。

第五条 试用期满,按照干部管理权限,由组织(人事)部门对领导干部进行考核。考核可根据实际情况,采取适当方式进行。

第六条 领导干部试用期满的考核,应坚持实事求是、客观公正的原则。在了解试用期间的思想政治表现、组织领导能力、工作作风、工作实绩和廉洁自律等情况的同时,重点考核对所任职务的适应能力和履行职责的情况。

第七条 领导干部试用期满,经考核合格的,由组织(人事)部门办理正式任职手续。

正式任职的，试用期计入任职时间。

第八条 领导干部试用期满，经考核不合格的，按干部管理权限审批或备案后，免去试任职务，一般按试用前原职级安排适当工作。

第九条 领导干部在试用期间工作出现重大失误或犯有严重错误，不宜继续试用的，按干部管理权限审批或备案后，提前结束试用期，并按有关规定予以处理。

第十条 党委（党组）及组织（人事）部门按照干部管理权限，履行领导干部试用期间的教育、管理和监督职责。

第十一条 各级党委（党组）及组织（人事）部门要严格执行本规定。对违反本规定的，上级党委（党组）及组织（人事）部门要及时予以纠正，并给主要责任者以批评教育或者纪律处分。

第十二条 各省、自治区、直辖市党委组织部和中央、国家机关各部委干部（人事）部门可根据本规定制定实施办法。

第十三条 工会、共青团、妇联等人民团体中非选举产生的领导职务参照本规定执行。

第十四条 本规定由中共中央组织部负责解释。

第十五条 本规定自发布之日起施行。

中共中央组织部、中共中央企业工作委员会关于印发《国有重要骨干企业领导人员任职和公务回避暂行规定》的通知

(2001 年 4 月 30 日)

现将《国有重要骨干企业领导人员任职和公务回避暂行规定》印发给你们,请遵照执行。

国有重要骨干企业领导人员任职和公务回避暂行规定

第一章 总 则

第一条 为加强对国有重要骨干企业的管理,保证国有重要骨干企业领导人员公正履行职责,促进国有重要骨干企业党风廉政建设,制定本规定。

第二条 本规定所称国有重要骨干企业(含国有控股企业)领导人员是指列入中共中央管理和中央企业工委管理的职务名称表的企业领导人员。

第三条 本规定所称企业领导人员亲属是指:配偶,父母,配偶的父母,子女及其配偶,兄弟姐妹及其配偶、子女,配偶的兄弟姐妹。

第二章 任职回避

第四条 企业领导人员有第三条所列亲属关系,并有下列情况之一的,应当实行任职回避。

(一)在同一领导班子中任职的;

(二)同时在有直接隶属关系的领导班子中任主要领导职务的;

(三)一方在领导班子,另一方在其分管的部门、企业、驻外机构(境内外,下同)及工程、投资项目中任领导职务的;

(四)企业领导班子主管部门提出需要任职回避的。

第五条 企业领导人员任职回避应当按照下列程序进行:

(一)本人提出回避申请或者领导班子、有关管理部门提出回避建议;

(二)按企业领导人员管理权限进行审核和做出决定;

(三)需要回避的,由企业领导班子主管部门调整工作岗位。

第六条 回避双方职务不同的,一般由职务较低一方回避;职务相同的,由企业领导班子主管部门根据工作需要和当事人的实际情况决定其中一方回避。

第七条 新任用或新调入的人员在任职或调入企业前,应如实报告应回避的关系,并及时申请回避。因婚姻、职务变化等情况新形成的回避关系,当事人应当及时申请回避。

当事人申请任职回避的,企业领导班子主管部门应在半年内予以调整。

第三章 公务回避

第八条 企业领导人员所在企业不准与企业领导人员的配偶、子女个人所从事的生产经营活动直接发生经济关系;因专利、特许经营等原因具有经营项目的独占性,企业必须与其发生经济往来的,其经营的项目及项目所涉及的重要指标应当列为厂务公开的一项内容。

第三条所列企业领导人员配偶、子女以外的亲属和其他来往密切的亲属,本人或代表其所在单位与企业领导人员所在企业进行业务往来时,企业领导人员应申请公务回避。企业领导人员无法回避时,应将有关情况以适当形式在一定范围内公示,并向纪检监察部门报告。

第九条 企业领导人员在纪检监察、仲裁、组织处理、出国审批、人事考核、任免、奖惩、录用、聘用、调配、专业技术职务评聘、专家选拔、发展党员、调资、安置复转军人、毕业生分配等公务活动中,涉及本人和亲属时,不得参加有关调查、讨论、审核、决定,也不得以任何方式施加影响。

第十条 企业领导人员与在党政机关任职的第三条所列亲属发生直接公务关系时,应回避,不得影响亲属公正执行公务。

第十一条 企业领导人员公务回避程序依照任职回避程序进行。特殊情况下,主管领导或领导班子可直接作出回避决定。

第十二条 严禁企业领导人员利用职权为第三条所列亲属及其他亲属或关系密切的个人从事下列活动:

(一)为其经商办企业提供场地、设备、备品备件及其他生产资料等(含无偿提供、有偿使用、暂时使用);

(二)为其经商办企业挪用、拆借资金,提供贷款抵押、质押、担保等;

(三)向其批售或授意批售本企业物资、产成品,提供加工产品、备品备件

或批购其推销的原材料及产品;

(四)将本企业的项目或下属企业、单位以委托、承包、租赁、转卖等方式给其经营或与其合作、联营;

(五)为其承揽本企业工程或参加自己主管、参与的工程施工、物资采购、加工制作等方面的招投标业务;

(六)企业改制重组时,在处理物资设备、发行股票和企业内部债券等业务中,向其提供便利和优惠条件;

(七)为其提供商标、品牌、专利、非公开信息、客户市场等方面的便利;

(八)其他侵害企业利益的行为。

第四章 监督与处罚

第十三条 企业领导人员任职三个月内,必须向有关管理部门或企业领导班子书面报告第三条所列来往密切的亲属任职从业的情况。

第十四条 企业领导人员每年应向职代会或领导班子成员民主生活会报告执行任职回避和公务回避的情况。

第十五条 本规定按企业领导人员管理权限,由组织人事部门组织实施,纪检监察机关负责监督检查。企业党组织应将回避工作纳入党风廉政建设责任制。

第十六条 企业领导人员有下列行为之一的,视情节轻重,给予组织处理,或根据有关规定给予党纪政纪处分。涉嫌犯罪的,移送司法机关处理。

(一)违反任职回避规定,或拒不执行回避决定;

(二)违反公务回避有关规定,不履行或不正确履行职责,使国家、企业利益受到损害;

(三)违反公务回避有关规定,以权谋私,使本人、亲属、亲属所在单位或合伙人获取不正当利益。

第十七条 企业领导班子主管部门和企业领导班子在回避工作中玩忽职守,致使企业造成重大经济损失或其他严重后果的,要追究有关责任人员的责任,根据情节轻重给予组织处理或党纪政纪处分。

第五章 附 则

第十八条 本规定适用于中共中央和中央企业工委管理的国有重要骨干企业(含国有控股企业)。

第十九条 未列入中共中央和中央企业工委管理的职务名称表的总会计

师、总经济师、总工程师等重要岗位的人员，参照本规定执行。

第二十条 各国有重要骨干企业依据本规定，结合企业实际，制定实施办法，分别报中央组织部和中央企业工委备案。个别执行任职回避确有困难的企业，可适当放宽，但必须根据监督制约原则，在实施办法中制定内部监管的条款。

第二十一条 本规定由中央组织部、中央企业工委负责解释。

第二十二条 本规定自发布之日起施行。

中共中央办公厅、国务院办公厅关于转发《中央组织部、人事部、教育部、国务院学位委员会关于加强和规范干部学历、学位管理工作的意见》的通知

(2002年4月21日)

《中央组织部、人事部、教育部、国务院学位委员会关于加强和规范干部学历、学位管理工作的意见》已经党中央、国务院领导同志同意,现转发给你们,请认真遵照执行。

干部学历、学位管理工作,是干部管理的一项基础性工作,事关党的作风建设和干部队伍廉政建设,事关干部队伍整体素质的提高。各级党委、政府要结合贯彻党的十五届六中全会精神,在大力提倡和鼓励广大干部刻苦学习、求知进取的同时,加强对干部学历、学位管理工作的领导,及时解决工作中存在的问题。各级组织人事部门、教育行政部门以及各级党校、行政学院,要认真做好干部学历、学位管理的有关具体工作,在加强管理的同时,不断建立完善相关制度,使这项工作逐步走上科学化、法制化、规范化的轨道。

军队干部学历、学位管理的有关工作,由军委总政治部按照通知精神作出具体规定。

中央组织部、人事部、教育部、国务院学位委员会关于加强和规范干部学历、学位管理工作的意见

党的十一届三中全会以来,为适应改革开放和社会主义现代化建设新形势的要求,许多高等学校和各类干部培训机构,开展了包括在职学历教育在内的多种形式的教育培训,为建设一支"革命化、年轻化、知识化、专业化"的干部队伍作出了积极贡献。近年来,随着科技的进步和教育的发展,社会为个人提供的受教育机会日益增多,党政机关许多岗位对干部的知识化、专业化的要求也越来越高。为适应形势的发展和工作的需要,广大干部重视知识的更新和知识

结构的改善，利用业余时间刻苦学习，接受继续教育，这对于改善干部队伍的文化和专业知识结构，提高干部队伍的素质具有重要作用。但也应该看到，目前确有一些教育、培训单位管理不严，滥发学历、学位证书；少数干部片面追求学历、学位，甚至弄虚作假。这些现象，损害了国家学历、学位教育的声誉，败坏了党风和社会风气，造成了十分不良的社会影响，必须坚决予以纠正和制止。为深入贯彻党的十五届六中全会精神，进一步营造良好的继续教育氛围，把广大干部的学习热情引导到通过诚实学习和刻苦努力求知进取上来，现就加强和规范干部学历、学位管理工作的有关问题提出如下意见：

一、各级党委、政府及其组织人事部门要全面贯彻干部队伍"四化"方针，在提拔、使用干部时，要全面、客观地看待干部的学历和实际知识水平，讲学历而不唯学历。要教育和引导广大干部特别是领导干部和年轻干部树立终身学习的意识，鼓励他们认真学习马列主义、毛泽东思想、邓小平理论和江泽民同志"三个代表"重要思想，认真学习现代科学文化知识，注意加强世界观、人生观的改造，克服追名逐利，把提高学历、学位当作提拔、使用资本的思想倾向，不断提高自身素质，提高为人民服务的本领。同时，切实做好干部在职学习的组织管理工作，坚决防止和克服少数干部片面追求学历、学位甚至弄虚作假的倾向。各级组织人事部门在录用、考察、考核干部时，要加强与教育行政部门的沟通和联系，做好干部学历、学位的认定工作。

二、各级教育行政部门和干部培训主管部门，要采取有力措施，规范学历、学位证书的管理工作。对不具备学历教育资格的教育、培训单位举办的所谓"学历班"等，要坚决予以清理；对有学历、学位授予资格的教育、培训单位，要加强管理，督促他们认真按有关规定开展干部的在职教育，严格教学标准，保证教学质量。对那些违反有关规定和职业道德滥发学历、学位证书的教育、培训单位，要进行整顿，直至取消学历、学位授予资格，并对有关责任人进行严肃处理。

三、从2002年5月开始，各级组织人事部门要按照干部管理权限，对本级党政机关工作人员特别是县(处)级以上领导干部通过在职学习持有并载入档案的学历、学位证书，进行一次认真的检查清理。学历、学位情况填写不规范的，要加以规范。对在学历、学位上有弄虚作假行为的干部，本人主动向组织说明情况、表示放弃虚假学历、学位的，由组织人事部门予以更正，不再追究本人责任；不主动说明情况、经检查被发现的，由纪检监察部门和干部监督部门查处；对本意见下发后仍用各种不正当手段谋取学历、学位，欺骗组织的，要从重处理。各级教育行政部门和教育、培训单位要积极协助有关部门做好对干部学历、学位的认证工作。今后,这项工作应作为组织人事部门干部管理的经常性工作,逐步走上科学化、法制化、规范化的轨道。

各级党委、政府要高度重视,加强领导,把加强和规范干部学历、学位管理工作摆到加强和改进党的作风建设、建设高素质干部队伍的高度来对待,及时解决工作中出现的问题。

中共中央关于印发《党政领导干部选拔任用工作条例》的通知

（2002年7月9日）

现将《党政领导干部选拔任用工作条例》（以下简称《干部任用条例》）印发给你们，请结合本地区、本部门的实际，认真遵照执行。

1995年颁布的《党政领导干部选拔任用工作暂行条例》，在规范干部选拔任用工作，防止和纠正用人上的不正之风，建设高素质党政领导干部队伍等方面发挥了重要作用。在《党政领导干部选拔任用工作暂行条例》的基础上修订的《干部任用条例》，体现了“三个代表”重要思想，贯彻了中央对干部选拔任用工作的新要求，吸收了干部人事制度改革的新成果，是我们党关于党政领导干部选拔任用工作必须遵循的基本规章，也是从源头上预防和治理用人上不正之风的有力武器。《干部任用条例》的颁布和实施，对于建立健全科学的干部选拔任用机制和监督管理机制，推进干部工作的科学化、民主化、制度化，对于形成朝气蓬勃、奋发有为的领导集体，保证党的基本路线的贯彻执行，保证党的事业的兴旺发达和国家的长治久安，具有十分重大的意义。

各级党委（党组）及其组织（人事）部门一定要坚决贯彻执行党的干部路线方针政策，认真学习《干部任用条例》，大力宣传《干部任用条例》，严格遵守《干部任用条例》。选拔任用干部必须按照《干部任用条例》的规定办事，严格把关。对本级管理的干部任用，不符合《干部任用条例》规定的不上会；对上级管理的干部任用，不符合《干部任用条例》规定的不上报；对下级报来的干部任用，不符合《干部任用条例》规定的不审批。要加强思想教育，做好思想政治工作，以坚强的党性、良好的作风保证《干部任用条例》的贯彻执行。各级党政主要领导同志要增强政治观念、组织观念、法纪观念，带头严格执行《干部任用条例》，按照民主集中制原则办事，不允许个人说了算。组织（人事）部门要切实加强自身建设，充分发挥职能作用，坚持照章办事，严格履行程序。要自觉抵制来自各方面不正之风的干扰，做到坚持原则不动摇，执行标准不走样，履行程序不变通，遵守纪律不放松。

要切实加强对《干部任用条例》贯彻执行情况的监督检查，加大对违反《干部任用条例》行为的查处力度。要把党委（党组）和领导干部执行《干部任用条例》的情况作为领导班子民主生活会的重要内容,认真检查,发现问题,及时纠正。要认真落实群众对干部选拔任用工作的知情权、参与权、选择权和监督权,建立健全干部选拔任用工作的民主监督制度。要实行干部选拔任用工作责任追究制度,对用人失察失误造成严重后果的,要追究主要责任人以及其他直接责任人的责任。对违反《干部任用条例》规定的原则、条件、程序和纪律选拔任用干部的,要严肃查处,问题严重的要给予党纪政纪处分。

各级党委(党组)及其组织(人事)部门要结合实际制定具体的贯彻实施意见,不断推进干部选拔任用制度改革,进一步完善选贤任能的科学机制,为优秀人才脱颖而出、健康成长、施展才干创造条件。

各地区、各部门在执行《干部任用条例》中有何问题和建议,请及时报告。

党政领导干部选拔任用工作条例

第一章　总　则

第一条　为认真贯彻执行党的干部路线、方针、政策,建立科学规范的党政领导干部选拔任用制度,形成富有生机与活力、有利于优秀人才脱颖而出的选人用人机制,推进干部队伍的革命化、年轻化、知识化、专业化,建设一支高举马克思列宁主义、毛泽东思想、邓小平理论伟大旗帜,认真实践“三个代表”重要思想的高素质的党政领导干部队伍,保证党的基本路线的全面贯彻执行和建设有中国特色社会主义事业的顺利发展,根据《中国共产党章程》和有关法律、法规,制定本条例。

第二条　选拔任用党政领导干部,必须坚持下列原则:

(一)党管干部原则;

(二)任人唯贤、德才兼备原则;

(三)群众公认、注重实绩原则;

(四)公开、平等、竞争、择优原则;

(五)民主集中制原则;

(六)依法办事原则。

第三条　选拔任用党政领导干部,必须符合把领导班子建设成为坚持党的基本理论、基本路线和基本纲领,全心全意为人民服务,具有领导社会主义现代化建设能力,结构合理、团结坚强的领导集体的要求。

应当注重选拔任用优秀年轻干部。

第四条 本条例适用于选拔任用中共中央、全国人大常委会、国务院、全国政协、中央纪律检查委员会的工作部门或者机关内设机构的领导成员，最高人民法院、最高人民检察院的领导成员（不含正职）和内设机构的领导成员；县级以上地方各级党委、人大常委会、政府、政协、纪委、人民法院、人民检察院及其工作部门或者机关内设机构的领导成员；上列工作部门的内设机构的领导成员。

县级以上党委、政府直属事业单位和工会、共青团、妇联等人民团体的领导成员的选拔任用，参照本条例执行。

选拔任用非中共党员领导干部，参照本条例执行。

选拔任用处级以上非领导职务，参照本条例执行。

第五条 党委（党组）及其组织（人事）部门，按照干部管理权限履行选拔任用党政领导干部的职责，负责本条例的组织实施。

第二章 选拔任用条件

第六条 党政领导干部应当具备下列基本条件：

（一）具有履行职责所需要的马克思列宁主义、毛泽东思想、邓小平理论的水平，认真实践“三个代表”重要思想，努力用马克思主义的立场、观点、方法分析和解决实际问题，坚持讲学习、讲政治、讲正气，经得起各种风浪的考验。

（二）具有共产主义远大理想和中国特色社会主义坚定信念，坚决执行党的基本路线和各项方针、政策，立志改革开放，献身现代化事业，在社会主义建设中艰苦创业，做出实绩。

（三）坚持解放思想，实事求是，与时俱进，开拓创新，认真调查研究，能够把党的方针、政策同本地区、本部门的实际相结合，卓有成效地开展工作，讲实话，办实事，求实效，反对形式主义。

（四）有强烈的革命事业心和政治责任感，有实践经验，有胜任领导工作的组织能力、文化水平和专业知识。

（五）正确行使人民赋予的权力，依法办事，清正廉洁，勤政为民，以身作则，艰苦朴素，密切联系群众，坚持党的群众路线，自觉接受党和群众的批评和监督，做到自重、自省、自警、自励，反对官僚主义，反对任何滥用职权、谋求私利的不正之风。

（六）坚持和维护党的民主集中制，有民主作风，有全局观念，善于集中正确意见，善于团结同志，包括团结同自己有不同意见的同志一道工作。

省部级党政领导干部,还应当努力达到中央对高级干部提出的各项要求。

第七条 提拔担任党政领导职务的,应当具备下列资格:

(一)提任县(处)级领导职务的,应当具有五年以上工龄和两年以上基层工作经历。

(二)提任县(处)级以上领导职务的,一般应当具有在下一级两个以上职位任职的经历。

(三)提任县(处)级以上领导职务,由副职提任正职的,应当在副职岗位工作两年以上,由下级正职提任上级副职的,应当在下级正职岗位工作三年以上。

(四)一般应当具有大学专科以上文化程度,其中地(厅)、司(局)级以上领导干部一般应当具有大学本科以上文化程度。

(五)应当经过党校、行政院校或者组织(人事)部门认可的其他培训机构五年内累计三个月以上的培训,确因特殊情况在提任前未达到培训要求的,应当在提任后一年内完成培训。

(六)身体健康。

(七)提任党的领导职务的,应当符合《中国共产党章程》规定的党龄要求。

特别优秀的年轻干部或者工作特殊需要的,可以破格提拔。破格提拔程序另行规定。

第八条 党政领导干部应当逐级提拔。越级提拔的,应当报经上级组织(人事)部门同意。

第九条 党政领导干部可以从党政机关选拔任用,也可以从党政机关以外选拔任用。

党政领导班子成员一般应当从后备干部中选拔。

第三章 民主推荐

第十条 选拔任用党政领导干部,必须经过民主推荐提出考察对象。民主推荐包括会议投票推荐和个别谈话推荐。民主推荐的结果在一年内有效。

第十一条 领导班子换届,民主推荐按照领导班子职位的设置全额定向推荐;个别提拔任职,按照拟任职位推荐。

第十二条 领导班子换届,民主推荐由下列人员参加:

(一)党委成员;

(二)人大常委会、政府、政协的党组成员或者全体领导成员;

(三)纪委领导成员;

(四)人民法院、人民检察院、党委工作部门、政府工作部门、人民团体的主要领导成员；

（五）下一级党委和政府的主要领导成员；

（六）其他需要参加的人员。

推荐人大常委会、政府、政协领导成员人选，应当有民主党派、工商联的主要领导成员和无党派人士中的代表人物参加。

第十三条 领导班子换届，民主推荐由上级党委组织部门主持，应当经过下列程序：

（一）召开推荐会，公布推荐职务、任职条件、推荐范围，提供干部名册，提出有关要求；

（二）填写推荐票，进行个别谈话；

（三）对不同职务层次人员的推荐票分别统计，综合分析；

（四）向上级党委汇报推荐情况。

第十四条 个别提拔任职，参加民主推荐的人员和民主推荐的程序，参照本条例第十二条和第十三条的规定执行。

第十五条 民主推荐工作部门领导成员人选，由本部门的领导成员、内设机构领导成员、直属单位主要领导成员和其他需要参加的人员参加；本部门人数较少的，可以由全体人员参加。

民主推荐内设机构领导成员人选，参照上列范围执行。

第十六条 领导班子换届，由本级党委书记办公会根据上级党委组织部门反馈的民主推荐情况，对考察对象人选进行酝酿，本级党委常委会研究提出考察对象建议名单，经与上级党委组织部门沟通后，确定考察对象。对拟新进党政领导班子的人选考察对象，在本条例第十二条所列人员范围内进行公示。

个别提拔任职，由党委（党组）或者组织（人事）部门在民主推荐的基础上，集体研究确定考察对象。

考察对象人数一般应当多于拟任职务人数。

第十七条 确定考察对象时，应当把民主推荐的结果作为重要依据之一，同时防止简单地以票取人。

第十八条 个人向党组织推荐领导干部人选，必须负责地写出推荐材料并署名。经组织（人事）部门审核后，按照规定程序进行民主推荐。所推荐人选不是所在单位多数群众拥护的，不得列为考察对象。

第十九条 党委、政府及其工作部门个别特殊需要的领导成员人选，可以由组织推荐提名，作为考察对象。

第四章　考　察

第二十条　对确定的考察对象,由组织(人事)部门按照干部管理权限,进行严格考察。

部门与地方双重管理干部的考察工作,由主管方负责,会同协管方进行。

第二十一条　考察党政领导职务拟任人选,必须依据干部选拔任用条件和不同领导职务的职责要求,全面考察其德、能、勤、绩、廉,注重考察工作实绩。

各级党委(党组)根据不同领导职务的职责要求,制定具体考察标准。

第二十二条　考察党政领导职务拟任人选,应当经过下列程序:

(一)组织考察组,制定考察工作方案;

(二)同考察对象呈报单位或者所在单位的党委(党组)主要领导成员就考察工作方案沟通情况,征求意见;

(三)根据考察对象的不同情况,通过适当方式在一定范围内发布干部考察预告;

(四)采取个别谈话、发放征求意见表、民主测评、实地考察、查阅资料、专项调查、同考察对象面谈等方法,广泛深入地了解情况;

(五)综合分析考察情况,同考察对象呈报单位或者所在单位的党委(党组)主要领导成员交换意见;

(六)考察组根据考察情况,研究提出领导班子调整的初步方案,向派出考察组的组织(人事)部门汇报,经组织(人事)部门集体研究提出任用建议方案,向本级党委(党组)报告。

第二十三条　考察地方党政领导班子成员拟任人选,个别谈话和征求意见的范围一般为:

(一)党委、政府领导成员,人大常委会、政协、纪委、人民法院、人民检察院主要领导成员;

(二)考察对象所在单位领导成员;

(三)考察对象所在单位有关工作部门或者内设机构和直属单位主要领导成员;

(四)其他有关人员。

第二十四条　考察工作部门领导班子成员拟任人选,个别谈话和征求意见的范围一般为:

(一)考察对象上级领导机关有关领导成员;

(二)考察对象所在单位领导成员;

（三）考察对象所在单位内设机构和直属单位主要领导成员；

（四）其他有关人员。

考察内设机构领导职务拟任人选，个别谈话和征求意见的范围参照上列规定执行。

第二十五条 考察党政领导职务拟任人选，应当听取考察对象所在单位组织（人事）部门、纪检机关（监察部门）和机关党组织的意见。对需要进行经济责任审计的考察对象，应当委托审计部门按照有关规定进行审计。

第二十六条 考察党政领导职务拟任人选，必须形成书面考察材料，建立考察文书档案。已经提拔任职的，考察材料归入本人档案。考察材料必须写实，全面、准确、清楚地反映考察对象的情况，包括下列内容：

（一）德、能、勤、绩、廉方面的主要表现和主要特长；

（二）主要缺点和不足；

（三）民主推荐、民主测评情况。

第二十七条 党委（党组）或者组织（人事）部门派出的考察组由两名以上成员组成。考察人员应当具有较高素质和相应资格。考察组负责人应当由思想政治素质好、有较丰富工作经验并熟悉干部工作的人员担任。

实行干部考察工作责任制。考察组必须坚持原则，公道正派，深入细致，如实反映考察情况和意见，并对考察材料负责。

第二十八条 考察中了解到的考察对象的表现情况，一般由考察组向党委（党组）主要领导成员和本人反馈。

第五章 酝 酿

第二十九条 党政领导职务拟任人选，在考察前，讨论决定或者决定呈报前，应当充分酝酿。

第三十条 酝酿应当根据党政领导职位和拟任人选的不同情况，分别在党委（党组）、人大常委会、政府、政协等有关领导成员中进行。

工作部门领导成员人选，应当征求上级分管领导成员的意见。

非中共党员拟任人选，应当征求党委统战部门和民主党派、工商联主要领导成员、无党派人士中代表人物的意见。

第三十一条 部门与地方双重管理干部的任免，主管方应当事先征求协管方的意见，进行酝酿。征求意见一般采用书面形式进行。协管方自收到主管方意见之日起一个月内未予答复的，视为同意。双方意见不一致时，正职的任免报上级党委组织部门协调，副职的任免由主管方决定。

第六章 讨论决定

第三十二条 选拔任用党政领导干部,应当按照干部管理权限由党委(党组)集体讨论作出任免决定,或者决定提出推荐、提名的意见。属于上级党委(党组)管理的,本级党委(党组)可以提出选拔任用建议。

第三十三条 市(地)、县(市)党委、政府领导班子正职的拟任人选和推荐人选,由上级党委常委会提名,党的委员会全体会议审议,进行无记名投票表决;党的委员会全体会议闭会期间,由党委常委会作出决定,决定前应当征求全委会成员的意见。

第三十四条 党委(党组)讨论决定干部任免事项,必须有三分之二以上的成员到会,并保证与会成员有足够的时间听取情况介绍、充分发表意见。与会成员对任免事项,应当发表同意、不同意或者缓议等明确意见。在充分讨论的基础上,采取口头表决、举手表决或者无记名投票等方式进行表决。对意见分歧较大或者有重大问题不清楚的,应当暂缓表决。对影响作出决定的问题,会后应当及时查清,避免久拖不决。

党委(党组)有关干部任免的决定,需要复议的,应当经党委(党组)超过半数成员同意后方可进行。

第三十五条 党委(党组)讨论决定干部任免事项,应当按照下列程序进行:

(一)党委(党组)分管干部工作的领导成员或者组织(人事)部门负责人,逐个介绍领导职务拟任人选的提名、推荐、考察和任免理由等情况;

(二)参加会议人员进行讨论;

(三)进行表决,以党委(党组)应到会成员超过半数同意形成决定。

第三十六条 需要报上级党委(党组)审批的拟提拔任职的干部,必须呈报党委(党组)的请示并附干部任免审批表、干部考察材料、本人档案和党委(党组)会议纪要、讨论记录、民主推荐材料。上级组织(人事)部门对呈报的材料应当严格审查。

第三十七条 需要报上级备案的干部,应当按照规定及时向上级组织(人事)部门备案。

第七章 任　　职

第三十八条 实行党政领导干部任职前公示制度。

提拔担任地(厅)、司(局)级以下领导职务的,除特殊岗位和在换届考察时已进行过公示的人选外，在党委（党组）讨论决定后、下发任职通知前，应当在一定范围内进行公示。公示期一般为七至十五天。公示结果不影响任职的，办理任职手续。

第三十九条 实行党政领导干部任职试用期制度。

提拔担任下列非选举产生的地（厅）、司（局）级以下领导职务的，试用期为一年：

（一）党委、人大常委会、政府、政协工作部门的副职和内设机构的领导职务；

（二）纪委内设机构的领导职务；

（三）人民法院、人民检察院内设机构的非国家权力机关依法任命的领导职务。

试用期满后，经考核胜任现职的，正式任职；不胜任的，免去试任职务，一般按试任前职级安排工作。

第四十条 党政机关部分专业性较强的领导职务实行聘任制。聘任制领导职务的每一个聘任期不超过五年，可以连续聘任。聘任程序另行规定。

第四十一条 对决定任用的干部，由党委（党组）指定专人同本人谈话。

第四十二条 党政领导职务的任职时间，按照下列时间计算：

（一）由党委（党组）决定任职的，自党委（党组）决定之日起计算；

（二）由党的代表大会、党的委员会全体会议、党的纪律检查委员会全体会议、人民代表大会、政协全体会议选举、任命的，自当选、任命之日起计算；

（三）由人大常委会或者政协常委会任命或者决定任命的，自人大常委会、政协常委会任命或者决定任命之日起计算；

（四）由党委向政府提名由政府任命的，自政府任命之日起计算。

第八章 依法推荐、提名和民主协商

第四十三条 党委向人民代表大会或者人大常委会推荐需要由人民代表大会或者人大常委会选举、任命、决定任命的领导干部人选，应当事先向人民代表大会临时党组织或者人大常委会党组和人大常委会组成人员中的党员介绍党委的推荐意见。人民代表大会的临时党组织、人大常委会党组和人大常委会组成人员及人大代表中的党员，应当认真贯彻党委推荐意见，带头依法办事，正确履行职责。

第四十四条 党委向人民代表大会推荐由人民代表大会选举、任命的领导干部人选，应当以本级党委名义向人民代表大会主席团提交推荐书，介绍所推荐人选的有关情况,说明推荐理由。

党委向人大常委会推荐由人大常委会任命、决定任命的领导干部人选,应当在人大常委会审议前,按照规定的程序提出,介绍所推荐人选的有关情况。

第四十五条 党委向政府提名由政府任命的政府工作部门和机构的领导成员人选,在党委讨论决定后,由政府任命。

第四十六条 领导班子换届,党委推荐人大常委会、政府、政协的领导成员人选和人民法院、人民检察院的主要领导成员人选,应当事先向民主党派、工商联主要领导成员和无党派人士中代表人物通报有关情况,进行民主协商。

第四十七条 党委推荐的领导干部人选,在人民代表大会选举、任命或者人大常委会任命、决定任命前,如果人大代表或者人大常委会组成人员对所推荐人选提出不同意见,党委应当认真研究,并作出必要的解释或者说明。如果发现有事实依据、足以影响选举或者任命的问题,党委可以建议人民代表大会或者人大常委会按照规定的程序暂缓选举、任命、决定任命,也可以重新推荐人选。

第四十八条 党委推荐、由人民代表大会选举、任命的领导干部人选落选后,根据工作需要和本人条件,可以推荐为其他职务人选,也可以在下一次人民代表大会上再次推荐为同一职务人选。

党委推荐、由人大常委会任命、决定任命的领导干部人选在人大常委会未获通过,根据工作需要和本人条件,通过进一步酝酿,可以在另一次人大常委会上继续推荐。两次未获通过的,不得再推荐为本地同一职务人选。

政协领导成员候选人的推荐和协商提名,按照政协章程和有关规定办理。

第九章　公开选拔和竞争上岗

第四十九条 公开选拔、竞争上岗是党政领导干部选拔任用的方式之一。

公开选拔、竞争上岗主要适用于选拔任用地方党委、政府工作部门的领导成员或者其人选,党政机关内设机构的领导成员或者其人选,以及其他适于公开选拔、竞争上岗的领导职务。公开选拔面向社会进行,竞争上岗在本单位或者本系统内部进行。

第五十条 报名参加公开选拔、竞争上岗人员的基本条件和资格,应当符合本条例第六条和第七条的规定。

第五十一条 公开选拔、竞争上岗工作在党委(党组)领导下进行,由组织(人事)部门组织实施,应当经过下列程序:

(一)公布职位、报考人员的资格条件、基本程序和方法等;

（二）报名与资格审查；

（三）统一考试（竞争上岗须进行民主测评）；

（四）组织考察，研究提出人选方案；

（五）党委（党组）讨论决定。

第十章 交流、回避

第五十二条 实行党政领导干部交流制度。

（一）交流的对象主要是：因工作需要交流的；需要通过交流锻炼提高领导能力的；在一个地方或者部门工作时间较长的；按照规定需要回避的；因其他原因需要交流的。

交流的重点是县级以上地方党委、政府的领导成员，纪委、人民法院、人民检察院和党委、政府部分工作部门的主要领导成员。

（二）地方党委、政府领导成员在同一职位上任职满十年的，必须交流。民族区域自治地方另行规定。

同一地方（部门）的党政正职一般不同时易地交流。

（三）党政机关内设机构处级以上领导干部在同一职位上任职时间较长的，应当进行交流或者轮岗。

（四）干部交流可以在地区之间、部门之间、地方与部门之间、党政机关与国有企事业单位及其他社会组织之间进行。

（五）交流的干部接到任职通知后，应当在党委（党组）或者组织（人事）部门限定的时间内到任。

（六）地方党委、政府领导成员原则上应当任满一届。

第五十三条 实行党政领导干部任职回避制度。

党政领导干部任职回避的亲属关系为：夫妻关系、直系血亲关系、三代以内旁系血亲以及近姻亲关系。有上列亲属关系的，不得在同一机关担任双方直接隶属于同一领导人员的职务或者有直接上下级领导关系的职务，也不得在其中一方担任领导职务的机关从事组织（人事）、纪检（监察）、审计、财务工作。

担任县（市）委书记、县（市）长职务以及县（市）纪检机关、组织部门、人民法院、人民检察院和公安部门主要领导职务的，一般不得在本人成长地任职。民族自治县另行规定。

第五十四条 实行党政领导干部选拔任用工作回避制度。

党委（党组）及其组织（人事）部门讨论干部任免，涉及与会人员本人及其亲属的，本人必须回避。

干部考察组成员在干部考察工作中涉及其亲属的,本人必须回避。

第十一章　免职、辞职、降职

第五十五条　党政领导干部有下列情形之一的,一般应当免去现职:

(一)达到任职年龄界限或者退休年龄界限的;

(二)在年度考核、干部考察中,民主测评不称职票超过三分之一、经组织考核认定为不称职的;

(三)因工作需要或者其他原因,应当免去现职的。

第五十六条　实行党政领导干部辞职制度。

辞职包括因公辞职、自愿辞职、引咎辞职和责令辞职。

辞职手续依照法律或者有关规定程序办理。

第五十七条　因公辞职,是指领导干部因工作需要变动职务,依照法律或者政协章程的规定,向本级人民代表大会、人大常委会或者政协提出辞去现任领导职务。

第五十八条　自愿辞职,是指党政领导干部因个人或者其他原因,自行提出辞去现任领导职务。

自愿辞职,必须写出书面申请,按照干部管理权限报任免机关审批。任免机关应当自收到申请书之日起三个月内予以答复。未经批准,不得擅离职守;擅自离职的,给予纪律处分。

党政领导干部有下列情形之一的,不得提出辞职:

(一)在涉及国家安全、重要机密等特殊职位任职且不满解密期限的;

(二)重要公务尚未处理完毕,须由本人继续处理的;

(三)有其他特殊原因的。

第五十九条　引咎辞职,是指党政领导干部因工作严重失误、失职造成重大损失或者恶劣影响,或者对重大事故负有重要领导责任,不宜再担任现职,由本人主动提出辞去现任领导职务。

第六十条　责令辞职,是指党委(党组)及其组织(人事)部门根据党政领导干部任职期间的表现,认定其已不再适合担任现职,通过一定程序责令其辞去现任领导职务。拒不辞职的,应当免去现职。

第六十一条　实行党政领导干部降职制度。

因工作能力较弱或者其他原因,不适宜担任现职的,应当降职使用。降职使用的干部,其待遇按照新任职务的标准执行。

第六十二条　引咎辞职、责令辞职、降职的干部,在新的岗位工作一年以上，实绩突出，符合提拔任用条件的，可以按照有关规定，重新担任或者提拔担任领导职务。

第十二章　纪律和监督

第六十三条　选拔任用党政领导干部，必须严格执行本条例的各项规定，并遵守下列纪律：

（一）不准超职数配备领导干部，或者违反规定提高干部的职级待遇；

（二）不准以书记办公会、领导圈阅等形式，代替党委（党组）会集体讨论决定干部任免；

（三）不准临时动议决定干部任免；

（四）不准个人决定干部任免，个人不能改变党委（党组）会集体作出的干部任免决定；

（五）不准拒不执行上级调动、交流领导干部的决定；

（六）不准要求提拔本人的配偶、子女及其他亲属，或者指令提拔秘书等身边工作人员；

（七）不准在机构变动和主要领导成员工作调动时，突击提拔调整干部，或者干部在调离后，干预原任职单位的干部选拔任用；

（八）不准在选举中进行违反党的纪律、法律规定和有关章程的活动；

（九）不准在干部考察工作中隐瞒、歪曲事实真相，或者泄露酝酿、讨论干部任免的情况；

（十）不准在干部选拔任用工作中任人唯亲，封官许愿，营私舞弊，搞团团伙伙，或者打击报复。

第六十四条　对违反本条例规定的干部任免事项，不予批准；已经作出的干部任免决定一律无效，由党委（党组）或者组织（人事）部门按照干部管理权限予以纠正，并按照规定对主要责任人以及其他直接责任人作出组织处理或者纪律处分。

对无正当理由拒不服从组织调动或者交流决定的，依照法律及有关规定就地免职或者降职使用。

第六十五条　实行党政领导干部选拔任用工作责任追究制度。用人失察失误造成严重后果的，应当根据具体情况，追究主要责任人以及其他直接责任人的责任。

第六十六条　党委（党组）及其组织（人事）部门对干部选拔任用工作和贯彻执行本条例的情况进行监督检查，受理有关干部选拔任用工作的举报、申诉，制止、纠正违反本条例的行为,并对有关责任人提出处理意见或者处理建议。

纪检机关(监察部门)按照有关规定,对干部选拔任用工作进行监督检查。

第六十七条 建立组织(人事)部门与纪检机关(监察部门)等有关单位联席会议制度,就加强对干部选拔任用工作的监督,沟通信息,交流情况,提出意见和建议。联席会议由组织(人事)部门召集。

第六十八条 实行党政领导干部选拔任用工作监督责任制。凡本地区、本部门用人上的不正之风严重、干部群众反映强烈以及对违反组织人事纪律的行为查处不力的,应当追究党委(党组)主要领导成员和分管领导成员的责任。

第六十九条 党委(党组)及其组织(人事)部门在干部选拔任用工作中,必须严格执行本条例,自觉接受组织监督和群众监督。下级机关和党员、干部、群众对干部选拔任用工作中的违纪违规行为,有权向上级党委(党组)及其组织(人事)部门、纪检机关(监察部门)举报、申诉,受理部门和机关应当按照有关规定核实处理。

第十三章 附 则

第七十条 本条例对工作部门的规定,同时适用于办事机构、派出机构以及其他直属机构。

第七十一条 选拔任用乡(镇、街道)的党政领导干部,由省、自治区、直辖市党委根据本条例制定相应的实施办法。

第七十二条 中国人民解放军和中国人民武装警察部队领导干部的选拔任用办法,由中央军委根据本条例的原则规定。

第七十三条 本条例由中共中央组织部负责解释。

第七十四条 本条例自发布之日起施行。《党政领导干部选拔任用工作暂行条例》同时废止。

中共中央组织部、中共中央金融工作委员会、中共中央企业工作委员会、公安部、人事部印发《关于加强国家工作人员因私事出国（境）管理的暂行规定》的通知

（2003 年 1 月 14 日）

为适应改革开放和我国加入世贸组织后形势发展的需要，保障公民出国（境）权利，公安机关将进一步简化公民因私事出国（境）申请手续，2005 年以前在全国大、中城市实现公民按需申领护照。即除保留部分国家工作人员仍按照组织、人事管理权限和行政隶属关系出具单位意见外，其他公民只要不具有法律、法规规定的不准出境的情形，凭本人居民身份证、户口簿即可按需要向公安机关申领出入境证件。

为加强国家工作人员因私事出国（境）的管理，落实中央关于加强党政领导干部出国（境）管理的规定，维护党纪政纪，维护国家安全和利益，我们制定了《关于加强国家工作人员因私事出国（境）管理的暂行规定》，请遵照执行。各组织、人事部门和公安机关要相互配合，切实加强对国家工作人员因私事出国（境）的管理工作。各事业单位和企业单位人事部门要参照本规定，加强对有关国家工作人员因私事出国（境）的管理工作。因工作相互推诿扯皮，管理不力，出现漏洞的，要视情节追究有关人员的责任。

关于加强国家工作人员因私事出国（境）管理的暂行规定

第一条　为加强对国家工作人员因私事出国（境）管理，适应改革开放和经济发展的需要，制定本规定。

第二条　国家工作人员因私事出国（境），应按照组织、人事管理权限履行审批手续。

第三条　本规定所称国家工作人员，是指国家公务员以及参照、依照公务员管理的国家工作人员。

国有公司、企业中从事公务的人员和国家机关、国有公司、企业、事业单位委派到非国有企业单位、社会团体从事公务的人员,以国家工作人员论。

第四条 下列国家工作人员(以下称“登记备案人员”)申请因私事出国(境),须向户口所在地的公安机关出入境管理部门提交所在工作单位对申请人出国(境)的意见。

(一)各级党政机关、人大、政协、人民法院、人民检察院、人民团体、事业单位在职的县(处)级以上领导干部,离(退)休的厅(局)级以上干部;

(二)金融机构、国有企业的法人代表,县级以上金融机构领导成员及其相应职级的领导干部,国有大中型企业中层以上管理人员,国有控股、参股企业中的国有股权代表;

(三)各部门、行业中涉及国家安全及国有资产安全、行业机密的人员。

第五条 登记备案人员的基本情况由其所在工作单位负责向公安机关登记备案。登记备案的内容包括:姓名、性别、出生日期、身份证号码、户口所在地、工作单位、现任职务、主管部门等。登记备案人员工作单位、现任职务、主管部门等发生变化的,有关单位应当及时变更相应登记备案的内容。

第六条 公安机关负责本地区国家工作人员登记备案工作的业务指导和数据管理。

第七条 公安机关出入境管理部门受理公民因私事出国(境)申请时,应当核实有关单位登记备案的情况,确定是否颁发出入境证件。已登记备案的国家工作人员,如未提交所在工作单位对申请人因私事出国(境)的意见,公安机关出入境管理部门不予受理或办理。

第八条 各级组织、人事部门和公安机关在因私事出国(境)管理工作中,应建立有效的联系机制,制定责任制度和保密制度,指定专人负责。

第九条 各级组织、人事部门应对本单位已申领出入境证件的国家工作人员严格执行有关管理规定,实行因私事出国(境)报告登记制度,要求出国(境)人员在境外遵守外事纪律,未经批准不得逾期滞留。登记备案人员已申领的出入境证件,由所在单位组织、人事部门集中保管。

第十条 各级组织、人事部门因未按规定办理审批手续或登记备案手续的,公安机关违反规定办理出入境证件造成国家利益损失的,应视情节追究直接责任人和主管领导的责任,按照有关规定给予行政处分或者依法予以处罚。

第十一条 各地区、各部门可根据实际情况,制定具体实施办法,按照隶属关系,分别报送中央组织部、中央金融工委、中央企业工委、公安部、人事部备案。

第十二条 本规定由中央组织部、中央金融工委、中央企业工委、公安部、人事部负责解释。

第十三条 本规定自印发之日起执行。

中共中央组织部办公厅关于印发《关于〈党政领导干部选拔任用工作条例〉若干问题的答复意见(一)》的通知

(2003年4月3日)

现将中央组织部《关于〈党政领导干部选拔任用工作条例〉若干问题的答复意见(一)》印发给你们,请遵照执行。

关于《党政领导干部选拔任用工作条例》若干问题的答复意见(一)

1. **问:**第四条规定,选拔任用县级以上党委、政府直属事业单位和工会、共青团、妇联等人民团体的领导成员,非中共党员领导干部,处级以上非领导职务,参照本条例执行。对此应当如何理解?

答:这是指列为参照执行范围的,除了要贯彻《党政领导干部选拔任用工作条例》(以下简称《干部任用条例》)规定的基本原则、基本条件、基本程序和工作纪律外,在坚持党的干部路线方针政策前提下,可以结合自身特点,从实际情况出发,在具体做法上有所区别,具有一定的灵活性。

2. **问:**中央金融机构和国有重要骨干企业领导人员的选拔任用是否参照执行《干部任用条例》?

答:中央金融机构(不含中国人民银行、中国银行业监督管理委员会、中国证券监督管理委员会、中国保险监督管理委员会等机构)和国有重要骨干企业领导人员的管理,较之党政机关领导干部的管理在某些方面有其特殊性,《干部任用条例》对中央金融机构和国有重要骨干企业领导人员的选拔任用工作,是否参照执行没有作出明确规定。但是,考虑到中央金融机构和国有重要骨干企业不同于一般企业,《干部任用条例》的基本原则和基本要求,对其领导人员的管理也是适用的。

3. **问:**第四条规定,县级以上党委、政府直属事业单位的领导成员的选拔任用,参照本条例执行。这里的"县级以上"是否包含县级?

答:包含。《干部任用条例》中规定的其他类似情况,如"地(厅)、司(局)级以下"、"五年以上"等,都包含本级或本数。

4. **问:**第七条规定,提任县(处)级领导职务的,应当具有两年以上基层工作经历。这里的"基层工作经历"的含义是什么?

答:这里的"基层工作经历"是指在县、乡党政机关以及各类企业、事业单位工作过(参照或依照国家公务员制度管理的及其他担负行政管理职能的事业单位不在此列)。军队转业干部在军队团和相当团以下单位工作过,中央、国家机关干部在地(市)直属机关工作过,也可视为基层工作经历。担任县(市、区)党政领导职务的,一般应当有在乡镇(街道)两年以上的工作经历。

5. **问:**第七条规定,提任县(处)级以上领导职务的,一般应当具有在下一级两个以上职位任职的经历。"两个以上职位",有无对每个职位任职时间的要求?是否包括非领导职务?是否包括兼职?

答:《干部任用条例》对每个职位的任职时间没有具体规定。两个以上职位包括非领导职务,一般不包括兼职。

6. **问:**某干部在担任副市长期间,先分管工业,后来分工调整改为分管城市建设。这是否可视为在两个职位工作过?

答:可视为在两个职位工作过。在同一单位连续担任某一职务,分工进行过调整,即主管工作发生了变化或者该职位职能发生了较大变化等其他类似情况,都可视为在两个职位工作过。

7. **问:**副部级单位中,干部提职的任职资格年限怎么把握?从副司长(正处级)提任司长(副司级),在副司长岗位上需要任职几年?

答:副部级单位干部提职的任职资格年限,应以职务而不是职级把握为宜。副司长提任司长,在副司长岗位上需要任职两年以上。副省级城市干部提职的任职资格年限也照此掌握。

8. **问:**副部级单位的副处长(副处级)提拔担任副司长(正处级),是否属于越级提拔?

答:是。副省级城市干部类似情况的提职也属于越级提拔。

9. **问:**如何理解和把握第十条中"民主推荐的结果在一年内有效"的规定?

答:应当根据民主推荐的不同情况来把握。(1)对非定向推荐,推荐结果在一年内有效。(2)对具体职位进行的定向推荐,推荐结果在确定该职位考察对象时一年内有效;如果拟任职位变了,原推荐结果一般不再有效。

10. **问:**第十一条规定,个别提拔任职,按照拟任职位推荐。这里的"推荐"是否指民主推荐的两种形式都要采用?

答:无论是领导班子换届,还是个别提拔任职,会议投票推荐和个别谈话推荐一般应当同时采用。对两种推荐结果要综合分析,互为补充,相互印证。

11. **问:**第十六条规定,领导班子换届,对拟新进党政领导班子的人选考察对象,在本条例第十二条所列人员范围内进行公示。原党政领导班子副职拟作为正职人选考察对象,是否需要公示?

答:一般需要公示。这里所指的“新进党政领导班子”包括两种情况:一是从班子以外进入到班子中;二是在本班子中提升职务。其他类似情况,如常委、组织部长拟作为副书记人选考察对象,副市长拟作为常委、副市长人选考察对象均要进行公示。政府正职拟作为党委正职人选考察对象时是否公示,可根据各地的实际情况确定。

12. **问:**第十七条规定,确定考察对象时,应当把民主推荐的结果作为重要依据之一,同时防止简单地以票取人。对此应当如何理解?

答:确定考察对象时,应当把民主推荐的结果作为重要依据之一,具体工作中要把握以下三点:一是得票数多者,方可列为考察对象;二是得票数少者,一般不得列为考察对象;三是得票数相近者,需参考平时掌握的其他情况及领导班子的结构需要等因素,综合考虑后研究确定考察对象。

防止简单地以得票多少划线取人,要把握以下三点:一是对于各方面条件都很好,但由于客观原因群众不够了解、不够熟悉的人选,如果班子结构配备确实需要,即使民主推荐得票数不是最高但是较高的,也可以作为考察对象。二是对于那些不踏踏实实工作,却热衷于拉关系、跑门子、拉拉扯扯的人,一经查实,即使民主推荐得票数较多,也不能作为考察对象。三是要为敢于坚持原则和不事张扬的干部主持公道。

13. **问:**第四十二条规定,由党委(党组)决定任职的,任职时间自党委(党组)决定之日起计算。这里的“决定之日”的含义是什么?由党委(党组)决定任职、需要报上级备案的干部,其任职时间如何计算?

答:(1)这里的“决定之日”是指党委(党组)对干部的任职集体讨论、作出决定的日期,并非是主管领导签发任职通知的日期。(2)由党委(党组)决定任职、需要报上级备案的干部,经备案部门审核无异议,其任职时间自党委(党组)决定之日起计算。其他类似情况,如双重管理干部任职需征求协管方意见的等,任职时间均自主管方党委(党组)决定之日起计算。

14. **问:**任职试用期未满的干部,能否提拔任用?能否允许其参加公开选拔、竞争上岗?

答:(1)一般不能提任上级领导职务;符合提任非领导职务资格条件的,可以提任非领导职务。(2)符合参加公开选拔、竞争上岗资格条件的,可允许其报名参加公开选拔、竞争上岗。

15. **问:**第五十条规定,报名参加公开选拔、竞争上岗人员的基本条件和资格,应当符合本条例第六条和第七条的规定。对此应当如何理解?

答:这是指参加公开选拔、竞争上岗的人员,应当具备选拔党政领导干部的基本条件和资格。对特别优秀的年轻干部或者工作特殊需要的,经组织研究也可适当放宽其报名参加公开选拔、竞争上岗所需的资格。

中共中央办公厅、国务院办公厅印发《建设部、中共中央组织部、财政部关于易地调动干部住房管理暂行规定》的通知

(2003年7月30日)

《建设部、中共中央组织部、财政部关于易地调动干部住房管理暂行规定》已经党中央、国务院领导同志同意,现印发给你们,请认真贯彻执行。

建设部、中共中央组织部、财政部关于易地调动干部住房管理暂行规定

为妥善解决易地调动干部的住房问题,根据《国务院关于进一步深化城镇住房制度改革加快住房建设的通知》(国发〔1998〕23号)及有关文件确定的政策,制定本规定。

一、适用范围

本规定适用于因组织需要易地调动,并按照组织程序办理调动手续的党政干部(以下简称调动干部)。

二、承租或购买现居住公有住房

调动干部一般只能按照房改政策承租或购买一地的公有住房。夫妻两地分居且在本规定印发前已经在两地承租公有住房的,可以在分居期间分别承租两地的公有住房,但只能购买其中一地的现居住公有住房。购买现居住公有住房执行住房所在地的房改政策,购房面积标准执行调动干部新任职务标准。

三、申请领取购房补贴

调动干部购房时,可以根据下列情况,向调入单位申请领取购房补贴,调入单位应当优先发放。

(一)在原工作地无房干部的购房补贴。调动干部在原工作地没有承租或购买公有住房,以及按照规定退出原承租或购买的公有住房的,可以按照新工作地无房职工的有关规定,向调入单位申请领取购房补贴;在原工作地已经领

取购房补贴的，自调动次月起，按照新工作地的购房补贴政策执行。

（二）地区差额补贴。调动干部在原工作地已经领取购房补贴的，如原工作地购房补贴水平低于新工作地，可以向调入单位申请领取地区差额补贴，补贴额按照两地补贴水平的差额计算。调动干部在原工作地已经承租或购买公有住房的，在新工作地购房时，也可以向调入单位申请领取地区差额补贴，但只限于夫妻一方，补贴额按照原职级住房面积标准和两地普通商品住房平均价格的差额计算。调动干部升职的，按照新工作地规定由调入单位发放级差补贴。

（三）面积差额补贴。调动干部按照新工作地相应职务住房面积标准，原承租或购买的公有住房没有达标且未在原工作地领取面积差额补贴的，自调动次月起，可以向调入单位申请领取差额补贴；原住房已经达标的，调入单位不再发放差额补贴。

四、建立临时周转住房制度

为方便调动干部的工作和生活，在新工作地没有住房的调动干部，新工作地应当为其提供临时周转住房。

（一）周转住房的筹集。周转住房的标准应当以满足调动干部的基本工作和生活需要为原则，房源主要从腾退的现有公房中筹集，也可以购买经济适用住房；确需新建的，应当严格控制建设标准；原则上不得安排宾馆、招待所作为临时周转住房。

（二）周转住房的租金。调动干部应当按照新工作地规定的公有住房租金标准交纳租金；交纳租金确有困难的，可以按照新工作地有关规定向调入单位申请租金补贴或租金优惠。

（三）周转住房的腾退。调动干部在新工作地购买住房或调离现工作岗位后，应当在6个月内腾退租住的周转住房。本规定印发前已经在两地承租公有住房的，其中一地的承租住房可以比照临时周转住房管理。

五、积极鼓励干部到西部地区工作

（一）购房补贴标准和资金来源。凡调动到西部地区（指执行国家关于西部开发有关文件规定的地区）工作的干部，购房补贴按照新工作地和原工作地补贴额度较高一地的标准执行；原在中央、国家机关和北京、天津、山东、上海、江苏、浙江、福建、广东等地工作的干部，原工作地购房补贴额度高于新工作地的，由原工作地按照调动干部新任职务及原工作地房改政策规定发放购房补贴，一次结清。

（二）购房或租住周转住房。调动到西部地区工作的干部，购房地点可以在新工作地，也可以在原工作地，由调动干部自主选择；在符合条件的情况下可以优先购买经济适用住房。未领取购房补贴前,其所住周转房可以免交租金。

六、住房档案

调动干部在办理调动手续时,个人住房档案应当随干部行政、工资介绍信等一并移交,住房档案应当说明本人及配偶住房状况和双方购房补贴发放情况。

七、严肃纪律

调动干部如有瞒报家庭住房情况,或违反规定多占住房、骗取购房补贴的,有关部门应当按照规定收回多占的住房或骗取的购房补贴,同时给予党纪、政纪处分。

八、其他

(一)各省、自治区、直辖市根据本规定精神,结合实际情况,制定实施办法。企事业单位的调动干部可以参照执行。易地调动的省部级干部住房政策另行规定。

(二)本规定由建设部会同中共中央组织部、财政部负责解释。

(三)本规定自印发之日起实施。

中共中央组织部、人事部、最高人民法院关于印发《人民法院书记员管理办法（试行）》的通知

（2003 年 10 月 20 日）

现将《人民法院书记员管理办法（试行）》（以下简称《试行办法》）印发给你们，请结合各地实际情况，认真贯彻执行。

根据人民法院业务工作及干部队伍建设的需要，改革人民法院书记员管理办法，进一步明确人民法院书记员的职责和条件，规范和完善人民法院书记员的选拔任用、考核培训、工资职级等管理制度，在稳定现有书记员队伍的基础上对新招收的书记员试行聘任制和合同管理，对于建立一支相对稳定和专业化的人民法院书记员队伍，提高人民法院审判工作的质量和效率，具有重要作用。各级组织人事部门要加强指导，协调有关方面，按照《试行办法》的要求积极推进人民法院书记员管理办法改革。各级人民法院要精心组织实施，认真抓好落实。对目前在书记员岗位工作的人员，要区别情况，按照规定的程序和条件，做好留任和转任工作。新招收的聘任制书记员，是人民法院干部队伍的重要组成部分，要认真按照《试行办法》的有关规定及聘任合同内容进行管理，切实维护他们的合法权益。

各省、自治区、直辖市高级人民法院要注意发现和解决试行过程中的问题，遇有重要情况及时报告最高人民法院。

人民法院书记员管理办法（试行）

为了建立一支专业化的人民法院书记员队伍，实现对书记员的科学管理，根据《中华人民共和国人民法院组织法》和《中华人民共和国法官法》等有关法律，制定本办法。

第一条 书记员是审判工作的事务性辅助人员，在法官指导下工作。

书记员实行单独序列管理。

第二条 书记员履行以下职责：

(一)办理庭前准备过程中的事务性工作;

(二)检查开庭时诉讼参与人的出庭情况,宣布法庭纪律;

(三)担任案件审理过程中的记录工作;

(四)整理、装订、归档案卷材料;

(五)完成法官交办的其他事务性工作。

第三条 担任书记员必须具备下列条件:

(一)具有中华人民共和国国籍;

(二)拥护中华人民共和国宪法;

(三)身体健康,年满 18 周岁;

(四)有良好的政治业务素质,具备从事书记员工作的专业技能;

(五)具有大学专科以上文化程度。

适用本条第五项规定的学历条件确有困难的地方,经高级人民法院审核同意,在一定期限内,可以将担任书记员的学历条件放宽为高中、中专。

第四条 下列人员不得担任书记员:

(一)曾因犯罪受过刑事处罚的;

(二)曾被开除公职的;

(三)涉嫌违法违纪正在接受审查,尚未作出结论的。

第五条 本办法下发后人民法院新招收的书记员,实行聘任制和合同管理。

书记员的聘任制和合同管理,是指人民法院与受聘人依照法律与本办法订立聘任合同,在合同有效期内,人民法院与受聘人双方履行合同规定,聘任合同解除或者终止后,双方即解除聘任关系,受聘人不再具有国家工作人员身份,不再履行书记员职责。

第六条 除法律、法规和聘任合同另有规定外,人民法院书记员的权利义务及教育培训、考核奖惩、辞职辞退、申诉控告、职务升降等,参照执行国家公务员的有关规定。人民法院聘任制书记员的工资、保险和福利制度由国家另行规定。

在国家有关规定出台之前,人民法院聘任制书记员的基本工资可按国家公务员的规定执行,其他工资和福利等待遇,可暂由各地根据本地区实际情况进行处理。待国家有关规定出台后,人民法院聘任制书记员的工资、保险和福利待遇改按国家统一规定执行。

第七条 人民法院在国家核定的编制内依据书记员员额比例确定书记员专用编制。法院录用或调任其他工作人员,不得以任何理由挤占书记员专用编制。

书记员的员额比例由最高人民法院另行规定。

第八条 人民法院新招收书记员应当按照公开、平等、竞争的原则，通过考试、考核，择优聘任。

最高人民法院和地方各级人民法院聘任书记员的考试工作分别由中央和省级考录工作主管部门负责。

第九条 人民法院聘任书记员应当签订聘任合同。

聘任合同的期限一般为三至五年，期满可以续聘。书记员在同一单位连续工作满十年，且距离法定退休年龄不足十年，双方同意续延聘任合同的，如果书记员提出订立无固定期限的聘任合同，人民法院应当与其订立无固定期限的聘任合同。

新聘任书记员试用期限为一年。

聘任合同文本，由最高人民法院制定。

第十条 聘任制书记员有下列情形之一的，人民法院应当解除聘任合同：

（一）严重违反公务员管理有关规定或者人民法院规章制度的；

（二）严重失职，营私舞弊，对公正司法造成重大损害的；

（三）被依法追究刑事责任的；

（四）在试用期内不能胜任工作的；

（五）法律、法规规定的其他应当解除聘任关系的情形。

第十一条 聘任制书记员有下列情形之一的，人民法院可以解除聘任合同，但是应当提前三十日以书面形式通知本人：

（一）患病或者非因公负伤，医疗期满后，不能从事书记员工作的；

（二）年度考核被确定为不称职等次，通过培训后仍不能胜任工作的；

（三）国家机构变动、调整，需要裁减人员的；

（四）未经单位批准参加各类脱产学习、培训，经单位要求仍不能正常工作的；

（五）其他法律法规规定或合同约定的情形。

第十二条 聘任制书记员有下列情形之一的，人民法院不得依据本办法第十一条解除聘任合同：

（一）女性书记员在孕期、产期、哺乳期内的；

（二）因公负伤，治疗终结后被确认丧失或部分丧失劳动能力的；

（三）法律、法规规定的其他情形。

第十三条 聘任制书记员对人民法院解除聘任关系有异议的，可以向当地人事主管部门提起仲裁。

第十四条 聘任制书记员可以辞去被聘职务或提出解除聘任合同,但是应当提前三十日以书面形式通知所在人民法院。

第十五条 人民法院书记员可以按规定正常晋升职级。各级人民法院书记员的最高职级配备为:

最高人民法院书记员的职级最高配备为正处级。

高级人民法院书记员的职级最高配备为副处级。

中级人民法院书记员的职级最高配备为正科级。

基层人民法院书记员的职级最高配备为副科级。

直辖市、副省级城市的中级人民法院和基层人民法院部分书记员的职级配备可以略高于本条第四、五款的规定。

第十六条 书记员职务职数在其所在人民法院的非领导职务职数中解决。

第十七条 本办法中除专门适用于聘任制书记员的条款外,其他条款既适用于聘任制书记员,也适用于本办法实施前人民法院在国家核定编制内正式录用的书记员。

第十八条 解放军军事法院书记员的管理办法另行规定。

第十九条 本办法由最高人民法院负责解释。

第二十条 本办法自下发之日起执行。

中共中央、国务院
关于进一步加强人才工作的决定

（2003 年 12 月 26 日）

为实现党的十六大提出的全面建设小康社会宏伟目标，大力实施人才强国战略，建设宏大的高素质人才队伍，现就进一步加强人才工作作出如下决定。

一、实施人才强国战略是党和国家一项重大而紧迫的任务

1. 人才问题是关系党和国家事业发展的关键问题。当今世界，多极化趋势曲折发展，经济全球化不断深入，科技进步日新月异，人才资源已成为最重要的战略资源，人才在综合国力竞争中越来越具有决定性意义。本世纪头 20 年是我国全面建设小康社会、开创中国特色社会主义事业新局面的重要战略机遇期。小康大业，人才为本。适应国内外形势的发展变化，完善社会主义市场经济体制，提高党的领导水平和执政水平，牢牢掌握加快发展的主动权，关键在人才。必须把人才工作纳入国家经济和社会发展的总体规划，大力开发人才资源，走人才强国之路。

党和国家历来十分重视人才工作，特别是改革开放以来，培养造就了各个领域的大批优秀人才，为推动社会主义现代化建设事业发挥了重要作用。进入新世纪新阶段，党中央、国务院认真分析国际国内形势，全面贯彻“三个代表”重要思想，提出了人才强国战略，确立了新的历史条件下人才工作的基本思路和宏观布局，人才工作取得了显著成绩。但是，人才的总量、结构和素质还不能适应经济社会发展的需要，特别是现代化建设急需的高层次、高技能和复合型人才短缺；市场配置人才资源的基础性作用发挥不够，人才流动的体制性障碍尚未消除，人尽其才的用人机制有待完善。我国人才工作正处于需要进一步整合力量、全面推进的重要阶段。必须深刻认识人才工作的极端重要性和紧迫性，切实加强和改进党对人才工作的领导，紧紧抓住机遇，积极应对挑战，努力使人才工作迈上新的台阶。

2. 新世纪新阶段人才工作的根本任务是实施人才强国战略。在建设中国特色社会主义伟大事业中，要把人才作为推进事业发展的关键因素，努力造就数以亿计的高素质劳动者、数以千万计的专门人才和一大批拔尖创新人才，建设规模宏大、结构合理、素质较高的人才队伍，开创人才辈出、人尽其才的新局

面,把我国由人口大国转化为人才资源强国,大力提升国家核心竞争力和综合国力,完成全面建设小康社会的历史任务,实现中华民族的伟大复兴。

实施人才强国战略,必须以邓小平理论和"三个代表"重要思想为指导,贯彻落实十六大精神,根据人才资源是第一资源的科学判断,坚持党管人才原则,坚持以人为本,充分开发国内国际两种人才资源,紧紧抓住培养、吸引、用好人才三个环节,大力加强以党政人才、企业经营管理人才和专业技术人才为主体的人才队伍建设,努力把各类优秀人才集聚到党和国家各项事业中来,为全面建设小康社会提供坚强的人才保证和广泛的智力支持。实施人才强国战略的基本要求是:

——用"三个代表"重要思想统领人才工作。"三个代表"重要思想是推进新世纪新阶段人才工作的根本指针。按照发展先进生产力、先进文化和实现最广大人民群众根本利益的要求,坚决贯彻尊重劳动、尊重知识、尊重人才、尊重创造的方针,把"三个代表"重要思想贯穿于人才工作的全过程,努力开创人才工作新局面。

——把促进发展作为人才工作的根本出发点。发展是我们党执政兴国的第一要务。树立全面、协调、可持续的发展观,促进经济社会和人的全面发展。人才工作的目标任务要围绕发展来确立,人才工作的政策措施要根据发展来制定,人才工作的成效要用发展来检验。

——树立科学的人才观。人才存在于人民群众之中。只要具有一定的知识或技能,能够进行创造性劳动,为推进社会主义物质文明、政治文明、精神文明建设,在建设中国特色社会主义伟大事业中作出积极贡献,都是党和国家需要的人才。要坚持德才兼备原则,把品德、知识、能力和业绩作为衡量人才的主要标准,不唯学历、不唯职称、不唯资历、不唯身份,不拘一格选人才。鼓励人人都作贡献,人人都能成才。

——加强人才资源能力建设。坚持把能力建设作为人才资源开发的主题。加大对人才工作的投入,优先发展科学教育事业,努力把人口压力转变为人力资源优势,为各类人才不断涌现和充分发挥作用奠定坚实基础。

——坚持三支人才队伍建设一起抓。党政人才、企业经营管理人才和专业技术人才是我国人才队伍的主体,必须坚持分类指导,整体推进。着重培养造就大批适应改革开放和社会主义现代化建设的高层次和高技能人才,带动整个人才队伍建设。

——推进人才结构调整。按照统筹城乡发展、统筹区域发展、统筹经济社会发展、统筹人与自然和谐发展、统筹国内发展和对外开放的要求,加快人才结构调整，优化人才资源配置，促进人才合理分布，发挥人才队伍的整体功能。

——创新人才工作机制和优化环境。人才的活力取决于机制和环境。遵循人才资源开发规律，坚持市场配置人才资源的改革取向，加强和改善宏观调控，建立充满生机与活力的人才工作机制。着力营造有利于优秀人才大量涌现、健康成长的良好氛围，形成鼓励人才干事业、支持人才干成事业、帮助人才干好事业的社会环境。

二、以能力建设为核心，大力加强人才培养工作

3. 人才资源能力建设是人才培养的核心。树立大教育、大培训观念，在提高全民思想道德素质、科学文化素质和健康素质的基础上，重点培养人的学习能力、实践能力，着力提高人的创新能力。围绕创新能力建设，根据各类人才的特点，研究制定人才资源能力建设标准。改革教育培训的机制、内容和方法，加大教育培训力度。坚持学习与实践相结合、培养与使用相结合，促进人才在实践中不断增长知识，提升能力。加强爱国主义、集体主义、社会主义教育，树立正确的世界观、人生观、价值观，发扬拼搏奉献精神、艰苦创业精神、团结协作精神和诚实守信精神，促进各类人才的全面发展。

4. 加快构建现代国民教育体系，更好地为经济社会全面发展培养人才。教育是培养人才的基础。按照面向现代化、面向世界、面向未来的要求，坚持教育为社会主义现代化建设服务，为人民服务，以社会需求为导向，大力推进教育创新，提高教育质量和管理水平。统筹城乡教育，进一步加强农村教育。全面普及九年义务教育，积极发展高中阶段教育，全面推进素质教育。着眼国家发展和战略需要，深化高等教育体制改革，加强高等教育与经济社会的紧密结合，调整学科和专业结构，创新人才培养模式，建立教育培养与人才需求结构相适应的有效机制。加快建设若干所世界一流大学、一批高水平大学与重点学科。加强高校领导班子和师资队伍建设，充分发挥高校的人才培养重要基地作用。适应走新型工业化道路和优化产业结构的要求，大力推进职业教育的改革和发展。

5. 加快构建终身教育体系，促进学习型社会的形成。在全社会进一步树立全民学习、终身学习理念，鼓励人们通过多种形式和渠道参与终身学习，积极推动学习型组织和学习型社区建设。加强终身教育的规划和协调，优化整合各种教育培训资源，综合运用社会的学习资源、文化资源和教育资源，完善广覆盖、多层次的教育培训网络，构建中国特色的终身教育体系。进一步改革和发展成人教育。加强各类人才的培训和继续教育工作。继续做好选派各类人才出国（境）培训工作。强化用人单位在人才培训中的主体地位，鼓励在职自学，完善带薪学习制度。制定科学规范的质量评估和监督办法,提高教育培训成效。

三、坚持改革创新,努力形成科学的人才评价和使用机制

6. 建立以能力和业绩为导向、科学的社会化的人才评价机制。坚持走群众路线,注重通过实践检验人才。完善人才评价标准,克服人才评价中重学历、资历,轻能力、业绩的倾向。根据德才兼备的要求,从规范职位分类与职业标准入手,建立以业绩为依据,由品德、知识、能力等要素构成的各类人才评价指标体系。改革各类人才评价方式,积极探索主体明确、各具特色的评价方法。完善人才评价手段,大力开发应用现代人才测评技术,努力提高人才评价的科学水平。

党政人才的评价重在群众认可。树立科学的发展观和正确的政绩观,坚持群众公认、注重实绩的原则。进一步完善民主推荐、民主测评、民主评议制度,把群众的意见作为考核评价党政人才的重要尺度。制定不同层次、不同类型党政人才的岗位职责规范,建立符合科学发展观要求的干部政绩考核体系和考核评价标准。完善定期考核和日常考核制度,改进考核方法。建立健全考核工作责任制。

企业经营管理人才的评价重在市场和出资人认可。发展企业经营管理人才评价机构,探索社会化的职业经理人资质评价制度。完善反映经营业绩的财务指标和反映综合管理能力等非财务指标相结合的企业经营管理人才评价体系,积极开发适应不同类型企业经营管理人才的考核测评技术。改进国有资产出资人对国有企业经营管理者考核评价工作,围绕任期制和任期目标责任制,突出对经营业绩和综合素质的考核。

专业技术人才的评价重在社会和业内认可。以打破专业技术职务终身制为重点,研究制定深化职称制度改革的指导意见。全面推行专业技术职业资格制度,加快执业资格制度建设。积极探索资格考试、考核和同行评议相结合的专业技术人才评价方法。发展和规范人才评价中介组织,在政府宏观指导下,开展以岗位要求为基础、社会化的专业技术人才评价工作。积极推进专业技术人才执业资格国际互认。

7. 建立以公开、平等、竞争、择优为导向,有利于优秀人才脱颖而出、充分施展才能的选人用人机制。

以扩大民主、加强监督为重点,进一步深化党政干部选拔任用制度改革,不断提高科学化、民主化、制度化水平。完善选任制,改进委任制,规范考任制,推行聘任制。改进公开选拔、竞争上岗的办法。加大选拔任用优秀年轻干部的力度,为他们的成长提供“快车道”。逐步推行党政领导干部职务任期制,建立和完善干部正常退出机制，实行优胜劣汰，增强干部队伍活力。

以推进企业经营管理者市场化、职业化为重点，坚持市场配置、组织选拔和依法管理相结合，改革和完善国有企业经营管理人才选拔任用方式。对国有资产出资人代表依法实行派出制或选举制。对经理人推行聘任制，实行契约化管理。按照企业发展战略和市场取向，拓宽选人视野，吸引国际国内一流人才到企业任职。大力扶持能够整合生产要素、利用社会资源和聚集各类人才积极创业的经营管理人才。

以推行聘用制和岗位管理制度为重点，深化事业单位人事制度改革。按照政事职责分开、单位自主用人、个人自主择业、政府依法监管的要求，建立符合各类事业单位特点的用人制度。推行聘用制和岗位管理制度，促进由固定用人向合同用人、由身份管理向岗位管理的转变。研究制定事业单位人事管理条例，规范按需设岗、竞聘上岗、以岗定酬、合同管理等管理环节，逐步做到人员能进能出，职务能上能下，待遇能高能低。

四、建立和完善人才市场体系，促进人才合理流动

8. 建立和完善人才市场体系。根据完善社会主义市场经济体制的要求，全面推进机制健全、运行规范、服务周到、指导监督有力的人才市场体系建设，进一步发挥市场在人才资源配置中的基础性作用。建立和完善人才市场机制。遵循市场规律，进一步发挥用人单位和人才的市场主体作用，促进企事业单位通过市场自主择人和人才进入市场自主择业。针对人才资源的特殊性，按照人才的市场供求关系，通过实现人才自身价值与满足社会需求相结合，有效解决人才供求矛盾。推进政府部门所属人才服务机构的体制改革，实现管办分离、政事分开。引导国有企事业单位转换用人机制，积极参与市场竞争。努力形成政府部门宏观调控、市场主体公平竞争、行业协会严格自律、中介组织提供服务的运行格局。消除人才市场发展的体制性障碍，使现有各类人才和劳动力市场实现联网贯通，加快建设统一的人才市场。健全专业化、信息化、产业化、国际化的人才市场服务体系。

9. 促进人才合理流动。进一步消除人才流动中的城乡、区域、部门、行业、身份、所有制等限制，疏通三支队伍之间、公有制与非公有制组织之间、不同地区之间的人才流动渠道。发展人事代理业务，改革户籍、人事档案管理制度，放宽户籍准入政策，推广以引进人才为主导的工作居住证制度，探索建立社会化的人才档案公共管理服务系统。鼓励专业技术人才通过兼职、定期服务、技术开发、项目引进、科技咨询等方式进行流动。加强对人才流动的宏观调控，采取有效措施，引导人才向西部地区、基层和艰苦地区等社会最需要的地方流动，鼓励人才安心基层工作。制定人才流动和人才市场管理的法律法规,完善人事争议仲裁制度。加强人才流动中国家秘密和商业秘密的保护,依法维护用人单位和各类人才的合法权益,保证人才流动的开放性和有序性。

五、以鼓励劳动和创造为根本目的,加大对人才的有效激励和保障

10. 完善分配激励机制。完善按劳分配为主体、多种分配方式并存的分配制度,坚持效率优先、兼顾公平,各种生产要素按贡献参与分配。针对各类人才的特点,建立健全与社会主义市场经济体制相适应、与工作业绩紧密联系、鼓励人才创新创造的分配制度和激励机制。加强对收入分配的宏观管理,整顿和规范分配秩序。

结合完善国家公务员制度,逐步建立综合体现工作职责、能力、业绩、年功等因素,职务与职级相结合的公务员工资制度。适当拉开不同职务和职级之间的收入差距,增强职级的激励功能。建立公务员工资与国民经济发展相协调、与社会进步相适应、与企业相当人员平均工资大体持平的工资水平决定机制。完善艰苦边远地区津贴制度,实施中央政府统一调控下分级管理的地区附加津贴制度。对国家机关特殊专门人才,实行特殊的工资、津贴政策。

结合事业单位体制改革和人事制度改革,逐步建立符合各种类型事业单位特点、体现岗位绩效和分级分类管理的事业单位薪酬制度。收入分配政策向关键岗位和优秀人才倾斜。指导事业单位积极探索生产要素按贡献参与分配的实现形式和办法。加大对基础教育、基础研究、战略高技术研究、重要公益研究等事业单位的分配政策扶持力度。制定完善专业技术人员兼职兼薪的管理办法。

结合深化国有资产管理体制改革和建立现代企业制度,逐步建立市场机制调节、企业自主分配、职工民主参与、政府监控指导的企业薪酬制度。坚持按劳分配与按生产要素分配相结合、短期激励与中长期激励相结合、激励和约束相结合的原则,将经营者薪酬与其责任、风险和经营业绩直接挂钩。不断改善收入结构,逐步建立与市场价格接轨、合理有效的激励机制。在分类指导、分步实施的基础上,进一步完善国有企业经营者年薪制。

建立健全现代产权制度,探索产权激励机制。鼓励有条件的企业对作出突出贡献的经营管理人才、专业技术人才实行期权、股权激励。依法保护知识产权。探索建立人才资本及科研成果有偿转移制度。

11. 建立规范有效的人才奖励制度。坚持精神奖励和物质奖励相结合的原则,建立以政府奖励为导向、用人单位和社会力量奖励为主体的人才奖励体系,充分发挥经济利益和社会荣誉双重激励作用。建立国家功勋奖励制度,对为国家和社会发展作出杰出贡献的各类人才给予崇高荣誉并实行重奖。进一步规范各类人才奖项。坚持奖励与惩戒相结合,做到奖惩分明,实现有效激励。

12. 建立健全人才保障制度。积极探索机关和事业单位社会保障制度改革,进一步完善企业社会保障制度,为推进人才工作深入发展提供保障。根据各类人才的特点和需要,采用多种形式,逐步建立重要人才国家投保制度。完善机关、企业、事业单位人才流动中的社会保险衔接办法。加快福利制度改革,逐步实现福利货币化,不断改善各类人才的生活待遇。

六、突出重点,切实加强高层次人才队伍建设

13. 把高层次人才队伍建设摆上重要位置。中高级领导干部、优秀企业家和各领域高级专家等高层次人才,是人才队伍建设的重点。实施国家高层次人才培养工程,制定符合我国国情和国际化要求的培养规划,针对不同特点,实行分类培养。不断推进制度创新,形成有利于高层次人才成长的机制和环境。

以加强思想政治建设和执政能力建设为核心,培养造就一批忠诚实践“三个代表”重要思想、善于治党治国治军的政治家。强化理论武装和实践锻炼,坚持立党为公、执政为民,着力解决领导干部理想信念、政治方向、政治纪律、宗旨观念等根本问题。大力提高中高级领导干部科学判断形势的能力、驾驭市场经济的能力、应对复杂局面的能力、依法执政的能力和总揽全局的能力。

以提高战略开拓能力和现代化经营管理水平为核心,加快培养造就一批熟悉国际国内市场、具有国际先进水平的优秀企业家。遵循企业家成长规律,培养企业家职业精神,提高企业家职业化水平。建立完善企业家激励约束机制,调动和保护企业家勇于竞争和持续创业的热情。实施“走出去”战略,发展具有国际竞争力的大公司、大企业集团,鼓励企业家在更大范围、更广领域和更高层次上参与国际经济技术合作和竞争。加快建立健全现代企业制度,完善公司法人治理结构,为企业家的成长和创业提供广阔的空间和舞台。

以提高创新能力和弘扬科学精神为核心,加快培养造就一批具有世界前沿水平的高级专家。坚持自然科学和社会科学并重,基础研究与应用研究并重,依托新世纪百千万人才工程等国家重大人才培养计划、重大科研和建设项目、重点学科和科研基地以及国际学术交流与合作项目,积极推进创新团队建设,加大学科带头人的培养力度。建立开放、流动、竞争、协作的科学研究机制,进一步破除科学研究中的论资排辈和急功近利现象,抓紧培养造就一批中青年高级专家。坚持“双百”方针,形成鼓励创新、鼓励探索的良好氛围。努力改善工作条件,大力营造激发创新活力的工作环境。弘扬爱国主义精神,提高科学道德水平,激励各领域专家奋力攻关,勇攀事业高峰。重视加强国防科技高层次人才队伍建设。注意发挥老专家、老教授的作用。改进和完善院士制度、政府特殊津贴制度、博士后制度以及其他高层次人才培养制度,进一步形成培养选拔高级专家的制度体系。

中央和省部两级要着眼于党和国家各项事业长远发展的需要,建设一支数量充足、素质优良、门类齐全、结构合理的省部级和地厅级后备干部队伍。同时,建立高层次人才库,直接联系一批优秀企业家和各类高级专家。设立和调整高层次人才专项资金,鼓励用人单位和社会各界在工作上、生活上为高层次人才提供保障,激发他们的贡献热情和创造潜能,充分发挥他们在人才队伍建设中的示范带动作用。

14. 加大吸引留学和海外高层次人才工作力度。继续贯彻支持留学、鼓励回国、来去自由的方针,鼓励留学人员以不同方式为祖国服务。按照拓宽留学渠道、吸引人才回国、支持创新创业、鼓励为国服务的要求,制定和实施留学人才回归计划,重点吸引高层次人才和紧缺人才。采取团队引进、核心人才带动引进、高新技术项目开发引进等方式,建立符合留学人员特点的引才机制。建立全国统一的留学人才信息系统和留学人才库,完善留学人才的评价认定制度,提高吸引高层次留学人才工作的针对性和实效性。加大对高层次留学人才的回国资助力度,切实解决留学回国人员的实际困难和问题。制定鼓励和支持留学人员回国创业政策,大力加强留学人员创业基地建设。健全留学人才为国服务的政策措施,鼓励他们以多种形式为国家建设作贡献。

坚持以我为主、按需引进、突出重点、讲求实效的方针,积极引进海外人才和智力。制定和实施国家引进海外人才规划,建立海外人才评价和准入制度。重点引进高新技术、金融、法律、贸易、管理等方面的高级人才以及基础研究方面的紧缺人才。按照国际惯例和市场规则,抓紧制定投资移民法、技术移民法和海外高级人才聘用管理办法。研究制定聘用海外高级人才从事公务工作的办法。对引进的海外高级人才实行在华长期居留或永久居留制度。鼓励和吸引海外华人华侨专家为我国现代化建设服务。建立和完善国际人才市场,发展和规范引进海外人才中介组织,保护应聘海外人才和聘用单位的合法权益。

15. 加强和改进国家重要人才安全工作。高度重视和充分信任国家重要人才。把在关系国家安全和国民经济命脉的重点行业和领域工作,掌握国家经济、科技、国防等核心秘密和尖端技术的人才纳入国家重要人才范围。通过立法维护国家重要人才安全,有效防止重要人才流失。制定政策法规,提高重要人才待遇,保障重要人才权益,规范重要人才流动。建立国家重要人才的信息档案,实施动态管理。

七、推进人才资源整体开发，实现人才工作协调发展

16. 坚持人才资源开发与经济社会发展相协调。把人才工作作为制定国民经济和社会发展规划的重要内容，建立健全人才资源开发宏观调控体系。适应经济社会发展对人才总量、结构和素质的需求，有效盘活人才存量，大幅度提高人才增量，不断提升人才素质，调整和优化人才结构。紧密配合国家重大发展战略的实施，开发和配置人才资源。采取有力措施，促进人才在城乡、区域、产业、行业和不同所有制之间的合理分布。推进人才资源整体开发，抓紧培养各类紧缺人才。重视培养妇女人才、少数民族人才和党外人才。注意发挥离退休人才的作用。积极做好在振兴东北地区等老工业基地中的人才工作。不断扩大人才工作覆盖面，实现各类人才队伍建设的协调发展。

17. 进一步做好西部和民族地区人才工作。西部大开发和民族地区建设，人才是关键。要树立正确的用人观念，制定灵活的用人政策，创造良好的用人机制和环境，稳定和用好现有人才，重视开发少数民族人才，积极引进急需人才。大力发展西部教育事业，强化职业教育，加大培养和培训工作力度，壮大人才队伍。逐步提高西部地区各类人才的收入水平，制定鼓励人才到西部地区工作特别是长期工作的优惠政策。坚持产业聚才，项目引才，积极构建吸引各类人才到西部建功立业的事业平台。采取灵活多样的人才柔性流动政策，支持大中城市专业技术人员到西部地区基层提供服务，把引进人才与引进智力结合起来。进一步加强对西部和民族地区人才工作的支持，完善中央国家机关、东中部地区与西部和民族地区干部交流机制，加大县处级以上党政主要领导干部的交流力度。继续做好对口支援西藏、新疆以及其他地区的工作。加强贫困地区人才队伍建设。

18. 重视非公有制经济组织和社会组织人才工作。非公有制经济组织和社会组织中汇集着越来越多的人才，是我国人才队伍的重要组成部分。要把新的社会阶层中的各类人才纳入党和政府的工作范围，努力形成与社会主义初级阶段基本经济制度相适应的人才思想观念和人才创业机制。要消除体制和政策障碍，在政治上对非公有制经济组织和社会组织人才一视同仁，在政府奖励、职称评定等人才政策上统一安排，在面向社会的资助、基金、培训项目、人才信息库等公共资源运用上平等开放，在改善创业环境和工作生活条件上积极提供服务。

19. 加强高技能人才和农村实用人才队伍建设。工人队伍中的高技能人才，是推动技术创新和实现科技成果转化不可缺少的重要力量。实施国家高技能人才培训工程和技能振兴行动，通过学校教育培养、企业岗位培训、个人自学

提高等方式,加快高技能人才的培养。充分发挥高等职业院校和高级技工学校、技师学院的培训基地作用,扩大培训规模,提高培训质量。充分发挥企业的主体作用,强化岗位培训,组织技术革新和攻关,改进技能传授方式,促进岗位成才。完善技能人才的职业资格证书制度,推进技师考评制度改革,实行培训、考核、使用和待遇相结合,逐步建立统一标准、自主申报、社会考核、企业聘用的高技能人才成长机制。进一步提高高技能人才的社会地位,优化高技能人才成长的社会环境。

根据推动农村经济社会发展和城乡协调发展的需要,大力加强农村科技、教育、文化、卫生和经营管理等实用人才队伍建设。继续实施县乡村实用人才工程和农民教育培训工程。充分发挥农村职业学校、成人文化技术学校、农村现代远程教育网络和各种农业技术推广培训机构的作用,加快农业科技示范园区和先进适用技术推广相关基础设施建设,实行农科教相结合,努力提高广大农村劳动者的素质,激励农村实用人才快速成长。高度重视农村富余劳动力资源的开发,加强农村劳动力转移就业培训工作。加强人才和智力扶贫。建立健全农村人才服务体系。

20.大力抓好青年人才队伍建设。培养造就一大批素质优良、勇于创新的青年人才,是实现人才工作可持续发展的迫切需要。建立和完善各类青年人才工作制度,支持优秀青年人才脱颖而出。加强以爱国主义为核心的民族精神教育,引导青年人才把个人成长与全面建设小康社会的伟大事业紧密结合起来,鼓励他们在艰苦复杂的环境和丰富的社会实践中锻炼成长。在重大科研和工程项目实施中要把培养青年人才作为一项重要任务。高校毕业生是国家十分宝贵的人才资源,是青年人才的重要来源。各级党委和政府要高度重视,坚持以社会需求为导向,建立和完善高校毕业生就业工作机制,切实使用好这一宝贵资源。

八、坚持党管人才原则,努力开创人才工作新局面

21.大力实施人才强国战略,必须坚持党管人才原则。坚持党管人才原则,是我们党适应全面建设小康社会的新任务,按照完善社会主义市场经济体制的新要求,根据党所处历史方位的新变化,着眼于改革和完善党的领导方式和执政方式、提高党的执政能力作出的重大决策,是人才工作沿着正确方向前进的根本保证。各级党委和政府要把人才工作作为一项重大而紧迫的战略任务,切实抓紧抓好。坚持党总揽全局、协调各方的原则,充分发挥党的思想政治优势、组织优势和密切联系群众的优势,发挥党委领导核心作用,形成党委统一领导,组织部门牵头抓总,有关部门各司其职、密切配合,社会力量广泛参与的人才工作新格局。要把人才工作纳入各级党政领导班子工作目标责任制，定期进行考核。各级党政主要负责同志对于做好人才工作负有重要责任，要树立强烈的人才意识，善于发现人才、培养人才、集聚人才、服务人才，做到知人善任、唯才是举、广纳群贤。

做好人才工作是加强和改进党的建设的重要内容。各级党组织要加强对党员的教育培养，努力使广大党员成为学习的模范、劳动的模范、创新的模范、贡献的模范，在成才的道路上发挥带头作用。要注重从各类优秀人才中发展党员和培养党的各级干部，把更多的优秀人才集聚到党的各级组织中来。

22. 党管人才主要是管宏观，管政策，管协调，管服务。各级党委要按照管好用活的要求，搞好统筹规划，制定人才工作重大方针政策，明确发展目标，推进各类人才队伍建设协调发展；坚持分类指导，针对各类人才的不同特点和成长规律，创新人才工作理论、体制和方法，使人才各得其所、各尽其能；注重整合力量，建立统分结合、协调高效的工作机制，充分调动一切积极因素，形成人才工作合力；积极提供服务，通过政策支持、精神激励和环境保障，不断改善各类人才的工作与生活条件，以感情和人格的力量，提高对人才的吸引力和感召力；实行依法管理，加快推进人才工作法制化建设，增强工作的规范性和有效性。要用事业造就人才，用环境凝聚人才，用机制激励人才，用法制保障人才，把全社会人才的积极性和创造性引导好、保护好、发挥好。努力把人才优势转化为知识优势、科技优势和产业优势，使一切劳动、知识、技术、管理和资本的活力竞相迸发，一切创造社会财富的源泉充分涌流。

23. 全面贯彻党管人才原则，必须动员和组织全社会力量，加大投入，完善法制，优化环境。牢固树立人才投入是效益最大的投入的观念，不断加大对人才工作的投入力度。健全政府、社会、用人单位和个人多元人才投入机制。中央及地方各级政府要根据人才工作实际需要，在财政预算中安排必要的资金，用于高层次人才培养、紧缺人才引进、西部人才开发、公派留学生等工作。在重大建设和科研项目经费中，要划出一定份额用于人才开发。加强对人才投入资金使用的监督管理，切实提高人才投入效益。加大人才工作立法力度，围绕人才培养、吸引、使用等基本环节，建立健全中国特色人才工作法律法规体系。积极运用现代科技手段，加强人才信息网络建设。充分发挥工会、共青团、妇联等人民团体在人才工作中的重要作用。大力加强舆论宣传，为人人竞相成才和充分施展才能创造良好的社会环境。

时代呼唤人才，人才推进事业。全党和全国各族人民紧密团结在以胡锦涛同志为总书记的党中央周围，在马克思列宁主义、毛泽东思想、邓小平理论和

“三个代表”重要思想指引下，全面贯彻党的十六大精神，大力实施人才强国战略，关心人才工作，研究人才工作，宣传人才工作，做好人才工作，为全面建设小康社会、实现中华民族的伟大复兴而努力奋斗！

中共中央办公厅、国务院办公厅、中央军委办公厅关于进一步做好军队离休退休干部移交政府安置管理工作的意见

(2004年1月3日)

自1958年建立军队干部退休制度以来,在各级党委、政府和军队各级组织的领导下,经过军地有关部门的共同努力,军队离休退休干部移交政府安置管理工作取得了较大成绩。随着社会主义市场经济体制的逐步完善和国家、军队改革的不断深化,军队离休退休干部移交政府安置管理工作出现了一些新情况、新问题,难以适应社会主义市场经济发展和军队现代化建设的需要。为进一步做好军队离休退休干部移交政府安置和服务管理工作,完善相关政策,健全工作机制,经党中央、国务院、中央军委同意,现提出如下意见。

一、安置去向

军队离休退休干部移交政府安置的范围按照国务院、中央军委有关规定执行。对符合移交政府安置条件的军队离休退休干部,根据个人不同情况,一般可以在部队驻地、本人原籍或入伍地、配偶原籍或配偶、子女、父母居住地安置。安置去向已审定的不再改变。

独生子女是现役军官或现役文职干部的,或者子女都是现役军官或现役文职干部且家庭生活基础在当地的,可以到子女所在地安置。

在边远艰苦地区工作满10年且在该地区离休退休的,或者从事飞行、舰艇工作满10年的,或者因战因公被评为二等乙级以上伤残的,师级的可以到安置地所在省的省会城市安置,团级以下的可以到安置地地级市安置。

在西藏自治区、青海省、新疆维吾尔自治区工作,离休退休时自愿留在该省、自治区安置的,师、团级的可以在省会(首府)城市安置,营级以下的可以在本地地级市安置。

具备下列条件之一的,可以到北京市、天津市、上海市安置:

(一)本人家庭生活基础在北京市、天津市、上海市,配偶(含现役军官和现役文职干部,下同)在北京市有常住户口(含服役时间,下同)4年以上,在天津

市、上海市有常住户口,只身到该市安置的;

(二)本人原籍或户籍在该市并从该市入伍的;

(三)配偶在天津市或上海市原有常住户口、从天津市或上海市迁出随军的,配偶随军前或结婚时在北京市有常住户口的;

(四)独生子女在该市工作并有常住户口的,或者独生子女为部队营级以上现役军官或相当职级的现役文职干部且家庭生活基础在该市(其配偶在北京市有常住户口4年以上)的,或者子女都在该市有常住户口(在北京市的其中一名有常住户口4年以上)的;

(五)在边远艰苦地区工作满10年且在该地区离休退休,或者从事飞行、舰艇工作满10年,父母在该市有常住户口的;或者本人无配偶、无子女,父母在该市有常住户口的。

二、住房保障

移交政府安置的军队离休退休干部的住房保障原则上执行军队统一的住房制度,由国家和个人合理负担,实行住房补贴、货币补差相结合的办法,稳妥推进住房分配货币化、管理社会化。

军队离休退休干部住房补贴所需经费由中央财政专项安排。第五批(不含)以后纳入安置规划的军队离休退休干部以购买经济适用住房为主,可以购买或承租符合出售条件的现住房,也可以自理住房(包括自购、自建住房,维修私房或者购买配偶所在单位的住房)。房源由军队协助离休退休干部本人落实。军队离休退休干部购买经济适用住房时,按照国家现行政策规定享受有关税费减免政策。

军队离休退休干部住房逐步由社会供应,需到地方购买经济适用住房的,各地政府要将其住房优先纳入当地经济适用住房建设和开发计划,有关单位在同等条件下应当优先保证供应。军队离休退休干部住房建设按照国家规定减免有关税费;建设用地主要采取向政府申请划拨的方式解决。

军队离休退休干部配偶在地方单位工作或者退休的,所在单位在实行住房货币化补贴时,同等条件下应当按照规定优先向其发放住房补贴。

军队离休退休干部住房原则上实行物业管理,所需经费按照有关政策规定落实。

三、政治待遇

移交政府安置的军队离休退休干部的政治待遇按照安置地国家机关同职级离休退休干部的规定执行。党组织建设按照中央有关规定执行。中央和地方党政机关发至地、县级的有关文件,应当发给政府军队离休退休干部服务管理机构。

军队离休退休干部按照国家和安置地政府的规定享受社会优待。

军队离休退休干部参加重大庆典和重大政治活动时,可以按照军队规定着离休退休时的军装,佩带军衔、文职符号和勋章、立功奖章。

地方政府和省(自治区、直辖市)军区系统每年可以采取不同形式慰问军队离休退休干部。

四、生活待遇

移交政府安置的军队离休退休干部的生活待遇按照军队统一的项目和标准执行。

中央军委及总部有关军队离休干部生活待遇的文件,由民政部、财政部、总政治部、总后勤部转发执行;有关军队退休干部生活待遇的文件,由总政治部、总后勤部商民政部、财政部共同发文执行。所需经费,当年剩余月份的由军费开支(武警部队的由武警部队和公安部开支);从第二年1月起,按照现行财政体制分别由中央财政和地方财政开支。

军队离休干部随军遗属和建国前入伍、1955年前后复员现仍为随军家属且无固定收入的女同志的生活待遇,执行军队统一的项目和标准。

五、医疗保障

军队离休干部享受安置地国家机关离休干部同等医疗待遇,医疗费按照规定实报实销。实行离休干部医疗费单独统筹的地区,医疗费按照当地标准统一筹集、统一管理;未实行统筹的地区,按照当地国家机关离休干部保障办法由安置管理单位管理。军队离休干部无经济收入的家属、遗属纳入军队离休干部医疗管理体系统一管理,医疗费按照有关规定报销。

二等乙级以上伤残的军队退休干部医疗待遇不变,按照有关规定执行。

军队退休干部比照安置地国家机关退休公务员参加基本医疗保险和实行公务员医疗补助,享受同职级退休公务员的医疗待遇。所需医疗费用由医疗保险经办机构参照安置地上年度退休公务员平均医疗费开支水平筹集,统一管理。军队退休干部在部队参加退役医疗保险的个人帐户资金,转入本人基本医疗保险个人帐户。军队退休干部享受基本医疗保险和公务员医疗补助待遇内个人自付医疗费较多的,由安置管理单位给予适当补助。

军队离休退休干部及离休干部无经济收入的家属、遗属的医疗经费,由中央财政按定额拨付,不足部分由地方财政解决;对接收安置任务重、财政困难的市(地)、县(市),由省级财政适当补助。

六、安置管理

军队离休退休干部移交政府安置实行五年规划和年度计划相结合的办法。五年安置规划由总政治部、总后勤部与民政部、财政部共同编制,经国务院、中央军委批准后纳入国民经济和社会发展五年计划。民政部、财政部、总政治部、总后勤部的有关部门根据五年安置规划和部门分工,编制和下达年度安置计划,安排所需安置管理经费。各地政府和各部队负责组织实施。

军队离休退休干部服务管理工作要从维护军队离休退休干部的合法权益出发,适应社会主义市场经济发展和军队后勤保障社会化的要求,结合社区建设改进服务管理方式,逐步建立国家保障与社会化服务相结合的模式,不断提高服务保障水平。

服务用车实行货币化保障,给军队离休退休干部发放交通费。

军队离休退休干部服务管理办法由民政部制定。

七、组织机构

各级党委、政府要进一步充实和加强军队离休退休干部安置管理工作机构。安置管理任务重的地方,可以适当增加行政编制,所需编制由各地在中央核定的行政编制总额内调剂解决。

各地民政部门根据安置管理工作实际,设置、调整军队离休退休干部服务管理机构。服务管理机构是直接服务和管理军队离休退休干部的专设机构,为财政补助事业单位,执行国家有关事业单位的各项政策。原有服务管理机构根据服务用车实行货币化保障的实际情况,逐步消化富余人员。新增工作人员按照接收的军队离休退休干部人数1:10的比例配备,工作用车按照接收的军队离休退休干部人数1:50的比例配备。服务管理机构用房按照集中安置的军队离休退休干部购房补贴建筑面积标准的10%安排,由安置地政府统一规划建设,统一调剂解决,其建设用地和税费减免按照国家有关军队离休退休干部住房建设的规定执行。工作人员住房按照有关规定实行住房补贴办法。

服务管理机构用房、服务管理工作和工作人员等所需经费,由中央财政给予补助,不足部分由地方财政解决。

各级党委、政府和军队有关部门要按照职能分工,认真履行军队离休退休干部安置管理工作职责。中央军委有关部门负责研究制定军队离休退休干部政治、生活待遇政策,提出安置规划,审核安置去向,落实住房,组织移交安置工作;民政部门负责研究制定军队离休退休干部服务管理政策,审定安置去向,编制经费预算,组织接收安置和指导服务管理工作;组织部门负责指导军队离休退休干部党组织建设和政治待遇的落实;财政部门负责经费的审核和保障;公安部门负责军队离休退休干部和随迁家属的落户；劳动保障部门负责医疗保障管理；卫生部门负责医疗服务；编制部门负责核定下达服务管理机构人员编制；人事和劳动保障部门负责办理军队离休退休干部随迁配偶、子女的工作调动手续及各项社会保险关系的转移接续；教育行政部门负责军队离休退休干部随迁子女的入学、转学工作；发展改革、建设、国土资源、税务等部门负责军队离休退休干部住房及服务管理机构用房建设用地、规划审批、税费减免、住房产权办理等工作。

军队离休退休干部为中华民族的独立解放、为国家和军队现代化建设作出了重要贡献，是党和国家的宝贵财富。做好军队离休退休干部移交政府安置管理工作是贯彻落实“三个代表”重要思想的具体体现，是一项长期的政治任务，是政府和军队的共同责任。各级党委、政府和军队各级组织要切实加强领导，把这项工作列入重要议事日程，纳入本地区社会发展计划，作为开展军民共建活动和评选“双拥模范城（县）”的重要内容。要建立责任制，对工作成绩突出的单位和个人给予表彰奖励；对渎职失职造成严重影响的单位和个人要追究责任，严肃处理。军地有关部门要密切配合，互相支持，圆满完成安置管理工作任务，确保军队离休退休干部老有所养、老有所医、老有所教、老有所学、老有所为、老有所乐。广大军队离休退休干部要继续保持和发扬党和军队的优良传统，自觉服从国家和军队建设大局，为实现全面建设小康社会的奋斗目标作出新的贡献。

军队退休士官移交政府安置管理工作参照军队退休干部有关规定执行。

武警部队离休退休干部、退休士官移交政府安置管理工作按照本意见执行。

本意见自印发之日起执行。贯彻执行的具体办法，由中共中央、国务院、中央军委有关部门研究制定。

中共中央办公厅关于印发《公开选拔党政领导干部工作暂行规定》等五个法规文件的通知

(2004 年 4 月 8 日)

《公开选拔党政领导干部工作暂行规定》、《党政机关竞争上岗工作暂行规定》、《党的地方委员会全体会议对下一级党委、政府领导班子正职拟任人选和推荐人选表决办法》、《党政领导干部辞职暂行规定》、《关于党政领导干部辞职从事经营活动有关问题的意见》等五个法规文件已经中央同意,现印发给你们,请结合实际情况,认真遵照执行。

这次印发五个法规文件,是积极推进政治体制改革的实际步骤,是深化干部人事制度改革的重要举措,有利于进一步拓宽选人视野,引进竞争机制,调动各方面的积极性,促使优秀人才脱颖而出;有利于加强干部的监督管理,规范党政领导人才的正常流动,推进领导干部能上能下、能进能出;有利于扩大党员和群众对干部选拔任用的知情权、参与权、选择权和监督权,防止和克服用人上的不正之风。各地区各部门要以"三个代表"重要思想和党的十六大精神为指导,认真贯彻执行党的干部路线,坚持干部队伍"四化"方针和德才兼备的原则,围绕建立健全科学的选拔任用机制和管理监督机制,积极探索实践,注意总结经验,全面推进干部人事工作的科学化、民主化和制度化。

各地区各部门贯彻落实的情况,请及时报告中央。

公开选拔党政领导干部工作暂行规定

第一章　总　　则

第一条　为进一步规范和完善公开选拔党政领导干部工作,推进干部工作的科学化、民主化、制度化,促使优秀人才脱颖而出,根据《党政领导干部选拔任用工作条例》和有关法律、法规,制定本规定。

第二条　公开选拔是党政领导干部选拔任用方式之一。

本规定所称的公开选拔党政领导干部，是指党委（党组）及其组织（人事）部门面向社会采取公开报名，考试与考察相结合的办法，选拔党政领导干部。

第三条 公开选拔党政领导干部工作必须遵循《党政领导干部选拔任用工作条例》规定的原则，坚持公开、公平、公正，坚持考试与考察相结合。

第四条 公开选拔适用于选拔地方党委、人大常委会、政府、政协、纪委工作部门或者工作机构的领导成员或者其人选，以及其他适于公开选拔的领导成员或者其人选。

涉及国家安全、重要机密等特殊职位，不宜进行公开选拔。

第五条 公开选拔党政领导干部应当根据领导班子和干部队伍建设的需要，有计划地进行，逐步做到经常化、制度化。

有下列情形之一的，一般应当进行公开选拔：

（一）为了改善领导班子结构，需要集中选拔领导干部；

（二）领导职位空缺较多，需要集中选拔领导干部；

（三）领导职位出现空缺，本单位无合适人选；

（四）选拔专业性较强职位和紧缺专业职位的领导干部；

（五）其他需要进行公开选拔的情形。

第六条 公开选拔工作应当经过下列程序：

（一）发布公告；

（二）报名与资格审查；

（三）统一考试（包括笔试和面试）；

（四）组织考察，研究提出人选方案；

（五）党委（党组）讨论决定；

（六）办理任职手续。

第七条 公开选拔工作在党委（党组）领导下，由组织（人事）部门组织实施。

公开选拔工作应当坚持从实际出发，制定合理的工作方案，提高科学化水平，降低成本。

第二章 公告、报名和资格审查

第八条 公开选拔应当在适当范围内发布公告。公告内容包括选拔职位以及职位说明、选拔范围、报名条件与资格、选拔程序和遴选方式、时间安排等。

第九条 公开选拔应当在调查研究和分析预测的基础上，根据选拔职位的层次、人才分布情况和国家有关政策，合理确定报名人员的范围。

第十条 报名人员应当符合《党政领导干部选拔任用工作条例》规定的基

本条件和任职资格。

在国有企业、事业单位工作的报名人员,应当具备与所报职位要求相当的资格。

对有特殊要求的职位,可以附加其他条件。

第十一条 根据选拔职位对人才的需求和选拔优秀年轻干部的需要,可以对报名人员的职务层次、任职年限等任职资格适当放宽。但报上一级职位的,需在本级职位任满一年;越一级报名的,应当在本级职位任满四年;不得越两级报名。

第十二条 海外留学回国人员、非公有制经济组织和社会组织中的人员等,其报名条件和资格由组织实施公开选拔的党委(党组)及其组织(人事)部门根据有关政策确定。

第十三条 报名人员通过组织推荐或者个人自荐等方式报名,并填写报名登记表。报名登记表一般应由所在单位组织(人事)部门审核。

第十四条 组织(人事)部门按照公布的报名条件和资格进行资格审查,审查合格者准予参加笔试。经资格审查合格参加笔试的人数与选拔职位的比例一般不低于10:1。

第三章 考　　试

第十五条 考试分为笔试和面试。笔试主要测试应试者对领导干部应具备的基本理论、基本知识、基本方法和专业知识的掌握程度,特别是运用理论、知识和方法分析解决领导工作中实际问题的能力。面试主要测试应试者在领导能力素质、个性特征等方面对选拔职位的适应程度。

第十六条 笔试、面试依据《党政领导干部公开选拔和竞争上岗考试大纲》命题。命题前应当进行职位分析,增强命题的针对性。试题一般从全国领导干部考试通用题库以及经认定合格的省级组织部门题库中提取。

第十七条 笔试分为公共科目考试和专业科目考试,采用闭卷方式进行。

第十八条 根据笔试成绩,从高分到低分确定面试人选。面试人选与选拔职位的比例一般为5:1。

第十九条 面试应当根据需要选择适当的测评方法,注重科学性。

第二十条 面试由面试小组负责考试和评分。面试小组由有关领导、专家、组织人事干部等人员组成,一般不少于7人。

同一职位的面试一般由同一面试小组负责考试和评分。

第二十一条 面试小组成员应当具有较高的思想政治素质,公道正派,并熟悉人才测评工作。面试小组中必须有熟悉选拔职位业务的人员。面试小组成员要实行回避制度。面试前应当对面试小组成员进行培训。

第二十二条 根据笔试、面试成绩确定应试者的考试综合成绩。

第二十三条 笔试、面试成绩和考试综合成绩应当及时通知应试者本人，并在适当范围内公开。

第二十四条 市(地)、县(市)公开选拔党政领导干部，条件允许时可以由上一级党委组织部门统一组织考试。

第四章 组织考察

第二十五条 根据考试综合成绩，从高分到低分确定考察人选。考察人选与选拔职位的比例一般为3∶1。

第二十六条 组织(人事)部门依据干部选拔任用条件和选拔职位的职责要求，坚持德才兼备原则，对考察对象的德、能、勤、绩、廉进行全面考察，对是否适合和胜任选拔职位作出评价。要注重考察工作实绩和群众公认程度。

第二十七条 实行考察预告制。将考察对象的简要情况、考察时间、考察组联系方式等，向考察对象所在工作单位或者向社会进行预告。

第二十八条 考察采取个别谈话、发放征求意见表、民主测评、实地考察、查阅资料、专项调查、同考察对象面谈等方法进行。

第二十九条 同一职位的考察对象，应当由同一考察组考察。

第三十条 跨地区、跨部门的考察，考察对象所在单位的组织(人事)部门，应当积极支持和配合，并出具鉴定材料。

第五章 决定任用

第三十一条 组织(人事)部门根据考察情况和考试成绩，研究提出任用建议。

第三十二条 按照干部管理权限，由党委(党组)集体讨论作出任用决定，或者决定提出推荐、提名的意见。

党委(党组)集体讨论认为无合适人选的，该职位选拔可以空缺。

第三十三条 对党委(党组)决定任用的干部和决定推荐、提名的人选进行公示。公示后，未发现影响任用问题的，办理任职手续或者按照有关规定推荐、提名，并向社会公布选拔结果。

第三十四条 对公开选拔任用的干部实行一年的试用期。试用期满后，经考核胜任的，正式任职；不胜任的，免去试任职务，一般按试任前职务层次安排工作。

不适用试用期制的干部,任职一年后经考核不胜任的,提出免职意见。

第三十五条 对经过考察符合任用条件但未能任用的人员,符合后备干部条件的,可以纳入后备干部队伍进行培养。

第六章 纪律和监督

第三十六条 公开选拔党政领导干部必须遵守以下纪律:

(一)确保公开、公平、公正,不准事先内定人选;

(二)严格按照公开选拔工作方案规定的内容和程序操作,不准在实施过程中随意更改;

(三)报考人员要自觉遵守公开选拔工作的有关规定,不准弄虚作假,搞非组织活动;

(四)有关单位要客观、全面地反映和提供考察对象的真实情况,不得夸大、隐瞒或者歪曲事实;

(五)工作人员要严格遵守干部人事工作纪律,特别要严格执行保密制度和回避制度,不准泄露考试试题、评分情况、考察情况、党委(党组)讨论情况等。

第三十七条 对公开选拔工作要加强监督。必要时,成立由纪检机关(监察部门)等有关方面组成的监督小组,对公开选拔工作进行监督。

对公开选拔工作中的违纪行为,干部、群众可以向上级组织(人事)部门或者纪检机关(监察部门)检举、申诉。受理机关和部门应当按照有关规定认真核实处理。

第三十八条 对违反本规定第三十六条的,要按照有关规定给予相应的党纪政纪处分。

第七章 附 则

第三十九条 各省、自治区、直辖市党委组织部门可以根据本规定,结合本地实际,制定实施细则。

第四十条 公开选拔工会、共青团、妇联等人民团体的领导成员推荐人选和国有企业、事业单位的领导人员,可以参照本规定执行。

第四十一条 本规定由中共中央组织部负责解释。

第四十二条 本规定自发布之日起施行。

党政机关竞争上岗工作暂行规定

第一章 总 则

第一条 为进一步规范和完善党政机关领导干部选拔任用制度,推进干部的科学化、民主化、制度化,促使优秀人才脱颖而出,根据《党政领导干部选用工作条例》、《国家公务员暂行条例》和有关法律、法规,制定本规定。

第二条 竞争上岗是党政领导干部选拔任用的方式之一。

本规定主要适用于选拔任用中央、国家机关内设的司局级、处级机构领导,县级以上地方各级党委、人大常委会、政府、政协、纪委、人民法院、人民检机关或者工作部门的内设机构领导成员。

涉及重要机密和国家安全的职位,按照法律、法规不宜公开竞争的职位,不竞争上岗的范围。

第三条 通过竞争上岗选拔党政机关内设机构领导成员,一般在本机关内施,也可根据需要允许所属机关、事业单位符合条件的人员参加。

第四条 竞争上岗工作必须坚持《党政领导干部选拔任用工作条例》规定则,坚持公开、公平、公正,坚持考试与考察相结合,坚持个人意愿与组织安结合。

第五条 竞争上岗必须在核定的编制和领导职数限额内进行。

第六条 竞争上岗一般应当经过下列程序:

(一)制定并公布实施方案;

(二)报名与资格审查;

(三)笔试、面试;

(四)民主测评、组织考察;

(五)党委(党组)讨论决定;

(六)办理任职手续。

笔试、面试与民主测评的操作顺序,可根据实际情况确定。

第七条 党政机关竞争上岗工作在本单位党委(党组)领导下,由干部(人部门组织实施。

第二章 制定方案、报名与资格审查

第八条 竞争上岗应当制定实施方案。实施方案内容包括指导原则、竞争职位、任职条件、选拔范围、方法程序(含遴选方式)、时间安排、组织领导和纪律要求等。

实施方案应当征求干部群众的意见,由党委(党组)讨论决定。

第九条 实施方案确定后,应当将主要内容在本机关及所属有关单位公布。

第十条 参加竞争上岗人员的基本条件和资格应当符合《党政领导干部选拔任用工作条例》的有关规定以及竞争职位的要求。

第十一条 报名参加竞争上岗的人员,自愿填报竞争职位,可只报一个志愿,也可兼报其他志愿。报名时应填写是否服从组织安排。

在报名过程中,应当允许报名人员查询各职位报名情况,报名人员可在规定时间内调整所报职位。仅有个别人报名,形不成有效竞争的职位,可不列入本次竞争上岗的范围,允许报考该职位人员改报其他职位。

第十二条 干部(人事)部门按照竞争上岗实施方案规定的条件,对报名人员进行资格审查并公布结果。

第三章 笔试与面试

第十三条 竞争上岗应当进行笔试、面试并量化计分。笔试、面试可依据《党政领导干部公开选拔和竞争上岗考试大纲》命题。笔试、面试结束后应将成绩通知本人。

第十四条 笔试主要测试竞争者履行竞争职位职责所必备的基本知识以及调研综合、办文办事、文字表达等能力。

笔试一般由本单位组织实施。有条件的地方,可由党委组织部门和政府人事部门统一组织。

第十五条 面试主要测试竞争者履行竞争职位职责所必备的基本素质和能力,应当根据需要采取适当的测评方法进行。

第十六条 面试由面试小组实施。面试小组一般由本单位领导、干部(人事)部门和相关单位领导及专家组成,一般不得少于7人,其中外单位人员应占一定比例。

面试小组成员应当挑选公道正派、政策理论或者专业水平高、熟悉相关业务的人员担任。面试小组成员要实行回避制度。面试前应当对面试小组成员进行培训。

面试应当允许本单位人员旁听。

第四章　民主测评与组织考察

第十七条　对竞争上岗人员应当进行民主测评并量化计分。民主测评结果应当通知本人。

第十八条　民主测评主要对竞争者的德才表现及其对竞争职位的适应程度进行评价，地方党政机关一般在机关全体工作人员中进行，单位规模较大、竞争者所在内设机构人员较多的，可在该内设机构中进行；中央、国家机关一般以司局为单位进行。

参加民主测评的人数必须达到应参加人数的80%以上。

第十九条　民主测评内容包括德、能、勤、绩、廉等项，每项可细分为若干要素，每个要素划分为若干档次，每档确定相应的分值，由参加测评人员无记名填写评价分数，由干部(人事)部门汇总计算每位竞争者的平均分数。

第二十条　考察对象一般通过综合遴选的方式择优确定，即竞争者参加笔试、面试、民主测评各个环节的竞争，依据总分高低，按照一定比例择优确定考察对象并公布名单以及最低入围分数。笔试、面试成绩和民主测评结果应当按照一定比例计入总分。

参加竞争的人数较多时，可通过逐轮遴选的方式择优确定考察对象。采用逐轮遴选方式，应当公布每轮遴选入围者的名单以及最低入围分数。民主测评在笔试、面试之后的，可与组织考察结合进行。

确定考察对象时，可适当考虑竞争者的资历、学历(学位)及近年来年度考核情况等因素。

第二十一条　对民主测评分数过低的人员，可不列为考察对象。民主测评在笔试、面试之前的，对民主测评分数过低的人员，可取消其参加笔试、面试的资格。

第二十二条　列入考察对象的人选数，应当多于竞争职位数。

第二十三条　考察工作由干部(人事)部门组织进行。考察要坚持德才兼备原则，考察内容包括考察对象的德、能、勤、绩、廉情况及其政治业务素质与竞争职位的适应程度，注重考察工作实绩和群众公认程度。

第五章　任　　职

第二十四条　党委(党组)根据竞争者笔试、面试、民主测评的结果和考察情况，集体讨论决定拟任人选。

决定人选拟任职位，应当尊重本人所报志愿。必要时，在听取本人意见的基础上,可由组织统一调剂。对没有合适人选的职位,党委(党组)可决定暂时空缺。

第二十五条 对拟任人选要按照任前公示的有关规定进行公示。

第二十六条 对通过竞争上岗任职的人员,需要进行任职试用的,按任职试用期的有关规定办理。

第六章 纪律与监督

第二十七条 竞争上岗必须严格执行《党政领导干部选拔任用工作条例》及本规定,并遵守下列纪律:

(一)要确保竞争上岗的公开、公平、公正,不准事先内定人选;

(二)要严格执行竞争上岗实施方案,不准在实施过程中随意更改;

(三)有关人员要严格遵守保密纪律,不准泄露考试试题、考察情况、党委(党组)讨论情况等;

(四)面试小组成员要客观公正,不准打人情分;

(五)参加考察的人员要公道正派,不准隐瞒或者歪曲事实真相;

(六)参加竞争的人员要正确对待竞争,不准弄虚作假,搞拉票等非组织活动。

对竞争上岗工作中的违纪行为,按照有关规定予以组织处理或者纪律处分。情节严重的,可宣布竞争上岗结果无效,并追究有关人员的责任。

第二十八条 党政机关竞争上岗工作必须接受上级党委及其组织(人事)部门的监督,接受上级纪检(监察)机关的监督,接受本单位机关党组织和纪检(监察)机构的监督,接受干部、群众的监督。干部、群众对竞争上岗工作中的违纪行为,有权向党组织或者组织(人事)部门、纪检(监察)机关检举、申诉。受理部门应当按照有关规定及时进行调查核实。

第七章 附　则

第二十九条 工会、共青团、妇联等人民团体机关及乡(镇、街道)机关、事业单位实施竞争上岗,可参照本规定执行。

第三十条 本规定由中共中央组织部商人事部解释。

第三十一条 本规定自发布之日起施行。过去有关规定与本规定不一致的,以本规定为准。

党的地方委员会全体会议对下一级党委、政府领导班子正职拟任人选和推荐人选表决办法

第一条 为扩大党内民主，完善干部选拔任用制度，根据《中国共产党章程》、《中国共产党地方委员会工作条例(试行)》、《党政领导干部选拔任用工作条例》和有关规定，制定本办法。

第二条 本办法适用于党的省、自治区、直辖市，设区的市、自治州委员会全体会议(以下简称全委会)，对下一级党委、政府领导班子正职的拟任人选和推荐人选的表决，以及全委会闭会期间征求全委会成员的意见。

第三条 市(地、州、盟)、县(市、区、旗)党委、政府领导班子正职的拟任人选和推荐人选，一般应当由上一级党委常委会提名并提交全委会无记名投票表决。

全委会闭会期间急需任用的，按照干部管理权限，由党委常委会作出决定，决定前应当征求全委会成员的意见。

第四条 全委会的表决由党委常委会主持，按照下列程序进行：

(一)公布党委常委会提名的拟任人选、推荐人选名单；

(二)党委分管干部工作的领导成员或者组织部门负责人，逐一介绍拟任人选、推荐人选的推荐、考察和任用理由等情况；

(三)对拟任人选、推荐人选进行审议；

(四)无记名投票表决；

(五)宣布表决结果。

第五条 审议时，全委会成员是拟任人选或者推荐人选，以及与拟任人选或者推荐人选有亲属关系的，本人必须回避。审议后，回避的委员参加投票表决。

第六条 对审议中提出的有关问题，由党委分管干部工作的领导成员或者组织部门负责人作出说明。

对意见分歧较大或者有重大问题不清楚的，由党委常委会决定是否暂缓表决。

第七条 全委会表决时，必须有三分之二以上的委员到会。委员可以投同意票、不同意票或者弃权票，但不得另提他人。表决以应到会委员超过半数

同意为通过。缺席的委员不得委托他人投票,也不另行投票。

第八条 投票表决设监票人、计票人若干名。监票人由党委常委会在全委会成员中提名,提交全委会审议通过。计票人由党委常委会指定,在监票人监督下进行工作。监票人和计票人应当实行公务回避。

第九条 计票完毕,由监票人向全委会报告计票结果。主持人宣布表决结果。

第十条 全委会投票表决未获通过的拟任人选或者推荐人选,一般不再提名为同一职位人选。确需再次提名为同一职位人选的,必须提交另一次全委会表决。两次未获通过的,不得再提名为同一职位人选。

第十一条 暂缓表决的,党委常委会应当在下一次全委会前作出是否继续提名的决定。继续提名的,应当提交全委会表决。

第十二条 全委会闭会期间,按照下列程序征求全委会成员的意见:

(一)根据党委意见,组织部门将征求意见表、提名人选的基本情况、提名理由等材料,以书面方式送达全委会成员。

(二)全委会成员收到征求意见材料后,应当在规定的时间内将意见以书面形式向组织部门反馈。对提名人选,可以表示同意、不同意或者弃权的意见。不表示意见或者逾期不反馈意见的,视为同意。征求候补委员的意见表不设同意、不同意或者弃权栏目,只设反映情况栏目。

如遇特殊情况,全委会成员本人可以电话或者口头方式反馈意见,组织部门应当指定专人做好记录,该记录与书面意见具有同等效力。

(三)由组织部门将征求意见情况向党委常委会汇报。

(四)经征求意见,超过全体成员半数不同意拟任人选、推荐人选的,党委常委会应当作出不予任用或者不予推荐的决定。

(五)全委会成员反映拟任人选、推荐人选有重大问题的,党委常委会应当责成有关部门调查核实,并根据调查核实情况,及时作出是否任用或者推荐的决定。对署名反映问题的,应当将调查核实情况向反映问题的全委会成员反馈。

第十三条 全委会成员必须遵守保密纪律,不准泄露提名、讨论、投票等情况。

在全委会表决和征求意见过程中,任何人不得诬陷诽谤他人和进行串联、拉票等非组织活动。

对违反规定的,应当根据具体情况追究主要责任人以及其他直接责任人的责任。

第十四条 党的地区、盟委员会对县(市、旗)党委、政府领导班子正职拟任人选和推荐人选的决定,一般采取无记名投票的办法。

党的地方委员会全体会议表决党委、政府工作部门正职领导干部的拟任人选和推荐人选,党的县(市、区、旗)委员会全体会议表决乡(镇、街道)党政领导班子正职的拟任人选和推荐人选,参照本办法执行。

第十五条 本办法由中共中央组织部负责解释。

第十六条 本办法自发布之日起施行。

党政领导干部辞职暂行规定

第一章 总 则

第一条 为建立健全党政领导干部辞职制度,加强对党政领导干部的管理和监督,根据《党政领导干部选拔任用工作条例》和有关法律、法规,制定本规定。

第二条 党政领导干部辞职包括因公辞职、自愿辞职、引咎辞职和责令辞职。

第三条 本规定适用于中共中央、全国人大常委会、国务院、全国政协、中央纪律检查委员会的工作部门或者机关内设机构的领导成员,最高人民法院、最高人民检察院的领导成员(不含正职)和内设机构的领导成员;县级以上地方各级党委、人大常委会、政府、政协、纪委、人民法院、人民检察院及其工作部门或者机关内设机构的领导成员;上列工作部门的内设机构的领导成员。

第四条 党委(党组)及其组织(人事)部门,按照干部管理权限履行本规定中的有关职责,负责本规定的组织实施。

第二章 因公辞职

第五条 领导干部担任由人大、政协选举产生的领导职务,任期未满因工作需要变动职务,依照法律或者政协章程规定应当辞去现任领导职务的,向本级人民代表大会、人大常委会或者政协提出辞去现任领导职务。

第六条 领导干部因公辞职,应当在接到党委(党组)通知后7日内,向任免机关提出辞去现任职务的书面申请。

第七条 因公辞职的领导干部另有任用,按照有关法律规定拟任职务与现任职务不能同时担任的,应当在任免机关批准其辞职后,再对外公布其新任职务。

第三章　自愿辞职

第八条　党政领导干部因个人或者其他原因,可以自愿提出辞去现任领导职务或者公职。

第九条　党政领导干部自愿辞职应当经过下列程序:

(一)干部本人按照干部管理权限,以书面形式向党委(党组)提出辞职申请。辞职申请应当说明辞职原因等情况,同时辞去公职的还应说明辞职后去向等。

(二)组织(人事)部门对干部辞职原因、辞职条件等有关情况进行了解审核,并提出初步意见。审核中应当听取干部所在单位的意见及纪检机关(监察部门)的意见,并与干部本人谈话。

(三)按照干部管理权限,党委(党组)集体研究,作出同意辞职、不同意辞职或者暂缓辞职的决定。对申请辞去领导职务同时辞去公职的,党委(党组)除对是否同意其辞去领导职务作出决定外,还应对是否同意其辞去公职作出决定。

(四)党委(党组)作出同意辞职决定后,按照有关规定办理辞职手续。由人大、政协选举、任命、决定任命的领导干部,依照法律或者政协章程的有关规定办理。

第十条　党委(党组)应当自接到干部辞职申请之日起三个月内予以答复。答复意见应当以书面形式通知辞职干部所在单位和干部本人。超过三个月未予答复的,视为同意辞职。

第十一条　党政领导干部有下列情形之一的,不得辞去领导职务:

(一)有重要公务尚未处理完毕,而且须由本人继续处理的;

(二)由人大、政协选举、任命、决定任命的领导干部任职不满一年的;

(三)正在接受纪检机关(监察部门)、司法机关调查或者审计机关审计的;

(四)有其他特殊原因的。

第十二条　党政领导干部具有本规定第十一条所列情形之一的或者有下列情形之一的,不得辞去公职:

(一)在涉及国家安全、重要机密等特殊职位上任职或者离开上述职位不满解密期限的;

(二)未满最低服务年限的;

（三）有其他特殊原因的。

第十三条 党政领导干部辞去公职后三年内，不得到原任职务管辖的地区和业务范围内的企业、经营性事业单位和社会中介组织任职；不得从事或者代理与原工作业务直接相关的经商办企业活动。

第四章 引咎辞职

第十四条 党政领导干部因工作严重失误、失职造成重大损失或者恶劣影响，或者对重大事故负有重要领导责任等，不宜再担任现职，本人应当引咎辞去现任领导职务。

第十五条 党政领导干部有下列情形之一的，应当引咎辞职：

（一）因工作失职，引发严重的群体性事件，或者对群体性、突发性事件处置失当，造成严重后果或者恶劣影响，负主要领导责任的；

（二）决策严重失误，造成巨大经济损失或者恶劣影响，负主要领导责任的；

（三）在抗灾救灾、防治疫情等方面严重失职，造成重大损失或者恶劣影响，负主要领导责任的；

（四）在安全工作方面严重失职，连续或者多次发生重大责任事故，或者发生特大责任事故，负主要领导责任的；连续或者多次发生特大责任事故，或者发生特别重大责任事故，负主要领导责任、重要领导责任的；

（五）在市场监管、环境保护、社会管理等方面管理、监督严重失职，连续或者多次发生重大事故、重大案件，造成巨大损失或者恶劣影响，负主要领导责任的；

（六）执行《党政领导干部选拔任用工作条例》不力，造成用人严重失察、失误，影响恶劣，负主要领导责任的；

（七）疏于管理监督，致使班子成员或者下属连续或多次出现严重违纪违法行为，造成恶劣影响，负主要领导责任的；

（八）对配偶、子女、身边工作人员严重违纪违法知情不管，造成恶劣影响的；

（九）有其他应当引咎辞职情形的。

第十六条 党政领导干部引咎辞职应当经过下列程序：

（一）干部本人按照干部管理权限，以书面形式向党委（党组）提出辞职申请。辞职申请应当说明辞职原因和思想认识等。

（二）组织（人事）部门对辞职原因等情况进行了解审核，并提出初步意见。

审核中应当听取纪检机关(监察部门)的意见,并与干部本人谈话。

(三)按照干部管理权限,党委(党组)集体研究,作出同意辞职、不同意辞职或者暂缓辞职的决定。党委(党组)的决定应当及时通知干部所在单位和干部本人。

(四)党委(党组)作出同意辞职决定后,按照有关规定办理辞职手续。由人大、政协选举、任命、决定任命的领导干部,依照法律或者政协章程的有关规定办理。

第十七条 党委(党组)应当自接到干部引咎辞职申请三个月内予以答复。

第十八条 任免机关在同意干部引咎辞职后,一般应当将干部引咎辞职情况在一定范围内公布。

第五章 责令辞职

第十九条 党委(党组)及其组织(人事)部门根据党政领导干部任职期间的表现,认定其已不再适合担任现职,可以通过一定程序责令其辞去现任领导职务。

党政领导干部有本规定第十五条所列情形之一,应当引咎辞职而不提出辞职申请的,党委(党组)应当责令其辞职。

第二十条 责令辞职应当经过下列程序:

(一)党委(党组)作出责令干部辞职的决定,并指派专人与干部本人谈话。责令干部辞职的决定应当以书面形式通知干部本人。

(二)被责令辞职的干部应当在接到责令辞职通知后15日内向任免机关提出书面辞职申请。

(三)按照有关规定办理辞职手续。由人大、政协选举、任命、决定任命的领导干部,依照法律或者政协章程的有关规定办理。

第二十一条 被责令辞职的干部若对组织决定不服,可以在接到责令辞职通知后15日内,向作出决定的党委(党组)提出书面申诉。

第二十二条 党委(党组)接到申诉后,应当及时组织人员进行核查,并在一个月内作出复议决定。复议决定以书面形式通知干部本人。

复议决定仍维持原决定的,干部本人应当在接到复议决定后3日内向任免机关提出书面辞职申请。对复议决定仍有不同意见的,可以向上级党委(党组)反映,但应当执行复议决定。

第二十三条 被责令辞职的领导干部不服从组织决定、拒不辞职的,予以免职或者提请任免机关予以罢免。

第六章　相关事宜

第二十四条　党政领导干部辞职,按照有关规定需进行经济责任审计的,党委(党组)及其组织(人事)部门应当委托审计机关进行经济责任审计。

第二十五条　党政领导干部辞职,应当自任免机关批准之日起 15 日内,办理公务交接等相关手续。

对拒不办理公务交接手续的,按照有关规定给予相应的党纪政纪处分。

第二十六条　党政领导干部在辞职审批期间或者组织决定其暂缓辞职期间不得擅自离职。对擅自离职的,按照有关规定给予相应的党纪政纪处分。

第二十七条　引咎辞职、责令辞职的干部同时提出辞去公职的,应当符合本规定第十二条所列的条件。其中,责令辞职的干部同时提出辞去公职的,须按自愿辞去公职的程序办理。

第二十八条　引咎辞职、责令辞职的干部构成违纪的,按照有关规定给予党纪政纪处分;触犯法律的,依法追究法律责任。

第二十九条　对引咎辞职、责令辞职以及自愿辞去领导职务的干部,根据辞职原因、个人条件、工作需要等情况予以适当安排。

第七章　附　　则

第三十条　本规定所称主要领导责任,是指在其职责范围内,对直接主管的工作不负责、不履行或者不正确履行职责,对造成的损失和影响负直接领导责任;重要领导责任,是指在其职责范围内,对应管的工作或者参与决定的工作,不履行或者不正确履行职责,对造成的损失和影响负次要领导责任。

第三十一条　本规定对工作部门的规定,同时适用于办事机构、派出机构以及其他直属机构。

乡(镇、街道)的党政领导干部辞职,可以适用本规定。

县级以上党委、政府直属事业单位和工会、共青团、妇联等人民团体的领导成员辞职,参照本规定执行。

第三十二条　本规定第三条、第三十一条所列范围内,担任同级非领导职务的干部辞职,参照本规定执行。

第三十三条　国有企业领导人员的辞职,由有关部门根据本规定的精神,制定具体办法。

第三十四条　本规定由中共中央组织部负责解释。

第三十五条 本规定自发布之日起施行。

关于党政领导干部辞职从事经营活动有关问题的意见

近年来,随着社会主义市场经济的发展,在一些地方特别是经济较发达地区,党政领导干部辞去公职经商、办企业或参与其他营利性经营活动即辞职“下海”的逐渐增多。这是新形势下正常的人才流动,对于推动非公有制经济发展,促进干部能上能下、能进能出,建立干部正常退出机制具有积极作用。但是,也出现了一些值得注意的问题。有的领导干部辞职只是向组织打个招呼,没有正式提出书面申请,未经组织批准,就擅自离岗;有的辞职后直接受聘于原管辖地区或者管辖业务范围内的企业,利用在职时的职务影响进行不公平竞争,谋取不正当利益,等等,造成了一些消极影响。为了规范党政领导干部辞职从事经营活动,根据《党政领导干部选拔任用工作条例》、《国家公务员暂行条例》以及有关法规政策,现提出以下意见。

一、领导干部辞去公职应当符合辞职条件

《国家公务员暂行条例》、《国家公务员辞职辞退暂行规定》规定,辞去公职是公务员的一项权利,公务员辞职要符合一定的条件。各地在执行过程中,既要保障干部的辞职权利,又要掌握好辞职的条件。对党的高级干部、地方党政正职和一些特殊岗位的干部辞去公职应当从严掌握。在涉及国家安全、重要机密等特殊职位上任职或者离开上述职位不满解密期限的,重要公务尚未处理完毕且须由本人继续处理的,正在接受纪检(监察)、司法机关调查或者审计机关审计的,未满最低服务年限的,或者有其他特殊原因的,不得辞去公职。由人大、政协选举、任命、决定任命的领导干部任职不满一年的,也不得辞去公职。

二、领导干部辞去公职必须履行辞职程序

领导干部辞去公职必须严格按照有关程序办理:辞职申请人按干部管理权限,向党委(党组)提出书面申请,辞职申请应当说明辞职原因和辞职后去向;组织(人事)部门对辞职申请进行了解审核并提出初步意见,对需进行经济责任审计的干部要委托审计机关对其进行经济责任审计;党委(党组)通过集体研究,作出同意辞职、不同意辞职或者暂缓辞职的决定,并在作出决定后指派专人与申请辞职的干部谈话;被批准辞职的干部在规定的时间内办理公务交接和离职手续。由人大、政协选举、任命、决定任命的领导干部,在党委(党组)作出同意辞职的决定后,按规定程序办理有关手续。任免机关批准干部辞职后,可在一定范围内予以公布。申请辞职的干部在任免机关未批准之前,不得擅自离职,否则按照有关规定给予相应的党纪政纪处分。

三、领导干部辞去公职后从业应有必要限制

党政领导干部辞去公职后三年内,不得到原任职务管辖的地区和业务范围内的企业、经营性事业单位和社会中介组织任职,不得从事或者代理与原工作业务直接相关的经商、办企业活动。担任县级以上地方党委、人大常委会、政府、政协领导职务的领导干部以及具有审批、执法监督等职能部门的领导干部辞职,要按照上述精神从严管理。以上规定,也适用于提前退休的领导干部。领导干部离职后要自觉遵守这些规定。各地组织部门要与有关部门密切配合,制定相应措施,保证规定的执行和落实。

四、需要注意和解决的相关问题

进一步强化对各级党政领导干部行使权力的监督和制约。积极推行政务公开制度,规范领导干部的决策行为,建立结构合理、配置科学、程序严密、制约有效的权力运行机制,对权力运行的各个环节实行有效监督,切实从源头上防范因领导干部辞职"下海"诱发新的腐败行为。

既要支持人才的合理流动,又要注意为党政机关保留工作骨干。要加强干部队伍的理想信念教育,使广大干部特别是各级领导干部始终坚持立党为公、执政为民,增强奉献精神,自觉把党和人民的利益摆在首位。要继续大力推进干部人事制度改革,努力形成充满生机与活力的用人机制,为干部施展才干、实现抱负创造良好环境。

根据有关规定再次重申,县级以上(含县级)党政机关不得采用停薪留职、带薪留职等方式鼓励领导干部离职离岗经商、办企业。已出台此类政策的地方,要予以纠正,并采取妥善措施处理好相关问题。对乡(镇、街道)机关,要根据机构改革进展情况,调查研究后再提出规范意见。

党政领导干部辞职"下海"是新形势下干部管理工作中遇到的一个新问题。各地区各部门对此要高度重视,既要认真执行有关规定,加以规范管理,又要加强调查研究,及时总结经验,积极探索有效管理办法。

中共中央组织部办公厅关于印发《关于〈党政领导干部选拔任用工作条例〉若干问题的答复意见(二)》的通知

(2005年6月28日)

现将中央组织部《关于〈党政领导干部选拔任用工作条例〉若干问题的答复意见(二)》印发给你们,请遵照执行。

关于《党政领导干部选拔任用工作条例》若干问题的答复意见(二)

1. **问**:第七条规定,提任县(处)级以上领导职务的,一般应当具有在下一级两个以上职位任职的经历。干部挂职锻炼,所挂任职务是否可以视为一个职位任职的经历?

答:凡经组织选派、挂职时间在半年以上,其挂任职务无论是平职、低职或者因工作需要高职安排的,均可视为一个职位的任职经历。

2. **问**:选拔任用处级以上非领导职务,是否需要进行民主推荐和组织考察?是否实行任职前公示制和任职试用期制?

答:《干部任用条例》第四条规定,选拔任用处级以上非领导职务,参照本条例执行。民主推荐、组织考察是选拔任用党政领导干部的基础环节和必经程序。因此,选拔任用处级以上非领导职务干部,必须经过民主推荐提出考察对象;对确定的考察对象,由组织(人事)部门按照干部管理权限,进行认真考察;在党委(党组)讨论决定后、下发任职通知前,应当在一定范围内进行公示。担任非领导职务,可不实行任职试用期制。

3. **问**:处级以上非领导职务干部转任同级领导职务时,除了要实行任职前公示制和任职试用期制外,是否还需要进行民主推荐、组织考察?

答:必须进行民主推荐、组织考察。

4. **问**:民主推荐范围确定后,对参加民主推荐的人数有什么具体要求?

答:参加民主推荐人员的代表性和广泛性,在很大程度上决定着推荐结果的真实性和群众公认度。因此,按照《干部任用条例》规定范围确定参加的人员应尽可能全部参加。一般情况下,参加民主推荐的人数至少要达到规定范围参加人数的三分之二。

5. **问:**第二十六条规定,考察党政领导职务拟任人选,必须形成书面考察材料,建立考察文书档案。干部考察文书档案包括哪些内容?

答:干部考察文书档案一般包括:(1)考察工作请示、考察工作方案;(2)民主推荐汇总表、民主测评表汇总表;(3)重要谈话记录;(4)考察报告、考察材料、干部任免审批表;(5)考察中重要问题的调查情况及结论;(6)征求纪委意见情况;(7)其他能够反映干部考察情况的有关材料。

干部考察文书档案由组织(人事)部门按照干部管理权限负责建立和管理。

6. **问:**对需报上级备案、同时又需要进行公示的拟任职干部,何时进行公示?

答:一般情况下,按照干部管理权限,在党委(党组)讨论决定后,即可进行公示。其中,属于任前备案的,可不公示具体拟任职务。公示结果不影响任职的,按规定在报经上级组织(人事)部门同意后,或者上级组织(人事)部门在规定的时间内没有提出异议的,方可办理任职手续。

7. **问:**市(地)、县(市)党委、政府领导班子正职拟任人选和推荐人选,经全委会票决通过后是否还需要进行公示?如公示中有影响其任职的问题如何处理?

答:根据《干部任用条例》第三十八条规定以及《中共中央组织部关于推行党政领导干部任前公示制的意见》精神,市(地)、县(市)党委、政府领导班子正职拟任人选和推荐人选票决通过后,属于提拔任职或者平级转任重要职务的,应当进行公示;属于其他情况的,根据需要也可以进行公示。

全委会票决通过的人选,经公示有影响其任职的问题,应经党委常委会复议,并将复议结果及时通报全委会成员。

8. **问:**政府有关部门配备的总工程师、总会计师等,是否实行任职试用期制?

答:政府有关部门配备总工程师、总会计师等专业性较强的领导职务,属于委任的,应当按照《党政领导干部任职试用期暂行规定》精神,实行任职试用期制。属于聘任的,执行聘任制有关规定。

9. **问:**干部任职试用期间,可否调整其工作岗位?

答:根据实行领导干部任职试用期制度的目的和要求,从有利于干部尽快适应领导工作和加强对干部的教育管理考虑,干部任职试用期间,一般不宜调整其工作岗位。

10. 问:第五十三条对党政领导干部任职回避的亲属关系作出了规定,什么是直系血亲关系、三代以内旁系血亲关系以及近姻亲关系?

答:直系血亲关系:法律意义上的直系血亲包括两种情况,一种是指有自然血缘关系的亲属,即生育自己和自己所生育的上下各代亲属。包括祖父母、外祖父母、父母、子女、孙子女、外孙子女;另一种是指本来没有血缘关系,但由法律确认其具有与自然血亲同等的权利义务的亲属,这种情况称之为法律拟制血亲。如养父母与养子女、继父母与继子女。

三代以内旁系血亲关系:指同源于祖父母、外祖父母的三代以内,除父母直系血亲以外的,与自己有间接血亲关系的亲属。所谓"三代以内"是从自身往上数,自己为第一代,到父母为第二代,到祖父母、外祖父母为第三代;从自身往下数,自己为第一代,到子女为第二代,到孙、外孙为第三代。包括伯叔姑舅姨、兄弟姐妹、堂兄弟姐妹、表兄弟姐妹、侄子女、甥子女。

近姻亲关系:姻亲是指以婚姻关系为中介而产生的亲属关系,近姻亲主要指配偶的父母、配偶的兄弟姐妹及其配偶、子女的配偶及子女配偶的父母、三代以内旁系血亲的配偶。

11. 问:第五十四条规定,讨论干部任免,涉及与会人员本人及其亲属的,以及干部考察组成员在干部考察工作中涉及其亲属的,本人必须回避。这里的"亲属"是指哪些关系?

答:是指夫妻关系、直系血亲关系、三代以内旁系血亲关系和近姻亲关系。

中共中央办公厅、国务院办公厅转发《中央组织部、财政部、人事部、劳动和社会保障部、国务院国有资产监督管理委员会关于做好国有改制和破产企业离休干部管理服务工作的意见》的通知

（2005 年 8 月 26 日）

《中央组织部、财政部、人事部、劳动和社会保障部、国务院国有资产监督管理委员会关于做好国有改制和破产企业离休干部管理服务工作的意见》已经党中央、国务院同意，现转发给你们，请结合实际认真贯彻执行。

党中央、国务院历来十分重视老干部工作。在政治上关心、生活上照顾离休干部，并发挥他们的作用，是党和国家离休干部工作的重要政策。当前，随着国有企业改革的不断深入，企业离休干部工作总体上得到了加强，但也遇到了一些新情况和新问题。各级党委和政府以及有关国有企业要按照树立和落实科学发展观、构建社会主义和谐社会的要求，着眼于维护改革发展稳定的大局，高度重视并积极做好国有改制和破产企业离休干部管理服务工作，采取切实可行的措施，确保企业离休干部政治、生活待遇得到落实。

中央组织部、财政部、人事部、劳动和社会保障部、国务院国有资产监督管理委员会关于做好国有改制和破产企业离休干部管理服务工作的意见

根据党的十六大和十六届三中、四中全会精神，按照建立现代企业制度的要求，国有企业改革正在全面深化，有些企业实施了改制和破产。在这个过程中，企业离休干部工作总体上得到了加强，但也遇到了一些新情况和新问题。为进一步落实好企业离休干部的政治、生活待遇，做好国有改制和破产企业离

休干部管理服务工作,现提出如下意见。

一、指导思想和工作原则

1. 广大国有企业离休干部为我国的革命、建设、改革事业,为国有企业的建立和发展作出了重要贡献,是党和国家的宝贵财富。关心照顾好国有企业离休干部特别是改制和破产企业的离休干部,使他们安度晚年,是各级党委、政府和国有企业应尽的责任和义务。要坚持以邓小平理论和"三个代表"重要思想为指导,按照树立和落实科学发展观、构建社会主义和谐社会的要求,以落实好离休干部政治、生活待遇为重点,逐步建立、完善国有改制和破产企业离休干部管理服务工作机制。

2. 各地区各部门要着眼于维护改革发展稳定的大局,积极做好国有改制和破产企业离休干部管理服务工作。无论国有企业改革怎么深化,都必须按照离休干部的事情有人管、工作有机构负责、所需经费有保障的原则,确保离休干部各项待遇得到落实、管理服务到位。

二、管理服务办法

3. 国有企业改制为国有或国有控股企业的,离休干部的管理服务工作可维持现有方式不变,由改制后的企业负责落实。

4. 地方国有企业改制为非国有控股企业或破产后,原企业离休干部的管理服务单位和管理服务方式,由当地党委和政府确定。中央国有企业的下属企业改制为非国有控股企业或破产后,离休干部可交地方管理,也可采取其他行之有效的办法,具体措施由原企业上级主管单位及国有出资单位与企业所在省(自治区、直辖市)有关部门共同商定,确保企业离休干部管理服务工作正常开展。

5. 将要改制为非国有控股和破产的企业,应主动与接收单位联系,共同做好离休干部的人事档案、党组织关系以及养老保险、医疗统筹等有关材料的整体移交工作。当地老干部工作部门对移交工作要加强指导和监督。

三、落实政治待遇

6. 接收单位要按照有关规定落实好企业离休干部的政治待遇,定期召开座谈会,及时向离休干部通报本地区本部门改革发展稳定情况,组织阅读文件、听报告、参加有关重要会议和重大活动,组织参观考察经济建设和工农业生产项目,定期走访慰问等。

7. 接收单位要按照中央有关文件精神,切实加强老干部党支部建设,明确党组织隶属关系,保证老干部党支部在上级党组织领导下正常开展工作;要把企业离休干部党员编入党的组织,保证他们按规定参加组织活动,充分发挥老干部党支部的战斗堡垒作用和共产党员的先锋模范作用。

8. 接收单位要切实加强企业离休干部思想政治工作，引导离休干部自觉用马克思列宁主义、毛泽东思想、邓小平理论和“三个代表”重要思想武装头脑，在政治上、思想上、行动上同党中央保持一致。

9. 接收单位要充分利用现有老干部活动场所和老年大学，为企业离休干部参加活动和学习提供便利条件；没有老干部活动场所和老年大学的，要积极组织企业离休干部参加当地老干部活动中心和老年大学的活动和学习，当地老干部工作部门要给予帮助和支持。

四、落实生活待遇

10. 要按照《中共中央办公厅、国务院办公厅关于转发〈中央组织部、国家经贸委、财政部、人事部、劳动和社会保障部、卫生部关于落实离休干部离休费、医药费的意见〉的通知》（中办厅字〔2000〕61 号）和《中央组织部办公厅、财政部办公厅、劳动和社会保障部办公厅关于印发〈离休干部“两费”保障工作的基本要求〉的通知》（组厅字〔2003〕18 号）精神，通过建立和完善离休干部离休费、医药费保障机制和财政支持机制，确保国有改制和破产企业离休干部离休费按时足额发放、医药费按规定实报实销。

11. 各级劳动和社会保障部门要将国有改制和破产企业离休干部纳入基本养老保险统筹范围，凡是按党中央、国务院及国家劳动和社会保障主管部门有关文件规定项目和标准支付给离休干部的离休费、增加的基本养老金和生活、物价补贴（包括按国家统一政策由省、自治区、直辖市政府制定标准的项目），都要纳入统筹项目，实行社会化发放。未参加基本养老保险的国有企业离休干部的养老保险问题，参照中办厅字〔2000〕61 号文件和《国务院关于在若干城市试行国有企业兼并破产和职工再就业有关问题的补充通知》（国发〔1997〕10 号）等有关规定办理。

12. 国有改制和破产企业离休干部原则上要全部纳入当地离休干部医药费保障机制。改制后仍为国有或国有控股企业的，其离休干部的医疗统筹费由改制后的企业按规定缴纳；改制后为非国有控股的企业和破产企业，离休干部的医疗统筹费由原企业从国有资产变现或其他财产转让收入中按一定的标准和年限一次性提取，缴付负责离休干部医疗费用统筹的机构管理。医疗统筹费的提取标准和支付年限，由当地党委和政府按有关规定研究确定。

13. 改制为非国有控股的企业和破产企业离休干部特需经费、交通费、护理费等国家有明确规定的经费，由原企业按一定的标准和年限一次性提取后，转入接收管理单位专款专用。

14. 国有企业破产时没有能力足额缴纳医疗统筹费以及第13条所列各种费用的,缺口部分由原企业上级主管单位和国有出资单位共同解决;上级主管单位和国有出资单位解决有困难的,由同级财政部门负责解决。

15. 改制为非国有控股的企业和破产企业在基本养老保险统筹项目之外发给离休干部的其他各种补贴的解决办法,由当地党委和政府确定。

16. 改制为非国有控股的企业和破产企业过去拖欠离休干部的离休费、医药费,原企业及有关部门要进行彻底清理,确保无债务交接。

五、加强组织领导

17. 各级党委和政府要高度重视国有改制和破产企业离休干部工作,进一步提高认识、加强领导。要把国有改制和破产企业离休干部工作纳入企业改制或实施破产工作的整体布局。国有资产监督管理委员会等有关部门在研究制定国有企业改制或破产方案时,要同时制定离休干部管理服务安置方案,并听取老干部工作部门的意见。

18. 各有关部门要各负其责,密切配合,共同做好国有改制和破产企业离休干部管理服务工作。劳动和社会保障部门及其社会保险经办机构要负责做好国有改制和破产企业基本养老保险费、医疗统筹费的筹集和待遇支付工作;财政部门要保证应由财政负担的资金及时到位;组织部门、老干部工作部门和人事部门、国有资产监督管理部门等要加强协调和督促检查,制定配套措施,确保企业离休干部政治、生活待遇的落实。

六、其他

19. 停产、关闭等退出市场的国有企业以及集体所有制企业,离休干部的管理服务办法参照本《意见》执行。

20. 本《意见》下发前已实行改制和破产的国有企业,离休干部作了妥善安置的,可继续执行原管理服务办法;未作妥善安置的按照本《意见》执行。

中共中央关于印发《干部教育培训工作条例（试行）》的通知

（2006年1月21日）

现将《干部教育培训工作条例（试行）》（以下简称《干部教育条例》）印发给你们，请认真贯彻执行。

《干部教育条例》的颁布实施，是加强和改进干部教育培训工作的一个重要举措，对于培养和造就高素质的干部队伍，推动学习型政党、学习型社会建设，加强党的执政能力建设和先进性建设，都具有十分重要的意义。各级党委（党组）和有关部门，要充分认识贯彻实施《干部教育条例》的重要性，按照《干部教育条例》的要求，创新培训内容，改进培训方式，整合培训资源，优化培训队伍，提高培训质量，推进干部教育培训工作的科学化、制度化、规范化，真正把中央提出的大规模培训干部、大幅度提高干部素质的战略任务落到实处，为全面建设小康社会、加快推进社会主义现代化提供思想政治保证、人才保证和智力支持。

各地区各部门在贯彻实施《干部教育条例》中有什么问题和建议，请及时报告中央。

干部教育培训工作条例（试行）

第一章　总　　则

第一条　为推进干部教育培训工作科学化、制度化、规范化，培养造就高素质的干部队伍，依据《中国共产党章程》、《中华人民共和国公务员法》和有关法律法规，制定本条例。

第二条　干部教育培训工作必须坚持以马克思列宁主义、毛泽东思想、邓小平理论和“三个代表”重要思想为指导，全面贯彻落实科学发展观，围绕党和国家工作大局，按照实事求是、与时俱进、艰苦奋斗、执政为民的要求，以增强执政意识、提高执政能力为重点，推动学习型政党、学习型社会建设，为全面建设小康社会、加快推进社会主义现代化提供思想政治保证、人才保证和智力支持。

第三条 干部教育培训工作应当遵循下列原则:

(一)以人为本,按需施教。按照党和国家的要求,把握干部的成长规律和教育培训需求,分级分类地开展干部教育培训,激发干部学习的内在动力和潜能,增强干部教育培训的针对性和实效性。

(二)全员培训,保证质量。干部教育培训面向全体干部,创造人人皆受教育、人人皆可成才的条件,大规模培训干部,大幅度提高干部素质,实现干部教育培训的规模和质量、效益的统一。

(三)全面发展,注重能力。坚持干部队伍革命化、年轻化、知识化、专业化方针和德才兼备原则,全面提高干部的思想政治素质、科学文化素质、业务素质和健康素质,将能力培养贯穿于干部教育培训的全过程。

(四)联系实际,学以致用。紧密联系国际形势的新变化,联系我国改革开放和社会主义现代化建设的新进展,联系干部的思想和工作实际,引导干部在改造主观世界的同时,运用所学理论和知识指导实践,提高解决实际问题的能力。

(五)与时俱进,改革创新。适应经济社会发展需要,创新培训内容,改进培训方式,整合培训资源,优化培训队伍,推进干部教育培训的理论创新、制度创新和管理创新。

第四条 本条例适用于各级党委、人大、政府、政协、纪委、人民法院、人民检察院和各民主党派、人民团体机关的干部教育培训工作。

国有企业和事业单位的教育培训工作参照本条例执行。

第二章 管理体制

第五条 全国干部教育培训工作实行在党中央领导下,由中央组织部主管,中央和国家机关有关工作部门分工负责,中央和地方分级管理的体制。

第六条 中央组织部履行全国干部教育培训工作的整体规划、宏观指导、协调服务、督促检查、制度规范职能。

中央和国家机关有关工作部门按照职责分工,负责相关的干部教育培训工作,指导本系统的业务培训。

第七条 地方各级党委领导本地区干部教育培训工作,贯彻执行党和国家干部教育培训工作的方针政策,把干部教育培训工作纳入本地区经济社会发展规划,研究部署本地区干部教育培训工作。

地方各级党委组织部主管本地区干部教育培训工作。地方各级党委和政府有关工作部门负责相关的干部教育培训工作。

第八条 干部所在单位按照干部管理权限，负责组织实施本单位的干部教育培训工作。

第九条 部门与地方双重管理的干部教育培训工作由主管方负责组织；经协商，也可由协管方负责组织。

第三章 教育培训对象

第十条 干部有接受教育培训的权利和义务。

第十一条 干部教育培训的对象是全体干部，重点是县处级以上党政领导干部及其后备干部。

第十二条 干部应当根据不同情况参加相应的教育培训：

（一）在职期间的各类岗位培训；

（二）晋升领导职务的任职培训；

（三）从事专项工作的专门业务培训；

（四）新录（聘）用的初任培训；

（五）其他培训。

第十三条 省部级、厅局级、县处级党政领导干部每5年应当参加党校、行政学院、干部学院或者经厅局级以上单位组织（人事）部门认可的其他培训机构累计3个月以上的培训。提拔担任领导职务的，确因特殊情况在提任前未达到教育培训要求的，应当在提任后1年内完成培训。

其他干部参加脱产教育培训的时间，根据有关规定和工作需要确定，一般每年累计不少于12天。

有条件的地方和部门可以实行干部教育培训学时学分制。

第十四条 干部必须遵守教育培训的规章制度，完成规定的教育培训任务。

第十五条 干部在参加组织选派的脱产教育培训期间，一般应享受在岗同等待遇。

第四章 内容与方式

第十六条 干部教育培训应当根据经济社会发展需要，按照加强党的执政能力建设和先进性建设的要求，结合岗位职责要求和不同层次、不同类别干部的特点，以政治理论、政策法规、业务知识、文化素养和技能训练等为基本内容，并以政治理论培训为重点，综合运用组织调训与自主选学、脱产培训与在职自学、境内培训与境外培训相结合等方式，促进干部素质和能力的全面提高。

第十七条 政治理论培训重点进行马克思列宁主义、毛泽东思想、邓小平理论和"三个代表"重要思想的教育,树立和落实科学发展观、正确政绩观的教育,党的历史、党的优良传统作风、党的纪律的教育,国情和形势的教育,引导干部坚定共产主义理想和中国特色社会主义信念,坚持马克思主义的世界观、人生观、价值观和正确的权力观、地位观、利益观,夯实理论基础、开阔世界眼光、培养战略思维、增强党性修养。

对党外干部,应当根据其特点,开展相应的政治理论培训。

第十八条 政策法规培训重点加强党的路线方针政策和国家法律法规的教育,进行党和国家在经济、政治、文化、社会、外交、国防等方面的重大部署和要求的培训,提高各级干部科学执政、民主执政、依法执政的能力。

第十九条 业务知识培训重点加强履行岗位职责所必备知识的培训,提高干部的实际工作能力。

第二十条 文化素养培训和技能训练应当按照完善干部知识结构、提高干部综合素质的要求进行。

第二十一条 坚持和完善组织调训制度。干部教育培训管理部门负责制定干部脱产培训计划,选调干部参加脱产培训。干部所在单位按照计划完成调训任务。被抽调的干部必须服从组织调训。

实行干部调训计划申报制度。党委和政府的工作部门抽调下级党委和政府领导成员参加培训,必须报同级干部教育培训主管部门审批,避免多头调训和重复培训。

第二十二条 建立健全干部在职自学制度。鼓励干部利用业余时间参加学习培训。

干部所在单位应当对干部在职自学提出要求,并提供必要的条件。

第二十三条 推行干部自主选学。在干部教育培训管理部门的指导下,干部可以自主选择参加教育培训的机构、内容和时间。

干部教育培训管理部门或者干部教育培训机构应当定期公布供干部自主选学的教育培训项目,明确要求,加强管理。

第二十四条 加强和改进境外培训工作。干部教育培训管理部门应当根据工作需要,科学设置境外培训项目,择优选派培训对象,合理确定培训机构,严格培训过程的管理,注重培训质量和效益。

第二十五条 开展干部教育培训应当根据干部的特点,综合运用讲授式、研究式、案例式、模拟式、体验式等教学方法,提高培训质量。

第二十六条 推广网络培训、远程教育、电化教育,提高干部教育培训教学和管理的信息化水平。

第五章　教育培训机构

第二十七条　加强干部教育培训机构建设，构建分工明确、优势互补、布局合理、竞争有序的干部教育培训机构体系。充分发挥党校、行政学院和干部学院在干部教育培训中的主渠道作用。

第二十八条　党校、行政学院和干部学院应当突出办学特色，按照职能分工开展干部教育培训工作。

部门和行业的干部教育培训机构，应当按照各自职责，做好本部门和本行业的干部教育培训工作。

高等学校、科研院所可以发挥自身优势，承担相关的干部教育培训任务。

干部教育培训管理部门可以委托符合条件的社会培训机构和境外培训机构承担干部培训项目。

各类干部教育培训机构应当加强国内外交流与合作，通过联合办学等方式，促进干部教育培训资源的优化配置。

第二十九条　干部教育培训机构必须贯彻党和国家的干部教育培训方针政策，坚持社会主义的办学方向。

干部教育培训机构应当根据培训需求，深化教学改革，创新培训内容，改进培训方式，科学设置培训班次和学制，完善学科结构和课程设计，提高教学水平。

干部教育培训机构应当深化人事制度、管理制度和分配制度改革，建立充满活力、运转高效的管理机制，提高管理水平。

第三十条　各级党委和政府应当加强干部教育培训机构的领导班子建设，改善干部教育培训机构的基础设施和办学条件。

各级党委和政府应当重点扶持条件较好、优势明显的干部教育培训机构，调整、整顿不具备办学能力和条件的干部教育培训机构。

第三十一条　建立干部教育培训机构准入制度。培训机构承担干部教育培训任务，必须获得干部教育培训管理部门的资质认可。干部教育培训管理部门应制定和公布相应的准入标准。

培育和规范干部教育培训市场，引导干部教育培训机构优化服务，提高质量，逐步形成由干部教育培训主管部门指导、公开平等、竞争有序的干部教育培训市场机制。

第三十二条　实行干部教育培训项目管理制度。干部教育培训管理部门可以采取直接委托、招标投标等方式,确定承担培训项目的教育培训机构,加强项目实施的管理,提高培训绩效。

第三十三条 加强干部教育培训管理者队伍建设,注重培训,促进交流,优化结构,提高素质。

第六章 师资、教材、经费

第三十四条 按照素质优良、规模适当、结构合理、专兼结合的原则,建设高素质的干部教育培训师资队伍。

第三十五条 从事干部教育培训工作的教师,应当具有良好的思想政治素质和职业道德修养、较高的理论政策水平、扎实的专业知识基础,有一定的实际工作经验,掌握现代教育培训理论和方法,具备胜任教学、科研工作的能力。

第三十六条 实行专职教师职务聘任和竞争上岗制度,通过考核、奖惩和教育培训,加强专职教师队伍建设。

建立专职教师知识更新机制,保证专职教师每年参加教育培训的时间累计不少于1个月。逐步建立符合干部教育培训特点的师资队伍考核评价体系。

选聘实践经验丰富、理论水平较高的党政领导干部、企业经营管理人员、国内外专家学者担任兼职教师,充分发挥兼职教师的作用。

建立全国和各省、自治区、直辖市干部教育培训师资库,实现资源共享。

第三十七条 干部培训教材建设应当适应不同类别干部教育培训的需要,着眼于提高干部的综合素质和能力,逐步建立开放的、形式多样的、具有时代特色的教材体系。

第三十八条 坚持干部培训教材的开发与利用相结合,做到一纲多本、编审分开。全国干部培训教材编审指导委员会负责组织制定干部培训教材建设规划和教材大纲,审定全国干部培训教材;有关地方、部门和机构按照教材大纲的要求,可以编写符合需要、各具特色的干部培训教材,并可选用国内外优秀出版物。

第三十九条 加强干部培训教材的编写、出版、发行、使用的管理和监督。

第四十条 干部教育培训经费列入各级政府年度财政预算,随着财政收入增长逐步提高,保证干部教育培训工作的需要。

加强干部教育培训经费的管理。

第七章 考核与评估

第四十一条 建立干部教育培训的考核和激励机制。将干部的教育培训情况作为干部考核的内容和任职、晋升的重要依据之一。

第四十二条 干部教育培训考核的内容包括干部的学习态度和表现，掌握政治理论、政策法规、业务知识、文化知识和技能的程度以及解决实际问题的能力等。

第四十三条 干部教育培训考核应当区分不同的教育培训方式分别实施。组织调训和干部自主选学的考核，由干部教育培训机构实施；干部在职自学的考核，由干部所在单位实施；境外培训的考核，由主办单位或者干部所在单位实施。

干部教育培训实行登记管理。各级干部教育培训主管部门和干部所在单位应当按照干部管理权限，建立和完善干部教育培训档案，如实记载干部参加教育培训情况和考核结果。

第四十四条 组织（人事）部门在干部年度考核、任用考察时，应将干部接受教育培训情况作为一项重要内容。

第四十五条 建立干部教育培训机构评估制度。制定科学合理的评估指标体系和规范简便的评估办法，加强对干部教育培训机构的评估。

第四十六条 干部教育培训机构评估的内容包括办学方针、培训质量、师资队伍、组织管理、基础设施、经费保障等。

第四十七条 干部教育培训主管部门负责对干部教育培训机构进行评估，也可委托中介机构进行评估。

第四十八条 干部教育培训管理部门应当充分运用评估结果，对干部教育培训机构的建设与发展提出指导性意见。干部教育培训机构应当根据评估结果，改进干部教育培训工作。

第八章 监督与纪律

第四十九条 各级党委和政府及其有关工作部门、干部教育培训机构、干部所在单位和干部本人必须严格执行本条例，自觉接受组织监督、群众监督和社会监督。

第五十条 干部教育培训主管部门按照干部管理权限，会同有关部门对干部教育培训工作和贯彻执行本条例情况进行监督检查，制止和纠正违反本条例的行为，并对有关责任人员提出处理意见和建议。

第五十一条 干部因故未按规定参加教育培训或者未达到教育培训要求的，应当及时补训。对无正当理由不参加教育培训的，给予批评教育直至组织处理。

干部在参加教育培训期间违反有关规定和纪律的,视情节轻重,给予批评教育直至纪律处分。

干部弄虚作假获取学历或者学位的,按照有关规定严肃处理。

第五十二条 干部所在单位未按规定履行干部教育培训职责的,由干部教育培训管理部门责令其限期整改,并在一定范围内给予通报批评。

第五十三条 干部教育培训机构和干部所在单位有下列情形之一的,由干部教育培训主管部门责令限期整改;逾期不改的,给予通报批评;情节严重的,由有关部门对负有主要责任的领导人员和直接责任人员给予纪律处分:

(一)采取不正当手段招揽生源的;

(二)以干部教育培训名义组织境内外公费旅游或者进行其他高消费活动的;

(三)违反国家有关规定收取干部教育培训费用的;

(四)违反国家有关规定擅自印发学历或学位证书、资格证书或培训证书的;

(五)违反本条例规定的其他行为。

第九章 附 则

第五十四条 各省、自治区、直辖市党委根据本条例制定具体实施办法。

第五十五条 中国人民解放军和中国人民武装警察部队的干部教育培训办法,由中央军委根据本条例的原则制定。

第五十六条 本条例由中央组织部负责解释。

第五十七条 本条例自发布之日起施行。

中共中央办公厅关于印发《党政领导干部职务任期暂行规定》等三个法规文件的通知

(2006 年 6 月 10 日)

《党政领导干部职务任期暂行规定》、《党政领导干部交流工作规定》、《党政领导干部任期回避暂行规定》等三个法规文件已经中央同意,现印发给你们,请结合实际情况,认真贯彻执行。

各地区各部门贯彻落实的情况,请及时报告中央。

党政领导干部职务任期暂行规定

第一条 为了规范党政领导干部职务任期和任期管理工作,保持领导干部任期内的稳定,增强干部队伍的活力,根据《中华人民共和国宪法》、《中国共产党章程》、《中华人民共和国地方各级人民代表大会和地方各级人民政府组织法》、《中华人民共和国公务员法》、《党政领导干部选拔任用工作条例》和有关法律法规,制定本规定。

第二条 本规定适用于中共中央、全国人大常委会、国务院、全国政协的工作部门和工作机构的正职领导成员;县级以上地方党委、政府领导成员,纪委、人民法院、人民检察院的正职领导成员;省(自治区、直辖市)、市(地、州、盟)党委、人大常委会、政府、政协的工作部门和工作机构的正职领导成员。

第三条 党政领导职务每个任期为 5 年。

第四条 党政领导干部在任期内应当保持稳定。除有下列情形之一的,应当任满一个任期:

(一)达到退休年龄的;

(二)由于健康原因不能或者不宜继续担任现职务的;

(三)不称职需要调整职务的;

(四)自愿辞职或者引咎辞职、责令辞职的;

(五)因受处分或处罚需要变动职务或者被罢免职务的;

(六)因工作特殊需要调整职务的。

党政领导干部在一个任期内因工作特殊需要调整职务,一般不得超过一次。

第五条 党政领导干部任期内和任期届满应当按照有关规定进行考核,考核结果作为干部使用的重要依据。

第六条 党政领导干部在同一职位上连续任职达到两个任期,不再推荐、提名或者任命担任同一职务。

第七条 党政领导干部担任同一层次领导职务累计达到15年的,不再推荐、提名或者任命担任第二条所列范围内的同一层次领导职务。根据干部个人情况和工作需要对其工作予以适当安排。

第八条 民族自治地方的少数民族党政领导干部执行本规定第六条和第七条,经批准可以适当放宽。

第九条 党政领导干部任期内调整职务,任职3年以上的,计算为一个任期;任职不足3年的,只计算任职年限,不计算任期届数。

第十条 选任制党政领导干部在新一届领导班子选举产生时,原任领导职务自然解除。

工作部门和工作机构正职领导成员任期届满不再连任的,按有关规定由任免机关下达免职通知,免去其担任的领导职务。

第十一条 各级党委(党组)及其组织(人事)部门按照干部管理权限,负责本规定的组织实施,对执行本规定的情况进行监督,对违反本规定的行为予以纠正。

第十二条 工会、共青团、妇联等人民团体的正职领导成员实行任期制度,按照有关章程并参照本规定执行。

市(地、州、盟)级以上党委、政府直属事业单位的正职领导成员实行任期制度,参照本规定执行。

第十三条 省(自治区、直辖市)党委根据本规定精神,结合各地实际,对乡(科)级党政领导干部实行任期制度作出规定,并报中共中央组织部备案。

第十四条 本规定由中共中央组织部负责解释。

第十五条 本规定自发布之日起施行。

党政领导干部交流工作规定

第一章 总 则

第一条 为了推进干部交流工作,进一步优化领导班子结构,提高领导干部的素质和能力,加强党风廉政建设,促进经济社会发展,根据《中华人民共和国公务员法》、《党政领导干部选拔任用工作条例》和有关法律法规,制定本规定。

第二条 本规定适用于中共中央、全国人大常委会、国务院、全国政协的工作部门和工作机构的领导成员,上述工作部门和工作机构的内设机构的领导干部;中央纪委和最高人民法院、最高人民检察院的副职领导成员及其机关内设机构的领导干部;县级以上地方党委、人大常委会、政府、政协及其工作部门和工作机构的领导成员,上述工作部门和工作机构的内设机构的领导干部;县级以上地方纪委和人民法院、人民检察院的领导成员及其机关内设机构的领导干部。

第三条 本规定所称的党政领导干部交流,是指各级党委(党组)及其组织(人事)部门按照干部管理权限,通过调任、转任对党政领导干部的工作岗位进行调整。挂职锻炼工作另行规定。

第二章 交流对象

第四条 交流的对象主要是下列人员:

(一)因工作需要交流的;

(二)需要通过交流锻炼提高领导能力的;

(三)在一个地方或者部门工作时间较长的;

(四)按照规定需要回避的;

(五)其他原因需要交流的。

交流的重点是县级以上地方党委、政府正职领导成员及其他领导成员,纪委、人民法院、人民检察院和党委、政府部分工作部门的正职领导成员。

第五条 县级以上地方党委、政府领导成员在同一职位上任职满10年的,必须交流。民族自治地方的少数民族党政领导干部经批准可以适当放宽。

在同一地区党政领导班子中担任同一层次领导职务满10年的,应当交流。

新提拔担任县(市、区、旗)以上地方党委、政府领导成员的,应当有计划地易地交流任职。

第六条 县级以上地方纪检机关(监察部门)、组织部门、人民法院、人民检察院、公安部门的正职领导成员,在同一职位任职满10年的,必须交流;新提拔的一般应易地交流任职。副职领导成员在同一领导班子中任职满10年的,应当交流。

第七条 党政机关处级以上领导干部,特别是从事执纪执法、干部人事、审计、项目审批和资金管理工作的领导干部,在同一职位任职满10年的,应当交流。

第八条 缺少基层工作经验或者岗位经历单一的县(处)级以上领导干部,应当有计划地交流。

第九条 实行干部双重管理、以上级业务部门为主管理的单位的正职领导成员,在同一领导班子中任职满10年的,应当交流。

第十条 党政领导干部任职回避交流按有关规定执行。

第十一条 党政领导干部有下列情形之一的,可不交流或者暂缓交流:

(一)离最高任职年龄不满5年的(属于必须交流的对象,可区别不同情况对其工作进行调整);

(二)因健康原因不宜交流的;

(三)涉嫌违纪违法正在接受纪检监察或者司法机关审查尚未作出结论的;

(四)其他原因不适合交流的。

第三章 交流范围和方式

第十二条 干部交流可以在地区之间,部门之间,地方与部门之间,党政机关与国有企业事业单位、人民团体、群众团体之间进行。

第十三条 地(厅)级干部一般在本省(自治区、直辖市)内交流,根据工作需要,也可跨省(自治区、直辖市)交流。县(处)级干部一般在本市(地、州、盟)范围内交流,根据工作需要,县(市、区、旗)委书记、县(市、区、旗)长可在本省(自治区、直辖市)范围内交流。

第十四条 地区之间的干部交流,重点围绕国家经济社会发展战略和人才战略、地方经济社会发展布局和支柱产业及重大项目建设进行。

第十五条 中央和国家机关、省级党政机关应当注意选调有地方工作经验的干部,特别是市(地、州、盟)、县(市、区、旗)党政领导班子中的优秀年轻干部到机关任职，同时根据工作需要有计划地选派机关干部到地方任职。

第十六条 实行党政机关与国有企业事业单位之间的干部交流。选调国有企业事业单位领导人才到党政机关任职，推荐党政领导干部到国有企业事业单位任职。

第十七条 实行干部双重管理、以上级业务部门为主管理的单位的领导干部，可在本系统内交流，也可与地方或者其他系统交流。

第四章 组织实施

第十八条 干部交流工作按照干部管理权限组织实施。根据工作需要，上级党委（党组）及其组织（人事）部门也可直接组织实施。

中央和国家机关与地方之间组织成批干部交流，由中共中央组织部协调后实施；个别干部的交流，原则上由调出单位与调入单位协商办理。

实行干部双重管理部门的干部交流，由主管单位提出，征求协管单位的意见。

第十九条 干部交流工作一般按照下列程序办理：

（一）组织（人事）部门拟定交流方案，提出交流人选；

（二）征求干部调出、调入单位意见；

（三）党委（党组）集体讨论决定；

（四）党委（党组）或者组织（人事）部门与交流干部谈话，听取本人意见，做好思想工作；

（五）组织（人事）部门办理调动手续。

第二十条 干部交流应突出重点，增强计划性、针对性，注意与领导班子换届调整相结合。市、县两级党政正职领导成员未任满一届的一般不交流，同一地区党政正职领导成员一般不同时交流；领导班子一次性交流一般不超过班子成员的三分之一；需按法定程序选举或者任免的干部，交流时应当按照法定程序办理。按规定需作离任审计的，应当进行审计。

第五章 交流工作纪律

第二十一条 干部交流必须严格执行下列纪律：

（一）任何地方和单位必须执行上级党委（党组）关于干部交流的决定，不得以任何理由拒绝执行。

（二）各级党委（党组）必须严格执行干部交流程序，集体研究决定交流对象，不得借干部交流突击提拔干部。任何人不得借干部交流对干部进行打击报复。

(三)干部应当服从组织的交流决定。接到交流通知后,须尽快办理工作交接手续,在限定的时间内报到。跨地区跨部门交流的,应当同时迁转行政关系和党的组织关系。无正当理由拒不服从组织安排的,就地免职或者降职使用。

(四)调出单位应尽快向调入单位转递干部档案,提供真实情况和材料,不得弄虚作假。调入单位应当认真审核有关材料。

(五)干部调离时,不得违反规定随调工作人员,不准随带公共物品;干部调离后,不得干预原单位的工作。

第二十二条 实行干部交流工作责任追究制度。对违反纪律或者执行纪律不严格的,应当严肃批评教育;造成严重后果的,追究主要责任人以及其他直接责任人的责任。

第二十三条 党委(党组)及其组织(人事)部门负责对干部交流工作进行监督检查,受理有关举报、申诉,制止、纠正违反本规定的行为,对有关责任人提出处理意见或者建议。

第六章 保障措施

第二十四条 建立健全干部交流激励机制。坚持交流与培养使用相结合,采取有利于干部健康成长的政策措施,鼓励干部到艰苦边远地区、复杂环境、重点建设工程和基层经受锻炼,建功立业。

第二十五条 党委(党组)及其组织(人事)部门应关心爱护交流干部,妥善安排其工作、生活,充分发挥他们的作用。干部调入、调出单位应当相互配合,帮助交流干部解决困难和问题,解除其后顾之忧。

第二十六条 交流干部的配偶、子女是否随调随迁,尊重本人意愿,按有关规定办理。配偶、子女随调随迁的,应当妥善安排其就业、就学。

第二十七条 党委(党组)及其组织(人事)部门应当跟踪了解交流干部的思想、工作情况,加强教育、管理和监督。

第七章 附 则

第二十八条 工会、共青团、妇联等人民团体和县级以上党政机关所属事业单位的干部交流,参照本规定执行。

第二十九条 各地区各部门可根据本规定制定实施办法。

第三十条 本规定由中共中央组织部负责解释。

第三十一条 本规定自发布之日起施行。《党政领导干部交流工作暂行规定》同时废止。

党政领导干部任职回避暂行规定

第一条 为了加强对党政领导干部的管理和监督,保证领导干部公正履行职责,促进党风廉政建设,根据《中华人民共和国公务员法》、《党政领导干部选拔任用工作条例》和有关法律法规,制定本规定。

第二条 本规定适用于中共中央、全国人大常委会、国务院、全国政协的工作部门和工作机构的领导成员,上述工作部门和工作机构的内设机构的领导干部;中央纪委和最高人民法院、最高人民检察院的副职领导成员及其机关内设机构的领导干部;县级以上地方党委、人大常委会、政府、政协及其工作部门和工作机构的领导成员,上述工作部门和工作机构的内设机构的领导干部;县级以上地方纪委和人民法院、人民检察院的领导成员及其机关内设机构的领导干部。

第三条 有夫妻关系、直系血亲关系、三代以内旁系血亲关系以及近姻亲关系的,不得在同一机关担任双方直接隶属于同一领导人员的职务或者有直接上下级领导关系的职务,也不得在其中一方担任领导职务的机关从事组织(人事)、纪检(监察)、审计、财务等工作。

第四条 领导干部的配偶、子女及其配偶以独资、合伙或者较大份额参股的方式,经营企业或者举办经营性民办非企业单位的,该领导干部不得在上述企业或者单位的行业监管或者业务主管部门担任领导成员。

第五条 领导干部不得在本人成长地担任县(市)党委、政府以及纪检机关、组织部门、人民法院、人民检察院、公安部门正职领导成员,一般不得在本人成长地担任市(地、盟)党委、政府以及纪检机关、组织部门、人民法院、人民检察院、公安部门正职领导成员。

民族自治地方的少数民族领导干部参照上款规定执行。

第六条 领导干部任职时存在需要回避情况的,按照干部管理权限由组织(人事)部门提出回避意见,报党委(党组)作出决定。必要时,组织(人事)部门可要求领导干部报告拟任职务所需要回避的情况。

第七条 领导干部任职期间出现需要回避情况的,本人应当提出回避申请。所在单位党组织发现其有需要回避情况的应当提出回避建议,按照干部管理权限由组织(人事)部门审核后提出意见,报党委(党组)作出决定。

第八条 个人、组织有权反映领导干部需要回避的情况,接到反映的机关应当按照干部管理权限交有关组织(人事)部门处理。

第九条 出现本规定第三条所列需要回避情形时,职务层次不同的,一般由职务层次较低的一方回避;职务层次相当的,根据工作需要和实际情况决定其中一方回避。

第十条 实行回避需要跨地区跨部门调整、按照干部管理权限本级难以安排的,报请上级组织(人事)部门协调解决。

第十一条 经人民代表大会选举产生的领导干部需要实行地域回避的,根据实际情况,可以在任期内调整的,在任期内予以调整;任期内难以调整的,任期届满后予以调整。

第十二条 组织(人事)部门提出回避意见报党委(党组)决定前,可以听取领导干部本人及相关人员的意见。

第十三条 领导干部有需要回避的情况不及时报告或者有意隐瞒的,应当予以批评,情节严重的进行组织处理。

第十四条 领导干部必须服从回避决定。无正当理由拒不服从的,就地免职或者降职使用。

第十五条 除本规定第三条、第四条、第五条所列情形外,法律法规对领导干部任职回避另有规定的,从其规定。

国家驻外机构领导干部的任职回避,由有关部门另行规定。

第十六条 各级党委(党组)及其组织(人事)部门按照干部管理权限,负责本规定的组织实施,对执行党政领导干部任职回避制度的情况进行监督,对违反本规定的行为予以纠正。

第十七条 工会、共青团、妇联等人民团体和县级以上党政机关所属事业单位领导干部的任职回避,参照本规定执行。

第十八条 乡(镇、街道)领导干部的任职回避办法,由省(自治区、直辖市)党委根据本规定制定。

第十九条 本规定由中共中央组织部负责解释。

第二十条 本规定自发布之日起施行。

中共中央组织部、教育部关于印发《部分高等学校领导干部职务任期办法（试行）》的通知

（2006 年 9 月 13 日）

《部分高等学校领导干部职务任期办法（试行）》已经党中央批准，现印发给你们，请结合工作实际贯彻落实。

部分高等学校领导干部职务任期办法（试行）

第一条 根据《中国共产党章程》和《中华人民共和国高等教育法》等有关规定，参照《党政领导干部职务任期暂行规定》（中办发〔2006〕19 号）的精神，结合高等学校实际，制定本办法。

第二条 本办法在党委书记、校长列入中央管理的高等学校党委和行政领导班子正副职领导成员（含纪委书记）中试行。

其他高等学校可参照试行。

第三条 高等学校党委和行政领导班子及其正副职领导职务（含纪委书记）每个任期为 5 年。

第四条 高等学校领导干部在任期内应当保持稳定。除有下列情形之一的，应当任满一个任期：

（一）达到退休年龄需要调整职务的；

（二）由于健康原因不能或者不宜继续担任现职务的；

（三）不称职需要调整职务的；

（四）自愿辞职或者引咎辞职、责令辞职的；

（五）因受处分或者处罚需要变动职务的；

（六）因工作特殊需要调整职务的。

第五条 高等学校领导干部任期内和任期届满，应当进行考核，考核结果作为干部使用的重要依据。

第六条 高等学校领导干部在同一学校同一职务上连续任职达到两个任期,一般不再提名或者任命担任同一学校同一职务。个别情况特殊的,按照干部管理权限经过批准,可以适当放宽。

第七条 高等学校领导干部在任期内调整职务,任职 3 年以上的,计算为一个任期;任职不足 3 年的,不计算任期届数。

第八条 本办法由中共中央组织部负责解释。

第九条 本办法自发布之日起施行。

中共中央组织部、中共公安部委员会关于印发《地方公安机关领导干部任职条件》的通知

（2006 年 9 月 22 日）

1991 年中央组织部、公安部党委联合下发的《公安机关领导干部任职条件（试行）》（组通字〔1991〕30 号），在规范公安机关领导干部选拔任用、建设高素质公安机关领导干部队伍等方面发挥了重要作用。为深入贯彻落实《中共中央关于进一步加强和改进公安工作的决定》（中发〔2003〕13 号），进一步加强公安机关领导班子建设，根据《中华人民共和国公务员法》、《中华人民共和国人民警察法》、《党政领导干部选拔任用工作条例》等有关法律、法规和文件，结合公安工作的实际，中央组织部、公安部党委对原试行的任职条件进行了修订。现将修订后的《地方公安机关领导干部任职条件》印发给你们，请结合本地实际，认真遵照执行。

各级党委组织部门、各级公安机关党委要认真贯彻落实《地方公安机关领导干部任职条件》精神，选准配强公安机关领导干部，切实把政治强、作风硬、熟悉公安工作、具有丰富工作经验和较强组织领导能力的优秀干部选拔到公安机关的领导岗位上来。按照政治坚定、开拓创新、团结协调、廉政勤政的要求，努力把各级公安机关领导班子建设成为讲政治、顾大局，重团结、守纪律，忠诚实践“三个代表”重要思想，树立和落实科学发展观，带领广大公安民警努力开创公安工作新局面的坚强领导集体。

各地在执行中的情况和问题，请及时报告。

地方公安机关领导干部任职条件

公安机关担负着巩固党的执政地位、维护国家长治久安、保障人民安居乐业的重大政治责任和社会责任。公安机关领导干部负有贯彻落实党委、政府决策部署的重要职责和正确执行公安工作的方针、政策和法律、法规的重要任务。公安机关领导干部的选拔任用应当符合《中华人民共和国公务员法》、《中华人

民共和国人民警察法》、《党政领导干部选拔任用工作条例》以及《中共中央关于进一步加强和改进公安工作的决定》(中发〔2003〕13 号)要求,同时,还应具备以下条件和资格:

一、地方公安机关领导干部应具备的基本条件和资格

(一)具有坚强的党性,坚定的政治立场,忠于党、忠于祖国、忠于人民、忠于法律。

(二)具有牢固的大局意识和严明的组织纪律性,坚决执行党委、政府和上级公安机关的指示,确保政令、警令畅通。

(三)具有较强的组织管理、指挥能力,能够及时、果断、依法处理复杂的社会治安问题和应对各种突发事件。

(四)具有牢固的群众意识,坚持执法为民,严格、公正、文明执法,善于做群众工作。

(五)具有履行职责所需要的政策理论水平和法律知识。

(六)作风正派,求真务实,廉洁奉公,知人善任,团结同志,有较高的群众威信。

(七)身体健康,能够适应公安工作的要求。

二、省(区、市)公安机关领导干部应具备的条件和资格

(一)能够全面理解、正确贯彻执行党的政法工作的方针、政策和上级指示精神,紧紧围绕党的中心任务,结合实际,领导、指挥本地公安机关开展工作。

(二)政治敏感性强,具备驾驭复杂局面、科学判断形势和研究对策的能力。

(三)具有较高的政策理论水平和综合分析问题能力,熟悉政法、公安业务和公安队伍,善于运用科学、民主的方法,妥善处理复杂社会治安问题。

(四)具有较强的组织领导和协调能力,能够准确掌握、熟练运用与公安工作相关的法律、法规。

三、市(地)公安机关领导干部应具备的条件和资格

(一)能够全面理解、正确贯彻执行党的政法工作的方针、政策和上级指示精神,结合本地实际情况,组织领导本地公安机关有效地开展工作。

(二)具有一定的政策理论水平和法律知识,能够准确掌握、熟练运用各项公安工作法律、法规和政策。

(三)熟悉公安业务,有较丰富的公安工作经验。

(四)具有处理复杂社会治安问题的能力,特别是应具有处理各种治安突发事件、群体性事件的经验和能力。

（五）确因工作需要从公安机关以外交流到市（地）公安机关担任正职领导职务的，一般应具有从事政法、公安工作的经历。

四、县（市、区）公安机关领导干部应具备的条件和资格

（一）能够准确掌握、熟练运用政法工作法律、法规和政策，坚决贯彻执行上级指示。

（二）熟悉公安业务，具有丰富的公安实际工作经验。

（三）具备现场组织指挥能力，能够及时、果断、依法妥善处理复杂社会治安问题。

（四）担任正职领导职务的，一般应具有政法、公安工作经验；担任副局长的，应具有在公安机关基层所队领导岗位任职三年以上的经历。

初次担任地方各级公安机关领导干部的，在任职一年内必须参加上级公安机关组织的任职培训。

本任职条件所指的公安机关领导干部包括省（区、市）、市（地）、县（市、区）公安机关厅长、副厅长，局长、副局长，党委书记、副书记，纪委书记，政治部（处）主任；县（市、区）公安机关政治委员、副政治委员。

本任职条件由中共中央组织部、公安部党委负责解释。

本任职条件自下发之日起施行。中共中央组织部、中共公安部委员会1991年8月22日下发的《公安机关领导干部任职条件（试行）》（组通字〔1991〕30号）同时废止。

中共中央办公厅印发《关于党员领导干部报告个人有关事项的规定》的通知

(2006 年 9 月 24 日)

《关于党员领导干部报告个人有关事项的规定》已经中央同意,现印发给你们,请遵照执行。

《规定》的颁布实施是新形势下加强对党员领导干部管理和监督的一项重要举措,对于坚持党要管党、从严治党的方针,促进党员领导干部廉洁从政,推动党风廉政建设深入开展,具有十分重要的意义。各级党组织要对本地区本部门本单位学习贯彻《规定》的工作作出具体部署,并进行广泛的宣传教育。党员领导干部要认真学习《规定》,进一步增强接受监督的意识,自觉报告个人有关事项。要加强督促检查,及时纠正违反《规定》的行为,切实维护党内法规的严肃性。

为了使党组织全面了解掌握党员领导干部需要报告的个人有关事项的基本情况,在 2007 年 1 月首次集中报告时,所有符合《规定》报告条件的党员领导干部,必须按照《规定》第三条所列事项全面如实报告一次。同时,要继续认真执行 1995 年中央颁布的《关于党政机关县(处)级以上领导干部收入申报的规定》。

各地区各部门在执行《规定》中有什么问题和建议,请及时报告中央。

关于党员领导干部报告个人有关事项的规定

第一条 为加强对党员领导干部的管理和监督,促进党员领导干部廉洁从政,根据《中国共产党章程》、党内有关规定和国家有关法律法规,制定本规定。

第二条 本规定所称党员领导干部包括:

(一)各级党的机关、人大机关、行政机关、政协机关、审判机关、检察机关中县处级副职以上(含县处级副职,下同)的党员干部;

（二）人民团体、事业单位中相当于县处级副职以上的党员干部；

（三）国有大型、特大型企业中层以上领导人员中的党员，国有中型企业领导人员中的党员，实行公司制的大中型企业中由上级党组织、行政机关或者国有资产授权经营单位委派、任命、招聘的领导人员中的党员以及其他经上述单位批准执行职务的领导人员中的党员。

副调研员以上非领导职务的党员干部报告个人有关事项，适用本规定。

第三条 党员领导干部应当报告下列事项：

（一）本人的婚姻变化情况；

（二）本人持有因私出国（境）证件的情况；

（三）本人因私出国（境）的情况；

（四）子女与外国人、港澳台居民通婚的情况；

（五）配偶、子女出国（境）定居及有关情况；

（六）配偶、共同生活的子女（指同财共居的子女，下同）私人在国（境）外经商办企业的情况；

（七）配偶、共同生活的子女担任外国公司驻华、港澳台公司驻境内分支机构主管人员的情况；

（八）配偶、子女被司法机关追究刑事责任的情况；

（九）本人认为应当向组织报告的其他事项。

第四条 党员领导干部发生本规定第三条所列事项的，应当在事后 30 日内填写《党员领导干部个人有关事项报告表》，并按照规定报告。因特殊原因不能按时报告的，特殊原因消除后应当及时补报，并说明原因。

第五条 党员领导干部应当于每年 1 月 31 日前集中报告一次上一年度本规定第三条所列事项，所列事项没有发生或者没有变动的，应当予以明示。

第六条 党员领导干部报告个人有关事项，按照干部管理权限由相应的组织（人事）部门负责受理：

（一）属于本单位管理的党员领导干部，向本单位的组织（人事）部门报告；

（二）不属于本单位管理的党员领导干部，向上一级党委（党组）的组织（人事）部门报告，报告材料由该党员领导干部所在党委（党组）的组织（人事）部门转交。

党员领导干部因发生职务变动而导致受理机构发生变化的，原受理机构应当及时将该党员领导干部的报告材料按照干部管理权限转交新的受理机构。

第七条 组织（人事）部门应当于每年 3 月 1 日前将上一年度党员领导干部报告个人有关事项的情况汇总后报所在党委（党组）和纪委（纪检组）。

党委(党组)应当于每年4月30日前将党员领导干部报告个人有关事项的情况向上级党委(党组)和上级纪委(纪检组)综合报告一次。

第八条 党员领导干部报告个人有关事项不清楚、不完整的,受理报告的组织(人事)部门应当要求报告人限期补充报告或者重新报告。

第九条 党员领导干部在执行本规定过程中,认为有需要请示的事项,可以向受理报告的组织(人事)部门书面请示。受理报告的组织(人事)部门应当认真研究,及时答复报告人。报告人应当按组织答复意见办理。

第十条 对报告的内容,应当予以保密。组织认为应当予以公开或本人要求予以公开的,可采取适当方式在一定范围内公开。

第十一条 党员领导干部必要时应当在参加民主生活会、进行述职述廉时,对发生的个人有关事项情况进行说明。

第十二条 纪检机关和组织(人事)部门要加强对本规定执行情况的监督检查,根据工作需要经审批可查阅本地区本部门党员领导干部报告个人有关事项的材料。

组织(人事)部门和纪检机关应当把报告个人有关事项的情况作为考察、考核党员领导干部的一项重要内容。

第十三条 党员领导干部有下列情形之一的,有关单位、组织或者部门应当调查核实,并视情节轻重,采取批评教育、限期改正、责令作出检查、诫勉谈话、通报批评等方式予以处理:

(一)无正当理由不按时报告的;

(二)不如实报告的;

(三)隐瞒不报的;

(四)不按党组织答复意见办理的。

第十四条 中央军委可根据本规定,结合中国人民解放军和中国人民武装警察部队的实际,制定有关规定。

第十五条 各省、自治区、直辖市党委可根据本规定,结合各自工作实际,提出本地区党员领导干部应当报告的个人有关事项,制定具体实施办法,报中共中央纪律检查委员会、中共中央组织部备案。

第十六条 本规定由中共中央纪律检查委员会、中共中央组织部负责解释。

第十七条 本规定自发布之日起施行。1997年《关于领导干部报告个人重大事项的规定》同时废止。

附表:《党员领导干部个人有关事项报告表》

附表

党员领导干部个人有关事项报告表

<table>
<tr><td>姓　名</td><td></td><td colspan="2">单位及工作部门</td><td>职　务</td><td></td></tr>
<tr><td rowspan="9">应当报告事项</td><td colspan="3">1. 本人的婚姻变化情况</td><td colspan="2"></td></tr>
<tr><td colspan="3">2. 本人持有因私出国(境)证件的情况</td><td colspan="2"></td></tr>
<tr><td colspan="3">3. 本人因私出国(境)的情况</td><td colspan="2"></td></tr>
<tr><td colspan="3">4. 子女与外国人、港澳台居民通婚的情况</td><td colspan="2"></td></tr>
<tr><td colspan="3">5. 配偶、子女出国(境)定居及有关情况</td><td colspan="2"></td></tr>
<tr><td colspan="3">6. 配偶、共同生活的子女(指同财共居的子女,下同)私人在国(境)外经商办企业的情况</td><td colspan="2"></td></tr>
<tr><td colspan="3">7. 配偶、共同生活的子女担任外国公司驻华、港澳台公司驻境内分支机构主管人员的情况</td><td colspan="2"></td></tr>
<tr><td colspan="3">8. 配偶、子女被司法机关追究刑事责任的情况</td><td colspan="2"></td></tr>
<tr><td colspan="3">9. 本人认为应该报告的其他事项</td><td colspan="2"></td></tr>
<tr><td>说明</td><td colspan="5">1. 本表由报告人亲笔填写,填写不下时可另附页。
2. 无需报告的事项,应明示“无”。</td></tr>
</table>

报告人签名:________受理部门签名(盖章)________受理日期:　年　月　日

中共中央组织部、人事部、公安部关于认真做好干部出生日期管理工作的通知

(2006年10月15日)

《关于办理干部退(离)休等手续时认定出生日期问题的通知》(组通字〔1990〕24号)下发后,为各级组织人事部门办理干部更改出生日期事宜提供了政策依据,对保证干部日常管理特别是退(离)休工作的正常顺利进行发挥了积极作用。随着干部队伍的新老交替和领导班子的年轻化,现在干部队伍中绝大多数同志是建国以后出生的,具有规范的干部档案和户籍登记,一般不存在因历史原因造成出生日期遗忘或记载不准确的问题。经研究决定,停止执行《关于办理干部退(离)休等手续时认定出生日期问题的通知》,今后不再办理审批更改干部的出生日期。现就有关问题通知如下:

一、各级组织人事部门要认真做好干部出生日期的管理工作。在办理干部录用、任免等事项时,要对干部的出生日期进行认真核对,确保无误。对个别干部的出生日期,档案记载与户籍登记不一致的,应当以干部档案和户籍档案中最先记载的出生日期为依据。

二、各地公安机关户政管理部门要认真履行职责,严格户籍与居民身份证的登记、核对和管理工作。对利用职务之便擅自为干部变更出生日期或出具虚假证明的,要严肃处理。

三、干部的出生日期是客观存在的自然情况,干部个人不得随意更改。今后凡干部本人要求确定或更改出生日期的,均不再办理。

四、本通知自下发之日起执行。过去的有关规定,凡与本通知精神不符的,即行废止。

中共中央组织部、人事部关于印发《公务员考核规定(试行)》的通知

(2007年1月4日)

现将《公务员考核规定(试行)》印发给你们,请结合实际认真贯彻执行。在实施中有何问题和建议,请及时报告中央组织部、人事部。1994年3月8日人事部印发的《国家公务员考核暂行规定》(人核发〔1994〕4号)同时废止。

公务员考核规定(试行)

第一章 总 则

第一条 为了正确评价公务员的德才表现和工作实绩,规范公务员考核工作,促进勤政廉政,提高工作效能,建设高素质的公务员队伍,根据公务员法,制定本规定。

第二条 本规定所称公务员考核是指对非领导成员公务员的考核。对领导成员的考核,由主管机关按照有关规定办理。

第三条 公务员考核坚持客观公正、注重实绩的原则,实行领导与群众相结合,平时与定期相结合,定性与定量相结合的方法,按照规定的权限、条件、标准和程序进行。

第二章 考核内容和标准

第四条 对公务员的考核,以公务员的职位职责和所承担的工作任务为基本依据,全面考核德、能、勤、绩、廉,重点考核工作实绩。

德,是指思想政治素质及个人品德、职业道德、社会公德等方面的表现。

能,是指履行职责的业务素质和能力。

勤,是指责任心、工作态度、工作作风等方面的表现。

绩,是指完成工作的数量、质量、效率和所产生的效益。

廉,是指廉洁自律等方面的表现。

第五条 公务员的考核分为平时考核和定期考核。定期考核以平时考核

为基础。

平时考核重点考核公务员完成日常工作任务、阶段工作目标情况以及出勤情况,可以采取被考核人填写工作总结、专项工作检查、考勤等方式进行,由主管领导予以审核评价。

定期考核采取年度考核的方式,在每年年末或者翌年年初进行。

第六条 年度考核的结果分为优秀、称职、基本称职和不称职四个等次。

第七条 确定为优秀等次须具备下列条件:

(一)思想政治素质高;

(二)精通业务,工作能力强;

(三)工作责任心强,勤勉尽责,工作作风好;

(四)工作实绩突出;

(五)清正廉洁。

第八条 确定为称职等次须具备下列条件:

(一)思想政治素质较高;

(二)熟悉业务,工作能力较强;

(三)工作责任心强,工作积极,工作作风较好;

(四)能够完成本职工作;

(五)廉洁自律。

第九条 公务员具有下列情形之一的,应确定为基本称职等次:

(一)思想政治素质一般;

(二)履行职责的工作能力较弱;

(三)工作责任心一般,或工作作风方面存在明显不足;

(四)能基本完成本职工作,但完成工作的数量不足、质量和效率不高,或在工作中有较大失误;

(五)能基本做到廉洁自律,但某些方面存在不足。

第十条 公务员具有下列情形之一的,应确定为不称职等次:

(一)思想政治素质较差;

(二)业务素质和工作能力不能适应工作要求;

(三)工作责任心或工作作风差;

(四)不能完成工作任务,或在工作中因严重失误、失职造成重大损失或者恶劣社会影响;

(五)存在不廉洁问题,且情形较为严重。

第十一条 公务员年度考核优秀等次人数,一般掌握在本机关参加年度考核的公务员总人数的百分之十五以内，最多不超过百分之二十。

第三章 考核程序

第十二条 公务员考核按照管理权限和规定的程序进行，由机关公务员管理部门组织实施。

机关在年度考核时可以设立考核委员会。考核委员会由本机关领导成员、公务员管理及其他有关部门人员和公务员代表组成。

第十三条 年度考核按下列程序进行：

（一）被考核公务员按照职位职责和有关要求进行总结，并在一定范围内述职；

（二）主管领导在听取群众和公务员本人意见的基础上，根据平时考核情况和个人总结，写出评语，提出考核等次建议和改进提高的要求；

（三）对拟定为优秀等次的公务员在本机关范围内公示；

（四）由本机关负责人或者授权的考核委员会确定考核等次；

（五）将考核结果以书面形式通知被考核公务员，并由公务员本人签署意见。

对担任机关内设机构领导职务公务员的考核，必要时可以在一定范围内进行民主测评。

第十四条 公务员对年度考核定为不称职等次不服，可以按有关规定申请复核和申诉。

第十五条 各机关应当将《公务员年度考核登记表》存入公务员本人档案，同时将本机关公务员年度考核情况报送同级公务员主管部门。

第四章 考核结果的使用

第十六条 公务员年度考核的结果作为调整公务员职务、级别、工资以及公务员奖励、培训、辞退的依据。

第十七条 公务员年度考核被确定为称职以上等次的，按照下列规定办理：

（一）累计两年被确定为称职以上等次的，在所定级别对应工资标准内晋升一个工资档次；

（二）累计五年被确定为称职以上等次的，在所任职务对应级别范围内晋升一个级别；

（三）确定为称职以上等次，且符合规定的其他任职资格条件的，具有晋升

职务的资格;连续三年以上被确定为优秀等次的,晋升职务时优先考虑;

(四)被确定为优秀等次的,当年给予嘉奖;连续三年被确定为优秀等次的,记三等功;

(五)享受年度考核奖金。

第十八条 公务员年度考核被确定为基本称职等次的,按照下列规定办理:

(一)对其诫勉谈话,限期改进;

(二)本考核年度不计算为按年度考核结果晋升级别和级别工资档次的考核年限;

(三)一年内不得晋升职务;

(四)不享受年度考核奖金。

第十九条 公务员年度考核被确定为不称职等次的,按照下列规定办理:

(一)降低一个职务层次任职;

(二)本考核年度不计算为按年度考核结果晋升级别和级别工资档次的考核年限;

(三)不享受年度考核奖金;

(四)连续两年年度考核被确定为不称职等次的,予以辞退。

第二十条 公务员主管部门和公务员所在机关应根据考核情况,有针对性地对公务员进行培训。

第五章 相关事宜

第二十一条 新录用的公务员在试用期内参加年度考核,不确定等次,只写评语,作为任职、定级的依据。

第二十二条 调任或者转任的公务员,由其调任或者转任的现工作单位进行考核并确定等次。其调任或者转任前的有关情况,由原单位提供。

挂职锻炼的公务员,在挂职锻炼期间由挂职单位进行考核并确定等次。不足半年的,由派出单位进行考核。

单位派出学习、培训的公务员,由派出单位进行考核,主要根据学习、培训表现确定等次。其学习、培训的相关情况,由所在学习、培训单位提供。

第二十三条 病、事假累计超过考核年度半年的公务员,不进行考核。

第二十四条 公务员涉嫌违法违纪被立案调查尚未结案的,参加年度考核,不写评语、不定等次。结案后,不给予处分或者给予警告处分的,按规定补定等次。

第二十五条 受处分公务员的年度考核,按下列规定办理:

(一)受警告处分的当年,参加年度考核,不得确定为优秀等次;

(二)受记过、记大过、降级、撤职处分的期间,参加年度考核,只写评语,不定等次。在解除处分的当年及以后,其年度考核不受原处分影响。

第二十六条 公务员不进行考核或参加年度考核不定等次的,本考核年度不计算为按年度考核结果晋升级别和级别工资档次的考核年限。

第二十七条 对无正当理由不参加年度考核的公务员,经教育后仍然拒绝参加的,直接确定其考核结果为不称职等次。

第二十八条 对在考核过程中有徇私舞弊、打击报复、弄虚作假等违法违纪行为的,依照有关规定予以严肃处理。

第六章 附 则

第二十九条 对参照公务员法管理的机关(单位)中除工勤人员以外的工作人员的考核,参照本规定执行。

第三十条 本规定由中共中央组织部、人事部负责解释,各地各部门可结合实际制定具体的实施细则。

第三十一条 本规定自发布之日起施行。

附表:《公务员年度考核登记表》

附表：

公务员年度考核登记表

(　　年度)

<table>
<tr><td>姓名</td><td></td><td>性别</td><td></td><td>出生
年月</td><td></td></tr>
<tr><td>政治
面貌</td><td></td><td>任现职
时　间</td><td colspan="3"></td></tr>
<tr><td>单位
及职务</td><td colspan="5"></td></tr>
<tr><td>从事或
分管工作</td><td colspan="5"></td></tr>
<tr><td>个
人
总
结</td><td colspan="5">签名：　　　　　年　月　日</td></tr>
</table>

主管领导评语和考核等次建议	签名：　　　　年　月　日
机关负责人或考核委员会意见	签名：　　　　年　月　日
本人意见	签名：　　　　年　月　日
未确定等次或不参加考核情况说明	盖章或签名：　　　　年　月　日

中共中央组织部关于做好公务员登记中干部档案相关工作的通知

(2007年1月8日)

当前,各地区、各部门正在按照党中央、国务院的统一部署,开展公务员登记工作。中发〔2006〕9号文件规定,“《公务员登记表》作为确认公务员身份的依据装入公务员档案。”为确保公务员登记信息准确规范地归入干部档案,现就有关事项通知如下:

一、公务员登记必须以干部档案为依据进行信息填报。《公务员登记表》、《参照公务员法管理机关(单位)工作人员登记表》的内容要与干部档案的记载相一致。各级组织人事部门在开展公务员登记工作时,必须认真查阅干部档案,对公务员的各项信息进行认真核对,防止在登记工作中出现造假现象或错误信息。对个别干部的出生日期、参加工作时间等信息,档案记载前后不一致的,应当以干部档案中最先记载的内容为依据。

二、负责公务员登记的部门必须按干部管理权限及时将《公务员登记表》或《参照公务员法管理机关(单位)工作人员登记表》送干部档案部门归档。《公务员登记表》或《参照公务员法管理机关(单位)工作人员登记表》,必须符合标准样式,经所在机关、审核机关、审批机关填写意见并加盖公章后方可归入本人档案。

三、干部档案管理部门要认真履行职责,严格把关。对收到的《公务员登记表》或《参照公务员法管理机关(单位)工作人员登记表》进行认真审核,凡登记表信息不真实的,或者缺少有关机关意见及公章的,或者登记表不符合标准样式的,一律不得归入本人档案。

四、各级组织人事部门要严肃组织纪律,对在公务员登记工作中涂改档案、伪造信息、出具虚假证明的,要依据相关规定严肃处理。

五、各级党委组织部门要对《公务员登记表》或《参照公务员法管理机关(单位)工作人员登记表》归档情况进行检查,发现问题及时纠正。中央组织部将对此项工作进行抽查。

中共中央组织部、人事部、总政治部关于印发《人事争议处理规定》的通知

（2007年8月9日）

现将《人事争议处理规定》印发给你们，请结合本地区、本部门的实际情况，认真贯彻执行，并将执行中有关情况和问题及时告诉我们。

人事争议处理规定

第一章 总 则

第一条 为公正及时地处理人事争议，保护当事人的合法权益，根据《中华人民共和国公务员法》、《中国人民解放军文职人员条例》等有关法律法规，制定本规定。

第二条 本规定适用于下列人事争议：

（一）实施公务员法的机关与聘任制公务员之间、参照《中华人民共和国公务员法》管理的机关（单位）与聘任工作人员之间因履行聘任合同发生的争议。

（二）事业单位与工作人员之间因解除人事关系、履行聘用合同发生的争议。

（三）社团组织与工作人员之间因解除人事关系、履行聘用合同发生的争议。

（四）军队聘用单位与文职人员之间因履行聘用合同发生的争议。

（五）依照法律、法规规定可以仲裁的其他人事争议。

第三条 人事争议发生后，当事人可以协商解决；不愿协商或者协商不成的，可以向主管部门申请调解，其中军队聘用单位与文职人员的人事争议，可以向聘用单位的上一级单位申请调解；不愿调解或调解不成的，可以向人事争议仲裁委员会申请仲裁。当事人也可以直接向人事争议仲裁委员会申请仲裁。当事人对仲裁裁决不服的，可以向人民法院提起诉讼。

第四条 当事人在人事争议处理中的地位平等，适用法律、法规平等。

当事人有使用本民族语言文字申请仲裁的权利。人事争议仲裁委员会对

于不熟悉当地通用语言文字的当事人,应当为他们翻译。

第五条 处理人事争议,应当注重调解,遵循合法、公正、及时的原则,以事实为依据,以法律为准绳。

第二章 组织机构

第六条 中央机关及所属事业单位人事争议仲裁委员会设在人事部。

省(自治区、直辖市)、副省级市、地(市、州、盟)、县(市、区、旗)设立人事争议仲裁委员会。

人事争议仲裁委员会独立办案,相互之间无隶属关系。

第七条 人事争议仲裁委员会由公务员主管部门代表、聘任(用)单位代表、工会组织代表、受聘人员代表以及人事、法律专家组成。人事争议仲裁委员会组成人员应当是单数,设主任一名、副主任二至四名、委员若干名。

同级人民政府分管人事工作的负责人或者政府人事行政部门的主要负责人任人事争议仲裁委员会主任。

第八条 人事争议仲裁委员会实行少数服从多数原则,不同意见应如实记录。

第九条 人事争议仲裁委员会的职责是:

(一)负责处理管辖范围内的人事争议。

(二)决定仲裁员的聘任和解聘。

(三)法律、法规规定由人事争议仲裁委员会承担的其他职责。

第十条 人事争议仲裁委员会下设办事机构,其职责是:负责人事争议案件的受理、仲裁文书送达、档案管理以及仲裁员的考核、培训等日常工作,办理人事争议仲裁委员会授权的其他事宜。办事机构设在同级人民政府人事部门。

第十一条 人事争议仲裁委员会处理人事争议案件实行仲裁庭制度,仲裁庭是人事争议仲裁委员会处理人事争议案件的基本形式。仲裁庭一般由三名仲裁员组成。人事争议仲裁委员会指定一名仲裁员担任首席仲裁员,主持仲裁庭工作;另两名仲裁员可由双方当事人各选定一名,也可由人事争议仲裁委员会指定。简单的人事争议案件,经双方当事人同意,人事争议仲裁委员会可以指定一名仲裁员独任处理。

第十二条 人事争议仲裁委员会可以聘任有关部门的工作人员、专家学者和律师为专职或兼职仲裁员。仲裁员的职责是:受人事争议仲裁委员会的委托或当事人的选择,负责人事争议案件的具体处理工作。

兼职仲裁员与专职仲裁员在仲裁活动中享有同等权利。

兼职仲裁员进行仲裁活动时，所在单位应当给予支持。

第三章 管 辖

第十三条 中央机关、直属机构、直属事业单位及其在京所属事业单位的人事争议由中央机关及所属事业单位人事争议仲裁委员会处理。

中央机关在京外垂直管理机构以及中央机关、直属机构、直属事业单位在京外所属事业单位的人事争议，由所在地的省（自治区、直辖市）设立的人事争议仲裁委员会处理，也可由省（自治区、直辖市）根据情况授权所在地的人事争议仲裁委员会处理。

第十四条 省（自治区、直辖市）、副省级市、地（市、州、盟）、县（市、区、旗）人事争议仲裁委员会的管辖范围，由省（自治区、直辖市）确定。

第十五条 军队聘用单位与文职人员的人事争议，一般由聘用单位所在地的县（市、区、旗）人事争议仲裁委员会处理，其中师级聘用单位与文职人员的人事争议，由所在地的地（市、州、盟）、副省级市人事争议仲裁委员会处理，军级以上聘用单位与文职人员的人事争议由所在地的省（自治区、直辖市）人事争议仲裁委员会处理。驻京部队聘用单位与文职人员的人事争议，由中央机关及所属事业单位人事争议仲裁委员会处理。

第四章 仲 裁

第十六条 当事人从知道或应当知道其权利受到侵害之日起六十日内，以书面形式向有管辖权的人事争议仲裁委员会申请仲裁。

当事人因不可抗力或者有其他正当理由超过申请仲裁时效，经人事争议仲裁委员会调查确认的，人事争议仲裁委员会应当受理。

第十七条 当事人向人事争议仲裁委员会申请仲裁，应当提交仲裁申请书，并按被申请人人数递交副本。

仲裁申请书应当载明下列事项：

（一）申请人和被申请人姓名、性别、年龄、职业及职务、工作单位、住所和联系方式。申请人或被申请人是单位的，应写明单位的名称、住所、法定代表人或者主要负责人的姓名、职务和联系方式。

（二）仲裁请求和所依据的事实、理由。

（三）证据和证据来源、证人姓名和住所。

发生人事争议的一方在五人以上，并且有共同的仲裁请求和理由的，可以推举一至两名代表参加仲裁活动。代表人放弃、变更仲裁请求或者承认对方的仲裁请求,进行和解,必须经过被代表的当事人同意。

第十八条 人事争议仲裁委员会在收到仲裁申请书之日起十个工作日内,认为不符合受理条件的,应当书面通知申请人不予受理,并说明理由;认为符合受理条件的,应当受理,将受理通知书送达申请人,将仲裁申请书副本送达被申请人。

第十九条 被申请人应当在收到仲裁申请书副本之日起十个工作日内提交答辩书。被申请人没有按时提交或者不提交答辩书的,不影响仲裁的进行。

第二十条 仲裁应当公开开庭进行,涉及国家、军队秘密和个人隐私的除外。涉及商业秘密,当事人申请不公开开庭的,可以不公开开庭。当事人协议不开庭的,仲裁庭可以书面仲裁。

第二十一条 人事争议仲裁委员会应当在开庭审理人事争议案件五个工作日前,将开庭时间、地点、仲裁庭组成人员等书面通知当事人。申请人经书面通知无正当理由不到庭,或者到庭后未经仲裁庭许可中途退庭的,视为撤回仲裁申请。被申请人经书面通知无正当理由不到庭,或者未经仲裁庭许可中途退庭的,可以缺席裁决。

当事人有正当理由的,在开庭前可以申请延期开庭,是否延期由仲裁庭决定。

第二十二条 仲裁庭处理人事争议应注重调解。自受理案件到作出裁决前,都要积极促使当事人双方自愿达成调解协议。

当事人经调解自愿达成书面协议的,仲裁庭应当根据调解协议的内容制作仲裁调解书。协议内容不得违反法律法规,不得侵犯社会公共利益和他人的合法权益。

调解书由仲裁庭成员署名,加盖人事争议仲裁委员会印章。调解书送达后,即发生法律效力。

当庭调解未达成协议或者仲裁调解书送达前当事人反悔的,仲裁庭应当及时进行仲裁裁决。

第二十三条 当事人应当对自己的主张提供证据。仲裁庭认为有关证据由用人单位提供更方便的,应要求用人单位提供。

用人单位作出解除人事关系和不同意工作人员要求辞职或终止聘任(用)合同引发的人事争议,由用人单位负责举证。

仲裁庭认为需要调查取证的,可以自行取证。

第二十四条 人事争议仲裁委员会在处理人事争议时,有权向有关单位查阅与案件有关的档案、资料和其他证明材料,并有权向知情人调查,有关单位和个人不得拒绝并应当如实提供相关材料。人事争议仲裁委员会及其工作人员对调查人事争议案件中涉及的国家秘密、军队秘密、商业秘密和个人隐私应当保密。

第二十五条 当事人的举证材料应在仲裁庭上出示,并进行质证。只有经过质证认定的事实和证据,才能作为仲裁裁决的依据。

第二十六条 当事人在仲裁过程中有权进行辩论。辩论终结时,仲裁庭应当征询当事人的最后意见。

第二十七条 仲裁庭应当将开庭情况记入笔录。当事人和其他仲裁参与人认为对自己陈述的记录有遗漏或者差错的,有权申请补正。如果不予补正,应当记录该申请,并注明不予补正的原因。

笔录由仲裁员、书记员、当事人和其他仲裁参与人署名或者盖章。

第二十八条 仲裁裁决应当按照多数仲裁员的意见作出,少数仲裁员的不同意见应当记入笔录。

仲裁庭对重大、疑难以及仲裁庭不能形成多数处理意见案件的处理,应当提交人事争议仲裁委员会讨论决定;人事争议仲裁委员会作出的决定,仲裁庭必须执行。

仲裁庭应当在裁决作出后五个工作日内制作裁决书。裁央书由仲裁庭成员署名并加盖人事争议仲裁委员会印章。

第二十九条 仲裁庭处理人事争议案件,一般应当在受理案件之日起九十日内结案。需要延期的,经人事争议仲裁委员会批准,可以适当延期,但是延长的期限不得超过三十日。

第三十条 当事人、法定代理人可以委托一至二名律师或其他代理人进行仲裁活动。委托律师和其他代理人进行仲裁活动,应当向人事争议仲裁委员会提交有委托人签名或盖章的委托书。委托书应当明确委托事项和权限。

第三十一条 有下列情形之一的,仲裁员应当自行申请回避,当事人和代理人有权以口头或书面方式申请其回避:

(一)是案件的当事人、代理人或者当事人、代理人的近亲属。

(二)与案件有利害关系。

(三)与案件当事人、代理人有其他关系,可能影响公正仲裁的。

前款规定适用于书记员、鉴定人员、勘验人员和翻译人员。

第三十二条 当事人对仲裁裁决不服的,可以按照《中华人民共和国公务员法》、《中国人民解放军文职人员条例》以及最高人民法院相关司法解释的规定,自收到裁决书之日起十五日内向人民法院提起诉讼;逾期不起诉的,裁决书即发生法律效力。

第三十三条 对发生法律效力的调解书或者裁决书,当事人必须履行。一方当事人逾期不履行的,另一方当事人可以依照国家有关法律法规和最高人民法院相关司法解释的规定申请人民法院执行。

第五章 罚 则

第三十四条 当事人及有关人员在仲裁过程中有下列行为之一的,人事争议仲裁委员会应当予以批评教育、责令改正;触犯法律的,提请司法机关依法追究法律责任:

(一)干扰仲裁活动,阻碍仲裁工作人员工作的。

(二)拒绝提供有关文件、资料和其他证明材料的。

(三)提供虚假情况的。

(四)对仲裁工作人员、仲裁参与人、证人进行打击报复的。

(五)其他应予以批评教育、责令改正或应依法追究法律责任的行为。

第三十五条 仲裁工作人员在仲裁活动中有徇私舞弊、收受贿赂、敲诈勒索、滥用职权等侵犯当事人合法权益行为的,由所在单位或上级机关给予处分;是仲裁员的,由人事争议仲裁委员会予以解聘;触犯法律的,提请司法机关依法追究法律责任。

第六章 附 则

第三十六条 因考核、职务任免、职称评审等发生的人事争议,按照有关规定处理。

第三十七条 本规定由中共中央组织部、人事部、中国人民解放军总政治部负责解释,省、自治区、直辖市可根据本规定制定实施办法。

第三十八条 本规定自2007年10月1日起施行,1997年人事部发布的《人事争议处理暂行规定》(人发〔1997〕71号)同时废止。

党的纪律

中共中央纪委关于印发《关于省、地两级党委、政府主要领导干部配偶、子女个人经商办企业的具体规定（试行）》的通知

（2001 年 2 月 8 日）

经中央领导同志同意，中央纪委常委会研究决定，现将《关于省、地两级党委、政府主要领导干部配偶、子女个人经商办企业的具体规定（试行）》印发给你们，请认真贯彻执行。

本规定适用于省（自治区、直辖市）、地（市）党委、政府主要领导。党委、政府领导班子中的其他成员按照分工执行中央和国家机关各部门制定的具体规定。在人大、政协任职的省（部）、地（厅）级领导干部根据该领导干部到人大、政协任职前所任职务执行有关规定。

关于省、地两级党委、政府主要领导干部配偶、子女个人经商办企业的具体规定（试行）

为了贯彻落实中央纪委第四次全会提出的“省（部）、地（厅）级领导干部的配偶、子女，不准在该领导干部管辖的业务范围内个人从事可能与公共利益发生冲突的经商办企业活动”的要求，对省（自治区、直辖市）、地（市）两级党委、政府主要领导干部配偶、子女在该领导干部任职地区个人从事经商办企业活动作出如下规定：

一、不准从事房地产开发、经营及相关代理、评估、咨询等有偿中介活动。

二、不准从事广告代理、发布等经营活动。

三、不准开办律师事务所；受聘担任律师的，不准在领导干部管辖地区代理

诉讼。

四、不准从事营业性歌厅、舞厅、夜总会等娱乐业,洗浴按摩等行业的经营活动。

五、不准从事其他可能与公共利益发生冲突的经商办企业活动。

已经从事上述经商办企业活动的,或者领导干部的配偶、子女退出所从事的经商办企业活动,或者领导干部本人辞去现任职务或给予组织处理。本规定发布后,再从事上述活动的,对领导干部本人以违纪论处。

各省、自治区、直辖市可根据实际情况制定补充规定。

中共中央纪委、监察部关于印发《关于各级领导干部接受和赠送现金、有价证券和支付凭证的处分规定》的通知

（2001 年 3 月 26 日）

《关于各级领导干部接受和赠送现金、有价证券和支付凭证的处分规定》已经中共中央纪委常委会讨论通过，现印发给你们，请遵照执行。

关于各级领导干部接受和赠送现金、有价证券和支付凭证的处分规定

第一条　为保证各级领导干部廉洁从政，根据 2000 年 12 月中央纪委第五次全体会议精神，制定本规定。

第二条　各级领导干部一律不得接受下列单位或者个人的现金、有价证券和支付凭证：

（一）管理和服务的对象；

（二）主管范围内的下属单位和个人；

（三）外商、私营企业主；

（四）其他与行使职权有关系的单位和个人。

第三条　本规定所称领导干部，是指党的机关、人大机关、行政机关、政协机关、审判机关、检察机关中担任副科级以上职务的领导干部，事业单位、人民团体中相当于副科级以上职务的领导干部，国有企业的中层以上领导人员。

第四条　中央纪委第五次全体会议后，领导干部接受第二条所列单位或者个人赠送的现金、有价证券和支付凭证的，不论数额多少，一律给予警告以上的党纪处分直至开除党籍，或者责令辞职、免职、解聘、辞退等组织处理。

需要给予行政处分或者其他纪律处分的，按照有关规定给予相应的处分。

违反本规定，涉嫌犯罪的，移送司法机关处理。

第五条　领导干部的父母、配偶、子女接受与该领导干部行使职权有关系的单位和个人赠送的现金、有价证券和支付凭证，应当追究该领导干部的责任，

根据情节轻重,给予相应的纪律处分。

查实本人知道的,依照本规定第四条处理。

第六条 向领导干部赠送现金、有价证券和支付凭证的个人和单位,应当根据情节轻重,给予责任人相应的纪律处分。

第七条 中央纪委第五次全体会议前接受和赠送现金、有价证券和支付凭证,主动如数上交、如实报告组织的,根据情节,可以不予处分、免予处分或者减轻处分;不上交、不主动报告组织的,依照本规定处理。

第八条 本规定由中共中央纪律检查委员会负责解释。

第九条 本规定自发布之日起施行。

中共中央办公厅、国务院办公厅关于印发《关于党政机关工作人员个人证券投资行为若干规定》的通知

（2001 年 4 月 3 日）

《关于党政机关工作人员个人证券投资行为若干规定》已经党中央、国务院同意，现印发给你们，请遵照执行。

1993 年 10 月，党中央、国务院作出了关于党政机关县（处）级以上领导干部不准买卖股票的规定。各地区、各部门也对所属工作人员买卖股票问题作了一些限制性规定。在当时国家证券市场监管机制不够健全的历史条件下，这一规定对于党政机关领导干部廉洁自律，防治腐败，保证证券市场健康发展起到了重要作用。随着我国证券市场制度的逐步健全，特别是《中华人民共和国证券法》的颁布实施，我国证券市场的发展已经走上法制化轨道。党政机关工作人员将其合法财产以合法的方式投资于证券市场，是对国家建设的支持。为此，党中央、国务院决定有限制地放宽对党政机关工作人员买卖股票的禁令，在一定条件下允许党政机关工作人员个人依法投资证券市场，买卖股票和证券投资基金。

对于本规定发布前党政机关工作人员违反当时规定买卖股票的行为，应当继续依照原有的规定予以查处；特别是对利用职权或者职务上的影响购买、收受"原始股"的，要发现一起，查处一起，绝不姑息。

关于党政机关工作人员个人证券投资行为若干规定

第一条 为规范党政机关工作人员个人证券投资行为，促进党政机关工作人员廉洁自律，加强党风廉政建设，促进证券市场健康发展，制定本规定。

第二条 本规定所称党政机关工作人员个人证券投资行为，是指党政机关工作人员将其合法的财产以合法的方式投资于证券市场，买卖股票和证券投资基金的行为。

第三条 党政机关工作人员个人可以买卖股票和证券投资基金。在买卖股票和证券投资基金时,应当遵守有关法律、法规的规定,严禁下列行为:

(一)利用职权、职务上的影响或者采取其他不正当手段,索取或者强行买卖股票、索取或者倒卖认股权证;

(二)利用内幕信息直接或者间接买卖股票和证券投资基金,或者向他人提出买卖股票和证券投资基金的建议;

(三)买卖或者借他人名义持有、买卖其直接业务管辖范围内的上市公司的股票;

(四)借用本单位的公款,或者借用管理和服务对象的资金,或者借用主管范围内的下属单位和个人的资金,或者借用其他与其行使职权有关系的单位和个人的资金,购买股票和证券投资基金;

(五)以单位名义集资买卖股票和证券投资基金;

(六)利用工作时间、办公设施买卖股票和证券投资基金;

(七)其他违反《中华人民共和国证券法》和相关法律、法规的行为。

第四条 上市公司的主管部门以及上市公司的国有控股单位的主管部门中掌握内幕信息的人员及其父母、配偶、子女及其配偶,不准买卖上述主管部门所管理的上市公司的股票。

第五条 国务院证券监督管理机构及其派出机构、证券交易所和期货交易所的工作人员及其父母、配偶、子女及其配偶,不准买卖股票。

第六条 本人的父母、配偶、子女及其配偶在证券公司、基金管理公司任职的,或者在由国务院证券监督管理机构授予证券期货从业资格的会计(审计)师事务所、律师事务所、投资咨询机构、资产评估机构、资信评估机构任职的,该党政机关工作人员不得买卖与上述机构有业务关系的上市公司的股票。

第七条 掌握内幕信息的党政机关工作人员,在离开岗位三个月内,继续受本规定的约束。

由于新任职务而掌握内幕信息的党政机关工作人员,在任职前已持有的股票和证券投资基金必须在任职后一个月内作出处理,不得继续持有。

第八条 各综合性经济管理部门及行业管理部门,应当根据工作性质,对其工作人员进入证券市场的行为作出限制性规定,报中共中央纪委、监察部备案。

第九条 党政机关工作人员违反本规定的,应当给予党纪处分、行政处分或者其他纪律处分;有犯罪嫌疑的,移送司法机关依法处理。有违法所得的,应当予以没收。

第十条 本规定所称党政机关工作人员,是指党的机关、人大机关、行政机关、政协机关、审判机关、检察机关中的工作人员。依照公务员制度管理的事业单位,具有行政管理职能和行政执法职能的企业、事业单位,以及工会、共青团、妇联、文联、作协、科协等群众团体机关中的工作人员;各级党政机关、工会、共青团、妇联、文联、作协、科协等群众团体机关所属事业单位中的工作人员适用本规定。

第十一条 除买卖股票和证券投资基金外,买卖其他股票类证券及其衍生产品,适用本规定。

第十二条 本规定由中共中央纪委、监察部负责解释。

第十三条 本规定自发布之日起施行。对于本规定发布前党政机关工作人员利用职权或者职务上的影响购买、收受"原始股",以及其他违反当时规定买卖股票的行为,应当继续依照原有的规定予以查处。

中共中央纪委关于“对违纪党员领导干部被免职后可否给予其撤销党内职务处分的请示”的答复

中共新疆维吾尔自治区纪委:

你们《关于违纪党员领导干部在组织调查期间被免职后,还能否给予其撤销党内职务处分的请示》收悉。经研究,现答复如下:

党组织对违纪党员领导干部进行调查期间,如果该党员领导干部因查处其问题被免去职务的,案件查清后,该党员领导干部确实犯有严重错误,依照《中国共产党纪律处分条例(试行)》的规定应当给予撤销党内职务处分的,仍然应当按其原任职务给予撤销党内职务处分,而不应给予严重警告处分。

根据违纪事实,应当给予违纪党员撤销党内职务处分,但在党组织查处其问题前,该党员领导干部因其他原因被免去党内职务的,若其还有行政职务,可给予其严重警告处分,同时建议撤销其行政职务;如果在查处其问题前,该党员领导干部因其他原因被免去党内职务且没有行政职务的,可给予其严重警告处分,同时应当作出降低其职级的决定。

中共中央纪委

2001 年 4 月 26 日

中共中央纪委办公厅对四川省纪委办公厅关于惩戒性规定制定权限的请示的答复

中共四川省纪委办公厅：

你们《关于市(州)级纪检监察机关是否有权制定惩戒性规定的请示》收悉。经研究并报中央纪委领导同志同意，现答复如下：

一、根据中共中央发布的《中国共产党党内法规制定程序暂行条例》的规定："党内法规是党的中央组织、中央各部门、中央军委总政治部和各省、自治区、直辖市党委制定的用以规范党组织的工作、活动和党员的行为的党内各类规章制度的总称。"党内惩戒性规定是党内法规的重要组成部分。可见，省、自治区、直辖市党委有权针对本地区存在的特殊问题，在与中央有关政策精神不抵触的前提下制定惩戒性规定；对党的中央组织、中央各部门制定的比较原则的惩戒性规定，可以根据中央的规定结合当地实际情况做出进一步具体的规定；对一些带有普遍性的问题，在党的中央组织、中央各部门尚未做出统一规定时，也可以根据党的章程，结合实际做出适用于本地区的惩戒性规定。

由省、自治区、直辖市纪委起草的党内惩戒性规定，应当报省、自治区、直辖市党委审定后以党委名义发布，或者经省、自治区、直辖市党委批准后，以省、自治区、直辖市纪委名义发布。地、市(州、盟)党委、纪委无权制定党内惩戒性规定。

二、根据《国家公务员暂行条例》的规定，国家公务员"非因法定事由和非经法定程序不被免职、降职、辞退或者行政处分"。中央纪委和监察部均无权就哪一级行政机关有权制定行政惩戒性规定问题做出答复，由监察部起草的国务院正在审议中的行政法规《国家公务员行政处分条例》将对行政惩戒性规定的制定权限做出规定，该《条例》拟于今年发布。

中共中央纪委办公厅

2001年7月18日

中共中央纪委办公厅、监察部办公厅对党政干部因引进资金、项目按当地政府政策获取奖金等物质性奖励问题如何处理的答复

(2001 年 12 月 19 日)

最近,有纪检监察机关来函来电请示,一些地方政府为加速当地经济发展,出台了为当地引进资金、项目的奖励政策,按照这种政策,有的党政干部以至领导干部,由于引进资金、项目获取了按引进资金总额一定比例或一定标准提取的奖金或其他物质性奖励。党政干部是否应当获取这种奖励?经研究,现答复如下:

地方政府为发展经济制定相应的奖励政策,应当充分考虑党和国家对党政干部廉洁从政的要求,并根据这些要求界定适用奖励政策的范围。为发展地方经济积极做出贡献,是党政干部尤其是领导干部的职责和义务,不应获取额外报酬。党政干部在引进资金、项目后按一定比例或一定标准获取奖金或其他物质性奖励,实质上是从事经济生活中的有偿中介活动。而且这种活动容易诱发行贿受贿、贪污私分国有资产,以及其他以权谋私行为。《中国共产党党员领导干部廉洁从政若干准则(试行)》第二条第(二)项明确规定,党员领导干部不准从事有偿中介活动;《中国共产党纪律处分条例(试行)》第八十八条也明确规定,党和国家机关、人民团体中的党员干部,从事有偿中介活动的,依照经商办企业错误处理。这一廉政要求应当同样适用于非党员干部。因此,以下人员不应适用地方政府对引进资金、项目的物质奖励政策。

1. 党和国家机关、人民团体中的党政干部;

2. 具有行政管理职能的事业单位中的党政干部,其他事业单位中相当于县(处)级以上党政领导干部;

3. 领导班子由省部级以上党委管理的企业的中层以上领导干部,领导班子由地厅级党委管理的企业的领导班子中的领导干部。

上列人员为当地引进资金、项目做出重要贡献的,可作为年终评优和评选各种先进的参考条件予以鼓励。

上列人员因引进资金、项目获取的奖金或其他物质性奖励，可由各级党委、政府区别不同情况妥善处理。其中，以引进资金、项目获取奖励为名行贿受贿、贪污私分国有资产，以及有其他违纪违法行为的，应当严肃查处。

一些地方已经发布并适用于党政干部的奖励政策中，与党中央、国务院以及中央纪委、监察部发布的有关党风廉政法规制度相抵触的内容，与本答复所提要求不符的内容，应当修改或者废止。

今后，地方不得制定对党政干部因引进资金、项目予以奖金等物质性奖励的规定。

中共中央企业工作委员会、中共中央组织部关于印发《关于中央企业领导人员廉洁自律若干规定的实施办法(试行)》的通知

(2002年3月12日)

现将《关于中央企业领导人员廉洁自律若干规定的实施办法(试行)》印发给你们,请遵照执行。

关于中央企业领导人员廉洁自律若干规定的实施办法(试行)

第一章 总 则

第一条 为贯彻执行中央纪委、监察部关于国有企业领导人员廉洁自律的有关规定,加强中央企业党风廉政建设,结合企业实际,制定本办法。

第二条 本办法所称中央企业,是指领导班子列入中央管理和中央企业工委管理的国有重要骨干企业(含国有控股企业)。

第三条 中央企业领导人员(以下简称企业领导人员)廉洁自律工作,应当坚持从严治党与自我约束相结合,完善监督制约机制与加强企业管理相结合,德治与法治相结合。

第四条 企业领导人员应自觉遵守国家法律、法规,党纪、政纪及企业规章制度,认真执行中央纪委、监察部有关廉洁自律的规定。

第五条 本办法适用于中央企业领导班子成员及企业中层以上管理人员(含企业委派到其他企业的中层以上管理人员)。

第二章 廉洁自律若干行为准则

第六条 企业领导人员不准从事下列行为:

(一)个人或与他人合伙经商办企业或投资入股与其所在国有企业有关联

交易、有依托关系的私营、民营企业、外资企业；

（二）未经上级批准或本企业领导班子决定，兼任下属企业或其他企业的领导职务并领取报酬；

（三）私自进行职务发明专利的对外投资、入股、转让、合作等，或利用职权办理相关事宜；

（四）利用企业的商业秘密从事个人牟利活动，或将其泄漏、提供给他人或其他企业；

（五）离职、离岗退养或退（离）休后3年内从事下列行为：

1. 个人、合伙或以其他企业名义从事或代理与原任职企业及其所属企业为交易对象的经商办企业活动；

2. 未经企业返聘，在原任职企业及其所属企业分包工程项目；

3. 利用原任职企业的商业秘密、业务渠道为个人或为他人（包括其他企业）经商办企业。

3年以后，国家和原任职企业有特殊行业及岗位从业要求的，不受此限。

第七条 企业领导人员不准擅自决定下列事项：

（一）违反企业决策管理程序，在未进行可行性研究、资产评估和主管部门批准的情况下，决定企业合并、分立、转让、公司制改造或进行中外合资、中外合作、成立新企业等涉及国有资产变动的重大事项；

（二）不进行可行性研究，违反国有资产监管程序和企业规章制度，决定对外投资、借贷、融资、委托理财、担保、出让银行授信额度、为他人代开信用证或对本企业进行重大技术改造、引进重要技术和设备、进行新产品开发、生产、转让等重大事项；

（三）违反国家国有资产管理规定，未经批准实行年薪制、股票期权等分配制度，将国有资产或股权作为奖励进行分配，或者违反国家有关规定发放薪酬、补贴，侵蚀国有资产权益；

（四）违反决策程序，超越权限调拨、使用大额资金；

（五）未经批准，或批准后未办理保全国有资产的相关法律手续，用企业资金以个人名义或其他人的名义在国（境）外注册公司、投资参股、购买上市公司股票、购置不动产或进行其他经营活动；

（六）违反国家有关规定，暗箱操作大宗商品物资采购及固定资产修建事项；

（七）违反组织人事工作规定和公司章程，决定对企业中层以上管理人员和下属企业、单位负责人的任免、聘用、奖励和晋升，决定对职工的安置。

第八条 不准损害国家、企业、职工利益,从事下列行为:

(一)违反国家有关规定,将国有资产落户或变相落户至私人名下,或低价出售、低价折股、无偿处置、无偿量化给其他单位和个人或徇私舞弊等其他侵害国有资产权益的行为;

(二)在合资、合作、股份制经营活动中,与他人串通损害国有资本权益或对损害国有资本权益的行为不反对、不制止;

(三)违反规定,隐瞒、截留国有资本收益或故意拖延应缴国有资本收益;授意、指使、强令财会人员做假账或设立法定账册以外的任何账册;

(四)动用企业资金以个人名义或伙同他人买卖股票;

(五)利用职务上的便利,个人从事中介活动,收取中介费;

(六)在经营和管理活动中将折扣费、中介费、回扣费、佣金等私分或据为己有;

(七)在关联交易和业务活动中,索要和收受关联单位和个人赠送的贵重物品;

(八)收受或变相收受直接管理和服务的对象、主管范围内下属单位和个人、其他与其行使职权有关系的单位和个人及外商、私营企业主所送与的现金、股票、股权和各种有价证券或支付凭证,或向上级领导干部赠送现金和各种有价证券、支付凭证。

第九条 不准在参加健身、娱乐活动中接受与其有关联业务关系的单位和个人及外商、私营企业主提供的各种奖励和赞助。

第十条 不准利用职权为配偶、子女及其他亲友经商办企业谋取利益,从事《国有重要骨干企业领导人员任职和公务回避暂行规定》(中组发〔2001〕10号)第十二条所列的行为。

第三章 实施与监督

第十一条 企业领导人员经批准兼任下属企业或其他企业的领导职务,兼职单位给予的工资或者其他报酬(含兼职企业送给企业领导人员的股份及红利)应当上交本企业,由企业按奖惩制度处理。

第十二条 企业领导人员个人技术成果、非职务发明专利在本企业或下属企业投资、入股、转让时,企业应严格按经济合同程序办理相应手续和制定监管办法,不得损害企业利益。

第十三条 企业领导人员在经济交往中无法拒受前述现金、有价证券、支付凭证、贵重物品及奖励和赞助的,应在收受1个月内按干部管理权限向上级有关部门登记上交,并在本企业纪检监察部门备案。

第十四条 按照干部管理权限,加强对企业领导人员任职期间的管理工作,在签订任职或聘用合同的同时,结合本办法第六条的有关内容签订在任期间和离职、退(离)休后的从业承诺书。

第十五条 企业建立领导人员职位禁入制度。

(一)受到党纪、政纪撤职处分后2年内,不得担任高于原任职务或与原任职务相当的领导职务;

(二)受到留党察看、留用察看以上处分,恢复党员权利和恢复公职后未逾2年的,不得担任高于原任职务或与原任职务相当的领导职务;

(三)因犯有贪污、贿赂、侵占财产、挪用财产罪或者破坏社会经济秩序罪,被判处刑罚,执行期满后未逾5年的,或者因犯罪被剥夺政治权利,执行期满后未逾5年的,不得担任企业领导职务;

(四)担任因经营不善破产清算的公司、企业的董事或者厂长、经理,并对该公司、企业的破产负有个人责任,自该公司、企业破产清算完结之日起未逾3年的,不得担任企业领导职务;

(五)担任因违法被吊销营业执照的公司、企业的法定代表人,并负有个人责任,自该公司、企业被吊销营业执照之日起未逾3年的,不得担任企业领导职务;

(六)未经批准个人所欠企业债务数额较大,到期未清偿的,不得担任企业领导职务。

第十六条 企业领导班子民主生活会,要对照本办法进行检查,认真开展批评和自我批评。

第十七条 中央企业纪工委和各中央企业应结合本办法,建立企业领导人员廉政档案,主要内容包括:个人基本情况登记表,个人收入情况登记表,个人重大事项报告,上交礼品登记情况,廉洁自律民主生活会自查和民主测评材料,任期经济责任审计情况,党风廉政建设责任目标完成情况,受奖惩情况,群众举报及核实情况等。企业领导人员廉政档案按照干部管理权限分别由中央企业纪工委和企业纪检监察机构负责,并严格按照档案管理规定进行管理。

第十八条 企业领导人员执行本办法的情况,列入干部述职和考核的重要内容,考核结果作为对其任免、奖惩的重要依据。

第十九条 违反本办法有关条款,应当给予党纪、政纪处分的,依据《中国共产党纪律处分条例(试行)》、《企业职工奖惩条例》等有关规定予以处理。涉嫌犯罪的,移送司法机关处理。

第四章　附　　则

第二十条　本办法由中央企业工委、中央组织部负责解释。

第二十一条　本办法自发布之日起施行。

中共中央纪委、中共中央组织部、总政治部关于领导干部不得参加自发成立的“老乡会”、“校友会”、“战友会”组织的通知

（2002 年 4 月 4 日）

近些年来，一些领导干部参加了自发成立的“老乡会”、“校友会”、“战友会”（以下简称“三会”）等组织，或者频繁参加老乡、校友、战友之间的各种联谊类活动，有的还是发起者或组织者。领导干部参加此类组织和活动，多数是为了联络感情，广交朋友，或者为家乡的经济发展、为母校的建设献计献策，帮忙出力。但也有部分领导干部参与其中后，借联谊、聚会之名，大吃大喝，挥霍浪费，有的甚至编织“关系网”，拉“小圈子”，搞团团伙伙或非组织活动，在干部群众中产生了不良影响。为了规范领导干部在参加此类组织和活动方面的行为，现作出如下规定：

一、领导干部不得参加自发成立（未经民政部门登记注册）的老乡、校友、战友之间的各种联谊会之类的组织，不得担当这类联谊会的发起人和组织者，不得在这类联谊会中担任相应职务。已经参加的，必须退出；已经担任职务的，必须辞去。

二、在职领导干部、特别是党员领导干部，由于统战工作等特殊情况，需要参加在各级民政部门登记注册的“三会”组织或者继续留任的，要按照干部管理权限审批。退（离）休领导干部参加这些“三会”组织，要向原工作单位党组织报告；需要担任秘书长以上职务的，要按照干部管理权限审批。

三、领导干部参加老乡、校友、战友之间的各种联谊类活动，要坚持党的原则，遵守党的纪律和国家有关法律，倡导健康文明、积极向上的人际交往。

四、领导干部参加老乡、校友、战友之间的各种联谊类活动，不得借机编织“关系网”，搞亲亲疏疏，团团伙伙，更不得有“结盟”、“金兰结义”等行为。

五、领导干部不得利用职权用公款为此类组织和活动提供赞助，不得用公款报销此类活动经费。

六、领导干部要把违反规定参加老乡、校友、战友之间的各种联谊类活动的

情况,作为廉洁自律的内容,严格自查自纠。

七、各级领导干部要严格执行上述规定,发挥表率作用。组织上发现领导干部在参加“三会”组织和老乡、校友、战友之间的各种联谊类活动中有违反规定行为的,要及时进行批评教育,促其改正;对违背组织原则,情节严重的,要给予党纪政纪处分。各级纪检(监察)机关、组织(人事)部门和军队政治部门要加强检查和监督。

国有企事业单位的各级领导干部遵照以上规定执行。

中共中央纪委办公厅关于转发《广播电视播出机构中的共产党员违反宣传纪律党纪处分暂行规定》的通知

（2002年7月15日）

国家广播电影电视总局党组制定的《广播电视播出机构中的共产党员违反宣传纪律党纪处分暂行规定》，已经中央纪委同意。现转发给你们，请贯彻执行。

广播电视播出机构中的共产党员违反宣传纪律党纪处分暂行规定

第一条 为了确保广播电视宣传坚持党性原则，坚持正确的舆论导向，根据《中国共产党纪律处分条例（试行）》、《广播电视管理条例》、《中共中央宣传部、国家广播电影电视总局关于建立违纪违规广播电视播出机构警告制度的意见》、《中国新闻工作者职业道德准则》、《关于禁止有偿新闻的若干规定》等有关规定，制定本规定。

第二条 本规定适用于广播电视播出机构中的共产党员。

本规定所称"广播电视播出机构"是指经国务院广播电影电视行政部门批准设立的全国广播电影电视系统的广播电台、电视台、广播电视台等播出广播电视节目的机构。

第三条 广播电视播出机构中的共产党员在宣传工作中应当遵守宣传纪律，不得违反宣传工作管理规定，播出的语言、文字、声音、图像等不得含有违反宪法、法律、法规、规章、党和国家政策等的错误内容。

第四条 在宣传工作中违反政治纪律，播出下列内容之一的，对负有直接责任的主管人员和其他直接责任人员中的共产党员，给予党内严重警告处分；情节较重的，给予撤销党内职务或者留党察看处分；情节严重的，给予开除党籍处分。

（一）反对宪法确定的基本原则的；

(二)反对四项基本原则的;

(三)反对党的基本理论、基本路线、基本纲领的;

(四)反对党和国家重大政策的;

(五)危害国家统一、主权和领土完整的;

(六)煽动仇视政府,扰乱社会秩序,破坏社会稳定的;

(七)煽动民族仇恨、民族歧视,破坏民族团结的;

(八)传播政治谣言,侮辱、毁谤或丑化党和国家及领导人形象的;

(九)其他违反政治纪律内容的。

第五条 宣扬邪教的,对负有直接责任的主管人员和其他直接责任人员中的共产党员,给予党内严重警告处分;情节较重的,给予撤销党内职务或者留党察看处分;情节严重的,给予开除党籍处分。

第六条 在宣传工作中,泄露党和国家秘密的,对负有直接责任的主管人员和其他直接责任人员中的共产党员,情节较轻的,给予党内警告或者严重警告处分;情节较重的,给予撤销党内职务或者留党察看处分;情节严重的,给予开除党籍处分。

第七条 在宣传工作中危害国家安全或者损害国家荣誉和利益,有下列情形之一的,对负有直接责任的主管人员和其他直接责任人员中的共产党员,给予党内警告或者严重警告处分;情节较重的,给予撤销党内职务或者留党察看处分;情节严重的,给予开除党籍处分。

(一)违反我国对外政策,播出不符合我国外交口径的言行,造成不良影响的;

(二)违反规定报道涉外案件,造成不良影响的;

(三)对外提供违反《广播电视管理条例》第三十二条规定的广播电视节目,被境外组织利用的;

(四)其他危害国家安全或者损害国家荣誉和利益行为的。

第八条 违反民族、宗教政策,有下列情形之一的,对负有直接责任的主管人员和其他直接责任人员中的共产党员,给予党内警告或严重警告处分;情节较重的,给予撤销党内职务或者留党察看处分;情节严重的,给予开除党籍处分。

(一)因错误宣传报道诱发不安定事件的;

(二)违反规定报道境外民族分裂或宗教极端分子的恐怖活动,造成不良后果的;

(三)播出贬损少数民族祖先、文化、重要人物、风俗习惯或其他伤害少数民族同胞感情的内容，引起少数民族群众强烈不满的；

（四）播出贬损合法宗教信仰、宗教组织、宗教领袖、神职人员、宗教礼仪或宗教活动的内容，造成不良后果的；

（五）违反规定允许境外传媒在我国境内播放宗教节目的；

（六）播出其他违反民族、宗教政策内容，造成不良后果的。

第九条 在宣传工作中，有下列情形之一的，对负有直接责任的主管人员和其他直接责任人员中的共产党员，情节较轻的，给予党内警告处分；情节较重的，给予党内严重警告或者撤销党内职务处分；情节严重的，给予留党察看或者开除党籍处分。

（一）播出宣扬淫秽、赌博行为内容的；

（二）播出宣扬暴力或教唆犯罪内容的；

（三）播出宣扬伪科学或鼓吹封建迷信内容的；

（四）有其他妨害社会管理秩序行为的。

第十条 违反有关规定，有下列情形之一的，对负有直接责任的主管人员和其他直接责任人员中的共产党员，情节较轻的，给予党内警告处分；情节较重的，给予党内严重警告或者撤销党内职务处分；情节严重的，给予留党察看或者开除党籍处分。

（一）违反新闻真实性原则，制作播出虚假新闻，拒不更正或澄清事实的；

（二）对重要事件进行错误报道，造成不良影响的；

（三）超越司法程序，对案件进行定罪、定性式报道，造成不良影响的；

（四）违反规定报道群体性事件、案件，给社会稳定带来损害的；

（五）违反规定发表分析预测、炒作个股的消息、文章等，误导股市，造成不良后果的；

（六）违反规定片面报道会议讨论内容，触及敏感问题，造成不良后果的；

（七）违反规定播出汛情、疫情、震情及核事故等重大事故的；

（八）新闻报道中有其他违法违纪行为的。

第十一条 在宣传工作中侵犯他人人身权利或其他合法权利，有下列情形之一的，对负有直接责任的主管人员和其他直接责任人员中的共产党员，情节较轻的，给予党内警告处分；情节较重的，给予党内严重警告或者撤销党内职务处分；情节严重的，给予留党察看或者开除党籍处分。

（一）侮辱或者诽谤他人，侵害他人合法权益的；

（二）报道各类案件时，未征得办案人、被害人、检举人、知情人同意，公开他们的姓名、地址、工作单位、图像及其他相关资料的；

(三)播出未成年犯罪嫌疑人的姓名、地址、图像及其他相关资料的;

(四)播出披露未成年人隐私的;

(五)播出内容泄露商业秘密或个人隐私、个人档案内容,造成不良后果的;

(六)播出其他侵犯他人人身权利、合法权利内容的。

第十二条 在宣传工作中违反规定或者严重不负责任,有下列情形之一的,对负有直接责任的主管人员和其他直接责任人员中的共产党员,情节较轻的,给予党内警告处分;情节较重的,给予党内严重警告处分;情节严重的,给予撤销党内职务、留党察看或者开除党籍处分。

(一)违反审稿(片)制度规定,擅自播发稿件、节目的;

(二)预告的重要节目或指定的节目无正当理由不按要求播出,或受众关注的节目未按计划播出,引起受众强烈不满或其他严重后果的;

(三)未经审查批准播放广播电视节目,造成不良影响的;

(四)广告充当新闻播出的;

(五)在直播节目中,未按规定采用必要设备,所播内容造成不良影响的;

(六)涉及法律、医药及科技等专门知识不按有关规定处理,播出错误内容,造成不良后果的;

(七)有其他违反宣传工作规定行为或失职行为的。

第十三条 违反宣传工作管理规定,有下列情形之一的,对负有直接责任的主管人员和其他直接责任人员中的共产党员,情节较轻的,给予党内警告处分;情节较重的,给予党内严重警告处分;情节严重的,给予撤销党内职务、留党察看或者开除党籍处分。

(一)在采访工作中,违背党和国家政策或者损害国家尊严、利益,造成不良后果的;

(二)有违反《关于禁止有偿新闻的若干规定》行为的;

(三)未经批准,擅自以编辑记者身份采访,造成不良后果的;

(四)有其他违反宣传工作管理规定行为的。

第十四条 广播电视播出机构发生上述违反宣传纪律的行为,造成严重不良影响或严重后果的,对负有主要领导责任、重要领导责任的主要负责人实行责任追究,在其他直接责任人员所受处分档次以下,酌情给予处分。

第十五条 对于严重违反党的宣传纪律,本身又不能纠正的党组织的领导机构和全体或者大多数党员严重违反党的宣传纪律的党组织,根据《中国共产党纪律处分条例(试行)》第十七条和第十八条的规定处理。

第十六条 广播电影电视系统的报刊、出版社、信息网站、发射台、转播台、监测台(站)等,参照执行本规定。

第十七条 本规定由中央纪委驻国家广播电影电视总局纪检组负责解释。

第十八条 本规定自下发之日起施行。

中共中央办公厅、国务院办公厅关于印发《关于对涉及农民负担案(事)件实行责任追究的暂行办法》的通知

(2002年8月9日)

《关于对涉及农民负担案(事)件实行责任追究的暂行办法》已经党中央、国务院批准,现印发给你们,请认真贯彻执行。

党中央、国务院一直高度重视减轻农民负担工作,制定了一系列政策措施,各级党委、政府和有关部门认真贯彻执行,做了大量工作,取得了一定成效。但是,农民负担重的问题还没有从根本上解决,涉及农民负担的案(事)件仍时有发生,有的地方问题还相当严重。少数基层干部对农民缺乏应有的感情和责任,工作作风简单粗暴,甚至采取非法手段强行向农民收款收物,个别地区酿成了人员伤亡的恶性案件、严重群体性事件和造成重大影响的其他案(事)件。一些地区在查处涉及农民负担案(事)件过程中存在过宽、偏软的现象,责任追究不到位。这些问题引起广大农民群众的强烈不满,严重损害了党群、干群关系,影响了农村经济发展和社会稳定。为了进一步强化减轻农民负担工作党政一把手负责制,加大对涉及农民负担案(事)件的查处力度,保证党中央、国务院关于减轻农民负担的各项方针政策和措施得到认真贯彻落实,经党中央、国务院领导同志同意,现就贯彻执行《关于对涉及农民负担案(事)件实行责任追究的暂行办法》提出以下要求:

一、充分认识对涉及农民负担案(事)件实行责任追究制度的重要意义

对涉及农民负担案(事)件实行责任追究,是党中央、国务院加大减轻农民负担工作力度的新举措。把减轻农民负担工作作为考核地方各级党委、政府主要负责人工作的一项重要内容,并把考核结果与对主要负责人的奖惩挂钩,旨在建立一种奖惩结合、赏罚分明的激励和制约机制,以调动各级党委、政府工作人员做好减轻农民负担工作的积极性,进一步落实减轻农民负担工作党政一把手负责制,使查处涉及农民负担案(事)件有章可循,督促后进单位和个人改进工作,真正形成齐抓共管的局面。认真贯彻执行这项制度,对于切实减轻农民负担,保护广大农民的合法权益,维护农村社会稳定,具有十分重要的意义。

二、明确责任，加强对干部的教育和管理

要结合实行对涉及农民负担案(事)件责任追究制度，认真搞好减轻农民负担政策的宣传，加强对各级干部的教育和管理。要有针对性地开展党的宗旨、群众路线和法律政策的教育，帮助各级干部转变工作作风，改进工作方法，解决他们在政策水平、群众观念、法制意识等方面存在的突出问题。中央多次强调，减轻农民负担实行地方党政一把手亲自抓、负总责的工作制度，县(市)委书记、县(市)长是减轻农民负担的第一责任人，对本地区发生的涉及农民负担的恶性案件、严重群体性事件和造成重大影响的其他案(事)件负有不可推卸的领导责任。对涉及农民负担案(事)件实行责任追究，就是这个要求的具体化。地方各级党委、政府特别是县、乡两级党委、政府，要进一步建立健全减轻农民负担一把手责任制，不折不扣地执行党中央、国务院关于减轻农民负担的各项方针政策；各级干部要善于做深入细致的思想政治工作，主动排查不稳定因素，努力把矛盾化解在萌芽状态。能不能把农民负担减下来，能不能把涉及农民负担案(事)件多发的势头坚决压下来，能不能妥善处理农村各种矛盾，保持农村社会稳定，既是对各级干部的要求，也要作为考核任用干部的重要依据和内容。

三、切实加强领导，把对涉及农民负担案(事)件实行责任追究制度落到实处

各级党委、政府要切实加强领导，精心组织，认真贯彻落实。各级纪检、监察、组织、人事、农业、财政、计划和法制等部门要充分发挥职能作用，确保这项制度的顺利实施。对发生涉及农民负担的恶性案件、严重群体性事件和造成重大影响的其他案(事)件后隐瞒不报、弄虚作假的，一经查实，要对直接责任人和有关领导加重处理，公开曝光。各地区、各部门要充分认识实行这项制度的重要性，认真学习和领会《关于对涉及农民负担案(事)件实行责任追究的暂行办法》的精神，切实组织实施好这项制度。各地区、各部门在执行中遇到的新情况、新问题要及时向上级党委、政府和有关部门报告、反映。各省、自治区、直辖市党委、政府要在今年年底前将执行责任追究制度的情况向党中央、国务院报告。

关于对涉及农民负担案(事)件实行责任追究的暂行办法

第一条 为贯彻落实党中央、国务院关于减轻农民负担的各项方针政策,强化减轻农民负担工作党政一把手负责制,切实抓好减轻农民负担工作,进一步密切党群、干群关系,维护农村社会稳定,根据《中共中央、国务院关于切实做好减轻农民负担工作的决定》(中发〔1996〕13 号)和《中共中央、国务院关于印发〈关于实行党风廉政建设责任制的规定〉的通知》(中发〔1998〕16 号)等文件精神和有关规定,结合实际,制定本办法。

第二条 地方各级党委、政府应当对本地区贯彻执行减轻农民负担政策的情况实行有效的监督管理,严格执行责任追究制度,对发生涉及农民负担的恶性案件、严重群体性事件或造成重大影响的其他案(事)件负有责任的县(市、区)、乡(镇)党政领导人员和其他直接责任人员,给予党纪、政纪处分。

第三条 实行责任追究要坚持实事求是、客观公正的原则。

第四条 责任追究的对象,是指因农民负担问题引发的恶性案件、严重群体性事件或造成重大影响的其他案(事)件的县(市、区)、乡(镇)的党政主要负责人和对案(事)件发生负有直接领导责任的其他党政领导班子成员,以及有关部门的领导人员和其他直接责任人员。

第五条 具有下列情形之一的,对担任党内领导职务的责任追究对象给予警告、严重警告处分;情节严重的,给予撤销党内职务处分;情节特别严重的,给予留党察看、开除党籍处分。对担任行政领导职务的责任追究对象给予警告、记过、记大过处分;情节严重的,给予降级、撤职处分;情节特别严重的,给予开除公职处分。对同时担任党内领导职务和行政领导职务的责任追究对象,情节严重的,应当同时给予党纪、政纪处分。

(一)违反减轻农民负担政策、工作作风粗暴或违反规定采取措施,导致农民死亡或直接造成农民受重伤的;

(二)违反减轻农民负担政策,侵害农民的合法权益,导致发生干群冲突群体性事件或影响社会稳定的其他群体性事件的;

(三)发生因涉及农民负担而造成重大影响的其他案(事)件的。

第六条 责任追究权由省、自治区、直辖市和市(地)、县(市、区)党委、政府按照干部管理权限行使。

省、自治区、直辖市和市(地)、县(市、区)农民负担监督管理部门根据调查、检查和考核结果,向本级党委、政府提出责任追究的建议,经批准后,由纪检、监察、组织、人事等机关和部门根据各自的职责具体执行。

对涉及农民负担案(事)件的其他直接责任人员,按照干部管理权限和有关规定给予党纪、政纪处分。

第七条 对发生涉及农民负担案(事)件负有直接责任的有关部门的领导人员和其他直接责任人员,由有关部门或纪检、监察机关按照干部管理权限和有关规定进行处理。

第八条 各级组织、人事部门要把减轻农民负担工作作为考核和任用各级党政领导人员特别是县、乡两级党政领导人员的一项重要依据和内容,在涉及县(市、区)、乡(镇)党政领导人员晋职、晋级时,按照干部管理权限和规定的程序,征求有关方面的意见。

第九条 对屡次发生涉及农民负担恶性案件、严重群体性事件或造成重大影响的其他案(事)件,影响特别恶劣的,对该市(地)党政领导人员依照本办法第五条的规定处理。

第十条 涉及农民负担的恶性案件、严重群体性事件或造成重大影响的其他案(事)件发生后,县(市、区)、乡(镇)党委、政府及有关部门应当按照规定的程序和时限上报,并配合、协助上级机关进行调查,不得隐瞒不报、谎报或拖延报告,不得以任何方式阻碍、干扰调查。

对违反本条规定的,要对责任人和有关领导人员加重处理。

第十一条 辖区内有自然村的街道办事处依照本办法执行。

第十二条 各省、自治区、直辖市可根据本办法,结合本地实际,制定实施细则。

第十三条 本办法实施中的问题由中央纪委、监察部、农业部负责解释。

第十四条 本办法自发布之日起施行。

中共中央办公厅、国务院办公厅关于继续从严控制党政机关办公楼和培训中心项目建设的通知

(2003 年 1 月 7 日)

《中共中央、国务院关于党政机关厉行节约制止奢侈浪费行为的若干规定》(中发〔1997〕13 号)下发以来,各地区、各部门认真贯彻文件精神,有效地遏制了兴建党政机关办公楼的势头。但是,近几年由于机构调整变化等诸多因素,一些部门和地方又出现了竞相兴建机关办公楼和培训中心的现象。对此,党中央、国务院高度重视,并再次强调,要艰苦奋斗、勤俭建国、勤俭办一切事业,反对讲排场、比阔气、挥霍公款等奢侈浪费现象,领导机关的工作条件只能随着经济发展而逐步改善,要把有限的资金更多地用于改善人民生活方面,继续从严控制党政机关新建办公楼和培训中心。经党中央、国务院同意,现重申并提出以下要求:

一、严格党政机关办公楼建设项目审批程序。中央和地方省级党政机关新建办公楼,无论规模大小,一律报国务院审批。中央直属机关的办公楼建设项目,经中共中央直属机关事务管理局审核同意后报国家计委,由国家计委核报国务院审批。国务院各部门的办公楼建设项目,总投资在 7000 万元以下的,由国务院机关事务管理局征求国家计委意见后报国务院审批,总投资在 7000 万元以上的,由国家计委核报国务院审批。地方省级党政机关的办公楼建设项目,一律由国家计委核报国务院审批。省级以下党政机关办公楼建设项目,由省级计划部门核报省级人民政府审批。

二、加快开展党政机关办公用房存量的调整工作。有关部门和地方省级人民政府在审核党政机关办公用房建设项目时,要严格按照《党政机关办公用房建设标准》,从严核定办公用房面积。对办公用房确有困难的,应首先考虑从现有党政机关办公用房存量中调剂解决;确需新建、改扩建和加固改造的,要严格执行审批程序。

三、从严控制党政机关培训中心项目建设。除特殊情况外,原则上不再批准新建培训中心项目。同时,各地区、各部门对现有党政机关培训中心的改扩

建要严格控制，严禁进行高档装修，防止变相扩大规模，提高建设标准。

四、积极推进党政机关培训中心管理社会化。为了改变目前党政机关培训中心总量严重过剩、现有培训设施利用率不高的状况，更好地做好干部培训工作，要积极推行培训中心管理社会化。中央和国家机关的有关具体办法由中共中央直属机关事务管理局、国务院机关事务管理局会同有关部门制定并组织实施。

五、各级党委、政府及有关部门要认真贯彻执行本通知精神，各级纪检监察机关要对有关执行情况进行监督检查。对违反本通知规定的党政机关，要视情节轻重追究直接责任人和主要领导的责任，直至给予党纪政纪处分。

六、本通知所称党政机关，是指党的机关、人大机关、行政机关、政协机关、审判机关、检察机关。工会、共青团、妇联等各人民团体适用本通知。国有企业事业单位参照执行本通知。

中共中央纪委、监察部关于坚决制止开具虚假发票公款报销行为的通知

(2003 年 1 月 24 日)

2003 年的春节即将来临。为了进一步贯彻落实《中共中央办公厅、国务院办公厅关于做好 2003 年元旦、春节期间有关工作的通知》和中央纪委《关于 2003 年元旦、春节期间弘扬艰苦奋斗精神禁止铺张浪费的通知》精神,现就坚决制止开具虚假发票公款报销的行为发出以下通知:

一、坚决杜绝开具虚假发票的行为。禁止任何单位和个人在购买生活用品等物品时,以“办公用品”的名目开具虚假发票用公款报销;禁止通过这种手段滥发钱物,请客送礼,甚至贪污公款。已经发生的,要立即予以纠正。

二、经贸(商业)、工商、税务等部门要加强对发票的管理和监督,规范发票的使用,要求商业企业开具的发票必须内容真实。要开展严格发票管理的检查工作,坚决杜绝开具虚假发票的违纪违法行为。

三、各部门各单位要严格财务收支管理,加强财务监管,严格报销程序,规范报销凭证。尤其对办公用品的采购、报销,要严格履行程序,杜绝假公济私甚至侵占、贪污等现象。

四、各级纪检监察机关要切实发挥职能作用,加强监督检查。对违反本通知精神,有令不行、有禁不止,开具虚假发票、滥发钱物的行为,要会同有关部门坚决查处;对情节严重、造成恶劣影响的,要坚决追究有关领导的责任。

中共中央纪委法规室、中共中央纪委党风廉政建设室关于他人给领导干部手机充值问题如何处理的答复

（2003 年 4 月 9 日）

最近，一些地方反映，有的人为了达到拉拢、贿赂领导干部的目的，利用手机充值卡直接给领导干部或其配偶、子女的手机充值。对这种现象如何处理？经研究，现答复如下：

一、给领导干部或其配偶、子女的手机充值，是以隐蔽的方式给领导干部赠送现金或者变相行贿的行为，要教育领导干部提高警觉，充分认识接受他人给自己手机充值的危害性，坚决予以拒绝。

二、领导干部明知手机被他人充值的，应及时向所在单位报告，由所在单位酌情处理充值费用；不报告而自行消费的，依照有关规定给予党纪政纪处分。

中共中央纪委办公厅、监察部办公厅关于印发《关于进一步加强和做好反腐败抓源头工作的实施意见》的通知

（2003年5月30日）

经中央纪委、监察部领导同意，现将《关于进一步加强和做好反腐败抓源头工作的实施意见》印发给你们，请结合实际认真贯彻落实。

关于进一步加强和做好反腐败抓源头工作的实施意见

中央纪委第二次全会、国务院廉政工作会议对2003年党风廉政建设和反腐败工作作了全面部署，强调要坚持标本兼治、综合治理的方针，逐步加大从源头上预防和治理腐败的力度。为贯彻落实党中央、国务院的部署和要求，进一步加强和做好反腐败抓源头工作，现提出如下实施意见：

一、充分认识反腐败抓源头工作的重要性，明确总体要求和工作原则

胡锦涛同志在中央纪委第二次全会上的重要讲话中强调指出，开展党风廉政建设和反腐败工作，既要治标，更要治本。积极推进从源头上预防和治理腐败工作，是从根本上解决腐败问题的重要举措，是反腐败斗争深入发展的必然要求，也是反腐败工作更好地服从和服务于改革发展稳定大局的客观需要。各地区、各部门要以"三个代表"重要思想和党的十六大精神为指导，善于从政治上、大局上观察和处理问题，坚持标本兼治、综合治理的方针，在巩固治标成果、严厉惩治腐败的同时，把反腐败抓源头工作摆在重要位置，深化认识，加大力度，与时俱进，开拓创新，务必取得明显进展。

——把反腐败抓源头工作寓于各项重大决策和措施之中，围绕中心工作来进行。制定和实施重要的政策和措施，要体现反腐倡廉的要求，未雨绸缪，防范和减少领导干部违纪违法现象的发生。要找准政治与经济的结合点，把源头治理腐败的对策统一到党和政府的中心工作上，渗透到各项业务工作中，使反腐倡廉工作与改革开放和现代化建设协调发展、同步推进。

——改革和创新体制，建立健全防范腐败的机制制度。要深入研究发展社会主义市场经济条件下腐败现象的特点和规律，针对已经发现和揭露的问题，分析原因，找准源头，在改革体制机制制度等深层次问题上下功夫，逐步建立结构合理、配置科学，程序严密、制约有效的权力运行机制，从决策和执行等环节加强对权力的监督，铲除滋生腐败的土壤和条件。

——坚持标本兼治，逐步加大治本的力度。治标与治本，是反腐败斗争相辅相成、相互促进的两个方面。开展党风廉政建设和反腐败工作，必须标本兼治，把治标和治本统一于整个工作的进程中。同时，要适应形势发展和工作深化的要求，逐步加大治本力度，通过加强教育、发展民主、健全法制、强化监督、创新机制，努力从源头上预防和解决腐败问题。

——注重工作实效，在整体推进中突出重点。反腐败抓源头工作事关全局，情况复杂，必须统筹安排，有序推进。要按照总体要求，明确阶段性目标，在全面推进中抓住重点项目和关键环节，着力突破难点问题，逐项抓好落实，并不断拓宽工作领域。当前，要把重点放在对权力的制约、资金的监控和从政行为的规范上，以此推动源头治理工作向深入发展。

——在党委、政府统一领导下，充分发挥业务主管部门的职能作用。要坚持由党委、政府统一部署和组织实施，业务主管部门各负其责、牵头主抓，纪检监察机关发挥组织协调和监督检查职能作用的领导体制和工作机制，形成整体抓的格局。

二、按照党中央、国务院的统一部署和要求，认真做好2003年及今后一个时期反腐败抓源头几项重点工作

（一）以转变政府职能、促进依法行政为重要目标，加快推进行政审批制度改革。

继续削减和调整行政审批项目。对国务院部门暂予保留的审批项目深入地进行梳理和分析。2003年要在已取消两批审批项目的基础上，经过科学严格的审核和论证，再取消一批审批项目。各地也要按照“应减必减”的要求，认真做好这项工作。

切实做好已调整行政审批项目的后续工作。对仍需要加强监管的事项，要落实好后续监管的措施和办法，防止管理脱节；对改变管理方式的审批项目，做好向行业组织或社会中介机构的移交工作，提出承办的原则，指导行业组织和社会中介机构制定操作规程；对保留的审批项目，要规范程序，简化环节，明确标准，加强监督。研究制定行政审批责任追究和收费管理等办法，把行政审批纳入规范化、制度化的轨道。全面清理和修订审批项目调整后所涉及的设定依据。

以行政管理体制和机构改革为契机推动工作深化。调整和理顺部门之间的审批职能,切实解决职能交叉、权责脱节和多头审批等问题;积极探索建立和完善决策、执行、监督相协调的综合行政执法体制和运行机制。

同时,要研究提出关于加强对省一级政府行政审批制度改革指导和协调的意见,搞好国务院部门行政审批制度改革与地方改革工作的衔接。深入开展理论研究,并加快将研究成果转化为政策和制度,逐步建立科学的管理机制、规范的运行机制和严密的监督机制。

(二)以落实"收支两条线"规定为基础,深化财政管理体制改革。

按照收支脱钩、收缴分离的要求,进一步落实"收支两条线"规定。研究制定强化行政事业性收费等政府非税收入预算管理的办法,将118项作为预算外资金管理的行政事业性收费逐步纳入预算管理。加快部门预算改革步伐,在继续推进中央部门预算的基础上,选择118个中央事业单位进行定员定额试点;省一级所有部门,以及市(地)级政法、行政执法部门要全面实行部门预算,有条件的县(市)也要进行改革试点。开展对中央预算单位行政事业性收费和政府性基金管理的专项检查。加强对预算单位银行账户的管理,建立财政审批及备案制度,完善银行账户管理信息系统,强化对银行账户的日常监管。加大对设立"小金库"问题清理和处罚的力度。适应财政管理体制改革,积极探索加强会计管理和监督的有效方法。

采取重点突破、分步实施的办法,逐步清理和规范政策外补贴。组织力量对中央政法机关和行政执法部门政策外补贴来源情况进行重点检查,先行解决政法和行政执法部门政策外补贴的规范问题。结合清理规范政策外补贴,对因资源占用不均衡产生的经营性收入和后勤服务中心集中收入的财务管理提出相应的措施。

深化国库集中收付制度改革。中央一级进行国库集中支付制度改革的部门要有较大幅度增加;进行收入收缴制度改革的部门要占有非税收入部门总数的50%。进一步扩大车辆购置税交通专项资金财政直接拨付实施的范围。各地也要按照《财政国库管理制度改革方案》的要求,加大国库集中收付改革力度。研究制定财政资金支付管理和财政收入收缴及退库管理办法,提高财政国库管理法制化水平。

(三)以建立健全科学的干部任用和管理监督机制为重点,深化干部人事制度改革。

制定干部选拔任用工作的监督制度和用人失察失误责任追究制。修订《关于违反〈党政领导干部选拔任用工作条例〉行为的处理规定》；研究制定党政领导干部选拔任用工作责任追究办法和破格提拔领导干部具体办法。依据《党政领导干部选拔任用工作监督检查办法（试行）》，对贯彻执行《党政领导干部选拔任用工作条例》情况进行检查。

建立由组织、人事、纪检监察、审计、信访等部门参加的干部监督工作联席会议制度，围绕加强对党政领导干部选拔任用工作的监督，及时沟通信息，研究问题，提出意见和建议。

深入开展领导干部经济责任审计工作。县级以下党政领导干部和国有及国有控股企业负责人经济责任审计工作，要全面推进，规范提高，并着重抓好拟转岗提拔的干部、政府部门管钱管物的主要领导干部及有重要案件线索干部的经济责任审计；分步推进县级以上直属部门党政领导干部的经济责任审计；扩大县、市长经济责任审计的试点范围。加强制度化和规范化建设，使经济责任审计结果及时运用到干部任用和奖惩之中。

完善民主推荐、民主测评、考察预告、任前公示、公开选拔和竞争上岗、票决制等制度，增加干部工作的透明度，进一步落实党员和群众对干部选拔任用的知情权、参与权、选择权和监督权。

（四）认真执行《政府采购法》，全面推行政府采购制度。

制定政府集中采购目录和政府采购限额标准，不断扩大政府采购的规模和范围，凡用财政性资金安排的采购项目都要进行政府采购。2003 年全国政府采购规模要比 2002 年增长 50%，达到 1500 亿元。编制政府采购预算，加大政府采购资金财政直接拨付力度。

规范管理与操作职能，完善制约和监督机制，实现政府采购管理机关与执行机构分设。2003 年，凡采购执行机构设在财政部门的，都要分离出去。

进一步完善规章制度，研究制定政府采购供应商投诉管理办法、政府采购信息公告管理办法和政府采购评审专家管理办法，规范政府采购运行程序，严格考核奖惩制度，加强对政府采购工作人员和所聘专家的管理和监督。开展贯彻执行《政府采购法》情况的专项检查。

（五）治理整顿土地市场，认真落实经营性土地使用权招标拍卖挂牌出让制度。

全面实行经营性土地使用权招标拍卖挂牌出让制度，2003 年上半年，所有地方都要建立此项制度。理顺各类园区用地管理体制，强化政府对土地的依法集中统一管理，防止规避招标拍卖挂牌出让行为的发生。研究制定协议出让国有土地使用权管理办法，规范和限制协议出让行为。

建立和完善土地市场运行的基本制度。建立土地使用权出让计划及土地供应信息发布制度,防止暗箱操作;建立集体审批制度,对涉及建设用地审批、地价确定等重大事项,必须坚持集体决策;制定招标拍卖挂牌出让的工作程序和管理办法,对投标、开标、评标、定标及评标专家的组成等作出严格规定。

开展专项执法监察,重点对商业、旅游、娱乐和商品住宅等经营性土地出让情况进行检查,严肃查处违纪违法行为。

(六)健全和完善有形建筑市场,全面实行产权交易进入市场制度。

改革政府投资工程建设组织实施方式,加大招标投标改革与管理的力度。整顿和规范建筑市场秩序,严格市场准入和清出制度,加快建立规范市场各方主体的信用体系。加强招标投标监管机构建设,严格监督执法。

加快产权交易市场建设,推动有条件的地区产权交易进入市场,促进国有产权合理流动和保值增值。结合国有资产管理体制改革和国有企业改组、改制,建立健全产权交易及其市场建设的法规规章。强化对中介机构的监督,规范资产评估,防止和纠正低价变卖或非法转移国有资产。建设产权交易市场监测网络,建立国有产权交易责任追究制度。

加强对行业协会、学会和社会中介机构的管理和监督。通过调查摸底,弄清其现状和存在的主要问题,有针对性地提出规范管理的意见;建立社会团体财务管理等项制度,加强监管;对具有一定行政管理职能的行业协会进行重点检查,坚决纠正和处理乱评比、乱收费等行为。

同时,要积极推进司法体制改革,稳步实施金融体制改革,有序推进国有资产管理体制改革。通过这些改革,更有效地从源头上预防和治理腐败。

三、采取有力措施,确保反腐败抓源头工作落到实处

(一)加强组织领导。要把反腐败抓源头工作纳入重要日程,主要领导亲自抓,及时研究和解决工作中遇到的问题。各有关部门要加强联系和沟通,明确分工和责任,搞好协调配合。认真总结和推广近年来开展反腐败抓源头工作的经验和有效做法,不断提高抓源头工作的水平。

(二)实施有效的政策指导。要根据抓源头各项工作的特点和进展情况,适时研究制订政策规定,明确工作目标、方法步骤和检查考核的标准,增强工作指导的针对性和有效性。坚持实践与理论的统一,在扎扎实实做好实际工作的同时,加强理论研究并注意发挥其对实践的指导作用。

(三)强化监督检查。要通过专项检查和日常监督,了解和掌握抓源头工作的落实情况和工作中存在的薄弱环节,以及存在问题的症结和原因。对措施不到位的,要有针对性地提出解决办法;对工作不力、敷衍塞责的,要严肃批评并督促其改正;对不执行有关政策规定、违纪违规的,要予以查处。

(四)提高工作的科技含量。在抓源头工作中要注意使制度创新与增加科技含量相结合,大力推进电子政务。在行政审批、政府采购、产权交易等领域,要善于运用网络化、信息化等技术,为抓源头工作提供科技支持。

中共中央纪委法规室关于对经营性土地使用权出让方式有关问题的答复

中共内蒙古自治区纪委办公厅:

你们关于进一步明确和规定经营性土地使用权出让方式的建议收悉。经研究,现答复如下:

2003 年 2 月中央纪委第二次全会工作报告中提出:“认真落实经营性土地使用权招标拍卖挂牌出让制度,严禁以其他方式出让经营性土地使用权,规范和限制协议出让行为”,这句话主要包含三层含义:第一,有关经营性土地使用权招标拍卖挂牌出让方面的法律、法规、规章及规范性文件等,各地都要认真贯彻落实。第二,国有土地有偿使用的出让方式分为招标、拍卖、挂牌、协议四种,其中经营性土地使用权只能采用招标拍卖挂牌方式出让,不能采用其他方式,包括不能采用协议方式出让经营性土地使用权。但除经营性土地使用权外,其他国有土地有偿使用可以采用协议方式出让。第三,对协议出让行为要进行规范和限制。报告中所指协议出让行为,是指协议出让国有土地使用权的行为。目前,由于协议出让国有土地使用权在具体操作上还不太规范,需要进一步规范和限制。对此,国土资源部正在起草《协议出让国有土地使用权的规定》,待该规定出台后,协议出让国有土地使用权的行为,应当依照该规定进行。

中共中央纪委法规室
2003 年 6 月 4 日

中共中央办公厅关于印发《党政领导干部选拔任用工作监督检查办法(试行)》的通知

(2003年6月19日)

《党政领导干部选拔任用工作监督检查办法(试行)》已经中央同意,现印发给你们,请结合实际情况,认真遵照执行。

党政领导干部选拔任用工作监督检查办法(试行)

第一章　总　　则

第一条　为加强和规范对党政领导干部选拔任用工作的监督检查,根据《党政领导干部选拔任用工作条例》(以下简称《干部任用条例》)的有关规定,制定本办法。

第二条　党政领导干部选拔任用工作的监督检查,以邓小平理论和"三个代表"重要思想为指导,坚持党要管党、从严治党的方针,加强对党政领导干部选拔任用工作全过程的监督,坚决防止和纠正选人用人上的不正之风,保证党的干部路线、方针、政策全面正确地贯彻执行。

第三条　党政领导干部选拔任用工作的监督检查遵循下列原则:

(一)党委(党组)领导、分级负责;

(二)实事求是、客观公正;

(三)发扬民主、群众参与;

(四)预防为主、违规必纠。

第四条　党委(党组)及其组织(人事)部门对党政领导干部选拔任用工作的情况进行监督检查,受理有关党政领导干部选拔任用工作的举报、申诉,制止、纠正违反党政领导干部选拔任用工作有关规定的行为,并对有关责任人作出处理或者提出处理意见。组织(人事)部门干部监督机构具体负责党政领导干部选拔任用工作监督检查的组织实施。

第五条 纪检机关(监察部门)按照有关规定对党政领导干部选拔任用工作进行监督检查。

第二章 监督检查的对象和内容

第六条 监督检查的对象是《干部任用条例》适用和参照范围内的党委(党组);党政领导干部特别是主要领导成员。

第七条 监督检查的主要内容:

(一)学习宣传《干部任用条例》的情况;

(二)坚持选拔任用党政领导干部的原则、基本条件,遵守任职资格规定的情况;

(三)执行党政领导干部选拔任用工作程序,重点是民主推荐、组织考察、讨论决定的情况;

(四)执行公开选拔和竞争上岗规定的情况;

(五)执行干部交流、回避和免职、辞职、降职等制度的情况;

(六)遵守党政领导干部选拔任用工作纪律的情况;

(七)对党政领导干部选拔任用工作开展监督检查的情况;

(八)对群众反映的有关党政领导干部选拔任用方面问题调查处理的情况;

(九)其他需要监督检查的情况。

第三章 检查的方式

第八条 对党政领导干部选拔任用工作的检查,实行上级检查与本级自查自纠相结合,定期检查与不定期抽查相结合。

实行干部双重管理的单位,以主管方为主进行检查,协管方配合。

第九条 党委(党组)每年对党政领导干部选拔任用工作进行一次自查,形成专题报告,于次年第一季度报上一级党委(党组)及其组织(人事)部门,重要情况随时报告。对下级党委(党组)的党政领导干部选拔任用工作,应当定期进行集中检查,必要时进行抽查。

第十条 检查的方法步骤:

(一)拟定方案,组织检查组并进行培训;

(二)向被检查的党委(党组)说明检查的目的、要求、内容和程序,并在一定范围内发布检查公告;

（三）听取被检查党委（党组）的汇报；

（四）在一定范围对党委（党组）的干部选拔任用工作情况进行民主评议；

（五）采取个别谈话、召开座谈会、走访有关部门、问卷调查等方式，广泛深入了解情况；

（六）查阅材料，包括党委（党组）及其组织（人事）部门研究干部任免事项的会议原始记录，干部民主推荐、考察、呈报任免等有关材料，以及调查处理群众反映有关问题的材料；

（七）向被检查的党委（党组）反馈检查情况，肯定成绩，指出问题，提出加强和改进党政领导干部选拔任用工作的意见和建议；

（八）检查组向派出机关汇报检查情况并写出专题报告。

第十一条 党委（党组）根据检查情况，对下级党委（党组）、党政领导干部特别是主要领导成员执行《干部任用条例》情况进行综合分析。对认真执行的，在适当范围内通报表扬；对执行不认真的，提出批评，督促其改正；对存在突出问题的，依据有关规定作出处理。

第四章 日常监督

第十二条 党委（党组）负责本地区、本部门党政领导干部选拔任用工作的日常监督，主要领导成员是第一责任人。同时，加强上级监督和群众监督，发挥舆论监督的作用。

第十三条 强化领导班子内部监督。

（一）党委（党组）研究干部任免事项，要严格执行《干部任用条例》的有关规定。主要领导成员应当充分发扬民主，认真听取大家的意见；其他成员应当充分发表意见，发现不符合规定的情况，应及时提醒或者要求纠正，必要时可直接向上级党组织反映。

（二）党委（党组）民主生活会要把执行《干部任用条例》情况作为一项重要内容，认真对照检查，发现问题及时纠正。

第十四条 地方党委常委会向同级党的委员会全体会议报告工作时，应当将党政领导干部选拔任用工作情况作为一项内容，接受同级党的委员会全体会议的监督。

第十五条 建立健全党政领导干部选拔任用工作有关事项报告制度。

（一）在机构变动或主要领导成员已经明确即将调动时，不得突击提拔、调整干部。确因工作需要提拔、调整干部的，应当向上一级组织（人事）部门报告，经同意后方可研究决定。

(二)党委(党组)研究任用干部,凡在重要问题上有争议的,属于破格提拔的,超过任职年龄需继续留任的和领导干部的配偶、子女在领导干部所在单位(系统)提拔的,在作出决定前,应当征求上一级组织(人事)部门的意见。

第十六条 坚持和完善组织(人事)部门与纪检机关(监察部门)等有关单位的联席会议制度,就加强党政领导干部选拔任用工作的监督,沟通信息,交流情况,研究提出意见和建议。

第十七条 纪检机关和组织部门联合派出的巡视组,发现党政领导干部选拔任用工作中的问题,应及时向派出单位报告。

第十八条 加强组织(人事)部门干部选拔任用工作的内部监督。组织(人事)部门要进一步健全决策、执行、监督、咨询系统,逐步形成科学分工、相互配合、合理制约、高效运行的工作机制。

第十九条 加强群众监督,发挥舆论监督的作用。加强举报受理工作,对群众反映的问题,要认真调查核实。利用新闻媒体,广泛宣传党的干部路线、方针、政策,以及执行《干部任用条例》的先进典型和经验,揭露和批评违反《干部任用条例》的现象。

第二十条 加强干部监督的信息工作。进一步拓宽监督渠道,扩大信息来源,逐步建立覆盖面广、反应灵敏的干部监督信息网络。

第五章 调查核实

第二十一条 调查核实违反《干部任用条例》的问题,原则上按照干部管理权限,实行分级负责。

第二十二条 纪检机关(监察部门)和组织(人事)部门要加强对违反《干部任用条例》问题的调查和处理工作。

(一)对于在监督检查中发现的或群众举报的严重违反《干部任用条例》的行为,组织(人事)部门要认真调查核实,必要时可与纪检机关(监察部门)组成联合调查组进行调查,并提出处理意见或建议。

(二)对于严重违反《干部任用条例》行为的责任人,纪检机关(监察部门)应当立案查处。

(三)纪检机关(监察部门)在查办案件等工作中发现有关违反《干部任用条例》的问题,应当适时与组织(人事)部门沟通情况。

第二十三条 党委(党组)及其组织(人事)部门对责成下级党委(党组)及其组织(人事)部门调查处理的有关违反《干部任用条例》的问题,要加强督促检查,及时掌握情况。

（一）有关地方和部门对上级党委（党组）及其组织（人事）部门批转调查核实并要求报告结果的查核件，要及时报告结果，三个月内不能报告的，应当说明理由和查核进展情况。

（二）党委（党组）及其组织（人事）部门必要时可派出督促检查组，对责成有关地方和部门查核的重要问题进行督查。

第二十四条 落实党政领导干部选拔任用工作责任追究制度。对违反《干部任用条例》选拔任用干部、用人失察失误造成严重后果的责任人员，按照违反《干部任用条例》行为的处理规定进行处理。

第二十五条 纪检机关（监察部门）和组织（人事）部门对违反《干部任用条例》的案件，要认真剖析，总结教训。典型案例可进行通报。

第六章 纪律和责任

第二十六条 党委（党组）及其组织（人事）部门派出的检查组，要坚持原则，实事求是，深入细致，如实反映检查情况。检查组成员要公道正派，保守秘密，廉洁自律。对违反纪律的，要按有关规定追究责任。

第二十七条 接受检查的党委（党组），要如实报告党政领导干部选拔任用工作的情况，提供有关材料。凡弄虚作假以及对检查组成员打击报复的，依据有关规定严肃处理。

第二十八条 实行党政领导干部选拔任用工作监督责任制。党委（党组）要加强对干部选拔任用工作的领导和监督。凡本地区、本部门不认真执行《干部任用条例》，用人上的不正之风严重、干部群众反映强烈以及对违反组织人事纪律的行为查处不力的，应当追究有关党委（党组）主要领导成员、分管领导成员和其他有关人员的责任。

第七章 附 则

第二十九条 本办法由中共中央组织部负责解释。

第三十条 本办法自发布之日起施行。

中共中央办公厅、国务院办公厅关于进一步治理党政部门报刊散滥和利用职权发行,减轻基层和农民负担的通知

(2003 年 7 月 15 日)

改革开放以来,我国报刊业取得了长足发展,规模实力明显增强,质量效益不断提高,在宣传党的理论路线方针政策,促进改革发展,维护社会稳定,丰富人民群众精神文化生活等方面,发挥了积极作用,作出了重要贡献。同时,伴随着报刊业的快速发展,结构不合理、忽视质量等散滥现象日益凸现。党中央、国务院对此高度重视,各级党委、政府和有关部门多次进行治理,取得了一定成效,但问题并没有得到根本解决。特别是党政部门报刊散滥和利用职权摊派发行、增加基层和农民负担现象仍然十分严重。有的利用职权强行推销、滥拉广告,有的变换手法隐形摊派,有的赠钱赠物提成回扣等等。这种状况不仅扰乱报刊发行秩序,妨碍报刊业健康发展,挤压重要党报党刊市场空间,更为严重的是助长不正之风,影响党同人民群众的关系。对此,社会反映强烈,群众意见很大。为进一步治理党政部门报刊散滥和利用职权发行,减轻基层和农民负担,经党中央、国务院领导同志同意,现就有关事项通知如下。

一、充分认识治理党政部门报刊散滥和利用职权发行,减轻基层和农民负担的重要性、紧迫性

进一步治理党政部门报刊散滥和利用职权发行,减轻基层和农民负担,事关党和政府的形象,事关人民群众的切身利益,事关宣传文化事业的健康发展。各级党委、政府和有关部门一定要从全面贯彻落实"三个代表"重要思想和党的十六大精神的高度,充分认识进一步治理党政部门报刊散滥和利用职权发行,减轻基层和农民负担的重要性、紧迫性。

这次治理工作的重点是:通过压缩党政部门报刊总量,调整结构,有效治理报刊散滥现象;报刊经营活动与部门权利分离,有效制止利用职权摊派发行;因地制宜,制定乡镇、村级组织、农村中小学校等基层单位公费订阅报刊最高限额标准和订阅重点党报党刊范围,有效减轻基层和农民负担。

二、压缩总量、调整结构，解决党政部门报刊散滥问题

党政部门办报办刊过多，是摊派发行问题屡禁不止的重要原因之一。总结以往的经验教训，解决这个问题必须从源头抓起。要停办一批，减少党政部门报刊数量；分离一批，切断部门权力与报刊经营之间的利益纽带；整合一批，解决党政部门报刊结构不合理、质量不高等散滥问题。具体要求是：

1. 中央党政部门与所办报刊实行管办分离。即报刊在人员上不与党政部门公务员混岗，财务上自主经营、独立核算，发行上不得利用部门职权搞摊派。管办分离后，主管部门和报刊社都必须加强对报刊导向的监管。在管办分离中，对有条件的报刊可划转到报业集团、出版集团和经国务院批准的全国性行业组织。对质量低劣、主要靠摊派发行的报刊予以停办，对内容相近、交叉重复的报刊进行合并，个别确因指导工作需要保留的报刊，可转为内部资料性出版物，免费赠阅。

2. 省、自治区、直辖市党委统一办好一份党报和一份党刊，政府办好一份免费赠阅的政府公报。个别省、自治区党委没有办党刊的，可将党委有关部门所办刊物合并为一份党刊。党政各部门所办报刊原则上划转到省级党报集团、广电集团、出版集团或有实力的报刊社。对质量低劣、主要靠摊派发行的报刊予以停办，对内容相近、交叉重复的报刊进行合并，个别确因指导工作需要保留的报刊，可转为内部资料性出版物，免费赠阅。对一些导向好、影响大、已经面向市场的报刊，可仍由原主管部门主管，实行管办分离，在人员上不与党政部门公务员混岗，财务上自主经营、独立核算，发行上不得利用部门职权搞摊派。管办分离后，主管部门和报刊社都必须加强对报刊导向的监管。省级和省级以下行业组织不办报刊，已办的要停办。

3. 市（地、州、盟）除保留一份党报外，其他党政部门所办报刊一律停办。确因指导工作需要保留的，可转为内部资料性出版物，免费赠阅。县（市、旗）和城市区不再办报刊，已办的要停办。对个别影响大、有一定规模的县市报，可由省级党报或地市级党报进行有偿兼并，或改办为地市级党报的县市版。

三、采取切实有效措施，坚决制止党政部门报刊利用职权摊派发行

按照标本兼治的原则，在深化改革、治散治滥的同时，完善监督机制，严肃工作纪律，加大监管力度，狠刹报刊发行中的不正之风。对继续搞摊派发行、增加基层和农民负担的报刊，坚决进行查处。

1. 所有党政部门均不得通过发文件、下指标等手段摊派发行报刊。不得将乡镇、村级组织等基层单位是否订阅报刊与工作考核、评优达标挂钩，搞所谓

“一票否决”。不得利用登记、年检、办证、办照等工作之便向服务和管理对象摊派报刊。不得采取电话通知、利用系统工作会议提要求、下发报刊订阅“建议表”等手段变相摊派报刊。党政部门不得为报刊承揽广告业务提供方便,不得以任何名目向报刊社收取管理费、发行费,更不得把报刊的经营收入变成机关的“小金库”;党政部门公务员不得与报刊社工作人员混岗;不得以党政部门名义参与协办报刊。

2. 所有报刊都要实行编辑业务与经营活动相分离,不得采取提成回扣、赠钱赠物、出国考察、公费旅游等办法推销报刊,不得搞有偿新闻扩大发行。党报党刊要带头规范经营行为,所办子报、子刊、地方版、形象版等不得以党报党刊名义搭车发行,搞变相摊派。限定发行范围的报刊不得超范围发行。报刊社要加强对采编人员和记者站工作人员的教育管理,杜绝违规违纪行为。

3. 各省、自治区、直辖市要区分欠发达、中等、发达地区的不同情况,分别制定乡镇、村级组织、农村中小学校等基层单位公费订阅报刊的最高限额标准,并由纪检、监察(纠风)部门和新闻出版行政部门负责监督落实。

4. 各级新闻出版行政部门要建立健全监督机制,加强对报刊发行活动的监管。制定和完善报刊发行管理办法,依法整顿和规范报刊发行秩序。建立违规发行举报制度,公布举报电话,鼓励群众举报。修订完善“内部资料性出版物管理办法”,严禁内部资料性出版物变相公开发行和刊登广告,严禁各种收费行为。

5. 加大对违规违纪行为的查处力度。纪检、监察(纠风)、财政、工商、税务、审计等部门要充分发挥职能作用,依法查处违规违纪行为。对有令不行、有禁不止、继续搞摊派发行的,要予以停刊整顿直至撤销刊号,同时要追究主要负责人和有关当事人的责任。对提取报刊经营收入作为“小金库”的部门以及在报刊征订发行活动中提取或变相提取发行费的部门和个人,要追究责任,严肃查处。

四、改进党报党刊发行工作,进一步减轻基层和农民负担

党报党刊是党和人民的喉舌,是社会主义意识形态的重要阵地,对于宣传党的理论路线方针政策,指导实际工作,动员组织群众,推进改革开放和社会主义现代化建设事业具有重要作用。要按照十六大关于扶持党和国家重要新闻媒体的要求,加大政府对党报党刊的财政投入。同时,要改进党报党刊发行工作,进一步减轻基层和农民负担。

1. 规范重点党报党刊在基层发行的种类和范围。村级组织、乡镇用定额管理的公费订阅的党报党刊,是指党中央和地方党委的机关报刊。即人民日报、求是杂志,各省、自治区、直辖市党委办的一份党报和一份党刊,各市(地、州、盟)党委办的一份党报。有关部门要研究制定用党费订阅党报党刊的具体办法,保证每年有一定比例的党费用于本地区本单位的党组织,特别是贫困地区的村组、乡镇、中小学校的党组织订阅党报党刊。

2. 改进党报党刊的发行方式。从实际出发,实事求是地确定各地区各部门订阅党报党刊的数量,不搞强迫指令,坚决制止层层加码,把负担转嫁给基层和农民。有条件的村级组织应订阅人民日报。求是杂志用公费订阅原则上只到乡镇一级。对农村地区,重点党报可发行版面较少、价格较低、针对性和实用性较强的农村版。

3. 不断提高党报党刊质量,努力增强吸引力和影响力。要大力提倡各级党组织和广大党员干部积极订阅和有效使用党报党刊。凡是公费订阅报刊的乡镇以上机关单位和领导干部,要首先订阅党报党刊特别是中央级党报党刊。同时,党报党刊要认真改进宣传方法,紧密联系改革开放和现代化建设的实际,联系人们的思想实际,把体现党的意志与反映人民群众心声统一起来,坚持正确导向,贴近实际、贴近生活、贴近群众,不断增强针对性、实效性和吸引力、感染力。通过改进工作、提高质量,赢得更多读者,增加市场份额,进一步巩固和扩大舆论阵地。

五、加强领导,务求实效

治理党政部门报刊散滥和利用职权发行,减轻基层和农民负担,涉及面广,政策性强,任务很重,难度很大。各地区各部门要解放思想、与时俱进,用创新的思路、改革的办法解决存在的问题。要增强政治意识、大局意识和责任意识,保证各项措施落到实处,务求取得实际效果。

1. 高度重视,加强领导。各级党委、政府和各有关部门要把进一步治理党政部门报刊散滥和利用职权发行,减轻基层和农民负担作为深入贯彻落实十六大精神,带头实践"三个代表"重要思想,加强和改进党的作风建设的具体举措,摆上重要议事日程,统一思想、统一部署、统一行动。要明确目标任务,落实责任分工,保证领导到位,工作到位。中央成立治理党政部门报刊散滥和利用职权发行工作协调领导小组,由中央纪委、中央宣传部、中央直属机关工委、中央国家机关工委、中央机构编制委员会办公室、新闻出版总署、监察部(国务院纠风办)、财政部、农业部、国家工商行政管理总局、国家税务总局、审计署、国家邮政局等部门和单位负责同志组成,新闻出版总署承担具体工作。各省、自治区、直辖市都要成立领导小组,负责本地区的治理工作。中央、国家机关治理工作任务比较重的部门,也要成立领导小组。中央将在适当时间派出联合督查组,对各地区各部门的工作进行检查。各省、自治区、直辖市也要加强监督检查,发现问题,及时解决。

2. 精心组织,狠抓落实。新闻出版总署要根据本通知的要求,制定具体实施细则。各地区各部门要结合实际,制定切实可行的实施方案。要把握政策,区分情况,分类指导。要严格程序,严守规定,所有保留、分离、划转、合并和停办的报刊,都要报新闻出版总署办理手续,合并和停办报刊的刊号由新闻出版总署收回。今后,党政部门原则上不再新批办报刊。各地区各部门要采取切实措施,妥善处理分离、划转、停办过程中的有关问题。要细致稳妥做好停办报刊的人员安置工作,对符合公务员条件、确有需要又有编制的,可以到党政部门工作;对素质好、适合做新闻出版工作的,可以转到其他新闻出版单位;鼓励一部分人自己创业,为其提供必要的帮助。有关部门要制定具体办法,认真解决好停办、分离、整合报刊的资产划转、债权债务问题,防止国有资产流失。要保证分离、划转报刊业务正常运转和工作的连续性、稳定性。

3. 加强管理,把握导向。报刊特别是党报党刊是重要的思想舆论阵地,各级党委和有关部门一定要从讲政治的高度,切实加强和改善对报刊业的领导和管理,始终坚持正确舆论导向,巩固马克思列宁主义、毛泽东思想、邓小平理论和"三个代表"重要思想在意识形态领域的指导地位。调整后的报刊主管单位,要对所属报刊的宣传导向、领导班子建设和国有资产保值增值,切实负起责任。所有报刊无论划转还是整合,无论主管、主办单位如何变化,都要牢固树立政治意识、大局意识和责任意识,严格自律、严守纪律,成为宣传科学理论、传播先进文化、倡导科学精神、塑造美好心灵、弘扬社会正气的阵地,决不给违反四项基本原则、违反改革开放政策、违反党的路线方针的错误思想和文化垃圾提供传播渠道。

中共中央纪委、监察部
关于认真做好治理党政部门报刊散滥和
利用职权发行工作的通知

(2003年8月21日)

最近,中共中央办公厅、国务院办公厅下发了《关于进一步治理党政部门报刊散滥和利用职权发行,减轻基层和农民负担的通知》(中办发〔2003〕19号,简称《通知》),中央纪委、中央宣传部、农业部、新闻出版总署召开了治理党政部门报刊散滥和利用职权发行工作会议(简称工作会议),对治理党政部门报刊散滥和利用职权发行的工作作出了部署。为认真贯彻落实《通知》的精神和工作会议的要求,切实做好专项治理工作,现就有关问题通知如下。

一、统一思想,充分认识专项治理工作的重要性和紧迫性

党政部门报刊散滥和利用职权发行的问题由来已久,虽几经治理,但没有得到根本解决,在一些地区和部门还比较严重。这不仅扰乱了报刊发行的正常秩序,妨碍了新闻出版业的健康发展,而且加重了基层和农民负担,严重损害了群众利益,助长了部门和行业不正之风,也导致了党政机关权力的扭曲和变异,滋生了腐败现象,严重影响了党同人民群众的关系,已经到了非彻底治理不可的地步。进一步治理党政部门报刊散滥和利用职权发行,减轻基层和农民负担,是中央根据广大人民群众意愿作出的一项重要决策,是贯彻落实"三个代表"重要思想,坚持立党为公、执政为民,维护广大人民群众根本利益的具体行动,也是深入开展党风廉政建设和反腐败工作、纠正部门和行业不正之风的重要举措。各级纪检监察机关要按照《通知》的精神和工作会议的要求,充分认识专项治理工作的重要性和紧迫性,把思想和行动统一到中央的决策和部署上来,迅速行动起来,采取切实有效的措施,从源头上治理党政部门报刊散滥和利用职权发行的不正之风,坚决切断报刊经营与部门职权之间的经济利益关系,让权力从报刊经营活动中退出,力争在较短的时间内使报刊散滥和摊派发行现象得到明显遏制,有效减轻基层和农民负担。

二、充分发挥职能作用,切实做好专项治理工作

进一步治理党政部门报刊散滥和利用职权发行的工作涉及面广,难度大、

时间紧、任务重。各级纪检监察机关要在各级党委、政府的统一领导下,按照《通知》的精神和工作会议的要求,充分发挥职能作用,扎扎实实地抓好专项治理工作。

切实加强领导,积极履行职责。各级纪检监察机关要把制止报刊摊派发行或变相摊派发行作为纠风整纪的重点,摆上重要议事日程,主要领导要亲自抓,并明确一名领导具体负责。要按照中央的要求,结合本地区、本部门的实际,对治理工作作出具体安排,明确任务,细化目标;要按照党风廉政建设责任制的要求,督促有关地区和部门坚决贯彻《通知》的精神和工作会议的要求,保证各项工作落到实处。

突出重点,开展监督检查。要会同各级新闻出版、财政、审计、物价、工商等部门组织对专项治理工作的监督检查,做到上下结合,条块结合,边清边查,边查边改。对工作不力、进展迟缓的地区和部门,要督促其加快工作进度,保证工作质量;对存在问题较多的单位,要进行重点帮助,责令其限期整改;对检查中发现的问题,要及时制止和纠正。

认真自查自纠,带头治理纪检监察系统的报刊。各级纪检监察机关一定要增强自觉性和责任感,不折不扣地按照《通知》的精神和工作会议的要求,采取坚决果断的措施,积极主动开展工作,带头完成好专项治理工作的各项任务。要对照《通知》的精神和新闻出版总署《关于落实中办、国办〈关于进一步治理党政部门报刊散滥和利用职权发行,减轻基层和农民负担的通知〉的实施细则》(简称《实施细则》),认真开展自查自纠。对所办报刊,该管办分离的要坚决分离,该停办的要坚决停办,该整合的要坚决整合;不得通过发文件、下指标等手段摊派发行经治理后保留的报刊,不得为报刊承揽广告业务提供方便,不得以任何名目向报刊社收取管理费、发行费,更不得把报刊的经营收入变成机关的"小金库",不得以机关名义参与协办报刊;坚决纠正摊派发行报刊或变相摊派发行报刊的行为。

三、严肃纪律,标本兼治,确保专项治理任务顺利完成

各级纪检监察机关要采取切实可行的措施,按照标本兼治的原则,加大对报刊摊派发行行为的治理力度,严肃查处违规违纪行为,确保专项治理工作各项任务的顺利完成。

严格执行纪律,严肃查处违规违纪行为。要按照《通知》的精神和《实施细则》中的有关要求及党风廉政建设责任制等有关规定,严肃查处各类违规违纪行为。对有令不行、有禁不止,继续搞摊派发行或变相摊派发行,以及借整顿之机转移或变相转移国有资产的问题,要严肃查处,按照《中共中央、国务院关于坚决制止乱收费、乱罚款和各种摊派的决定》(中发〔1990〕16号)、《中共中央、国务院关于切实做好减轻农民负担工作的决定》(中发〔1996〕13号)、《中共中央、国务院关于治理向企业乱收费、乱罚款和各种摊派等问题的决定》(中发〔1997〕14号)和《禁止向企业摊派暂行条例》、《违反行政事业性收费和罚没收入收支两条线管理规定行政处分暂行规定》等有关规定,对直接负责的主管人员和其他直接责任人员根据情节轻重给予党纪政纪处分;情节严重的,通过新闻媒体公开曝光。

加强政策研究,建立健全制度。要加强调查研究,对专项治理工作中的全局性、倾向性问题和发现的新情况、新问题,及时提出针对性强的对策和建议。要针对报刊发行中存在的问题,进一步建立健全规章制度,巩固专项治理的成果,以党风廉政建设的实际成果取信于民。

中共中央纪委办公厅、监察部办公厅、国资委办公厅关于印发《关于加强国有企业领导人员廉洁自律工作的意见》的通知

(2003 年 9 月 23 日)

现将《关于加强国有企业领导人员廉洁自律工作的意见》印发给你们,请认真组织学习,并结合实际贯彻落实。

关于加强国有企业领导人员廉洁自律工作的意见

国有企业是我国国民经济的支柱。国有企业领导人员是企业的经营管理者,担负着重要职责。切实加强国有企业领导人员廉洁自律工作,是国有企业反腐倡廉工作的关键环节,也是深化国有企业改革、建立现代企业制度的必然要求。为贯彻落实党中央、国务院关于加强国有企业领导人员廉洁自律工作的部署和要求,推进国有企业党风廉政建设,现提出如下意见:

一、明确任务,切实落实国有企业领导人员廉洁自律工作的各项要求

党中央、国务院历来重视国有企业党风廉政建设,采取了一系列措施,加强国有企业的反腐倡廉工作。特别是近年来,党中央、国务院以规范国有企业领导人员行为为重点,作出了一系列具体规定,有力地推动了国有企业领导人员的廉洁自律工作。新世纪新阶段,国有企业党风廉政建设工作面临着新的形势、新的情况和新的变化。我们必须从党和国家工作的大局出发,用“三个代表”重要思想指导国有企业反腐倡廉工作新的实践,坚持行之有效的好经验好做法,根据发展变化了的新形势,不断赋予国有企业领导人员廉洁自律工作新任务新要求。

当前和今后一个时期深入开展国有企业领导人员廉洁自律工作,要以邓小平理论和“三个代表”重要思想为指导,全面贯彻党的十六大精神,认真落实中央纪委第二次全会和国务院廉政工作会议部署,围绕发展这个党执政兴国的第

一要务，坚持从严治党的方针。要加强教育，完善制度，规范行为，强化监督，进一步提高国有企业领导人员廉洁自律意识和拒腐防变能力，在加快建立现代企业制度、完善法人治理结构的过程中，从体制机制制度和管理入手，加大从源头上预防和治理腐败的力度，努力建设一支素质高、作风正的国有企业领导人员队伍。其主要任务是：在继续贯彻中央纪委关于国有企业领导人员廉洁自律各项规定的基础上，着重落实2003年中央纪委第二次全会提出的国有企业领导人员廉洁自律五项要求（以下简称“五项要求”），即不准利用职权在企业物资购销、项目开发等经营活动中谋取私利；不准个人及其亲属违反规定投资入股与其所在国有企业有关联交易、有依托关系的私营、民营企业和外资企业；不准将国有资产私自委托、租赁、承包给自己的配偶、子女及其他亲属经营；不准违反国有资产监管程序和企业规章制度，擅自决定对外投资、借贷、融资、担保等重大事项；不准利用企业的商业秘密、业务渠道从事个人谋利活动，或将其提供、泄露给他人及其他企业。各地区、各企业要结合实际，贯彻落实“五项要求”，推动国有企业领导人员廉洁自律工作深入开展。

二、加强教育，不断提高国有企业领导人员廉洁自律的自觉性

加强教育，提高国有企业领导人员廉洁自律的自觉性，是贯彻落实廉洁自律各项规定的基础性工作。要围绕“五项要求”的贯彻落实，针对廉洁自律工作中存在的突出问题，着重在提高企业领导人员的政治素质、思想道德水平上下功夫。各企业党组织要充分发挥政治核心作用，要按照《中共中央关于在全党兴起学习贯彻“三个代表”重要思想新高潮的通知》的要求，组织党员干部认真学习江泽民同志一系列重要著作、胡锦涛同志的“七一”重要讲话精神和《“三个代表”重要思想学习纲要》，坚持立党为公、执政为民；要开展党员先进性教育，牢记“两个务必”，发扬艰苦奋斗作风，坚定理想信念，树立正确的世界观、人生观和价值观；要开展全心全意依靠工人阶级办好企业的教育、增强国有资产保值增值责任意识的教育、依法经营和勤俭办企业的教育、党纪政纪和法律法规教育、正反两方面典型的教育等，使企业领导人员正确对待荣誉、地位，在金钱、美色面前始终保持清醒的头脑，自觉抵制拜金主义、享乐主义和极端个人主义的诱惑，不断提高廉洁自律的自觉性，增强拒腐防变能力；要加强对企业法定代表人的教育，使他们成为依法经营、廉洁自律的模范，自觉接受组织和职工的监督，在国有企业领导人员廉洁自律方面作出表率。

三、加强制度建设，进一步规范国有企业领导人员行为

加强制度建设，是贯彻落实廉洁自律各项规定的重要措施。企业的规章制度要体现廉洁自律的要求，坚持按制度办事、靠制度管人。要认真贯彻落实党风廉政建设责任制规定的领导体制和工作机制;要结合贯彻《企业国有资产监督管理暂行条例》,继续坚持企业重大决策、重大项目安排、重要人事任免、大额度资金使用集体决策的制度,在财务管理、采购销售、工程项目、资产流动等环节,推行财会审计、比价采购、招标投标、规范交易等制度,进一步规范国有企业领导人员的决策和管理行为;要继续坚持和严格执行厂务公开制度,充分发挥职工群众在民主决策、民主管理、民主监督中的作用;要继续坚持民主生活会、廉洁自律汇报、诫勉谈话、任期和离任经济责任审计、任职与公务回避、从业承诺、廉政档案等一系列行之有效的党风廉政制度。要认真抓好各项制度的落实,制定操作性强的具体办法和奖惩措施,并将制度落实情况作为考核国有企业领导人员的重要内容。

四、强化监督检查,促进国有企业领导人员廉洁自律各项规定的落实

各地区、各企业要围绕国有企业领导人员廉洁自律各项规定特别是“五项要求”,切实加强对企业领导人员廉洁自律情况的监督检查。企业领导人员要认真自查自纠,根据发现的问题提出整改措施,并将整改情况作为领导人员述职述廉的一项重要内容。各级纪检监察机关要会同国有资产监督管理部门在企业领导人员自查自纠的基础上,组织对贯彻落实“五项要求”的专项检查。国有企业党组织要认真履行党章赋予的职责,加强对国有企业领导人员廉洁自律情况的监督检查,保证监督党和国家的方针、政策在本企业的贯彻执行。企业纪检监察部门要通过效能监察等形式,把有效的监督融入经营管理之中。要注意发现和解决在贯彻落实国有企业领导人员廉洁自律各项规定的过程中,特别是当前企业重组改制、资本运作、产权交易等经营活动中的突出问题,防止国有资产流失。要充分发挥企业职代会的监督作用,企业领导人员落实国有企业领导人员廉洁自律各项规定特别是“五项要求”的情况,要向职代会报告,接受群众监督。对于违反廉洁自律规定的国有企业领导人员,要根据其错误事实,依据党纪政纪的有关规定给予必要的纪律处分;构成犯罪的,要依法追究其刑事责任。总之,要通过严肃纪律,切实加大责任追究力度,保证廉洁自律规定的贯彻落实。中央纪委、监察部将会同有关部门,对国有企业领导人员廉洁自律各项规定特别是“五项要求”的落实情况进行检查。

五、加强组织领导,确保国有企业领导人员廉洁自律工作收到实效

各级党政领导和企业领导人员要按照党风廉政建设责任制的要求,切实加强对国有企业领导人员廉洁自律工作的领导。各级纪检监察机关要加强对国有企业领导人员廉洁自律工作的指导,充分发挥好组织协调和监督检查作用。各级组织部门要进一步完善国有企业领导人员管理办法,建立适应社会主义市场经济体制要求和符合国有企业特点的监督管理新机制,切实加强对国有企业领导人员的监督。各级国有资产监督管理部门和有关行业管理部门,要充分发挥职能作用,把国有企业领导人员的廉洁自律工作放到保证国有资产安全、实现国有资产保值增值的大局中统筹考虑,统一安排。各地区、各企业要把中央关于廉洁自律的各项规定和要求与本地区、本企业的实际相结合,根据存在的突出问题和薄弱环节,有针对性地开展工作。要通过廉洁自律各项规定的贯彻落实,规范企业领导人员行为,促进国有企业党风廉政建设的不断深入,为国有企业改革发展稳定提供有力的政治保证。

中共中央关于印发《中国共产党党内监督条例(试行)》的通知

(2003年12月31日)

现将《中国共产党党内监督条例(试行)》(以下简称《党内监督条例(试行)》)印发给你们,请认真贯彻执行。

《党内监督条例(试行)》是一部十分重要的党内法规,它的颁布实施,对于我们坚持党要管党、从严治党的方针,发展党内民主,加强党内监督,维护党的团结统一,保持党的先进性,始终做到立党为公、执政为民,必将起到重要作用。

党的各级组织一定要从推进党的建设新的伟大工程的高度,充分认识贯彻实施《党内监督条例(试行)》的重要性,认真学习、广泛宣传、严格执行《党内监督条例(试行)》。要依据《党内监督条例(试行)》,认真分析本地区、本部门、本单位党内监督方面的薄弱环节,采取有效措施加以解决;要认真开展督促检查,及时纠正违反《党内监督条例(试行)》的行为。党员领导干部要在抓好本地区、本部门、本单位贯彻实施《党内监督条例(试行)》工作的同时,切实增强接受监督的意识,主动接受党组织和党员的监督。广大党员干部要进一步提高认识,自觉履行党内监督的职责,正确行使党内监督的各项权利。

各地区、各部门在贯彻实施《党内监督条例(试行)》中有哪些问题和建议,请及时报告中央。

中国共产党党内监督条例(试行)

第一章　总　　则

第一条　为加强党内监督,发展党内民主,维护党的团结统一,提高党的领导水平和执政水平,增强拒腐防变和抵御风险能力,坚持党的先进性,始终做到立党为公、执政为民,根据《中国共产党章程》,制定本条例。

第二条　党内监督以马克思列宁主义、毛泽东思想、邓小平理论和“三个代表”重要思想为指导,坚持解放思想、实事求是、与时俱进,坚持民主集中制和党要管党、从严治党的方针。

第三条 党内监督的重点对象是党的各级领导机关和领导干部,特别是各级领导班子主要负责人。

第四条 党内监督的重点内容是:

(一)遵守党的章程和其他党内法规,维护中央权威,贯彻执行党的路线、方针、政策和上级党组织决议、决定及工作部署的情况;

(二)遵守宪法、法律,坚持依法执政的情况;

(三)贯彻执行民主集中制的情况;

(四)保障党员权利的情况;

(五)在干部选拔任用工作中执行党和国家有关规定的情况;

(六)密切联系群众,实现、维护、发展人民群众根本利益的情况;

(七)廉洁自律和抓党风廉政建设的情况。

第五条 党内监督要与党外监督相结合。党的各级组织和党员领导干部,应当自觉接受并正确对待党和人民群众的监督。

第二章　监督职责

第六条 党的各级委员会在党内监督方面履行下列职责:

(一)领导党内监督工作,明确同级纪委和党委工作部门、直属机构、派出机关以及相当于这一级别的党组(党委)在党内监督方面的任务和要求;

(二)制定贯彻上级党组织和同级党的代表大会关于加强党内监督工作决议、决定的措施,研究解决党内监督工作中的重要问题;

(三)对党委常委、委员,同级纪委和党委工作部门、直属机构、派出机关以及相当于这一级别的党组(党委)的领导班子及其成员进行监督;

(四)对下一级党组织及其领导班子,特别是主要负责人进行监督;

(五)党的地方各级委员会和基层委员会监督上级党委、纪委的工作,提出意见和建议。

党的中央和地方各级委员会派出的工作委员会,按照有关规定对所属党组织和党员领导干部进行监督。

第七条 党的各级委员会委员在党内监督方面的责任:

(一)对所在委员会、同级纪委和党委工作部门、直属机构、派出机关以及相当于这一级别的党组(党委)的工作进行监督;

(二)对所在委员会、同级纪委的常委、委员和党委工作部门、直属机构、派出机关以及相当于这一级别的党组(党委)的负责人进行监督;

(三)党的地方各级委员会委员和基层委员会委员,对本条第(一)、(二)项所列党组织和党员领导干部的问题和意见,署真实姓名以书面形式或其他形式向党委常委会、同级纪委常委会提出或向上一级党委、纪委反映;

(四)中央委员对中央政治局委员、常委的意见,署真实姓名以书面形式或其他形式向中央政治局常委会或中央纪委常委会反映。

对委员署真实姓名反映的问题、意见和建议,有关部门或人员应当及时转达,不得扣压;有关党组织应当及时研究、处理并以适当方式答复。

第八条 党的各级纪律检查委员会是党内监督的专门机关。中央纪委在中央委员会领导下,党的地方各级纪委和基层纪委在同级党委和上级纪委领导下,在党内监督方面履行下列职责:

(一)协助同级党的委员会组织协调党内监督工作,组织开展对党内监督工作的督促检查;

(二)对党员领导干部履行职责和行使权力情况进行监督;

(三)检查和处理党的组织和党员违反党的章程和其他党内法规的比较重要或复杂的案件;

(四)向同级党委和上一级纪委报告党内监督工作情况,提出建议,依照权限组织起草、制定有关规定和制度,作出关于维护党纪的决定;

(五)受理对党组织和党员违犯党纪行为的检举和党员的控告、申诉,保障党员的权利。

党的中央纪律检查委员会和地方各级纪律检查委员会派出的纪律检查工作委员会,按照有关规定履行监督职责。

纪委对派驻纪检组实行统一管理。派驻纪检组按照有关规定对驻在部门的党组织和党员领导干部进行监督。

党的地方和部门纪委、党组纪检组可以直接向上级纪委报告本地区、本系统、本单位发生的重大问题。

第九条 党的各级纪律检查委员会委员在党内监督方面的责任:

(一)对所在委员会及其派驻机构、派出的巡视机构的工作进行监督;

(二)对所在委员会常委、委员和派驻机构、派出的巡视机构的负责人进行监督;

(三)党的地方各级纪委委员和基层纪委委员,对本条第(一)、(二)项所列纪检机关(机构)和党员领导干部的问题和意见,署真实姓名以书面形式或其他形式向纪委常委会、同级党委提出或反映,对所在委员会委员、常委的意见还可以向上一级党委和纪委反映;

(四)中央纪委委员对中央纪委常委的意见,署真实姓名以书面形式或其他形式向中央纪委常委会或中央政治局常委会反映。

对委员署真实姓名反映的问题、意见和建议，有关部门、机构或人员应当及时转达，不得扣压；有关党组织应当及时研究、处理并以适当方式答复。

第十条 党员在党内监督方面的责任和权利：

（一）及时向党组织反映群众的意见和要求，维护群众的正当利益；

（二）对党的决议和政策如有不同意见，在坚决执行的前提下，可以在党的会议上或向党的组织提出保留，并且可以把自己的意见向党的上级组织直至中央反映，但不得公开发表同中央决定相反的意见；

（三）在党的会议上有根据地批评党的任何组织和任何党员，勇于揭露和纠正工作中的缺点、错误；

（四）检举党的任何组织和任何党员违纪违法的事实，同消极腐败现象作斗争；

（五）参加党组织开展的评议党员领导干部活动，发表意见。

第十一条 党的各级代表大会代表在代表大会闭会期间，除履行党员的监督责任和享有党员的监督权利外，按照有关规定对其选举产生的党的委员会、纪律检查委员会及其成员进行监督，反映所在选举单位党员的意见和建议。

第三章 监督制度

第一节 集体领导和分工负责

第十二条 党的各级委员会实行集体领导和个人分工负责相结合的制度。凡属方针政策性的大事，凡属全局性的问题，凡属重要干部的推荐、任免和奖惩，都要按照集体领导、民主集中、个别酝酿、会议决定的原则，由党的委员会集体讨论作出决定。党的委员会成员要根据集体的决定和分工，切实履行自己的职责；同时要关心全局工作，积极参与集体领导。

党的各级领导班子主要负责人应当带头执行民主集中制，支持领导班子成员在职责范围内独立负责地开展工作。领导班子成员要互相信任，互相支持，维护和增强领导班子的团结。

第十三条 党的各级领导班子应当制定、完善并严格执行议事规则，保证决策科学、民主。

按照议事规则应当由集体讨论决定的事项，必须列入会议议程。

党的各级领导班子讨论决定事项，应当充分发表意见，对于少数人的不同意见，应当认真考虑。各种意见和主要理由应当如实记录。讨论干部任免事项,还应当如实记录推荐、考察、酝酿、讨论决定的情况。领导班子成员个人向党组织推荐领导干部人选,必须负责地写出推荐材料并署名。

党的各级领导班子决定重要事项,应当进行表决。表决采用口头、举手、无记名或记名投票等方式。表决结果和表决方式应当记录在案。

第十四条 对于应当经集体讨论决定的事项而未经集体讨论,也未征求其他成员意见,由个人或少数人决定的,除遇紧急情况外,应当区别情况追究主要责任人的责任。

党的各级领导班子成员不遵守、不执行集体的决定,或未能按照集体的决定和分工履行自己的职责,给工作造成损失的,应当追究责任。

第二节 重要情况通报和报告

第十五条 中央委员会作出的决议、决定和中央政治局会议的内容,根据需要以适当方式在一定范围通报或向全党通报。

地方各级党的委员会全体会议作出的决议、决定,一般应当向下属党组织和党员通报,根据实际情况,以适当方式向社会公开。地方各级党委常委会会议的内容和本地区的重要情况,根据需要以适当方式在一定范围通报或向本地区的党组织和党员通报。

第十六条 党的各级委员会、纪律检查委员会在同级党的代表大会闭会期间,根据需要将有关决策、重要情况向本次党的代表大会代表通报。

第十七条 党组织对于本地区、本系统、本单位事关全局和社会稳定的重要情况以及重大问题,应当按照规定时限和程序向上级党组织报告或请示。同时,地方各级党委应当在职权范围内发挥总揽全局、协调各方的作用,支持政府和有关方面独立负责地处理好有关问题。

对隐瞒不报、不如实报告、干扰和阻挠如实报告或不按时报告、请示的,追究有关负责人的责任。

对下级请示不及时答复、批复或对下级报告中反映的问题在职责范围内不及时处置,造成严重后果的,追究有关责任人的责任。

第十八条 各级党员领导干部应当向党组织如实报告个人重大事项,自觉接受监督。个人重大事项的具体内容,另行规定。

第三节 述职述廉

第十九条 中央政治局向中央委员会全体会议报告工作。

中央纪委常委会向中央纪委全体会议报告工作。

地方各级党委常委会、纪委常委会分别向委员会全体会议每年报告工作一次。

设常委会的基层党组织的党委常委会、纪委常委会分别向委员会全体会议每年报告工作一次。

第二十条 中央各部门、直属机构、派出机关以及相当于这一级别的党组(党委),地方各级党委、纪委和党委工作部门、直属机构、派出机关以及相当于这一级别的党组(党委)的领导班子成员,分别在届中和换届前一年在规定范围述职述廉一次。

基层党委、纪委,党总支、党支部负责人,每年在规定范围述职述廉一次。述职述廉时可以邀请群众代表参加会议。

在届中和换届前的述职述廉后,上一级党组织应当结合当年的年度考核组织民主评议或民主测评。

第四节 民主生活会

第二十一条 党组织应当坚持和健全党员领导干部民主生活会制度,按照规定开好民主生活会。通过民主生活会,统一思想,改进作风,加强监督,增进团结,提高依靠自身力量解决问题和矛盾的能力。

县以上党和国家机关党员领导干部应当按照规定参加双重组织生活会。

第二十二条 领导班子召开民主生活会要切实保证质量。民主生活会的主题应当按照上级党组织的要求、针对党性党风方面存在的突出问题确定。

领导班子成员在民主生活会上,应当针对自身存在的廉洁自律方面的问题以及党员、群众、领导班子其他成员和下级党组织提出的意见,负责任地作出检查或说明,积极开展批评和自我批评。

领导班子主要负责人对开好民主生活会负责,并承担制定和落实领导班子整改措施的领导责任。

第二十三条 党员、群众和下级党组织对领导班子及其成员的意见、民主生活会情况和整改措施,应当按照规定如实上报,并将民主生活会情况和整改措施及时在一定范围通报。

党员有权了解本人所提意见和建议的处理结果。

第二十四条 上级党组织应当加强对下级领导班子民主生活会的指导和监督。发现下级领导班子民主生活会主题不符合要求,应当提出明确意见,必要时可以直接确定;认为下级领导班子民主生活会不符合规定要求,可以责令重新召开。

中央纪委、中央组织部和中央直属机关工委、中央国家机关工委领导班子成员,除参加所在领导班子民主生活会外,每人每年应当参加一个以上省部级领导班子的民主生活会,了解情况。

地方各级党委、纪委和党委组织部门领导班子成员,除参加所在领导班子民主生活会外,每人每年应当参加一个以上下一级领导班子的民主生活会,了解情况。

第五节 信访处理

第二十五条 各级党委、纪委通过信访处理,对下级党组织和领导干部实施监督,及时研究来信来访中提出的重要问题。对重要信访事项的办理,应当督促检查,直至妥善处理。

第二十六条 凡向党组织检举党员或下级党组织严重违纪违法问题的以及党员控告侵害自己合法权益行为的,党组织应当按照有关规定及时调查处理。党员署真实姓名检举的,应当视情况将处理结果告知该党员,听取其意见。

第六节 巡 视

第二十七条 中央和省、自治区、直辖市党委建立巡视制度,按照有关规定对下级党组织领导班子及其成员进行监督。

第二十八条 巡视工作的主要任务是:

(一)了解贯彻落实“三个代表”重要思想和执行党的路线、方针、政策、决议、决定和工作部署的情况,执行民主集中制的情况,落实党风廉政建设责任制和廉政勤政的情况,领导干部选拔任用的情况,处理改革发展稳定的情况,中央要求巡视的其他事项;

(二)向派出巡视组的党组织报告巡视工作中了解到的情况,提出意见和建议。

第二十九条 巡视组可以根据巡视工作需要列席所巡视地方的党组织的有关会议,查阅有关文件、资料,召开座谈会,与有关人员谈话,了解和研究群众来信来访中反映的有关领导干部的重要问题。

巡视组不处理所巡视地方的具体问题。

第七节 谈话和诫勉

第三十条 各级党委、纪委领导班子成员和党委组织部门负责人,应当不定期与党委工作部门、直属机构、派出机关以及相当于这一级别的党组(党委)

和下级党组织领导班子主要负责人谈话，主要了解该地区、该系统、该单位落实“三个代表”重要思想、执行党的路线方针政策、坚持民主集中制、实施党内监督的情况和领导班子及其成员廉政勤政的情况，提出建议和要求。

第三十一条 党委（党组）或组织（人事）部门对领导干部进行任职谈话，应当把贯彻执行民主集中制、廉政勤政方面的要求和存在的问题作为重要内容。

第三十二条 发现领导干部在政治思想、履行职责、工作作风、道德品质、廉政勤政等方面的苗头性问题，党委（党组）、纪委和党委组织部门应当按照干部管理权限及时对其进行诫勉谈话。对该领导干部提出的诫勉要求和该领导干部的说明及表态，应当作书面记录，经本人核实后，由组织（人事）部门或纪律检查机关留存。

第八节 舆论监督

第三十三条 在党的领导下，新闻媒体要按照有关规定和程序，通过内部反映或公开报道，发挥舆论监督的作用。

党的各级组织和党员领导干部应当重视和支持舆论监督，听取意见，推动和改进工作。

第三十四条 新闻媒体应当坚持党性原则，遵守新闻纪律和职业道德，把握舆论监督的正确导向，注重舆论监督的社会效果。

第九节 询问和质询

第三十五条 党的地方各级委员会委员，有权对党的委员会全体会议决议、决定执行中存在的问题提出询问或质询。

党的地方各级纪律检查委员会委员，有权对纪律检查委员会全体会议决议、决定执行中存在的问题提出询问或质询。

第三十六条 询问可口头提出，也可以书面形式署真实姓名提出。有关部门应当作出说明。

第三十七条 询问人在对有关部门所作的说明不满意的情况下，可以书面形式署真实姓名对同一问题提出质询。有关部门应当作出书面解释或答复。

对质询中发现的问题，有关党组织应当及时研究处理。质询人利用质询故意刁难、无理纠缠的，给予批评教育；情节严重的，追究责任。

第十节　罢免或撤换要求及处理

第三十八条　党的地方各级委员会委员,有权向上级党组织提出要求罢免或撤换所在委员会和同级纪委中不称职的委员、常委。

党的地方各级纪律检查委员会委员,有权向上级党组织提出要求罢免或撤换所在委员会不称职的委员、常委。

受理罢免或撤换要求的党组织应当认真研究处理。

第三十九条　罢免或撤换要求应当以书面形式署真实姓名提出,并有根据地陈述理由。

提出罢免或撤换要求应当严肃慎重。对于没有列举具体事例,不负责任地提出罢免或撤换要求的,给予批评教育;对于捏造事实陷害他人的,依纪依法追究责任。

第四章　监 督 保 障

第四十条　各级党委、纪委应当按照本条例规定切实履行监督职责,发挥监督作用。

党员和党员领导干部应当正确履行职责,自觉接受监督。

对违反本条例规定,不履行或不正确履行党内监督职责、不遵守党内监督制度的,视情节追究责任,严肃处理。

第四十一条　各级党组织应当认真贯彻党风廉政建设责任制,加强思想政治教育,健全工作制度,有效防范各种违纪行为的发生。对党组织和党员反映的问题,应当认真处理。

第四十二条　鼓励、支持、保护党组织和党员领导干部、党员、党的代表大会代表在党内监督中发挥积极作用。对署真实姓名反映问题或检举、控告违纪违法行为的,党组织和有关人员应当为其保密;对泄露的要追究责任。对检举、控告党员或党组织严重违纪违法问题经查证属实的,给予表扬或奖励。对打击报复监督者的,对以监督为名侮辱、诽谤、诬陷他人的,以及在监督中有其他违纪违法行为的,依纪依法严肃处理。

第四十三条　党组织发现违反本条例的行为或接到检举、控告,认为需要查明事实、纠正错误、追究责任的,按照职责和权限,及时调查处理。

经过调查,需要追究党组织责任的,责令其纠正错误或给予通报批评,情节严重的依照有关规定处理;需要追究党员责任的,依照有关规定给予批评教育、组织处理或党纪处分;没有发现被调查的党组织或党员有违反规定行为的,应当作出书面结论，消除影响。

第四十四条 党员、党组织对处理决定不服的，可以向作出处理决定的党组织申诉。有关党组织应当认真复议、复查，并作出结论。如仍有意见，可以向上级党组织直至中央申诉。

申诉期间，不影响处理决定的执行。

第五章 附 则

第四十五条 中国人民解放军和中国人民武装警察部队的党组织实施党内监督的规定，由中央军委参照本条例制定。

第四十六条 本条例由中央纪委商中央组织部解释。

第四十七条 本条例自发布之日起施行。

中共中央关于印发《中国共产党纪律处分条例》的通知

(2003 年 12 月 31 日)

现将《中国共产党纪律处分条例》(以下简称《党纪处分条例》)印发给你们,请认真贯彻执行。

《党纪处分条例》的颁布实施,是加强党的建设的一个重要举措,对于严肃党的纪律,纯洁党的组织,保障党员民主权利,教育党员遵纪守法,维护党的团结统一,保证党的路线、方针、政策和国家法律、法规的贯彻执行,推动反腐倡廉工作的深入开展,具有重要的意义。

《党纪处分条例》是我们党一部十分重要的党内法规,全党一定要认真学习、广泛宣传、严格遵守。党的各级组织要对本地区、本部门、本单位学习贯彻《党纪处分条例》的工作作出具体部署。要认真进行宣传教育,进一步增强广大党员特别是党员领导干部的纪律观念,自觉做到遵守党的纪律不动摇,执行党的纪律不走样。要加强对贯彻执行《党纪处分条例》情况的督促检查,加大查处违反《党纪处分条例》行为的力度,切实维护党的纪律的严肃性,不断增强党的创造力、凝聚力和战斗力。

各地区、各部门在执行《党纪处分条例》中有哪些问题和建议,请及时报告中央。

中国共产党纪律处分条例

第一编　总　　则

第一章　指导思想、原则和适用范围

第一条　中国共产党纪律处分条例,以马克思列宁主义、毛泽东思想、邓小平理论和“三个代表”重要思想为指导,依据党章和宪法、法律,结合党的建设的实践制定。

第二条　本条例的任务,是维护党的章程和其他党内法规,严肃党的纪律,

纯洁党的组织，保障党员民主权利，教育党员遵纪守法，维护党的团结统一，保证党的路线、方针、政策、决议和国家法律、法规的贯彻执行。

第三条 坚持党要管党、从严治党的原则。党的各级组织和全体党员应当遵守和维护党的纪律。对于违犯党纪的党组织和党员，必须严肃处理。

第四条 坚持党员在党纪面前人人平等的原则。党内不允许有任何不受纪律约束的党组织和党员。凡是违犯党纪的行为，都必须受到追究；应当受到党纪处分的，必须给予相应的处分。

第五条 坚持实事求是的原则。对党组织和党员违犯党纪的行为，应当以事实为依据，以党章、其他党内法规和国家法律、法规为准绳，准确地认定违纪性质，区别不同情况，恰当地予以处理。

第六条 坚持民主集中制的原则。实施党纪处分，应当按照规定程序经党组织集体讨论决定，不允许任何个人或者少数人决定和批准。上级党组织对违犯党纪的党组织和党员作出的处理决定，下级党组织必须执行。

第七条 坚持惩前毖后、治病救人的原则。处理违犯党纪的党组织和党员，应当实行惩戒与教育相结合，做到宽严相济。

第八条 本条例适用于违犯党纪应当受到党纪追究的党组织和党员。

第二章 违纪与纪律处分

第九条 党的纪律是党的各级组织和全体党员必须遵守的行为规则。党组织和党员违反党章和其他党内法规，违反国家法律、法规，违反党和国家政策、社会主义道德，危害党、国家和人民利益的行为，依照规定应当给予党纪处分的，都必须受到追究。

第十条 对党员的纪律处分种类：

（一）警告；

（二）严重警告；

（三）撤销党内职务；

（四）留党察看；

（五）开除党籍。

第十一条 对严重违犯党纪的党组织的纪律处理措施：

（一）改组；

（二）解散。

第十二条 党员受到警告或者严重警告处分，一年内不得在党内提升职务和向党外组织推荐担任高于其原任职务的党外职务。

第十三条 撤销党内职务处分,是指撤销受处分党员由党内选举或者组织任命的党内各种职务。对于在党内担任两个以上职务的,党组织在作处分决定时,应当明确是撤销其一切职务还是某个职务。如果决定撤销其某个职务,则必须从其担任的最高职务开始依次撤销。对于在党外组织担任职务的,应当建议党外组织依照规定作相应处理。

对于应当受到撤销党内职务处分,但是本人没有担任党内职务的,应当给予其严重警告处分。其中,在党外组织担任职务的,应当建议党外组织撤销其党外职务。

党员受到撤销党内职务处分,二年内不得在党内担任和向党外组织推荐担任与其原任职务相当或者高于其原任职务的职务。

第十四条 留党察看处分,分为留党察看一年、留党察看二年。对于受到留党察看处分一年的党员,期满后仍不符合恢复党员权利条件的,再延长一年留党察看期限。留党察看期限最长不得超过二年。

党员受留党察看处分期间,没有表决权、选举权和被选举权。留党察看期间,确有悔改表现的,期满后恢复其党员权利;坚持不改或者又发现其他应受党纪处分的违纪行为的,应当开除党籍。

党员受到留党察看处分,其党内职务自然撤销。对于担任党外职务的,应当建议党外组织撤销其党外职务。受到留党察看处分的党员,恢复党员权利后二年内,不得在党内担任和向党外组织推荐担任与其原任职务相当或者高于其原任职务的职务。

第十五条 党员受到开除党籍处分,五年内不得重新入党。另有规定不准重新入党的,依照规定。

第十六条 对于严重违犯党纪、本身又不能纠正的党组织领导机构,应当予以改组。受到改组处理的党组织领导机构成员,除应当受到撤销党内职务以上(含撤销党内职务)处分的外,均自然免职。

第十七条 对于全体或者多数党员严重违犯党纪的党组织,应当予以解散。对于受到解散处理的党组织中的党员,应当逐个审查。其中,符合党员条件的,应当重新登记,并参加新的组织过党的生活;不符合党员条件的,宣布除名;有违纪行为的,依照规定予以追究。

第三章　纪律处分运用规则

第十八条 故意违纪受处分后又因故意违纪应当受到党纪处分的,应当从重处分。

第十九条 从轻、从重处分，是指在本条例分则中规定的违纪行为应当受到的处分幅度以内，给予较轻或者较重的处分。

第二十条 减轻、加重处分，是指在本条例分则中规定的违纪行为应当受到的处分幅度以外，减轻或者加重一档给予处分。

本条例规定的只有开除党籍处分一个档次的违纪行为，不适用前款减轻处分的规则。

第二十一条 有下列情形之一的，可以依照规定从轻或者减轻处分：

（一）主动交代本人应当受到党纪处分的问题的；

（二）主动检举同案人或者其他人应当受到党纪处分的问题，经查证属实的；

（三）主动挽回损失或者有效阻止危害结果发生的；

（四）主动退出违纪违法所得的；

（五）有其他立功表现的；

（六）本条例分则中另有规定的。

第二十二条 根据案件的特殊情况，由中央纪委决定或者经省（部）级纪委（不含副省级市纪委）决定并呈报中央纪委批准，对违纪党员也可以在本条例规定的量纪幅度以外减轻处分。

第二十三条 对于党员违犯党纪应当给予警告或者严重警告处分，但是具有本条例第二十一条规定的情形之一或者本条例分则中另有规定的，可以给予批评教育或者组织处理，免予党纪处分。对违纪党员免予处分，应当作出书面结论。

第二十四条 有下列情形之一的，可以依照规定从重或者加重处分：

（一）强迫、唆使他人违纪违法的；

（二）串供或者伪造、销毁、隐匿证据的；

（三）阻止他人揭发检举、提供证据材料的；

（四）包庇同案人员或者打击报复批评人、检举人、控告人、证人及其他人员的；

（五）有其他干扰、妨碍组织审查行为的；

（六）本条例分则中另有规定的。

第二十五条 一人有本条例分则中规定的两种以上（含两种）应当受到党纪处分的违纪行为，应当合并处理，按其数种违纪行为中应当受到的最高处分加重一档给予处分；如果其中一种违纪行为应当受到开除党籍处分的，即给予开除党籍处分。

第二十六条 基于一个违纪故意或者过失,其行为触犯本条例分则中两个以上(含两个)条款,依照处分较重的条款定性处理。

一个条款规定的违纪构成要件全部包含在另一个条款规定的违纪构成要件中,特别规定与一般规定不一致的,适用特别规定。

第二十七条 二人以上(含二人)共同故意违纪的,对为首者,除本条例分则中另有规定的外,从重处分;对其他成员,按照其在共同违纪中所起的作用和应负的责任,分别给予党纪处分。

对于经济方面共同违纪的,按照个人所得数额及其所起作用,分别处分。对违纪集团的首要分子,按照集团违纪的总数额处分;对其他共同违纪的为首者,情节严重的,按照共同违纪的总数额处分。

教唆他人违纪违法的,应当按照其在共同违纪中所起的作用追究党纪责任。

第二十八条 党组织领导机构集体作出违犯党纪的决定或者实施其他违犯党纪的行为,对具有共同故意的成员,按共同违纪处理;对过失违纪的成员,按照各自在集体违纪中所起的作用和应负的责任分别处分。

第二十九条 对于本条例没有规定但危害党、国家和人民利益,确需追究党纪责任的违纪行为,比照分则中最相类似的条款处理。需要比照处理的案件,按照处分党员批准权限的规定,应当由省(部)级党委、纪委批准处理的案件,报请中央纪委批准;应当由省(部)级以下党委、纪委批准处理的案件,由省(部)级纪委(不含副省级市纪委)批准并报中央纪委备案。

第四章　对违法犯罪党员的纪律处分

第三十条 有下列情形之一的,应当给予开除党籍处分:

(一)因故意犯罪被依法判处《中华人民共和国刑法》规定的主刑(含宣告缓刑)的;

(二)单处或者附加剥夺政治权利的;

(三)因过失犯罪,被依法判处三年以上(不含三年)有期徒刑的。

因过失犯罪被判处三年以下(含三年)有期徒刑或者被判处管制、拘役的,一般应当开除党籍。对于个别可以不开除党籍的,应当对照处分党员批准权限的规定,报请再上一级党组织批准。

第三十一条 依法被劳动教养的,应当给予开除党籍处分,但是中共中央和中央纪委另有规定的除外。

第三十二条 党员受到党纪追究,需要给予行政处分或者其他纪律处分的,作出或者批准作出处理决定的党组织应当向有关机关或者组织提出建议;涉嫌犯罪的,应当移送司法机关。

第三十三条 党员依法受到刑事追究的,党组织应当根据司法机关的生效判决、裁定和决定及其认定的事实、性质和情节,依照本条例规定给予党纪处分或者组织处理。

党员依法受到行政处罚、行政处分,应当追究党纪责任的,党组织可以根据生效的行政处罚、行政处分决定认定的事实、性质和情节,经核实后依照本条例规定给予党纪处分或者组织处理。

党员违反国家法律、法规、企事业单位或者其他社会组织的规章制度受到其他纪律处分,应当追究党纪责任的,党组织在对有关方面认定的事实、性质和情节进行核实后,依照本条例规定给予党纪处分或者组织处理。

第五章 其他规定

第三十四条 本条例所称党和国家工作人员,包括党的工作人员和国家工作人员。

党的工作人员,是指党的各级机关中除工勤人员以外的工作人员和党的基层组织中专职、兼职从事党内事务的党员。

对国家工作人员和以国家工作人员论的人员的认定,依照法律和全国人民代表大会常务委员会的法律解释以及司法解释执行。

本条例所称非国家工作人员,是指企业(公司)或者其他单位中除国家工作人员和以国家工作人员论的人员之外的人员。

第三十五条 预备党员违犯党纪,情节较轻,尚可保留预备党员资格的,应当对其批评教育或者延长预备期;情节较重的,应当取消其预备党员资格。

第三十六条 对违纪后下落不明的党员,应当区别情况作出处理:

(一)对有严重违纪行为,应当给予开除党籍处分的,党组织应当作出决定,开除其党籍;

(二)除前项规定的情况外,下落不明时间超过六个月的,党组织应当按照党章规定对其予以除名。

第三十七条 违纪党员在党组织作出处分决定前死亡,或者在死亡之后发现其曾有严重违纪行为,对于应当给予开除党籍处分的,开除其党籍;对于应当给予留党察看以下(含留党察看)处分的,作出书面结论,不再给予党纪处分。

第三十八条 失职、渎职行为有关责任人员的区分:

(一)直接责任者,是指在其职责范围内,不履行或者不正确履行自己的职责,对造成的损失或者后果起决定性作用的党员或者党员领导干部。

(二)主要领导责任者,是指在其职责范围内,对直接主管的工作不履行或者不正确履行职责,对造成的损失或者后果负直接领导责任的党员领导干部。

(三)重要领导责任者,是指在其职责范围内,对应管的工作或者参与决定的工作不履行或者不正确履行职责,对造成的损失或者后果负次要领导责任的党员领导干部。

第三十九条 本条例所称主动交代,是指涉嫌违纪的党员在组织初核前向有关组织交代自己的问题,或者在初核和立案调查其问题期间交代组织未掌握的问题。

在案件的初核、立案调查过程中,涉嫌违纪的党员能够配合调查工作,如实坦白组织已掌握的其本人主要违纪事实的,可以从轻处分。

第四十条 直接经济损失,是指与违纪行为有直接因果关系而造成财产损毁的实际价值。计算经济损失主要计算直接经济损失。

第四十一条 对于违纪行为所获得的经济利益,应当收缴或者责令退赔。

对于违纪行为所获得的职务、职称、学历、学位、奖励、资格等其他利益,应当由承办案件的纪检机关或者由其上级纪检机关建议有关组织、部门、单位按规定予以纠正。

对于依照本条例第三十六条、第三十七条规定处理的党员,经调查确属其实施违纪行为获得的利益,依照本条规定处理。

第四十二条 党纪处分决定作出后,应当在一个月内向受处分党员所在党的基层组织中的全体党员及其本人宣布,并按照干部管理权限和组织关系将处分决定材料归入受处分者档案;对于受到撤销党内职务以上(含撤销党内职务)处分的,还应当在一个月内办理职务、工资等相应变更手续;涉及撤销或者调整其党外职务的,应当建议党外组织及时撤销或者调整其党外职务。特殊情况下,经作出或者批准作出处分决定的组织批准,可以适当延长办理期限。

第四十三条 执行党纪处分决定的机关或者受处分党员所在单位,应当在六个月内将处分决定的执行情况向作出或者批准处分决定的机关报告。

不按照规定落实党纪处分决定和其他相关处理手续的,应当追究主要责任者和其他直接责任人员的责任。其中情节较重应当给予党纪处分的,依照本条例规定处理。

第四十四条 本条例总则适用于有党纪处分规定的其他党内法规,但是中共中央发布或者批准发布的其他党内法规有特别规定的除外。

第二编　分　　则

第六章　违反政治纪律的行为

第四十五条　组织、参加反对党的基本理论、基本路线、基本纲领、基本经验或者重大方针政策的集会、游行、示威等活动的，对策划者、组织者和骨干分子，给予开除党籍处分。

对其他参加人员或者以提供信息、资料、财物、场地等方式支持上述活动者，情节较轻的，给予警告或者严重警告处分；情节较重的，给予撤销党内职务或者留党察看处分；情节严重的，给予开除党籍处分。

对不明真相被裹挟参加，经批评教育后确有悔改表现的，可以免予处分或者不予处分。

第四十六条　坚持资产阶级自由化立场，公开发表反对四项基本原则，或者反对改革开放的文章、演说、宣言、声明等的，给予开除党籍处分。

公开发表违背四项基本原则、违背改革开放或者其他有严重政治问题的文章、演说、宣言、声明等的，给予批评教育；情节较重的，给予警告或者严重警告处分；情节严重的，给予撤销党内职务、留党察看或者开除党籍处分。

违反党和国家有关规定，播出、刊登、出版第一款、第二款所列文章、演说、宣言、声明等的，对主要责任者和其他直接责任人员，给予严重警告或者撤销党内职务处分；情节严重的，给予留党察看或者开除党籍处分。

第四十七条　从国（境）外携带反动书刊、音像制品、电子读物等入境的，给予批评教育；情节较重的，给予警告或者严重警告处分；情节严重的，给予撤销党内职务、留党察看或者开除党籍处分。

第四十八条　组织、领导旨在反对党的领导、反对社会主义制度、敌视政府或者危害国家安全的非法组织的，对策划者、组织者和骨干分子，给予开除党籍处分。

对其他参加人员，情节较轻的，给予警告或者严重警告处分；情节较重的，给予撤销党内职务或者留党察看处分；情节严重的，给予开除党籍处分。

第四十九条　组织、领导会道门或者邪教组织的，对策划者、组织者和骨干分子，给予开除党籍处分。

对其他参加人员，情节较轻的，给予警告或者严重警告处分；情节较重的，给予撤销党内职务或者留党察看处分；情节严重的，给予开除党籍处分。

对不明真相的参加人员，经批评教育后确有悔改表现的，可以免予处分或者不予处分。

第五十条 拒不执行党和国家的方针政策和重大工作部署、决定,或者故意作出与党和国家的方针政策和重大工作部署、决定相违背决定的,对直接责任者,给予严重警告或者撤销党内职务处分;情节严重的,给予留党察看或者开除党籍处分。

第五十一条 在党内以组织秘密集团等方式进行分裂党的活动的,给予开除党籍处分。

参加秘密集团或者其他分裂党的活动的,给予留党察看或者开除党籍处分。

第五十二条 参加国(境)外情报组织或者向国(境)外机构、组织、人员非法提供情报的,给予开除党籍处分。

第五十三条 投敌叛变的,给予开除党籍处分。

向敌人自首的,给予开除党籍处分。

第五十四条 在国(境)外、外国驻华使(领)馆申请政治避难,或者违纪违法后逃往国(境)外、外国驻华使(领)馆的,给予开除党籍处分。

在国(境)外公开发表反对党和政府的言论的,依照前款规定处理。

故意为上述行为提供方便条件的,给予留党察看或者开除党籍处分。

第五十五条 挑拨民族关系制造事端或者参加民族分裂活动的,对策划者、组织者和骨干分子,给予开除党籍处分。

对其他参加人员,情节较轻的,给予警告或者严重警告处分;情节较重的,给予撤销党内职务或者留党察看处分;情节严重的,给予开除党籍处分。

对不明真相被裹挟参加,经批评教育后确有悔改表现的,可以免予处分或者不予处分。

有其他违反党和国家民族政策的行为,情节较轻的,给予警告或者严重警告处分;情节较重的,给予撤销党内职务或者留党察看处分;情节严重的,给予开除党籍处分。

第五十六条 组织、利用宗教活动反对党的路线、方针、政策,煽动骚乱闹事,破坏国家统一和民族团结的,对策划者、组织者和骨干分子,给予开除党籍处分。

对其他参加人员,情节较轻的,给予警告或者严重警告处分;情节较重的,给予撤销党内职务或者留党察看处分;情节严重的,给予开除党籍处分。

对不明真相被裹挟参加,经批评教育后确有悔改表现的,可以免予处分或者不予处分。

有其他违反党和国家宗教政策的行为，情节较轻的，给予警告或者严重警告处分；情节较重的，给予撤销党内职务或者留党察看处分；情节严重的，给予开除党籍处分。

第五十七条 组织、利用宗族势力对抗党和政府，妨碍党和国家的方针政策以及法律、法规的贯彻实施，或者制造宗族矛盾破坏社会稳定的，对策划者、组织者和骨干分子，情节较重的，给予开除党籍或者留党察看处分；情节较轻，能够认真检讨并有悔改表现的，给予撤销党内职务或者严重警告处分。

第五十八条 编造谣言丑化党和国家形象，情节较轻的，给予警告或者严重警告处分；情节较重的，给予撤销党内职务或者留党察看处分；情节严重的，给予开除党籍处分。

传播谣言丑化党和国家形象，情节较重的，给予警告或者严重警告处分；情节严重的，给予撤销党内职务处分。

第五十九条 在涉外活动中，其行为在政治上造成恶劣影响，损害党和国家尊严、利益的，给予撤销党内职务或者留党察看处分；情节严重的，给予开除党籍处分。

第七章　违反组织、人事纪律的行为

第六十条 违反党章和其他党内法规的规定，采取弄虚作假或者其他手段把不符合党员条件的人发展为党员，或者为非党员出具党员身份证明的，对主要责任者，给予警告或者严重警告处分；情节严重的，给予撤销党内职务处分。

违反有关规定程序发展党员的，对主要责任者，依照前款规定处理。

第六十一条 违反民主集中制原则，拒不执行或者擅自改变党组织作出的重大决定，或者违反议事规则，个人或者少数人决定重大事项的，给予警告或者严重警告处分；情节严重的，给予撤销党内职务或者留党察看处分。

第六十二条 下级党组织拒不执行上级党组织决定的，对主要责任者，给予警告或者严重警告处分；情节严重的，给予撤销党内职务或者留党察看处分。

第六十三条 在党内搞非组织活动，破坏党的团结统一的，给予严重警告或者撤销党内职务处分；情节严重的，给予留党察看或者开除党籍处分。

第六十四条 在干部选拔任用工作中，违反干部选拔任用规定的，追究主要责任者和其他直接责任人员的责任，情节较轻的，给予警告或者严重警告处分；情节较重的，给予撤销党内职务或者留党察看处分；情节严重的，给予开除党籍处分。

在选举中，进行违反党章、其他党内法规和国家法律、法规以及其他有关章程活动的,对主要责任者和其他直接责任人员,依照前款规定处理。

用人失察失误造成严重后果的,对主要责任者和其他直接责任人员,依照第一款规定处理。

第六十五条 拒不执行组织的分配、调动、交流决定的,给予警告、严重警告或者撤销党内职务处分。

第六十六条 在干部、职工的录用、考核、职务晋升、职称评定和征兵、安置复转军人等工作中,隐瞒、歪曲事实真相或者利用职务上的便利违反规定为本人或者其他人谋取利益的,给予警告或者严重警告处分;情节严重的,给予撤销党内职务或者留党察看处分。

第六十七条 在考试、录取工作中,有泄露试题、考场舞弊、涂改考卷等违反有关规定行为的,给予警告或者严重警告处分;情节较重的,给予撤销党内职务或者留党察看处分;情节严重的,给予开除党籍处分。

第六十八条 以不正当方式谋求本人或者其他人用公款出国(境),情节较轻的,给予警告处分;情节较重的,给予严重警告处分;情节严重的,给予撤销党内职务处分。

第六十九条 临时出国(境)团(组)或者人员中的党员,擅自延长在国(境)外期限,或者擅自变更路线,造成不良影响或者经济损失的,对主要责任者,给予警告或者严重警告处分;情节严重的,给予撤销党内职务处分。

第七十条 驻外机构或者临时出国(境)团(组)中的党员擅自脱离组织,或者从事外事、机要、军事等工作的党员违反有关规定同国(境)外机构、人员联系和交往的,给予警告、严重警告或者撤销党内职务处分。

第七十一条 驻外机构或者临时出国(境)团(组)中的党员,脱离组织出走时间不满六个月又自动回归的,给予严重警告、撤销党内职务或者留党察看处分;脱离组织出走时间超过六个月的,按照自行脱党处理,党内予以除名。

故意为他人脱离组织出走提供方便条件的,给予警告、严重警告或者撤销党内职务处分;情节较轻并认真检讨的,可以免予处分。

第八章 违反廉洁自律规定的行为

第七十二条 利用职务上的便利,非法占有非本人经管的国家、集体和个人财物,或者以购买物品时象征性地支付钱款等方式非法占有国家、集体和个人财物,或者无偿、象征性地支付报酬接受服务、使用劳务,情节较轻的,给予警告或者严重警告处分;情节较重的,给予撤销党内职务或者留党察看处分;情节严重的,给予开除党籍处分。

利用职务上的便利，将本人或者亲属应当由个人支付的费用，由下属单位或者其他单位支付、报销的，依照前款规定处理。

利用职务上的便利，将配偶、子女及其配偶应当由个人支付的出国(境)留学费用，由他人支付、报销的，依照第一款规定处理。

第七十三条 利用职务上的便利，占用公物归个人使用，时间超过六个月，情节较重的，给予警告或者严重警告处分；情节严重的，给予撤销党内职务处分。

占用公物进行营利活动或者非法活动的，给予警告或者严重警告处分；情节较重的，给予撤销党内职务或者留党察看处分；情节严重的，给予开除党籍处分。

第七十四条 党和国家工作人员或者其他从事公务的人员，接受可能影响公正执行公务的礼品馈赠，不登记交公，情节较轻的，给予警告或者严重警告处分；情节较重的，给予撤销党内职务或者留党察看处分；情节严重的，给予开除党籍处分。

前款所列人员接受其他礼品，按照规定应当登记交公而不登记交公，情节较轻的，给予警告或者严重警告处分；情节较重的，给予撤销党内职务或者留党察看处分；情节严重的，给予开除党籍处分。

在国内公务活动或者对外交往中接受礼品，按照规定应当交公而不交公的，依照本条例第八十三条规定处理。

第七十五条 党和国家工作人员或者其他从事公务的人员利用职务上的便利，为他人谋取利益，其父母、配偶、子女及其配偶以及其他共同生活的家庭成员收受对方财物的，应当追究该人员的责任，情节较重的，给予警告或者严重警告处分；情节严重的，给予撤销党内职务或者留党察看处分。

前款所列人员利用职务上的便利，为他人谋取利益，并指定其他第三人从中收受财物的，依照前款规定从重或者加重处分。

有第一款规定情形，查实本人知道的，依照本条例第八十五条规定处理。

第七十六条 党员领导干部的配偶、子女及其配偶，违反有关规定在该党员领导干部管辖的区域或者业务范围内从事可能影响其公正执行公务的经营活动，或者在该党员领导干部管辖的区域或者业务范围内的外商独资企业、中外合资企业中担任由外方委派、聘任的高级职务的，该党员领导干部应当按照规定予以纠正；拒不纠正的，其本人应当辞去现任职务或者由组织予以调整职务；不辞去现任职务或者不服从组织调整职务的，给予撤销党内职务处分。

第七十七条 违反有关规定从事营利活动，有下列行为之一，情节较轻的，

给予警告或者严重警告处分;情节较重的,给予撤销党内职务或者留党察看处分;情节严重的,给予开除党籍处分:

(一)经商办企业的;

(二)个人违反规定买卖股票或者进行其他证券投资的;

(三)从事有偿中介活动的;

(四)在国(境)外注册公司或者投资入股的;

(五)有其他违反有关规定从事营利活动行为的。

利用职务上的便利,为其亲友的经营活动谋取利益的,依照前款规定处理。

违反有关规定兼职或者兼职取酬的,依照第一款规定处理。

第七十八条 挥霍浪费公共财产,有下列行为之一,情节较轻的,给予警告或者严重警告处分;情节较重的,给予撤销党内职务或者留党察看处分;情节严重的,给予开除党籍处分:

(一)用公款旅游或者以考察、学习、培训、研讨、招商、参展等名义用公款出国(境)旅游的;

(二)违反规定参与用公款支付的高消费娱乐、健身活动的;

(三)购买、更换超过规定标准的小轿车或者对所乘坐的小轿车进行豪华装修的;

(四)有其他挥霍浪费公共财产行为的。

第七十九条 在分配、购买住房中侵犯国家、集体利益,情节较轻的,给予警告或者严重警告处分;情节较重的,给予撤销党内职务或者留党察看处分;情节严重的,给予开除党籍处分。

利用职务上的便利,用公款购买住房归个人所有的,依照本条例第八十三条规定处理。

第八十条 接受可能影响公正执行公务的宴请,情节较重的,给予警告或者严重警告处分;情节严重的,给予撤销党内职务或者留党察看处分。

第八十一条 利用职务上的便利操办婚丧喜庆事宜,在社会上造成不良影响的,给予警告或者严重警告处分;情节严重的,给予撤销党内职务处分。

在操办婚丧喜庆事宜中,借机敛财或者有其他侵犯国家、集体和人民利益行为的,依照前款规定从重或者加重处分,直至开除党籍。

第八十二条 有其他违反廉洁自律规定的行为,情节较轻的,给予警告或者严重警告处分;情节较重的,给予撤销党内职务或者留党察看处分;情节严重的,给予开除党籍处分。

第九章 贪污贿赂行为

第八十三条 党和国家工作人员或者受委托管理、经营国有财产的人员，利用职务上的便利，侵吞、窃取、骗取或者以其他手段非法占有公共财物，情节较轻的，给予警告或者严重警告处分；情节较重的，给予撤销党内职务或者留党察看处分；情节严重的，给予开除党籍处分。

贪污党费、社保基金和救灾、抢险、防汛、优抚、扶贫、移民、救济、防疫款物的，依照前款规定从重或者加重处分，直至开除党籍。

第八十四条 党和国家机关、国有企业（公司）、事业单位、人民团体，违反有关规定以单位名义将国有资产集体私分给个人的，追究主要责任者和其他直接责任人员的责任，情节较轻的，给予警告或者严重警告处分；情节较重的，给予撤销党内职务或者留党察看处分；情节严重的，给予开除党籍处分。

执纪机关、行政执法机关、司法机关违反有关规定将应当上缴国家的罚没财物以单位名义集体私分给个人的，对主要责任者和其他直接责任人员，依照前款规定处理。

第八十五条 党和国家工作人员或者其他从事公务的人员，利用职务上的便利，索取他人财物，或者非法收受他人财物为他人谋取利益，情节较轻的，给予警告或者严重警告处分；情节较重的，给予撤销党内职务或者留党察看处分；情节严重的，给予开除党籍处分。

前款所列人员利用职务上的便利，变相非法收受他人财物为他人谋取利益，情节较重的，给予警告或者严重警告处分；情节严重的，给予撤销党内职务、留党察看或者开除党籍处分。

因受贿给国家、集体和人民利益造成重大损失的，从重或者加重处分，直至开除党籍。

因索取财物未遂而刁难报复对方，给对方造成损失的，给予警告或者严重警告处分；情节较重的，给予撤销党内职务或者留党察看处分；情节严重的，给予开除党籍处分。

第八十六条 党和国家工作人员或者其他从事公务的人员，在经济往来中违反有关规定收受财物或者各种名义的回扣、手续费，归个人所有的，以受贿论，依照本条例第八十五条规定处理。

第八十七条 党和国家工作人员或者其他从事公务的人员，利用本人职务上的便利，通过其他党和国家工作人员职务上的行为，为请托人谋取不正当利益，索取请托人财物，或者收受、变相非法收受请托人财物的，依照本条例第八十五条规定处理。

第八十八条 党和国家工作人员退(离)休后,利用本人原有职权或者地位形成的便利条件,通过在职党和国家工作人员职务上的行为为请托人谋取利益,而本人索取或者非法收受、变相非法收受请托人财物的,依照本条例第八十五条规定处理。

第八十九条 党和国家机关、国有企业(公司)、事业单位、人民团体,索取或者非法收受、变相非法收受他人财物,为他人谋取利益的,追究主要责任者和其他直接责任人员的责任,情节较重的,给予警告、严重警告或者撤销党内职务处分;情节严重的,给予留党察看或者开除党籍处分。

前款所列单位,在经济往来中,在账外暗中收受各种名义的回扣、手续费的,以受贿论,对主要责任者和其他直接责任人员,依照前款规定处理。

因索取财物未遂而对下属单位、客户刁难报复,给对方造成损失的,对主要责任者和其他直接责任人员,给予警告或者严重警告处分;造成较大损失的,给予撤销党内职务或者留党察看处分;造成重大损失的,给予开除党籍处分。

将索取或者非法收受、变相非法收受的财物合伙私分的,以受贿论,根据个人所得数额和所起作用,依照本条例第八十五条规定处理。

第九十条 为谋取不正当利益,给予党和国家工作人员或者其他从事公务的人员以财物,情节较轻的,给予警告或者严重警告处分;情节较重的,给予撤销党内职务或者留党察看处分;情节严重的,给予开除党籍处分。

在经济往来中违反有关规定,给予党和国家工作人员或者其他从事公务的人员以财物或者各种名义的回扣、手续费的,依照前款规定处理。

因行贿给国家、集体和人民利益造成重大损失的,依照本条规定从重或者加重处分,直至开除党籍。

第九十一条 为谋取不正当利益,给予党和国家机关、国有企业(公司)、事业单位、人民团体以财物,或者在经济往来中违反有关规定给予各种名义的回扣、手续费,情节较轻的,给予警告或者严重警告处分;情节较重的,给予撤销党内职务或者留党察看处分;情节严重的,给予开除党籍处分。

单位有前款所列行为的,对主要责任者和其他直接责任人员,依照前款规定处理。

第九十二条 向党和国家工作人员或者其他从事公务的人员介绍贿赂,情节较轻的,给予警告或者严重警告处分;情节较重的,给予撤销党内职务或者留党察看处分;情节严重的,给予开除党籍处分。

第九十三条 单位为谋取不正当利益而行贿,或者违反有关规定给予党和国家工作人员或者其他从事公务的人员以财物或者各种名义的回扣、手续费的，追究主要责任者和其他直接责任人员的责任，情节较重的，给予警告、严重警告或者撤销党内职务处分；情节严重的，给予留党察看或者开除党籍处分。因行贿取得的违纪违法所得归个人所有的，依照本条例第九十条规定处理。

第九十四条 党和国家工作人员或者受委托管理、经营国有财产的人员，利用职务上的便利，挪用公款归个人使用，进行非法活动，或者进行营利活动，或者超过三个月未还，情节较轻的，给予警告或者严重警告处分；情节较重的，给予撤销党内职务或者留党察看处分；情节严重的，给予开除党籍处分。

挪用党费、社保基金和救灾、抢险、防汛、优抚、扶贫、移民、救济、防疫款物的，依照前款规定从重或者加重处分，直至开除党籍。

挪用公款归个人使用时间不足三个月，但数额较大的，依照本条规定处理。

第九十五条 农村党组织、社区党组织和村民委员会、社区居民委员会等基层组织中的党员从事下列公务，利用职务上的便利，非法占有公共财物，挪用公款，索取他人财物或者非法收受、变相非法收受他人财物为他人谋取利益的，分别依照本条例第八十三条、第九十四条、第八十五条规定处理：

（一）党费、社保基金和救灾、抢险、防汛、优抚、扶贫、移民、救济、防疫款物的管理；

（二）社会捐助公益事业款物的管理；

（三）国有土地的经营和管理；

（四）土地征用补偿费的管理；

（五）代征、代缴税款；

（六）有关计划生育、户籍、征兵工作；

（七）协助人民政府从事的其他行政管理工作；

（八）依照党内法规从事党的纪检、组织（人事）、宣传等工作。

第九十六条 党和国家工作人员或者其他从事公务的人员，其财产或者支出明显超过合法收入，差额较大的，可以责令其说明来源，本人不能说明其来源是合法的，差额部分以非法所得论，给予严重警告或者撤销党内职务处分；情节严重的，给予留党察看或者开除党籍处分。

党和国家工作人员违反有关规定隐瞒境外存款的，依照前款规定处理。

第十章 破坏社会主义经济秩序的行为

第九十七条 进行走私，情节较轻的，给予警告或者严重警告处分；情节较重的，给予撤销党内职务或者留党察看处分；情节严重的，给予开除党籍处分。

利用职务上的便利进行走私的,从重处分。

单位走私的,对主要责任者和其他直接责任人员,依照前款规定处理。

第九十八条 企业(公司)或者其他单位中的非国家工作人员,利用职务上的便利,将本单位财物非法占为已有,情节较轻的,给予警告或者严重警告处分;情节较重的,给予撤销党内职务或者留党察看处分;情节严重的,给予开除党籍处分。

第九十九条 企业(公司)或者其他单位中的非国家工作人员,利用职务上的便利,挪用本单位资金归个人使用或者借贷给他人,超过三个月未还,或者进行营利活动,或者进行非法活动,情节较轻的,给予警告或者严重警告处分;情节较重的,给予撤销党内职务或者留党察看处分;情节严重的,给予开除党籍处分。

挪用本单位资金不退还的,依照前款规定从重或者加重处分。

挪用本单位资金归个人使用时间不足三个月,但数额较大的,依照本条规定处理。

第一百条 国家机关、国家拨给经费的团体和事业单位,挪用财政资金或者科研、教育、卫生、军工等专项资金的,追究主要责任者和其他直接责任人员的责任,情节较轻的,给予警告或者严重警告处分;情节较重的,给予撤销党内职务或者留党察看处分;情节严重的,给予开除党籍处分。

挪用党费、社保基金和救灾、抢险、防汛、优抚、扶贫、移民、救济、防疫款物的,依照前款规定从重或者加重处分,直至开除党籍。

第一百零一条 企业(公司)或者其他单位中的非国家工作人员,利用职务上的便利,索取他人财物,或者非法收受、变相非法收受他人财物为他人谋取利益,情节较轻的,给予警告或者严重警告处分;情节较重的,给予撤销党内职务或者留党察看处分;情节严重的,给予开除党籍处分。

前款所列人员,在经济往来中违反有关规定收受各种名义的回扣、手续费,归个人所有的,依照前款规定处理。

第一百零二条 为谋取不正当利益,给予企业(公司)中的非国家工作人员以财物,情节较轻的,给予警告或者严重警告处分;情节较重的,给予撤销党内职务或者留党察看处分;情节严重的,给予开除党籍处分。

单位有前款所列行为的,对主要责任者和其他直接责任人员,依照前款规定处理。

第一百零三条 国有企业(公司)的管理人员,利用职务上的便利,自己经营或者为他人经营与其所任职企业(公司)同类的业务,谋取非法利益的,给予警告或者严重警告处分;情节较重的,给予撤销党内职务或者留党察看处分;情节严重的,给予开除党籍处分。

前款所列人员以他人名义登记注册企业(公司),实则本人经营的,依照前款规定处理。

第一百零四条 国有企业(公司)、事业单位和集体所有制企业(公司)中的党员,利用职务上的便利,有下列行为之一,损害国家、集体和人民利益的,给予警告或者严重警告处分;情节较重的,给予撤销党内职务或者留党察看处分;情节严重的,给予开除党籍处分:

(一)将本单位的盈利业务交由其亲友经营的;

(二)以明显高于市场的价格向其亲友经营管理的单位采购商品或者以明显低于市场的价格向其亲友经营管理的单位销售商品的;

(三)向其亲友经营管理的单位采购不合格商品的。

第一百零五条 党和国家机关违反有关规定经商办企业的,对主要责任者和其他直接责任人员,给予警告或者严重警告处分;情节严重的,给予撤销党内职务处分。

第一百零六条 金融从业人员违反金融法律、法规,情节较轻的,给予警告或者严重警告处分;情节较重的,给予撤销党内职务或者留党察看处分;情节严重的,给予开除党籍处分。

强迫金融企业或者国家金融监管机构违纪违法的,对主要责任者和其他直接责任人员,依照前款规定处理。

由于党和国家机关非法干预致使金融从业人员违反金融法律、法规的,对金融从业人员可以依照第一款规定从轻或者减轻处分。其中,金融从业人员进行了抵制的,不予处分。

第一百零七条 不履行法定纳税义务,情节较轻的,给予警告或者严重警告处分;情节较重的,给予撤销党内职务或者留党察看处分;情节严重的,给予开除党籍处分。

单位不履行法定纳税义务的,对主要责任者和其他直接责任人员,依照前款规定处理。

第一百零八条 虚开、伪造、非法出售、非法购买、擅自制造或者出售伪造、擅自制造的增值税专用发票或者可用于骗税、抵扣税款的其他票据的,给予撤销党内职务或者留党察看处分;情节严重的,给予开除党籍处分。

单位有前款所列行为的,对主要责任者和其他直接责任人员,依照前款规定处理。

第一百零九条 非法占用、买卖或者以其他形式非法出让、转让土地使用权,情节较轻的,给予警告或者严重警告处分;情节较重的,给予撤销党内职务或者留党察看处分;情节严重的,给予开除党籍处分。

单位有前款所列行为的,对主要责任者和其他直接责任人员,依照前款规定处理。

第一百一十条 从事资产评估、验资(证)、会计、审计、法律服务等工作的社会中介组织,出具虚假评估、虚假资信证明、虚假鉴证等文件的,追究主要责任者和其他直接责任人员的责任,情节较轻的,给予警告或者严重警告处分;情节较重的,给予撤销党内职务或者留党察看处分;情节严重的,给予开除党籍处分。

第一百一十一条 在市场经济活动中,有下列行为之一的,追究主要责任者和其他直接责任人员的责任,情节较轻的,给予警告或者严重警告处分;情节较重的,给予撤销党内职务或者留党察看处分;情节严重的,给予开除党籍处分:

(一)生产、销售假冒伪劣商品的;

(二)知悉或者非法获取内幕信息,进行证券、期货交易的;

(三)捏造并散布虚假事实,损害他人的商业信誉、商品声誉或者对商品和服务作虚假宣传的;

(四)侵犯他人知识产权或者商业秘密的;

(五)利用行政垄断或者行业垄断地位,实施或者变相实施妨碍公平竞争行为的;

(六)限制外地商品和服务进入本地市场或者限制本地商品和服务流向外地市场的。

第一百一十二条 有其他破坏社会主义经济秩序的行为,情节较轻的,给予警告或者严重警告处分;情节较重的,给予撤销党内职务或者留党察看处分;情节严重的,给予开除党籍处分。

第十一章 违反财经纪律的行为

第一百一十三条 隐瞒、截留、坐支应当上交国家的财政收入的,对主要责任者和其他直接责任人员,给予严重警告处分;情节较重的,给予撤销党内职务或者留党察看处分;情节严重的,给予开除党籍处分。

将隐瞒、截留款合伙私分的,对主要责任者和其他直接责任人员,依照前款规定从重或者加重处分,直至开除党籍。

第一百一十四条 党和国家机关、国有企业(公司)、事业单位、人民团体,以虚报、冒领等手段骗取国家财政拨款、退税款或者补贴的,对主要责任者和其他直接责任人员,给予警告或者严重警告处分;情节较重的,给予撤销党内职务或者留党察看处分;情节严重的,给予开除党籍处分。

将以虚报、冒领等手段骗取的钱款合伙私分的,对主要责任者和其他直接责任人员,依照前款规定从重或者加重处分,直至开除党籍。

第一百一十五条 不按照预算或者用款计划核拨国家财政经费、资金的,对主要责任者和其他直接责任人员,给予警告或者严重警告处分;情节较重的,给予撤销党内职务或者留党察看处分;情节严重的,给予开除党籍处分。

擅自动用国库款项或者财政专户资金的,对主要责任者和其他直接责任人员,依照前款规定处理。

第一百一十六条 个人借用公款超过六个月不还的,追还所欠公款,情节较重的,给予警告或者严重警告处分;情节严重的,给予撤销党内职务处分。但确因生活困难到期无力归还的除外。

个人借用公款进行营利活动,情节较轻的,给予警告或者严重警告处分;情节较重的,给予撤销党内职务或者留党察看处分。个人借用公款进行非法活动的,从重或者加重处分。

违反有关规定将公款借给他人,情节较重的,给予警告或者严重警告处分;情节严重的,给予撤销党内职务处分。

第一百一十七条 以个人名义存储公款的,追究主要责任者和其他直接责任人员的责任,情节较轻的,给予警告处分;情节较重的,给予严重警告处分;情节严重的,给予撤销党内职务处分。

第一百一十八条 党和国家机关违反有关规定,在对内对外活动中接受礼品应当上交而不上交的,追究主要责任者和其他直接责任人员的责任,情节较重的,给予警告或者严重警告处分;情节严重的,给予撤销党内职务处分。

将接受的礼品集体私分的,以私分国有资产论,根据个人所得数额和所起作用,依照本条例第八十四条规定处理。

第一百一十九条 违反有关规定擅自开设银行账户的,对主要责任者和其他直接责任人员,给予严重警告处分;情节较重的,给予撤销党内职务或者留党察看处分;情节严重的,给予开除党籍处分。

第一百二十条 擅自使用、调换、变卖或者损毁被查封、扣押、冻结、划拨、收缴的财物,或者擅自处理应当委托拍卖的物品的,追究主要责任者和其他直接责任人员的责任,情节较轻的,给予警告或者严重警告处分;情节较重的,给予撤销党内职务或者留党察看处分;情节严重的,给予开除党籍处分。

第一百二十一条 违反有关规定为他人提供担保的,追究主要责任者和其他直接责任人员的责任,情节较轻的,给予警告或者严重警告处分;情节较重的,给予撤销党内职务或者留党察看处分;情节严重的,给予开除党籍处分。

第一百二十二条 违反国有资产管理规定,造成国有资产流失的,对主要责任者和其他直接责任人员,给予警告或者严重警告处分;情节较重的,给予撤销党内职务或者留党察看处分;情节严重的,给予开除党籍处分。

第一百二十三条 违反"收支两条线"规定和国库集中收付制度,将应当纳入法定账簿的资产未纳入法定账簿或者转为账外的,追究主要责任者和其他直接责任人员的责任,情节较轻的,给予警告或者严重警告处分;情节较重的,给予撤销党内职务或者留党察看处分;情节严重的,给予开除党籍处分。

第一百二十四条 党和国家机关、国有企业(公司)、事业单位、人民团体,违反政府采购和招投标法律、法规的,追究主要责任者和其他直接责任人员的责任,情节较轻的,给予警告或者严重警告处分;情节较重的,给予撤销党内职务或者留党察看处分;情节严重的,给予开除党籍处分。

第一百二十五条 党和国家机关、国有企业(公司)、事业单位、人民团体,在财务管理活动中违反会计法律、法规的,追究主要责任者和其他直接责任人员的责任,情节较轻的,给予警告或者严重警告处分;情节较重的,给予撤销党内职务或者留党察看处分;情节严重的,给予开除党籍处分。

伪造、变造会计凭证、会计账簿,或者编制虚假财务会计报告,或者隐匿、故意销毁依法应当保存的会计凭证、会计账簿、财务会计报告的,对主要责任者和其他直接责任人员,依照前款规定从重或者加重处分。

第一百二十六条 在财经方面有其他违纪违法行为,情节较轻的,给予警告或者严重警告处分;情节较重的,给予撤销党内职务或者留党察看处分;情节严重的,给予开除党籍处分。

第十二章　失职、渎职行为

第一百二十七条 党和国家工作人员或者其他从事公务的人员,在工作中不履行或者不正确履行职责,给党、国家和人民利益以及公共财产造成较大损失的,给予警告或者严重警告处分;造成重大损失的,给予撤销党内职务、留党察看或者开除党籍处分。本条例另有规定的,依照规定。

前款所列人员,在工作中滥用职权或者玩忽职守,给党、国家和人民利益以及公共财产造成较大损失的,给予严重警告处分;造成重大损失的,给予撤销党内职务、留党察看或者开除党籍处分。在工作中徇私舞弊的,从重或者加重处分。本条例另有规定的,依照规定。

第一百二十八条 党组织负责人在工作中违反有关规定或者不负责任,有下列情形之一,给党、国家和人民利益以及公共财产造成较大损失的,对负有直接责任者,给予警告或者严重警告处分。造成重大损失的,对负有直接责任者,给予撤销党内职务、留党察看或者开除党籍处分;负有主要领导责任者,给予严重警告、撤销党内职务或者留党察看处分;负有重要领导责任者,给予警告、严重警告或者撤销党内职务处分:

(一)不传达贯彻、不检查督促落实党和国家的方针政策,或者作出违背党和国家方针政策的错误决策的;

(二)本地区、本部门、本系统和本单位发生公开反对党的基本理论、基本路线、基本纲领、基本经验或者党和国家方针政策行为的;

(三)不制止、不查处本地区、本部门、本系统和本单位发生的严重违纪违法行为的;

(四)在党的思想、组织、作风建设以及党风廉政建设方面有其他违反有关规定或者不负责任行为的。

有上述情形之一,造成巨大损失或者恶劣影响的,对有关责任者,依照前款规定加重处分。

第一百二十九条 国家行政机关或者法律、法规授权的部门、单位工作人员,在履行经济调节、市场监管、社会管理和公共服务职责中失职、渎职,情节较轻的,给予警告或者严重警告处分;情节较重的,给予撤销党内职务或者留党察看处分;情节严重的,给予开除党籍处分。

第一百三十条 国有企业(公司)和集体所有制企业(公司)工作人员,在生产、经营、管理等活动中有下列情形之一,给党、国家和人民利益以及公共财产造成较大损失的,对负有直接责任者,给予警告或者严重警告处分。造成重大损失的,对负有直接责任者,给予撤销党内职务、留党察看或者开除党籍处分;负有主要领导责任者,给予严重警告、撤销党内职务或者留党察看处分;负有重要领导责任者,给予警告、严重警告或者撤销党内职务处分:

(一)在签订、履行合同过程中违反有关规定或者不负责任的;

(二)对本单位、下属单位生产、销售假冒伪劣商品和其他危害公共安全、人身健康、生命财产安全的产品发现后不采取措施处理或者措施不力,或者因工作严重不负责任购进假冒伪劣商品的;

(三)对本单位、下属单位发生的破坏国家自然资源的行为,发现后不采取

措施处理或者措施不力的;

(四)对本单位、下属单位违反财政、金融、工商管理、海关、会计、统计等方面法律、法规的行为长期失察或者发现后不予纠正的;

(五)因工作不负责任,致使公共财物被贪污、挪用、盗窃、诈骗或者物资丢失、损坏、变质的。

有上述情形之一,造成巨大损失或者恶劣影响的,对有关责任者,依照前款规定加重处分。

第一百三十一条 在工作中违反有关规定或者不负责任,有下列情形之一,给党、国家和人民利益以及公共财产造成较大损失的,对负有直接责任者,给予严重警告或者撤销党内职务处分。造成重大损失的,对负有直接责任者,给予留党察看或者开除党籍处分;负有主要领导责任者,给予严重警告、撤销党内职务或者留党察看处分;负有重要领导责任者,给予警告、严重警告或者撤销党内职务处分:

(一)在决定基本建设项目的立项、设计、施工、投产等工作中造成重大失误的;

(二)在文教卫生、邮电通信、环境保护、社会福利等社会管理和服务方面发生严重事故的;

(三)在灾害、事故面前未采取必要和可能的措施,贻误时机,使本可以避免或者减少的损失未能避免或者减少的;

(四)对突发事件、重大事故和其他重要情况瞒报、谎报、缓报、漏报的;

(五)对涉及人民群众生产、生活等切身利益的问题能解决而不解决的。

有上述情形之一,造成巨大损失或者恶劣影响的,对有关责任者,依照前款规定加重处分。

第一百三十二条 在管辖范围内,有下列情形之一,给党、国家和人民利益以及公共财产造成较大损失的,对负有直接责任者,给予警告或者严重警告处分。造成重大损失的,对负有直接责任者,给予撤销党内职务或者留党察看处分;负有主要领导责任者,给予严重警告或者撤销党内职务处分;负有重要领导责任者,给予警告或者严重警告处分:

(一)对发生的反对党的基本路线的集会、游行等活动放任不管,致使本单位多数党员、群众参加集会、游行等活动的;

(二)对存在的问题不认真解决,致使矛盾激化,造成闹事、罢工、罢课或者其他重大事件,严重影响生产、工作、教学和社会正常秩序的;

(三)对发生的明令禁止的不正之风不制止、不查处的;

（四）对发生的重大事件不及时采取措施进行处理的。

有上述情形之一，造成巨大损失或者恶劣影响的，对有关责任者，依照前款规定加重处分。

第一百三十三条 在安全工作方面，有下列情形之一，造成较大损失的，对负有直接责任者，给予严重警告或者撤销党内职务处分。造成重大损失的，对负有直接责任者，给予留党察看或者开除党籍处分；负有主要领导责任者，给予撤销党内职务或者留党察看处分；负有重要领导责任者，给予警告、严重警告或者撤销党内职务处分：

（一）不认真执行劳动保护、安全生产和消防等方面的法律、法规，发生爆炸、火灾、交通安全、建筑质量安全、矿山安全以及其他事故的；

（二）在组织群众性活动时，对可能发生的问题未采取有效的防范措施，发生责任事故的；

（三）因工作不负责任致使学校、幼儿园或者公共场所发生人身伤亡事故的；

（四）生产、销售假劣药品、有害食品，发生危害人身健康的事故的。

有上述情形之一，造成巨大损失或者恶劣影响的，对有关责任者，依照前款规定加重处分。

第一百三十四条 在执纪、行政执法和司法工作中违反有关规定或者不负责任，有下列情形之一的，对负有直接责任者，给予警告或者严重警告处分。情节较重的，对负有直接责任者，给予撤销党内职务或者留党察看处分；负有主要领导责任者，给予警告或者严重警告处分。情节严重的，对负有直接责任者，给予开除党籍处分；负有主要领导责任者，给予撤销党内职务或者留党察看处分：

（一）在查处违纪违法案件中，瞒案不报、压案不办的；

（二）对他人要求保护合法权益的申请，无正当理由不予答复和办理的；

（三）违法采取保全措施或者不履行法定执行职责的；

（四）对依照规定应当移交其他机关或者组织的案件不移交的；

（五）在办案工作中因违反有关规定或者不负责任导致有关人员伤亡等事件的。

在行政裁决或者案件侦查、起诉、审理、审判活动中徇私舞弊或者枉法裁判的，或者刑讯逼供、暴力取证的，或者经查证确属冤假错案而不予纠正的，对负有直接责任者，给予严重警告或者撤销党内职务处分；负有主要领导责任者，给予警告或者严重警告处分。情节严重的，对负有直接责任者，给予留党察看或者开除党籍处分；负有主要领导责任者，给予撤销党内职务或者留党察看处分。

第一百三十五条 违反有关规定,强令他人履行非法定义务,有下列情形之一,情节较轻的,给予警告或者严重警告处分;情节较重的,给予撤销党内职务或者留党察看处分;情节严重的,给予开除党籍处分:

(一)以各种方式乱收费、乱摊派的;

(二)擅自向他人征收、征用财物的;

(三)有其他强令他人履行非法定义务情形的。

第一百三十六条 利用职务上的便利,强令党和国家工作人员或者其他从事公务的人员违反有关规定行使职权,情节较重的,给予严重警告或者撤销党内职务处分;情节严重的,给予留党察看或者开除党籍处分。

强令公民、法人或者其他组织实施违反法律规定行为的,依照前款规定处理。

第一百三十七条 因工作不负责任致使所属人员叛逃的,给予警告或者严重警告处分;情节严重的,给予撤销党内职务处分。

因工作不负责任致使所属人员出走,情节较重的,给予警告或者严重警告处分;情节严重的,给予撤销党内职务处分。

第一百三十八条 丢失秘密文件资料或者泄露党和国家秘密,情节较轻的,给予警告或者严重警告处分;情节较重的,给予撤销党内职务或者留党察看处分;情节严重的,给予开除党籍处分。

在保密工作方面不负责任,致使发生重大失密泄密事故,造成或者可能造成较大损失的,对负有主要领导责任者,给予警告或者严重警告处分;造成或者可能造成重大损失的,对负有主要领导责任者,给予撤销党内职务处分。

第一百三十九条 对因工作失职、渎职,所造成的后果虽不够较大损失的标准,但给本地区、本单位造成严重不良影响的直接责任者,以及所造成的后果虽不够重大损失的标准,但给本地区、本单位造成严重不良影响的主要领导责任者,根据损失的数额及影响程度,给予警告、严重警告或者撤销党内职务处分。

第十三章 侵犯党员权利、公民权利的行为

第一百四十条 对批评、检举、控告进行阻挠、压制,或者将批评、检举、控告、申诉材料私自扣押、销毁,或者故意将其泄露给被批评人、被检举人、被控告人的,给予警告或者严重警告处分;情节较重的,给予撤销党内职务或者留党察看处分;情节严重的,给予开除党籍处分。

对批评人、检举人、控告人、证人及其他人员打击报复的,依照前款规定从

重或者加重处分。

第一百四十一条 对党员或者公民的申辩、辩护、申诉、作证等，进行压制，造成不良后果的，给予警告或者严重警告处分；情节严重的，给予撤销党内职务处分。

第一百四十二条 侵犯党员或者公民的选举权、被选举权、表决权，情节较重的，给予警告或者严重警告处分；情节严重的，给予撤销党内职务处分。

伪造选举文件、篡改选举结果或者以威胁、贿赂、欺骗等手段，妨害选民或者代表自由行使选举权、被选举权和表决权的，给予撤销党内职务、留党察看或者开除党籍处分。

第一百四十三条 侵犯他人人身权利，有下列行为之一，情节较轻的，给予警告或者严重警告处分；情节较重的，给予撤销党内职务或者留党察看处分；情节严重的，给予开除党籍处分：

（一）侮辱、诽谤他人的；

（二）对他人进行殴打、体罚、非法拘禁、非法搜查的；

（三）非法侵入或者非法搜查他人住宅的；

（四）有其他侵犯他人人身权利行为的。

第一百四十四条 违反劳动管理法律、法规侵犯他人权利，情节较重的，给予警告或者严重警告处分；情节严重的，给予撤销党内职务、留党察看或者开除党籍处分。

第一百四十五条 隐匿、毁弃或者非法开拆他人邮件、信件，侵犯他人通信自由，情节较重的，给予警告或者严重警告处分；情节严重的，给予撤销党内职务、留党察看或者开除党籍处分。

利用职务上的便利侵犯他人通信自由的，依照前款规定加重处分。

第一百四十六条 干涉他人婚姻自由，情节较重的，给予警告或者严重警告处分；情节严重的，给予撤销党内职务、留党察看或者开除党籍处分。

第一百四十七条 诬告陷害他人的，给予警告或者严重警告处分；情节较重的，给予撤销党内职务或者留党察看处分；情节严重的，给予开除党籍处分。

第一百四十八条 有其他侵犯党员权利、公民权利的行为，情节较重的，给予警告或者严重警告处分；情节严重的，给予撤销党内职务、留党察看或者开除党籍处分。

第十四章　严重违反社会主义道德的行为

第一百四十九条 弄虚作假，骗取荣誉的，给予警告或者严重警告处分；情节较重的,给予撤销党内职务或者留党察看处分;情节严重的,给予开除党籍处分。

第一百五十条 与他人通奸,造成不良影响的,给予警告或者严重警告处分;情节较重的,给予撤销党内职务或者留党察看处分;情节严重的,给予开除党籍处分。

与现役军人的配偶通奸的,依照前款规定从重或者加重处分。

重婚或者包养情妇(夫)的,给予开除党籍处分。

第一百五十一条 利用职权、教养关系、从属关系或者其他相类似关系与他人发生性关系的,给予撤销党内职务处分;情节严重的,给予留党察看或者开除党籍处分。

第一百五十二条 拒不承担抚养教育义务或者赡养义务,情节较重的,给予警告或者严重警告处分;情节严重的,给予撤销党内职务处分。

虐待家庭成员情节较重或者遗弃家庭成员的,给予撤销党内职务或者留党察看处分;情节严重的,给予开除党籍处分。

第一百五十三条 遇到国家财产和人民群众生命财产受到严重威胁时,能救而不救,情节较重的,给予警告、严重警告或者撤销党内职务处分;情节严重的,给予留党察看或者开除党籍处分。

第一百五十四条 有其他严重违反社会主义道德的行为,情节较重的,给予警告或者严重警告处分;情节严重的,给予撤销党内职务、留党察看或者开除党籍处分。

第十五章 妨害社会管理秩序的行为

第一百五十五条 进行色情活动的,给予严重警告或者撤销党内职务处分;情节严重的,给予留党察看或者开除党籍处分。本条例另有规定的,依照规定。

第一百五十六条 嫖娼、卖淫,或者组织、强迫、介绍、教唆、引诱、容留他人嫖娼、卖淫,或者故意为嫖娼、卖淫提供方便条件的,给予开除党籍处分。

第一百五十七条 制作、复制、出售、出租、传播淫秽影视书画或者其他淫秽物品,情节较轻的,给予严重警告处分;情节较重的,给予撤销党内职务或者留党察看处分;情节严重的,给予开除党籍处分。

第一百五十八条 观看淫秽影视书画,情节较重的,给予警告或者严重警告处分;情节严重的,给予撤销党内职务处分。

观看淫秽表演的,给予严重警告或者撤销党内职务处分;情节严重的,给予留党察看或者开除党籍处分。

组织进行淫秽表演的，给予开除党籍处分。

第一百五十九条 进行淫乱活动的，给予严重警告或者撤销党内职务处分；情节严重的，给予留党察看或者开除党籍处分。

猥亵、侮辱妇女的，依照前款规定处理。

第一百六十条 违反有关规定吸食、注射毒品、精神药品或者其他违禁品的，给予撤销党内职务处分；情节严重的，给予留党察看或者开除党籍处分。

以牟利为目的，违反有关规定种植毒品原植物或者制造、运输、贩卖毒品、精神药品和其他违禁品的，给予开除党籍处分。

单位有前款所列行为的，对主要责任者和其他直接责任人员，依照前款规定处理。

第一百六十一条 侵犯公私财产，有下列行为之一，情节较轻的，给予警告或者严重警告处分；情节较重的，给予撤销党内职务或者留党察看处分；情节严重的，给予开除党籍处分：

（一）盗窃公私财物的；

（二）诈骗公私财物的；

（三）抢夺公私财物的；

（四）破坏或者哄抢公私财物的；

（五）有其他侵犯公私财产行为的。

敲诈勒索公私财物的，给予开除党籍处分；情节较轻的，给予留党察看处分。

第一百六十二条 以营利为目的聚众赌博或者以赌博为业的，给予开除党籍处分。

参加赌博屡教屡犯，或者赌资较大，或者在工作时间赌博，或者在国（境）外赌博的，给予警告、严重警告或者撤销党内职务处分；情节严重的，给予留党察看或者开除党籍处分。党员领导干部参加赌博的，从重或者加重处分。

故意为赌博活动提供场所或者其他方便条件，情节较重的，给予警告、严重警告或者撤销党内职务处分；情节严重的，给予留党察看或者开除党籍处分。

第一百六十三条 妨碍党和国家工作人员或者其他从事公务的人员依纪依法执行公务，情节较轻的，给予警告或者严重警告处分；情节较重的，给予撤销党内职务或者留党察看处分；情节严重的，给予开除党籍处分。

第一百六十四条 扰乱和破坏生产、交通、工作等公共秩序的，给予警告或者严重警告处分；情节较重的，给予撤销党内职务或者留党察看处分；情节严重的,给予开除党籍处分。

搞封建迷信活动,扰乱生产、工作、社会生活秩序的,依照前款规定从重或者加重处分。

第一百六十五条 伪造、变造或者买卖、使用伪造的党和国家机关、企业(公司)、事业单位、人民团体的公文、证件、印章的,给予严重警告处分;情节较重的,给予撤销党内职务或者留党察看处分;情节严重的,给予开除党籍处分。

抢夺党和国家机关、企业(公司)、事业单位、人民团体的公文、证件、印章的,依照前款规定从重或者加重处分。

伪造、变造或者买卖、使用伪造的学历、文凭的,依照第一款规定处理。

第一百六十六条 违反人口与计划生育法律、法规超计划生育的,给予严重警告或者撤销党内职务处分;情节严重的,给予留党察看或者开除党籍处分。

破坏人口与计划生育法律、法规实施的,给予撤销党内职务或者留党察看处分;情节严重的,给予开除党籍处分。

第一百六十七条 违反国家关于保护环境、自然资源和文物古迹等方面的法律、法规,情节较轻的,给予警告或者严重警告处分;情节较重的,给予撤销党内职务或者留党察看处分;情节严重的,给予开除党籍处分。

单位有前款所列行为的,对主要责任者和其他直接责任人员,依照前款规定处理。

第一百六十八条 编造、散播虚假信息或者其他对社会有害的信息,情节较重的,给予警告或者严重警告处分;情节严重的,给予撤销党内职务、留党察看或者开除党籍处分。

第一百六十九条 违反有关规定,侵入、破坏计算机信息系统,损害党、国家和人民利益,情节较轻的,给予警告或者严重警告处分;情节较重的,给予撤销党内职务或者留党察看处分;情节严重的,给予开除党籍处分。

第一百七十条 包庇犯罪分子,情节较轻的,给予严重警告或者撤销党内职务处分;情节较重的,给予留党察看处分;情节严重的,给予开除党籍处分。

包庇恐怖组织、黑社会性质组织及其主要成员的,给予开除党籍处分。

包庇有严重违纪行为应受纪律处分人员的,给予警告或者严重警告处分;情节严重的,给予撤销党内职务处分。

第一百七十一条 被犯罪分子蒙骗而为其犯罪活动提供方便条件的,给予警告或者严重警告处分;情节严重的,给予撤销党内职务或者留党察看处分。

第一百七十二条 驻外机构或者临时出国(境)团(组)中的党员,触犯驻在国家、地区的法律、法令或者不尊重驻在国家、地区的宗教习俗,情节较重的,给予警告或者严重警告处分;情节严重的,给予撤销党内职务、留党察看或者开除党籍处分。

第一百七十三条 违反国(边)境管理法律、法规,偷越国(边)境的,给予开除党籍处分。

第一百七十四条 有其他妨害社会管理秩序的行为,情节较重的,给予警告或者严重警告处分;情节严重的,给予撤销党内职务、留党察看或者开除党籍处分。

第三编 附 则

第一百七十五条 本条例由中共中央纪律检查委员会负责解释。

第一百七十六条 中央军委可以根据本条例,结合中国人民解放军和中国人民武装警察部队的实际情况,制定补充规定或者单项规定。

第一百七十七条 各省、自治区、直辖市党委,中央直属机关工委、中央国家机关工委,国务院国有资产监督管理委员会党委,中国银行业监督管理委员会、中国证券监督管理委员会、中国保险监督管理委员会以及其他实行垂直管理部门的党委(党组),可以根据本条例,结合各自工作的实际情况,制定单项实施规定,报中共中央纪律检查委员会备案。

第一百七十八条 本条例自发布之日起施行。

本条例发布前,已结案的案件如需进行复查复议,适用当时的规定或者政策。尚未结案的案件,如果行为发生时的规定或者政策不认为是违纪,而本条例认为是违纪的,依照当时的规定或者政策处理;如果行为发生时的规定或者政策认为是违纪的,依照当时的规定或者政策处理,但是如果本条例不认为是违纪或者处理较轻的,依照本条例规定处理。

中共中央纪委、监察部关于印发《中共中央纪委监察部关于领导干部利用职权违反规定干预和插手建设工程招标投标、经营性土地使用权出让、房地产开发与经营等市场经济活动,为个人和亲友谋取私利的处理规定》的通知

(2004 年 2 月 3 日)

现将《中共中央纪委监察部关于领导干部利用职权违反规定干预和插手建设工程招标投标、经营性土地使用权出让、房地产开发与经营等市场经济活动,为个人和亲友谋取私利的处理规定》印发给你们,请遵照执行。

中共中央纪委监察部关于领导干部利用职权违反规定干预和插手建设工程招标投标、经营性土地使用权出让、房地产开发与经营等市场经济活动,为个人和亲友谋取私利的处理规定

第一条 为进一步规范领导干部廉洁从政行为,加强建设工程招标投标、经营性土地使用权出让、房地产开发与经营等市场经济活动的监督管理,根据《中国共产党纪律处分条例》及有关法律、法规,制定本规定。

第二条 本规定所称违反规定干预和插手,是指领导干部违反法律、法规及其他政策性规定或者议事规则等,利用职权向相关部门采取暗示、授意、打招呼、批条子、指定、强令等方式,影响正常市场经济活动的行为。

第三条 领导干部利用职权或者职务上的影响,违反规定干预和插手建设工程招标投标活动,为个人和亲友谋取私利,有下列情形之一的,按照本规定第六条进行处理:

(一)对依法必须进行招标的建设工程项目不招标,或者依法应当公开招

标的建设工程项目实行邀请招标，以及将依法必须进行招标的建设工程项目化整为零，或者假借保密工程、抢险救灾等特殊工程的名义规避招标的；

（二）为招标人指定招标代理机构，强制招标人委托招标代理机构办理招标事宜的；

（三）操纵或者以暗示、授意、指定等方式影响建设工程招标投标活动中投标人资格的确定或者评标、中标结果，擅自变更建设工程项目中标人的；

（四）要求中标人分包、转包建设工程，或者指定使用工程建设材料、构配件、设备以及生产厂家、供应商的；

（五）有其他违反规定干预和插手建设工程招标投标活动行为的。

第四条 领导干部利用职权或者职务上的影响，违反规定干预和插手经营性土地使用权出让，为个人和亲友谋取私利，有下列情形之一的，按照本规定第六条进行处理：

（一）对应当实行招标拍卖挂牌出让的经营性土地使用权采用划拨方式或者协议出让方式供地，以及采用合作开发、招商引资、历史遗留问题等名义或者使用先行立项、先行选址定点确定用地者等手段规避招标拍卖挂牌出让的；

（二）操纵经营性土地使用权招标拍卖挂牌出让活动中申请人的确定或者招标拍卖挂牌出让结果的；

（三）土地使用权出让金确定后，擅自批准调整土地用途、容积率等规划设计条件或者减免土地使用权出让金的；

（四）对未按合同约定支付国有土地使用权出让金或者其他不具备发放国有土地使用证书条件，而为其发放国有土地使用证书的；

（五）有其他违反规定干预和插手经营性土地使用权出让活动行为的。

第五条 领导干部利用职权或者职务上的影响，违反规定干预和插手房地产开发与经营活动，为个人和亲友谋取私利，有下列情形之一的，按照本规定第六条进行处理：

（一）允许不具备房地产开发资质或者资质等级不相符的企业从事房地产开发与经营活动的；

（二）对不符合商品房预售条件的开发项目，为其发放商品房预售许可证的；

（三）对未经验收或者验收不合格的房地产开发项目，允许其交付使用的；

（四）有其他违反规定干预和插手房地产开发用地、立项、规划、建设和销售等行为的。

第六条 领导干部有本规定第三条至第五条行为之一，本人从中收受或者变相收受财物的,依照《中国共产党纪律处分条例》第八十五条处理。

领导干部有本规定第三条至第五条行为之一,其父母、配偶、子女及其配偶以及其他共同生活的家庭成员收受财物的,追究该领导干部的责任,依照《中国共产党纪律处分条例》第七十五条第一款、第三款处理。

领导干部有本规定第三条至第五条行为之一,并指定其他第三人从中收受财物的,追究该领导干部的责任,依照《中国共产党纪律处分条例》第七十五条第二款处理。

第七条 需要给予领导干部行政处分或者其他纪律处分,如有相应处分规定的,从其规定;没有相应处分规定的,参照本规定给予相应的处分。根据实际情况,必要时,还可以对其给予免职或者辞退等组织处理。

第八条 领导干部利用职权或者职务上的影响,干扰、妨碍有关部门对建设工程招标投标、经营性土地使用权出让、房地产开发与经营等市场经济活动中的违纪违法行为进行查处的,依照《中国共产党纪律处分条例》第一百六十三条处理。

第九条 本规定适用于党的机关、人大机关、行政机关、政协机关、审判机关、检察机关中副科级以上领导干部。

人民团体、国有企业、事业单位中相当于副科级以上职务实行管理的领导干部参照执行本规定。

对建设工程招标投标、经营性土地使用权出让、房地产开发与经营等市场经济活动负有管理、监督职责的单位的其他干部参照执行本规定。

第十条 本规定由中共中央纪律检查委员会、监察部负责解释。

第十一条 本规定自发布之日起施行。

中共中央纪委法规室
关于对《关于清理党政领导干部在企业兼职有关问题的请示》的答复

驻国家林业局纪检组、监察局：

你们报送的《关于清理党政领导干部在企业兼职有关问题的请示》(驻林纪监〔2004〕3号)收悉。经征求中央组织部干部一局和本委党风室意见后，答复如下：

中央纪委、中央组织部于2004年1月13日联合下发的《关于对党政领导干部在企业兼职进行清理的通知》(中组发〔2004〕2号)中，对事业单位清理范围的有关规定是：“国家法律、法规授权行使行政管理职能的事业单位，应遵照本通知执行；国家机关委托其行使管理职能的事业单位，可参照执行。”

我们认为，根据《通知》要求，在对事业单位领导干部在企业兼职进行清理时，应当注意区分以下三种情况：

一、对于国家法律、行政法规和地方性法规授权行使行政管理职能的事业单位的领导干部在企业兼职的，应当遵照《通知》，按照干部管理权限进行清理。

二、对于国家机关委托其行使管理职能的事业单位的领导干部在企业兼职的，应当由委托事业单位行使管理职能的国家机关和该事业单位的上级机关共同研究，确定参照《通知》进行清理的具体办法。

三、对于没有行政管理职能的事业单位的领导干部在企业兼职的，则不在此次清理的范围之内。

对于事业单位是否具有行政管理职能一时难以认定的，应在征求机构编制等部门意见的基础上，进行认真甄别。

中共中央纪委法规室

2004年3月16日

中共中央纪委办公厅关于坚决制止以学习培训为名搞不正之风的通知

(2004年9月3日)

中央纪委第三次全会提出,五年内把纪检监察干部轮训一遍,努力提高纪检监察干部队伍的政策理论水平、业务能力和专业化水平,有力地推动了纪检监察干部教育培训工作的发展,当前培训工作总的形势是好的。但最近社会上出现的“乱办班、乱收费、乱发证”现象,严重干扰了纪检监察干部教育培训工作秩序。为规范纪检监察干部教育培训工作,保证干部教育培训工作健康发展,特作如下通知:

一、各级纪检监察机关要认真贯彻落实中共中央纪委、监察部《关于进一步做好纪检监察干部教育培训工作的意见》(中纪发〔2004〕17号)精神,按照分级培训的原则,各负其责,切实加强对干部教育培训工作的领导和管理。

二、各级纪检监察机关不得组织干部参加非纪检监察机关和社会团体举办的各类纪检监察业务培训班,对违反规定参加此类培训班的,所需费用一律不予报销。

三、各级纪检监察机关举办或参加的纪检监察业务培训班,原则上应在本省(区、市)范围安排。出省(区、市)范围的,市(地)及其以下纪检监察机关必须报省(区、市)纪检监察机关干部培训主管部门批准,省(区、市)必须向中央纪委干部培训主管部门备案。各级纪检监察机关组织出国(境)培训的,必须经有关国(境)外培训管理部门批准,并报中央纪委干部培训主管部门备案。

四、未经上级纪检监察机关同意,各级纪检监察机关不得举办超出本地区、本部门所辖范围干部参加的培训班。

五、各级纪检监察机关要配合有关部门对社会上“乱办班、乱收费、乱发证”的行为进行监督检查。发现一起查处一起,并严肃追究有关人员的责任,特别是对以学习培训之名非法敛财甚至搞欺诈活动的,要协调有关部门依法予以严肃处理。

中共中央纪委、中共中央组织部、外交部、公安部、国家安全部、监察部、人事部、商务部关于进一步加强党员干部出国(境)管理的通知

(2004年12月16日)

改革开放以来，党中央、国务院先后下发一系列文件，对党员干部出国(境)管理工作提出了明确要求。各地区、各部门认真贯彻执行党中央、国务院的规定，取得了比较好的效果。但是，随着国际交往日益增多，人员和资金跨境流动日益频繁，近年来一些党员干部出国(境)私自不归的情况屡有发生，甚至少数党员干部携赃款外逃，给党和国家在政治上造成恶劣影响，在经济上造成重大损失，严重危害我国国家安全和社会稳定。对此，必须采取有效措施加以解决。为进一步加强党员干部出国(境)管理工作，现就有关问题通知如下：

一、进一步加强因公出国(境)人员的管理

(一)加强教育，防范在先。要认真学习贯彻“三个代表”重要思想，有针对性地对出国(境)党员干部进行理想信念、爱国主义、民族精神、外事纪律、安全保密等方面的教育。要把教育与管理结合起来，坚持和完善出国(境)人员行前集中培训、谈话提醒等行之有效的做法和制度。要及时了解和掌握出国(境)人员的思想动态，发现苗头性问题，提前采取措施，防止问题的发生。

(二)强化管理，从严把关。党员干部因公出国(境)，必须严格按照《关于因公出国人员审查的规定》(中办发〔1991〕8号)和《关于因公出国人员审查的补充规定》(中办发〔1993〕23号)规定的批准权限进行审批。县(处)级以上党员干部因公出国(境)的审批，要严格执行《关于加强党政机关县(处)级以上领导干部出国(境)管理工作的意见》(中办发〔1999〕23号)的有关规定。

(三)健全制度，规范党员干部在因公出国(境)期间的行为。对派驻国(境)外工作的党员干部，派出单位应制定相应的管理办法和规定。临时出国(境)的团组，应建立临时党支部(党小组)；团组成员未经团组领导同意，不得单独活动；不得擅自变更出访路线；不得擅自延长在国(境)外的期限；重要情况要及时报告派出单位和外交部等有关部门。

二、对因私出国(境)党员干部进行严格审查

(一)党员干部因私出国(境),要按照干部管理权限,严格履行审批手续。县(处)级以上党员干部因私出国(境)的审批,要严格执行中办发〔1999〕23 号文件的有关规定。各地区、各部门不得擅自或变相下放审批权限。对党员领导干部和涉及管理人、财、物,机要档案以及其他重要岗位的党员干部,要严格审查,着重审查近期政治表现和廉政情况。对法律规定不准出境和涉嫌严重违纪违法的党员干部,不得批准其出国(境)。

(二)严格按照中央组织部、公安部、人事部等五部门《关于加强国家工作人员因私事出国(境)管理的暂行规定》(公通字〔2003〕13 号),进一步完善国家机关在职县(处)级以上领导干部、离(退)休厅(局)级以上干部和涉及国家安全、国有资产安全、行业机密等人员因私出国(境)的登记备案工作。

(三)加强党员干部因私出国(境)后的管理。因私出国(境)的党员干部,在国(境)外不得以党员身份参加公开活动,每季度要把在国(境)外的情况向所在单位和单位党组织汇报一次,重要情况要及时报告。党员组织关系的处理,要严格执行《中央组织部关于共产党员因私事出国或去港澳地区的若干问题的规定》(中组发〔1981〕19 号)。回国后及时向所在单位报告。

三、切实做好出国(境)证件的管理工作

(一)因公出国(境)的党员干部,应在回国(境)后 15 天内,将所持因公出国(境)证件交由发证机关指定的部门统一保管或注销。对拒不执行规定的,吊销其所持证件。

(二)党员干部申领因私护照或往来港澳通行证后,以及每次因私出国(境)前,要向所在单位组织人事部门报告并登记;各单位的领导干部,要按照干部管理权限向上一级组织人事部门报告并登记。本通知下发后,各部门要对党员干部申领上述证照的情况进行清理,对未报告登记的,要组织补报和登记。

(三)因私出国(境)的国家机关登记备案人员,应在回国(境)后 10 天内,将所持因私出国(境)证件交由所在单位组织人事部门集中保管。

(四)各单位要建立出国(境)证照专人负责制和护照使用登记保管制度。

(五)党员干部办理外国长期居留证、前往港澳通行证、香港和澳门永久性居民身份证,县(处)级以上党员干部的配偶出国定居或办理上述证件的,要严格执行中办发〔1999〕23 号文件的有关规定。

四、明确责任,加强监督检查

(一)各省、自治区、直辖市,中央、国家机关各部委,要高度重视党员干部出国(境)管理工作,切实加强领导,明确责任,抓好落实。各地区、各部门要明确一名领导同志负责这项工作，组织人事部门要建立健全具体的工作程序和制度。各业务主管部门特别是外交、商务、金融等部门及负责出国（境）审批、出入境证件颁发部门，要分别负起责任。

（二）加强对党员干部出国（境）管理工作的监督检查。各地区、各部门要按管理权限和程序做好日常监督工作，定期逐级上报党员干部出国（境）管理工作的情况。下级组织人事部门每年第一季度将上年度党员干部出国（境）情况向上级组织人事部门作书面报告，重大情况及时报告。上级主管部门和纪检监察机关要定期或不定期地对党员干部出国（境）管理工作进行专项检查，发现问题及时纠正。

（三）加大查处违纪违法案件的力度。对党员干部出国（境）私自不归的，要给予相应的党纪政纪处分或采取组织处理措施。对给国家造成严重不良影响或有危害国家安全行为的，要从严惩处；对涉嫌犯罪的，公安、国家安全等部门要加大缉捕力度。对党员干部在出国（境）或办理出国（境）审批手续中弄虚作假，甚至伪造、变造或者买卖、使用伪造的出国（境）证件的，要依纪依法严肃查处。对驻国（境）外机构或临时出国（境）团组发生人员擅自脱离组织出走、叛逃，或者有其他严重违纪行为的，除对当事人进行严肃处理外，还应当依照规定追究该机构或团组领导人以及派出单位负责人的责任。对违反出国（境）证件管理规定，拒不交出所持出国（境）证件的党员干部，应当给予批评教育，情节严重的还应给予相应的党纪政纪处分。对在出国（境）管理工作中严重不负责任、失职渎职导致党员干部出国（境）私自不归，或发生问题后不报告、不处理的，要依纪依法追究主管部门领导和有关人员责任。对一些出国（境）后私自不归和外逃后被引渡或遣送回国的党员干部受到党纪国法惩处的典型案例，要及时通过内部通报或公开报道，警示广大党员干部。

（四）纪检监察、组织、外交、公安、国家安全、人事、商务等各有关部门要充分发挥职能作用，各负其责，严格管理，密切配合，齐抓共管。要加强联系，及时沟通情况，形成有效预防和处理党员干部出国（境）私自不归问题的工作协调机制。要充分利用现代化信息技术手段，建立和完善出国（境）登记备案人员证照审批、资料管理和出国（境）情况信息数据库，并实现出国（境）相关管理部门间联网，建立信息共享机制。各地外事部门要定期通报因公护照收缴保管情况，及时准确上传颁照数据。财政、金融部门要对巨额资金和外汇使用流动等情况进行汇集和分析，并加强监管。纪检监察机关要对党员干部持有和使用出入境证件情况进行汇总和分析，及时掌握涉嫌违纪违法且有出国（境）动向人员的情况，并向公安机关提出依法采取措施、控制他们出国（境）的建议，公安机关要积极予以协助。外交、公安、国家安全、监察等部门,要进一步研究如何加强党员干部出国(境)管理和加强国际警务合作问题,完善有关政策,并提出相应措施。教育、科技、国家安全、人事、商务等部门,要研究防范科技骨干、高级管理和技术人才出国(境)私自不归问题,提出防范措施。

五、非党员干部出国(境)管理参照本通知执行。

六、本通知自2004年12月31日起执行,原有规定中凡与本通知不符的,以本通知为准。

中共中央关于印发《建立健全教育、制度、监督并重的惩治和预防腐败体系实施纲要》的通知

（2005年1月3日）

现将《建立健全教育、制度、监督并重的惩治和预防腐败本系实施纲要》（以下简称《实施纲要》）印发给你们，请认真贯彻执行。

坚持标本兼治、综合治理、惩防并举、注重预防的方针，建立健全与社会主义市场经济体制相适应的教育、制度、监督并重的惩治和预防腐败体系，是党中央从完成经济社会发展的重大任务和巩固党的执政地位的全局出发，为做好新形势下反腐倡廉工作作出的重大战略决策。这是我们党对执政规律和反腐倡廉工作规律认识的进一步深化，是从源头上防治腐败的根本举措，对于提高党的执政能力、巩固党的执政地位，具有极其重要的意义。

《实施纲要》是当前和今后一个时期深入开展党风廉政建设和反腐败工作的指导性文件。各级党委和政府要从政治和全局的高度，深刻认识贯彻《实施纲要》的重要意义，深入学习、广泛宣传、坚决贯彻，把建立健全惩治和预防腐败体系的工作纳入经济社会发展的总体规划，认真组织实施。要全面把握《实施纲要》的基本精神和主要内容，结合实际制定贯彻落实《实施纲要》的意见和办法。要认真开展监督检查，建立健全有效的工作机制，切实把反腐倡廉的各项工作落到实处。

各地区各部门对贯彻执行《实施纲要》的意见和建议，请及时报告中央。

建立健全教育、制度、监督并重的惩治和预防腐败体系实施纲要

为深入贯彻落实党的十六大和十六届三中、四中全会精神，建立健全与社会主义市场经济体制相适应的教育、制度、监督并重的惩治和预防腐败体系（以下简称建立健全惩治和预防腐败体系），深入开展党风廉政建设和反腐败工作，制定本实施纲要。

一、建立健全惩治和预防腐败体系的重要性和紧迫性

(一)建立健全惩治和预防腐败体系是党中央在新形势下对反腐倡廉工作作出的重大战略决策。党风廉政建设和反腐败斗争关系党的生死存亡。党越是长期执政,反腐倡廉的任务越艰巨,越要坚定不移地反对腐败,越要提高拒腐防变和抵御风险的能力。执政55年来,党的三代中央领导集体高度重视党风廉政建设和反腐败工作,作出了一系列重大决策和部署,取得了明显成效。以胡锦涛同志为总书记的党中央科学总结反腐倡廉的经验,从加强党的执政能力建设的战略高度,坚持标本兼治、综合治理、惩防并举、注重预防的方针,提出建立健全惩治和预防腐败体系。这是我们党对执政规律和反腐倡廉工作规律认识的进一步深化,是在发展社会主义市场经济和对外开放条件下深入开展党风廉政建设和反腐败工作的新要求,是从源头上防治腐败的根本举措,对于提高党的执政能力、巩固党的执政地位,具有十分重要的意义。

(二)建立健全惩治和预防腐败体系是一项紧迫而长期的任务。进入新世纪新阶段,国际形势发生了新的深刻变化,我国改革发展处在关键时期,党所处的执政环境发生了重大变化,反腐败工作体制、机制和工作方式还存在与新形势新任务不相适应的问题。腐败现象滋生蔓延的土壤和条件依然存在,腐败现象在一些领域易发多发,反腐败斗争的形势还比较严峻。一些地方、部门和单位的违纪违法案件不断发生,特别是少数高级干部的腐败案件造成了很坏的社会影响;形式主义、官僚主义作风,弄虚作假、铺张浪费现象仍然突出;损害群众利益的不正之风屡禁不止。从实践看,教育不扎实,制度不健全,监督不得力,仍然是腐败现象滋生蔓延的重要原因。我们既要增强反腐败斗争的紧迫感,又要充分认识其长期性、艰巨性和复杂性,树立长期作战的思想,抓紧建立健全惩治和预防腐败体系。

二、建立健全惩治和预防腐败体系必须坚持党反腐倡廉的基本经验

(三)坚持党反腐倡廉的基本经验。我们党始终把党风廉政建设和反腐败工作作为全党一项重大的政治任务来抓,改革开放特别是党的十三届四中全会以来,采取了一系列有力措施,初步探索出一条新的历史条件下有效开展反腐倡廉工作的路子,形成了江泽民反腐倡廉重要思想,积累了宝贵经验,必须在实践中长期坚持和发展。

——必须坚持中国共产党的领导,保证反对和防止腐败的正确方向。中国共产党是以马克思主义科学理论武装起来的、以全心全意为人民服务为宗旨的先进政党,是与腐败根本不相容的。只有坚持党的领导,才能确立和坚持正确的反腐败指导思想、基本原则和领导体制,才能有效地反对和防止腐败,维护社

会政治稳定,促进经济社会全面发展。

——必须坚持指导思想上的与时俱进,用发展着的马克思主义指导党风廉政建设和反腐败工作的新实践。深入开展党风廉政建设和反腐败工作,必须坚持以马克思列宁主义、毛泽东思想、邓小平理论和"三个代表"重要思想为指导,适应形势任务的发展变化,解放思想、实事求是、与时俱进,积极探索党风廉政建设和反腐败工作的规律,不断丰富和发展党的反腐倡廉理论,推动反腐倡廉工作取得新成效。

——必须紧紧围绕发展这个党执政兴国的第一要务,为全面建设小康社会、加快推进社会主义现代化提供政治保证。发展是解决中国一切问题的关键。党风廉政建设和反腐败工作必须围绕发展,服务大局,研究解决妨碍改革发展稳定的突出问题,优化经济社会发展环境,促进社会主义物质文明、政治文明、精神文明协调发展。

——必须坚持立党为公、执政为民,切实纠正损害群众利益的不正之风。党风廉政建设的核心问题是密切党同人民群众的血肉联系。切实把实现好、维护好、发展好最广大人民的根本利益作为出发点和归宿,认真解决损害群众利益的突出问题,做到权为民所用、情为民所系、利为民所谋。

——必须坚持深化改革,创新体制机制制度,注重从源头上预防和解决腐败问题。要按照党要管党、从严治党的方针,坚持标本兼治、综合治理、惩防并举、注重预防。既要严肃党的纪律,坚决查办违纪违法案件,严厉惩处腐败分子;更要注重预防,通过深化改革、创新体制,加强教育、发展民主、健全法制、强化监督,把反腐败寓于各项重要政策和措施之中,用发展的思路和改革的办法防治腐败。

——必须坚持和完善反腐败领导体制和工作机制,形成反腐败斗争的整体合力。党委统一领导、党政齐抓共管、纪委组织协调、部门各负其责、依靠群众支持和参与的反腐败领导体制和工作机制,是深入开展反腐败斗争的组织保证。只要坚持反腐败领导体制和工作机制,认真贯彻党风廉政建设责任制,切实抓好各项任务的落实,就能巩固和发展全党动手反对和防止腐败的良好局面。

三、建立健全惩治和预防腐败体系的指导思想、主要目标和工作原则

(四)建立健全惩治和预防腐败体系的指导思想。坚持以马克思列宁主义、毛泽东思想、邓小平理论和"三个代表"重要思想为指导,紧紧围绕加强党的执政能力建设,紧紧围绕发展这个党执政兴国的第一要务,树立和落实科学发展观,坚持立党为公、执政为民,坚持科学执政、民主执政、依法执政,坚持为民、务实、清廉,坚持党要管党、从严治党,坚持标本兼治、综合治理、惩防并举、注重预防,建立健全教育、制度、监督并重的惩治和预防腐败体系,不断提高党的领导水平和拒腐防变能力。

(五)建立健全惩治和预防腐败体系的主要目标。到2010年,建成惩治和预防腐败体系基本框架。再经过一段时间的努力,建立起思想道德教育的长效机制、反腐倡廉的制度体系、权力运行的监控机制,建成完善的惩治和预防腐败体系。

(六)建立健全惩治和预防腐败体系的工作原则。(1)坚持与完善社会主义市场经济体制、发展社会主义民主政治、建设社会主义先进文化、构建社会主义和谐社会相适应。要为完善社会主义市场经济体制,实现社会主义民主政治的制度化、规范化和程序化,发展社会主义先进文化、构建社会主义和谐社会提供保证。(2)坚持教育、制度、监督并重。教育是基础,制度是保证,监督是关键。三者统一于惩治和预防腐败体系之中,相互促进,共同发挥作用。既要从严治标,更要着力治本,惩防并举,注重预防。(3)坚持科学性、系统性、可行性相统一。理论与实际相结合,立足全党,着眼全局,总体规划,分阶段实施;注重科学合理、系统配套和可操作性,充分发挥惩治和预防腐败体系的整体效能。(4)坚持继承与创新相结合。认真运用党反腐倡廉的基本经验,借鉴国外反腐败的有益做法,加强全局性、前瞻性问题的研究,解决新问题,总结新经验,在继承中发展,在发展中创新。

四、加强反腐倡廉教育,筑牢拒腐防变的思想道德防线

(七)反腐倡廉教育要以领导干部为重点。要以树立马克思主义的世界观、人生观、价值观和正确的权力观、地位观、利益观为根本,以艰苦奋斗、廉洁奉公为主题,以更好地做到立党为公、执政为民为目标,坚持进行党的基本理论、基本路线、基本纲领和基本经验教育,进行理想信念和从政道德教育、党的优良传统和作风教育、党纪条规和国家法律法规教育。把反腐倡廉教育贯穿于领导干部的培养、选拔、管理、使用等各个方面,坚持教育与管理、自律与他律相结合,督促领导干部加强党性修养,廉洁自律,反对和防止腐化堕落,常修为政之德、常思贪欲之害、常怀律己之心,牢记"两个务必",做到"八个坚持、八个反对",自觉经受住发展社会主义市场经济和改革开放条件下长期执政的考验。

要把反腐倡廉理论作为各级党委理论学习中心组学习的重要内容,定期安排专题学习。把反腐倡廉教育纳入党校、行政学院和其他干部培训机构的教学计划,编写教材,保证课时。对新任职领导干部进行廉政培训。党政主要负责人定期讲廉政党课。中央纪委、中央组织部和中央宣传部要切实抓好对省部级领导干部的反腐倡廉教育工作。

（八）反腐倡廉教育要面向全党全社会。要把反腐倡廉教育纳入在全党开展的以实践“三个代表”重要思想为主要内容的保持共产党员先进性教育活动中。注重研究反腐倡廉教育的规律，使教育内容贴近党员干部的思想和工作实际。既善于依靠各级党组织进行灌输教育，又善于引导广大党员干部进行自我教育；既善于运用“三会一课”等传统教育手段，又善于运用信息技术等现代化手段开展教育。加强示范教育，充分发挥先进典型的引导作用。深化警示教育，深刻剖析违纪违法案件发生的原因，分类分层次开展教育。每年集中一段时间开展反腐倡廉主题教育活动，把专题学习、群众评议与改进工作、解决实际问题结合起来。把反腐倡廉教育作为公务员培训的重要内容。

反腐倡廉教育要面向全社会，把思想教育、纪律教育与社会公德、职业道德、家庭美德教育和法制教育结合起来。大力加强廉政文化建设，积极推动廉政文化进社区、家庭、学校、企业和农村。社区组织要积极开展丰富多彩的廉政文化创建活动。妇联等人民团体要积极开展多种形式的家庭助廉教育活动。教育行政部门、学校和共青团组织要把廉洁教育作为青少年思想道德教育的重要内容，培养青少年正确的价值观念和高尚的道德情操。积极引导企业廉洁诚信、依法经营，开展农村廉政文化建设活动，增强全社会的反腐倡廉意识，形成以廉为荣、以贪为耻的良好社会风尚。

（九）完善反腐倡廉宣传教育工作格局，形成反腐倡廉教育的强大合力。要把反腐倡廉教育纳入党的宣传教育总体部署，完善宣传教育制度，健全工作机制，改进工作方法。纪检监察、组织人事、宣传思想等部门要做好经常性的反腐倡廉教育工作。坚持党管媒体的原则，坚持正面宣传为主，掌握反腐倡廉舆论工作的主动权。大力宣传我们党反对腐败的坚定决心、方针政策和取得的重大成果，引导广大干部群众正确看待反腐败斗争的形势。大力宣传各条战线立党为公、执政为民的先进典型，弘扬主旋律。建立健全新闻发布制度，适时通报反腐倡廉工作情况，加强对热点问题的引导。党报党刊、电视台、电台要开设廉政专栏或专题节目。加强反腐倡廉网络宣传教育，开设反腐倡廉网页、专栏，正确引导网上舆论。加强对互联网站反腐倡廉宣传教育的指导和管理。

五、加强反腐倡廉制度建设，充分发挥制度在惩治和预防腐败中的保证作用

（十）建立健全反腐倡廉基本制度。完善对权力制约和监督的制度。坚持民主集中制这一党的根本组织制度，健全民主集中制的各项具体制度。建立和完善党内情况通报、情况反映、重大决策征求意见等制度，逐步推进党务公开。

建立党的代表大会代表提案制度。积极探索党的代表大会闭会期间发挥代表作用的途径和形式,建立代表提议的处理和回复机制。扩大在市、县实行党代会常任制的试点。完善重大决策的规则和程序。完善领导干部民主生活会制度,提高民主生活会质量。制定落实党内监督条例的各项配套措施,建立和完善巡视制度。

完善反腐倡廉相关法律和规范国家工作人员从政行为的制度。加快廉政立法进程,研究制定反腐败方面的专门法律。修订和完善刑法、刑事诉讼法等相关法律制度。抓紧制定公务员法。探索制定公务员从政道德方面的法律法规。完善领导干部重大事项报告和收入申报制度。

完善对违纪违法行为的惩处制度。抓紧制定《中国共产党纪律处分条例》、《国家行政机关公务员行政处分条例》的配套规定和党纪政纪处分的相关制度,制定和完善对损害群众利益行为的责任追究办法。探索和完善辞职、辞退、免职、降职、降薪、任职限制等有关制度规定。完善违纪违法财物没收追缴责令退赔的规定。建立执法合作、司法协助、人员遣返、涉案资金返还等方面的反腐败国际合作机制。

完善反腐败领导体制、工作机制。抓紧制定纪委协助党委组织协调反腐败工作的规定。制定《关于实行党风廉政建设责任制的规定》的实施办法。改革和完善纪检监察体制和工作机制。

(十一)推进从源头上防治腐败的制度改革和创新。深化干部人事制度改革。积极推进干部人事工作的科学化、民主化、制度化进程,扩大党员和群众对干部选拔任用的知情权、参与权、选择权和监督权。继续推行和完善民主推荐、民主测评、差额考察、任前公示、公开选拔、竞争上岗、任职试用期等制度。规范和全面推行党的地方委员会全体会议无记名投票表决下一级党委、政府领导班子正职拟任人选和推荐人选制度。落实和完善党政领导干部辞职制度和任职回避、交流制度,实行党政领导干部职务任期制度,完善职务和职级相结合的制度。抓紧制定体现科学发展观和正确政绩观要求的干部实绩考核评价标准。完善党内选举制度,改进候选人提名方式,适当扩大差额推荐和差额选举的范围和比例。逐步扩大基层党组织领导班子成员直接选举的范围。进一步完善和规范党和国家机关工作人员工资和津贴、补贴制度。

深化行政审批制度改革,完善规范政府共同行为的有关制度。按照全面推进依法行政、建设法治政府的要求,进一步清理、取消和规范行政审批事项,加快转变政府职能,推进相关制度建设,完善审批方式,加强后续监管,建立科学合理的行政管理和监控机制。加快行政许可法的配套制度建设。完善行政执法责任制和评议考核制。制定行政效能投诉、行政过错责任追究办法。研究制定行政收费、行政强制和行政程序等方面的法律法规。规范并加强对社团、行业组织和社会中介组织的管理。完善国有资产管理体制和监管方式，健全法律法规和工作制度。推进垄断行业的改革，引入竞争机制，完善监管制度。健全政务公开、厂务公开、村务公开制度，制定规范电子政务的法律法规。

深化财政、金融和投资体制改革。进一步深化收支两条线管理改革，完善转移支付制度，全面推行部门预算、国库集中收付制度，完善预算法律，加快建立财政资金绩效评价体系，形成财政资金规范、安全、有效运行的机制。加快银行、证券、保险业的改革，建立健全现代金融企业制度、金融监管制度，确保资金运营安全。建立健全金融账户实名制、现金交易限制及反洗钱制度、征信管理制度。建立对大额资金外流有效监控的预警机制和金融信息共享制度。加强投资领域法规制度建设，建立和完善投资监管体系，改进并加强对政府投资的管理。

推进司法体制改革。制定和修改有关法律，完善司法机关的机构设置、职权划分和管理制度，形成权责明确、相互配合、相互制约、高效运行的司法体制，保障审判机关和检察机关依法独立公正地行使审判权和检察权。完善诉讼程序，完善人民陪审员制度，严格执行审判公开制度，保障公民、法人和其他组织的合法权益。完善执行工作机制。完善检察机关的法律监督职能，健全检务公开制度。健全司法工作规范和违法司法行为责任追究制度。

规范和完善工程建设招标投标、土地使用权出让、产权交易、政府采购等制度。修订城市规划法、建筑法和环境保护法等法律，完善城市规划许可制度和工程建设招标投标制度。严格市场准入退出制度，加快信用体系建设。修订土地管理的相关法律法规，加强土地出让制度建设，严格控制划拨用地和协议出让土地范围，逐步把工业用地纳入招标拍卖挂牌出让的范围。完善产权交易市场功能和各项监管制度，积极探索建立企业国有产权交易信息监测体系，促进市场竞价机制的形成。健全政府采购制度，完善管理职责与执行职责分离的政府采购管理体制。建立健全对房地产、市政公用等市场的监管制度。

（十二）提高制度建设的质量和水平，严格贯彻执行反腐倡廉各项制度。加强党对反腐倡廉法制建设的领导，善于使党的主张通过法定程序成为国家意志，从法律制度上保证反腐败政策措施的贯彻执行。根据经济社会发展和反腐败工作的实际，制定反腐倡廉法规制度建设总体规划和中长期计划。做到制度建设与反腐倡廉决策相统一，制度建设进程与反腐倡廉进程相适应，制度建设与从政道德建设相结合，党内制度建设与国家法制建设相协调。对现行反腐倡廉法规,已经过时的要及时废止,有明显缺陷的要适时修订完善,需要细化的要尽快制定实施细则,需要制定配套制度的要抓紧制定,实现制度建设的与时俱进。必须认真贯彻依法治国基本方略,把反腐倡廉法规制度的贯彻执行作为大事来抓,促使广大干部增强法律意识和法制观念,严格执行各项法规制度。更好地用制度和法律规范权力的运行、约束干部的从政行为。对反腐倡廉法规制度的落实情况要定期督促检查,加强责任追究,做到有法必依、执法必严、违法必究。

六、加强对权力运行的制约和监督,确保权力正确行使

(十三)加强对领导机关、领导干部特别是各级领导班子主要负责人的监督。要认真检查党的路线、方针、政策和决议的执行情况,监督民主集中制及领导班子议事规则落实情况,凡属重大决策、重要干部任免、重大项目安排和大额度资金的使用,必须由领导班子集体作出决定。认真执行集体领导和个人分工负责相结合的制度。加强对党员领导干部民主生活会的指导,督促领导班子成员认真开展批评与自我批评,针对自身存在的问题和党员、群众提出的意见进行整改,整改情况应在一定范围内公开。检查领导干部个人重大事项报告、述职述廉、民主评议、谈话诫勉、回复组织函询等制度的执行情况。切实加强巡视工作,健全机构,增强力量,综合运用巡视成果。全面实行纪检监察机关对派驻机构的统一管理,加强对驻在部门领导班子及其成员的经常性监督。逐步加大党委、人大、政府、政协之间的干部交流。对县级以上地方党政领导班子、行政执法机关、司法机关和管理人财物部门的主要负责人,实行定期交流。

(十四)加强对重点环节和重点部位权力行使的监督。加强对干部选拔任用工作的监督。着重检查党政领导干部选拔任用工作条例的执行情况,切实加强推荐、提名、考察考核、讨论决定等各个环节的监督。推荐干部要充分发扬民主,多数人不拥护的干部不能确定为考察对象。考察干部要全面深入了解德、能、勤、绩、廉的表现情况。任用干部必须如实记录拟任人选的推荐、考察、酝酿、讨论决定的情况,按规定进行表决。领导班子成员个人向党组织推荐领导干部人选,必须负责任地写出推荐材料并署名。对选人用人失察失误的,要依照有关规定予以追究。

加强对财政资金运行的监督。健全公共财政体制,规范财政资金分配行为。监督检查部门预算、国库集中收付、政府采购和收支两条线管理的落实情况。完善预算编制、执行的制衡机制。强化部门内部制约机制,加强财政资金管理,提高财政资金使用效益。

加强对国有资产和金融的监管。健全国有资本投资决策和项目法人约束机制，实行重大投资项目论证制和重大投资决策失误追究制。完善国有企业法人治理结构，规范公司股东会、董事会、监事会和经营管理者的权责。加强对资本运营各个环节的监管，防止国有资产流失，维护职工合法权益。建立健全金融机构监管协调机制和内控机制，强化金融监管，有效防止金融领域违纪违法案件的发生。

（十五）充分发挥各监督主体的积极作用，提高监督的整体效能。综合运用多种监督形式，努力形成结构合理、配置科学、程序严密、制约有效的权力运行机制。

切实加强党内监督。严格执行党章，全面贯彻党内监督条例和党员权利保障条例。加强党的代表大会对党的委员会和纪律检查委员会、党的委员会对党委常务委员会、纪律检查委员会对党的委员会成员的监督。常委会要向全委会负责、报告工作并接受其监督。党委要加强对党内监督工作的领导，注重对下一级党组织及其领导班子特别是主要负责人进行监督。纪委要协助同级党委组织协调党内监督工作，组织开展对党内监督工作的督促检查，对党员领导干部履行职责和行使权力情况进行监督。拓宽党员参与党内事务的渠道，切实保障党员的知情权、参与权和监督权。大力发展党内民主，营造党内不同意见平等讨论的环境，为党内监督创造条件。

支持和保证人大监督。切实发挥人大及其常委会的依法监督作用。认真听取和审议有关工作报告。加强对行政法规、部门规章、地方性法规和地方政府规章的备案审查，维护法制统一。严格审查财政预算和执行、国民经济和社会发展计划。加强对司法工作的监督，防止执法不公、贪赃枉法行为的发生。加强执法检查、监督及人大代表视察工作。

支持和保证政府专门机关监督。强化行政监察职能，保证政令畅通，维护行政纪律，促进廉政建设，改善行政管理，提高行政效能。强化审计监督，逐步推行效益审计，突出对重点领域、重点部门、重点资金和领导干部经济责任的审计。依法实行审计公告制度。支持和保证监察、审计机关依法独立开展监督，对拒不执行监督决定的，要依法追究有关机关和责任人员的责任。

支持和保证司法监督。审判机关要依法审理行政案件，维护和监督行政机关依法行使行政职权。检察机关要依法加强对公安机关立案侦查活动、法院审判活动和判决生效后执行活动的监督。健全公安、审判、检察机关相互配合和制约的工作机制，加大惩治和预防职务犯罪力度。

支持和保证政协的民主监督。切实发挥人民政协通过提出建议和批评，对国家宪法、法律和法规的实施，重大方针政策的贯彻执行，国家机关及其工作人员工作的监督作用。充分发挥政协特邀监督员在反腐倡廉中的作用。各级党委和政府要认真倾听政协、民主党派和无党派人士的批评和建议,自觉接受监督。认真办理政协提案。

切实加强社会监督。依法保障人民群众对党和国家机关及其工作人员批评、建议、控告、检举等权利。发挥工会、共青团、妇联等人民团体的监督作用,扩大群众有序的政治参与,拓宽对施政行为的监督渠道,增强涉及群众切身利益的有关政策和工作的透明度。设立专用举报电话,提倡实名举报。建立健全受理群众举报违纪违法行为的工作机制,及时处理群众反映的问题。在党的领导下,充分发挥新闻媒体的舆论监督作用。各级党委和政府应当重视和支持舆论监督,听取意见,改进工作。新闻媒体要坚持党性原则,遵守新闻纪律和职业道德,把握舆论监督的正确导向,注重舆论监督的社会效果。

七、在惩治和预防腐败体系中充分发挥惩治的重要作用

(十六)惩治腐败,必须从严。惩治和预防,是反腐倡廉相辅相成、互相促进的两个方面。惩治有力,才能增强教育的说服力、制度的约束力和监督的威慑力。要坚决查办违纪违法案件特别是大案要案。以查处发生在领导机关和领导干部中滥用权力、谋取私利的违纪违法案件为重点,严厉惩处腐败分子,严肃查处违反政治纪律的案件,严肃查处利用审批权、人事权、司法权违纪违法的案件,严肃查处贪污、受贿、行贿、挪用公款等违法案件,严肃查处失职渎职、严重损害国家利益的案件,严肃查处各种以权谋私、严重损害群众利益的案件。对顶风作案的要依纪依法从严惩处。对领导干部违反规定收钱送钱和买官卖官、参加赌博以及利用职权和职务影响为配偶、子女和身边工作人员谋取非法利益等不正之风和腐败现象,要采取有效措施认真解决。

(十七)严格依纪依法办案,提高执纪执法水平。坚持法律和纪律面前人人平等,对任何组织和个人的违纪违法行为,都必须依纪依法严肃处理。坚持实事求是,做到事实清楚、证据确凿、定性准确、处理恰当、手续完备、程序合法。坚持惩前毖后、治病救人。坚持惩治腐败与保护党员干部权利并重。执纪执法机关必须严格按照法定权限使用办案手段和措施,做到严格执法、公正执法、文明执法。正确运用政策和策略,体现宽严相济,区别对待。加强纪检、审判、检察、公安、监察、审计等执纪执法机关之间的协调配合,建立跨区域协作办案及追逃、追赃机制,完善相关程序,形成整体合力。综合运用法律、纪律、经济处罚、组织处理、限制从业资格等方式和手段,增强办案的政治、经济和社会效果,切实提高执纪执法水平。

(十八)重视和发挥查办案件的治本功能。针对案件中暴露出的问题,深入剖析，举一反三，查找体制机制制度方面的原因，建章立制，堵塞漏洞，逐步铲除腐败现象滋生蔓延的土壤。

八、加强领导，齐抓共管，把建立健全惩治和预防腐败体系的任务落到实处

（十九）各级党委（党组）要把建立健全惩治和预防腐败体系作为一项重要政治任务抓紧抓好。要把建立健全惩治和预防腐败体系纳入经济社会发展总体规划，列入党委和政府的重要议事日程，制定贯彻落实《实施纲要》的意见和办法。完善各级党委反腐败协调制度，定期召开会议，及时通报情况，研究协调重要问题。党委书记负总责，确定一名党委负责同志具体抓。

（二十）各级纪委要充分发挥组织协调作用。协助党委抓好建立健全惩治和预防腐败体系主要任务的分解和落实。制定切实可行的实施方案，作出周密部署。各级纪检监察机关对牵头负责的工作要认真组织实施。各地区各部门要按照职能分工，发挥优势，切实抓好各项任务的落实。

（二十一）形成有效的工作机制。建立责任机制，按照权责分明的原则，落实责任分工，明确工作规范。建立督查机制，定期检查，推动工作。建立奖惩机制，实行奖优罚劣。建立测评机制，搞好科学分析，使反腐败二作更有预见性。建立保障机制，在人员、经费等方面给予保证。通过建立健全惩治和预防腐败体系，深入开展党风廉政建设和反腐败工作，为全面推进中国特色社会主义伟大事业和党的建设新的伟大工程提供重要保证。

中共中央纪委、中共中央组织部、监察部关于维护党的纪律严肃处理党风方面若干突出问题的意见

(2005年1月14日)

为严格执行领导干部廉洁从政有关规定,切实解决当前党风方面存在的突出问题,在严肃执纪的同时,加大组织处理力度,经中共中央同意,对顶风违纪有以下行为的领导干部,必须严肃处理:

违反规定收送现金、有价证券和支付凭证的,按照组织程序一律先免职,再依据规定处理。

"跑官要官"的,要批评教育,不能提拔重用,在重要岗位上的要予以调整,已得到提拔的要坚决撤下来;对"跑官要官"制止不力造成用人严重失察失误的,要严肃追究责任。

放任、纵容配偶、子女及其配偶和身边工作人员利用领导干部职权和职务影响经商办企业或从事中介活动谋取非法利益的,要辞去现任职务或者由组织责令辞职,并按照规定给予纪律处分。

利用婚丧嫁娶等事宜收钱敛财的,要严肃查处。

参加赌博的,应予以免职,再依据规定处理;到国(境)外赌博的,要从严惩处。

本意见适用于党的机关、人大机关、行政机关、政协机关、审判机关、检察机关、人民团体、事业单位的各级领导干部和国有企业的领导人员。

中共中央纪委关于制止以革命传统和爱国主义教育为名组织公款旅游的通知

（2005年6月16日）

近年来，各地区、各部门利用多种形式，对党员干部进行革命传统和爱国主义教育，增强了党员干部的爱国情感，弘扬和培育了民族精神。但是，最近一段时间，也有少数单位以组织党员干部到革命传统和爱国主义教育基地学习参观为名，舍近求远，兴师动众，变相公款旅游。对此，人民群众反映强烈。为进一步规范有组织的到革命传统和爱国主义教育基地的学习参观活动，坚决制止借机公款旅游，现提出如下要求：

一、组织开展学习参观活动，要有明确的主题和具体的计划，注重实效。对有组织的学习参观活动要切实加强领导，严格审批，严格管理。

二、要从实际出发，因地制宜，充分利用当地条件，就地组织开展学习参观活动。确需去外地的，要就近选择适当的地点。

三、组织开展学习参观活动，要严格执行计划安排，不得擅自改变线路、延长日程、增加地点。禁止借机组织到其他风景名胜区公款旅游。

四、严格控制活动规模，坚持勤俭节约，不得互相攀比、奢侈浪费。学习参观的食宿行费用依照财务规定由组织单位承担，不得增加所到地方、单位的负担。

五、坚决纠正和查处以革命传统和爱国主义教育为名组织到其他风景名胜区公款旅游的行为。发现违反规定的问题，要及时进行批评教育并督促纠正。对于情节严重、造成恶劣影响的，要严肃查处并追究有关领导和组织者的责任。各级纪检监察机关要加强监督检查，确保有组织的学习参观活动健康、有序开展。

各地区、各部门要按照本通知要求，抓紧研究制定具体措施，建立健全有关制度规定，明确职责分工，切实抓好落实。

中共中央纪委法规室
对《关于适用〈中国共产党纪律处分条例〉第30条的处分批准程序的请示》的答复

江西省纪委调研法规室:

由中纪委案件审理室转来的你委案件审理室《关于适用〈中国共产党纪律处分条例〉第30条的处分批准程序的请示》(赣纪审〔2005〕7号)收悉。经研究,现答复如下:

《党纪处分条例》第30条规定:“对于个别可以不开除党籍的,应当对照处分党员批准权限的规定,报请再上一级党组织批准。”其中,所称“再上一级党组织”,是指对照处分党员批准权限规定的党组织的上一级党组织。该条中规定的“党组织”,包括党的纪律检查机关。

请将上述答复意见转告你委案件审理室。

中共中央纪委法规室

2005年7月1日

中共中央纪委、监察部、国务院国有资产监督管理委员会、国家安全生产监督管理总局关于清理纠正国家机关工作人员和国有企业负责人投资入股煤矿问题的通知

（2005 年 8 月 30 日）

为贯彻落实《国务院办公厅关于坚决整顿关闭不具备安全生产条件和非法煤矿的紧急通知》（国办发明电〔2005〕21 号），现将清理纠正国家机关工作人员和国有企业负责人投资入股煤矿问题作如下通知。

一、充分认识清理纠正工作的重要性、紧迫性

近来，全国煤矿安全生产形势严峻。一些地方相继发生停产整顿煤矿和不具备安全生产条件煤矿非法生产造成的特大、特别重大事故，给人民群众生命财产造成严重损失。煤矿安全生产事故频发的原因是多方面的，其中一个重要原因是有少数国家机关工作人员和国有企业负责人在煤矿投资入股，公开或暗中包庇袒护非法矿主，使一些不具备安全生产条件和非法煤矿未能停产整顿或关闭取缔。《国务院办公厅关于坚决整顿关闭不具备安全生产条件和非法煤矿的紧急通知》明确要求："凡已经投资入股煤矿（依法购买上市公司股票的除外）的国家机关工作人员、国有企业负责人，自本通知下达之日起 1 个月内撤出投资，逾期不撤出投资的，依照有关规定给予处罚。"清理纠正国家机关工作人员和国有企业负责人投资入股煤矿问题，既是遏制当前煤矿事故多发的重大举措，也是从源头上预防和治理腐败的重要内容。各地区各部门各单位要坚决贯彻落实《国务院办公厅关于坚决整顿关闭不具备安全生产条件和非法煤矿的紧急通知》，认真做好清理纠正国家机关工作人员和国有企业负责人投资入股煤矿工作。

二、加强领导，狠抓落实，确保清理纠正工作取得实效

清理纠正工作要在地方各级党委、政府统一领导下，成立由纪检监察机关牵头，国有资产监督管理部门、安全生产监督管理部门、煤矿安全监管部门、煤矿安全监察机构组成的清理纠正工作小组，负责本地区的清理纠正工作。在地

方的中央垂直管理的机关和企业事业单位的清理纠正工作,按照属地管理原则,由当地清理纠正工作小组统一组织。

这次清理纠正的范围是:各级党的机关、国家机关、人民团体、事业单位的工作人员和国有企业负责人(包括国有大型、特大型企业中层以上领导干部;国有中小型企业负责人;国有资产占控股地位或主导地位的公司中由政府主管部门委派或者招聘的领导干部、企业职工代表大会选举产生并报政府主管部门批准的领导干部、企业党组织的领导干部)投资入股煤矿的人员。

凡本人或以他人名义已经投资入股煤矿(依法购买上市公司股票的除外)的上述人员,要在2005年9月22日之前撤出投资,并向本单位纪检监察或人事部门报告并登记,注明投资单位、投资时间和数额、资金来源以及撤出资金的证明等。各单位纪检监察或人事部门要于9月25日前将本单位清理纠正情况报当地清理纠正工作小组。清理纠正工作小组对个人登记的内容要进行核实。

三、加强对清理纠正工作的社会监督和舆论监督

各地在清理纠正工作中,要充分发挥社会监督和舆论监督的作用,公开举报电话、设立举报信箱,鼓励煤矿职工和人民群众举报国家机关工作人员和国有企业负责人投资入股煤矿问题。对逾期没有如实登记撤出投资或者隐瞒事实真相、采取其他手段继续投资入股办矿的人员,一经查出,一律就地免职,然后依照有关规定严肃处理。

各地清理纠正工作于10月15日结束。各省级清理纠正工作小组要于10月20日之前将清理纠正工作情况报中央纪委、监察部、国务院国有资产监督管理委员会、国家安全生产监督管理总局。

中共中央纪委法规室
对《关于村委会主任(党员)
利用职务之便收受财物行为
如何处理的请示》的答复

中共安徽省纪委:

你们送来的《关于村委会主任(党员)利用职务之便收受财物行为如何处理的请示》(皖纪〔2005〕37 号)以及你委法规室补充送来的《关于村委会主任等人利用职务之便收受财物行为如何处理的请示的补充材料》收悉。经研究,现答复如下:

一、关于能否按照《中国共产党纪律处分条例》第九十五条定性处理的问题

根据现有材料,我们认为,对本案中张某、王某的行为不能按照《中国共产党纪律处分条例》(以下简称《党纪处分条例》)第九十五条的规定定性处理。

根据《中华人民共和国村民委员会组织法》等法律规定,你省该村支委会和村委会研究决定,将出售属于村林场木材所得款项 30 万元用于维修村级公路(未报乡政府审批)的活动,是村民自治范围内的经营、管理活动,不属于《党纪处分条例》第九十五条所列协助人民政府从事行政管理工作和依照党内法规从事党的纪检、组织(人事)、宣传等公务活动。因此,对该村委会主任张某及村委会委员王某在修路过程中收受修路包工头现金的行为,不能按照《党纪处分条例》第九十五条的规定定性处理。

二、关于能否按照《党纪处分条例》第一百零一条定性处理的问题

根据现有材料,我们认为,对本案中张某、王某的行为,应当按照《党纪处分条例》第一百零一条的规定定性处理。

《党纪处分条例》第一百零一条第一款规定:“企业(公司)或者其他单位中的非国家工作人员,利用职务上的便利,索取他人财物,或者非法收受、变相非法收受他人财物为他人谋取利益,情节较轻的,给予警告或者严重警告处分;情节较重的,给予撤销党内职务或者留党察看处分;情节严重的,给予开除党籍处分。”

本案中村委会主任张某及村委会委员王某的行为,在行为的主体、主观方面、客观方面、侵害的客体四个方面都符合《党纪处分条例》第一百零一条第一款的构成要件:张某、王某属于其他单位中的非国家工作人员;主观上具有收受他人财物的故意;客观上具有利用职务上的便利,非法收受县路桥公司负责人陈某现金为陈某谋取利益的行为;同时侵害了国家对有关单位的正常管理秩序。因此,对本案中张某、王某的行为,应当按照《党纪处分条例》第一百零一条的规定定性处理。

中共中央纪委法规室
2005 年 11 月 3 日

中共中央办公厅印发中央纪委、中央组织部《关于对党员领导干部进行诫勉谈话和函询的暂行办法》、《关于党员领导干部述职述廉的暂行规定》的通知

（2005 年 12 月 19 日）

中央纪委、中央组织部《关于对党员领导干部进行诫勉谈话和函询的暂行办法》、《关于党员领导干部述职述廉的暂行规定》已经中央同意，现印发给你们，请结合实际情况，认真遵照执行。

关于对党员领导干部进行诫勉谈话和函询的暂行办法

第一条 为加强和改进对党员领导干部的日常教育和管理，根据《中国共产党党内监督条例（试行）》，制定本办法。

第二条 根据党委（党组）要求，纪律检查机关和组织（人事）部门按照干部管理权限，对党员领导干部进行诫勉谈话和函询。对下一级领导班子成员，根据具体情况，也可以委托其所在党委（党组）的主要负责人进行诫勉谈话。

第三条 党员领导干部有下列情况之一的，应当对其进行诫勉谈话：

（一）不能严格遵守党的政治纪律，贯彻落实党的路线方针政策和上级党组织决议、决定以及工作部署不力；

（二）不认真执行民主集中制，作风专断，或者在领导班子中闹无原则纠纷；

（三）不认真履行职责，给工作造成一定损失；

（四）搞华而不实和脱离实际的“形象工程”、“政绩工程”，铺张浪费，造成不良影响；

（五）不严格执行《党政领导干部选拔任用工作条例》，用人失察失误；

（六）不严格执行廉洁自律规定，造成不良影响；

（七）其他需要进行诫勉谈话的情况。

第四条 诫勉谈话时,应当向谈话对象说明谈话原因,认真听取其对有关问题的解释和说明,指出需要注意的问题,并要求其提出改正措施。

第五条 纪律检查机关和组织(人事)部门应当采取适当方式,对诫勉谈话对象存在的主要问题的改正情况进行了解。对于没有改正或者改正不明显的,应当根据党委(党组)的意见,予以批评教育并督促改正,或者作出组织处理。

第六条 纪律检查机关和组织(人事)部门针对群众反映的党员领导干部政治思想、道德品质、廉政勤政、选人用人等方面的问题,也可以用书面形式对被反映的党员领导干部进行函询。

第七条 党员领导干部在收到函询的十五个工作日内,应当实事求是地作出书面回复。如有特殊情况不能如期回复的,应当在规定期限内说明理由。对函询问题未讲清楚的,可再次对其进行函询或者采取其他方式进行了解。对无故不回复的,应当责令其尽快回复。

第八条 对党员领导干部进行诫勉谈话和函询,要严格履行审批程序。一般应当按照干部管理权限,由纪律检查机关或者组织(人事)部门的有关单位提出意见,报本机关或者本部门领导批准。

第九条 党员领导干部接受组织诫勉谈话和函询,要如实回答问题,不得隐瞒、编造、歪曲事实和回避问题,不得无故不回复组织函询,不得对反映问题的人进行追查,更不得打击报复。对违反者,应当进行批评教育,情节严重的给予组织处理或者纪律处分。

第十条 党员领导干部的诫勉谈话记录(需经本人核实)和回复组织函询的材料,由进行诫勉谈话和函询的机关或者部门留存。

第十一条 有关工作人员对党员领导干部进行的诫勉谈话和函询内容要严格保密。对失密、泄密者,按照有关规定处理。

第十二条 非中共党员领导干部,需要进行诫勉谈话和函询的,适用本办法。

第十三条 中国人民解放军和中国人民武装警察部队关于对党员领导干部进行诫勉谈话和函询的办法,由解放军总政治部参照本办法制定。

第十四条 本办法由中央组织部商中央纪委解释。

第十五条 本办法自发布之日起施行。

关于党员领导干部述职述廉的暂行规定

第一条 为加强对党员领导干部的管理和监督,根据《中国共产党党内监督条例(试行)》,制定本规定。

第二条 本规定适用于中央各部门的领导班子成员,全国人大常委会、国务院、全国政协工作部门的党组(党委)成员,最高人民法院、最高人民检察院党组成员;地方各级党委、纪委及党委工作部门的领导班子成员,人大常委会、政府、政协、人民法院、人民检察院及政府工作部门的党组(党委)成员;县级以上党委、政府派出机关、直属机构、办事机构、直属事业单位和工会、共青团、妇联等人民团体的领导班子中的党员干部。相当于上述级别的党组(党委)的领导班子成员。

上述单位中的非中共党员领导干部,适用本规定。

第三条 党委(党组)负责本地区本单位党员领导干部述职述廉工作的组织实施。

第四条 述职述廉的主要内容是:学习贯彻邓小平理论、"三个代表"重要思想、科学发展观和党的路线方针政策情况,执行民主集中制情况,履行岗位职责和党风廉政建设责任情况,遵守廉洁从政规定情况,存在的突出问题和改正措施,其他需要说明的情况。

第五条 述职述廉分别在届中和换届前一年结合领导班子民主生活会进行。没有届期的领导班子参照有届期的执行。

各地区各部门可以从实际出发,适当扩大参加述职述廉会议的人员范围。

第六条 在述职述廉前,党委(党组)要广泛征求干部群众对领导班子成员的意见,并由主要负责人如实反馈给本人。对领导班子主要负责人的意见,由上一级纪律检查机关和组织(人事)部门反馈。领导干部本人也要通过谈心等形式,充分听取意见。

第七条 党委(党组)于本地区本单位的述职述廉工作结束后一个月内,将述职述廉工作总结报上一级党委(党组),并分别抄送上一级纪律检查机关和组织(人事)部门。

第八条 纪律检查机关和组织(人事)部门要加强对下一级领导班子开展述职述廉工作的督促指导。要派人参加述职述廉会议,了解有关情况;述职述廉后,结合当年的年度考核组织民主评议或民主测评。发现领导干部在述职述廉中隐瞒、回避重要问题,以及对存在的突出问题不认真改正的,根据党委(党组)意见,对其进行诫勉谈话,情节严重的给予组织处理。

第九条 在地方党委、政府领导班子中担任两个以上领导职务的党员干部,应当分别在任职的领导班子的民主生活会上述职述廉。

在县级以上党委、政府工作部门领导班子中担任两个以上领导职务的党员干部,可以在任主要领导职务的领导班子的民主生活会上述职述廉。

第十条 基层党委、纪委,党总支、党支部负责人的述职述廉工作,由省、自治区、直辖市纪委、党委组织部根据《中国共产党党内监督条例(试行)》和本规定,结合本地实际情况,制定实施办法。

第十一条 中国人民解放军和中国人民武装警察部队的党员领导干部述职述廉的规定,由解放军总政治部参照本规定制定。

第十二条 本规定由中央组织部商中央纪委解释。

第十三条 本规定自发布之日起施行。

中共中央纪委、中共中央宣传部、监察部关于严禁和严查冒充中央国家机关或中央新闻单位人员骗钱的通知

（2006年8月23日）

据基层反映，近期一些人自称是中央国家机关或中央新闻媒体工作人员，给基层单位打电话、发传真，有的称根据中央领导指示编辑出版了有关书籍，要求基层订阅；有的称根据某中央国家机关安排，向基层单位领导约稿，要求支付版面费；有的称某中央国家机关要组织一项活动，特别邀请基层单位领导参加，要求提供赞助；有的称根据"举报"线索，已采访、制作了对当地有负面影响的稿件或节目，要求当地拿钱来"摆平"此事，等等。这些人的行为扰乱了基层单位的工作秩序，增加了基层单位的经济负担，严重损害了中央国家机关和中央新闻媒体的形象，在干部和群众中造成了恶劣影响。为严肃纪律，加强政风行风建设，为基层营造良好的发展环境，现将有关事项通知如下：

一、健全制度，严肃纪律。各中央国家机关要建立健全涉及本部门、本系统、本行业的宣传报道、新闻采访、出版物出版、举办活动等相关规章制度，作出严格规定。凡涉及编书、办刊、组稿、举办活动等事项，不得以营利为目的，不得搞摊派、拉赞助。各中央新闻媒体要建立健全采编、征订、广告等管理制度，严格执行有关采编从业管理规定。纪检、宣传、文化、新闻出版、广播电视、监察、公安、工商行政管理等部门要建立协作机制，加大对新闻出版市场的监督检查力度。

二、加强教育，强化管理。各中央国家机关要加强对本部门和所属单位工作人员的廉洁从政和遵纪守法教育，严禁打着中央国家机关或领导旗号向基层单位卖书籍资料、以支付版面费为条件约稿、以搞活动为名要求提供赞助。各中央新闻媒体要加大对本单位工作人员法律法规和职业道德教育的力度，不得搞有偿新闻，严禁以批评、曝光相要挟向基层索取钱财。各中央国家机关及其所属单位要严格遵循正常工作程序，对需要基层单位办理的事项，应当通过组织与基层单位联系，不得跨系统或以个人名义私自要求基层单位办理有关事项。确需与基层单位当面联系的，应当凭工作证件和组织开具的介绍信接洽工

作。要加强对印章的管理,严格用印登记手续,确保有据可查。

三、提高警惕,注意核实。对利用电话、传真等方式要求基层单位订购书籍、以支付版面费为条件约稿、以搞活动为名要求提供赞助等行为,基层单位一定要提高警惕,谨防上当受骗,不能仅凭电话、传真就办理有关事项。要将联系人的姓名、单位、联系电话等有关情况了解清楚,及时向其所称的中央国家机关或中央新闻媒体反映。即使是正常工作联系,在不能确定对方身份的情况下,也要进行核实。各中央国家机关和中央新闻媒体接到基层反映后,应及时核实被反映人身份及有关事项,核实清楚后进行处置,并将有关处置情况及时通知基层单位。

四、及时举报,严肃处理。对有假冒中央国家机关或中央新闻媒体名义,敲诈勒索、诈骗钱财嫌疑的,各中央国家机关、中央新闻媒体和地方各基层单位,要注意留取证据,并及时向公安机关举报。公安机关、工商行政管理等部门也要注意收集相关信息、线索,予以严厉打击。对涉嫌犯罪的,要依法追究刑事责任。对违反规定"揽钱"的中央国家机关或中央新闻媒体工作人员,纪检监察机关或有关主管部门要依法依纪严肃处理;单位负有责任的,还要依纪依法追究有关领导人员的责任。对顶风违纪、情节严重的典型案件,要通过媒体予以曝光。

各地区各部门接此通知后,要将通知精神迅速传达到基层。有何新情况,及时报告。

中共中央纪委、监察部、财政部、农业部关于进一步规范乡村财务管理工作的通知

（2006 年 9 月 22 日）

根据中央纪委第六次全会部署，为进一步规范乡村财务管理工作，财政部、农业部分别制定了《关于进一步加强和规范乡镇财政财务管理工作的暂行办法》和《关于进一步加强和规范村级财务管理工作的暂行办法》。现印发给你们，请认真贯彻执行。

规范乡村财务管理工作，是加强农村基层党风廉政建设的重要内容，是改进农村基层干部作风、维护农民群众切身利益的重要举措。做好这项工作，对于促进农村社会和谐稳定、推进社会主义新农村建设具有重要意义。各地区各部门要充分认识规范乡村财务管理工作的重要性和必要性，切实加强组织领导，采取有效措施，确保两个《暂行办法》落到实处。

各级财政、农业部门要各负其责，加强对规范乡村财务管理工作的政策指导和情况综合。财政部门主要负责规范乡镇财政财务管理工作，农业部门主要负责规范村级财务管理工作。对于财务管理混乱的乡镇和村，要进行集中清理整顿。各级纪检监察机关要严格执行纪律，加强对两个《暂行办法》执行情况的监督检查，对发现的问题要及时纠正，问题严重的要追究有关人员的责任。

各省区市要将贯彻落实两个《暂行办法》的情况于 2006 年 12 月底前上报中央纪委、监察部、财政部和农业部。

附件：1. 财政部关于进一步加强和规范乡镇财政财务管理工作的暂行办法

2. 农业部关于进一步加强和规范村级财务管理工作的暂行办法

附1:

财政部关于进一步加强和规范乡镇财政财务管理工作的暂行办法

为了进一步推进乡镇财政管理体制改革,规范乡镇财务管理,切实缓解乡镇财政困难,推动社会主义新农村建设和农村基层党风廉政建设,现就进一步加强和规范乡镇财政财务管理工作,提出如下暂行办法:

一、健全制度,强化管理,进一步规范乡镇理财行为

各乡镇要严格按照《预算法》、《会计法》和《财政违法行为处罚处分条例》等财经法律法规的要求,针对目前乡镇财政财务管理中存在的问题,进一步健全和完善各项制度,规范理财行为,不断提高理财水平。

(一)加强收入管理,严格依法理财。切实加强对乡镇财政收入、上级转移支付收入、上级各项支农惠农专项补助资金的管理与监督。乡镇所属各行政事业单位要严格按规定取得收入,严禁巧立名目,超标准或自定项目收费。

(二)强化预算管理,严格预算约束。进一步增强依法理财、硬化预算约束的意识,严格按照《预算法》的规定,科学合理地编制乡镇政府及各行政事业单位的年度收支预算。收入预算按照各乡镇和单位上一年度收入实绩和积极、稳妥的原则编制;支出预算要按照“量入为出”和“保工资、保运转、保稳定、促发展”的原则合理安排,不得留有硬缺口。

(三)严格实行“零户统管”和“收支两条线”管理。乡镇财政所要在对本乡镇行政事业单位银行账户进行全面清理的基础上,撤销各单位现有的银行账户。乡镇各项收入全部纳入乡镇国库或财政专户,由乡镇财政所统一核算和管理。各单位支出实行报账制管理。任何单位都不得自行设立账户,更不能私设“小金库”。

(四)加强支出管理,严格支出审批程序和手续。进一步健全和完善各项支出管理和审批制度,制定各项开支标准,严格实行支出“一支笔”审批制度,做到支出有预算、开支有标准、审批按程序。进一步规范财务报销手续,限时办理费用结算。各项开支一律做到有合法的原始凭证、有合规的支出用途、有具体经办人、有单位负责人和审批人签字,不得以领代报,以拨代支。

(五)加强债权债务管理,逐步化解现有债务。坚决控制新增不良债务,严格执行国务院关于制止乡村发生新的债务的“三个不准”和“两项制度”。即：各地一律不得下达乡镇招商引资指标、乡镇政府一律不得为经济活动担保、乡镇政府和村级组织一律不得举债搞建设，以及要建立健全新债责任追究制度和乡村干部离任债务审计制度。凡不能及时清理消化旧债而继续发生新债的乡镇，要严肃追究乡镇主要负责人的责任。

（六）加强财产物资管理。建立健全国有资产管理制度，不得随意改变国有资产产权性质和用途，确保国有资产保值增值。乡镇固定资产要纳入乡镇账务核算，并定期进行盘点，做到账账相符、账实相符，严禁存在账外资产和公物私用。

（七）进一步加强乡镇会计基础工作管理，提高会计工作规范化水平。县级财政部门要进一步加强对财会工作人员的管理，加强业务培训，不断提高财会人员的素质和从业水平。

（八）进一步完善监督约束机制。各乡镇要定期公布乡镇财政财务管理制度、乡镇财政收支和单位财务收支情况；成立以乡镇人大、纪检监察、财政、工会等部门人员参加的民主理财监督小组，定期对本乡镇的财务情况进行审核、分析、评价，提出改进措施；实行乡镇长离任审计制度，未做出审计结论前，不得办理离岗手续。对截留、挪用、贪污的行为，要依法追究单位负责人和直接责任人的责任。

二、积极推进县乡财政管理体制和方式改革，建立健全与事权相匹配的县乡财政管理体制

县乡财政管理体制改革是农村综合改革的重要组成部分，也是强化和规范乡镇财政财务管理的重要内容，必须将这项工作抓实抓好。

（一）进一步完善县乡财政管理体制。各地要根据乡镇经济状况区别对待，合理确定乡镇财政管理体制，妥善处理县乡财政分配关系，确保乡镇财政通过稳定的财政体制获得与事权范围和支出责任相匹配的收入和财力来源。在确定县乡财政管理体制过程中，要适度向乡镇财政倾斜，照顾乡镇财政的利益，保障乡镇政权的基本支出需求。

（二）继续开展“乡财县管”试点，进一步创新县乡财政管理方式。在保持乡镇资金所有权和使用权不变的前提下，各地原则上都要大力推行“乡财县管”财政管理方式改革，实行“预算共编、账户统设、集中收付、采购统办、票据统管”的财政管理方式，由县级财政主管部门直接管理并监督乡镇财政收支。对经济欠发达、财政收入规模小的乡镇，可以积极探索试行由县财政统一管理其财政收支的办法；对经济较发达，财政收支规模大，自身财政收入能够满足支出需要的乡镇,可以暂不实行“乡财县管”办法。

三、积极创新,逐步建立规范乡镇财政财务管理的长效机制

(一)积极支持推进乡镇机构、农村义务教育等农村综合改革。要进一步精简乡镇人员和机构,转变乡镇政府职能,逐步建立精干高效的基层行政管理体制。特别是要创新乡镇事业站所运行机制,积极稳妥推进乡镇机构改革。加大基层农技推广体系改革和兽医管理体制改革力度,按照公益性与经营性相分开、实行分类管理的办法,逐步变“花钱养人”为“花钱办事”,切实减轻基层财政压力,为进一步规范乡镇财政财务管理创造条件。同时,要进一步完善责任明确、分级投入、以县为主管理的农村义务教育管理体制,切实减轻乡镇的教育支出压力。

(二)进一步规范涉农收费管理,不断减轻农民负担。进一步规范涉农收费管理,切实减轻农民负担。严把涉农收费审批关,继续停止审批新的面向农民的行政事业性收费和政府性基金项目。监督落实中央和省两级已公布取消、免收和降低标准的涉农收费。全面执行涉农税收、价格和收费公示制,农村中小学义务教育收费一费制,农村订阅报刊费用限额制以及涉农负担案件事件责任追究制。深入治理农村教育、农村土地、农民建房、道路修建、用水用电、计划生育、农民务工等方面的乱收费、乱罚款和乱摊派行为。

(三)进一步完善支农资金监督管理机制,及时兑现国家补贴农民的政策。对直接补贴农民的资金和政策,要实行公示制,充分发挥群众、社会的监督作用。不断提高补贴政策的透明度,做到公开、公平、公正。同时,进一步完善国库集中支付制度和政府采购制度,不断提高资金使用效率。

(四)建立健全乡镇财政财务管理考核制度。县级有关部门要采取定期考核与随机抽查相结合的方式,对乡镇强化和规范财政财务管理的工作进行考核,逐步建立考核评价机制和考核评价结果公示制度。做到既注重考核工作的数量,更注重考核工作的质量和效果。县级党委政府要把乡镇财政财务管理情况纳入乡镇干部考核责任制的内容,并把考核结果与乡镇干部的任用、奖惩挂钩。

附 2：

农业部关于进一步加强和规范村级财务管理工作的暂行办法

为进一步加强和规范村级财务管理，维护农民群众的切身利益，促进农村基层党风廉政建设，现就规范村级财务管理工作提出如下暂行办法。

一、建立健全各项财务管理制度。村集体经济组织要建立和完善规范的财务管理制度，主要包括：民主管理和财务公开制度、现金银行存款管理制度、债权债务管理制度、资产台账制度、票据管理制度、会计档案管理制度、村干部任期届满经济责任和离任审计制度、一事一议筹资筹劳制度、土地补偿费监督管理制度等。建立内部控制制度，主要包括：货币资金内部控制制度、销售和收款业务内部控制制度、采购和付款业务内部控制制度、存货内部控制制度、对外投资业务内部控制制度、固定资产内部控制制度、借款业务内部控制制度等。同时要建立财产清查制度。

二、严格执行各项财务管理制度。制定出台《村集体经济组织财务制度》。在村委会合并后，各集体经济组织的资产应当分别管理，按照会计核算主体独立设账，杜绝打乱集体经济组织界限，归并、平调集体资产，混淆集体财务会计账目的现象。防止在乡镇撤并、村委会合并、村委会转居委会、村干部换届中出现不交接会计账目、私设账外账、篡改账目等问题。要按照《村集体经济组织会计制度》的规定，进行会计核算。实行“农村会计委托代理”等会计专业化服务的地方，要尊重每个农村集体经济组织的资产所有权和财务管理自主权，要按会计核算主体分设账簿，实行统一电算化管理，建立健全电算化内部管理制度。

三、加强集体资产管理，防止资产流失。明确集体资产的归属，科学评估确认资产价值，建立资产台账，完善集体资产的监管办法。集体土地、厂房、设施、设备等发生产权转移时，必须经过农村集体资产管理部门和具有评估资质的单位按照程序科学评估，按照市场原则确定价格；集体的土地、企业、设施、设备出租时，出租方案必须经农村集体经济组织成员大会或成员代表大会讨论通过；集体建设项目、购置大型或大批设备，必须公开招标。

四、建立健全财务工作流程规范。财务事项发生时，经手人必须取得有效的原始凭证，注明用途并签字盖章，交民主理财小组审核同意并签字盖章，经集体经济组织负责人审批同意并签字盖章,由会计人员审核记账;按程序实行财务公开,接受群众监督。

五、加强农村审计。县、乡(镇)农村经营管理部门要对农村集体经济组织的财务账目和财务公开内容进行审计监督。重点开展村干部任期和离任、村级债务、农民负担、农村“一事一议”、土地补偿费管理使用、村级补助经费等专项审计,对群众反映强烈的问题要进行重点审计,审计结果要及时公开。在审计中查出被侵占的集体资产和资金,要责成责任人将侵占的集体资产和资金如数退还给集体;涉及国家工作人员及村干部违法乱纪的,要提出处理意见,移交纪检监察部门处理;对于情节严重、构成犯罪的,移交司法机关依法追究当事人的刑事责任。

六、切实履行民主决策程序。农村各集体经济组织的成员大会或成员代表大会是决定该集体经济组织重大财务活动和财务事项的最高权力机构。凡关系集体经济组织各成员切身利益的事项,如集体土地征用、变卖、出租,集体企业改制,干部报酬,大额举债,大、中型固定资产的变卖和报废处理,“一事一议”筹资筹劳等重大事项,都必须经农村集体经济组织成员大会或成员代表大会讨论决定。

七、充分发挥民主理财小组作用。民主理财小组享有对本集体经济组织财务活动的民主监督权利,参与制定本组织的财务计划和各项财务管理制度,参与重大财务事项的决策,有权检查审核财务账目,有权否决不合理开支。民主理财小组要有专门的议事规则,定期召开例会,充分履行职责。集体经济组织的成员有权对本集体的财务账目提出质疑,有权委托民主理财小组查阅审核财务账目,有权要求有关当事人对财务问题作出解释,有权直接向农村经营管理部门反映本集体经济组织的财务管理状况。

八、提高财务公开质量。全面实行农村集体经济组织财务公开,加大检查力度,做到真公开和常公开,务必使农民群众满意。集体经济组织成员普遍关心的财务活动,要及时逐项逐笔进行公布,对群众提出的问题,集体经济组织负责人有义务及时给予解答和解决,并将结果向群众公布。

中共中央办公厅、国务院办公厅关于加强农村基层党风廉政建设的意见

（2006 年 9 月 28 日）

加强农村基层党风廉政建设，是构建社会主义和谐社会的重要举措，是推进社会主义新农村建设的有力保证。改革开放以来特别是党的十六大以来，各级党委和政府认真贯彻落实中央的部署和要求，在农村基层党风廉政建设方面做了大量工作，取得了明显成效。广大农村基层党员、干部辛勤工作，廉洁奉公，为农村经济社会发展作出了重要贡献。农村基层党员、干部队伍的主流是好的。但也要看到，当前农村基层在党风政风方面还存在一些亟待解决的问题，农村基层党风廉政建设工作仍然比较薄弱。同时，随着改革的深入和工业化、城镇化的推进，农村的社会结构、生产方式、组织形式和利益关系正在发生深刻变化，农村基层党风廉政建设面临许多新情况新问题。为适应新的形势和任务，按照《建立健全教育、制度、监督并重的惩治和预防腐败体系实施纲要》的要求，结合农村基层实际，经中央同意，现就加强农村基层党风廉政建设提出如下意见。

一、大力开展农村基层反腐倡廉教育

（一）增强教育的针对性和实效性。农村基层反腐倡廉教育，要与巩固和扩大农村保持共产党员先进性教育活动成果相结合，与建设社会主义新农村历史进程相适应。要组织农村基层党员、干部认真学习和实践邓小平理论和“三个代表”重要思想，全面贯彻落实科学发展观。当前和今后一个时期要把学习《江泽民文选》作为重要任务。要以乡（镇）、村领导班子成员和基层站所负责人为重点，突出抓好理想信念和党的宗旨教育、科学发展观教育、社会主义荣辱观教育、政策法规和党纪条规教育。要注意加强对农村流动党员的教育和管理。把反腐倡廉教育纳入农村基层党员、干部培训计划，实行分级负责制。要适应农村特点，编写简易读本，制作教育课件，充分发挥农村党员干部现代远程教育等载体的作用。积极推进农村廉政文化建设。大力宣传廉洁奉公、勤政为民的优秀农村基层干部，表彰先进，弘扬正气。

（二）完善农村基层党员、干部行为规范。农村基层党员、干部要发扬党的优良传统和作风，适应社会主义新农村建设的要求，坚持做到“六要六不要”，

即:要解放思想、与时俱进,不要因循守旧、不思进取;要求真务实、量力而行,不要虚假浮夸、盲目攀比;要尊重民意、依法办事,不要强迫命令、独断专行;要艰苦奋斗、勤俭节约,不要贪图享乐、铺张浪费;要廉洁自律、公道正派,不要以权谋私、与民争利;要崇尚科学、移风易俗,不要搞封建迷信和婚丧喜庆大操大办。各地区和有关部门要结合实际研究提出农村基层党员、干部包括基层站所工作人员的具体行为规范。

二、进一步加强农村基层党风廉政制度建设

(三)建立和完善对农村基层干部的监督制度。健全乡镇领导班子议事规则,落实重大事项集体决策制度。完善以村民会议、村民代表会议为主要形式的民主决策制度。进一步完善"一事一议"制度。落实农村基层党组织生活会制度,健全农村基层干部任前廉政谈话、诫勉谈话、述职述廉等制度。逐步推行村干部勤廉双述、村民询问质询和民主评议制度。建立和完善农村基层干部任期经济责任审计制度。

(四)建立健全农村集体资金、资产和资源管理制度。完善乡(镇)、村财务管理制度,进一步规范银行账户、银行存款、现金、债权债务、票据使用和会计档案的管理,健全财务预决算、开支审批、审计监督和村民民主理财等制度。在尊重农民群众意愿和民主权利的基础上,推行村级会计委托代理服务制度,有条件的地区可探索引入社会中介机构为村级财务管理服务。对财务管理混乱的乡(镇)、村进行集中清理整顿。制定和完善农村集体资产承包、租赁、出让等管理制度。规范农村集体土地、滩涂、水面等资源的开发利用,实行公开竞价和招投标制度。积极稳妥地推进集体林权制度改革。积极推行股份制、股份合作制等村集体经济的有效实现形式。

(五)深化改革,逐步消除滋生腐败的条件。积极稳妥地推进乡镇机构改革和农村基层站所管理体制改革。完善农村基层干部选拔任用机制,认真总结一些地方公开推选的经验,扩大候选人提名中的民主。积极推行村党支部选举的"两推一选"办法。健全村党组织领导的充满活力的村民自治机制,完善相关法律法规,重点解决选举中宗族势力干扰等侵犯农民群众民主权利的问题。按照科学发展观和正确政绩观的要求,健全农村基层干部政绩考核评价机制和激励机制。规范农村基层公务接待活动,村、组不准招待党和国家机关工作人员。逐步推进农村基层干部职务消费制度改革。

三、全面推进乡镇政务公开、村务公开和党务公开

(六)深入推进乡镇政务公开。乡镇政权机关和基层站所要以公正、便民和廉政、勤政为基本要求,利用方便快捷的形式,重点公开贯彻落实中央有关农村工作政策，财政、财务收支，各类专项资金、财政转移支付资金使用等情况，以及其他涉及农民群众切身利益的重要事项。省（自治区、直辖市）负责编制乡镇政务公开目录。学校、医院、供水、供电等与农民群众关系密切的公用事业单位要大力推行办事公开制度。要把办事公开纳入政风行风评议的范围，并将评议结果向有关部门反馈。

（七）深入推进村务公开。村级组织要把各级政府支农惠农政策、社会各界支持新农村建设的项目、新农村建设的各项资金及其使用情况、农村集体资产和资源处置情况，以及对村干部的民主评议、考核和审计结果等事项，纳入公开的内容。县（市）负责编制村务公开目录。乡（镇）要把贯彻落实村务公开制度作为一项重点工作，切实加强工作指导和监督检查，坚决防止和纠正不公开、假公开、不及时公开等问题。

（八）积极推行农村基层党务公开。乡（镇）、村党组织的工作事项，除国家秘密外，都要向党员和农民群众公开。重点公开农村基层党组织的工作目标、决策内容和程序、干部选拔任用、发展党员、党费收缴管理和使用、民主评议党员、党员干部违纪违法问题的处理、落实党风廉政建设责任制情况等内容。

四、认真抓好贯彻执行党的农村政策情况的监督检查

（九）围绕支农惠农政策落实情况开展监督检查。重点检查对农业和农民直接补贴政策、农村基础设施建设投入政策、农村社会事业支持政策等落实情况。督促有关部门严格执行支农资金使用的管理规定，按照透明、规范的程序安排支农资金，通过招投标方式落实支农项目。积极运用“一卡通”等简便、直接的形式，确保补贴资金足额、及时发放到农民手中。坚决防止和纠正违背科学发展观的错误行为，力戒新农村建设中的形式主义。

（十）围绕农村土地政策落实情况开展监督检查。加强对农村土地承包法律和政策执行情况的检查，坚决纠正侵害农民土地承包权益的行为。督促有关部门严格控制建设用地占用规模，防止乱占滥用耕地。加大对农村土地征收征用情况的监督检查力度，规范征地程序和补偿标准，加强对被征地农民的就业安置和社会保障工作，全面落实农村集体土地补偿费专户管理、专账核算、专项审计和公开制度，维护被征地农民的合法权益。

（十一）围绕农村综合改革推进情况开展监督检查。严肃机构编制纪律，防止和纠正乡镇机构改革中违反规定设置机构，超职数、超编制配备人员以及弄虚作假“吃空饷”等问题。及时掌握农村义务教育体制改革进展情况，保证各级政府的财政投入足额到位和合理使用。督促有关部门规范转移支付和乡镇开支范围，及时解决县、乡财政管理体制改革中出现的问题。严格执行关于制止乡村发生新债务的有关规定和要求。

五、切实解决损害农民群众利益的突出问题

(十二)坚决纠正损害农民群众利益的行为。认真做好减轻农民负担工作,坚决制止在农民建房、用电用水和务工经商等方面存在的乱收费、乱罚款和各种摊派行为。制止违反涉农税收、价格及收费"公示制"和乡(镇)、村级组织、农村中小学校公费订阅报刊"限额制"规定的行为。加强对新型农村合作医疗资金的监管,坚决纠正农村医药购销和医疗服务中的不正之风。认真解决在扶贫、救灾、救助、移民等款物管理和使用中损害农民群众利益的问题。依法严厉打击制售伪劣农资和哄抬农资价格等坑农害农行为。

(十三)严肃查处农村基层党员、干部违纪违法案件。重点查处截留、挪用、侵占、贪污支农资金和征地补偿费案件,侵占集体资金、资产、资源案件,利用职权谋取非法利益案件,涉及农民负担恶性案件,为黑恶势力充当"保护伞"案件,选举中拉票、贿选等严重违反组织人事纪律案件,参与赌博、借婚丧喜庆收钱敛财等案件。认真解决农民群众来信来访问题,实行领导干部包案制,把问题解决在基层。

六、加强对农村基层党风廉政建设的组织领导

(十四)各级党委和政府要切实负起全面领导责任。把农村基层党风廉政建设工作摆上重要议事日程,纳入社会主义新农村建设的总体规划,坚持条块结合、以块为主,坚持因地制宜、分类指导。加强农村基层党风廉政建设,县委是关键,乡镇是基础。县(市)党委和政府要从本地实际出发,加强调查研究,明确工作任务,确定工作重点,采取有力措施,加强督促检查和具体指导。乡(镇)党委和政府要明确责任,着力抓好落实。县(市)、乡(镇)党政主要领导要对农村基层党风廉政建设负总责。县(市)、乡(镇)党委每年年底要向上级党委和纪委报告农村基层党风廉政建设工作情况。建立农村基层党风廉政建设工作协调机构。把党风廉政建设责任制向村级延伸,制定相关的配套规定。

(十五)纪检监察机关要加强组织协调。积极协助党委和政府研究制定农村基层党风廉政建设的总体部署和实施方案,加强与有关部门的联系和沟通,统一组织监督检查活动,协调解决工作中的矛盾和问题。县(市)纪检监察机关要把农村基层党风廉政建设作为主要任务,加大工作力度。改革和完善农村基层党的纪律检查体制和工作机制,加强县(市)、乡(镇)纪检监察队伍建设。

(十六)有关部门要认真履行职责。坚持谁主管、谁负责的原则,按照任务分工，把农村基层党风廉政建设纳入本部门的整体工作，建立上下联动的工作机制。充分发挥职能优势，针对农民群众反映强烈的问题，研究提出解决办法。

各省（自治区、直辖市）、中央和国家机关有关部门要根据本意见，结合实际制定贯彻落实的具体措施。

中共中央办公厅、国务院办公厅关于印发《党政机关国内公务接待管理规定》的通知

(2006年10月20日)

《党政机关国内公务接待管理规定》已经党中央、国务院领导同志同意,现印发给你们,请遵照执行。

党政机关国内公务接待管理规定

第一条 为进一步规范党政机关国内公务接待工作,严肃接待纪律,减少经费支出,加强党风廉政建设,制定本规定。

第二条 本规定适用于各级党的机关、人大机关、行政机关、政协机关、审判机关、检察机关,以及工会、共青团、妇联等人民团体和参照公务员法管理的单位。

第三条 本规定所称国内公务,是指出席会议、考察调研、学习交流、检查指导、请示汇报工作等公务活动。

第四条 国内公务接待应当坚持有利公务、简化礼仪、务实节俭、杜绝浪费、尊重少数民族风俗习惯的原则。

第五条 党政机关举办会议应当严格履行报批手续,严格控制会议数量、规模和会期。应当充分采用电视电话、网络视频方式召开会议。

第六条 党政机关部门之间的参观学习、培训考察等活动要注意实效。党政机关工作人员不得参加各类社团组织、社会中介机构举办的营利性会议和活动。

第七条 党政机关不得违反规定到风景名胜区举办会议和活动,严禁以各种名义和方式变相旅游。

第八条 党政机关工作人员因公外出,应当按照程序履行报批手续。派出单位应当向接待单位说明公务活动的内容、时间、人数和人员身份。

第九条 接待单位应当根据公务活动需要制定接待方案,规范公务接待程

序，提高服务质量，为公务活动提供服务保障。

第十条 接待单位应当严格按照接待标准提供住宿、用餐、交通等服务，不得超标准接待，不得用公款大吃大喝，不得组织到营业性娱乐、健身场所活动，不得以任何名义赠送礼金、有价证券和贵重礼品、纪念品，不得额外配发生活用品。

第十一条 接待对象需要安排住宿的，接待单位应当在定点饭店或者内部宾馆、招待所安排。接待对象应当在本级财政部门规定的住宿费开支标准上限以内，按照收费标准交纳住宿费，回本单位凭据报销。

第十二条 接待对象需要安排用餐的，接待单位应当按照当地财政部门规定的伙食标准安排，不得超标准安排用餐，提倡自助餐，一般不安排宴请。接待对象应当在本级财政部门规定的伙食补助费定额内交纳伙食费，回本单位凭据报销。

第十三条 国内公务接待中的出行活动应当集中乘车，减少随行车辆，严格按照规定使用警车，避免扰民和影响交通。

接待单位不得在机场、车站、码头和辖区边界组织迎送活动。在接待活动中，应当严格控制陪同人员，不得搞层层陪同。

第十四条 接待单位应当严格执行业务招待费的支出标准，控制接待经费支出。接待单位必须按照规定标准收取应当由接待对象负担的各种费用，不得以任何理由和方式向所属单位和有业务关系的单位转嫁接待费用。

第十五条 各级党政机关应当加强对国内公务接待工作的管理，规范国内公务接待工作。财政部门应当加强对财政性接待经费的预算管理；机关事务管理和接待部门应当加强对预算执行的管理，整合已有的接待服务设施，利用社会服务资源，避免浪费和重复建设；审计部门应当加强对公务接待经费使用情况的监督；纪检监察机关应当加强对违规违纪问题的查处。

第十六条 各级党政机关应当严格遵守本规定，结合当地的具体情况制定相应的实施办法，明确规定公务接待的范围和相关开支标准。

第十七条 对违反本规定，在群众中造成不良影响的单位及有关人员，要按照党纪政纪的有关规定严肃处理。

第十八条 本规定由国务院机关事务管理局负责解释。

第十九条 本规定自发布之日起施行。

中共中央办公厅、国务院办公厅关于进一步加强和完善机构编制管理严格控制机构编制的通知

(2007 年 3 月 15 日)

加强和完善机构编制管理,是加强党的执政能力建设和国家政权建设的重要基础性工作。党的十六大以来,各地区各部门按照全面落实科学发展观、构建社会主义和谐社会的要求,采取多种措施加强和完善机构编制管理,做了大量工作。但是,目前一些地方和部门仍然存在擅自增设机构、在机关使用事业编制、超编制配备人员、超职数配备领导干部等问题,上级业务部门干预下级机构编制的情况也时有发生。这些问题在一定程度上影响了党政机关自身建设,影响了党和政府的形象,不利于加快深化行政管理体制改革。为严格执行中央有关机构编制工作的方针政策,进一步加强和完善机构编制管理,严格控制机构编制,经党中央、国务院领导同志同意,现就有关问题通知如下。

一、进一步严格行政机构编制管理

行政编制的审批权限在中央,中央机构编制部门审核中央和国家机关各部门、有关群众团体机关的行政编制和地方各级行政编制总额,各地区各部门不得在中央批准的行政编制总额外越权审批行政编制或自行确定用于党政机关的编制。各地区各部门可根据工作需要调整行政编制,但必须在批准的总额内进行;地方不同层级之间行政编制的调整由省级机构编制部门报中央机构编制部门审批。各地区各部门要严格按照规定使用行政编制,不得擅自改变行政编制的使用范围。

中央和国家机关各部门、有关群众团体机关和各省、自治区、直辖市党政机关副厅(局)级以上机构设置的审批权限在中央。各地区各部门要严格按照规定设置机构,不得擅自设立行政机构。

严格控制行政机构设置和行政编制。工作任务增加的部门,所需机构编制主要通过内部整合和调剂解决。各地区各部门要加快职能转变,推进体制改革,改进管理方式,整合资源,挖掘潜力,从源头上控制机构编制增长。确需增加机构编制的,严格按程序办理。各地在推行乡镇机构改革试点工作中,要按

照中央要求，确保乡镇机构编制（包括行政编制、事业编制）和财政供养人员在“十一五”期间只减不增。

二、加强和规范事业单位机构编制管理

强化省级机构编制部门对本地区各级事业单位机构编制的管理职责。各省、自治区、直辖市机构编制部门统一制定本省、自治区、直辖市事业单位机构编制管理办法，上级机构编制部门要对下级事业编制总量和结构进行管理，根据各地实际适当上收事业单位机构编制审批权限。乡镇事业编制总量的调整，由县级机构编制部门报上一级机构编制部门审核，省级机构编制部门审批。根据实际情况，可探索试行将县（市、区）党委、政府及其工作部门所属事业单位机构编制由上一级机构编制部门审批，具体实施办法由省级机构编制部门结合本地实际研究制定。中央机构编制部门要加强对地方事业单位机构编制管理工作的宏观指导，对各省、自治区、直辖市事业编制的总量和结构进行调控。

除法律法规和党中央、国务院有关文件规定外，各地区各部门不得将行政职能转由事业单位承担，不再批准设立承担行政职能的事业单位和从事生产经营活动的事业单位。公益服务事业发展需要增加事业单位机构编制的，应在现有总量中进行调整；确需增加的，要严格按程序审批。

严格控制事业编制的使用范围。事业编制只能用于事业单位，不得把事业编制用于党政机关，不得把事业编制与行政编制混合使用。

三、坚持机构编制的集中统一管理

严格执行机构编制审批程序和制度。凡涉及职能调整，机构、编制和领导职数增减的，统一由机构编制部门审核，按程序报同级机构编制委员会或党委、政府审批。其他任何部门和单位无权决定机构编制事项。

除专项机构编制法律法规外，各地区各部门拟订法规或法律草案不得就机构编制事项作出具体规定；在制定规范性文件和起草领导同志讲话时，涉及机构编制事项的，必须征求机构编制部门意见。确需增加和调整机构编制的，必须按规定权限和程序由机构编制部门专项办理。

上级业务部门不得干预下级部门的机构编制事项，不得要求下级部门设立与其业务对口的机构或提高机构规格，不得要求为其业务对口的机构配备或增加编制。各业务部门制定的行业标准，不得作为审批机构编制的依据。

四、加快机构编制管理法制化规范化建设

进一步加强机构编制管理的法制建设，完善国务院机构设置和编制管理条例，认真贯彻落实地方各级人民政府机构设置和编制管理条例；制定部门职责分工协调办法，加大职责分工协调力度；完善各级党政部门主要职责、内设机构和人员编制规定,在明确各部门职能的同时必须逐项明确其应承担的责任,并增强其规范性、可操作性和严肃性。

不断探索和完善行之有效的机构编制管理办法。试行机构编制实名制管理制度,凡按规定批准成立的党政机关和事业单位都要实行定编定员,确保具体机构设置与按规定审批的机构相一致、实有人员与批准的编制和领导职数相对应。加强机构编制标准的研究制定工作,根据工作需要对现行标准进行修改完善,制定更加符合实际的有关机构编制标准。逐步建立机构编制公开制度,对不涉及国家秘密的机构编制及其执行情况,要通过有效形式向本单位工作人员或社会公开,接受监督。建立健全机构编制管理工作考核和评估制度。完善机构编制统计和报告制度,确保统计数据准确、及时、全面。

五、建立健全机构编制部门与相关部门间的协调配合和制约机制

机构编制部门与相关部门要密切配合,各负其责,形成合力。强化机构编制管理与组织(人事)管理、财政管理等的综合约束机制。只有在机构编制部门审核同意设置的机构和核批的编制范围内,组织(人事)部门才能配备人员和核定工资,财政部门才能列入政府预算并核拨经费,银行才能开设账户并发放工资。

对超编进入的人员,组织(人事)部门不得办理录用、聘用(任)、调任手续、核定工资,财政部门不得纳入统发工资范围,公安等部门不得办理户口迁移等手续。对擅自增设的机构,财政部门不得纳入政府预算范围、核拨经费,银行不得开设账户。

各地区各部门要严格执行机构编制规定,不准超编进人,不准擅自设立机构和提高机构规格,不准超职数、超机构规格配备领导干部,不准以虚报人员等方式占用行政和事业编制、冒领财政资金。

六、加大机构编制监督检查力度

机构编制部门要加强对机构编制有关规定执行情况的监督检查。认真贯彻实施机构编制监督检查有关规定,进一步建立健全对违反机构编制纪律问题的举报受理制度,加强“12310”机构编制监督举报电话和群众来信来访的受理工作。纪检监察机关应当依纪依法履行职责,检查执行机构编制管理规定中存在的问题,查处机构编制违纪违法行为。各级机构编制部门、纪检监察机关等要密切配合,建立健全机构编制监督检查协调机制,共同维护机构编制纪律的严肃性。

加大对违反机构编制纪律问题的查处力度,严格责任追究。对违反机构编制纪律的单位,要责令其限期改正;逾期不改的,予以纠正并进行通报批评。对于需要追究相关人员责任的，由纪检监察机关或主管部门按规定给予党纪政纪处分；涉嫌犯罪的，移送司法机关依法处理。对上级业务部门以下发文件、召开会议、批资金、上项目、搞评比、打招呼等方式干预下级部门机构设置、职能配置和人员编制配备的，要严肃查处。

七、加强对机构编制工作的领导

各级党委和政府要适应深化行政管理体制改革的新形势，加强对机构编制工作的领导，严格控制机构编制，及时掌握工作情况，研究解决重要问题，切实抓好中央有关机构编制工作方针政策的贯彻落实。要加强机构编制部门领导班子建设和队伍建设，健全领导体制和工作体系，大力支持机构编制部门的工作，不断提高机构编制管理的能力和水平。

各级机构编制部门要以科学发展观为统领，坚持解放思想、实事求是、与时俱进，努力研究新情况新问题，不断创新和完善工作机制，进一步强化为经济社会发展服务、为基层群众服务的意识，坚持原则，严格管理，秉公办事，充分发挥把关、协调、监督等职能作用，促进机构编制管理工作健康发展。

中共中央办公厅、国务院办公厅关于进一步严格控制党政机关办公楼等楼堂馆所建设问题的通知

(2007 年 3 月 18 日)

近年来,各地区各部门按照中央的要求,在严格控制党政机关办公楼等楼堂馆所建设方面采取了一些措施,取得了一定成效。但是,最近一些党政机关违规修建办公楼等楼堂馆所现象又有所抬头,且有愈演愈烈之势。有的违反审批程序,越权审批,擅自提高建设标准、扩大建筑面积;有的不注重建筑的使用功能和经济实用性,盲目攀比,贪大求洋,搞豪华装修;有的不惜贷款、举债,甚至挪用扶贫款、救灾款等专项资金修建办公楼等楼堂馆所,群众反映十分强烈。党中央、国务院对此高度重视,明确要求采取有效措施,坚决刹住这股歪风,维护党和政府的良好形象。经党中央、国务院领导同志同意,现就进一步严格控制党政机关办公楼等楼堂馆所建设问题通知如下。

一、充分认识严格控制党政机关办公楼等楼堂馆所建设的重要意义

严格控制党政机关办公楼等楼堂馆所建设,是发扬艰苦奋斗、勤俭节约优良传统的具体体现,是加强党风廉政建设的重要内容,是密切党群干群关系、维护党和政府形象的客观要求。各级党委、政府和各有关部门要充分认识到,违反规定建设办公楼等楼堂馆所,追求和攀比办公场所豪华气派,是一种严重的铺张浪费行为,也是一种滥用权力的腐败行为。这种做法不仅浪费国家财产和资源,加重人民群众负担,而且败坏党风、政风和社会风气,侵蚀党员干部的进取精神和服务意识,危害党和人民的事业。同时还要看到,虽然我国的经济实力和综合国力在不断增强,但我国还是发展中国家,仍处于并将长期处于社会主义初级阶段,全体人民的生活还不富裕,国家建设和发展需要办的事情还很多,必须继续发扬艰苦奋斗的优良传统,必须继续坚持勤俭办一切事业的方针。各级党政机关和领导干部要牢牢把握立党为公、执政为民的本质要求,始终牢记“两个务必”,全面加强思想作风建设,带头弘扬新风正气,坚决抵制贪图安逸、追求享乐等不正之风,为全社会做好表率。

二、严格审批党政机关办公楼建设项目

所有新建、扩建、迁建、购置、装修改造党政机关办公楼项目，必须严格履行审批程序。根据有关规定，中央直属机关办公楼建设项目经中央直属机关事务管理局审核同意后，由国家发展改革委核报国务院审批。国务院各部门办公楼建设项目，总投资7000万元以下（含7000万元）的，由国务院机关事务管理局征求国家发展改革委意见后报国务院审批；总投资7000万元以上的，经国务院机关事务管理局初审后，由国家发展改革委核报国务院审批。中央和国家机关所属事业单位办公楼建设项目，一律报国家发展改革委审批。其中，使用中央预算内投资7000万元以上的，由国家发展改革委核报国务院审批。

省（自治区、直辖市）及计划单列市党政机关办公楼建设项目，一律由国家发展改革委核报国务院审批。省直厅（局）级单位和市（地、州、盟）、县（市、区、旗）党政机关办公楼建设项目，由省（自治区、直辖市）人民政府审批。市（地、州、盟）、县（市、区、旗）党政机关直属单位和乡镇党政机关办公楼建设项目，由市（地、州、盟）人民政府（行署）审批。地方各级党政机关直属事业单位办公楼建设项目的审批程序，由各省（自治区、直辖市）人民政府规定。

今后一律不再审批党政机关新建、改扩建包括培训中心在内的各类具有住宿、会议、餐饮等接待功能的设施或场所建设项目，也不得安排财政性资金用于部门、地方所属的现有这类设施或场所的维修改造。各级党政机关要积极推进所属接待设施或场所经营管理的社会化进程，实现与所属部门彻底脱钩。

三、从严控制党政机关办公楼建设标准

党政机关办公楼建设必须体现庄重、朴素、实用和节约资源的原则。办公楼面积标准要严格按照原国家计委《关于印发党政机关办公用房建设标准的通知》（计投资〔1999〕2250号，以下简称《通知》）的规定执行。办公楼主入口不得设置大门厅，门厅高度不得超过两层楼高。各级领导干部办公室的使用面积，要严格控制在《通知》规定的标准内。不得在办公区域内，以任何理由建设阶梯式和有舞台灯光音响、舞台机械、同声传译的会堂、报告厅、大型会议室。建筑物内不得设置阳光房、采光中厅、室内花园、景观走廊等。

党政机关办公楼不得定位为城市标志性建筑，外立面不得搞豪华装修，内装修要简洁朴素，办公设备的配置要科学实用。电梯、采暖、空调、供配电、弱电等设备以及各类建筑材料均应选用高效、节能、环保的国产产品。凡新建、改扩建的，必须严格执行《公共建筑节能设计标准》，建成后应进行建筑节能测评，凡达不到建筑节能标准的，不得进行竣工验收备案。

党政机关办公楼建设必须符合土地利用和城市规划要求，从严控制用地规模,严禁超标准占地、低效利用土地,不得占用耕地,不得配套建设大型广场、公园等设施。同时,要积极创造条件盘活行政事业单位办公楼存量资源,增加存量供给。对办公用房确有困难的,应首先考虑从现有党政机关办公用房存量中调剂解决;确需新建、改扩建的,应打破系统、部门之间界限,实行集中建设。

要充分发挥限额设计在控制投资和建设标准方面的作用,坚决控制党政机关办公楼工程造价标准。党政机关办公楼单位综合造价(不含土地有关费用及市政配套建设费),省(部)级不得超过4000元/平方米,市(地)级不得超过3000元/平方米,县(处)级及以下单位不得超过2500元/平方米。在不超出上述限额的前提下,各省(自治区、直辖市)可根据本地实际情况制定党政机关办公楼单位综合造价标准。凡超出规定标准的,投资主管部门一律不得受理。除明显物价上涨以及国家政策性调整、自然灾害等不可抗力因素外,经批准的初步设计概算一律不得突破和调整。

四、规范党政机关办公楼建设资金来源和管理方式

党政机关和财政全额拨款事业单位办公楼项目建设投资,统一由政府预算内投资安排,不得使用银行贷款,不得接受任何形式的赞助或捐赠,不得搞任何形式的集资或摊派,不得向其他单位借款,不得让施工单位垫资,严禁挪用各类专项资金。土地收益和资产转让收益要按照有关规定严格实行收支两条线管理,不得直接用于办公楼建设。差额拨款和自收自支事业单位使用行政事业性收费等财政性资金建设办公楼的,在申报项目时要出具财政部门对使用行政事业性收费等财政性资金的审核意见。

加快推进党政机关办公楼建设项目代建制试点工作。逐步推行由专业化项目管理单位组织实施项目建设、建成后移交给使用单位的建设管理模式,不再由使用单位自行组织建设。

投资和规模较大的党政机关办公楼建设项目,投资主管部门应对项目施工图进行复核,对不按初步设计和投资概算批复要求编制的施工图,建设和设计单位必须按要求进行修改。在项目实施过程中,有关部门要加强监督检查,使用单位不得随意干涉。项目建成交付使用前,由纪检监察机关、审计、财政和投资主管等部门组成联合检查组,对项目的建设规模、标准、投资、资金来源进行全面检查。

五、全面清理党政机关办公楼等楼堂馆所建设项目

各地区各部门要对近年来修建党政机关办公楼等楼堂馆所情况进行全面彻底的清理。对清理中发现的问题,要根据不同情况分别作出处理。凡是违反规定拟建和在建的办公楼等楼堂馆所项目,必须坚决停建或缓建;凡是没有按规定履行审批手续，擅自建设的办公楼等楼堂馆所项目，一经查实，要予以没收；凡是超规模、超标准、超投资概算建设的办公楼等楼堂馆所项目，要视具体情况作出腾退超标准面积或全部没收、拍卖处理。对招标交易单位不按批复规模、标准受理招标的，有关部门要责令其停业整顿，并追究直接责任人和主要领导人员的责任；对设计单位不按批复规模、标准设计的，有关部门要依法给予其行政处罚，并禁止其承接政府投资项目的设计业务；对项目未按批复规模、标准实施，监理单位未及时制止并向投资主管部门报告的，有关部门要依法给予其行政处罚，并禁止其承接政府投资项目的监理业务。

六、建立健全相关制度和监管机制

各地区各部门要结合实际，抓紧制定相关制度和实施办法，并切实加强领导，严格落实责任制，确保本通知精神落到实处。投资主管部门要进一步完善审批程序，建立健全审批责任制和内部监督机制，对违规审批等行为要严肃处理。财政部门要严格公共财政支出管理制度，增强预算透明度，对于未经有关部门审批的办公楼建设项目一律不下达财政预算，把党政机关办公楼等楼堂馆所建设预算支出情况作为政务公开的重要内容，主动接受社会监督。建设部门要加强党政机关办公楼等楼堂馆所设计概算、施工预算编制的管理和工程造价标准的制定工作。审计部门要加强对党政机关办公楼等楼堂馆所建设项目的审计监督。纪检监察机关要加强对党政机关办公楼等楼堂馆所建设的监督检查，坚决纠正和查处各种违规违纪行为，对有令不行、有禁不止的，要依照有关规定给予直接责任人党纪政纪处分，并追究有关领导人员的责任。

本通知所称党政机关，包括党的机关、人大机关、行政机关、政协机关、审判机关、检察机关。工会、共青团、妇联等人民团体以及各级党政机关派出机构和直属事业单位适用本通知。国有和国有控股企业参照执行本通知。

中共中央办公厅关于印发《地方党委委员、纪委委员开展党内询问和质询办法(试行)》的通知

(2007年4月22日)

《地方党委委员、纪委委员开展党内询问和质询办法(试行)》(以下简称《办法》)已经中央同意,现印发给你们,请认真遵照执行。

《办法》的颁布施行,是新形势下加强党的建设的一项重要举措,对于坚持党要管党、从严治党的方针,进一步发展党内民主,加强党内监督,促进党内和谐,具有十分重要的意义。地方各级党组织一定要从全面落实科学发展观的高度,充分认识贯彻实施《办法》的重要性,认真学习,广泛宣传,严格执行。地方各级党委委员、纪委委员要切实履行好《办法》赋予的权利,不断提高运用询问和质询制度开展党内监督的能力和水平。

各地区在执行过程中如有问题和建议,请及时报告中央。

地方党委委员、纪委委员开展党内询问和质询办法(试行)

第一条 为推动和规范党内询问和质询工作,发挥党的地方委员会委员、纪律检查委员会委员在党内监督中的作用,根据《中国共产党党内监督条例(试行)》有关规定,制定本办法。

第二条 党的地方各级委员会委员、纪律检查委员会委员,对所在委员会全体会议决议、决定执行中存在的问题提出询问和质询,适用本办法。

第三条 党委委员询问和质询的对象是所在党委的常委会、同级纪委,所在党委的工作部门、直属机构、派出机关、派出的巡视机构和所在党委批准成立的党组(党委)。

纪委委员询问和质询的对象是所在纪委的常委会、派出机关、派驻机构。

对常委会进行询问和质询时,可以要求询问和质询事项所涉及的相关党组织和有关部门参与说明、解释或者答复。

第四条 党委委员、纪委委员提出的询问和质询由本级党委、纪委办公厅（室）分别负责受理。询问和质询对象为党委常委会或者纪委常委会的，分别由上一级党委、纪委办公厅（室）受理，其中对省级党委常委会、纪委常委会的询问和质询，分别由中央办公厅和中央纪委办公厅受理。

询问和质询以书面形式提出。

委员单独提出询问和质询；多名委员就同一问题分别提出询问和质询的，一并处理。

提出质询，应当以提出过询问为前提条件。

询问和质询应当按照本办法规定的时限受理和处理，有交通、通信不便等特殊原因的，可以适当延长。

第五条 党委委员、纪委委员提出询问，应当填写《地方党委委员、纪委委员询问书》，送受理部门。

对涉及多个对象的询问，应当分别填写《地方党委委员、纪委委员询问书》。

第六条 党委委员、纪委委员提出的询问应当具备以下要件：

（一）有明确的询问对象；

（二）询问对象执行所在委员会全体会议决议、决定中存在的问题；

（三）署真实姓名。

第七条 受理部门自受理之日起15个工作日内，对符合第六条规定要件的询问，将《地方党委委员、纪委委员询问书》送交询问对象并告知询问人；对不符合第六条规定要件的，告知询问人，可以由其收回询问或者按照规定要件重新提出询问。

第八条 询问对象应当自收到受理部门送交的《地方党委委员、纪委委员询问书》之日起20个工作日内作出书面说明，由其党组织负责人署名后送受理部门。存在询问书所涉及问题的，应当说明具体情况和整改措施；不存在询问书所涉及问题的，应当作出解释。

受理部门收到询问对象所作的书面说明后，应当在5个工作日内送交询问人并留存备案。

第九条 询问人对询问对象所作说明不满意或者询问对象未在规定期限内作出说明的，可以自收到说明或者说明期满之日起填写《地方党委委员、纪委委员质询书》，提出质询。

对涉及多个对象的质询，应当分别填写《地方党委委员、纪委委员质询书》。

第十条 党委委员、纪委委员提出的质询应当具备以下要件：

(一)针对询问对象提出；

(二)针对询问提出的同一问题提出；

(三)有对询问对象所作说明不满意的理由或者询问对象未在规定期限内作出说明；

(四)署真实姓名。

第十一条 受理部门自受理之日起15个工作日内,对符合第十条规定要件的质询,将《地方党委委员、纪委委员质询书》送交质询对象并告知质询人；对不符合第十条规定要件的,告知质询人,可以由其收回质询或者按照规定要件重新提出质询。

第十二条 质询对象应当自收到受理部门送交的《地方党委委员、纪委委员质询书》之日起30个工作日内作出书面答复,由其党组织负责人署名后送受理部门。

受理部门收到质询对象所作的书面答复后,应当在5个工作日内送交质询人并留存备案。

质询对象在规定期限内作出答复确有困难的,可以在到期日之前书面告知受理部门并说明理由,由受理部门决定是否予以适当延长,并将延长期限书面告知质询人。

第十三条 质询人对质询对象作出的书面解释或者答复仍不满意,或者质询对象未在规定期限内作出书面解释或者答复的,质询人可以书面形式向党委常委会、纪委常委会提出或者向上一级党委、纪委反映。

第十四条 对质询人提出或者反映的问题,党委常委会、纪委常委会或者上一级党委、纪委应当及时研究处理。

必要时,可以成立调查组,对有关问题进行核实。

第十五条 询问、质询对象对询问、质询情况及其办理结果,应当在年度工作报告中予以说明。

第十六条 询问、质询对象认为询问、质询事项涉及保密内容的,应当书面说明情况并送受理部门。受理部门认为确应保密的,书面通知询问、质询对象对涉密内容可不作答复。

询问、质询人不得传播在询问、质询中获悉的保密事项或者其他不宜扩散的情况。

第十七条 受理部门拒不受理或者拖延办理询问、质询事项的,由同级党委或者纪委主要负责人对直接负责的主管人员和其他直接责任人员给予批评教育,责令限期改正。

询问和质询对象不办理或者不按期办理,或者不如实答复询问和质询事项的,给予通报批评,责令限期改正;情节严重的,依照《中国共产党纪律处分条例》第六十二条的规定追究主要责任人员的责任。

询问、质询对象打击报复或者有其他侵犯委员询问、质询权的,依照《中国共产党纪律处分条例》第一百四十条的规定追究主要责任人员的责任。

质询人不按照规定程序开展质询、故意刁难、无理纠缠的,给予批评教育;情节严重的,比照《中国共产党纪律处分条例》第六十三条的规定处理。

第十八条 纪律检查机关负责本办法执行情况的监督检查。询问和质询对象是所在纪委常委会的,由上一级纪律检查机关负责该询问和质询事项执行情况的监督检查。

第十九条 各省、自治区、直辖市党委可以根据本办法制定实施细则。

第二十条 本办法由中央纪律检查委员会商中央组织部解释。

第二十一条 本办法自发布之日起施行。

附件一:《地方党委委员、纪委委员询问书》

附件二:《地方党委委员、纪委委员质询书》

附件一

编号:

地方党委委员、纪委委员询问书

(年 月 日)

提出询问委员基本情况	姓名	
	工作单位、职务	
	联系方式	
询问对象		
询问问题		
提出询问委员签字		
受理部门审查意见		

备注:1. 表格填写不下可另附材料;

2. 表格一式二份,一份由受理部门留存,一份送交询问对象。

附件二

编号：

地方党委委员、纪委委员质询书

（　　年　月　日）

提出质询委员基本情况	姓名	
	工作单位、职务	
	联系方式	
质询对象		
质询问题 质询理由		
提出质询委员签字		
受理部门审查意见		

备注：1. 表格填写不下可另附材料；

2. 表格一式二份，一份由受理部门留存，一份送交质询对象。

中共中央纪委关于印发《中共中央纪委关于严格禁止利用职务上的便利谋取不正当利益的若干规定》的通知

(2007年5月29日)

现将《中共中央纪委关于严格禁止利用职务上的便利谋取不正当利益的若干规定》印发给你们,请认真贯彻执行。

近年来,涉及权钱交易的违纪违法案件出现了一些新情况、新问题,违纪违法者的手段不断翻新,形式变化多样,更具有隐蔽性复杂性。为教育各级党员领导干部严格自律,加大对涉及权钱交易行为的惩处力度,经中央纪委认真研究,制定了这个规定。国家工作人员中的共产党员特别是各级领导干部,应当认真学习本规定,引以为戒,自觉遵守。凡有本规定所列禁止行为的,应认真对照检查,按干部管理权限及时向党组织报告情况并坚决立即纠正。本规定发布后三十日内主动说清问题的可考虑从宽处理;对拒不纠正或者本规定发布后违反本规定的,要发现一起,查处一起,严肃处理,绝不姑息。各级纪检机关对当前违纪违法案件的新情况、新特点,要加强调查研究,加强制度建设,不断提高反腐倡廉工作的能力和水平。

各地区各部门在执行过程中有哪些问题和建议,请及时报告中央纪委。

中共中央纪委关于严格禁止利用职务上的便利谋取不正当利益的若干规定

根据中央纪委第七次全会精神,为贯彻落实标本兼治、综合治理、惩防并举、注重预防的反腐倡廉方针,针对当前查办违纪案件工作中发现的新情况、新问题,特对国家工作人员中的共产党员提出并重申以下纪律要求:

一、严格禁止利用职务上的便利为请托人谋取利益,以下列交易形式收受请托人财物:

(1)以明显低于市场的价格向请托人购买房屋、汽车等物品;

(2)以明显高于市场的价格向请托人出售房屋、汽车等物品;

(3)以其他交易形式非法收受请托人财物。

前款所列市场价格包括商品经营者事先设定的不针对特定人的最低优惠价格。根据商品经营者事先设定的各种优惠交易条件,以优惠价格购买商品的,不属于违纪。

二、严格禁止利用职务上的便利为请托人谋取利益,收受请托人提供的干股。

干股是指未出资而获得的股份。进行了股权转让登记,或者相关证据证明股份发生了实际转让的,违纪数额按转让行为时股份价值计算,所分红利按违纪孳息处理。股份未实际转让,以股份分红名义获取利益的,实际获利数额应当认定为违纪数额。

三、严格禁止利用职务上的便利为请托人谋取利益,由请托人出资,"合作"开办公司或者进行其他"合作"投资。

利用职务上的便利为请托人谋取利益,以合作开办公司或者其他合作投资的名义,没有实际出资和参与管理、经营而获取"利润"的,以违纪论处。

四、严格禁止利用职务上的便利为请托人谋取利益,以委托请托人投资证券、期货或者其他委托理财的名义,未实际出资而获取"收益",或者虽然实际出资,但获取"收益"明显高于出资应得收益。

五、严格禁止利用职务上的便利为请托人谋取利益,通过赌博方式收受请托人财物。

执行中应注意区分前款所列行为与赌博活动、娱乐活动的界限。具体认定时,主要应当结合以下因素进行判断:(1)赌博的背景、场合、时间、次数;(2)赌资来源;(3)其他赌博参与者有无事先通谋;(4)输赢钱物的具体情况和金额大小。

六、严格禁止利用职务上的便利为请托人谋取利益,要求或者接受请托人以给特定关系人安排工作为名,使特定关系人不实际工作却获取所谓薪酬。

特定关系人,是指与国家工作人员有近亲属、情妇(夫)以及其他共同利益关系的人。

七、严格禁止利用职务上的便利为请托人谋取利益,授意请托人以本规定所列形式,将有关财物给予特定关系人。

特定关系人中的共产党员与国家工作人员通谋,共同实施前款所列行为的,对特定关系人以共同违纪论处。特定关系人以外的其他人与国家工作人员通谋,由国家工作人员利用职务上的便利为请托人谋取利益,收受请托人财物后双方共同占有的,以共同违纪论处。

八、严格禁止利用职务上的便利为请托人谋取利益之前或者之后,约定在其离职后收受请托人财物,并在离职后收受。

离职前后连续收受请托人财物的,离职前后收受部分均应计入违纪数额。

九、利用职务上的便利为请托人谋取利益,收受请托人房屋、汽车等物品,未变更权属登记或者借用他人名义办理权属变更登记的,不影响违纪的认定。

认定以房屋、汽车等物品为对象的违纪,应注意与借用的区分。具体认定时,除双方交待或者书面协议之外,主要应当结合以下因素进行判断:(1)有无借用的合理事由;(2)是否实际使用;(3)借用时间的长短;(4)有无归还的条件;(5)有无归还的意思表示及行为。

十、收受请托人财物后及时退还或者上交的,不是违纪。

违纪后,因自身或者与违纪有关联的人、事被查处,为掩饰违纪而退还或者上交的,不影响认定违纪。

各级纪律检查机关在办案中发现有本规定所列禁止行为的,依照《中国共产党纪律处分条例》第八十五条等有关规定处理。

中共中央纪委关于印发《安全生产领域违纪行为适用〈中国共产党纪律处分条例〉若干问题的解释》的通知

（2007 年 10 月 8 日）

经中央纪委书记办公会议同意，现将《安全生产领域违纪行为适用〈中国共产党纪律处分条例〉若干问题的解释》印发给你们，请认真遵照执行。

安全生产领域违纪行为适用《中国共产党纪律处分条例》若干问题的解释

为加强安全生产工作，惩处安全生产领域违纪行为，促进安全生产法律法规的贯彻实施，保障人民群众生命财产和公共财产安全，现对安全生产领域违纪行为适用《中国共产党纪律处分条例》若干问题解释如下：

一、党和国家工作人员或者其他从事公务的人员在安全生产领域，有下列情形之一的，依照《中国共产党纪律处分条例》第一百二十七条规定处理：

（一）利用职权干预生产安全事故调查工作或者阻挠、干涉对事故责任人员进行责任追究的；

（二）不执行对事故责任人员的处理决定，或者擅自改变上级机关对事故责任人员的处理意见的；

（三）利用职权干预安全生产行政许可、审批或者安全生产监督执法的；

（四）利用职权干预安全生产中介活动的；

（五）利用职权干预安全生产装备、设备、设施采购或者招标投标等活动的；

（六）有其他利用职权干预生产经营活动危及安全生产行为的。

二、党组织负责人在安全生产领域有下列情形之一的，依照《中国共产党纪律处分条例》第一百二十八条规定处理：

（一）不执行党和国家安全生产方针政策和安全生产法律、法规、规章以及上级机关、主管部门有关安全生产的决定、命令、指示的；

(二)制定或者采取与党和国家安全生产方针政策以及安全生产法律、法规、规章相抵触的规定或措施,造成不良后果或者经上级机关、有关部门指出仍不改正的。

三、国家行政机关或者法律、法规授权的部门、单位的工作人员在安全生产领域,违反规定实施行政许可或者审批,有下列情形之一的,依照《中国共产党纪律处分条例》第一百二十九条规定处理:

(一)向不符合法定安全生产条件的生产经营单位或者经营者颁发有关证照的;

(二)对不具备法定条件机构、人员的安全生产资质、资格予以批准认定的;

(三)对经责令整改仍不具备安全生产条件的生产经营单位,不撤销原行政许可、审批或者不依法查处的;

(四)违法委托单位或者个人行使有关安全生产的行政许可权或者审批权的;

(五)有其他违反规定实施安全生产行政许可或者审批行为的。

四、国家行政机关或者法律、法规授权的部门、单位的工作人员在安全生产领域,有下列情形之一的,依照《中国共产党纪律处分条例》第一百二十九条规定处理:

(一)批准向合法的生产经营单位或者经营者超量提供剧毒品、火工品等危险物资,造成危害后果的;

(二)批准向非法的或者不具备安全生产条件的生产经营单位或者经营者,提供剧毒品、火工品等危险物资或者其他生产经营条件的。

五、国家行政机关或者法律、法规授权的部门、单位的工作人员,未按照有关规定对有关单位新建、改建、扩建工程项目的安全设施组织审查验收的,依照《中国共产党纪律处分条例》第一百三十一条规定处理。

六、国有企业(公司)和集体所有制企业(公司)的工作人员,违反安全生产作业方面的规定,有下列情形之一的,依照《中国共产党纪律处分条例》第一百三十三条规定处理:

(一)对存在的重大安全隐患,未采取有效措施的;

(二)违章指挥,强令工人冒险作业的;

(三)未按规定进行安全生产教育和培训并经考核合格,允许从业人员上岗,致使违章作业的;

(四)超能力、超强度、超定员组织生产经营,拒不执行有关部门整改指令的。

其他企业(公司)的工作人员有前款规定情形的,依照前款的规定酌情处理。

七、国有企业(公司)和集体所有制企业(公司)的工作人员,违反有关安全生产行政许可的规定,有下列情形之一的,依照《中国共产党纪律处分条例》第一百三十三条规定处理:

(一)未取得安全生产行政许可及相关证照或者不具备安全生产条件从事生产经营活动的;

(二)弄虚作假,骗取安全生产相关证照的;

(三)出借、出租、转让或者冒用安全生产相关证照的;

(四)被依法责令停产停业整顿、吊销证照、关闭的生产经营单位,继续从事生产经营活动的。

其他企业(公司)的工作人员有前款规定情形的,依照前款的规定酌情处理。

八、国有企业(公司)和集体所有制企业(公司)的工作人员,在安全生产、经营、管理等活动中有下列情形之一的,依照《中国共产党纪律处分条例》第一百三十三条规定处理:

(一)未按照有关规定保证安全生产所必需的资金投入,导致产生重大安全隐患的;

(二)制造、销售、使用国家明令淘汰或者不符合国家标准的设施、设备、器材或者产品的;

(三)拒绝执法人员进行现场检查或者在被检查时隐瞒事故隐患,不如实反映情况的。

其他企业(公司)的工作人员有前款规定情形的,依照前款的规定酌情处理。

九、国家机关工作人员的配偶、子女及其配偶违反规定在煤矿等企业投资入股或者在安全生产领域经商办企业的,对该国家机关工作人员依照《中国共产党纪律处分条例》第七十七条规定处理。

国有企业领导人员的配偶、子女及其配偶违反规定在煤矿等企业投资入股或者在安全生产领域经商办企业的,依照前款规定处理。

十、承担安全评价、培训、认证、资质验证、设计、检测、检验等工作的机构,出具虚假报告等与事实不符的文件材料的,依照《中国共产党纪律处分条例》第一百一十条规定处理。

党的纪律检查机关

中共中央纪委办公厅、监察部办公厅关于印发《关于中共中央纪委监察部派出机构统一管理试点业务工作管理暂行办法》和《关于中共中央纪委监察部派出机构统一管理试点干部管理暂行办法》的通知

(2003年8月4日)

现将《关于中共中央纪委监察部派出机构统一管理试点业务工作管理暂行办法》和《关于中共中央纪委监察部派出机构统一管理试点干部管理暂行办法》印发给你们,请遵照执行。

关于中共中央纪委监察部派出机构统一管理试点业务工作管理暂行办法

为规范和加强派出机构统一管理试点业务管理工作,根据中央纪委、监察部对派出机构实行统一管理和纪检监察业务工作的有关规定,制定本办法。

一、中央纪委、监察部的派出机构是中央纪委、监察部的组成部分,由中央纪委、监察部直接领导,业务工作对中央纪委、监察部负责。

二、中央纪委、监察部领导按照分工分管派出机构的工作,派出机构工作中的重要问题直接向中央纪委、监察部领导请示、报告。

三、中央纪委、监察部第一至四纪检监察室协助委部领导联系派出机构日常工作,其他职能室根据工作业务分工联系派出机构相关工作。

四、派出机构通过参与驻在部门重大决策、重要干部任免、重大项目安排和大额度资金使用等方面的重要工作和参加有关会议,以及其他有效的方式方

法，对驻在部门领导班子及其成员进行监督检查。

五、派出机构协助驻在部门党组和行政领导班子抓好反腐倡廉工作的部署和任务的分解，健全和完善组织协调机制；督促检查和调查研究驻在部门及系统开展反腐败三项工作、从源头上预防和治理腐败等情况，提出改进或加强的意见和建议；及时总结驻在部门及系统党风廉政建设和反腐败工作的经验；有关工作情况适时与驻在部门党组和行政领导班子沟通协商。

六、中央纪委、监察部信访室（举报中心）收到的信访举报，涉及驻在部门领导班子及其成员的，报中央纪委、监察部领导阅批，抄送有关纪检监察室主任，有关情况适时向派出机构主要负责人通报；涉及驻在部门司局级干部重要问题的信访举报，主送派出机构主要负责人阅批，抄送有关纪检监察室主任；其他有关的信访举报，转派出机构处理。

派出机构收到的涉及驻在部门领导班子及其成员问题的信访举报，或者发现驻在部门领导班子及其成员违反党纪政纪的问题以及其他重要情况，直接报告中央纪委、监察部领导。

七、经中央纪委、监察部领导批准，派出机构可对驻在部门领导班子及其成员违反党纪政纪的情况进行初步核实；需要立案调查的，由中央纪委、监察部有关纪检监察室按规定程序办理，派出机构可参与调查。

八、派出机构负责调查驻在部门司局级及其以下干部违反党纪政纪的重要案件，可以决定立案，但在决定立案前应征求驻在部门党组的意见，与党组意见不一致的报中央纪委、监察部决定；调查结束后提出处理建议，其处分的程序和批准权限按有关规定办理。

驻在部门司局级及其以下干部违反党纪政纪的一般案件，由驻在部门机关纪委或其他相关机构调查处理。

九、中央纪委、监察部和驻在部门的文件，及时发派出机构；派出机构参加中央纪委、监察部机关和驻在部门的有关会议。

十、派出机构按照有关规定，向中央纪委、监察部报送年度工作计划、总结，统计报表，工作信息等文件资料。

十一、中央纪委、监察部机关有关厅、室、局可以根据本办法，结合实际情况，商派出机构制定相应的工作联系办法。

关于中共中央纪委监察部派出机构统一管理试点干部管理暂行办法

为了规范和加强派出机构统一管理试点干部管理工作，根据《党政领导干部选拔任用工作条例》和中央纪委、监察部对派出机构实行统一管理的有关规定，制定本办法。

一、考察任免

派出纪检组组长由中央纪委商中央组织部提名并进行考察，经中央纪委常委会议研究同意，报中央任免；副组长由中央纪委提名并进行考察，经中央纪委书记办公会研究决定，报中央组织部备案，由中央纪委任免。

派出监察局局长、副局长，由中央纪委、监察部提名并进行考察，经监察部部长办公会议研究同意，中央纪委书记办公会研究决定，报中央组织部备案，由监察部任免。

局级纪律检查员、监察专员，副局级室主任，由派出机构商中央纪委干部室提出建议，中央纪委干部室进行考察，经中央纪委书记办公会研究决定，由中央纪委、监察部任免。

处级及其以下干部职务，由派出机构领导班子在规定的职数范围内提名并组织考察，经中央纪委干部室审核后，按规定程序办理。

二、调配交流

局级干部的调入调出和岗位交流，由中央纪委干部室征求派出机构意见后提出建议，报中央纪委、监察部领导同意后，按规定程序办理。

处级及其以下干部的调入调出和岗位交流，由派出机构提出建议，经中央纪委干部室审核并报中央纪委、监察部分管领导同意后，按规定程序办理。

主任科员以下干部的招考录用，由派出机构提出建议，中央纪委干部室统一组织实施。

派出机构的干部交流可以在派出机构与中央纪委、监察部机关、驻在部门和其他派出机构之间进行，派出机构的干部可以参加中央纪委、监察部机关和驻在部门组织的竞争上岗。

中央纪委、监察部将干部任免通知及时抄送驻在部门，驻在部门负责办理派出机构干部工资、福利调整事项。派出机构干部档案转入中央纪委、监察部，驻在部门将需要归入干部档案的有关材料及时移交中央纪委、监察部。

三、教育培训

派出机构干部的教育培训由中央纪委、监察部和驻在部门共同负责。

派出机构干部参加中央党校、国家行政学院的进修培训，以及中央纪委、监察部机关组织的各类业务培训，由中央纪委、监察部机关统一安排。

派出机构干部参加驻在部门组织的业务培训和党员教育活动、出国（境）学习考察活动，由驻在部门统一安排。

四、年度考核和奖惩

派出机构中管干部的年度考核，按中央组织部统一要求进行。

派出机构其他干部的年度考核及奖励，按照中央纪委、监察部机关统一部署进行，其年度考核情况由中央纪委干部室向驻在部门通报。

派出机构及其工作人员工作有显著成绩和突出贡献的，中央纪委、监察部给予表彰和奖励。有关党组织和党员的表彰和奖励，由驻在部门负责。

派出机构及其工作人员有违反党纪政纪行为的，由中央纪委、监察部会同驻在部门进行调查处理。

五、其他事项

派出机构干部的工资关系、组织关系暂在驻在部门。派出机构的后勤保障和干部福利待遇仍按原渠道和办法管理。派出机构的人员享受驻在部门同级干部待遇。派出机构干部退休后由驻在部门管理。

派出机构干部的工作证件由中央纪委、监察部机关统一制发。根据工作需要，派出机构干部同时持有驻在部门的相关证件。

中共中央纪委、监察部、审计署关于纪检监察机关和审计机关在查处案件中加强协作配合的通知

(2003年8月26日)

为了加强纪检监察机关和审计机关在查处案件中的协作配合,充分发挥纪检监察机关和审计机关在查处案件中的职能作用,维护社会主义市场经济秩序,促进党风廉政建设,现将有关事项通知如下:

一、各级纪检监察机关和审计机关应当分别依照党章和其他党内法规、《中华人民共和国行政监察法》和《中华人民共和国审计法》规定的职权范围,充分发挥各自的职能作用,在查处案件工作中互通情况,相互支持,加强协作配合,并可以根据需要召开联席会议研究相关问题,建立相应的沟通、协调机制。

二、纪检监察机关和审计机关共同立案查处的案件,案件查清后,对党纪政纪责任的追究,由纪检监察机关负责;对违反国家规定的财政收支、财务收支行为的审计处理、处罚,由审计机关负责。

三、纪检监察机关在查处案件中,发现有关单位有违反国家规定的财政收支、财务收支行为,属于审计机关管辖范围的,应当将案件线索及时移送审计机关,任何人不得隐瞒或者阻挠。

四、审计机关在审计监督中,发现有关单位和人员有违反党纪政纪的行为,属于纪检监察机关管辖范围的,应当将案件线索及时移送纪检监察机关,任何人不得隐瞒或者阻挠。

五、纪检监察机关在查处案件中,需要审计机关协助配合的,可以商请审计机关予以协助,审计机关应当予以配合。

六、审计机关在审计监督中,需要纪检监察机关协助配合的,可以商请纪检监察机关予以协助,纪检监察机关应当予以配合。

七、纪检监察机关根据检查、调查结果,认为应当给予审计处理、处罚的,可以向审计机关提出建议或者监察建议。审计机关应当依法及时查处,并将结果书面通知纪检监察机关。

八、审计机关根据审计结果，认为应当追究党纪政纪责任的，可以向纪检监察机关提出建议或者审计建议。纪检监察机关应当依纪依法及时查处，监察机关应将结果书面通知审计机关。

中共中央纪委办公厅关于进一步加强和改进纪检监察法规备案工作的通知

(2003 年 12 月 9 日)

为及时了解、掌握各地各部门制定纪检监察法规、规章等规范性文件的情况,健全纪检监察法规报送、备案审查制度,进一步做好纪检监察法规备案工作,经中央纪委、监察部领导同意,现就进一步加强和改进纪检监察法规备案工作,通知如下:

一、进一步提高对备案工作重要性的认识

纪检监察法规备案工作是党风廉政法规制度建设的一项重要内容,是纪检监察法规工作的重要组成部分,是推动党风廉政建设法制化的一项重要措施。为加强纪检监察法规备案工作,1994 年中央纪委办公厅印发了《关于纪检条规备案工作的通知》(中纪办〔1994〕175 号),此前监察部办公厅于 1991 年印发了《关于报送监察法规、规章、规范性文件的意见》(监办发〔1991〕21 号)。近年来,大部分省区市的纪检监察机关及中央和国家机关各部门能够按照中央纪委、监察部的要求,及时、认真地做好纪检监察法规备案工作,但也有一些地区和部门存在报送不及时、不全面等问题,个别地区和部门至今还没有将这项工作很好地开展起来。各级纪检监察机关要充分认识纪检监察法规备案工作的重要性,把这项工作作为推进本地区、本部门党风廉政建设法制化的一项重要措施,加强对这项工作的领导,并抓好检查落实工作。

二、严格按要求报送规范性备案文件

(一)报送单位。各省、自治区、直辖市、计划单列市纪委、监察厅(局);中央和国家机关各部委纪检组(纪委)、监察局,中央纪委各派驻纪检组,监察部各派驻监察局、监察专员办公室,中直机关和中央国家机关纪工委,军委纪委。

(二)报送范围。由报送单位起草、制定并已正式发布的普遍适用于本地区、本部门、本系统的党风廉政建设和纪检监察工作方面的法规、规章及其他规范性文件(以下统称规范性文件)。

用于部署、安排或者总结工作的文件,以及机关内部的规章制度不属报送范围。

（三）报送办法。负责备案工作的部门和人员应当自规范性文件发布之日起30日内，将规范性文件一式三份报送中央纪委法规室。报送备案的规范性文件，应是正式文本（或复印本），并附备案报告（见附件一）。如有需要说明的问题，可在备案报告中写明。每年一月底前，将上一年度发布的规范性文件填写《法规、规章、规范性文件登记表》（见附件二）一式两份报送中央纪委法规室备查。具备条件的，应当同时报送电子文本。

三、加强对备案文件的审查工作

中央纪委法规室具体负责报送中央纪委备案的规范性文件的审查工作。对报送备案的规范性文件主要审查以下几方面内容：

（一）是否超越权限；

（二）是否同法律、法规、规章和党内法规以及党中央、国务院关于党风廉政建设和反腐败的方针、政策相抵触；

（三）是否符合制定程序和规范化要求。

经审查，对超越权限，同法律、法规、规章和党内法规以及党中央、国务院关于党风廉政建设和反腐败的方针、政策相抵触的，向有关部门提出修改、废止、撤销的建议，或者提请中央纪委、监察部在职权范围内依照程序作出纠正或者撤销的决定。

四、加强对备案工作的督促检查

中央纪委法规室将定期在纪检监察信息网法规室网站上公布各地区、各部门报送规范性文件备案的情况，并且每半年将备案情况汇总通报各地区、各部门。每年将上一年度各地区、各部门报送的备案文件编辑出版《纪检监察备案规范性文件汇编》，以供各地区、各部门相互交流和借鉴。

各级纪检监察机关分管法规及其备案工作的领导要认真督促检查本单位备案工作的情况，对不报送或者不按时报送备案的，应及时了解情况并督促其及时报送；对逾期仍不报送的，应给予批评，并责令其限期改正。

本通知自下发之日起执行。《关于纪检条规备案工作的通知》（中纪办〔1994〕175号）和《关于报送监察法规、规章、规范性文件的意见》（监办发〔1991〕21号）同时废止。

附件一

（纪检监察机关全称）

×××字〔20　　〕号

关于《　　　　》的备案报告

中央纪委法规室：

现将我　　　　　20　　年　月　日发布的《　　　　》上报备案，请查收。

（印章）

20　年　月　日

附件二

法规、规章、规范性文件登记表

填表单位：　　（印章）　填表时间　　　　　　　　年　月　日

序号	制发单位	规范性文件名称	发布日期
1			
2			
3			
4			
5			
6			
7			
8			
9			
10			
11			
12			
13			

中共中央纪委、监察部关于印发《中共中央纪委监察部派驻机构业务工作管理暂行办法》和《中共中央纪委监察部派驻机构干部工作管理暂行办法》的通知

（2004年4月1日）

现将《中共中央纪委监察部派驻机构业务工作管理暂行办法》和《中共中央纪委监察部派驻机构干部工作管理暂行办法》印发给你们，请遵照执行。

中共中央纪委监察部派驻机构业务工作管理暂行办法

为规范和加强派驻机构统一管理后的业务管理工作，根据《关于对中央纪委监察部派驻机构实行统一管理的实施意见》和纪检监察工作有关规定，制定本办法。

一、中央纪委监察部的派驻机构受中央纪委监察部直接领导，业务工作由中央纪委监察部统一管理。

二、中央纪委监察部领导按照分工分管派驻机构的工作。中央纪委第一至第四纪检监察室协助委部领导联系派驻机构日常工作，其他职能部门协助委部领导联系派驻机构相关工作。必要时，派驻机构主要负责人可直接向中央纪委监察部领导请示、报告工作。

三、派驻机构通过参与驻在部门的重要工作，参加有关会议和活动，以及其他有效的方式，履行对驻在部门党组和行政领导班子及其成员监督检查的职责，并向中央纪委监察部报告监督检查工作情况。

四、派驻机构协助驻在部门党组和行政领导班子抓好反腐倡廉工作部署和任务分解，健全和完善组织协调机制；督促检查驻在部门及所属系统反腐倡廉各项工作的落实；开展调查研究，提出改进或加强工作的意见和建议；及时总结驻在部门及所属系统党风廉政建设和反腐败工作经验。派驻机构应适时与驻在部门党组和行政领导班子沟通有关工作情况，并向中央纪委监察部报告。

五、中央纪委信访室（监察部举报中心）收到的信访举报，涉及驻在部门党组和行政领导班子及其成员的，报中央纪委监察部领导阅批，抄送有关纪检监察室主要负责人，有关情况适时向派驻机构主要负责人通报；涉及驻在部门司局级干部重要问题的信访举报，主送派驻机构主要负责人阅批，抄送有关纪检监察室主要负责人；其他有关的信访举报，转派驻机构处理。

派驻机构直接收到反映驻在部门党组和行政领导班子及其成员违反党纪政纪问题的信访举报，或者发现驻在部门党组和行政领导班子及其成员违反党纪政纪的问题及其他重要情况，可直接向中央纪委监察部领导报告。

六、经中央纪委监察部领导批准，派驻机构可对反映驻在部门党组和行政领导班子及其成员违反党纪政纪的问题进行初步核实；需要立案调查的，由中央纪委监察部有关纪检监察室按规定程序办理，派驻机构可参与调查。

七、派驻机构负责调查驻在部门司局级干部违反党纪政纪的案件及其他重要案件，可以决定立案，但在决定立案前应征求驻在部门党组主要负责人的意见，意见不一致的，报中央纪委监察部决定；调查结束后提出处理建议，其审理及处分的程序和批准权限按有关规定办理。

八、中央纪委监察部印发的文件，及时发派驻机构；派驻机构参加中央纪委监察部机关有关会议。

九、派驻机构按照有关规定，向中央纪委监察部报送年度工作计划、总结、统计报表、工作信息等文件和材料。

十、中央纪委监察部机关有关职能部门可以根据本办法，结合实际情况，商派驻机构制定相应的工作联系办法。

中共中央纪委监察部
派驻机构干部工作管理暂行办法

为规范和加强派驻机构实行统一管理后的干部管理工作，根据《关于对中央纪委监察部派驻机构实行统一管理的实施意见》和干部管理工作的有关规定，制定本办法。

一、考察任免

（一）纪检组组长由中央纪委商中央组织部提名并进行考察，经中央纪委常委会议研究决定，由中央纪委报中央任免。

（二）纪检组副组长、监察局（监察专员办公室）局长（专员）由中央纪委监察部提名并进行考察,经中央纪委书记办公会议研究决定,报中央组织部备案,由中央纪委监察部任免。

(三)监察局(监察专员办公室)副局长(副专员)由中央纪委监察部提名并进行考察,经监察部部长办公会议讨论决定,报中央组织部备案,由监察部任免。

(四)局级纪律检查员、监察专员和副局级室主任由中央纪委干部室商派驻机构提名并进行考察,派驻机构组局办公会议讨论通过后,经中央纪委干部室报中央纪委监察部领导审批,由中央纪委任免。

(五)处级及以下职务由派驻机构领导班子在规定职数内提名,与中央纪委干部室沟通后组织考察,经派驻机构组局办公会议研究同意,报中央纪委干部室审核并办理任免职手续。

(六)派驻机构干部可参加中央纪委监察部机关和驻在部门组织的竞争上岗;派驻监察局(监察专员办公室)副局长(副专员)职位空缺时,可面向该派驻机构及其驻在部门、中央纪委监察部机关以及其他派驻机构进行竞争上岗,具体工作由中央纪委干部室统一组织。

二、交流和录用

(一)派驻机构干部可在驻在部门及所属系统、中央纪委监察部机关、其他派驻机构和国有企业事业单位等范围内进行交流。干部交流工作由中央纪委监察部商驻在部门实施,驻在部门应予以支持。

(二)纪检组组长、监察局(监察专员办公室)局长(专员)的交流由中央纪委监察部统筹安排。

(三)其他局级干部的交流由中央纪委干部室商派驻机构提出建议,报分管该派驻机构的中央纪委监察部领导和分管干部工作的中央纪委领导同意后,由中央纪委干部室按程序办理。

(四)处级及其以下干部的交流由派驻机构领导班子提出建议,经中央纪委干部室审核后,按程序办理。

(五)派驻机构干部的挂职锻炼由中央纪委监察部统一安排,驻在部门也可在征得中央纪委监察部同意后予以安排。

(六)派驻机构干部的招考录用由派驻机构领导班子提出用人需求,中央纪委干部室统一组织实施。

三、教育培训

(一)派驻机构干部的教育培训由中央纪委监察部和驻在部门共同负责,培训经费由驻在部门负责。

（二）纪检组组长、监察局（监察专员办公室）局长（专员）参加中央党校、国家行政学院进修培训，由中央纪委监察部商驻在部门安排；派驻机构干部参加纪检监察业务培训，由中央纪委监察部负责。

（三）派驻机构干部参加驻在部门的业务培训、党员教育等，由驻在部门负责。驻在部门继续安排派驻机构的干部参加出国（境）培训、考察等活动。

四、年度考核和奖惩

（一）中管干部的年度考核按照中央组织部统一安排和要求，由中央纪委负责组织。纪检组组长、监察局（监察专员办公室）局长（专员）按照规定向中央纪委监察部述职述廉。

派驻机构其他干部的年度考核按照中央纪委监察部机关统一部署进行，其年度考核结果由中央纪委干部室向派驻机构及驻在部门通报。

（二）派驻机构及其干部在纪检监察工作中取得显著成绩或做出突出贡献的，由中央纪委监察部给予表彰奖励；其他方面的表彰、奖励，由驻在部门负责。

（三）派驻机构及其干部有违反党纪政纪行为的，由中央纪委监察部会同驻在部门进行调查处理。

五、其他事项

（一）派驻机构的干部按照规定范围参加中央纪委监察部机关和驻在部门的后备干部推荐；符合被推荐条件和资格的，列入被推荐范围；符合后备干部条件和资格的，中央纪委监察部机关和驻在部门均可将其列为后备干部人选。

（二）派驻机构干部的工资关系、党（团）组织关系、群团关系仍在驻在部门，由驻在部门负责管理。派驻机构干部享受驻在部门同职级干部待遇，工资外津（补）贴、补助（奖金），以及生活福利、住房、医疗、退休等事宜由驻在部门负责。

（三）派驻机构干部（不含中管干部）档案正本由中央纪委监察部机关管理，驻在部门建立派驻机构干部档案副本。

（四）派驻机构干部持有中央纪委监察部机关的工作证件和驻在部门的工作证件。

上述干部管理事项的具体程序和本办法未涉及的其他干部管理事项，参照中央纪委监察部机关干部管理的有关规定执行。

中共中央办公厅、国务院办公厅转发《中央纪委、中央组织部、中央编办、监察部关于对中央纪委监察部派驻机构实行统一管理的实施意见》的通知

(2004 年 4 月 5 日)

《中央纪委、中央组织部、中央编办、监察部关于对中央纪委监察部派驻机构实行统一管理的实施意见》(以下简称《实施意见》)已经党中央、国务院批准,现转发给你们,请结合实际认真贯彻执行。

纪检监察机关对派驻机构实行统一管理,是新形势下深入推进党风廉政建设和反腐败工作的重大举措,对于完善党内监督体制,充分发挥派驻机构的监督检查作用,更好地贯彻落实党风廉政建设责任制,具有重要意义。各部门要统一思想认识,坚决按照中央的要求推进这项改革,保证统一管理工作的顺利实施。

各部门在执行《实施意见》中有什么问题和建议,请及时报告中央。

中央纪委、中央组织部、中央编办、监察部关于对中央纪委监察部派驻机构实行统一管理的实施意见

(2004 年 4 月 1 日)

党的十五届六中全会决定:"纪律检查机关对派出机构实行统一管理。"十六大提出,加强对权力的制约和监督,改革和完善党的纪律检查体制。根据中央的要求,中央纪委监察部自 2002 年以来先后在卫生部、国家发展和改革委员会等 8 个部门进行了派驻机构统一管理试点工作。通过试点,进一步明确了对派驻机构实行统一管理工作的指导思想和基本思路,积累了一些经验。中央纪委第三次全体会议决定,在总结试点经验的基础上,中央纪委监察部全面实行对派驻机构的统一管理。现提出如下实施意见:

一、指导思想和总体要求

对派驻机构实行统一管理工作的指导思想是:以邓小平理论和“三个代表”重要思想为指导,认真贯彻党的十六大和十六届三中全会精神,积极稳妥地推行对派驻机构实行统一管理工作,切实加强对驻在部门党组和行政领导班子及其成员的监督,促进中央和国家机关党风廉政建设和反腐败工作深入开展。

对派驻机构实行统一管理工作的总体要求是:

(一)改革领导体制,将派驻机构由中央纪委监察部和驻在部门双重领导改为由中央纪委监察部直接领导。

(二)强化监督职能,切实加强对驻在部门党组和行政领导班子及其成员的监督。

(三)确保工作成效,实行统一管理后驻在部门及所属系统的党风廉政建设和反腐败工作应当切实得到加强。

按照以上要求,中央纪委监察部将首先对派驻机构的业务工作和干部工作实行统一管理。派驻机构的后勤保障仍由驻在部门负责。2004年内完成对双派驻纪检监察机构的统一管理工作;对单派驻纪检或监察机构的统一管理工作抓紧进行调研,适时作出部署。

二、工作职责和工作关系

派驻机构实行统一管理后,其主要工作职责是:

(一)监督检查驻在部门及所属系统贯彻执行党的路线方针政策和决议,遵守国家法律、法规,执行国务院决定、命令的情况。

(二)监督检查驻在部门党组和行政领导班子及其成员维护党的政治纪律,贯彻执行民主集中制,选拔任用领导干部,贯彻落实党风廉政建设责任制和廉政勤政的情况。

(三)经批准,初步核实驻在部门党组和行政领导班子及其成员违反党纪政纪的问题;参与调查驻在部门党组和行政领导班子及其成员违反党纪政纪的案件;调查驻在部门司局级干部违反党纪政纪的案件及其他重要案件。

(四)协助驻在部门党组和行政领导班子组织协调驻在部门及所属系统的党风廉政建设和反腐败工作。

(五)受理对驻在部门党组织、党员和行政监察对象的检举、控告,受理驻在部门党员和行政监察对象不服处分的申诉。

(六)承办中央纪委监察部交办的其他事项。

派驻机构实行统一管理后,工作关系是:

派驻机构实施监督和查办案件工作直接受中央纪委监察部领导,重要情况和问题直接向中央纪委监察部请示、报告。

驻在部门党组和行政领导班子对本部门及所属系统的党风廉政建设和反腐败工作负全面领导责任,派驻机构按照规定职责予以协助、配合,有关情况及时与驻在部门党组和行政领导班子沟通。

为便于派驻机构履行职责,派驻纪检组组长继续担任驻在部门党组成员,并参加驻在部门有关行政领导会议,但不参与驻在部门的业务分工;派驻监察局局长列席驻在部门有关行政领导会议。

三、干部管理和后勤保障

派驻机构实行统一管理后,其干部工作和后勤保障按以下方式实施:

(一)派驻机构的中管干部,其任免、考核、交流和管理等执行中央的有关规定。

(二)派驻纪检组组长人选由中央纪委商中央组织部提名并考察,由中央纪委呈报中央任免。派驻纪检组组长一般不从驻在部门产生。新提任的纪检组组长人选一般从有关单位的后备干部中提名,交流使用。派驻纪检组组长向中央纪委述职述廉,其履行职责和廉政勤政的情况由中央纪委商中央组织部考核或将考核情况向中央组织部备案。

(三)派驻机构其他干部的招考录用、考察任免、年度考核和奖励由中央纪委监察部负责。

(四)派驻机构干部的教育培训由中央纪委监察部和驻在部门共同负责。驻在部门继续安排派驻机构的干部参加有关培训和出国(境)考察活动。

(五)派驻机构干部在同一派驻机构工作时间较长的,应当有计划地在驻在部门及所属系统、中央纪委监察部机关、其他派驻机构等范围内进行交流。需要在驻在部门交流安排的,由中央纪委监察部商驻在部门实施。派驻纪检组组长、监察局局长的交流由中央纪委监察部统筹考虑,按有关规定办理。

(六)派驻机构干部(不含中管干部)的档案由中央纪委监察部管理,驻在部门建立干部档案副本。

(七)派驻机构干部的工资关系、党(团)组织关系、群团关系由驻在部门负责管理。派驻机构干部享受驻在部门同职级干部待遇,工资外津(补)贴以及生活福利、住房、医疗、退休等事宜由驻在部门负责。

四、组织领导

对派驻机构实行统一管理工作,涉及面广,政策性强。各部门要切实统一思想,加强领导,精心组织,认真实施。

(一)中央纪委监察部要加强对派驻机构统一管理工作的领导。中央纪委监察部成立派驻机构统一管理工作领导小组，在中央纪委常委会和监察部部长办公会领导下负责派驻机构统一管理工作。中央纪委监察部领导按照分工分管各派驻机构的工作。中央纪委监察部机关有关职能部门要适应统一管理新体制、新任务的要求，改进工作方法，健全业务工作制度，加强与派驻机构的联系。

（二）驻在部门党组和行政领导班子及其成员要支持派驻机构履行职责、开展工作，并自觉主动地接受监督。

（三）派驻机构要全面履行职责，充分发挥主观能动性，在实践中积极探索履行职责的方式方法，处理好监督检查与协助驻在部门组织协调党风廉政建设和反腐败工作的关系，既要保持工作的连续性、搞好工作衔接，又要与时俱进、开拓创新。派驻机构及其工作人员要接受中央纪委监察部的监督，同时接受驻在部门领导干部和群众的监督。要注意研究新情况、新问题，不断总结经验，积极稳妥地做好统一管理工作。

中共中央纪委办公厅关于印发《关于依纪依法规范纪检监察信访举报工作的若干意见》的通知

(2005年2月1日)

经中央纪委书记办公会议同意,现将《关于依纪依法规范纪检监察信访举报工作的若干意见》印发给你们,请结合实际贯彻落实。

关于依纪依法规范纪检监察信访举报工作的若干意见

加强党的执政能力建设,提高依法执政水平,要求纪检监察机关及其工作人员不断提高依法执纪和依法监察的能力。信访举报工作是纪检监察工作的基础性工作,必须把依纪依法的要求贯穿于各个工作环节。根据党内法规和国家法律法规的有关规定,现就进一步规范信访举报工作提出如下意见。

一、规范信访举报工作的指导思想、基本原则和目标

以邓小平理论和"三个代表"重要思想为指导,按照建立健全与社会主义市场经济体制相适应的教育、制度、监督并重的惩治和预防腐败体系的要求,健全制度、规范程序,加强管理、强化监督,提高纪检监察机关依纪依法处理信访举报的能力和水平,切实保障信访举报当事人的合法权利,维护正常的信访秩序,为党风廉政建设和反腐败工作服务,为改革发展稳定的大局服务。

坚持注重制度建设的原则,建立健全法规制度,把信访举报工作纳入制度化、规范化轨道;坚持公开公正的原则,做到处理信访举报的程序依法公开,处理结果客观公正;坚持权利与义务统一的原则,保障信访举报当事人的合法权利不受侵犯,引导他们正确履行义务;坚持严格管理、严格监督的原则,明确职责,严明纪律,对滥用职权和失职渎职的行为实施责任追究。

经过努力,使信访举报工作法规制度基本健全,工作程序更加规范,处理信访举报的能力切实增强,信访举报当事人民主权利得到保障,信访举报环境明显改善。

二、加强制度建设，依纪依法处理信访举报

加强制度建设，必须适应完善社会主义市场经济体制、发展社会主义民主政治和构建社会主义和谐社会的要求，按照党和国家的有关方针政策和法律法规，结合本地区、本单位的实际，制定规章制度和行为规范，注重适时性、可行性和可操作性。

完善信访举报受理制度。各级纪检监察机关要增强政治意识、大局意识和责任意识，认真受理涉及党员、党组织及行政监察对象的检举、控告和申诉。对损害群众切身利益的问题，要认真对待，不得推诿、敷衍。各级纪检监察机关负责人要经常阅处群众来信，定期接待群众来访。地方纪检监察机关应深入基层接待群众。在确保安全保密的前提下，逐步推广网上举报，拓宽信访举报受理渠道。

完善来信处理制度。建立健全收信登记、送阅审批、转办催办、查办结案、复信回访、立卷归档等规章制度，促进信访举报工作的规范化、程序化。建立健全信息反映制度，加强综合分析，定期向领导机关和有关部门反映苗头性、倾向性问题和群众反映的热点问题。完善处理重要来信的请示、报告制度，避免处理的随意性。对重复来信和人数众多的联名来信，要加强跟踪督办，必要时可直接调查核实。对署实名举报，要按照谁承办、谁答复的原则，以适当方式将处理结果答复举报人，并听取其意见。

建立健全来访接待制度。逐步建立完善首访责任制，坚持哪一级机关接谈、哪一级机关负责的原则，对应由本级纪检监察机关办理的问题，要一办到底，限期将办理结果或办理情况答复来访人；对应由下级办理的问题，要加强催办督办，直至问题妥善处理。建立健全集体访应急处理机制，明确纪检监察机关有关领导、部门的职责，并通过信息通报、召开联席会议等方式，加强与有关单位和部门的协调配合。出现重大集体访时，按照“谁主管、谁负责”和“属地管理”的原则，有关地区、部门和单位的领导及工作人员要立即赶赴现场，积极疏导，妥善处理。要增强预见性，针对群众上访中可能出现的问题制定工作预案。对严重扰乱信访秩序的行为，要采取果断措施予以处置。对重大重复集体访，要分析成因，注意查处少数党员干部可能存在的违纪违法问题。建立定期排查制度，对重点来访人员、集体访苗头和不稳定因素进行排查，及时就地解决。在基层，对影响面较大、反映侵犯群体利益问题的集体访，经批准可吸收群众代表参与调查。

健全举报电话处理制度。耐心接听举报电话，做好记录，重要情况、情节要向举报人复述确认，并按政策规定向举报人作出解释或答复。对紧急、重要的

情况要及时向领导报告,并采取措施快速处理。对应由其他部门受理的问题,引导举报人向有关部门反映。

在县和县以下基层单位逐步推行信访举报办事公开制度。通过多种渠道,公布有关法规制度、处理程序,以及其他为信访举报人提供便利的相关事项。对涉及群体性利益以及重大、复杂的信访问题,可通过适当方式将调查结果在一定范围内向信访举报人反馈。必要时可要求有关组织或人员到场说明情况,有条件的可举行听证。通过公开,切实把矛盾化解在基层,把问题解决在基层。

三、保障信访举报当事人的合法权利

保障检举、控告人合法权利。认真贯彻执行《中央纪委、监察部关于保护检举、控告人的规定》。畅通受理、办理、反映、反馈渠道,严禁对检举、控告人压制、歧视、刁难。严禁泄漏检举、控告的有关情况,不得将检举、控告材料及有关情况转给被检举、控告人员或单位。严肃查处侵犯检举、控告人民主权利的行为,对打击报复检举、控告人的要严肃处理。受理机关工作人员应当回避的,要主动提出回避。检举、控告人有正当理由要求有关工作人员回避的,受理机关应作出回避决定。逐步建立和完善奖励制度,对检举、控告重大违纪违法行为的有功人员,应给予奖励。

保障被检举、控告人合法权利。要探索维护被检举、控告人权利的措施和办法,认真对待被检举、控告人的解释或说明,重视被检举、控告人对承办的纪检监察机关及其工作人员违纪行为的检举、控告。对未经调查或正在调查处理的举报内容,不得泄漏和扩散。对经调查未发现被检举、控告人有违纪问题的,必要时可在一定范围内通报情况,澄清是非,消除影响。对诬告者要严格依纪依法予以惩处。

保障申诉渠道畅通。要规范申诉信访的处理办法,对属于本级纪检监察机关直接受理范围的,由本级机关申诉复查部门处理;对不属于本级机关直接受理范围的,移送有权处理的机关。对不符合申诉条件的,应告知申诉人。要建立信访、审理等部门联席会议制度,加强沟通协调,及时研究和处理申诉复查中存在的突出问题,解决疑难、复杂的申诉复查案件。

四、引导群众依法有序进行信访举报

加强信访举报宣传工作。要把这项工作纳入反腐倡廉"大宣教"工作格局之中,统一部署,统筹安排。加强与新闻媒体的联系,通过多种形式宣传信访举报工作的方针政策和法规制度,使广大群众了解纪检监察机关的职责和受理范围、处理信访举报的程序和方法,明确在信访活动中的权利和义务。

引导信访举报人正确行使权利。要引导群众署实名举报、逐级举报。提倡实行双向承诺制度,受理机关承诺依法及时处理信访举报,信访举报人承诺维护信访秩序。对于已经或者依法应当通过诉讼、仲裁、行政复议等法定途径解决的,以及应由其他单位或部门受理的信访问题,要告知信访举报人受理的单位或部门。对少数妨碍信访秩序的,要进行批评教育。对违反治安管理规定的,要协调公安机关依法予以处理。

规范党员、国家机关工作人员的信访举报行为。党员、国家机关工作人员要按照组织原则和法定程序,负责任地进行检举、控告,实事求是地提出申诉,不得歪曲、捏造事实,诬告陷害。要正确对待组织的处理意见,不得无理纠缠。要维护信访秩序,不得带头参加集体访,严禁煽动、策划、组织集体访。对不听劝导,造成恶劣影响或严重后果的,要依纪依法予以严肃处理。

五、加强对信访举报工作及工作人员的管理和监督

加强内部管理。制定信访举报件内部归口管理办法,逐步实现信访举报件由信访举报部门统一受理、转办和管理。对分流到本机关其他部门的信访举报件,信访举报部门要掌握办理情况,定期汇总分析。建立健全信访案件办理和管理制度,对需要发函或直接查办的信访举报件,严格履行审批程序。定期催办督办信访案件,对重大、疑难案件的催办督办要制订方案,经批准后组织实施。对下级机关呈报的信访案件处理结果要严格审核,必要时可调卷审查或直接调查。对重要信访案件的处理,承办人和呈报单位意见不一致的,要集体研究决定。

加强监督制约。建立健全案件线索集体排查机制,重要案件线索由纪检监察机关的领导人组织纪检监察室、信访室等部门的负责人共同研究处理意见。信访举报部门内部要合理分工,形成受理、办理、督办、审核、结案归档等环节的相互制约机制。信访举报工作人员应定期轮岗。逐步建立外部监督机制,重视群众对不依纪依法办理信访举报的反映,对违纪违法者要严肃处理。上级纪检监察机关要加强对下级机关依纪依法处理信访举报情况的督促检查,及时纠正存在的问题。

严格责任追究。建立健全纪检监察机关主要领导负总责,分管领导、信访举报等部门负责人及其工作人员各负其责的责任制。逐步实行信访举报工作过错追究制,对丢失、隐匿或者擅自销毁信访举报材料的,敷衍塞责、推诿扯皮导致重复信访、集体访或矛盾激化的,泄漏信访举报情况导致案件查处工作受阻或检举、控告人遭到打击报复的,处理重要信访及突发性事件不及时造成严重后果和恶劣影响的,以及有其他失职渎职行为的,要分清责任,依照党纪政纪严肃处理。构成犯罪的,移送司法机关处理。

各级纪检监察机关要高度重视依纪依法规范信访举报工作，切实加强领导，精心组织，周密安排。要结合实际，确定不同阶段的工作重点，分步骤推进。要加强调查研究，掌握新情况，解决新问题，确保依纪依法规范信访举报工作的各项任务和要求落到实处。

中共中央纪委、监察部关于印发《中共中央纪委监察部关于加强和改进行政监察工作的意见》的通知

（2005 年 3 月 24 日）

现将《中共中央纪委监察部关于加强和改进行政监察工作的意见》印发给你们，请认真贯彻执行。

中共中央纪委监察部关于加强和改进行政监察工作的意见

行政监察制度是国家制度的重要组成部分，它的完善与发展反映了我国社会主义民主政治建设的内在要求。纪检监察机关合署办公以来，各级纪检监察机关在党中央、国务院的领导下，在加强党的纪律检查工作的同时，积极探索有效开展行政监察工作的思路和措施，充分发挥行政监察职能，党政监督的整体效能得到增强，有力地促进了廉政勤政建设。为适应完善社会主义市场经济体制、全面推进依法行政和加大预防腐败工作力度的要求，按照党的十六大和十六届三中、四中全会精神，以及中央纪委全会和国务院廉政工作会议的部署，现就进一步加强和改进行政监察工作提出以下意见。

一、充分认识加强和改进行政监察工作的重要意义

（1）加强和改进行政监察工作，是加强党的执政能力建设的重要举措。政府的行政能力是党的执政能力的重要体现。着力解决政府作风、行政管理方面存在的突出问题，切实提高政府管理经济和社会的能力和水平，是加强党的执政能力建设的重要内容。监察机关作为政府的专门监督机关，通过维护行政纪律，推进依法行政，改善行政管理，提高行政效能，督促行政机关及其国家公务员牢固树立清正廉洁、勤政为民、求真务实的良好政风，促进政府行政能力的提高，对于密切党和政府同人民群众的血肉联系，构建社会主义和谐社会，加强党的执政能力建设，有着重要作用。

（2）加强和改进行政监察工作，是建立完善的社会主义市场经济体制的重

要保证。通过深化改革,形成与经济社会发展要求相适应的行政管理体制,是发展社会主义市场经济的客观需要。加强行政监察,有利于推进政府管理方式创新,督促各级政府转变职能,加强和改善宏观调控,促进市场体系的完善和市场秩序的规范,促进中央关于经济体制改革重大决策、措施的贯彻落实。

(3)加强和改进行政监察工作,是建设法治政府的迫切需要。建设法治政府,关键是全面推进依法行政,核心是规范行政权力。行政监察是政府内部对行政权力运行进行监督和规范的重要环节。充分履行行政监察职能,有利于督促政府机关及其工作人员严格依照法定权限和程序行使权力、履行职责,防止不当行政、违法行政。

(4)加强和改进行政监察工作,是深入开展党风廉政建设和反腐败斗争的必然要求。从改革体制机制制度入手,规范和制约行政权力,防范和减少腐败现象的发生,是治本抓源头的重要举措,也是发挥行政监察职能的重要方面,体现了构建惩治和预防腐败体系的总体要求。加强行政监察,有利于廉政建设与政府部门业务的有机结合,综合运用各种监督形式,增强党政监督的整体效能,形成反腐倡廉的合力。

二、牢牢把握行政监察工作的指导思想和总体要求

(5)当前和今后一个时期行政监察工作的指导思想。以邓小平理论和"三个代表"重要思想为指导,深入贯彻党的十六大和十六届三中、四中全会精神,坚持以科学发展观为统领,坚持反腐倡廉战略方针,抓紧构建惩治和预防腐败体系,加大预防腐败工作力度,全面推进依法行政,强化对行政行为的监督和制约,以廉政勤政建设的实际成效促进社会主义物质文明、政治文明、精神文明建设与和谐社会建设全面发展。

(6)坚持围绕改革发展稳定大局,全面履行行政监察职能。把行政监察工作寓于改革和发展进程之中,紧紧围绕经济建设、改革开放和政府中心工作发挥监察职能,严肃查办违纪违法案件,研究解决在廉政勤政方面严重影响改革发展稳定的问题,维护国家宏观调控的统一性、权威性和有效性,为经济和社会的全面发展营造良好的环境。

(7)坚持把解决损害群众利益的突出问题放在重要位置,维护和发展人民群众的根本利益。牢牢把握立党为公、执政为民的本质要求,切实把维护人民利益作为行政监察工作的出发点和落脚点,坚决纠正损害群众利益的不正之风,促进政府机关"为民、务实、清廉"。

(8)坚持用发展的思路和改革的办法预防和解决腐败问题,发挥标本兼治、惩防并举的综合效能。针对行政过程中容易产生腐败现象的关键部位和薄弱环节，结合机构改革和政府职能转变，研究完善法规和制度规范，建立健全机制制度，不断探索从源头上预防和治理腐败的有效途径。

(9)坚持依法监察，严格规范行政权力。依法行使监察职能，严格按照法律法规和行政纪律约束行政权力，加强对权力运行的监督和制约，防止权力的缺失和滥用，确保行政权力在法制的轨道上运行。

(10)坚持以监督促管理，促进政府行政能力和水平的提高。充分利用监察机关属于政府序列、参与政务活动的优势和特点，通过监督检查及时发现问题，并有针对性地作出监察决定或提出监察建议，督促被监察部门和人员制定整改措施、提高管理与服务水平。

(11)坚持把行政监察工作纳入党风廉政建设和反腐败斗争的总体部署，形成党政监督的整体合力。按照党中央、国务院的统一部署和《中华人民共和国行政监察法》规定的基本职责，明确一个时期行政监察工作的目标和任务，充分发挥监察机关在行政监督方面的督促和协调作用，加强同政府其他部门的配合，共同抓好廉政勤政建设各项任务的落实。

三、全面发挥行政监察的职能作用

(12)加强廉政监察，促进政风建设。推进政府廉政建设，始终是党风廉政建设和反腐败斗争的重要任务。要以科学发展观和正确政绩观、权力观教育为重点，加强从政道德和纪律教育，严格执行“四大纪律八项要求”，促进政府机关及其公务员廉洁从政。要坚决查办违纪违法案件，着重查办政府机关和领导干部中利用行政权谋取非法利益的案件，给人民群众生命财产造成重大损失的案件，领导干部和执法人员为黑恶势力充当“保护伞”的案件。要以解决群众反映的突出问题为重点，深入开展纠风专项治理。加大治理教育乱收费、纠正医药购销和医疗服务中的不正之风、减轻农民负担工作的力度，全面开展民主评议政风行风活动，切实转变部门和行业的工作作风。

(13)加强执法监察，保证政令畅通。坚持以人为本、全面协调可持续的科学发展观，结合国家法律法规的颁布和重大改革决策的实施，认真研究在执行中可能出现的情况和问题，以此确定执法监察项目。要围绕加强和改善宏观调控，就优化发展环境、重大公共投资项目和群众关心的热点问题，开展执法监察。近一个时期，要重点加强对土地管理法、招标投标法贯彻执行情况的监督检查。积极参加整顿和规范市场经济秩序工作，坚决查处违规违法乱上项目、滥铺摊子和破坏环境等行为。坚决制止能源开发中滥采乱挖和严重浪费现象。坚决纠正征收征用土地、城镇房屋拆迁、企业违法排污、企业重组改制和破产中损害群众利益，以及拖欠农民工工资等问题。加大重特大事故责任追究的力度。

(14)规范和制约行政权力,推进依法行政。要按照《全面推进依法行政实施纲要》的要求,加强对政府职能部门、行政执法机关运用权力、履行职责、执法程序的监督检查,坚决纠正和查处有法不依、执法不严的行为。要会同有关部门积极推行行政执法责任制,建立健全行政执法依据公开制度、执法过错追究制度和执法行为评议考核制度。要依照《中华人民共和国行政许可法》赋予监察机关的职责,对行政许可实施机关及其工作人员贯彻执行行政许可法的情况开展监督检查。依法做好行政复议、行政应诉和行政投诉的受理工作。

(15)加强效能监察,改善行政管理。重点检查各级政府及其公务员是否合法、合理行政,公平、高效执法,维护广大群众合法权益的情况。要加强对行政决策、行政执行等施政过程和行政行为的监督。督促建立和完善重大事项集体决策制度、专家咨询与评估制度、决策听证与公示制度以及决策责任追究制度,对不依法定权限、违反法定程序、造成重大损失的决策,必须严肃追究责任。要积极探索新的监督方式,强化事前监督、事中监督和事后监督,逐步建立绩效评估和考核的制度。发挥行政服务中心、行政投诉中心作用,严肃查处不认真履行职责、不及时履行职责、拒不履行职责等行为,切实解决一些机关和单位效率低下、办事推诿、资源浪费等问题。要加强对履行社会管理和公共服务职能的监督,大力推进政务公开,促进行政机关和国家公务员勤政高效。

(16)加大治本力度,从源头上防治腐败。按照标本兼治、综合治理、惩防并举、注重预防的方针和《建立健全教育、制度、监督并重的惩治和预防腐败体系实施纲要》的要求,进一步发挥行政监察在预防腐败工作中的作用。特别要针对政府机关和行政权力的特点,加强对各职能部门抓源头工作的督促检查,会同有关部门深化行政审批制度、财政管理体制、政府投资监管制度和干部人事制度等方面改革。严格规范和管理土地市场,完善并认真执行经营性土地使用权出让制度。强化对国有资产的监管。完善金融监管体制。加快产权交易市场建设。规范行业组织和社会中介机构。结合重大改革措施出台,提出防范和治理腐败的对策,着力解决导致腐败现象发生的深层次问题。

四、建立健全行政监察工作制度

(17)坚持监察厅(局)长办公会议制度。按照纪检监察工作重大事项、重大问题由纪委常委会讨论决定、有关行政监察工作的组织实施由监察机关领导班子按职权处理的原则,进一步明确监察厅(局)长办公会议职责、权限和议事范围,完善议事规则。对政府交办事项的落实、政纪案件的处理,执法监察、效能监察、纠正部门和行业不正之风、源头治理等工作的部署和监察干部的任免、行政监察规章制度的制定，监察决定和监察建议的提出，以及向人大、政府请示、报告等事项，都应作为监察厅（局）长办公会议的重要内容。重大事项要按照程序提交纪委常委会决定。

（18）坚持监察机关向本级政府和上一级监察机关报告工作制度。凡属重大监察事项，经监察厅（局）长办公会议和纪委常委会研究后，都要以监察机关的名义及时向本级政府和上一级监察机关报告；涉及全局性的监察工作部署，要提请本级政府批准。建立并落实监察厅（局）长参加或列席政府常务会议制度。各级监察机关要及时向上级监察机关报送本地区本部门贯彻落实党中央、国务院统一部署的情况，建立健全行政监察信息综合制度。监察部要做好向国务院报送信息工作，办好监察部网站。

（19）坚持并完善监察机关内部职能设置和工作程序。在注意发挥纪检监察机关各内设机构监察职能的同时，根据监察工作的发展和形势任务的需要，进一步健全相对集中承担行政监察职能的部门和机构，加强监察综合室等部门的建设。落实和健全“下级监察机关正、副职领导人员的任免必须在决定前取得上一级监察机关同意”的制度和举荐民主党派成员、无党派人士担任监察机关领导职务的制度。加强对派出机构的统一管理工作。要进一步规范监察机关履行职责的权限、措施和程序，完善信访举报制度、案件检查制度、审理制度、回避制度等。

（20）进一步健全监察机关接受监督的制度和特邀监察员制度。监察机关要自觉接受各级人大常委会和人大代表的监督，认真办理人大代表的意见和建议。认真办理政协委员的提案。认真办理群众来信、来访。自觉接受党组织、政府和人民群众的监督，自觉接受新闻舆论的监督。要建立健全特邀监察员参与和监督监察工作的制度，积极探索新形势下发挥特邀监察员作用的机制和具体途径，充分发挥特邀监察员的参谋咨询、桥梁纽带和双重监督作用。

五、切实加强对行政监察工作的领导

（21）加强对行政监察工作的领导。纪委常委会对履行纪检监察两项职能负总责。监察机关领导班子要按照纪委常委会的统一部署，结合政府工作，研究和确定监察工作的重点。监察厅（局）长办公会议根据监察工作的需要，按照有关程序决定监察工作事项。纪委常委会决定的事项，监察厅（局）长办公会议要认真贯彻落实。上级监察机关对下级监察机关在工作中遇到的困难和问题，要及时研究并认真帮助解决。监察机关要自觉接受本级政府的领导，认真完成政府交办的各项任务。

（22）加强行政监察法规建设和监察理论研究。要认真贯彻行政监察法实施条例,不断完善与行政监察法相配套的法规制度,逐步使行政监察职能、权限、任务和程序法制化。要通过制定规范性文件或实施细则,对现有法律法规进行细化和完善。加强对有关监察法律法规执行情况的监督检查。要主动适应我国经济、政治和社会生活的深刻变化,加强对反腐倡廉重大问题的研究,创新行政监察理论。要重视发挥监察学会、纪检监察专门研究机构以及大专院校和科研院所的作用。要加强与国外监督监察机构的联系,扩大国际交流与合作。

(23)进一步提高干部队伍的素质。要以提高监察工作能力为重点,加强干部队伍建设,使各级监察机关在完善社会主义市场经济体制、推进依法行政、加强对领导干部的监督、依法执纪、依法监察等方面,能够更好地适应新形势、新任务的要求。要加强领导班子建设,做好干部培训和轮岗交流工作。加强监察专业人才的培养,改善干部队伍结构。要全面提高干部的综合素质,增强法制观念,提高政策理论水平和业务能力。要健全监督机制和激励机制。要树立坚持原则、秉公执纪、敢于碰硬的作风,谦虚谨慎、联系群众、勤政廉洁的作风和求真务实、与时俱进、开拓进取的作风。

中共中央纪委关于印发《关于纪委协助党委组织协调反腐败工作的规定(试行)》的通知

(2005年7月26日)

《关于纪委协助党委组织协调反腐败工作的规定(试行)》已经中共中央纪委常委会讨论通过,现印发给你们,请遵照执行。

各地区各部门在执行中有哪些问题和建议,请及时报告中央纪委。

关于纪委协助党委组织协调反腐败工作的规定(试行)

第一章 总 则

第一条 为了切实保障纪委履行协助党委组织协调反腐败工作的职责,充分发挥有关部门在反腐败工作中的职能作用,形成反腐败合力,促进反腐败工作深入开展,根据《中国共产党章程》和其他有关党内法规,制定本规定。

第二条 纪委协助党委组织协调反腐败工作(以下简称组织协调工作),是指纪委在同级党委的领导下,按照同级党委和上级纪委的总体部署和要求,协助同级党委研究、部署、协调、督促检查反腐败各项工作。

第三条 纪委开展组织协调工作,应当坚持党要管党、从严治党,坚持标本兼治、综合治理、惩防并举、注重预防,坚持依照党内法规和国家法律,各司其职。

第二章 组织协调的主要任务

第四条 贯彻落实《建立健全教育、制度、监督并重的惩治和预防腐败体系实施纲要》,围绕领导干部廉洁从政,纠正损害群众利益的不正之风,查办违纪违法案件,从源头上预防和治理腐败等开展工作。

第五条 根据同级党委的要求和实际情况,研究反腐败工作的重要问题,及时向同级党委提出意见和建议。

第六条 根据同级党委和上级纪委关于反腐败工作的总体部署和要求,按照有关部门的职责进行任务分解,明确责任,提出要求,组织落实。

第七条 加强与各方面的联系和沟通,协调有关部门的关系,解决工作中的矛盾和问题。

第八条 对有关部门承担的反腐败任务落实情况进行督促检查。

第三章 组织协调的程序

第九条 纪委进行组织协调工作应当遵循以下步骤:

(一)确定需要组织协调的事项;

(二)召集有关部门研究、制定实施方案;

(三)组织实施;

(四)督促检查有关部门承担任务的进展情况;

(五)要求有关部门书面报告承担任务的落实情况;

(六)向党委报告组织协调事项完成情况。

第十条 纪委组织协调的事项除同级党委和上级纪委交办的以外,根据需要,由纪委常委会或者纪委分管领导确定;纪委认为重要的组织协调事项,应当报同级党委或者党委主要负责人批准并报上一级纪委备案。

有关部门认为需要纪委组织协调的事项,可以向纪委提出建议,由纪委决定或者由纪委报党委决定。

第十一条 经纪委组织协调确定的事项,应当以实施意见、工作安排意见、会议纪要等书面形式交有关部门实施;在查办案件中,因紧急或者保密等特殊情况,经纪委分管办案工作的领导同意,也可以采取当面通知或者电话通知等方式向有关部门提出,但应当作好记录,留案备查,事后应当及时补办相关手续。

实施意见、工作安排意见、会议纪要等文件的内容应当包括:部署或确定的事项、牵头部门和参与部门、工作任务分工和要求等。

第十二条 纪委对有关部门承担的反腐败任务落实情况的督促检查,可以采取听取汇报、按规定调阅有关材料、听取有关人员意见、实地了解情况、要求书面报告等方式定期或者不定期进行。

对在督促检查中发现的问题,纪委应当采取相应措施帮助解决或者及时纠正,重要问题应当及时向党委报告。

第十三条 有关部门在落实所承担的反腐败任务中遇到的问题,应当及时向纪委报告。纪委应当根据情况,采取相应措施,必要时可以召开由有关部门参加的协调会议加以解决;经协调不能取得一致意见的,由纪委提请党委决定。

第四章　组织协调的保障

第十四条　党委应当加强对纪委组织协调工作的领导,明确任务和要求,支持纪委履行组织协调职责。

第十五条　纪委应当依照党内法规和国家法律开展组织协调工作,正确处理与有关部门在反腐败工作中的关系,支持、配合有关部门的工作,保证反腐败各项任务的落实。

第十六条　有关部门应当支持、配合纪委履行组织协调职责,对经纪委组织协调确定的任务和要求,应当依照法定职责和程序各司其职,各负其责,加强协作配合,并接受纪委的督促检查。

第十七条　有关部门党政领导班子和领导干部应当按照《关于实行党风廉政建设责任制的规定》,对本部门承担的反腐败任务切实负起领导责任,并组织实施。

第十八条　巡视工作机构应当把纪委组织协调事项落实情况作为巡视工作的一项重要内容,加强监督。

第十九条　违反本规定不履行或者不正确履行职责的,由党委或者纪委对责任人给予批评教育或者予以组织处理,并责令限期改正;情节严重或者造成严重后果的,依纪依法追究纪律责任;涉嫌犯罪的,移送司法机关依法处理。

第五章　附　　则

第二十条　各省、自治区、直辖市党委,国务院国有资产监督管理委员会党委,中国银行业监督管理委员会、中国证券监督管理委员会、中国保险监督管理委员会以及其他实行垂直管理部门的党委(党组),可以根据本规定,结合各自工作的实际情况,制定实施办法,报中共中央纪律检查委员会备案。

中国人民解放军和中国人民武装警察部队的纪委协助党委组织协调反腐败工作的规定,由中央军委参照本规定制定。

第二十一条　本规定由中共中央纪律检查委员会负责解释。

第二十二条　本规定自发布之日起施行。

中共中央纪委办公厅关于印发《关于加强和改进新形势下案件管理工作的意见》的通知

(2005年8月17日)

经中央纪委书记办公会议同意,现将《关于加强和改进新形势下案件管理工作的意见》印发给你们,请结合工作实际,认真贯彻执行。

《中共中央纪委办公厅关于进一步加强案件管理工作的意见》(中纪办发〔1994〕2号)同时废止。

关于加强和改进新形势下案件管理工作的意见

为贯彻党的十六大和十六届三中、四中全会精神,深入开展党风廉政建设和反腐败斗争,提高案件管理工作水平,促进严格依纪依法办案,现就加强和改进新形势下案件管理工作提出如下意见。

一、充分认识加强和改进新形势下案件管理工作的重要性和紧迫性

当前,反腐败斗争形势依然比较严峻,大案要案时有发生,查办案件任务十分繁重。随着依法治国基本方略的实施,全民法制意识的增强,社会法制化管理水平的提高,对查办案件工作提出了新的更高的要求。案件管理是查办案件的重要组成部分,加强和改进案件管理工作,对促进严格依纪依法办案,深入推进党风廉政建设和反腐败斗争,具有十分重要的作用。十多年来,各级纪检监察机关认真贯彻《中共中央纪委办公厅关于进一步加强案件管理工作的意见》(中纪办发〔1994〕2号),取得了明显的成绩。但也要清醒地看到,案件管理工作还存在一些与形势和任务不相适应的问题。一些地区的案件管理工作局限于单纯的数字统计,职能作用没有得到全面发挥;有的地区对办案工作的组织协调尚未形成有效的机制,对办案工作的管理和监督还存在薄弱环节;有的地区案件管理工作的机构设置、人员配备与担负的职责还不相适应。这些问题在一定程度上影响了案件管理工作的开展。各级纪检监察机关要从深入推进反腐倡廉工作的高度,充分认识加强和改进新形势下案件管理工作的重要性和紧迫性,进一步把案件管理工作抓紧抓好。

二、全面履行案件管理职能

案件管理工作要以邓小平理论和"三个代表"重要思想为指导,按照建立健全教育、制度、监督并重的惩治和预防腐败体系的要求,认真贯彻《关于纪检监察机关严格依纪依法办案的意见》(中纪发〔2005〕7号),坚持为领导决策服务、为查办案件服务,全面履行统计汇总、综合分析、组织协调、跟踪督办和监督检查职能,加强对办案过程的管理和监督,促进依纪依法办案,推动办案工作深入开展。

加强案件统计工作。按照统计法规和案件管理的有关规定,做好案件统计资料的审核、汇总,全面、准确、及时地报送统计资料,不得迟报、虚报、瞒报、漏报和伪造、篡改统计资料。统一使用中央纪委"纪检监察机关案件管理系统"软件,按照中央纪委办公厅制定的统计指标体系进行统计,逐级报送。实行月报和季度备案制度。凡向上级机关报送、向其他部门提供或对外公开发表的案件统计数据,由案件管理部门统一负责。

加强对案件的分析和研究。对一个时期违纪违法案件的特点、发案原因和发案趋势等进行综合分析;结合一个阶段的工作重点,围绕领导和群众关注的热点问题进行专题分析;加强对办案工作新情况新问题的研究;加强典型案例剖析。通过分析和研究,提供有价值的综合情况,供领导决策参考。

加强对查办案件相关工作的组织协调。加强与查办案件相关部门的联系和沟通,协助做好查办案件组织协调工作的计划、组织和实施。注意掌握重要或复杂案件的定性、处理、移送情况,及时向领导提出需要协调的事项。畅通组织协调渠道,处理好与各方面的工作关系,形成办案合力。

加强对重要案件的跟踪督办。对重要案件线索、领导交办案件和本级机关自办案件进行集中管理,全程跟踪督办,掌握案件的来源、去向、进展和结果,及时将案件查处情况向领导和有关部门反馈。明确责任,理顺关系,提高办案效率。

加强对办案工作的监督检查。监督检查的重点是:违纪线索的初核及立案、处分等审批手续是否符合有关规定;使用"两规""两指"措施情况;办案时限、办案工作安全保密和违纪暂扣款物收缴及管理情况;办案人员执行办案制度、遵守办案纪律情况等。

三、切实推进案件管理工作制度化

各级纪检监察机关要把制度建设作为推进规范化、程序化管理的一项基础性工作,抓好建章立制。

坚持和完善已有的各项制度。继续严格执行案件分析、办案情况通报和案件管理工作情况通报三项制度。完善统计制度,改进考评办法,提高统计填报质量。健全跟踪督办制度,重点规范上级机关要结果案件、领导批办案件、本级机关主办的重要或复杂案件、逾期未结案件和跨年度遗留案件的督办程序。

建立适应形势和任务需要的工作制度。认真总结案件管理和查办案件工作中的好经验、好做法,及时将经过实践检验、比较成熟的经验上升为制度。建立重要案件线索统一管理制度,对同级党委管理的党员干部违纪线索实行集中管理。建立重要案件线索集体排查制度,对重要案件线索的处置,须经集体研究后作出决定。建立案件备案制度,违纪线索的初步核实、案件的立案、使用和解除"两规"措施、涉嫌犯罪的案件移送司法机关,按规定履行报批手续后要及时向案件管理部门备案。建立办案工作安全保密制度,落实安全管理责任制。建立办案组织协调制度,明确组织协调案件的范围、组织协调的方式方法,健全工作机制。

积极探索制定纪检监察机关案件管理工作条例。省(区、市)纪检监察机关案件管理部门要加强调查研究,积极实践,努力创新,建立健全案件管理工作综合性制度,为制定全国案件管理工作条例积累经验。

四、建立健全案件管理组织机构

省(区、市)纪检监察机关要设置案件管理室,条件暂不具备的,可在有关部门设置案件管理机构。市(地)和县(市)纪检监察机关要明确案件管理负责部门,有条件的可设置案件管理专门机构。市(地)级以上(含市地级)纪检监察机关的派出机构要确定专人负责案件管理工作。

案件管理部门负责人应列席研究案件的有关会议,阅览有关文件。案件管理部门经领导批准,可以向本级机关有关部门和下级机关了解案件查办情况。案件管理部门应配备必需的办公设备。省(区、市)纪检监察机关案件管理部门要建立与中央纪委办公厅案件管理部门直接互通的内网邮件系统,市(地)与县(市)纪检监察机关之间应创造条件实现网络互通。

五、进一步加强对案件管理工作的领导

各级纪检监察机关要高度重视案件管理工作,加强组织领导。案件管理工作与办案工作要统一部署、统一检查、统一考核。健全纪检监察机关主要领导负总责,分管领导、案件管理等部门负责人及其工作人员各负其责的责任制。省(区、市)纪检监察机关要及时研究分析案件管理工作情况,确定不同阶段的工作重点,加强工作指导。

加强队伍建设。加强对案件管理干部的教育、管理和监督，严肃工作纪律特别是保密纪律。加强对案件管理部门负责人和业务骨干的培训，提高案件管理干部的政治素质、政策水平和业务能力，增强做好新形势下案件管理工作的本领。

加强督促检查。省（区、市）纪检监察机关每年要检查一次本部门和所属地区的案件管理工作，及时发现和解决工作中存在的问题，通报检查结果，并将本地区案件管理工作情况和检查情况向上级报告。市（地）和县（市）纪检监察机关每年要对本地区案件管理工作完成情况进行自查和总结，并向上级报告。

中共中央纪委办公厅、监察部办公厅关于加强行政复议行政应诉工作的通知

(2005年8月26日)

为贯彻落实国务院《全面推进依法行政实施纲要》和中央纪委、监察部《关于纪检监察机关严格依纪依法办案的意见》,进一步做好行政复议、行政应诉工作,现将有关事项通知如下:

一、提高认识。要统一思想,更新观念,提高对行政复议、行政应诉工作重要性的认识。行政复议法、行政诉讼法等法律的颁布和实施,对于防止、纠正违法和不当的行政行为,保护公民、法人和其他组织的合法权益,保障和监督行政机关依法行使职权;对于贯彻依法治国基本方略,全面推进依法行政,建设法治政府;对于改善行政管理,提高行政效能,加强廉政建设,密切党和政府与人民群众的联系,维护社会稳定,构建社会主义和谐社会,都有着极其重要的意义。因此,各级纪检监察机关要充分认识贯彻执行行政复议法、行政诉讼法的重大意义,增强依法行政、依法监察的意识,切实做好行政复议、行政应诉工作。

二、加强学习。要采取各种有效形式,认真组织全体工作人员学习行政复议法、行政诉讼法等法律法规。要通过学习,切实掌握行政复议法、行政诉讼法的基本精神和基本内容,深刻认识上述法律的实施与监察机关正确履行职责的关系。各级纪委的领导同志要带头学好有关法律法规,增强法律意识,提高依纪依法办案的能力和水平,支持监察机关做好行政复议、行政应诉工作。

三、健全组织。要结合实际,明确具体承担行政复议、行政应诉职责的工作机构,配备或指定专门人员,从组织上保证行政复议、行政应诉工作的有效开展。目前,中央纪委、监察部已在案件审理室设置法制(协调)处,其主要职责是:依法办理监察部的行政复议、行政应诉案件;指导、协调、监督下级监察机关的行政复议、行政应诉工作;负责监察部的行政复议、行政应诉工作规定的起草、解释等工作;对本级和下级监察机关办理行政复议、行政应诉等有关工作进行调查研究;承担监察部领导交办的其他行政复议、行政应诉事项。各省、自治区、直辖市纪检监察机关要根据《关于重申认真学习贯彻〈中华人民共和国行政复议法〉、〈中华人民共和国行政诉讼法〉等有关法律的通知》(监办发〔2000〕7号)的要求,确定由案件审理部门或法制工作部门负责行政复议、行政应诉工

作，并从编制和人员上予以保证。各省、自治区、直辖市监察厅（局）要于今年10月底前将负责行政复议、行政应诉工作的部门和人员情况上报监察部（径送案件审理室）。

四、搞好保障。要按照行政复议法和《国务院关于贯彻实施〈中华人民共和国行政复议法〉的通知》（国发〔1999〕10号）的要求，为行政复议、行政应诉工作机构提供必要的经费、设备和工作条件，确保行政复议、行政应诉工作的正常开展。

五、保证质量。各级监察机关要按照法律规定，认真做好行政复议、行政应诉工作。要加强对监察机关自身执法工作情况的监督检查，促使监察机关和工作人员牢固树立依法监察的意识，严格按照法定权限和程序履行职责，坚决纠正超越职权、不依法履行职责等行为。要切实采取有效措施，加强行政复议、行政应诉工作，依法办理行政复议、行政应诉案件，实事求是，保证每个案件的办理质量，使所办案件经得起检验。要严格行政复议、行政应诉工作纪律，严肃处理在行政复议、行政应诉过程中发生的违纪违法行为。

各省、自治区、直辖市监察厅（局）要加强对本地区监察机关行政复议、行政应诉工作的指导、协调和监督，全面了解和掌握本级和下级监察机关收到行政复议申请、行政应诉通知以及办理行政复议、行政应诉案件的情况，并及时报告监察部（径送案件审理室）。监察部将适时对地方各级监察机关行政复议、行政应诉工作的情况进行检查。

中共中央纪委关于印发《关于中共中央纪委派驻纪检组履行监督职责的意见》的通知

(2006年4月6日)

现将《关于中共中央纪委派驻纪检组履行监督职责的意见》印发给你们,请认真贯彻执行。执行中有哪些问题和建议,请及时报告中央纪委。

关于中共中央纪委派驻纪检组履行监督职责的意见

《中国共产党党内监督条例(试行)》第八条规定:“派驻纪检组按照有关规定对驻在部门的党组织和党员领导干部进行监督。”为使中央纪委派驻纪检组更好地履行对驻在部门党组及其成员的监督职责,经商中央组织部,提出如下意见。

一、派驻纪检组应当协助驻在部门党组建立健全规范党组及其成员正确履行职责和行使权力、加强自我约束和互相监督的措施和制度。

二、派驻纪检组组长参加驻在部门党组会议和有关行政领导会议,对领导班子执行议事规则的情况进行监督,对有关问题负责任地提出意见或建议。

三、派驻纪检组按照有关规定对驻在部门干部选拔任用工作进行监督。

派驻纪检组在驻在部门按规定征求对拟选拔任用干部人选的意见时,应当按时以书面形式反馈意见。

四、派驻纪检组应当了解汇总驻在部门党组成员在用车、住房、出国(境)、休假、兼职、配偶子女从业和收受礼品登记等方面执行廉洁自律规定及个人家庭发生重大变化的情况。

派驻纪检组了解驻在部门党组成员执行个人重大事项报告制度的情况,并报中央纪委。

五、派驻纪检组通过了解驻在部门党组成员分管范围内的党风廉政建设和反腐败工作情况、参加对驻在部门的党风廉政建设责任制考核等方式,对驻在部门党组及其成员抓党风廉政建设和反腐败工作的情况进行监督。

派驻纪检组定期向中央纪委报告驻在部门党组及其成员贯彻落实党风廉政建设责任制的情况。

六、派驻纪检组应当派员参加驻在部门党组成员述职述廉会议，了解相关的民主评议或民主测评情况。

派驻纪检组要将驻在部门党组成员的述职述廉情况向中央纪委作综合报告。

七、派驻纪检组通过参与民主生活会前征集对驻在部门党组及其成员意见的工作、参加党组民主生活会、了解党组及其成员制定和落实整改措施情况等方式，对驻在部门党组民主生活会的情况进行监督。

对驻在部门党组成员在民主生活会上所作的检查或说明，需要查明事实的，按照有关程序办理。

八、派驻纪检组应当严格按照中央纪委的规定，办理涉及驻在部门党组及其成员的信访举报件。

九、派驻纪检组组长要主动与驻在部门党组成员就贯彻执行党风廉政建设责任制、廉洁自律规定等方面的情况交换意见。

十、派驻纪检组根据工作需要，可以查阅驻在部门的有关文件、资料，派员参加有关会议和活动，召开座谈会，与有关人员谈话，组织专项检查或者专项调研等。

派驻纪检组需要采取上述方式开展工作，涉及重要事项的，一般应事先与驻在部门党组主要负责人沟通，特殊情况应当事先报经中央纪委批准。

十一、在履行监督职责过程中，有下列情况的，派驻纪检组必须及时向中央纪委报告，并根据中央纪委的要求向驻在部门党组主要负责人通报：

（一）直接收到反映驻在部门党组及其成员违反党纪问题的信访举报；

（二）发现驻在部门党组及其成员严重违反有关制度、涉嫌违反党纪问题及其他非正常情况；

（三）派驻纪检组在履行监督职责中提出纠正意见，驻在部门无正当理由不纠正的；

（四）中央纪委要求报告的其他事项。

十二、派驻纪检组按规定向中央纪委报告发现的情况和问题时，可以提出以下建议：

（一）建议由中央纪委发函请驻在部门党组成员说明有关情况；

（二）建议由中央纪委领导同志或者由中央纪委委托驻在部门党组主要负

责人与驻在部门党组成员进行谈话;

(三)建议对反映驻在部门党组成员违反党纪的问题进行初步核实。

十三、派驻纪检组在履行监督职责过程中发现问题,除必须向中央纪委报告的外,应当及时向驻在部门党组提出纠正意见或建议。

十四、各省、自治区、直辖市纪委的派驻纪检组参照执行本意见。

中共中央纪委办公厅、监察部办公厅关于印发《中央纪委监察部派驻机构工作汇报暂行办法》、《中央纪委监察部向派驻机构通报情况暂行办法》的通知

（2007年7月23日）

《中央纪委监察部派驻机构工作汇报暂行办法》、《中央纪委监察部向派驻机构通报情况暂行办法》已经中央纪委书记办公会议讨论通过，现印发给你们，请遵照执行。执行中有哪些问题和建议，请及时反映。

中央纪委监察部派驻机构工作汇报暂行办法

第一章　总　　则

第一条　为进一步加强对中央纪委监察部派驻机构（以下简称派驻机构）的管理，根据《中央纪委、中央组织部、中央编办、监察部关于对中央纪委监察部派驻机构实行统一管理的实施意见》等有关规定，制定本办法。

第二条　本办法所称工作汇报，是指派驻机构向中央纪委监察部所作的关于全面履行职责情况的汇报。

第三条　派驻机构工作汇报的方式主要包括：年中汇报、年度汇报和谈话汇报。

第二章　年中汇报

第四条　派驻机构每年年中向中央纪委监察部作上半年工作汇报。

第五条　年中汇报的主要内容：

（一）派驻机构上半年履行职责情况；

（二）派驻机构上半年自身建设情况；

（三）有关意见与建议。

第六条 年中汇报一般由中央纪委监察部分管领导听取派驻机构主要负责人汇报。

第七条 年中汇报一般通过召开会议进行。会议由中央纪委第一至第四纪检监察室按归口联系单位分别组织筹备,监察综合室、干部室派员参加。

第八条 派驻机构年中汇报的情况由中央纪委监察综合室汇总后呈报中央纪委监察部主要领导,并通报有关厅室局。派驻机构反映的问题与建议,由中央纪委监察综合室协调有关厅室局予以解决或回复。

第三章 年度汇报

第九条 派驻机构每年年底向中央纪委监察部作年度工作汇报。

第十条 年度汇报的主要内容:

(一)派驻机构履行职责的情况,重点是加强对驻在部门党组和行政领导班子及其成员监督工作情况、驻在部门及所属系统党风廉政建设和反腐败工作情况;

(二)派驻机构自身建设的情况及派驻机构干部执行廉洁自律规定情况;

(三)派驻机构主要负责人述职述廉;

(四)有关意见与建议。

第十一条 年度汇报一般通过召开派驻机构工作汇报会和派驻机构工作总结会进行。

第十二条 中央纪委监察部分管领导在重点走访部分驻在部门和派驻机构基础上,分别主持召开派驻机构工作汇报会,听取所分管的派驻机构主要负责人年度工作汇报、述职述廉。

派驻机构工作汇报会由中央纪委第一至第四纪检监察室按归口联系单位分别组织筹备,监察综合室、干部室派员参加。

第十三条 在派驻机构工作汇报会之后,召开派驻机构年度工作总结会,中央纪委监察部主要领导对派驻机构年度工作进行总结,对下一步工作提出要求,派驻机构交流工作经验。

派驻机构工作总结会由中央纪委监察综合室会同办公厅、干部室、机关事务管理局组织筹备。中央纪委监察部领导出席,中央纪委副秘书长、各厅室局负责人、各派驻机构主要负责人参加。

第十四条 派驻机构年度汇报应提交书面材料,由中央纪委监察综合室分送有关厅室局。对派驻机构年度汇报反映的问题与建议,由中央纪委监察综合室负责汇总,并协调有关厅室局予以解决或回复。

第四章 谈话汇报

第十五条 除年中汇报和年度汇报外,中央纪委监察部领导可不定期与派驻机构主要负责人进行谈话;派驻机构主要负责人根据工作需要也可主动约请中央纪委监察部领导听取汇报。

第十六条 谈话汇报的主要内容:

(一)派驻机构主要负责人贯彻落实中央纪委监察部工作部署及本人廉政勤政情况;

(二)派驻机构履行监督职责情况;

(三)其他需要汇报的情况。

第十七条 谈话汇报根据中央纪委监察部领导意见由有关厅室局协助安排,相关材料按领导要求办理。

中央纪委监察部向派驻机构通报情况暂行办法

第一条 为进一步加强对中央纪委监察部派驻机构(以下简称派驻机构)工作的指导和服务,增进派驻机构对全局工作的了解,制定本办法。

第二条 中央纪委监察部每年不定期召开情况通报会,向派驻机构通报有关情况。根据工作需要,派驻机构也可以向中央纪委监察部提出通报有关情况的建议。

第三条 情况通报会一般由中央纪委监察综合室组织筹备,有关厅室局予以配合。中央纪委监察部领导要求有关厅室局通报情况的,由有关厅室局组织筹备。

第四条 情况通报会通报的主要内容是:

(一)中共中央、国务院的重要决定和有关会议精神;

(二)中央纪委监察部重要工作部署和进展情况;

(三)中央纪委监察部重要案件查办工作情况;

(四)中央纪委监察部干部管理工作有关情况;

(五)中央纪委监察部机关建设工作有关情况;

(六)需要通报的其他情况。

第五条 情况通报会出席人员为:中央纪委监察部有关领导,派驻机构负责人,中央纪委监察部有关厅室局负责人。

第六条 情况通报会有关材料由中央纪委监察部有关厅室局根据要求准备,监察综合室负责组织协调。

其　他

中共中央办公厅、国务院办公厅关于节日、纪念日、活动日设立程序的通知

（2001 年 6 月 18 日）

新中国成立以来，我国陆续设立了一些节日、纪念日，如国庆节、建军节、劳动节、妇女节、教师节、儿童节和建党纪念日、抗战纪念日等；设立了一些活动日，如植树节、助残日、无烟日、科技活动周等；并规定了几个节日和国际通行的元旦、我国民族传统节日春节的放假办法。设立这些节日、纪念日、活动日，对于培养人民群众的国家意识、社会意识和公民意识，增强爱国主义观念，提高民族自尊心、自信心和凝聚力，对于促进人民群众身心健康、丰富人民群众生活，推动我国经济发展和社会全面进步，都发挥了积极作用。但是，由于我国节日、纪念日、活动日设立程序不够明确，一些地方出现了设立"节日"特别是"活动日"较多、较滥的问题。为了防止和避免这种情况进一步发展，经党中央、国务院领导同志同意，现就今后节日、纪念日、活动日的设立程序通知如下：

一、设立节日、纪念日、活动日是关系改革发展稳定全局和人民群众切身利益的一件大事，要从严控制；没有特殊需要，今后不再增加设立。

二、设立具有重大社会意义的全国性节日、纪念日、活动日，由全国人大常委会或者国务院决定。其中，涉及全体公民或者部分公民放假的，设立之前要报经党中央批准，并由国务院规定具体放假时间（天数）。

三、我国加入的国际公约、国际组织规定的特定世界活动日，我国未提出保留意见的，在我国自行实施；需要确定具体实施日期的，由国务院有关部门提出意见，报国务院批准后实施。

四、确有必要设立地方性或者行业性节日、纪念日、活动日的，分别由有关省级人民政府、国务院有关部门提出意见，报国务院批准，但不得冠以"世界"、"国际"或"中国"、"中华"、"全国"等字样。

中共中央办公厅、国务院办公厅
关于进一步精简会议和文件的意见

(2001年12月4日)

党的十五届六中全会作出的《关于加强和改进党的作风建设的决定》明确提出:“改进领导方式和工作方法。下决心精简会议和文件,改进会风和文风。”近年来,党中央、国务院多次强调要改进作风,深入实际,切实精简会议和文件,并采取了一些实际措施,取得了一定成效。但是,会议过多,请领导同志出席事务性活动过多,各类文件简报过多的情况仍然没有根本改变,影响了领导机关和领导干部同人民群众的密切联系,不利于各级党委和政府集中精力抓工作。为此,要把进一步精简会议和文件,作为全面实践“三个代表”要求,认真落实十五届六中全会精神的一个突出问题来抓。经党中央、国务院同意,现重申并提出以下规定和要求:

一、采取有力措施,坚决精简各类会议活动

1. 减少会议活动数量。从中央和国家机关做起,各地区、各部门安排会议活动一律要从严掌握。能不开的会议坚决不开,可以合并开的合并召开;要尽可能利用现代通信和技术手段召开电视电话会议,条件具备的可以直接开到基层,避免层层开会。一律不准巧立名目召开各种属联谊性、轮流做东的“片会”。以党中央、国务院名义召开的全国性会议要统筹安排,从严控制;中央和国家机关各部门每年召开的本系统全国性工作会议原则上只开1次,特殊情况不得超过2次。各地区、各部门首先是省部级以上的党政机关要严格控制举行各类纪念会、研讨会、表彰会、剪彩、奠基、首发首映式以及各种检查、评比等活动。元旦、春节期间,党政机关之间不搞相互走访拜年活动。对必须举办的会议和活动,要明确主题,充分准备,注重实效。

2. 压缩会议活动规模。各类会议活动要尽量压缩规模,减少参加人员。以党中央、国务院名义召开的会议和举办的活动,应按照批准的方案组织实施。中央和国家机关各部门召开的全国性会议,会期不得超过3天,与会人员最多不得超过300人,未经党中央、国务院批准不得邀请各省区市党委、政府主要负责同志和分管负责同志出席。中央和国家机关各部门不能以地方领导同志是否出席本系统的会议活动作为衡量地方是否重视某项工作的依据。省区市召

开的会议,未经批准,也不要邀请中央和国家机关有关部门负责同志出席。各地区、各部门要从严控制举办大规模的群众性活动,少数确需举办的活动经批准后方可举行,并要加强领导,精心组织,周密安排,确保安全。

3. 严格控制会议活动经费。各地区、各部门举办会议活动要认真执行有关财务规定,厉行节约,反对铺张浪费。不得超标准使用经费和摊派、转嫁经费负担;不得借召开会议、举办活动名义发放纪念品;不得组织高消费娱乐、健身活动;不得到中央明令禁止的风景名胜区召开会议和举办活动。需要安排住宿的,要在定点接待的宾馆、招待所,不得安排豪华宾馆、涉外旅游饭店。领导干部下基层要轻车简从,不搞层层陪同,不得超标准安排用餐。财政、审计等部门要严格按照有关规定加强对会议活动经费的控制、管理和审核。未经批准召开的会议,会议经费一律不予报销。各级纪检、监察机关对违反有关规定和纪律的行为要坚决查处。

4. 严格会议活动报批程序。以党中央、国务院名义召开的全国性会议和举行的重大活动,由承办部门提出具体方案,经中共中央办公厅、国务院办公厅审核后报党中央、国务院审批。中央和国家机关各部门召开的全国性会议和举行的重要活动,应事先明确名称、主题、时间、地点、人员范围,经中共中央办公厅、国务院办公厅审核后报批。

二、严格把关,减少请领导同志参加事务性活动

5. 安排领导同志出席会议活动要坚持突出重点、精简务实的原则。为了减少请领导同志出席事务性活动,除因特殊需要外,原则上不邀请领导同志参加剪彩、奠基、首发首映式、颁奖等活动。中央党政军群各部门召开的表彰会、座谈会、研讨会、报告会、周年纪念活动,一般不邀请中央领导同志出席、发贺信和接见会议代表,各种商业性节庆活动不得邀请领导同志参加。省部一级和省以下部门批准兴建的纪念物、建筑物和创办的出版物以及周年纪念等,原则上不请中央领导同志题词、题字。不得请中央领导同志为商业性活动和单位题词、题字。确需领导同志参加的会议活动,要精心组织,讲求实效。

6. 严格请领导同志出席会议活动的报批程序。各地区、各部门举行的会议活动,确需邀请党中央、国务院领导同志出席的,要严格按照规定,经各地区、各部门主要负责同志把关后送中共中央办公厅、国务院办公厅审核报批,不得通过其他渠道直接邀请。

7. 改进领导同志出席会议活动的新闻报道。中央领导同志出席部门举办的会议活动,原则上不作新闻报道;需要报道的,须报经参加该会议活动的领导同志同意。中央领导同志观看一般性的文艺演出,不作新闻报道。由中央组织或经中央批准举行的有重大影响的会议活动,中央领导同志下基层考察工作、调查研究等活动,新闻报道应从实际工作需要出发,内容要准确、鲜明、生动,播报时间、篇幅要尽量简短,力戒空泛和一般化。不要把中央领导同志是否出席作为报道与否或报道规格的标准。

8. 地方领导同志出席会议活动要从实际出发,不搞层层仿效。中央举办或中央领导同志出席一些必要的会议活动,地方和部门要从实际出发,不要一概仿效举行相应的会议活动。地方领导同志出席会议活动的新闻报道,也要参照中央领导同志出席会议活动的新闻报道原则严格掌握。

三、加强管理,切实精简各类文件简报

9. 大力压缩发文数量。发文应当注重实效,切实解决实际问题,坚持少而精的原则,可发可不发的公文坚决不发,可长可短的公文一定要短。凡是法律法规已有明确规定的一律不再发文,已全文公开播发见报的不再印发文件。对党中央、国务院文件,各地区、各部门要结合实际提出具体贯彻落实意见,不得照抄照搬,层层转发。对现有的简报要清理压缩,该停的停,能并的并。对确定印发的文件简报,要从内容、形式、发送范围、印数等方面拟定具体改进措施。

10. 进一步压缩文件简报报送范围。各地区、各部门的文件简报可以报送党中央、国务院,省部级内设机构和下属单位的文件简报一律不得直接报送党中央、国务院。各地区、各部门需要报送党中央、国务院或中共中央办公厅、国务院办公厅的文件简报,应向中共中央办公厅、国务院办公厅备案,今后凡不在备案之列的文件简报一律不予受理。

11. 严格按照隶属关系和职权范围行文。各地区、各部门向党中央、国务院报文,属于党委职权范围以内的工作以党委(党组)名义报党中央,属于政府职权范围以内的工作以政府或部门名义报国务院。凡本部门发文或几个部门联合发文能够解决的,不得要求党中央、国务院批转或由中共中央办公厅、国务院办公厅转发;未经党中央、国务院批准,中央和国家机关各部门不得向地方党委、政府发文,也不能要求地方党委、政府向本部门报文;部门的内设机构除办公厅(室)根据授权可以对外正式行文外,其它内设机构不得对外正式行文。

12. 下大气力提高文件简报质量。各地区、各部门印发的文件简报既要加强对全局工作的指导性,又要注重在具体工作中的可操作性,切实提高针对性和时效性。要注意改进文风,文件简报要简明扼要,分析问题要切中要害,所提建议要切实可行。

四、加强督促检查,确保收到实效

13. 各地区、各部门要按照党的十五届六中全会《决定》精神和本《意见》的要求，对本地区、本部门的各类会议活动和现有的文件简报进行全面清理，该精简的精简，该取消的取消。各级领导机关和领导干部要切实负起责任，带头转变作风，带头精简会议和文件，带头深入基层调查研究，注重解决实际问题，在狠抓各项工作的落实上下功夫。要充分利用现代化办公手段，推动党政机关信息化建设，切实改进领导方式和工作方法，真正从源头上解决文山会海问题。中共中央办公厅、国务院办公厅将对本《意见》的贯彻落实情况进行督促检查。

中共中央办公厅印发《关于进一步改进会议和领导同志活动新闻报道的意见》的通知

(2003年4月5日)

《关于进一步改进会议和领导同志活动新闻报道的意见》已经中央同意,现印发给你们,请严格遵照执行。

做好会议和领导同志活动的新闻报道工作,对于宣传党的理论路线方针政策,把党和国家的声音传播到千家万户和世界各地,反映党和国家各级领导干部执政为民的事迹,坚持正确的舆论导向,具有重要意义。长期以来,报纸、通讯社、广播、电视等新闻媒体高度重视会议和领导同志活动的新闻报道,在实践中不断加以改进,总的效果是好的。但是,会议和领导同志活动的新闻报道过多过长影响宣传效果的问题比较突出,干部群众意见较多。

中央要求,把进一步改进会议和领导同志活动的新闻报道工作,作为全面贯彻党的十六大精神和"三个代表"重要思想,改进思想作风、工作作风和领导作风,密切党同人民群众联系的一件大事来抓。要按照坚持正确舆论导向、从工作需要出发、注重新闻价值和社会效果、精简务实的原则,采取具体可行的措施,切实加以改进。中央和国家机关要带头,各级领导机关和领导干部要严格自律,自觉支持新闻媒体改进报道工作,使新闻报道更好地贴近实际、贴近生活、贴近群众,更好地为人民服务、为社会主义服务、为党和国家工作大局服务。

关于进一步改进会议和领导同志活动新闻报道的意见

为全面贯彻党的十六大精神和"三个代表"重要思想,促进和带动全党同志特别是各级领导干部进一步改进思想作风、工作作风和领导作风,遵照十六届中央政治局第一次全体会议关于加强中央政治局自身建设的有关精神,按照从工作需要出发,注重新闻价值和社会效果,使新闻报道更好地贴近实际、贴近生活、贴近群众,更好地为人民服务、为社会主义服务、为党和国家工作大局服务的要求，现就进一步改进会议和领导同志活动的新闻报道，重申并提出如下意见。

一、关于改进会议新闻报道

党和国家举行的或经中央批准召开的具有全局性重大意义的会议，按照中央批准的新闻报道方案，授权新华社统一发布消息，由中央主要新闻媒体（人民日报、新华社、光明日报、经济日报、中央人民广播电台、中央电视台，下同）进行准确、及时、充分的报道。

中央政治局会议、中央政治局常务委员会会议、国务院全体会议和常务会议、中央军委会议，可以公开报道的，由新华社发通稿。全国人大常委会和全国政协常委会的例会，由中央主要新闻媒体按照会议的报道安排进行报道。党中央、全国人大常委会、国务院、全国政协常委会、中央军委召开的其他会议，需要报道的，由中央主要新闻媒体作一次性报道。

中央领导同志出席中央和国家机关各部门召开的会议，中央主要新闻媒体一般不作报道，确需报道的，由中央办公厅通知新闻媒体。中央和国家机关各部门召开的会议，中央主要新闻媒体一般不作报道，确需报道的，由中央办公厅、国务院办公厅通知新闻媒体。

各民主党派、全国工商联和工会、共青团、妇联等人民团体的全国代表大会和一年一度的全委会议，由中央主要新闻媒体报道；其他重要会议，中央主要新闻媒体可根据会议性质和新闻价值自主决定是否报道。

二、关于改进领导同志活动的新闻报道

中央主要领导同志（中共中央总书记、国家主席、全国人大常委会委员长、国务院总理、全国政协主席、中央军委主席、中央政治局常委，下同）到基层考察工作、调查研究和出席重要活动，分别按照中央办公厅、全国人大常委会办公厅、国务院办公厅、全国政协办公厅和中央军委办公厅的安排，由中央主要新闻媒体组织报道，原则上不对随行和陪同的部委、地方领导同志列名报道。中央其他领导同志到基层考察工作、调查研究和出席重要活动，需要公开报道的，由中央主要新闻媒体发简短的综合消息，也可只在当地媒体上报道。

中央领导同志的讲话，需要公开发表的，由中央办公厅作出安排，新华社发通稿，或指定有关报刊发表。中央领导同志题词、作序、写贺信、发贺电，参观展览、观看演出和出席其他文艺活动，给部门、地方的指示、批示，出席部门和地方举办的颁奖、剪彩、奠基、首发、首映等仪式和接见、照相、联欢、探望、纪念会、联谊会、研讨会等活动，一般不作公开报道。确需报道的，由中央办公厅通知新闻媒体。

三、关于改进领导同志外事活动的新闻报道

中央主要领导同志的重要外事活动,由外交部、中央联络部、全国人大常委会办公厅、全国政协办公厅、中央军委办公厅等部门提供新闻稿,新华社发通稿,中央主要新闻媒体酌情安排报纸版面和电视时段;其他外事活动,由外交部、中央联络部等有关部门向记者介绍情况,由中央主要新闻媒体自主报道,规格不超过重要外事活动的报道;出访活动中的陪同人员名单一般只在离、抵京时报道。

多位中央主要领导同志同日分别会见同一位外国元首、政府首脑、议会议长或政党领袖,发一条综合消息,报纸可通过消息标题或配发照片等形式体现报道规格。同一位中央主要领导同志同日会见多批外宾,发一条综合消息。

中央主要领导同志会见外国政府部长、议会议员、政党和团体负责人、企业家以及其他人士的报道,要从严掌握,原则上由外宣媒体和中央电视台的国际频道以及相关媒体进行报道。需要中央主要新闻媒体和中央电视台在新闻联播节目中报道的,由外交部、中央联络部、全国人大常委会办公厅、全国政协办公厅、中央军委办公厅等部门提供新闻稿,作简要播报。向外国政府、政党和团体发的贺电、贺信等,需要报道的,由外交部、中央联络部等有关部门通知新闻媒体。

中央其他领导同志的外事活动,由人民日报、新华社作简要报道或发外事简讯。主管外事工作的中央领导同志外事活动报道区别对待。

省部级负责同志受中央委托,率领中共代表团或政府代表团出访,由人民日报、新华社发简短消息。中央和国家机关各部委主要负责同志的外事活动,一般不报道。外交部部长的外事活动报道区别对待。

上述领导同志的外事活动,如有新闻价值,均可由新闻媒体对海外和在我新闻网站上自主报道。

四、关于改进新闻报道的采编播发

除党和国家举行的或经中央批准召开的具有全局性重大意义的会议外,会议报道不应把中央领导同志是否出席作为报道与否和报道规格的唯一标准,不应完全依照职务排序安排报纸版面和电视时段。

报道中央领导同志的活动,要努力提高质量,注重新闻价值,力求准确、鲜明、生动,多报道对工作有指导意义、到基层为群众解决生产生活困难和群众关心的实质性内容,减少单纯行踪性的报道,力戒空泛和一般化。外事活动报道也要讲求实际宣传效果,突出实质性内容。要努力提高报道时效,可由新闻单位自行审定的稿件,尽量由新闻媒体自主报道。对外报道和互联网上的报道要充分考虑海外受众和网络特点，增强针对性、可读性、时效性。

传播党和国家的声音是新闻媒体特别是中央主要新闻媒体的重要任务。在精简会议和领导同志活动新闻报道的同时，要充分运用各种新闻体裁大力宣传党的理论路线方针政策，生动展现党和国家各级领导干部贯彻“三个代表”重要思想、坚持执政为民的先进事迹和重要业绩。

五、关于改进地方领导同志出席会议和活动的新闻报道

地方领导同志出席会议和活动的新闻报道，要参照本意见确定的原则掌握。同时要注意到，中央领导同志担负着国务活动任务，各地不应在报道规格上简单比照。地方媒体的新闻报道更要贴近实际、贴近生活、贴近群众，多反映基层干部群众的生动实践和新鲜经验，多为人民群众的工作、学习、生活提供健康有益的新闻信息。

中央宣传部要根据本意见，制定具体实施办法。

中共中央纪委办公厅关于印发《关于加强纪检监察基层信访举报工作的意见》的通知

(2003年6月4日)

根据中央纪委领导同志的意见,现将《关于加强纪检监察基层信访举报工作的意见》印发给你们,请认真贯彻执行。

关于加强纪检监察基层信访举报工作的意见

纪检监察基层信访举报工作(以下简称基层信访举报工作)是指县及县以下基层信访举报工作。基层信访举报工作是纪检监察机关联系群众、获取信息和案件线索的重要渠道,是一项十分重要的基础性工作。加强基层信访举报工作对于密切党同人民群众的血肉联系,推动党风廉政建设和反腐败斗争的深入开展,维护社会稳定有着十分重要的意义。近年来,基层信访举报工作不断进步和发展,取得了可喜的成绩。但随着民主法制的不断加强,党风廉政建设和反腐败斗争的不断深入,基层信访举报工作还不适应新的形势和要求,影响和制约着信访举报工作的深入开展和职能作用的发挥,亟待进一步改进和加强。

一、明确指导思想、基本任务

1. 基层信访举报工作的指导思想是:以邓小平理论和"三个代表"重要思想为指导,坚持与时俱进,执政为民,不断拓宽和畅通信访渠道,维护党员群众的合法权益,认真处理检举控告和申诉,化解矛盾,维护社会稳定,坚持信访举报工作的法制化方向,紧紧依靠人民群众,充分发挥职能作用,为改革、发展、稳定大局服务,为党风廉政建设和反腐败斗争服务。

2. 基层信访举报工作的基本任务是:受理检举、控告和申诉,为查办案件提供线索;提供信访信息,为领导科学决策提供依据;解决信访问题,切实维护和保障信访举报人的合法权益;化解矛盾,消除不安定因素,维护社会稳定。

3. 基层信访举报工作的总体要求是:县一级坚持多办少转,乡镇及街道社区等基层单位只办不转;狠抓初信初访,就地解决信访问题;解决信访问题实行综合治理。

二、加强领导、强化责任

4. 切实加强领导。纪检监察机关对信访举报工作负重要领导责任,要把信访举报工作纳入纪检监察工作总体部署,充分发挥各职能部门的作用。主要负责同志要亲自抓,要有一名副书记(常委、副局长)分管。要定期听取信访举报工作情况汇报,研究、部署工作,并加强检查指导。要及时阅批信访举报件,亲自处理信访问题。对重要的集体访,要亲自接待并组织、协调有关部门认真处理。要负责或参与同被举报人的谈话,负责或指导对疑难信访案件的调查处理。

5. 建立健全信访举报工作制度。要健全举报制度,切实保障基层党员、干部、群众的批评权、检举权、申诉权和控告权等合法权益。要建立信息报送和情况反馈制度,定期向同级党委、政府和上级纪检监察机关报告信访举报工作情况。上级纪检监察机关通报的信访举报情况或交办的信访举报事项,要尽快了解核实并予以反馈。要建立定期分析信访举报情况制度,针对不同情况,采取解决措施。要建立和坚持领导接待群众制度,署实名举报受理回复制度和举报有功奖励制度。要加强管理,对群众信访举报必须逐件登记,逐步建立和完善内部制约监督机制。

6. 加强基础建设。县一级要设立信访室(举报中心),配足配强与工作任务相适应的信访干部,要努力改善办公条件,及时解决存在的困难和问题。乡镇、街道社区、国有控股企业要有专兼职工作人员负责处理信访举报。要加大培训、考核力度,努力提高信访干部的政治素质和业务素质,教育、引导信访干部解放思想、与时俱进、勤政为民,依法开展工作。

三、正确对待和妥善处理群众信访举报

7. 正确认识和对待群众的信访举报行为。要从维护、保障群众民主权利,维护、实现群众根本利益,加强社会主义政治文明的高度来认识和对待群众的信访举报行为,任何组织和个人都不得以各种理由或借口压制、限制群众举报,不准对群众的检举控告和申诉敷衍塞责、对批评意见听而不闻、对群众疾苦视而不见。对群众揭发党和国家机关及其工作人员违法违纪和不正之风问题,应当支持、鼓励。对检举、控告或反映问题属实、部分属实的,要依法依纪实事求是分别予以处理。对失实的,要区分诬告与错告。认定诬告,必须经地、市(含地、市)级以上党委、政府或纪检监察机关批准。对错告的在必要时可由承办机关在一定场合予以澄清,并教育错告者;对诬告的一定要依法依纪严肃处理。

要严肃保密纪律,信访举报的内容及举报人的情况不得向无关人员泄露。要保护群众举报,对打击报复举报人的行为要严肃查处。因查办案件确需对匿名举报材料进行文字检验的,必须经地(市)级以上纪检监察机关批准。对上访群众要满腔热情,文明接待,对言辞不当、情绪激烈的,要多做疏导工作。

8. 畅通、拓宽信访举报渠道。要努力营造良好的举报环境,进一步畅通信访举报受理渠道;要畅通解决问题的工作渠道,保证信访举报问题落到实处,以实际行动取信于民;要畅通双向反馈渠道,上情下达、下情上达,办理结果及时反馈。要拓宽举报渠道,有条件的地方可开通举报网站。

9. 认真办理信访举报事项。对信访举报件务必及时办理,凡属于纪检监察机关受理范围的,要件件有着落、事事有结果。涉及重要情况或问题的,可通过反映情况促使问题得到解决;要发挥纪检监察机关各业务职能部门的作用,整合处理信访举报力量:对急待查明、易查易结及打击报复举报人的问题,要注意发挥行政监察职能,加大直接查办的力度;对思想作风、工作作风、廉洁自律方面的一般问题以及轻微违纪问题,可实施信访监督。对下转的信访举报件要加强督促催办和检查指导,狠抓落实。对中央、省、地级纪检监察机关要求查报结果的,县一级要自办。对信访问题易发、多发或矛盾比较突出的基层单位,县一级要派专人指导,帮助建章立制,限期解决问题。

10. 高度重视、妥善处理群众集体上访。要立足妥善处理单个上访和初信初访,认真解决群众反映的问题。要认真分析集体上访的成因,制定应急预案。一旦出现群众集体上访,要立即组织有关人员迅速赶赴现场,区分不同情况,进行疏导,化解矛盾,尽快平息事态。要妥善处理人民内部矛盾特别是涉及群众切身利益的矛盾。对群众反映强烈的热点问题、倾向性问题,涉及群体利益的问题,可选派群众代表参与调查、核实,协助组织做疏导、化解工作。对重要集体上访,要向同级党委、政府、上级纪检监察机关报告。对越级集体上访,要按照上级机关要求,迅速赶赴现场或接待场所处理,并及时反馈处理结果。要强化目标责任,对因失职渎职造成集体上访影响恶劣的,要追究有关领导、有关部门的责任。对借集体上访而扰乱工作、生产、生活秩序,影响社会稳定的组织者和骨干分子,也要追究责任。

11. 认真对待信访老户。对纪检监察机关受理范围内的要认真分析不能终止信访的原因,凡属处理信访举报措施不力、方法欠妥的要立即纠正,凡属合理的要求要尽快解决;要求过高难以解决的,要做好耐心细致的思想教育工作;对少数无理取闹、影响正常工作秩序的,请有关部门协助处理。对业务范围外的,要宣传有关规定,明确受理单位,引导到有关部门处理。对信访老户,一律建信访档案,掌握反映的问题、解决落实的过程和结果、本人的要求及相关政策规定等。

四、加强信访协调

12. 充分发挥纪委组织协调作用,诚心诚意为群众谋利益。对群众反映强烈的重要问题或合理要求,要格外关注,重点帮助,积极帮助疏通办理渠道。必要时,要加强督办。

13. 依靠党委、政府协调处理问题。要经常向党委、政府反映信访举报情况,争取领导的重视与支持。对同时涉及几个部门的问题,要请示党委、政府,确定牵头和参加单位,共同处理解决。应由纪检监察机关牵头处理的问题,要主动协调有关部门共同研究解决。

14. 加强与职能部门密切合作。要主动通报情况,适时交办任务,并加强检查、督办。要虚心听取职能部门意见,共商解决办法。

15. 强化上下级之间的沟通协商。下级纪检监察机关遇到重要情况和问题要及时请示汇报;上级纪检监察机关要支持基层开展工作,在处理信访问题意见不一致时,应认真听取基层意见并主动与下级机关交换意见,求得共识。

五、加强预测预防,综合治理影响稳定的异常访、集体访

16. 加强宣传、教育、引导。要配合党委、政府对党员、干部进行宣传、教育,增强群众观念、民主意识,勤政为民;要依法行政,依法处理各种矛盾和问题;要科学决策,制定涉及全局和长远发展规划时注意广泛听取群众意见,充分考虑群众承受能力。要采取多种形式,宣传信访举报工作法规,宣传公民在信访举报活动中的权利和义务,教育群众正确行使权力,引导群众归口反映问题,依法信访、逐级信访、署名信访,严格禁止共产党员及国家工作人员煽动、组织、策划、参与集体上访。

17. 加强调查研究和情况分析。要转变作风,主动深入基层、深入群众,了解新形势下信访举报中出现的新情况、新问题,了解党的各项方针、政策在基层的贯彻执行情况,了解群众反映的热点问题,特别要注意集体访、越级访的苗头。要加强综合分析,及时把握信访态势,有针对性地开展工作。

18. 拓宽了解社情民意的渠道。要变群众上访为干部下访,随时掌握群众思想脉搏。要采取设接待站、领导挂牌接访、设点开展咨询、组织下访工作队等形式,千方百计为群众反映情况、解决问题提供便利条件。要和有关部门加强联系,主动收集信息,还可以通过建立联系点、信息点等途径了解情况。

19. 加强信访网络建设。县、乡两级要建立信访工作领导小组,有条件的行政村、街道社区、国有控股企业应设立信访接待场所,聘请信访监督员。信访监督员要选择党性强、作风正派、有威信的党员、群众来担任。信访监督员的职责是:对党员干部遵纪守法和依法行政的行为进行监督;向有关组织反映情况,特别是一些苗头性问题要及时反映;协助基层组织落实信访问题、做思想政治工作,化解矛盾。要采取措施,使信访网络真正发挥作用。

20. 增强工作的前瞻性。对重大方针、政策、决定出台后和重要节日、重大活动、重要工程的实施等过程中可能出现的不安定因素要进行预测、排查,并采取措施予以防范。

21. 以加强基层民主法制建设为契机,努力从源头上减少信访问题的发生。要协助党委、政府完善决策机制,实行民主决策和民主管理,充分反映民意。要配合有关部门搞好村务公开、厂务公开、政务公开,增加工作透明度和群众知情权。在干部的选拔、任用工作中,要充分发挥群众监督和组织监督的作用。

22. 建立快速反应、快速处理机制。对到纪检监察机关的重大集体访;采取静坐、围堵和冲击党政机关大门、拦截领导汽车等有过激行为的上访;行凶、自杀或携带危险品、爆炸物品上访等紧急、重要情况,在果断处置的同时,务必及时上报有关部门。对群众反映的问题,属于本级纪检监察机关受理范围的,及时作出处理;属于上级管辖的,立即上送;对不属于受理范围的,要尽快移送、疏导到有关部门。对故意扰乱工作秩序、不听劝告的,要立即请公安部门协助处理。

六、加强指导和督促检查

23. 中央、省级纪检监察机关对基层信访举报工作要加强指导。通过部署工作、制定计划、建立制度、建立联系点或跟踪点、总结推广经验、举办培训班、开展理论研究等形式搞好宏观指导。要通过督办案件、协调解决信访问题等方法进行具体指导。

24. 地(市)级纪检监察机关对基层信访举报工作要进行督促检查。检查基层对上级部署工作的落实情况、规章制度的执行情况、信访案件办理情况,检查基层受理的信访举报件的处理情况,检查基层信访机构、人员配备、网络建设情况等,发现问题,及时帮助解决。

25. 实行目标管理。各省要根据实际情况,以提高信访案件按期结案率、初信初访办结率,减少越级信访、重复信访、集体上访为重点,提出切实可行的数量、质量、效率等管理目标,努力把问题解决在基层,把矛盾化解在基层。

中共中央办公厅、国务院办公厅关于印发《全国性文艺新闻出版评奖管理办法》的通知

（2005年3月1日）

《全国性文艺新闻出版评奖管理办法》已经党中央、国务院领导同志同意，现印发给你们，请遵照执行。

全国性文艺新闻出版评奖管理办法

为适应转变政府职能和文化体制改革的新形势，改变目前全国性文艺、新闻、出版评奖（以下简称全国性评奖）过多过滥的状况，更好地发挥全国性文艺、新闻、出版评奖在引导和推动优秀精神文化产品创作生产方面的重要作用，制定本办法。

第一条　全国性评奖是指在全国范围内对文艺、新闻、出版领域的人物、作品进行的评奖活动。包括文艺、新闻、出版领域跨省、自治区、直辖市的各类评奖活动，以及冠以“全国”、“中国”、“中华”等名称的评奖活动。

第二条　全国性评奖必须以邓小平理论和“三个代表”重要思想为指导，坚持为人民服务、为社会主义服务的方向，贯彻百花齐放、百家争鸣的方针，做到贴近实际、贴近生活、贴近群众；坚持正确导向，唱响主旋律，把思想性、艺术性和观赏性有机统一起来；坚持把社会效益放在首位，努力实现社会效益和经济效益的统一；坚持少而精和有利于政府转变职能，有利于推动文化产品面向市场、面向群众的原则，提高公正性、科学性、权威性，引导和激励广大文艺、新闻、出版工作者创作生产更多更好的精神文化产品，满足全面建设小康社会进程中人民群众不断增长的精神文化需求。

第三条　中央宣传部、文化部、国家广电总局、新闻出版总署、国务院新闻办公室等党和国家机关工作部门，以及中国文学艺术界联合会、中国作家协会、中华全国新闻工作者协会、中国出版工作者协会，可举办全国性评奖活动。新闻媒体举办全国性评奖活动，须报上述有举办全国性评奖活动资格的主管部门

核准并报中央宣传部审批。任何互联网站、中介组织、企业以及其他单位和个人不得举办全国性评奖活动,也不得以各类大赛、评比、排行榜等形式变相举办全国性评奖活动。

第四条 具有全国性评奖资格的党和国家机关工作部门如确有必要,只设一个评奖项目,各协会要本着少而精的原则严格控制评奖项目数量。所有评奖活动都要严格控制评奖范围、子项数量和获奖名额。

第五条 除新闻类评奖外,其他全国性评奖每届间隔时间不得少于两年。

第六条 建立文化艺术领域授予荣誉称号的制度。对为繁荣发展我国文化艺术作出卓越贡献的作家、艺术家,授予"人民作家"、"人民艺术家"等荣誉称号,具体办法另行规定。

第七条 举办全国性评奖活动的资格审查和奖项,由中央宣传部负责审批。

第八条 申请举办全国性评奖活动,应当在举办评奖活动前4个月向中央宣传部提交申请书;经审核批准的,可举办评奖活动。中央宣传部应当自收到申请书之日起60日内作出批准或者不批准的决定,并通知申请单位。

申请书应当载明下列内容:

(一)评奖主办单位的名称、地址;

(二)评奖项目名称、评奖间隔时间;

(三)评奖范围、经费来源;

(四)所设子项名称、评奖数量;

(五)评奖章程、评委数量及结构;

(六)评奖活动主要负责人的姓名、住址及联系方式;

(七)其他需要载明的事项。

第九条 评奖项目变更名称、评奖范围、分项设置、评奖间隔时间、评奖数量的,应当按照第八条的规定办理审批手续。评奖主办单位变更地址、评奖章程、评奖活动主要负责人或者终止评奖活动的,应当向中央宣传部办理变更登记或者注销登记手续。

第十条 全国性评奖必须有明确的评奖章程、条例和实施细则。评奖过程中必须严格标准,规范程序,质量第一,宁缺勿滥。

第十一条 全国性评奖应当完善作品或人物申报机制,广泛推荐,择优参评。评奖应当建立科学合理的成果评价体系,将演出场次、收视率、采用率、上座率和发行量等作为评选的重要依据,把经过实践检验和得到群众认可作为最终标准。

第十二条 坚持公开、公正的原则,增加评奖透明度,评委评语、评委身份、评奖程序和评奖结果应当向社会公示,加强社会监督。

第十三条 评委应当具有权威性和代表性,实行定期轮换。严格执行评奖回避制度,有作品或个人参评的创作生产单位领导不得担任相关奖项的评委。

第十四条 全国性评奖一律不准向参评者收取报名费、参评费和任何形式的赞助。所有评奖工作人员都应当遵守有关规定,保持廉洁公正。

第十五条 主管部门应当设立群众举报监督电话,对评奖活动的经费来源与使用情况进行监督检查,严肃查处违规违纪行为,坚决制止借评奖敛钱和铺张奢华的行为。对少数管理混乱、问题突出、社会影响不好的奖项,由主管部门限期整改,整改无效的予以取消。

第十六条 所有新闻媒体均不得对擅自举办的全国性评奖活动进行宣传报道。违规进行宣传报道的,依照新闻管理的有关规定予以处理。

第十七条 文艺、新闻、出版行政管理部门及其工作人员违反法律法规和有关规定,侵犯参评单位和个人的合法权益或者在评奖活动中徇私舞弊,构成犯罪的,依法追究其刑事责任;尚不构成犯罪的,给予党纪政纪处分。侵犯他人著作权的评奖活动,依照《中华人民共和国著作权法》予以处理。

第十八条 本办法施行前经中央宣传部批准设立的全国性评奖项目,应当自本办法施行之日起60天内依照本办法的规定重新办理审批手续。

第十九条 各省、自治区、直辖市对本地区举办的评奖活动,可以参照本办法的规定制定具体管理办法。

第二十条 本办法由中央宣传部负责解释。

第二十一条 本办法自2005年3月1日起施行。

中共中央办公厅印发《关于进一步加强和改进舆论监督工作的意见》的通知

(2005年4月5日)

《关于进一步加强和改进舆论监督工作的意见》已经党中央同意,现印发给你们,请遵照执行。

关于进一步加强和改进舆论监督工作的意见

(2005年3月24日)

为充分发挥新闻媒体舆论监督在统一思想、凝聚力量,促进改革发展、维护社会稳定中的积极作用,现就进一步加强和改进舆论监督工作提出如下意见。

一、高度重视舆论监督工作的重要作用。舆论监督是社会发展的要求、新闻工作的职责、人民群众的愿望、党和政府改进工作的手段。正确开展舆论监督,有利于发展社会主义民主,健全社会主义法制;有利于反映人民群众的意见和呼声,密切党和政府同人民群众的联系;有利于加强党风廉政建设,维护党和政府的良好形象;有利于弘扬正气,针砭时弊,理顺情绪,化解矛盾,维护社会稳定。各级党委、政府和有关部门要从全面贯彻"三个代表"重要思想和党的十六大精神的高度,从立党为公、执政为民的高度,从坚持科学发展观和构建社会主义和谐社会的高度,进一步加强和改进新形势下的舆论监督工作。

二、坚持舆论监督工作的原则要求。舆论监督工作必须坚持党性原则,坚持实事求是,坚持为人民服务、为社会主义服务、为党和国家工作大局服务,牢牢把握正确的舆论导向。要服务大局,坚持对党负责和对人民负责的一致性,着眼于改进工作,抓住群众关注、政府重视、有普遍意义的问题,促进改革发展,维护社会稳定。要事实准确,深入调查研究,听取各方意见,防止报道失实、以偏概全。要客观公正,坚持以理服人,充分考虑实际情况的复杂性,善于听取不同意见,防止主观臆断、感情用事。要注重社会效果,着眼于解决实际问题,跟踪报道处理结果，向积极的方面引导，不恶意炒作。要遵守新闻纪律，恪守新闻职业道德。

三、把握当前舆论监督的重点。加强对违法违规行为的监督，揭露和批评有法不依、执法不严、贪赃枉法等问题，推进依法治国。加强对党和政府的方针政策落实情况的监督，反映人民群众对党和政府工作的希望和建议，揭露和批评有令不行、有禁不止、阳奉阴违、各行其是等行为，维护中央权威，保证政令畅通。加强对党纪政纪执行情况的监督，揭露和批评失职渎职、滥用权力、消极腐败等行为，促进干部队伍廉政建设。加强对侵害群众利益行为的监督，揭露和批评以各种手段和方式侵害群众利益的现象和行为，保护人民群众的合法权益。加强对社会丑恶现象、不道德行为和不良风气的揭露和批评，推进公民道德建设，弘扬社会正气。

四、支持新闻媒体正确开展舆论监督。各级党委和政府、社会团体及其工作人员要重视舆论监督工作，支持新闻媒体特别是省级以上党报党刊、电台、电视台记者的采访活动，为采访报道提供方便。基层单位不得封锁消息、隐瞒事实、干涉舆论监督，不得以行贿、说情等手段对舆论监督进行干预。有关地方和部门应当对舆论监督作出积极反应，对媒体揭露的问题应当及时调查处理，并通过媒体公开处理结果。

五、强化新闻媒体在舆论监督中的社会责任。广大新闻工作者要树立强烈的社会责任感，注重舆论监督的社会效果。对报道的内容，必须进行认真核实，做到真实、准确、可靠，不得编发互联网上的信息，不得刊播未经核实的来稿，不得徇私隐匿应报道的新闻事实。要通过合法和正当的途径获取新闻，不得采取非法和不道德的手段进行采访报道。不得利用职务之便谋取私利，严禁借舆论监督进行敲诈勒索。严格遵守法律法规，不得干扰和妨碍政法机关依法办案。尊重公民、法人及其他组织的合法权益。严格执行有关保密规定，严防在报道中泄露党和国家秘密。新闻媒体要向社会公布举报电话，自觉接受社会和群众监督。因报道失实或不当侵犯他人合法权益的，应公开更正，澄清事实，消除不良影响。对违纪违规、造成恶劣影响的，要严肃处理。

六、加强对舆论监督工作的领导。各级党委和政府要高度重视舆论监督工作，正确运用和发挥舆论监督的作用。各级领导干部要正确对待舆论监督，增强接受舆论监督的自觉性，善于通过舆论监督听取人民群众的意见和呼声，发现和解决问题，推动和改进工作。要充分发挥党报党刊、电台、电视台等主流媒体在舆论监督工作中的作用，切实加强对小报小刊和互联网站的管理。要认真总结舆论监督工作的经验，把舆论监督与党内监督、法律监督、群众监督有机结合起来。各地区各部门要认真研究制定加强和改进舆论监督工作的具体办法。党委宣传部门要加强对舆论监督工作的指导。新闻单位要制定和完善舆论监督的各项工作制度,主要负责同志要亲自把关。要加强新闻采编队伍建设,认真落实《中宣部、国家广电总局、新闻出版总署关于新闻采编人员从业管理的规定(试行)》。要加强对编辑记者的培训、教育和管理,提高他们的政治和业务素质。新闻工作者要切实增强政治意识、大局意识、责任意识和纪律意识,正确理解和运用舆论监督的权力,准确把握舆论监督的方法和形式,不断提高舆论监督工作的水平。

中共中央纪委、中共中央统战部、监察部关于向民主党派通报党风廉政建设和反腐败工作情况、邀请民主党派参加党风廉政建设专项检查的实施意见

（2006 年 2 月 6 日）

为贯彻党的十六大和十六届三中、四中、五中全会精神，适应发展社会主义民主政治、建设社会主义政治文明的要求，进一步拓宽民主监督渠道，深入推进党风廉政建设和反腐败工作，根据《中共中央关于进一步加强中国共产党领导的多党合作和政治协商制度建设的意见》（中发〔2005〕5 号），现提出如下具体意见：

一、充分认识向民主党派通报党风廉政建设和反腐败工作情况、邀请民主党派参加党风廉政建设专项检查的重要性

中国共产党领导的多党合作和政治协商制度是我国的一项基本政治制度，体现了我国政治制度的特点和优势，具有巨大的优越性和强大的生命力。向民主党派通报党风廉政建设和反腐败工作情况、听取意见，邀请民主党派参加党风廉政建设有关专项检查工作，是进一步拓宽民主监督渠道，充分发挥民主党派在参政议政、民主监督中的积极作用，切实加强和改进党风廉政建设和反腐败工作的重要举措。各地区各部门要从发展社会主义民主政治、构建社会主义和谐社会、加强党的执政能力建设和先进性建设、深入推进党风廉政建设和反腐败斗争的高度，充分认识做好这项工作的重要性和必要性，采取切实有效措施，广泛调动民主党派参与反腐倡廉的积极性，不断推动党风廉政建设和反腐败工作深入开展。

二、向民主党派通报党风廉政建设和反腐败工作情况并听取意见

向民主党派通报党风廉政建设和反腐败工作情况，要紧密结合各地区各部门实际，讲究方式方法，既实事求是地反映情况，又要注重政治和社会效果。

（一）通报内容。通报的情况包括中共中央、国务院关于加强党风廉政建设和反腐败工作的方针政策和决策部署；地方党委、政府贯彻中央的要求，加强

本地区党风廉政建设和反腐败工作的部署和安排;开展党风廉政建设和反腐败工作取得的成绩、存在的问题、今后的工作思路和措施;其他需要通报的事项。

(二)通报形式。一是召开党风廉政建设和反腐败工作情况通报会或座谈会,统战部组织协调,并派负责同志出席,邀请民主党派负责人参加,由纪委负责同志通报情况,并向民主党派征求意见;二是召开特邀监察员会议,由监察机关负责同志向特邀监察员通报情况,听取意见。对民主党派和特邀监察员提出的意见和建议,要认真研究答复,能采纳的予以采纳,不能采纳的要说明原因。

(三)通报时间。向民主党派通报情况原则上一年一次或两年一次。通报时间可以安排在年底或年初。

三、邀请民主党派负责人或成员参加党风廉政建设有关专项检查工作

邀请民主党派负责人或成员参加党风廉政建设有关专项检查工作,要注重发挥各民主党派的自身优势,深入了解党风廉政建设方面存在的薄弱环节,特别注意了解和解决群众反映的突出问题,坚决纠正损害群众切身利益的不正之风,不断提高工作的针对性和实效性。

(一)专项检查的内容。各地区各部门根据实际,组织有民主党派负责人或成员参加的党风廉政建设专项检查,重点围绕损害群众利益的突出问题开展检查工作,确保取得实效。

(二)专项检查的组织。专项检查工作由纪检监察机关牵头组织,统战部等部门搞好协调配合。对专项检查的时间、内容、方式、人员等,要注意沟通情况,征求各民主党派意见。

(三)专项检查的要求。根据民主党派的特长和优势选配人员,提高专项检查工作的质量。加强专题培训,使参加专项检查的民主党派成员进一步提高相关工作的政策水平,增强专项检查的针对性和有效性。对民主党派负责人或成员在专项检查工作中提出的意见和建议,要认真对待,妥善处理,并及时反馈情况。

四、加强领导,精心组织,确保向民主党派通报党风廉政建设和反腐败工作情况、邀请民主党派负责人或成员参加专项检查工作落实到位

要把向民主党派通报党风廉政建设和反腐败工作情况、邀请民主党派负责人或成员参加党风廉政建设专项检查工作,作为进一步加强中国共产党领导的多党合作和政治协商制度建设、加强和改进党风廉政建设和反腐败工作的一项重要内容,纳入重要议事日程,认真研究制定落实本意见的具体措施。要搞好协调配合,切实加强对这项工作的督促、检查和指导,确保通报情况和专项检查工作健康有序开展。

要认真总结工作中创造的好做法好经验,不断完善相关制度。坚持和完善党风廉政监督员、特邀监察员制度,进一步健全特邀人员聘请办法、职责范围和工作原则,使特邀人员更具代表性,更有利于发挥民主党派参政议政、民主监督的作用。建立健全民主党派在党风廉政建设和反腐败工作中发挥积极作用的保障机制,在人员、经费等方面给予有力支持,切实为民主党派履行职能、发挥作用提供保证。

中共中央、国务院关于印发《〈中华人民共和国公务员法〉实施方案》的通知

(2006 年 4 月 9 日)

《中华人民共和国公务员法》(以下简称公务员法)已由第十届全国人民代表大会常务委员会第十五次会议通过,自 2006 年 1 月 1 日起施行。现将《〈中华人民共和国公务员法〉实施方案》印发给你们,请结合本地区本部门的实际情况,认真贯彻执行。

公务员法是我国干部人事管理第一部具有总章程性质的法律,在我国干部人事制度发展史上具有里程碑意义。公务员法的公布施行,为科学、民主、依法管理公务员队伍提供了重要依据,为提高公务员依法执政、依法行政、依法办事的能力提供了重要保障,为深化干部人事制度改革,建设一支优秀人才密集、善于治国理政的高素质专业化公务员队伍提供了重要支撑,有利于加强党的执政能力建设和各级政权建设,有利于推进社会主义物质文明、政治文明、精神文明与和谐社会建设。

贯彻实施公务员法,推进公务员制度建设,依法管理好公务员队伍,是各级党委和政府的一项重要职责。各级党委和政府要加强领导,科学安排,稳妥推进,务求实效。各级组织、人事部门要认真履行公务员主管部门牵头抓总的职责,切实负起责任,统一规划,明确分工,精心组织,按照先易后难的原则,分清轻重缓急,扎扎实实地推进公务员法实施工作。各有关部门要积极支持、密切配合,共同做好公务员法实施工作。各级机关要严格执行公务员法及其配套政策法规的各项规定,依法办事,以实施公务员法为契机,进一步加强机关自身建设,不断提高公务员队伍的政治业务素质,促进勤政廉政,提高工作效能。要切实做好思想政治工作,保持公务员队伍的稳定,保证公务员法实施工作顺利进行。

各地区各部门在实施公务员法过程中,要严明纪律,维护法律的严肃性和权威性。严禁扩大实施范围和参照公务员法管理范围,不得滥设职位,不得超编和扩大范围进行登记,不得超职数配备人员。对违反规定的,要及时、坚决予

以纠正，并依法追究有关领导人员及其他直接责任人的责任。

各地区各部门对公务员法实施过程中遇到的问题，要及时采取措施，认真妥善处理，重大问题要及时报告中央。

《中华人民共和国公务员法》实施方案

为贯彻实施《中华人民共和国公务员法》（以下简称公务员法），制定本实施方案。

一、指导思想和目标

公务员法实施工作，坚持以马克思列宁主义、毛泽东思想、邓小平理论和"三个代表"重要思想为指导，贯彻社会主义初级阶段的基本路线，贯彻中国共产党的干部路线和方针，坚持党管干部原则，坚持解放思想、实事求是、与时俱进，适应经济体制和政治体制改革的要求，统筹规划，突出重点，深入调研，明确政策，稳步推进，力争用3到5年的时间，基本建立起充满生机活力的科学化、民主化、制度化的中国特色公务员制度，努力建设一支政治坚定、业务精湛、作风过硬、人民满意的公务员队伍，为全面建设小康社会提供人才支持和组织保证。

二、实施范围

根据公务员法的规定，下列机关列入公务员法实施范围：

（一）中国共产党各级机关；

（二）各级人民代表大会及其常务委员会机关；

（三）各级行政机关；

（四）中国人民政治协商会议各级委员会机关；

（五）各级审判机关；

（六）各级检察机关；

（七）各民主党派和工商联的各级机关。

三、实施方法和步骤

自2006年1月1日起，列入公务员法实施范围的机关，要按照公务员法及其配套政策法规的规定，全面实施录用、考核、职务任免、职务升降、奖励、惩戒、培训、交流与回避、工资福利保险、辞职辞退、退休、申诉控告等公务员各项管理制度。

2006年要重点做好公务员登记、职务与级别确定和工资套改等项工作。

按照自上而下、先易后难的原则,第一步先在中央机关和省级机关进行,第二步在市(地)级以下机关进行。

(一)公务员登记。公务员登记是实施公务员法的基础性工作。要在规定范围内,严格按照《公务员登记实施办法》规定的对象、条件、程序和管理权限,自上而下、积极稳妥地进行。公务员登记必须符合公务员法规定的基本条件,必须在国家行政编制限额内进行,不得超编登记。登记工作采取各机关统一组织的形式,实行逐级负责制。各级机关要以对党和国家高度负责、对机关工作人员高度负责的精神,按照规定的程序确定登记对象、填写《公务员登记表》,报审核、审批及备案机关。今后,新进入公务员队伍的人员都要按照规定进行登记。《公务员登记表》作为确认公务员身份的依据装入公务员档案。在公务员登记工作的基础上,各级公务员主管部门要建立公务员管理信息系统。

(二)确定职务与级别。确定职务与级别是实施公务员法的重要环节。要在规定的编制和职数限额内合理设置职位,根据《公务员职务与级别管理规定》、《综合管理类公务员非领导职务设置管理办法》和有关文件规定,确定公务员的职务和级别。对超出规定职数的,要采取措施,逐步消化,达到规定的领导和非领导职务职数。

在国家有关专业技术类、行政执法类公务员分类管理规定出台前,各级机关公务员按照综合管理类公务员进行管理。

(三)进行工资套改。改革公务员工资制度是实施公务员法的一项重要内容。公务员登记和职务与级别确定完成后,按照公务员工资制度改革实施办法进行工资套改。公务员按照确定的职务执行相应的职务工资标准;按照确定的级别和级别工资档次,执行相应的级别工资标准。

四、配套法规建设

配套法规建设是实施公务员法的重要保证。要遵循法制统一的原则,统筹规划,抓紧研究,成熟一个、出台一个,力争用3到5年的时间,逐步建立较为完备的法规体系。在公务员法配套政策法规出台前,各地区各部门要严格按照公务员法的规定和原则,依法办事。出台涉及公务员管理政策,不得违背公务员法的相关规定;国家尚未明确规定的,须事先征求中央公务员主管部门的意见。在公务员法实施的同时,中央印发的有关党的机关、全国人大常委会机关、全国政协机关、各民主党派中央机关、全国工商联机关参照试行《国家公务员暂行条例》的文件不再执行。各地区各部门要对照公务员法及其配套政策法规,对现行有关法规、规章及文件等进行清理,视情况修改或废止。

五、参照公务员法管理

参照公务员法管理工作是公务员法实施工作的重要组成部分。要按照《参照〈中华人民共和国公务员法〉管理的单位审批办法》规定的条件、审批权限和程序，确定列入参照管理单位。对于公务员法实施以前列入参照、依照《国家公务员暂行条例》管理范围的事业单位，要重新进行审批。经批准实行参照管理的单位，要认真执行公务员法及其配套政策法规，不实行事业单位的专业技术职务、工资、奖金等人事管理制度。

使用国家行政编制的人民团体和群众团体机关参照公务员法管理的工作，由中央另行发文明确，原则上与公务员法实施工作同步进行。

六、组织领导

公务员法实施工作在各级党委和政府的统一领导下进行。县以上地方各级党委、政府和中央机关各部门，要由主要领导同志负责，组成由组织、人事部门同志参加的工作班子，负责实施公务员法的组织协调工作。各级党委组织部门和政府人事部门要认真履行公务员主管部门的职责，各有关部门要积极支持、密切配合，积极稳妥地推进公务员法实施工作。各省、自治区、直辖市和中央机关根据实际情况制定具体实施方案，报中共中央组织部和人事部备案。各地区各部门要周密部署，精心组织，注意调查研究，对实施中出现的问题，认真解决，妥善处理。

各级组织、人事部门要加强对公务员法实施工作的指导和监督检查，严明纪律，维护法律的权威。要把是否按照规定的范围、对象、条件和程序进行公务员登记，是否按照规定确定职务与级别，是否严格执行工资福利保险制度，是否严格执行各项配套的政策法规等情况作为重点内容进行督促检查。对违规进入机关的人员，要坚决予以清退；对违法违纪行为，要坚决予以纠正，并依法追究有关责任人员的法律责任，确保公务员法顺利实施。

附件：一、《公务员范围规定》
　　　二、《公务员登记实施办法》
　　　三、《公务员职务与级别管理规定》
　　　四、《综合管理类公务员非领导职务设置管理办法》
　　　五、《参照〈中华人民共和国公务员法〉管理的单位审批办法》

附件一

公务员范围规定

第一条 为明确公务员范围,加强公务员管理,根据《中华人民共和国公务员法》,制定本规定。

第二条 列入公务员范围的工作人员必须同时符合下列条件:

(一)依法履行公职;

(二)纳入国家行政编制;

(三)由国家财政负担工资福利。

第三条 下列机关中除工勤人员以外的工作人员列入公务员范围:

(一)中国共产党各级机关;

(二)各级人民代表大会及其常务委员会机关;

(三)各级行政机关;

(四)中国人民政治协商会议各级委员会机关;

(五)各级审判机关;

(六)各级检察机关;

(七)各民主党派和工商联的各级机关。

第四条 中国共产党各级机关中列入公务员范围的人员:

(一)中央和地方各级党委、纪律检查委员会的领导人员;

(二)中央和地方各级党委工作部门、办事机构和派出机构的工作人员;

(三)中央和地方各级纪律检查委员会机关和派出机构的工作人员;

(四)街道、乡、镇党委机关的工作人员。

第五条 各级人民代表大会及其常务委员会机关中列入公务员范围的人员:

(一)县级以上各级人民代表大会常务委员会领导人员,乡、镇人民代表大会主席、副主席;

(二)县级以上各级人民代表大会常务委员会工作机构和办事机构的工作人员;

(三)各级人民代表大会专门委员会办事机构的工作人员。

第六条 各级行政机关中列入公务员范围的人员:

（一）各级人民政府的领导人员；

（二）县级以上各级人民政府工作部门和派出机构的工作人员；

（三）乡、镇人民政府机关的工作人员。

第七条　中国人民政治协商会议各级委员会机关中列入公务员范围的人员：

（一）中国人民政治协商会议各级委员会的领导人员；

（二）中国人民政治协商会议各级委员会工作机构的工作人员。

第八条　各级审判机关中列入公务员范围的人员：

（一）最高人民法院和地方各级人民法院的法官、审判辅助人员；

（二）最高人民法院和地方各级人民法院的司法行政人员。

第九条　各级检察机关中列入公务员范围的人员：

（一）最高人民检察院和地方各级人民检察院的检察官、检察辅助人员；

（二）最高人民检察院和地方各级人民检察院的司法行政人员。

第十条　各民主党派和工商联的各级机关中列入公务员范围的人员：

（一）中国国民党革命委员会中央和地方各级委员会的领导人员，工作机构的工作人员；

（二）中国民主同盟中央和地方各级委员会的领导人员，工作机构的工作人员；

（三）中国民主建国会中央和地方各级委员会的领导人员，工作机构的工作人员；

（四）中国民主促进会中央和地方各级委员会的领导人员，工作机构的工作人员；

（五）中国农工民主党中央和地方各级委员会的领导人员，工作机构的工作人员；

（六）中国致公党中央和地方各级委员会的领导人员，工作机构的工作人员；

（七）九三学社中央和地方各级委员会的领导人员，工作机构的工作人员；

（八）台湾民主自治同盟中央和地方各级委员会的领导人员，工作机构的工作人员。

中华全国工商业联合会和地方各级工商联的领导人员，工作机构的工作人员。

第十一条　下列人员人事关系所在部门和单位不属于本规定第三条所列机关的，不列入公务员范围：

(一)中国共产党的各级代表大会代表、委员会委员、纪律检查委员会委员;

(二)各级人民代表大会代表、常务委员会组成人员、专门委员会成员;

(三)中国人民政治协商会议各级委员会常务委员、委员;

(四)各民主党派中央和地方各级委员会委员、常委和专门委员会成员。中华全国工商业联合会和地方工商联执行委员、常务委员会成员和专门委员会成员。

第十二条 列入公务员范围的人员按照有关规定登记后,方可确定为公务员。

第十三条 本规定由中共中央组织部、人事部负责解释。

附件二

公务员登记实施办法

第一条　为做好公务员登记工作，确保公务员法的实施，根据《中华人民共和国公务员法》，制定本办法。

第二条　公务员登记采取各机关统一组织的形式，由各机关按照规定的程序确定登记对象、填写《公务员登记表》，报审核、审批及备案机关。

第三条　公务员登记应当在国家行政编制限额内，严格按照规定的范围、对象、条件和程序进行。

第四条　登记的对象和条件：

（一）依法履行公职、纳入国家行政编制、由国家财政负担工资福利且在编在职的除工勤人员以外的工作人员；

（二）具备公务员法第十一条规定的条件。

试用期内的新录用公务员暂缓登记，试用期满考核合格的予以登记。

纪检、监察机关或者司法机关立案审查尚未结案的人员暂缓登记，结案后符合登记条件的予以登记。

第五条　不予登记的对象：

（一）实施国家公务员制度以来，违反《国家公务员暂行条例》有关规定进入机关的人员；

（二）违反《中华人民共和国法官法》、《中华人民共和国检察官法》有关规定担任法官、检察官以及违反国家有关选拔审判机关、检察机关的司法行政人员和书记员的规定进入机关的人员；

（三）被判处有期徒刑并宣告缓刑在缓刑考验期限内或者正在被劳动教养的人员。

第六条　登记工作的程序：

（一）所在机关确定登记对象，填写《公务员登记表》，报审核机关；

（二）审核机关签署意见，报审批机关；

（三）审批机关签署意见，需要备案的报备案机关。

第七条　登记工作的管理权限：

（一）各级党委组织部门和政府人事部门作为公务员主管部门，按照职责分工负责公务员登记的审核、审批、备案工作。领导成员的公务员登记按照干部管理权限进行。

(二)县级以下机关公务员登记,由所在机关确定登记对象、填写《公务员登记表》,县级公务员主管部门审核,市(地)级公务员主管部门审批后,报省级公务员主管部门备案。

市(地)级机关公务员登记,由所在机关干部人事部门确定登记对象、填写《公务员登记表》,所在机关审核,同级公务员主管部门审批后,报省级公务员主管部门备案。

省级机关公务员登记,由所在机关干部人事部门确定登记对象、填写《公务员登记表》,所在机关审核,同级公务员主管部门审批。

(三)中央机关公务员登记,由所在机关干部人事部门确定登记对象、填写《公务员登记表》并审核,所在机关审批后,报中央公务员主管部门备案。

(四)中央垂直管理部门公务员登记,由所在机关确定登记对象、填写《公务员登记表》,省级机关审核,中央垂直管理机关审批后,报中央公务员主管部门备案。

省以下垂直管理部门公务员登记,由所在机关确定登记对象、填写《公务员登记表》,省垂直管理机关审核,省级公务员主管部门审批。

第八条 登记备案的内容包括:登记备案说明,机关的国家行政编制数、实有人员数、登记人员数、暂缓登记人员数、登记和暂缓登记人员名单等。

第九条 公务员登记实行逐级负责制,由各机关按照管理权限和程序,经领导班子成员集体讨论决定后,逐级上报。

第十条 各级公务员主管部门要加强对登记工作的督查指导,严肃登记工作纪律。对不按照国家行政编制限额和规定条件、程序登记的,由公务员主管部门宣布无效,并责令按照规定予以纠正;对在登记过程中违反工作纪律、弄虚作假的,由公务员主管部门追究有关领导人员的责任。

第十一条 自本办法下发之日起,公务员均按照本办法进行登记。《公务员登记表》装入公务员档案。

第十二条 各省、自治区、直辖市和中央机关要按照本办法,结合实际,制定公务员登记实施方案,并报中央公务员主管部门备案。

第十三条 本办法所称国家行政编制,是指中央机构编制部门下达给各地区各部门的行政编制。

第十四条 本办法由中共中央组织部、人事部负责解释。

附表:一、《公务员登记表》
　　二、《公务员登记备案表》

附表一

公务员登记表

<table>
<tr><td>姓名</td><td></td><td>性别</td><td></td><td>出生日期</td><td></td><td rowspan="4">照片</td></tr>
<tr><td>籍贯</td><td></td><td>民族</td><td></td><td>政治面貌</td><td></td></tr>
<tr><td>健康
状况</td><td></td><td>参加工作
时　间</td><td></td><td>现职务
层　次</td><td></td></tr>
<tr><td>身份
证号</td><td colspan="5"></td></tr>
<tr><td colspan="2">现工作单位
及职务</td><td colspan="5"></td></tr>
<tr><td rowspan="2">学历
学位</td><td>全日制
教　育</td><td colspan="2"></td><td>毕业院校
系及专业</td><td colspan="2"></td></tr>
<tr><td>在　职
教　育</td><td colspan="2"></td><td>毕业院校
系及专业</td><td colspan="2"></td></tr>
<tr><td colspan="2">登记后
所任职务</td><td colspan="2"></td><td>登记后
所定级别</td><td colspan="2"></td></tr>
<tr><td>工作简历</td><td colspan="6"></td></tr>
</table>

何时受过何种奖惩	
所在机关意见	年　月　日　　盖章
审核机关意见	年　月　日　　盖章
审批机关意见	年　月　日　　盖章
备注	

中共中央组织部　人事部制

填表说明

1.“姓名”(包括少数民族译名)用字要固定。

2.“出生日期”按公历填写到日。

3.“民族”要写全称。

4.“政治面貌”填写“中共党员”、“共青团员”、民主党派、“群众”,民主党派要填写规范简称。

5.“健康状况”根据公务员身体情况分别填写“健康”、“一般”、“较弱”,有严重疾病或者伤残的要具体写明。

6.“参加工作时间”按公历填写到月。

7.“职务层次”分为:国家级正职、国家级副职、省部级正职、省部级副职、厅局级正职、厅局级副职、县处级正职、县处级副职、乡科级正职、乡科级副职、科员、办事员。

附表二

公务员登记备案表

<table>
<tr><td colspan="7">单位：</td></tr>
<tr><td colspan="2">国家行政编制数</td><td colspan="2"></td><td colspan="2">实有人员数</td><td></td></tr>
<tr><td colspan="2">登记人员数</td><td colspan="2"></td><td colspan="2">暂缓登记人员数</td><td></td></tr>
<tr><td colspan="7">登记人员名单</td></tr>
<tr><td>序号</td><td>姓名</td><td>性别</td><td>出生年月</td><td>职务</td><td>级别</td><td>备　注</td></tr>
<tr><td></td><td></td><td></td><td></td><td></td><td></td><td></td></tr>
<tr><td></td><td></td><td></td><td></td><td></td><td></td><td></td></tr>
<tr><td></td><td></td><td></td><td></td><td></td><td></td><td></td></tr>
<tr><td></td><td></td><td></td><td></td><td></td><td></td><td></td></tr>
<tr><td colspan="7">暂缓登记人员名单</td></tr>
<tr><td>序号</td><td>姓名</td><td>性别</td><td>出生年月</td><td>职务</td><td>级别</td><td>备　注</td></tr>
<tr><td></td><td></td><td></td><td></td><td></td><td></td><td></td></tr>
<tr><td></td><td></td><td></td><td></td><td></td><td></td><td></td></tr>
<tr><td></td><td></td><td></td><td></td><td></td><td></td><td></td></tr>
<tr><td></td><td></td><td></td><td></td><td></td><td></td><td></td></tr>
</table>

中共中央组织部　人事部制

附件三

公务员职务与级别管理规定

第一章 总 则

第一条 为完善公务员职务与级别相结合的制度,健全公务员激励和保障机制,根据《中华人民共和国公务员法》,制定本规定。

第二条 国家根据公务员职位类别设置公务员职务序列。公务员职务对应相应的级别。

第三条 职务和级别设置遵循科学、规范、效能的原则。

第四条 职务和级别是实施公务员管理,确定公务员政治待遇、工作待遇和生活待遇的依据。

第二章 职务与级别设置

第五条 公务员职务根据规定的机构规格、编制限额、职位等设置。

公务员职务名称应当与机构规格相一致。

第六条 公务员职务分为领导职务和非领导职务。

第七条 领导职务层次由高至低依次为:国家级正职、国家级副职、省部级正职、省部级副职、厅局级正职、厅局级副职、县处级正职、县处级副职、乡科级正职、乡科级副职。

第八条 综合管理类的领导职务根据宪法、有关法律法规、职务层次和机构规格设置确定。

第九条 非领导职务在厅局级以下设置。

第十条 综合管理类的非领导职务由高至低依次为:巡视员、副巡视员、调研员、副调研员、主任科员、副主任科员、科员、办事员。

第十一条 公务员级别由低至高依次为二十七级至一级。

第十二条 公务员领导职务层次与级别的对应关系是:

(一)国家级正职:一级;

(二)国家级副职:四级至二级;

(三)省部级正职:八级至四级;

(四)省部级副职:十级至六级;

(五)厅局级正职:十三级至八级;

(六)厅局级副职:十五级至十级;

(七)县处级正职:十八级至十二级;

(八)县处级副职:二十级至十四级;

(九)乡科级正职:二十二级至十六级;

(十)乡科级副职:二十四级至十七级。

副部级机关内设机构、副省级市机关的司局级正职对应十五级至十级;司局级副职对应十八级至十二级。

第十三条 综合管理类公务员非领导职务与级别的对应关系是:

(一)巡视员:十三级至八级;

(二)副巡视员:十五级至十级;

(三)调研员:十八级至十二级;

(四)副调研员:二十级至十四级;

(五)主任科员:二十二级至十六级;

(六)副主任科员:二十四级至十七级;

(七)科员:二十六级至十八级;

(八)办事员:二十七级至十九级。

副部级机关内设机构、副省级市机关的巡视员对应十五级至十级;副巡视员对应十八级至十二级。

第三章 职务确定

第十四条 确定公务员职务,应当在国家规定的职务序列和职数限额内,按照职务任职条件和程序进行。

第十五条 新录用的公务员试用期满考核合格后,根据本人学历、资历等,结合职位要求确定职务。

第十六条 晋升、降低职务或者调任、转任以及因其他原因需要明确职务的公务员,按照拟任职务任职条件等确定职务。

第四章 级别确定

第十七条 公务员级别应当根据其所任职务、德才表现、工作实绩和资历确定。

第十八条 公务员累计5年定期考核结果均为称职以上等次的,可以在职务对应级别范围内晋升一个级别。

第十九条 厅局级副职及以下职务层次的公务员，在任职时间和级别达到规定条件后，经考核合格，可以享受上一职务层次非领导职务的工资、住房、医疗等生活待遇。

第二十条 担任县（市）委书记、县（市）长和乡（镇）党委书记、乡（镇）长的公务员，任现职每满5年并考核合格的，除执行第十八条规定外，再晋升一个级别。

第二十一条 新录用的公务员试用期满考核合格后，其级别按照初任职务及本人学历、资历等确定。

第二十二条 公开选拔或者调任的公务员，其级别按照新任职务及工作年限等，参照机关同类人员确定。

第二十三条 公务员职务晋升后，原级别低于新任职务对应最低级别的，晋升到新任职务对应的最低级别；原级别已在新任职务对应范围的，在原级别的基础上晋升一个级别。

第二十四条 公务员在受处分期间不晋升级别。受处分后，级别变动按照有关规定执行。

第二十五条 担任领导职务的公务员辞去领导职务或者公务员降职后，其级别确定按照有关规定执行。

第二十六条 公务员级别的确定、晋升或者降低，按照管理权限，由决定其职务任免的机关批准。

第五章 管理与监督

第二十七条 县级以上公务员主管部门负责职务与级别设置、确定工作的组织实施和监督管理。

第二十八条 对不按照规定的职务职数要求、资格条件及程序等设置职务、确定公务员职务与级别的，不予批准或者备案；已经作出的决定一律无效，由公务员主管部门按照管理权限予以纠正。

第二十九条 对违反规定进行公务员职务、级别确定的，应当根据具体情况，依法追究主要责任人以及其他直接责任人的责任。

第六章 附 则

第三十条 专业技术类、行政执法类公务员职务设置、与级别的对应关系等，由中央公务员主管部门另行规定。

第三十一条 本规定由中共中央组织部、人事部负责解释。

附表:《职务与级别对应表》

附表

职务与级别对应表

职务层次		对应级别范围	级别序列																										
领导职务	综合管理类非领导职务		27	26	25	24	23	22	21	20	19	18	17	16	15	14	13	12	11	10	9	8	7	6	5	4	3	2	1
国家级正职		1																											
国家级副职		4—2																											
省部级正职		8—4																											
省部级副职		10—6																											
厅局级正职	巡视员	13—8																											
厅局级副职	副巡视员	15—10																											
县处级正职	调研员	18—12																											
县处级副职	副调研员	20—14																											
乡科级正职	主任科员	22—16																											
乡科级副职	副主任科员	24—17																											
	科员	26—18																											
	办事员	27—19																											

附件四

综合管理类公务员
非领导职务设置管理办法

第一条　为规范综合管理类公务员非领导职务（以下简称非领导职务）的设置与管理，根据《中华人民共和国公务员法》，制定本办法。

第二条　非领导职务应当根据工作需要设置，职务层次不得高于所在机关或者所在内设机构的机构规格，职数不得突破规定的比例限额。

第三条　担任非领导职务的公务员接受所在同级机构担任领导职务公务员的领导，经领导授权或者委托可负责某一方面的工作。

第四条　非领导职务由高至低分为巡视员、副巡视员、调研员、副调研员、主任科员、副主任科员、科员、办事员。

各级机关的非领导职务不再使用其他职务名称。因职业特点需要的，经中央公务员主管部门批准，可以使用其他非领导职务名称。

第五条　中央机关和省、自治区、直辖市机关，副部级机关和副省级市机关设置巡视员以下非领导职务；直辖市的区、副省级市的区、设区的市、自治州机关设置调研员以下非领导职务；县、自治县、不设区的市、市辖区机关设置主任科员以下非领导职务；乡镇机关设置科员、办事员非领导职务。

副部级机关的巡视员和副巡视员相当于本机关内设机构的正司级和副司级；副省级市机关的巡视员和副巡视员相当于本市市直机关的正局级和副局级。

第六条　中央机关的巡视员和副巡视员职数，不得超过该机关厅局级领导职务职数的三分之一，其中巡视员不得超过巡视员和副巡视员职数的40%；调研员和副调研员职数，不得超过县处级领导职务职数的75%。

副部级机关的非领导职务职数按照上述比例确定。

第七条　省、自治区、直辖市机关的巡视员和副巡视员职数，不得超过厅局级领导职务职数的三分之一，其中巡视员不得超过巡视员和副巡视员职数的30%；调研员和副调研员职数，不得超过县处级领导职务职数的50%。

副省级市机关的非领导职务职数按照上述比例确定。

第八条　直辖市的区、副省级市的区、设区的市、自治州机关的调研员和副调研员职数,不得超过县处级领导职务职数的三分之一,其中调研员不得超过调研员和副调研员职数的30%;主任科员和副主任科员职数,不得超过乡科级领导职务职数的50%。

第九条 县、自治县、不设区的市、市辖区机关的主任科员和副主任科员职数,不得超过乡科级领导职务职数的50%。

第十条 担任非领导职务的,必须坚持德才兼备的标准,其思想政治素质、工作能力、文化程度应当达到相应的任职要求,身体健康,并具备规定的任职条件。非领导职务人员的任用,按照管理权限和规定程序进行。

第十一条 晋升非领导职务须具备下列任职年限条件:

(一)巡视员应当任厅局级副职领导职务或者副巡视员五年以上;

(二)副巡视员应当任县处级正职领导职务或者调研员五年以上;

(三)调研员应当任县处级副职领导职务或者副调研员四年以上;

(四)副调研员应当任乡科级正职领导职务或者主任科员四年以上;

(五)主任科员应当任乡科级副职领导职务或者副主任科员三年以上;

(六)副主任科员应当任科员三年以上;

(七)科员应当任办事员三年以上。

第十二条 新录用公务员担任非领导职务的,按照有关规定执行。

第十三条 非领导职务公务员因定期考核不称职或者受处分等原因,需要降低职务的,降为下级非领导职务。

第十四条 中央机关及其直属机构非领导职务设置,由各机关提出具体方案,报中央公务员主管部门备案;省级机关及其直属机构非领导职务设置,由各机关提出具体方案,报省级公务员主管部门审批;市(地)级机关非领导职务设置,由各机关提出具体方案,经市(地)级公务员主管部门审核后,报省级公务员主管部门审批;县级机关非领导职务设置,由县级公务员主管部门提出具体方案,经市(地)级公务员主管部门审核后,报省级公务员主管部门审批。

第十五条 县级以上公务员主管部门负责非领导职务设置管理情况的监督检查。对违反本办法擅自扩大设置范围、突破职数比例限额、放宽任职条件的,不予批准或者备案;已经作出的决定一律无效,由同级公务员主管部门或者上级机关按照管理权限予以纠正,并按照规定对主要责任人以及其他直接责任人作出处理或者处分。

第十六条 对工作特别需要的机关,由中央公务员主管部门提出意见,报中共中央或者国务院批准,其非领导职务职数比例可适当高于本办法规定的比例。

第十七条 本办法由中共中央组织部、人事部负责解释。

附件五

参照《中华人民共和国公务员法》管理的单位审批办法

第一条　为规范参照《中华人民共和国公务员法》管理（以下简称参照管理）的审批工作，根据《中华人民共和国公务员法》，制定本办法。

第二条　列入参照管理范围，应当严格按照规定的条件、程序和权限进行审批。

第三条　法律法规授权的具有公共事务管理职能的事业单位，列入参照管理范围。

使用国家行政编制的人民团体和群众团体机关参照公务员法管理的工作，由中央另行发文明确。

第四条　中共中央直属事业单位实行参照管理的，由本单位提出意见，中共中央委托中央组织部审批；中央工作部门、派出机构所属事业单位实行参照管理的，由所在部门提出意见，报中共中央组织部审批。省、自治区、直辖市党委直属事业单位和党委工作部门所属事业单位实行参照管理的，报省、自治区、直辖市党委组织部门审核，省、自治区、直辖市党委审批后，报中共中央组织部备案；市（地）、县级党委直属事业单位和党委工作部门所属事业单位实行参照管理的，由省、自治区、直辖市党委组织部门审批。

人大机关、政协机关、审判机关、检察机关、各民主党派机关和工商联机关所属事业单位实行参照管理的，比照前款规定的程序和审批权限报批。

国务院直属事业单位实行参照管理的，由本单位提出意见，国务院委托人事部审批；国务院各部委、直属特设机构、直属机构、办事机构、部委管理的国家局所属事业单位实行参照管理的，由各部委、直属特设机构、直属机构、办事机构、部委管理的国家局提出意见，报人事部审批。省、自治区、直辖市人民政府直属事业单位和政府工作部门所属事业单位实行参照管理的，报省、自治区、直辖市人事厅（局）审核，省、自治区、直辖市人民政府审批后，报人事部备案；市（地）、县级人民政府直属事业单位和政府工作部门所属事业单位实行参照管理的，由省、自治区、直辖市人事厅（局）审批。

特殊需要列入参照管理的单位，由中央公务员主管部门提出意见，中共中央或者国务院直接确定。

第五条 申请参照管理的单位,应当提交以下材料:

(一)申请参照管理的请示;

(二)获得法律法规授权履行公共事务管理职能的依据;

(三)设立机构的批准文件;

(四)单位现有人员的基本情况;

(五)审批机关要求的其他材料。

第六条 实行参照管理的单位,应当参照《〈中华人民共和国公务员法〉实施方案》对人员进行登记、确定职务与级别、套改工资,并参照公务员法及其配套政策法规的规定,对单位内除工勤人员以外的工作人员进行管理。

参照管理的单位不实行事业单位的专业技术职务、工资、奖金等人事管理制度。

第七条 公务员主管部门要加强对参照管理工作的监督检查,对不执行录用、职务与级别、工资福利保险等管理规定的,要责令其限期改正,并追究有关领导人员的责任。

第八条 已列入参照管理的单位,因法律法规变更,不具有公共事务管理职能时,不再实行参照管理。

第九条 本办法由中共中央组织部、人事部负责解释。

中共中央组织部关于印发《党委组织部门信访工作暂行规定》的通知

(2006年6月27日)

现将《党委组织部门信访工作暂行规定》印发给你们,请认真贯彻执行。

党委组织部门信访工作暂行规定

第一章　总　　则

第一条　为加强和改进党委组织部门信访工作,切实维护党员、干部和群众的合法权益,根据《信访条例》和党委组织部门工作实际,制定本规定。

第二条　本规定所称党委组织部门信访工作是指党委组织部门依据党的路线、方针、政策和组织工作的有关规定,受理和解决党员、干部、群众或者有关组织通过书信、走访、电话、电子邮件、传真等形式提出或反映的有关问题所进行的活动。

党委组织部门信访工作是组织工作的重要组成部分。

第三条　党委组织部门信访工作应当遵循下列原则:

(一)实事求是的原则;

(二)属地管理、分级负责,谁主管、谁负责的原则;

(三)严格按政策办事与做好思想疏导工作相结合的原则;

(四)依法、及时、就地解决问题的原则。

第四条　县级以上党委组织部门应当明确信访工作机构,负责本级党委组织部门的信访工作。信访工作机构可单设,也可与其他内设机构合设。信访工作机构的人员配备要与其工作任务相适应。

党委组织部门应以适当方式向社会公布信访工作机构的通信地址、来访接待的时间和地点、电子信箱、投诉电话等相关信息。

第五条　党委组织部门信访工作的主要职责:

(一)受理、交办、转送信访人提出的信访事项;

(二)承办上级党委组织部门和同级党委交由处理的信访事项;

(三)协助其他部门处理需要本级党委组织部门参与的信访事项;

(四)督促检查信访事项的处理;

(五)研究、分析信访情况,及时向本级党委和上级党委组织部门提出完善政策和改进工作的建议;

(六)对下级党委组织部门的信访工作进行督促检查和指导。

第六条 党委组织部门受理信访事项的范围:

(一)党的组织路线、方针、政策的贯彻执行情况和问题;

(二)对领导班子、领导干部和干部队伍建设有关情况和问题的反映;

(三)党的基层组织建设和党员队伍建设方面的情况和问题;

(四)对组织工作、干部工作、人才工作的询问、意见和建议;

(五)离(退)休干部待遇和管理方面的情况和问题;

(六)对党委组织部门审查和处理结论不服的申诉;

(七)党委组织部门管理权限内的有关人事方面的申诉和要求;

(八)其他应由党委组织部门处理的信访事项。

第二章 信访事项的受理

第七条 党委组织部门收到信访事项,由信访工作机构统一登记并在15日内按下列方式处理:

(一)对属于本级党委组织部门处理的信访事项,转送有关内设机构办理,并书面告知信访人已经受理。

对属于下级党委组织部门处理的信访事项,转交下级党委组织部门。有权处理的部门接到上级部门转交的信访事项后,应当书面告知信访人是否受理。不予受理的,应当说明理由。

(二)对不属于党委组织部门受理的信访事项,转送有关部门处理,并告知信访人向有权处理的部门提出。

(三)对询问组织工作有关政策的,应当书面或口头回复信访人;对组织工作提出意见和建议的,应当书面告知信访人所提意见和建议的处理情况。

(四)对需要其他部门协助处理的信访事项,应当协商有关部门处理。

第八条 对可能造成社会影响的重大、紧急信访事项,应当及时报告本级党委和上级党委组织部门,并在职责范围内及时采取措施,防止不良影响的产生、扩大。

第九条 对采取走访形式提出信访事项的,应告知信访人向有权处理的部门提出。对多人采取走访形式提出共同信访事项的,应告知推选代表,代表人数不得超过5人。

第十条 信访事项在规定期限内已经受理或正在办理，信访人向受理或办理部门的上级机关再提出同一信访事项的，该上级机关不予受理。

信访人在本规定第十六条、第十七条规定的期限内未提出复查、复核请求，或对复核意见不服，仍然以同一事实和理由提出诉求的，党委组织部门不再受理。

第三章 信访事项的办理和督办

第十一条 党委组织部门办理信访事项时，应当坚持原则，严格履行职责，及时组织调查核实，妥善处理，不得推诿、敷衍、拖延。

第十二条 信访事项应当自受理之日起60日内办结，提出信访处理意见。情况复杂的，经本部门负责人批准，可以适当延长办理期限，但延长期限不得超过30日，并告知信访人延期的理由。

第十三条 信访处理意见要事实清楚、定性准确、处理恰当、手续完备。信访处理意见除有保密要求的，应当以书面形式答复信访人。

第十四条 对本级党委组织部门信访工作机构转送内设机构办理的信访事项，有关内设机构要按时反馈办理情况。

第十五条 对上级党委组织部门转送的要求上报信访处理意见的信访事项，经办部门应当逐级上报。上级机关对上报的信访处理意见要严格审核，发现适用政策不当或违反程序的，应当退回经办部门重新办理。

第十六条 信访人对党委组织部门作出的信访处理意见不服的，可以自收到书面答复之日起30日内请求原办理部门的上一级机关复查。收到复查请求的机关应当自收到复查请求之日起30日内提出复查意见，并予以书面答复。

第十七条 信访人对复查意见不服的，可以自收到书面答复之日起30日内向复查机关的上一级机关请求复核。收到复核请求的机关应当自收到复核请求之日起30日内提出复核意见，并予以书面答复。

第十八条 对重大、复杂、疑难的信访事项，可以举行听证。

第十九条 信访人在本规定实施前提出的信访事项尚未办结，或已经办结，信访人又提出新的事实或者理由重新信访的，按照本规定办理。

第二十条 办理机关可对信访处理意见的落实情况进行回访。

第二十一条 有下列情形之一的，应当及时督办，并提出改进意见和建议：

（一）未按本规定受理信访事项的；

（二）未按规定程序和规定期限办理信访事项的；

(三)办理信访事项推诿、敷衍、拖延的;

(四)不执行信访处理意见的;

(五)其他需要督办的情形。

第二十二条 党委组织部门工作人员与信访事项或者信访人有直接利害关系的,应当回避。

第四章 责任追究

第二十三条 因履行职责不当引发信访事项,或隐瞒、缓报重大紧急信访事项和信访信息,造成严重后果的,给予负有直接责任的主管人员和其他直接责任人员党纪政纪处分。

第二十四条 对收到的信访事项未按本规定办理,或在信访事项办理过程中弄虚作假的,由其上级机关责令改正;造成严重后果的,给予负有直接责任的主管人员和其他直接责任人员党纪政纪处分。

第二十五条 将信访人的检举、揭发材料及有关情况透露或者转给被检举、揭发的人员或者单位,或对信访人打击报复的,给予批评教育;情节严重的,给予党纪政纪处分。

第二十六条 对违反《信访条例》第十八条、第二十条规定,扰乱社会公共秩序和信访秩序的,信访工作人员应当对信访人进行劝阻、批评或者教育。经劝阻、批评或者教育无效的,可提请公安机关依法处理。

第二十七条 对违反《信访条例》第十九条规定,捏造歪曲事实、诬告陷害他人的,给予批评教育;情节严重的,可提请公安机关依法处理。

第五章 组织领导

第二十八条 党委组织部门要加强对信访工作的领导,把信访工作列入重要议事日程,建立统一领导、内部协调、各负其责、齐抓共管的信访工作格局。主要负责人要亲自阅批重要来信,接待重要来访,定期听取信访工作汇报,经常分析研究信访形势,及时解决工作中的突出问题。

第二十九条 党委组织部门要加强信访工作制度建设。县级以上党委组织部门应当建立内部信访工作联席会议机制,制定和完善处理信访突出问题及群体性事件、突发事件的工作预案。

第三十条 党委组织部门要加强对下级党委组织部门信访工作的指导,特别是要加强对县级党委组织部门信访工作的指导,提高基层化解矛盾和解决问题的能力。

第三十一条　党委组织部门要重视信访工作机构和队伍建设，加强对信访工作人员的培训，不断提高信访工作人员的政治素质和业务水平。

对在信访工作中做出优异成绩的单位和个人，应当给予奖励和表彰。

第六章　附　则

第三十二条　省（区、市）党委组织部可以根据本规定制定实施办法。

第三十三条　本规定由中共中央组织部负责解释。

第三十四条　本规定自2006年8月1日起施行。1980年3月3日中共中央组织部发布的《各级党委组织部门处理来信来访工作暂行条例》同时废止。

中共中央、国务院关于进一步加强新时期信访工作的意见(略有删节)

(2007年3月10日)

信访工作是党和政府的一项重要工作,是构建社会主义和谐社会的基础性工作。做好新时期的信访工作,对于全面落实科学发展观,发展社会主义民主政治,维护人民群众的合法权益,加强党风建设尤其是干部作风建设,密切党和政府与人民群众的血肉联系,全面建设小康社会、构建和谐社会,具有十分重要的意义。为深入贯彻落实党的十六届六中全会精神,现就进一步加强新时期信访工作提出如下意见。

一、充分认识信访工作在构建社会主义和谐社会中的重要作用,进一步强化做好新时期信访工作的政治责任

(一)正确认识当前信访工作面临的新形势。党中央、国务院对信访工作高度重视。党的十六大以来,以胡锦涛同志为总书记的党中央从全局和战略的高度,对信访工作作出了一系列重要决策部署。各级党委、政府认真贯彻落实中央精神,积极畅通信访渠道,依法规范信访秩序,切实解决群众合理诉求,妥善处理信访突出问题和群体性事件,全面加强信访工作各项建设,取得了明显成效。当前,我国社会总体上是和谐稳定的。但由于我国已进入改革发展的关键时期,工业化、城镇化、市场化、国际化加快推进,经济体制深刻变革,社会结构深刻变动,利益格局深刻调整,思想观念深刻变化,这既给我国发展进步带来巨大活力,也必然带来这样那样的矛盾和问题。其中,大量矛盾和问题通过信访渠道反映出来,加上一些地方和部门的工作不到位,一些干部的作风不扎实,一些群众的法制观念比较淡薄,使信访问题进一步凸显,信访工作面临的任务十分繁重。各级党委、政府要正确把握我国发展的阶段性特征,科学分析产生信访问题的原因和背景,深刻认识做好新时期信访工作的长期性、艰巨性,进一步加强新时期信访工作,使信访工作更好地适应新形势新任务的要求。

(二)切实增强做好新时期信访工作的责任感。我们党来自于人民,植根于人民。始终代表最广大人民的根本利益,保持与人民群众的血肉联系,是我们党能够战胜各种困难和风险、不断取得事业成功的根本保证。信访工作作为党的群众工作的重要组成部分,是党和政府联系群众的桥梁、倾听群众呼声的窗口、体察群众疾苦的重要途径，在正确处理人民内部矛盾、维护社会和谐稳定、加强党风廉政建设和反腐败斗争中发挥着重要作用。各级党委、政府一定要从坚持立党为公、执政为民的高度，从全面落实科学发展观、促进经济社会又好又快发展的高度，从提高党的执政能力、巩固党的执政地位的高度，深刻认识做好新时期信访工作的重要性，进一步增强做好信访工作的责任感和使命感，自觉把信访工作放在构建社会主义和谐社会的重要位置，切实抓紧抓好。

二、明确新时期信访工作的指导思想和目标任务，把握信访工作的正确方向

（三）新时期信访工作的指导思想。以邓小平理论和“三个代表”重要思想为指导，全面落实科学发展观，认真贯彻党中央、国务院关于加强新时期信访工作的一系列重要决策部署，紧紧围绕全党全国工作大局，牢记为民宗旨，发扬务实作风，坚持依法按政策办事，切实维护社会公平正义，最大限度地增加和谐因素、减少不和谐因素，为全面建设小康社会、构建社会主义和谐社会作出新的更大贡献。

（四）新时期信访工作的目标任务。以切实维护群众合法权益、及时反映社情民意、着力促进社会和谐为目标，构建统一领导、部门协调，统筹兼顾、标本兼治，各负其责、齐抓共管的信访工作新格局，建立畅通、有序、务实、高效的信访工作新秩序，形成与构建社会主义和谐社会目标任务相适应的信访工作新机制，推进信访工作的制度化、规范化和法制化。

三、坚持依法按政策解决问题，切实维护群众合法权益

（五）在政策制定中统筹兼顾各方利益。要把实现好、维护好、发展好最广大人民的根本利益作为制定政策的出发点和落脚点，正确处理最广大人民的根本利益、现阶段群众的共同利益和不同群体的特殊利益的关系，统筹兼顾各方面群的利益。要坚持科学决策、民主决策、依法决策，综合考虑改革的力度、发展的速度和社会可承受的程度；保持政策的严肃性、连续性、稳定性，注意相关政策之间的关联性。在制定政策时，要充分听取各方面的意见，重视信访部门的意见和建议。

（六）认真解决群众合理诉求。对群众信访反映的问题，要做到“件件有着落、事事有回音”。法律法规和政策有明确规定的，要依法按政策抓紧解决；对群众要求合理、但法律法规和政策没有明确规定或规定不够完善的，要抓紧研究制定和完善法律、政策；对群众提出的应当解决但因客观条件不具备一时难以解决的问题，要主动说明情况，向群众解释清楚，取得群众的理解和支持，同时积极创造条件适时予以解决；对群众提出的不合理要求，要进行说服教育、积极引导。要坚持依法按政策办事,不能突破法律法规和政策规定。

(七)着力解决信访突出问题。要把解决信访突出问题作为工作重点,按照"属地管理、分级负责","谁主管、谁负责","依法、及时、就地解决问题与疏导教育相结合"的信访工作原则,切实把信访突出问题妥善处理在本地区本部门、解决在基层。当前,尤其是要着力解决好土地征收征用、城市建设拆迁、环境保护、企业重组改制和破产、涉法涉诉等方面群众反映强烈的问题。要组织有权处理信访问题的责任部门积极开展联合接访,促进重大疑难突出问题的解决。要高度重视涉法涉诉信访问题的解决。各级司法部门、行政执法部门要切实履行职责,严格公正执法,妥善解决信访人的合理诉求。各级党委政法委要加强协调指导和督促检查,认真解决好群众反映强烈的有法不依、执法不公等问题。

(八)坚持解决实际问题与加强思想政治工作相结合。要充分发挥党的思想政治工作优势,在依据法律法规和政策规定解决群众反映问题的同时,加强有针对性的思想教育,切实做好解疑释惑、疏导情绪、化解矛盾的工作。要认真研究和把握新形势下群众思想政治工作的特点和规律,切实把处理群众信访问题的过程作为思想教育和政策法制宣传的过程,帮助群众了解实际情况、了解党和国家的方针政策和法律法规、了解各方面为解决问题所作的努力,引导群众正确处理个人利益和集体利益、局部利益和全局利益、当前利益和长远利益的关系,自觉维护改革发展稳定的大局。

四、进一步畅通信访渠道,依法规范信访秩序

(九)完善信访诉求表达方式。要充分尊重和保护人民群众的信访权利,对群众来访要坚持文明热情接待,对群众来信要认真负责办理,坚决纠正限制和干涉群众正常信访活动的错误做法,确保信访渠道畅通。要通过开通信访绿色邮政、专线电话、网上信访等多种渠道,引导群众更多地以书信、传真、电子邮件等书面形式表达诉求,确保民情、民意、民智顺畅上达。建立全国信访信息系统,设立国家投诉受理中心,为群众反映问题、提出意见建议、查询办理情况提供便利条件,为督查信访工作提供工作平台,确保群众诉求得到及时反映和有效处理。

(十)广泛征集人民群众的意见和建议。要建立健全人民建议征集制度,切实保障公民的知情权、参与权、表达权、监督权,引导人民群众对党和政府的工作积极献计献策,鼓励和支持人民群众以各种方式参与国家事务管理。要对人民建议进行认真汇集和分析研究,对重要的意见和建议进行深入调研和论证,对正确合理的意见充分肯定和采纳,及时发现问题,改进工作,完善政策,接受监督。

（十一）大力推行领导干部接待群众来访制度。要认真坚持党政领导干部阅批群众来信、定期接待群众来访、带案下访和包案处理信访问题等制度。完善党政领导干部和党代会代表、人大代表、政协委员联系信访群众制度，拓宽社情民意表达渠道。各级领导干部要坚持经常深入基层、深入群众，开展调查研究，倾听群众意见，了解群众愿望，关心群众疾苦，及时为群众排忧解难。

（十二）认真履行信访工作职责。要健全和完善科学规范的受理、交办、督办、回复群众信访事项的工作规则和制度，确保信访事项得到及时妥善处理。有权处理信访问题的责任部门要严格按照《信访条例》的有关规定，认真负责地办理信访事项，不得推诿拖延。要抓紧建立解决重复上访、多次信访问题的长效机制，着力化解长期积累的矛盾纠纷。要以是否依法按政策处理到位作为衡量信访事项办理质量的主要标准，做到实事求是、客观公正，经得起实践和历史的检验。

（十三）依法规范信访行为。要进一步加强法制宣传教育，把握正确的舆论导向，引导群众正确履行公民权利和义务，以理性合法的形式表达利益诉求、解决利益矛盾，自觉维护社会安定团结。对信访活动中少数人违反有关法律法规，损害国家、社会、集体利益和其他公民合法权益的行为，要依法严肃处理。要高度警惕极少数别有用心的人和境外敌对势力插手人民内部矛盾的图谋，依法严厉打击其利用信访活动进行渗透破坏的行为。

五、建立健全长效工作机制，努力提高信访工作效率和管理水平

（十四）建立健全信访工作综合协调机制。各级党委、政府要充分发挥主导作用，加强组织协调，整合社会管理资源，形成做好信访工作的强大合力。要综合运用政策、法律、经济、行政等手段和教育、协商、调解、疏导、听证等办法，动员和组织社会各方面力量，及时妥善地处理信访问题。地方之间、部门之间、地方与部门之间要加强配合、密切协作，共同处理好跨地区跨部门的信访问题。要充分发挥联席会议和信访部门的综合协调指导作用，形成上下联动、左右协调、运转高效、综合施治的工作机制。

（十五）建立健全信访问题排查化解机制。要把信访工作的重心从事后处理转移到事前排查化解上来，做到发现得早、化解得了、控制得住、处理得好。要坚持经常排查和集中排查相结合，及早发现信访苗头和倾向，特别是对群众反映强烈的热点、难点问题，要进行重点排查。对排查出的问题，要严格落实化解责任，明确主要负责人、责任单位和责任人员，限期妥善解决，切实把问题解决在基层，把矛盾化解在萌芽状态。

(十六)建立健全信访信息汇集分析机制。要健全和完善多层次、全方位的信息报送网络,确保信息传递渠道畅通。要及时、准确、全面、有效地报送信访信息,不得迟报、漏报和瞒报。要综合开发利用信息资源,进一步提高分析研判水平,增强工作的预见性和针对性,牢牢把握工作主动权。

(十七)建立健全信访督查工作机制。要建立健全党委和政府统一领导、信访部门组织实施、各职能部门共同参与的信访督查工作机制。要配齐配强督查力量,建立和完善信访督查专员制度,不断加大督查工作力度,确保信访工作决策部署得到贯彻落实,推动群众信访问题得到妥善解决。县级以上地方党委、政府要支持和保证信访部门充分履行督查办尤其是提出改进工作、完善政策、给予处分建议的职责。要加强对典型经验的总结推广和宣传,推动信访工作健康发展。

六、着力加强基层基础工作,提高基层预防和妥善处理信访问题的能力

(十八)提高基层化解矛盾的能力。绝大多数信访问题发生在基层,信访工作的重心也应放在基层。要牢固树立固本强基的思想,做到重心下移、关口前移,及时化解矛盾,就地解决信访问题。要着力加强基层党组织和基层政权建设,下大气力抓好基层领导班子和干部队伍建设,增强基层组织解决矛盾的能力。要教育引导基层干部改进思想作风和工作作风,防止因滥用职权、作风粗暴侵害群众合法权益而引发信访问题。要高度重视并认真解决群众初信初访反映的问题。要加强基层信访工作机构建设,乡镇(街道)、村(居)委会要有相应的机构或人员负责信访工作,县(市、区)政府及有关部门要向社区派出接访员,形成层层有人抓、有人管的基层信访工作网络。国有大中型企业和事业单位要根据实际情况设立信访工作机构,或配备专(兼)职信访工作人员。

(十九)加强县级信访工作。预防和解决基层发生的信访问题,县级是关键。要高度重视县级信访工作,切实加强指导,特别是对信访问题较多、群众上访量大、工作比较薄弱的地方,要帮助解决存在的问题,不断提高信访工作整体水平。要建立健全县级党委常委会和政府办公会研究信访工作的制度,及时研究信访工作,提出加强和改进工作的措施。

七、进一步加强对信访工作的领导,构建信访工作新格局

(二十)健全信访工作领导体制。各级党委、政府要高度重视信访工作,切实将信访工作列入重要议事日程,定期听取信访工作汇报,认真研究部署信访工作。要明确分管信访工作的负责同志,形成强有力的领导机制。各级信访部门的机构设置、人员配备要与形势任务相适应;中央和国家机关特别是与群众生产生活密切相关的部门、单位,要根据各自工作任务,配齐配强信访工作力量；各级人大、政协、法院、检察院以及工会、共青团、妇联等人民团体要在党委的统一领导下，切实抓好各自职责范围内的信访工作。国家信访局要加强对全国信访工作的协调指导。

（二十一）认真落实信访工作领导责任制。各地区各部门的主要领导是信访工作的第一责任人，对本地区本部门的信访工作负总责，对重要信访事项要亲自推动解决；分管信访工作的领导负直接责任，抓各项具体工作的落实；其他领导成员"一岗双责"，按照分工抓好分管方面的信访工作，形成一级抓一级、层层抓落实的信访工作领导责任体系。要建立科学的信访工作考核评价办法，将信访工作情况作为各级领导班子和领导干部考核的内容。要严格实行信访工作责任追究制，对因官僚主义、形式主义、违法行政、侵害群众合法权益引发信访问题，或对群众反映的信访问题推诿扯皮、敷衍塞责、不认真解决并造成严重后果的，要对有关领导和责任人予以党纪政纪处分；触犯法律的，要依法追究法律责任。

（二十二）切实加强信访部门领导班子和干部队伍建设。各级党委、政府要高度重视信访部门领导班子和干部队伍建设，配齐配强领导力量，优化班子结构，努力培养造就一支政治坚定、纪律严明、办事公道、作风优良、熟悉法律法规和政策、拥有丰富群众工作经验、具备较强社会管理能力的信访干部队伍。要加大信访干部的培养、教育、使用和交流力度，对政治素质好、业务能力强、工作业绩突出的，要予以重用；对长期从事信访工作、作出突出贡献的，要给予表彰和奖励；对信访系统先进事迹，要及时总结推广，树立好的典型，倡导好的作风。要进一步探索建立后备干部和新提拔干部到信访部门锻炼的制度，把信访部门作为培养锻炼干部的重要基地。中央信访工作机构要研究制定信访工作人才队伍的培养规划。要高度重视信访部门基础建设，进一步加大对信访工作的投入，建设好群众上访接待场所，改善信访部门的办公条件；信访工作办公经费和处理信访事项的业务经费列入财政预算，予以保证。广大信访干部要切实增强为人民服务的宗旨意识，继续发扬信访工作的优良传统，扎扎实实地做好新时期的信访工作，为全面建设小康社会、构建社会主义和谐社会需努力奋斗。

军队系统的信访工作，由解放军总政治部按照本意见精神另行规定。